PSICOLOGIA
SOCIAL

Dados Internacionais de Catalogação na Publicação (CIP)
(Câmara Brasileira do Livro, SP, Brasil)

Rodrigues, Aroldo, 1933-
    Psicologia Social / Aroldo Rodrigues, Eveline Maria Leal Assmar, Bernardo Jablonski. 33 ed. Revista e ampliada. Petrópolis, RJ : Vozes, 2022.
    Bibliografia.

    2ª reimpressão, 2024.

    ISBN 978-85-326-0555-9

    1. Psicologia Social I. Assmar, Eveline Maria Leal. II. Jablonski, Bernardo. III. Título.

99-5232   CDD-302

Índices para catálogo sistemático:
1. Psicologia Social   302

Aroldo Rodrigues
Eveline Maria Leal Assmar
Bernardo Jablonski

PSICOLOGIA SOCIAL

EDITORA
VOZES

Petrópolis

© 1972, 1985, 2000, 2012, 2022, Editora Vozes Ltda.
Rua Frei Luís, 100
25689-900 Petrópolis, RJ
www.vozes.com.br
Brasil

Todos os direitos reservados. Nenhuma parte desta obra poderá ser reproduzida ou transmitida por qualquer forma e/ou quaisquer meios (eletrônico ou mecânico, incluindo fotocópia e gravação) ou arquivada em qualquer sistema ou banco de dados sem permissão escrita da editora.

CONSELHO EDITORIAL

Diretor
Volney J. Berkenbrock

Editores
Aline dos Santos Carneiro
Edrian Josué Pasini
Marilac Loraine Oleniki
Welder Lancieri Marchini

Conselheiros
Elói Dionísio Piva
Francisco Morás
Gilberto Gonçalves Garcia
Ludovico Garmus
Teobaldo Heidemann

Secretário executivo
Leonardo A.R.T. dos Santos

PRODUÇÃO EDITORIAL

Aline L.R. de Barros
Marcelo Telles
Mirela de Oliveira
Otaviano M. Cunha
Rafael de Oliveira
Samuel Rezende
Vanessa Luz
Verônica M. Guedes

Conselho de projetos editoriais
Isabelle Theodora R.S. Martins
Luísa Ramos M. Lorenzi
Natália França
Priscilla A.F. Alves

Editoração: Elaine Mayworm
Diagramação: Daniela Alessandra Eid
Revisão gráfica: Lorena Delduca Herédias
Capa: Rafael Nicolaevsky

ISBN 978-85-326-0555-9

Este livro foi composto e impresso pela Editora Vozes Ltda.

Bernardo Jablonski
1952-2011

Quando a 4ª edição se encontrava no prelo, veio a falecer um de seus autores, o nosso querido e inesquecível Bernardo. Apesar de lutar por 13 anos, com todas as suas forças e mostrando uma bravura invejável, não resistiu à última batalha contra o câncer e faleceu no dia 28/10/2011.

Embora doente, Bernardo trabalhou incansavelmente na preparação daquela nova edição com seu habitual empenho, competência e criatividade. A ele dedicamos a edição comemorativa dos 40 anos de existência deste manual.

Bernardo foi uma pessoa extraordinária. Inteligente, alegre, humorista, psicólogo competente e admirado por seus pares, professor estimado por seus alunos, artista, escritor, produtor, diretor e crítico de teatro e de TV (setores em que foi reconhecido várias vezes ao ganhar prêmios e distinções). Bernardo foi sempre uma fonte de alegria e inspiração para os seus inúmeros amigos e admiradores. Para todos nós que tivemos o privilégio de desfrutar de sua amizade, de admirar seus talentos, de alegrarmo-nos com a espontaneidade de seu senso de humor e de testemunhar seu valor profissional, sua perda é motivo de profunda e indescritível dor. Para nós, sem Bernardo, o mundo se tornou mais triste.

Aroldo Rodrigues
Eveline M.L. Assmar

Dedicatórias

A meu pai ALBERICO DA CUNHA RODRIGUES,
numa homenagem profundamente sincera de admiração e
agradecimento por ele ter sido como foi.

Aroldo Rodrigues

A meu pai EDUARDO ASSMAR,
um homem de visão, meu eterno admirador, por ter sabido
antever meus caminhos na vida e me preparado para caminhá-los.

Eveline Assmar

A meu pai PIOTR JABLONSKI,
um exemplo de persistência e de amor à vida, por ter
sobrevivido aos campos de concentração na Segunda Grande
Guerra e por ter recomeçado do zero a vida no Brasil.

Bernardo Jablonski

Sumário

Prefácio à edição comemorativa dos 50 anos, 9

Parte I. Introdução, 35

1 Psicologia Social: conceito, áreas afins, psicologia social e tecnologia social, marcos históricos, 37

2 Métodos de investigação em Psicologia Social, 65

Parte II. Conhecendo a realidade social, 93

3 Cognição social: esquemas, heurísticas e pensamento automático, 95

4 O eu social: conhecendo-nos a nós mesmos, 115

5 Percepção social: conhecendo as outras pessoas, 140

Parte III. Avaliando a realidade social, 171

6 Atitudes: conceito e formação, 173

7 Preconceito, estereótipos e discriminação, 209

Parte IV. Interagindo com as outras pessoas, 249

8 Mudança de atitude e persuasão, 251

9 Influência social, 286

10 Comportamento antissocial, 322

11 Comportamento pró-social, 368

12 Atração interpessoal e intimidade social, 411

13 Justiça nas relações sociais, 455

14 Grupos sociais, 493

Parte V. Aplicando os conhecimentos da Psicologia Social, 547

15 Aplicações da Psicologia Social, 549

Referências, 585

Prefácio à edição comemorativa dos 50 anos

No início de 1972 a Editora Vozes lançou a primeira edição do livro *Psicologia Social*, de minha autoria. Nunca, nem mesmo em meus sonhos mais otimistas, imaginei que o livro permanecesse em circulação por cinco décadas, merecendo o interesse do público e o apoio de professores de psicologia social por tanto tempo! No Prefácio a esta edição comemorativa de seus 50 anos, farei um retrospecto do que ensejou sua publicação, analisarei as características de cada uma de suas edições, farei uma breve alusão a temas recentes em psicologia social que adquiriram maior visibilidade após a publicação da 4ª edição em 2012, mostrarei a significância do livro para a psicologia social no Brasil e na América Latina, concluindo com uma referência às pessoas e às instituições sem cuja contribuição esta obra jamais teria vindo a público.

Fatores conducentes à decisão de escrever um manual de psicologia social

Quando regressei ao Brasil em 1966, após obter meu Ph.D. em Psicologia Social na Universidade da Califórnia em Los Angeles (UCLA), reiniciei minha carreira de professor no curso de Psicologia da Pontifícia Universidade Católica do Rio de Janeiro (PUC-RJ) e nele lecionei, entre outras disciplinas, a de Psicologia Social. Em muitos países, é costume os professores indicarem a seus alunos um livro-texto da disciplina que ensinam. Isso facilita bastante o trabalho do professor e dos alunos, pois o professor escolhe o manual de sua preferência e os alunos têm, a seu dispor, uma referência importante para ajudá-los a assimilar o que foi transmitido na sala de aula.

Quando cheguei ao Brasil, não havia manual de psicologia social escrito por psicólogo brasileiro e os dois livros de psicologia social de autores estrangeiros traduzidos para o português eram os dos professores Otto Klineberg e Solomon Asch. Ambos esses livros eram excelentes, porém o primeiro fora publicado em 1944 e, o segundo, em 1952. Como desenvolvimentos muito importantes tiveram lugar em psicologia social após a publicação de tais livros, optei por não adotá-los, pois muito do que seria por mim apresentado em minhas aulas não era neles tratado. Apostilhas e referências a trabalhos em língua estrangeira não eram substitutos para um livro-texto, aquelas por não possuírem as vantagens de um livro, e estas por serem de difícil acesso (não havia ainda a internet...) e exigir dos alunos conhecimento de língua estrangeira.

Antes da publicação do *Psicologia Social* senti muita falta de um livro-texto para que os alunos acompanhassem meu curso. Isso me motivou a entreter a ideia de escrever um manual de psicologia social que me permitisse adotá-lo em meu ensino da disciplina. Além disso, pouco depois de meu regresso do exterior, notei que muitos dos avanços mais significativos da psicologia social científica verificados nos países mais desenvolvidos eram pouco conhecidos no Brasil e, quando por mim mencionados em apresentações em sala de aula ou em eventos sobre psicologia, eram vistos com surpresa e até desconfiança de sua utilidade no Brasil. Julgavam, seus críticos, que a cultura brasileira era bem diferente daquelas de onde provinham as teorias e os resultados de experimentos a que eu me reportava. Para os que assim pensavam, teríamos que desenvolver uma "psicologia social brasileira", que refletisse nossa cultura, nossos problemas sociais e que contribuísse para a resolução destes. Eu pessoalmente discordava da postura prevalente entre grande parte dos psicólogos sociais do final dos anos 60 e parte da década de 70. Para mim a psicologia social tinha uma base científica que era transcultural e transistórica. Ademais, não entendia como se poderia resolver problemas sociais sem antes conhecer, através de pesquisas, a realidade com que estávamos lidando. Essa visão da psicologia social não negava, de forma alguma, a relevância da cultura nos fenômenos psicossociais. Eu não recomendava a aceitação cega e acrítica do conhecimento acumulado por psicólogos sociais de outras culturas, mas sim propunha que tais conhecimentos pudessem também orientar pesquisas realizadas no Brasil cujos dados mostrariam, empiricamente, se o verificado em outras culturas se confirmava ou não. Se confirmados, esses achados eram transculturais; se não, a variável cultura explicaria as divergências encontradas e um conhecimento novo nos seria revelado. E assim seria construído o cabedal de conhecimentos psicossociais que seriam úteis não só ao Brasil, mas à psicologia social científica. Conhecendo nossa realidade social, poderíamos então planejar intervenções capazes de resolver problemas sociais. Mais tarde revelaria claramente essa minha posição ao defender minha tese no Concurso para Professor Titular da Universidade Federal do Rio de Janeiro (UFRJ) em 1987 denominada *"Sobre a transculturalidade e a transistoricidade de alguns fenômenos psicossociais".* Antes havia publicado, em 1982, no *Interamerican Journal of Psychology*, um artigo sob o título: *"Replication: a neglected type of research in social psychology".* Nele foram apresentados resultados de pesquisas onde dados obtidos em estudos realizados no exterior foram comparados com dados obtidos em réplicas conduzidas no Brasil. Como era esperado, alguns fenômenos mostraram ser transculturais e transistóricos, e outros revelaram a influência do fator cultural.

Por tudo isso, julguei que um manual de psicologia social, que transmitisse o estado do conhecimento psicossocial básico existente no mundo àquela época, se fazia necessário no Brasil e iria ajudar significativamente na formação de futuros psicólogos sociais. Foi quando ocorreu o fator desencadeante da ideia de escrever tal livro, como se verá a seguir.

Em fins de 1970 fui procurado pelo Diretor da Editora Vozes, o saudoso Frei Ludovico, que me convidou a ser o responsável pela coordenação de uma nova linha de publicações da Editora dedicada a livros didáticos para uso em universidades. Esta nova coleção viria a chamar-se *Nova Psicologia*. Um livro que se enquadrava nessa política editorial havia sido recentemente publicado pela Editora. Era ele de autoria da professora Maria Helena Novaes e tinha por título *Psicologia Escolar*. O livro teve ampla aceitação na comunidade acadêmica e seu sucesso levou a Editora a pensar em outras publicações nessa mesma linha. Frei Ludovico sugeriu que eu escrevesse o segundo livro da coletânea, cujo título seria *Psicologia Social*. Agradeci e aceitei ambas as incumbências e, como coordenador da série, convidei posteriormente a professora Angela Maria Brasil Biaggio para escrever sobre *Psicologia do Desenvolvimento* e o Prof. Luiz Alfredo García-Roza para escrever sobre a *Teoria de Campo de Kurt Lewin*, um tema que era por ele amplamente desenvolvido em seus cursos. Eu mesmo escrevi, em 1975, um livro intitulado *A Pesquisa Experimental em Psicologia e Educação,* que também fez parte desta nova coleção que incluiu ainda dois volumes sobre *Técnicas de Exame Psicológico* de autoria da professora Odette Lourenção van Kolck e um, sobre *Psicologia da Gravidez*, da professora Maria Tereza Maldonado. Com esses livros a Editora Vozes ganhou grande visibilidade no mercado de livros utilizados pelas universidades brasileiras na área de psicologia.

Ao aceitar a sugestão de que eu escrevesse um manual sobre psicologia social, comprometi-me com Frei Ludovico a entregar o manuscrito até 31 de outubro de 1971, limite máximo para que o livro fosse composto e lançado pela Editora ao iniciar-se, em março, o ano letivo de 1972. Para cumprir tal compromisso, fui obrigado a privar-me do convívio com minha família nos fins de semana. De sexta-feira à noite até altas horas da noite de domingo, dediquei todos os fins de semana, sem exceção, de fevereiro a outubro de 1971, a escrever o *Psicologia Social* isolado em meu escritório e limitando meu contato com a família nos fins de semana apenas a rápidas refeições. Renunciei também à praia e ao tênis dos fins de semana para dedicar-me ao livro. Não foi fácil, mas consegui entregar o manuscrito à Editora no prazo combinado.

Durante a composição gráfica do livro (naquele tempo não havia ainda PCs ou Macs e a Editora tinha que trabalhar com o manuscrito datilografado pelo autor), fui várias vezes à Editora Vozes prestar esclarecimentos. Quando solicitado a esclarecer dúvidas sobre o documento entregue, ia aos sábados pela manhã ao número 100 da rua Frei Luís, sede da Editora Vozes em Petrópolis, a chamado do Zé Luís, eficiente funcionário da Editora e de quem me tornei muito amigo. Lembro-me ainda de quando o Zé Luís me comunicou que o livro estava pronto e que eu poderia, se quisesse, comparecer à Editora para receber minha quota contratual de livros e indicar professores de psicologia social em todo o Brasil que deveriam receber um exemplar de cortesia. Empolgado com a notícia, fui no sábado seguinte a Petrópolis e passei toda a manhã com o Zé Luís deliciando-me com o livro recém-saído da gráfica e fazendo a lista de pessoas a quem ele deveria ser enviado. Autor e Editora cumpriram sua missão e o livro pôde ser utilizado nos cursos de psicologia social que se iniciariam em março de 1972. Naquele momento não me passou pela cabeça que o livro que estava saindo do prelo naquele instante iria ter a acolhida que teve ao longo de meio século! Ao contrário, por ser um livro cujo conteúdo diferia muito do enfoque dominante na psicologia social brasileira da época, cheguei a temer que não passasse da primeira impressão. O que se seguiu agora é história. Esta edição comemorativa dos 50 anos da obra constitui mais uma das várias edições e numerosas reimpressões por que passou ao longo deste meio século.

Características e finalidades de cada uma das edições do *Psicologia Social*

A 1ª edição publicada em 1972

Como mencionado anteriormente, os únicos manuais de psicologia social suscetíveis de serem adotados como livros-texto em cursos acadêmicos eram as traduções das obras de Otto Klineberg e Solomon Asch, o primeiro de 1944 e, o segundo, de 1952. O único livro de autor brasileiro que incluía "Psicologia Social" em seu título era o *Introdução à Psicologia Social* de Arthur Ramos, publicado em 1935. O Prof. Arthur Ramos foi um destacado sociólogo e antropólogo brasileiro. Seu livro sobre psicologia social é um clássico sobre o assunto e foi uma grande contribuição à sua época. Constitui ainda hoje um rico manancial histórico da evolução da psicologia social como setor independente do saber. Entretanto, não tratava, obviamente, de assuntos dominantes nessa área na época em que regressei ao Brasil. A simples data de publicação desses livros (1935, 1944 e 1952) mostra que eles não poderiam ser utilizados como livros-texto, mas sim como referências apenas, pois acontecimentos de grande relevância ocorreram em psicologia social após sua publicação.

Diante da inexistência de manuais capazes de revelar o conhecimento até então acumulado pela psicologia social, procurei fornecer ao estudante o maior número possível de informações sobre o que caracterizava a psicologia social científica contemporânea em 1971. Como meu enfoque da psicologia social diferia bastante daquele prevalente a aquela época no Brasil, tal como revelado não só pelo conteúdo dos cursos de psicologia social, mas também pelas expectativas dos estudantes que se interessavam por estudar a disciplina, dediquei os primeiros capítulos da primeira parte do livro a uma extensa explicitação de como era a psicologia social no mundo contemporâneo, do que eu considerava como marcos históricos da disciplina e dos diferentes métodos de investigação utilizados pelos pesquisadores para adiantamento do conhecimento em psicologia social. Esta primeira parte inclui também um capítulo sobre as contribuições dos principais sistemas psicológicos (Behaviorismo, Gestaltismo e Psicanálise) na construção do cabedal de conhecimentos acumulado pela psicologia social e, ainda, um capítulo final contendo uma breve descrição das teorias psicossociais de maior relevância naquela época. O objetivo, pois, da Parte I desta edição, foi apresentar, tal como seu título revela, a "*Caracterização e fundamentação teórica da Psicologia Social*". A Parte II foi dedicada à apresentação dos temas que constituem objeto de investigação dos psicólogos sociais. Ao escolher esses temas, o autor inevitavelmente refletiu sua visão da disciplina. Existem, entretanto, temas que praticamente todos os manuais de psicologia social abordam, tais como: percepção social, atração interpessoal, agressão, altruísmo, formação e mudança de atitudes, conformismo e excepcionalidade e processos grupais. Essa primeira edição considerou todos esses e mais dois que refletiam o interesse do autor: tendência à associação com outros e psicologia social das relações internacionais. O título da Parte II é "*Temas atuais e aplicações da psicologia social*". Não houve um capítulo especialmente destinado a aplicações, mas elas foram mencionadas, sempre que cabível, quando os temas específicos eram tratados.

Do ponto de vista didático, essa primeira edição incluiu, ao fim de cada capítulo, pontos de referência para facilitar a recordação do assunto nele tratado e sugestões de leituras relevantes ao exposto em cada um deles.

Antes da lista de Referências e do Índice de Autores, foram incluídos quatro Apêndices. O primeiro se chamou "*Alguns tópicos elementares da ciência psicológica*" (hoje, eu preferiria o título "*Alguns tópicos elementares da filosofia da ciência psicológica*"). A razão da inclusão deste Apêndice é o que foi dito à página 6 dessa primeira edição. Nela eu fiz questão de salientar que, para mim, é possível: (a) um estudo científico do comportamento social ao mesmo tempo em que se reconhece o livre-arbítrio das pessoas; (b) que as generalizações psicológicas são válidas em termos probabilísticos e não deterministas; (c) que não só o comportamento visível (mas também tudo aquilo que pode ser logicamente dele inferido) constitui objeto legítimo de estudo psicológico; e (d) que teorias são necessárias para o progresso da ciência. O Apêndice I apresenta a *rationale* que serve de base à minha posição. O segundo, *Mensuração das atitudes*, descreve três das escalas mais usadas para medir atitudes. O terceiro faz uma breve referência a estudos sobre a *Psicologia Social dos animais*. O quarto e último teve por finalidade *facilitar a leitura do livro para as pessoas pouco familiarizadas com a psicologia*, sugerindo partes do livro que poderiam ser por elas omitidas.

Apesar das imperfeições da primeira edição, o livro despertou um interesse do público leitor que ultrapassou a mais otimista das expectativas. Não obstante sua finalidade ter sido propiciar a professores e alunos de psicologia social a possibilidade de ter um livro-texto em seus cursos, por vários meses ele figurou entre os cinco livros de não ficção mais vendidos no país, como revelado na seção Livro, do *Jornal do Brasil*. Talvez a falta de um livro com essas características, associado a um crescente interesse por psicologia no Brasil, explique a boa acolhida que teve por parte do público leitor. Além disso, o *Psicologia Social* foi alvo de uma crítica muito positiva por parte de um conceituado psicólogo, o Prof. Paulo Cavalcanti de Moura, publicada no *Jornal do Brasil*, o que certamente contribuiu para atrair leitores. Outra razão para a minha surpresa diante do sucesso dessa 1ª edição é que o enfoque do livro ia de encontro ao que era considerado psicologia social por grande parte dos psicólogos brasileiros.

Seja como for, a grande aceitação do livro suscitou sucessivas reimpressões e ainda sua tradução para o espanhol pela Editorial Trillas S/A, que veio à lume em 1976. Isso me motivou a aperfeiçoá-lo em 1985, através de uma 2ª edição, cujas características veremos a seguir.

A 2ª edição publicada em 1985

Em 1985, 13 anos após a publicação do livro, veio à lume uma 2ª edição revisada e atualizada. Devido à importância de esclarecer a diferença entre psicologia social básica, psicologia social aplicada, tecnologia social e aplicações da psicologia social, um capítulo especificamente dedicado a esse fim foi introduzido logo após o capítulo sobre o conceito de psicologia social. O assunto havia sido abordado na 1ª edição, mas a nova o faz de maneira bem mais clara e mais completa. Pequenas atualizações foram feitas nos demais capítulos da Parte I, mas sua essência permaneceu a mesma.

Na Parte II, a maioria dos tópicos nela tratados foram atualizados incluindo novidades ocorridas nos 13 anos de intervalo entre as duas edições. Procurei também dar maior ênfase a aplicações concretas das descobertas da psicologia social científica, satisfazendo em parte o desejo manifestado por meus alunos. O capítulo 18, sobre *"Psicologia social e relações internacionais"* foi eliminado, e seu conteúdo incluído no capítulo sobre *"Percepção social"*.

Outra novidade desta edição, que foi mantida nas edições subsequentes, foi a introdução de uma seção intitulada *"Sugestões para trabalhos individuais e em grupos"* em todos os capítulos. Isso foi acrescentado ao final de cada capítulo, após as sugestões de leituras, as quais foram também atualizadas.

Finalmente, essa nova edição aumentou o número de referências, tanto em geral quanto em relação a autores brasileiros e latino-americanos, como mostram as Figs. 1 e 2, que se encontram mais adiante neste Prefácio.

A 3ª edição publicada em 2000

Na ocasião da publicação da 3ª edição eu estava lecionando no Departamento de Psicologia da Universidade Estadual da Califórnia, em Fresno (CSUF), nos Estados Unidos. Lecionei nesta universidade de 1993 a 2013, quando me aposentei. Por estar ausente do país desde 1993, perdi contato com os alunos que utilizavam o *Psicologia Social*. Felizmente, dois excelentes ex-alunos meus, Eveline Maria Leal Assmar e Bernardo Jablosnki, tornaram-se professores de psicologia social após obterem seus doutorados e utilizavam o livro em suas aulas. Ocorreu-me, então, convidá-los a associarem-se a mim como coautores da 3ª edição do *Psicologia Social*. A edição de 2000 estava a exigir uma atualização e esses professores estavam muito familiarizados com as reações de seus alunos ao livro que adotavam em seus cursos. Isso supriria a minha falta de contato com os alunos brasileiros desde 1993. Meu convite foi aceito por ambos e, nos últimos anos da última década do século XX, nós três nos dedicamos a atualizar, melhorar e adequar o livro aos anseios dos estudantes brasileiros. Em 2000 a 3ª edição foi publicada e, pela primeira vez, os nomes dos Profs. Eveline M.L. Assmar e Bernardo Jablonski se seguiram ao meu na capa da nova edição.

O trabalho de preparação da nova edição foi feito por nós três, mas a Profa. Eveline foi a principal responsável pela atualização e melhora dos antigos capítulos sobre agressão, altruísmo e comportamento grupal e, ainda, pelo novo capítulo sobre justiça nas relações sociais; o Prof. Bernardo se responsabilizou por um novo capítulo especificamente dedicado a preconceito, estereótipos e discriminação. Coube a mim atualizar e aperfeiçoar os demais capítulos. Os autores decidiram em conjunto como seria a nova estrutura do livro, agora constante de quatro partes, e também quais os capítulos a serem acrescentados, desmembrados ou eliminados em relação à edição anterior.

Três capítulos foram retirados dessa nova edição. Foram eles: "*Principais sistemas psicológicos e suas contribuições à psicologia social*", "*Principais teorias psicossociais*" e "*Tomada de decisões*". O primeiro foi supresso porque, por ocasião da publicação dessa 3ª edição, a Psicologia brasileira havia evoluído muito em relação a 1972. Os cursos de formação de psicólogos incluíam em seus currículos a disciplina História da Psicologia, onde os vários sistemas psicológicos e sua contribuição à psicologia eram ensinados, em geral, no primeiro ano do curso. Sendo assim, os alunos iniciantes em psicologia social já conheciam o conteúdo daquele capítulo da 1ª edição. Os outros dois foram eliminados porque seus conteúdos foram incluídos nos capítulos que tratavam de assuntos onde, tanto as teorias psicossociais como a tomada de decisões, eram relevantes aos temas expostos nos vários capítulos que se seguiam à Introdução. A Parte II foi desmembrada em três partes, a saber: Parte II: *"Entrando em contato com o ambiente social"*; Parte III: *"Interagindo com os outros"*; e Parte IV: *"Aplicações da Psicologia Social"*. Novos capítulos foram acrescentados: um sobre preconceito, um sobre justiça nas relações sociais e um sobre algumas áreas de aplicação da psicologia social. Dos quatro Apêndices constantes das duas edições anteriores, apenas um permaneceu (o sobre *Mensuração das atitudes*). Os concernentes à filosofia que inspirou a posição do autor nas edições anteriores e o que sugeria partes a serem omitidas pelo leitor leigo foram considerados desnecessários, pois o livro já havia adquirido uma identidade própria que os dispensava. O Apêndice sobre a psicologia social dos animais foi excluído devido à perda de relevância desse assunto nos anos que se seguiram às edições anteriores.

Essa nova edição introduziu epígrafes no início dos capítulos e antes de várias das suas seções. Elas servem para ilustrar como, através dos tempos, conceitos importantes de psicologia social foram intuídos por literatos, poetas, humoristas, filósofos, juristas etc. Foi também acrescentado um resumo ao final de cada capítulo.

Todos os capítulos foram atualizados a fim de retratar o estado contemporâneo da psicologia social científica. Isso se refletiu no aumento de referências bibliográficas que passou de 462 para 891, e de citações de autores latino-americanos que aumentou de 60 para 66 (ver Fig. 2 adiante).

A 4ª edição publicada em 2012

A preparação da 4ª edição foi motivada pelo fato de o *Psicologia Social* comemorar, em 2012, 40 anos de existência. Durante quatro décadas ele servira de introdução à psicologia social a milhares de alunos no Brasil e no exterior (através da publicação em espanhol pela Editorial Trillas S/A em 1976). Em ambas as línguas o livro teve uma série de reimpressões, mas apenas a 1ª e a 3ª edição foram traduzidas para o espanhol.

Por ocasião da preparação da 4ª edição, eu continuava como professor na Universidade Estadual da Califórnia, o que me permitia acesso fácil ao que havia de mais moderno em psicologia social. Meus coautores enfrentavam dificuldades no momento. Bernardo continuava sua tenaz luta contra o câncer que lhe tirou a vida em 2011; Eveline enfrentava problemas de saúde, não tão sérios, mas capazes de interferir em seu trabalho. Disse-lhes então que eu me propunha a realizar o trabalho pesado da preparação da nova edição, cabendo-lhes apenas fazer a supervisão do material que lhes apresentaria. Demonstrando bravura e dedicação notáveis, Bernardo prestou sua colaboração até poucos meses antes de dar entrada na Casa de Saúde São Vicente para operar-se de uma metástase do tumor que surgiu em seu fígado. Três semanas depois veio a falecer. Estando no Brasil em julho de 2011, fui com ele à Editora Vozes, em Petrópolis, entregar oficialmente o CD com a nova edição e ouvir da Editora os planos para sua promoção e divulgação. Bernardo estava eufórico por ver a nova edição concluída e prestes a vir a público. Infelizmente, não chegou a ver o livro publicado. Nossa admiração por essa pessoa extraordinária, bem como nossa gratidão a sua colaboração foi expressa por mim e por Eveline e incluída na primeira página desta 4ª edição. Ela continua fazendo parte desta nova edição.

A reformulação do livro se refletiu nas cinco partes da nova edição. Eram elas: Parte I – *Introdução*; Parte II – *Conhecendo a realidade social*; Parte III – *Avaliando a realidade social*; Parte IV – *Interagindo com as outras pessoas*; e Parte V – *Aplicando os conhecimentos da psicologia social*.

Nessas cinco partes foram tratados os temas de psicologia social essenciais à formação dos estudantes e constantes dos livros mais conhecidos e utilizados no mundo inteiro. Eu, Eveline e Bernardo nos sentimos orgulhosos do manual que colocávamos à disposição de professores e alunos de psicologia social. O livro foi atualizado e incluiu um capítulo sobre o eu social, uma seção sobre pensamento automático e um capítulo aumentado e aperfeiçoado sobre aplicações da psicologia social. Para aumentar, reformular e aperfeiçoar o capítulo sobre aplicações da psicologia social constante da edição anterior, convidamos o Prof. Fabio Iglesias, à época professor do Departamento de Psicologia Social e do Trabalho da Universidade de Brasília, para redigi-lo. O Prof. Iglesias é um psicólogo social brasileiro que, entre outras contribuições à psicologia social, se notabilizou pela aplicação dos conhecimentos de psicologia social ao ambiente, ao trânsito e à psicologia do consumidor. O capítulo se refere ainda a outras áreas de aplicação da psicologia social, indicando aplicações emergentes e potenciais que estão se delineando. Finaliza tratando de algumas abordagens de intervenção em psicologia social aplicada.

Além desses melhoramentos, a nova edição apresentou ainda as seguintes novidades:

- cada capítulo foi precedido de um quadro sinóptico de seu conteúdo;
- ao fim de cada capítulo foram incluídos um ou mais anexos que focalizavam assuntos concernentes ao tópico estudado;
- foram acrescentadas 210 referências bibliográficas, nelas se incluindo 21 novas referências a trabalhos de autores latino-americanos;
- foi incluído, pela primeira vez, um índice remissivo;
- as escalas de mensuração de atitudes constantes do apêndice passaram agora a fazer parte do anexo ao capítulo sobre atitudes;

Com esses aperfeiçoamentos, julgamos que a edição comemorativa dos 40 anos do livro apresentava ao público um manual capaz de competir com os melhores livros-texto de psicologia existentes no mercado, inclusive as traduções de excelentes manuais estrangeiros.

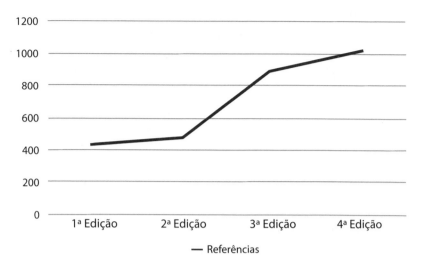

Figura 1 Número de referências nas edições anteriores

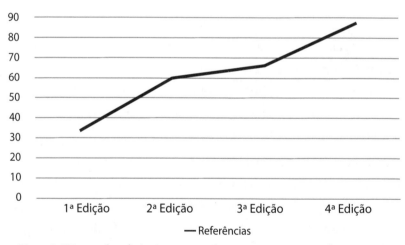

Figura 2 Número de referências a autores latino-americanos nas edições anteriores

Sem interromper a impressão e divulgação dessa edição do *Psicologia Social* tal como veio à lume em 2012, a Editora Vozes lançou o livro sob uma nova apresentação gráfica em 2016. Incluiu-o na série *Manuais Acadêmicos*. Sem modificar em nada o conteúdo, o livro nesse novo formato passou de 688 para

454 páginas, tornando-o mais fácil de manusear e mais barato. Sendo assim, os estudantes passaram a ter a opção de escolher o modelo que mais lhes conviesse. O oferecimento do livro nesse formato alternativo é mais uma indicação do desejo da Editora de Vozes de manter o livro atraente aos estudantes de psicologia social. Desde 2016 as duas versões gráficas continuam no mercado.

A 5ª edição publicada em 2022 em comemoração aos 50 anos de circulação do livro

Como disse anteriormente, o *Psicologia Social* superou as expectativas mais otimistas e completa, em 2022, o seu quinquagésimo aniversário! Eu, bem como os ex-alunos que convidei para serem coautores das edições de 2000 e de 2012, envelhecemos. Um deles, o inesquecível Bernardo, faleceu em 2011; eu e Eveline nos aposentamos e não estamos mais filiados a nenhuma universidade. Sendo assim, tornou-se difícil empreender o longo e exaustivo trabalho de pesquisa bibliográfica para atualizar e melhorar o livro, tal como foi feito nas edições anteriores.

Embora esteja eu com 88 anos, não pude resistir ao desejo de comemorar o 50º aniversário da obra sugerindo à Editora uma nova edição, mesmo sabendo que, pelos fatores mencionados acima, ela não seria muito diferente da anterior. Como sempre, a Editora Vozes se mostrou extremamente receptiva no que concerne ao aprimoramento do livro e fez sugestões pertinentes, mesmo ciente das limitações que a nova realidade imporia ao lançamento de uma nova (e, obviamente, a última) edição do *Psicologia Social*.

Decidimos, a Editora e eu, que da edição comemorativa do 50º aniversário constaria esse extenso Prefácio, bem mais longo do que a maioria dos prefácios. Nele seriam incluídos, como mencionei em seu início, um retrospecto do que ensejou a publicação do livro em 1972, uma análise das edições que se seguiram, e uma breve alusão a desenvolvimentos ocorridos em psicologia social após a publicação da 4ª edição em 2012. Pequenas modificações introduzidas seriam também nele incluídas, bem como algumas reflexões sobre a importância da obra para a psicologia social no Brasil e na América Latina. O que se segue, portanto, atende aos demais objetivos do Prefácio.

Pequenas modificações

O quadro sinóptico da história da psicologia social, constante do capítulo 1, foi ligeiramente alterado para acomodar os acontecimentos mais recentes. Foi incluída nos anexos a esse capítulo uma referência a *Yosemite Conference II*. Outro anexo foi acrescentado ao capítulo sobre *Aplicações da Psicologia Social*, mostrando como a psicologia social nos permite entender a polarização do mundo atual e as inúteis e acaloradas discussões que daí decorrem. Pequenas modificações, a maioria de forma e não de conteúdo, foram feitas quando reli o livro. Algumas imperfeições provavelmente permanecem, mas todo o esforço foi feito para corrigi-las.

No intuito de manter a atualidade do *Psicologia Social*, foi incluída neste Prefácio uma tentativa de apontar, dentro dos recursos de que disponho atualmente, novidades surgidas em psicologia social desde sua última edição. É o que será feito na seção seguinte.

A nova edição do *Psicologia Social* no contexto da psicologia social científica contemporânea

Uma das maneiras de acompanhar o desenvolvimento da psicologia social, bem como os fenômenos psicossociais geradores de maior número de pesquisas através dos anos, é consultar as edições do *Handbook of Social Psychology*.

A 4ª edição do *Psicologia Social*, bem como esta edição comemorativa de seus 50 anos, inclui um estudo comparativo do conteúdo das várias edições do *Handbook* (anexo 1 ao capítulo 1). As seis edições do *Handbook* foram publicadas em 1935, 1954, 1968, 1985, 1998 e 2010. Revelando a aceleração do desenvolvimento da psicologia social, o espaço de tempo entre suas diferentes edições diminuiu (19 anos entre a 1ª e a 2ª edições e 12 e 10, respectivamente, entre as duas últimas).

Entrei em contato com a Professora Susan Fiske, da Universidade de Princeton, responsável, juntamente com Daniel Gilbert, pela última edição do *Handbook*, a fim de saber se uma nova edição estava para vir a público. Ela me informou que a nova edição está sendo preparada, mas que não deverá ser publicada antes do fim de 2023, sendo 2024 a data mais provável. A boa notícia que me deu foi que a nova edição será disponibilizada mundialmente em PDF através da internet.

Parece-me muito provável que a próxima edição do *Handbook* refletirá, entre outros, os desenvolvimentos teóricos, metodológicos e empíricos relativos a tópicos não encontrados na presente edição do *Psicologia Social*, tais como neurociência social, psicologia social evolucionista e psicologia social da existência humana. À exceção do último, os dois primeiros temas, entretanto, não me parecem que devam ser tratados em um manual destinado a estudantes de graduação (como é o caso deste livro). São temas ainda em evolução, tanto na parte metodológica como no aspecto substantivo, requerendo familiaridade com a neurociência e com a teoria evolucionista de Darwin. Pelo menos por ora, julgo que o estudo de tais temas seja mais adequado em cursos de pós-graduação.

A fim de que o estudante de graduação (que ler este Prefácio...) saiba, pelo menos, em que consistem esses temas de interesse mais recente, farei a seguir uma breve referência a cada um deles.

Neurociência social

Em 2011 Jean Decety e John Cacioppo publicaram o *Oxford Handbook of Social Neuroscience*, o qual constitui, segundo afirmam, a primeira revisão extensa das pesquisas contemporâneas existentes sobre o assunto. Ao introduzirem o conceito de neurociência social, os autores dizem o seguinte:

> Neurociência social é um campo interdisciplinar dedicado ao estudo de mecanismos neurais, hormonais, celulares e genéticos, bem como ao estudo das associações e influências entre níveis de organização social e biológica.

Essa conceituação revela a complexidade desse novo campo de investigação. É um setor do conhecimento interdisciplinar, que requer não só conhecimento de psicologia social, mas também de biologia, fisiologia e genética, bem como dos instrumentos de investigação utilizados nessas áreas (principalmente ressonância magnética e outros meios de obter imagens do cérebro). Não me parece cabível, repito, num manual destinado a introduzir o estudante à psicologia social.

Os estudos em neurociência social permitem que se vejam, através de imagens, as áreas do cérebro que são ativadas por determinados comportamentos sociais. Isso permite a geração de hipóteses relativas à associação entre comportamento social e atividade cerebral. Por exemplo, Eisenberg e Lieberman demonstraram que a mesma área do cérebro que é ativada (tal como evidenciado por imagens cerebrais) quando temos uma dor física, é também ativada quando temos uma dor psicológica. Se nos sentimos ostracizados por outros, se somos vítimas de um trauma emocional, como a perda de um ente querido ou o rompimento de uma relação amorosa, a mesma área do cérebro que é ativada por ocasião de uma dor física (quebrar uma perna, por exemplo) é também ativada quando o trauma é psicológico e não físico.

Até recentemente a psicologia social tem testado hipóteses decorrentes da observação do comportamento das pessoas em interação. A neurociência social introduz as correlações entre comportamentos sociais e atividades neurais como geradoras de hipóteses que venham a enriquecer o conhecimento das interações sociais.

Psicologia social evolucionista

Psicologia social evolucionista é uma tentativa de gerar hipóteses e explicar comportamentos sociais recorrendo aos princípios fundamentais da teoria da evolução por mutação aleatória das células e seleção natural de Darwin. Assim como a neurociência social, que pressupõe conhecimentos essenciais de neurociência e ramos afins, a psicologia social evolucionista requer conhecimentos essenciais da teoria darwiniana sobre a seleção natural das espécies e absoluta crença em seu poder explicativo e preditivo.

Richard C. Lewontin (falecido em meados de 2021), professor de Harvard e considerado um dos mais brilhantes geneticistas da era moderna, disse que a psicologia evolucionista "é uma perda de tempo" e não a considerava como ciência. Foi um crítico ferrenho da *Sociobiologia,* uma área da psicologia social evolucionista. Segundo E. O. Wilson, seu principal defensor, somos determinados biologicamente a emitir comportamentos sociais que aumentem a probabilidade de perpetuarmos nosso núcleo genético. Assim, altruísmo, por exemplo, nada mais é do que a realização de atos de ajuda que, por instigarem reciprocidade, fazem com que sejamos por eles recompensados, aumentando assim a probabilidade de continuarmos vivos e perpetuarmos nosso núcleo genético (altruísmo recíproco). A essência da psicologia social evolucionista é a de explicar fenômenos sociais através de ocorrências que tiveram lugar no processo evolutivo de seleção natural das espécies.

Eu, pessoalmente, tenho dúvidas acerca da utilidade da teoria darwiniana em psicologia social. Independentemente de minha posição, acho que o assunto merece e deve ser estudado em cursos de pós-graduação. O *Psicologia Social,* entretanto, é destinado a cursos de graduação.

Psicologia social da existência humana

Embora relativamente novo em psicologia social, o tema tem sido estudado em filosofia, religião e sociologia. Considera aspectos inerentes à condição humana, tais como morte, significado da vida, identidade, liberdade, ostracismo, gregarismo etc.

O interesse pelo tema foi iniciado com o advento da Teoria do Gerenciamento do Terror (*Terror Management Theory*) proposta por Greenberg, Solomon e Psyzcynski e que diz respeito às reações das pessoas diante da consciência de sua mortalidade. A partir daí o interesse dos psicólogos sociais evoluiu para o estudo de outros tópicos, como exemplificado ao final do parágrafo anterior. Não há dúvida de que os tópicos considerados pela psicologia social da existência humana são importantes e de grande interesse psicológico. Além disso, o relacionamento interpessoal tem muito a ver com a maneira pela qual as pessoas lidam com sua identidade, com o significado que dão a suas vidas, com as consequências nefastas do ostracismo, com a necessidade de receber apoio social etc.

Pessoalmente acho que este tópico continuará a merecer a atenção dos psicólogos nesta década que se inicia; não só de psicólogos sociais, mas também daqueles que se interessam pela psicologia da personalidade. Aliás, psicologia social e psicologia da personalidade sempre foram e continuarão sendo intimamente interligadas.

O significado do *Psicologia Social* para a psicologia social no Brasil e na América Latina

O número de impressões do livro em suas várias edições fala por si mesmo no que tange à importância que teve na formação de psicólogos sociais no Brasil e em alguns países da América Latina, principalmente no México. A presente edição comemorativa dos 50 anos do *Psicologia Social* será a 38ª impressão do livro no Brasil. No México, o livro foi publicado, primeiramente, em 1976 e teve 17 reimpressões (nestas sendo incluídas as reimpressões da 1ª e da 2ª edição brasileira de 1985). Com o advento de um manual de psicologia social de autoria de um grupo de professores da Universidad Autónoma de México, a maior do país, com mais de 3.000 alunos apenas no curso de Psicologia, o *Psicologia Social* deixou de ser o livro mais indicado aos alunos mexicanos e a edição de 2012 não foi publicada.

No Brasil o livro continuou a ser utilizado em vários cursos de psicologia do país, o que é evidenciado por suas numerosas reimpressões e quantidade de exemplares vendidos. Esse fato me surpreendeu pelos seguintes motivos:

a) apesar de não ter concorrentes nos primeiros anos que se seguiram a sua primeira edição, seu conteúdo traduzia uma visão de psicologia social que era questionada no Brasil. A psicologia social de que tratava (e ainda trata) é uma psicologia social que estuda cientificamente as relações interpessoais e a influência que as pessoas exercem mutuamente em seu relacionamento social. A psicologia social preferida por psicólogos sociais no Brasil nos anos 70 e 80 era uma psicologia social contextualizada em que o psicólogo social desempenhava, simultaneamente, o papel de estudioso dos problemas sociais e de ativista. Enquanto o *Psicologia Social* privilegia um enfoque experimental e objetivo em psicologia social (indevidamente acusado de *positivista* pelos que dele discordam), o *zeitgeist* da psicologia social brasileira naquele período era não experimental, subjetivo, valorativo, contextual e político. Daí a minha surpresa pela ampla adoção do livro em cursos de psicologia no Brasil e em alguns países da América Latina onde, embora em menor escala, o enfoque contextualista e não experimental da psicologia social era bastante influente;

b) a falta de concorrência de manuais de psicologia social não durou muito. Poucos anos após sua publicação em 1972, outros psicólogos sociais brasileiros começaram a publicar livros em psicologia social. Silvia Lane, uma psicóloga social de orientação diferente da minha, publicou o livro *O que é psicologia social* em 1981 e a ele se seguiram outros de autores que compartilhavam de sua visão da psicologia social. Publicações posteriores, tanto através de livros como por meio de artigos publicados em revistas especializadas, passaram a refletir esses dois enfoques de psicologia social.

Mas o *Psicologia Social* não enfrentou apenas a concorrência de livros de autores brasileiros. Excelentes manuais de psicologia social estrangeiros foram traduzidos para o português. *Best-sellers* nos Estados Unidos, tais como os livros-texto de psicologia de Elliot Aronson, David Myers, e outros, bem como o livro sobre representações sociais de Serge Moscovici, entraram no mercado brasileiro. Mesmo assim, o *Psicologia Social* continuou a ser adotado por muitos professores brasileiros em seus cursos de psicologia social.

Do exposto se infere que o *Psicologia Social* constitui, sem dúvida, uma significativa contribuição à psicologia social no Brasil, servindo de instrumento para a formação de milhares de novos psicólogos sociais há cinco décadas, durante as quais a procura por ele fez com que a Editora Vozes o mantivesse em circulação, ininterruptamente! Por isso, eu e meus coautores seremos eternamente agradecidos aos professores que o adotaram em seus cursos, tanto no Brasil como no exterior.

Eu inicialmente e, a partir da 3ª edição, Eveline e Bernardo também sempre estivemos cientes da existência de um grupo de oposição ao enfoque do livro no Brasil. Isso não nos afetou, pois estávamos convictos de que o livro espelhava a psicologia social científica ensinada nas melhores e mais influentes universidades mundiais. Após 50 anos, é gratificante verificar que o fato de milhares de cópias terem sido utilizadas pelos alunos de psicologia social no Brasil e no exterior garante que os mesmos se familiarizaram com a visão de psicologia social que procuramos transmitir no livro. Igualmente gratificante é verificar que muitos psicólogos sociais que se iniciaram em psicologia social, através do *Psicologia Social,* realizam hoje pesquisas e ministram cursos que refletem claramente a concepção de psicologia social expressa no livro.

Embora tendo tido impacto menor, o livro atingiu seu objetivo também em alguns países de língua espanhola, principalmente México e Venezuela, onde enfrentou a mesma resistência encontrada no Brasil. Como disse anteriormente, não obstante seu enfoque experimental, a tradução espanhola teve duas edições e 17 impressões, o que demonstra sua influência também nesses países. E isso justifica sua existência.

Uma palavra final

O *Psicologia Social* (1972) foi o meu primeiro livro publicado por editora de ampla visibilidade. O meu último, *Da inutilidade das discussões – Uma análise psicológica da polarização no mundo atual* (2021), foi recentemente publicado pela mesma editora. Nos *agradecimentos* às pessoas e instituições que tornaram possível a publicação deste último, digo o seguinte:

> Foi um prazer ter a Editora Vozes como parceira em meu *primeiro* e em meu *último* livro, pois com este encerro minha carreira de escritor.

De fato, não publicarei outro livro. Estou com 88 anos e acho que é mais que tempo de me aposentar definitivamente. Este Prefácio será, portanto, minha última contribuição aos que se interessam por psicologia social no Brasil.

Nele historiei o *Psicologia Social* desde suas origens até esta última edição comemorativa de seus 50 anos, bem como fiz breves referências ao que há de mais moderno em psicologia social científica e ao que, a meu ver, o *Psicologia Social* significou para o desenvolvimento da psicologia social no

Brasil e na América Latina. **A partir de agora, o bastão está entregue aos psicólogos sociais brasileiros.** A eles cabe a responsabilidade de substituí-lo ou torná-lo obsoleto, aprimorando-o, atualizando-o, refletindo as contribuições de brasileiros à psicologia social e garantindo que um livro-texto de psicologia social continue à disposição de professores responsáveis pela formação de psicólogos sociais com sólida formação científica.

É muito improvável que eu esteja aqui se o livro chegar aos 60 anos. E espero que ele não chegue lá. Meus esforços por formar psicólogos sociais brasileiros com boa formação científica serão plenamente recompensados se, em 2032 (ou antes) algum psicólogo ou psicóloga brasileira publicar um manual para ajudar os professores de psicologia social no Brasil a transmitir a seus alunos o que há de mais atual em psicologia social científica. E que seu autor, autora, ou autores deem prioridade à Editora Vozes para publicá-lo, pois com ela temos uma dívida de gratidão por manter o *Psicologia Social* em circulação por tantas décadas.

Não posso concluir esse prefácio sem agradecer às pessoas e instituições que tornaram possível a comemoração dos 50 anos do *Psicologia Social*. Ao fazer esses agradecimentos, mais importante que a ordem cronológica dos eventos que o propiciaram é a influência que tiveram sobre mim a fim de que a obra viesse à lume.

Em 1956 formei-me em Psicologia na PUC-RJ. Isso só foi possível porque um homem visionário planejou, executou e, por vezes, financiou o primeiro curso formal de graduação em psicologia no Brasil. Esse pioneiro dos cursos de formação de psicólogos no Brasil se chama Hanns Ludwig Lippmann. A ele devo meu interesse por psicologia e posterior dedicação a esse setor do conhecimento. Lippmann me ensinou psicologia, me orientou no início de minha carreira e me estimulou a prossegui-la. Não fosse ele, eu não teria sido psicólogo. Sem ele, o *Psicologia Social* jamais teria sido escrito.

Introduzido à psicologia por Lippmann, e sob sua orientação, juntamente com a do Pe. Antonius Benkö, que o sucedeu na direção do Instituto de Psicologia da PUC-RJ, fui para os Estados Unidos em busca do mestrado em Psicologia. Obtive uma bolsa Fulbright em 1959, o que me permitiu ir para a Universidade de Kansas. Lá conheci o famoso e inesquecível Fritz Heider, cuja influência em minha carreira de psicólogo social foi simplesmente fundamental. A suas aulas magistrais, a seu brilho, a sua inteligência e a suas contribuições à psicologia social eu devo não apenas minha opção por esse ramo da psicologia, mas também a inspiração para minha tese de doutorado e para minhas pesquisas durante duas décadas sobre a *"hipótese do equilíbrio"* (*balance hypothesis*), como ele chamava, humildemente, sua poderosa teoria sobre a busca de harmonia nas relações interpessoais. A meu orientador de tese de mestrado, o Prof. Herbert Wright, discípulo e seguidor de Kurt Lewin, eu devo a minha obtenção do grau de Mestre em Psicologia.

Ao regressar ao Brasil com o mestrado da Universidade de Kansas, recebi do Pe. Benkö total e indispensável apoio em minha carreira universitária. Foi ele quem me incentivou a continuar minha formação e tentar obter o Ph.D. numa universidade estrangeira (naquele tempo, não havia doutorado no Brasil). Ouvindo seus conselhos, solicitei admissão a alguns programas de doutorado nos EEUU. Tive a ventura de ter sido aceito pelo Departamento de Psicologia da Universidade da Califórnia em Los Angeles (UCLA), uma das melhores do mundo, e onde obtive meu Ph.D. Devo muito a todos os professores da UCLA de quem fui aluno, mas dois deles – Harold H. Kelley e Bertram H. Raven – foram cruciais em minha formação. Além de mestres inesquecíveis, foram grandes amigos até o fim de suas vidas. Não há palavras que traduzam com justiça o que todos significaram em minha formação acadêmica e em minha vida profissional.

Outro fator que muito me ajudou em minha carreira, e que teve influência direta no *Psicologia Social*, foram os 20 anos em que lecionei no Departamento de Psicologia da Universidade Estadual da Califórnia, em Fresno (CSUF). Foi lá que encontrei as condições necessárias para fazer as reformulações e atualizações da 3ª e da 4ª edição do *Psicologia Social*. Foi nela também que recebi da Universidade o necessário apoio financeiro e logístico para organizar e promover, juntamente com meu colega e grande amigo, o saudoso Robert V. Levine, a I Yosemite Conference in Social Psychology. O tema desta conferência, realizada em 1997, foi "Reflections on 100 Years of

Experimental Social Psychology", comemorando 100 anos da publicação do primeiro experimento em psicologia social realizado por Norman Triplett. O convívio com os ilustres participantes do evento, um verdadeiro *dream team* de psicólogos sociais – Eliott Aronson, Leonard Berkowitz, Morton Deutsch, Harold B. Gerard, Harold H. Kelley, Albert Pepitone, Bertram H. Raven, Robert B. Zajonc e Philip G. Zimbardo – motivou-me ainda mais a iniciar os preparativos para uma nova edição do *Psicologia Social*. Dez anos depois, a CSUF me apoiou novamente e, com a ajuda de meus colegas Robert V. Levine e Lynnette Zelezny, conseguimos organizar a II Yosemite Conference in Social Psychology sobre o tema "Journeys in Social Psychology: Looking Back to Inspire the Future", do qual participou outro elenco de notáveis psicólogos sociais, tais como: Alice H. Eagly, Robert B. Cialdini, Ed Diener, Robert Rosenthal, Shelley E. Taylor, Harry C. Triandis, Bernard Weiner e Philip G. Zimbardo. Embora não estivesse à altura dos demais participantes, inclui-me entre os palestrantes, pois julguei que minha trajetória em psicologia social se encaixava bem na temática do evento. Referência a essas duas importantes Conferências em psicologia social, e aos dois livros que delas derivaram, é feita no anexo 2, do capítulo 1, desta edição. Os conhecimentos adquiridos nestas duas conferências através do convívio com expoentes notáveis dessa área da psicologia motivaram-me a procurar refleti-los nas edições que se seguiram do *Psicologia Social*.

Impossível não registrar a minha dívida de gratidão à Editora Vozes, que manteve o livro em circulação por todas essas décadas, nunca permitindo que ele faltasse nas livrarias, aos professores que o adotaram e aos alunos que nele estudaram e de onde emanaram críticas construtivas que permitiram o contínuo aperfeiçoamento da obra. Sem sua indispensável contribuição, o *Psicologia Social* não estaria comemorando 50 anos em 2022.

E, finalmente, o amparo de minha família e o exemplo, inspiração e ensinamentos de destacados psicólogos sociais com quem tive contato, no Brasil e no exterior, foram indispensáveis ao longo da vida do *Psicologia Social*.

Só com meu esforço, mas sem tudo que me deram as pessoas e as instituições acima mencionadas, o *Psicologia Social* não teria completado meio século como auxiliar na formação de psicólogos brasileiros. A todos, minha ETERNA gratidão.

Após uma carreira dedicada à psicologia social, o 50º aniversário do livro me fez refletir sobre ela. Foi quando, pela primeira vez, me dei conta de que ela chegara a seu fim. Fritz Heider, de quem fui aluno em 1959/60 e de quem sou profundo admirador, conclui sua autobiografia – *The Life of a Psychologist* – relembrando momentos cruciais em sua carreira que, quando considerados em seu conjunto, o levaram a dizer:

> Em verdade, se eu fosse inclinado a ser supersticioso, poderia acreditar que um espírito amigo organizou a sequência de eventos nos quais os poderes da sorte foram tão generosos para comigo.

Imitando Heider, é com muita alegria que, ao fim de minha carreira, posso também entreter a hipótese de que um *"espírito amigo"* me acompanhou em momentos-chave de minha trajetória em psicologia social e *"organizou a sequência de eventos nos quais os poderes da sorte foram tão generosos para comigo"*.

A publicação desta 5ª edição será, como disse anteriormente, minha última contribuição aos psicólogos sociais brasileiros. Ao redigir este Prefácio, pude, de certa forma, reviver minha carreira, pois sua história e a história deste livro estão intimamente interligadas. Diante da inexorabilidade de seu ocaso, resta-me o conforto de poder dizer com certeza, satisfação e paz de espírito: MISSÃO CUMPRIDA.

Aroldo Rodrigues

PARTE I

Introdução

1

Psicologia Social: conceito, áreas afins, psicologia social e tecnologia social, marcos históricos

I. Que é Psicologia Social
II. Psicologia Social e áreas afins do conhecimento
    Psicologia Social e Sociologia
    Psicologia Social e Antropologia Cultural
    Psicologia Social e outras áreas da Psicologia
    Psicologia Social e o senso comum
III. Psicologia Social Científica, aplicações da Psicologia Social e tecnologia social
    Tipos de pesquisa em Psicologia Social
IV. Marcos históricos da Psicologia Social Científica
V. Resumo
VI. Sugestão de leituras
VI. Tópicos para discussão
VIII. Anexos
    Análise do conteúdo de 6 manuais de Psicologia Social
    Participantes das Yosemite Conferences I e II em 1997 e 2006

A Psicologia Social estuda a dependência e a interdependência entre as pessoas.

Robert B. Zajonc

Que é Psicologia Social?

Psicologia Social **é o estudo científico da influência recíproca entre as pessoas e dos processos cognitivo e afetivo gerados por esta interação.** À exceção da figura legendária de Robinson Crusoé e de eremitas, todos os seres humanos vivemos em constante processo de dependência e interdependência em relação a nossos semelhantes. Um aperto de mão, uma reprimenda, um elogio, um sorriso, um simples olhar de uma pessoa em direção a outra suscitam nesta última uma resposta que caracterizamos como social. Por sua vez, a resposta emitida servirá de estímulo à pessoa que a provocou, gerando, por seu turno, um outro comportamento desta última, estabelecendo-se assim o processo de interação social.

Esta influência recíproca que caracteriza o processo de interação social é esquematicamente representada no Quadro 1.

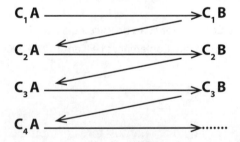

Quadro 1.1 Representação esquemática do processo de interação social

Neste quadro, C_1P_1 significa o comportamento 1 da pessoa 1, C_1P_2 o comportamento 1 da pessoa 2, C_2P_1 o comportamento 2 da pessoa 1, e assim por diante. Vê-se que, do momento em que P_1 inicia a interação, cada comportamento é influenciado pelo comportamento anterior e, ao mesmo tempo, influencia o comportamento subsequente. Isso constitui o fenômeno de interação social estudado pela psicologia social.

Esta ação recíproca afeta, de uma forma ou de outra, pensamentos, emoções e comportamentos das pessoas envolvidas, seja diretamente, como no exemplo acima, seja indiretamente, como ocorre na mídia, através de alguma campanha publicitária. Aqui, técnicas de persuasão são empregadas para que o leitor (ouvinte ou telespectador) mude de marca de sabonete, se disponha a levar seus filhos a um posto de vacinação ou, em períodos pré-eleitorais, incline-se a dar seu voto a determinado candidato.

A mera expectativa de como será o comportamento do outro (ou de seus pensamentos ou sentimentos) influencia nossas ações. Consideremos uma situação hipotética: se uma pessoa espera uma reação negativa de alguém, é bem possível que ela inicie a interação de forma agressiva. Vamos supor que ela tenha ido a uma loja de roupas e que, ao chegar em casa, descubra um pequeno defeito de fabricação na roupa comprada. Nada mais natural que voltar à loja e trocar o produto. Mas, se a pessoa é tímida, ou acha que a vendedora tentou lhe enganar de propósito, ou que não acreditará que a roupa já estivesse com defeito, ela exibirá reações bem diferentes. No caminho de volta à loja, ela poderá antecipar uma recepção negativa e já chegar lá adotando uma postura francamente hostil. Mas, para sua surpresa, é bem capaz que a vendedora lhe peça desculpas pelo transtorno e amavelmente lhe ofereça outra peça em troca. Isto re-estruturará a interação e a pessoa que se aproximou da vendedora com uma atitude hostil passa agora a exibir uma postura cordial e se despede agradecida. Este exemplo nos mostra o quanto a mera expectativa de um comportamentos social pode influenciar nosso comportamento.

Simultaneamente a manifestações comportamentais, processos mentais superiores (a expectativa de que falamos anteriormente e também nosso julgamento, processamento de informação etc.) são desencadeados pelo processo de interação e caracterizam o que se chama de **pensamento social**, ou seja, os processos cognitivos decorrentes da interação social. Nos capítulos 3, 4 e 5 serão descritos os principais processos cognitivos que ocorrem ao procurarmos conhecer a nós mesmos, as outras pessoas com quem interagimos e o mundo em que vivemos. Emoções e incentivos motivacionais também ocorrem no processo de interação social. Os capítulos 6 e 7 levarão em conta tais aspectos.

Interação humana e suas consequências cognitivas, comportamentais e afetivas constituem, pois, o **objeto material** da psicologia social, ou seja, aquilo que a psicologia social estuda. O **objeto formal** da psicologia social, ou seja, a maneira pela qual ela estuda seu objeto material, é o **método científico**. Método científico é toda atividade conducente à descoberta de um fato novo orientada pelo paradigma apresentado no Quadro 1.2.

Dos vários procedimentos metodológicos utilizados pelos psicólogos sociais a serem descritos no capítulo 2, o experimento de laboratório é, sem dúvida, o preferido, pois permite estabelecer com precisão a relação causal entre as variáveis de interesse. O seguinte paradigma é geralmente seguido: teoria ⇒ levantamento de hipóteses ⇒ teste empírico das hipóteses levantadas ⇒ análise dos dados obtidos ⇒ confirmação ou rejeição das hipóteses ⇒ generalização.

Vimos até agora que a psicologia social estuda a interação social e os concomitantes cognitivos e emocionais inerentes à interação entre pessoas e que o faz através da utilização do método científico. Para completar a conceituação do que seja psicologia social convém acrescentar-se uma outra característica: o **caráter situacional (ou latitudinal)** do fenômeno psicossocial. Ressalte-se ainda que tais fatores situacionais devem ter a característica de estímulos sociais. O comportamento "procurar a sombra num dia de forte calor" é um comportamento ditado por fatores situacionais, mas dificilmente se consideraria tal atividade como sendo um comportamento social. Este mesmo comportamento de evitar o sol e abrigar-se à sombra de uma árvore poderia ser um comportamento social caso os fatores situacionais por ele responsáveis fossem um, ou uma combinação, dos seguintes: receio de que outras pessoas considerassem idiotice permanecer no sol quando havia uma confortável sombra a dois metros de distância; desejo de evitar a transpiração que o sol suscitaria em virtude da necessidade de manter-se asseado para um encontro iminente; apreensão com a atribuição de frivolidade (desejo de exibir uma cor bronzeada para efeitos estéticos) que pessoas observando a permanência do indivíduo ao sol poderiam fazer. Nestes últimos casos, o comportamento de esquivar-se do sol e dirigir-se à sombra seria, sem dúvida, um comportamento social e nele se verificaria nitidamente a relevância dos fatores situacionais a que nos referimos, fatores estes de característica latitudinal ou horizontal, em vez de longitudinal ou vertical. Não quer isto dizer que fatores longitudinais (experiências passadas, fatores hereditários, características de personalidade) não influam no comportamento social da pessoa. Influem e muito. Quando o psicólogo social os considera, todavia, o faz ciente de que está utilizando uma variável **longitudinal** que interatua com variáveis situacionais na explicação de um determinado comportamento. Em outras palavras, ele recorre a ensinamentos emanados do estudo das características da personalidade individual a fim de verificar as interações das variáveis individuais com os fatores situacionais. O que caracteriza o aspecto social do comportamento estudado, contudo, é a influência de fatores situacionais.

O estudo de Zimbardo acerca das reações de indivíduos normais expostos a uma situação de encarceramento é um excelente exemplo do poder de variáveis situacionais. Num famoso e controvertido estudo, Zimbardo criou uma prisão simulada, onde 24 participantes foram observados, metade no papel de prisioneiros e metade na função de guardas. Programado para 15 dias, o estudo não chegou a durar uma semana: o que era para ser uma simulação de funções transformou-se num verdadeiro drama, em que os atores perderam de vista seus papéis passando a atuar como prisioneiros ou guardas reais. Entre os resultados inesperados, observaram-se casos de violência, depressão, ameaças, distorções perceptivas temporais, sintomas psicossomáticos, abuso do poder e crueldade. Como rapazes de classe média, sem antecedentes criminais ou alterações de personalidade (conforme foi verificado por uma bateria de testes psicológicos previamente utilizada) puderam, em tão pouco tempo, mudar pensamentos e sentimentos, alterando valores de toda uma existência e deixando vir à luz o lado pior de suas personalidades?

Para Zimbardo (1976) a resposta é simples: se colocarmos pessoas boas numa situação infernal, a situação infernal vencerá. Para ele, "uma instituição como a prisão tem dentro de si forças poderosas que poderão suplantar anos de socialização, de traços pessoais ou de valores profundamente enraizados" (p. 419). Em seu livro *The Lucifer effect: Understanding how good people turn evil* [O efeito Lúcifer: Compreendendo como pessoas boas se tornam más], ele apresenta exemplos (um deles sendo o do comportamento dos guardas americanos na prisão iraquiana de Abu-Ghraib) em que o poder da situação desempenha papel importante na geração de comportamentos atrozes. Muitas vezes, em nosso cotidiano, responsabilizamos exclusivamente as pessoas, sem levar em conta o poder da situação sobre seu comportamento. (Para mais informações sobre os estudos de Zimbardo o leitor interessado poderá visitar a página http://www.prisonexp.org).

À luz destas considerações poderíamos ampliar um pouco mais a definição de Psicologia Social apresentada na primeira frase deste capítulo, dizendo que a Psicologia Social é o **estudo científico de manifestações comportamentais de caráter situacional suscitadas pela interação de uma pessoa com outras pessoas, ou pela mera expectativa de tal interação, bem como dos processos cognitivos e afetivos decorrentes do processo de interação social.**

Psicologia Social e áreas afins do conhecimento

Dificilmente um professor de psicologia social deixa de ser interpelado pelos seus alunos em relação ao problema da diferença entre psicologia social e outros setores afins do conhecimento, tais como sociologia, antropologia cultural e a própria psicologia *tout court*. Impõe-se, assim, uma tentativa de clarificação do assunto no primeiro capítulo desta obra. Será o estudo da interação entre as pessoas prerrogativa exclusiva da psicologia social? Não é ela estudada também pela sociologia, pela antropologia cultural e por outras áreas da psicologia em geral, tais como a psicologia educacional, a psicologia clínica, a psicologia organizacional etc.? Vejamos a seguir como a psicologia social difere das áreas afins acima citadas.

Psicologia Social e Sociologia

Fontes importantes do conhecimento sociológico consideram como objeto de estudo sociológico a sociedade, as instituições sociais e as relações sociais (cf., Broom & Selznick, 1958; Giddens, 2009; Inkles, 1963; Zgourides & Zgourides, 2000). Dificilmente se encontra um psicólogo social ou um sociólogo que afirme, categoricamente, que psicologia social e sociologia são áreas totalmente distintas. A maioria se inclina para a posição segundo a qual ambos estes setores do conhecimento têm, pelo menos, um objeto formal um pouco distinto (maneira pela qual estudam os fenômenos sociais), porém reconhece a existência de uma área de interseção bastante nítida em seu objeto material (os fenômenos sociais que estuda). Esta é também a posição dos autores deste manual. Uma representação gráfica satisfatória do inter-relacionamento entre psicologia social e sociologia poderia ser representada mais ou menos como se vê na Fig. 1.1. Os fenômenos sociais enumerados nessa figura são meramente exemplificativos, não sendo nossa intenção exaurir a gama de fenômenos tipicamente estudados pela psicologia social, pela sociologia ou por ambas.

Apesar de uma razoável área de interseção entre estas duas disciplinas, as perguntas formuladas pelo psicólogo social e pelo sociólogo em suas investigações do objeto material que lhes é comum variam bastante. Tomemos o exemplo do fenômeno psicossocial da delinquência juvenil. Numerosos são os livros encontrados na literatura psicológica e sociológica sobre o assunto. Consideremos dois exemplos, um de cada campo. No campo da sociologia, o livro de Albert Cohen (1955) *Delinquent Boys* fornece um excelente exemplo de uma teoria sociológica acerca do fenômeno da delinquência juvenil. Cohen salienta em seu estudo as características da cultura da *gang* e indica frustrações decorrentes da diferença entre classes sociais e pressões geradas pela subcultura da *gang* delinquente como fatores primordiais na geração de comportamento delinquente entre os jovens. Freedman e Doob (1968), psicólogos sociais, analisam em seu livro *Deviancy* o comportamento do indivíduo que se sente diferente do grupo em que se encontra, tanto ao referir-se ao delinquente como ao considerar um gênio que se destaca de seus companheiros pela posse de uma inteligência superior. A análise de Freedman e Doob ampara-se claramente em fatores situacionais de percepção da excepcionalidade por parte da pessoa que se desvia do grupo. As eventuais influências da subcultura específica a que pertence o desviante, bem como as consequências para a sociedade de seu comportamento, são tratadas muito superficialmente. Ênfase é posta no comportamento individual do desviante, face a suas percepções relativas à sua originalidade quando comparado com seus pares. Vemos claramente nestes dois enfoques a diferença de modo de encarar um mesmo problema por parte de um sociólogo e de um psicólogo. Para aquele, o indivíduo é considerado à luz da subcultura em que se insere e as causas de seu comportamento são buscadas nas características da entidade social a que pertence; para este, o indivíduo em si mesmo é examinado em função de suas reações aos fatores ambientais que o circundam. Num, a unidade de análise é o grupo; no outro, o indivíduo. Ilustrações adicionais podem ser apresentadas. Tomemos, por exemplo, a instituição da família. O sociólogo se ocupa em descrever a família em termos da autoridade dominante (patriarcal, matriarcal, equalitária), em termos do número de pessoas unidas em matrimônio (monogamia, poligamia, poliandria), em termos do local de residência do casal (patrilocal, matrilocal, neolocal) etc. O psicólogo parte do *status quo* e preocupa-se em observar como tais situações de fato influem no comportamento de um membro da família diante, por exemplo, das novas opções de arranjos familiares disponíveis hoje em dia (a coabitação, as facilidades na obtenção do divórcio etc.) e suas consequências etc. Não há dúvida de que no estudo da família há inúmeras áreas de interesse comum a ambos os profissionais (ex., processo de socialização da criança, resolução de conflitos familiares, satisfação conjugal, relações de *status* etc.). É o que foi ilustrado na figura 1.1.

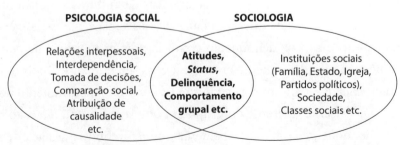

Figura 1.1 Objetos de Investigação Típicos e Comuns da Psicologia Social e da Sociologia

Em conclusão, diríamos que psicologia social e sociologia têm objeto material idêntico ou quase idêntico, porém diferem em relação ao **método** que utilizam (a psicologia social utiliza prioritariamente o método experimental e a sociologia prioriza outros métodos de pesquisa) e também no que concerne à **unidade de análise** (a psicologia social considera o indivíduo em interação com outras pessoas, enquanto a sociologia dá maior ênfase à sociedade e às instituições sociais). Saliente-se, todavia, que mesmo entre os psicólogos sociais há diferenças nos níveis de explicação do comportamento social, tal como propostos por Doise (1986). Se, por um lado, psicólogos sociais norte-americanos adotam predominantemente os níveis pessoais e interpessoais – que caracterizariam a chamada psicologia social psicológica –, por outro, psicólogos sociais europeus, embora façam uso desses dois níveis, tendem a dispensar maior atenção aos níveis inter-grupais e coletivos que corresponderiam à psicologia social sociológica. Em outras palavras, os primeiros preocupam-se em explicar como o indivíduo processa e organiza as informações e experiências que tem em contato com o mundo social (nível pessoal) ou como a dinâmica dessas interações afeta seus modos de agir, pensar e sentir (nível interpessoal). Já os últimos preocupam-se mais em estudar o comportamento do indivíduo e as relações entre os grupos, tomando por base a filiação ou posição grupal (nível posicional) ou, ainda, as ideologias, as representações e os valores predominantes na sociedade (nível societal ou ideológico).

Psicologia Social e Antropologia Cultural

A distinção entre psicologia social e antropologia é bem mais nítida que a distinção entre psicologia social e sociologia. Não há dúvida de que as descobertas antropológicas e as investigações que ensejam fornecem dados valiosos e interessantes para o entendimento do comportamento do indivíduo de diferentes culturas frente aos outros indivíduos. Ao visitar-se o *Museo Nacional de Antropología* da Cidade do México, o *Musée de L'Homme* de Paris, o *British Museum* de Londres ou o *Smithsonian Institution* de Washington, observa-se um manancial riquíssimo de informações sobre as produções e características de culturas de várias épocas e locais que nos permitem inferências relevantes para especulações sobre a organização sociológica e psicológica destas mesmas culturas. A antropologia *lato sensu*, porém, estuda as produções humanas nas diferentes culturas, as características étnicas dos vários povos, suas formas de expressão, etc., sem, contudo, considerar o indivíduo em si mesmo e seu comportamento típico frente aos estímulos sociais contemporâneos (situacionais), tal como o faz a psicologia social. A distinção entre as duas áreas do conhecimento parece-nos nítida e, se utilizássemos o formato da figura 1.1 para representar os conjuntos próprios da psicologia social e da antropologia cultural, a área de interseção seria muito reduzida. Mesmo assim, os estudos do antropólogo E. T. Hall (1977) sobre "espaço pessoal" (como o impacto na interação social causado pela arrumação de móveis de um ambiente, pelas configurações espaciais arquitetônicas ou pela distância entre as pessoas durante o ato da conversação, entre outros) tratam de influências sobre o comportamento social, ainda que examinados de um ponto de vista grupal, como na Sociologia.

Psicologia Social e outras áreas da Psicologia

Pela definição de Psicologia Social dada anteriormente constatamos que, à exceção da psicologia fisiológica, dos estudos experimentais de psicofísica, da psicologia comparada e da teoria dos testes mentais, todas as demais áreas da psicologia lidam com situações interpessoais que envolvem, portanto, situação de dependência e interdependência. O psicólogo clínico, o psicólogo organizacional, o estudioso do desenvolvimento da personalidade, o psicólogo educacional, enfim o psicólogo *tout court*, veem-se constantemente às voltas com o estudo de situações em que a interação humana é patente.

Como acontece em outras áreas do conhecimento (física, medicina, engenharia, direito etc.) trata-se aqui de diferenciar as subáreas de investigação dentro de um mesmo setor através da maior ou menor ênfase colocada em determinados aspectos dos fenômenos estudados, porém com todas as áreas tendo um denominador comum que caracteriza o setor específico do conhecimento. Assim, por analogia, digamos, com a medicina, o psicólogo tem que possuir conhecimentos básicos dos processos psicológicos de sensação, percepção, cognição, motivação, aprendizagem etc., assim como o médico, seja qual for sua especialidade, necessita de conhecimentos básicos de anatomia, biologia, fisiologia, física e química.

A distinção entre psicologia social e outros setores da psicologia parece-nos suficientemente clara, desde que atentemos para o fato de que o que identifica uma determinada área da psicologia é a ênfase posta no estudo de certos fenômenos psicológicos. No caso da psicologia social, o que a caracteriza é a ênfase colocada na influência de fatores situacionais do comportamento interpessoal. Um exemplo ajudará a esclarecer o assunto. Consideremos a interação cliente/psicólogo clínico. É, sem dúvida, uma relação interpessoal na qual fatores situacionais desempenham relevante papel e nela se identificam comportamentos de dependência e de interdependência. Este é o aspecto da situação que interessa ao psicólogo social. Digamos que o psicólogo seja um psicólogo clínico. Embora ele não despreze (muito pelo contrário) os ensinamentos da psicologia social no que tange à importância da situação interpessoal estabelecida, sua preocupação maior estará em realizar um estudo vertical da personalidade do cliente (que, neste caso, passa a se chamar paciente ou analisando), procurando verificar possíveis influências de experiências passadas no comportamento atual de seu cliente, sua auto-imagem, seus objetivos, seus recalques, suas inseguranças, enfim, a dinâmica de sua personalidade. Ademais, estará ele às voltas com as técnicas de diagnóstico desta dinâmica, bem como com a forma de terapia que deverão ser usadas em prol de um melhor ajustamento de seu paciente. Por aí se vê (e mais claro ainda ficará, para aqueles que apenas agora se familiarizam com a psicologia social, quando chegar ao final deste livro) a diferença de enfoque e de objetivos que distinguem os especialistas das várias áreas da psicologia. Embora as diversas áreas da psicologia tenham um denominador comum de conhecimentos, cada uma delas focaliza aspectos psicológicos específicos.

Isso não quer dizer que os psicólogos sociais ignorem aspectos da personalidade individual. Tais aspectos são, com frequência, utilizados por eles quando a interação entre estes fatores individuais e fatores situacionais são contemplados. Por exemplo, é possível que um psicólogo social se interesse por estudar os efeitos da pressão social exercida por uma unanimidade (fator situacional) em pessoas de baixa ou alta autoestima (fator individual); ou por estudar a diferença entre otimistas e pessimistas (variável de personalidade) em sua visão de mundo, o que, por sua vez, influencia sua forma de interagir com os outros.

A estreita relação entre psicologia da personalidade e psicologia social pode ser vista ainda no fato de uma das maiores figuras da psicologia social – Kurt Lewin – considerar o comportamento humano como sendo função de dois fatores, a pessoa e o ambiente [$C=f(P,A)$], e no fato de dois dos periódicos de maior visibilidade no cenário psicológico mundial intitularem-se *Journal of Personality and Social Psychology* e *Personality and Social Psychology Bulletin*. Outra indicação da estreita relação entre os dois setores é o fato de a Associação Americana de Psicologia manter os dois setores um sua Divisão 8, apesar de possuir mais de 50 divisões.

A psicologia social contemporânea é fortemente influenciada por uma perspectiva cognitivista. Serão psicologia social e psicologia cognitiva sinônimos? Não e pela mesma razão indicada anteriormente, ou seja, devido à ênfase que cada uma coloca nos fenômenos que estuda. Enquanto a psicologia cognitiva se ocupa de estudar o funcionamento de processos mentais superiores, tais como o pensamento, o raciocínio, a aquisição e o processamento e informações etc., a psicologia social se concentra no estudo do papel desempenhado por tais processos mentais no comportamento social. Na Parte II desta obra veremos como nossas cognições influem na maneira pela qual percebemos nós mesmos, os outros e a realidade social em que nos inserimos. Os capítulos desta parte mostrarão a importância de nossas cognições em nosso comportamento frente à realidade social, mas não cuidarão das características próprias e do funcionamento dos processos mentais superiores *per se* como o faz a psicologia cognitiva.

A psicologia organizacional derivou da psicologia social, mas o que a distingue como setor autônomo é o fato de concentrar-se no estudo dos processos sociais que ocorrem tipicamente nas organizações sociais. Vemos, mais uma vez, uma área da psicologia sendo identificada pela ênfase que dá a determinado aspecto do comportamento humano.

Psicologia Social e o senso comum

O leitor encontrará frequentemente neste manual descrições de achados científicos que coincidem com o senso comum. Por exemplo: é mais provável que pessoas com valores semelhantes sejam mais amigas do que pessoas com valores antagônicos; uma pessoa se sente culpada quando comete um ato reprovável que estava em seu poder evitar; uma comunicação persuasiva emanada de uma fonte tida como competente tende a ser mais eficaz do que a mesma comunicação quando feita por uma fonte com baixa reputação; e assim por diante. Poder-se-á então perguntar: qual a necessidade da condução de sofisticados experimentos científicos para demonstrar o que todos sabemos por mera intuição ou senso comum? A resposta está no fato de que nem sempre o que nos parece óbvio é verdadeiro. Por exemplo: parece óbvio que, se quisermos fazer uma pessoa mudar de atitude, devemos oferecer-lhe uma grande recompensa ou ameaçá-la com um grande castigo para que ela passe a exibir a atitude que desejamos; um elogio é sempre capaz de servir de estímulo ao realizador de uma tarefa etc. Como veremos em capítulos subsequentes, conforme as circunstâncias, o oposto é verdadeiro. Além disso, não é tarefa da psicologia social ir de encontro ao senso comum, mas confirmar sua validade e sistematizá-lo para permitir ir mais além do simples conhecimento dele derivado. Por exemplo, no cap. 5, ao estudarmos o fenômeno de atribuição de causalidade, veremos que a noção relativamente óbvia de que as causas de nossos comportamentos podem ser classificadas em **internas** (localizadas em nós mesmos) ou **externas** (localizadas fora de nós mesmos), **estáveis** (isto é, duradouras e pouco suscetíveis à mudança) ou **instáveis** (temporárias e cambiáveis), e **controláveis** (ou seja, sob o controle de alguém) ou **incontroláveis** (totalmente aleatórias), noção esta que, de acordo com o senso comum, nos leva a predições e a sistematizações que vão muito além do mero conhecimento baseado no senso comum.

Por esses motivos, a psicologia social se utiliza do senso comum, mas, através da pesquisa científica, vai mais além e nos permite sistematizações do conhecimento existente e predição de conhecimento novo. Consequentemente, as especulações de poetas, romancistas e filósofos acerca das constâncias do comportamento social humano, embora muitas vezes corretas, não dispensam a necessidade de conhecer-se cientificamente a dinâmica das relações interpessoais e dos processos cognitivos que as acompanham. O leitor interessado poderá ver em Lazarsfeld (1949) exemplos de expectativas de comportamentos sociais derivadas do senso comum que não foram confirmadas quando estudadas cientificamente.

Teigen (1986) ao apresentar a alunos universitários ingleses provérbios que se opunham (ex.: "quem não arrisca não petisca" *versus* "boa romaria faz quem em casa fica em paz", ou "não se pode ensinar truques novos a cachorros velhos" *versus* "nunca é tarde para se aprender"), observou que a maioria dos alunos os considerou absolutamente corretos. Assim, a pura sabedoria convencional – sem a devida avaliação metodológica científica – pode nos levar a aceitar "verdades" contraditórias.

Psicologia Social Científica, aplicações da Psicologia Social e tecnologia social

> *Não existe a categoria de ciência a que se possa chamar aplicada. Existem ciência e aplicações da ciência, unidas como o fruto e a árvore que o produz.*
>
> Louis Pasteur

Os autores deste manual concordam com o grande cientista francês acima citado. A psicologia social é uma ciência e neste livro o leitor encontrará uma razoável quantidade de descobertas científicas que são fruto da atividade de pesquisa dos psicólogos sociais. No capítulo 14, exemplos de aplicações decorrentes destes conhecimentos serão apresentados.

Os tipos de investigações conduzidas na psicologia social científica e os tipos de aplicações comumente encontrados podem ser vistos no Quadro 1.3.

> **Psicologia Social Científica**
> pesquisa teórica
> pesquisa centrada num problema
> pesquisa metodológica
> pesquisa de avaliação
> pesquisa de réplica
>
> **Aplicações da Psicologia Social**
> aplicações simples
> aplicações complexas (tecnologia social)

Quadro 1.3 Tipos de pesquisa e de aplicações em psicologia social

Como esse quadro mostra, os psicólogos sociais dedicam-se a pesquisas destinadas a **promover avanços teóricos** (por ex.: teste de hipóteses derivadas de teorias; aperfeiçoamento do poder preditivo de teorias), ou a lançar luz sobre **um problema específico** (por ex.: verificar se a densidade populacional influi no comportamento de ajuda nas cidades; verificar se uma liderança democrática é mais ou menos eficaz que uma autocrática), ou a promover **um refinamento metodológico** (por ex.: verificar se universitários se comportam de forma diferente de sujeitos não universitários; detectar tendenciosidades na coleta de dados), ou a **avaliar a eficácia de uma intervenção** (por ex.: verificar se uma tentativa de mudança de atitude teve êxito ou não; avaliar a eficácia de um programa destinado a diminuir o preconceito racial num determinado grupo social), ou, finalmente, apenas verificar **a estabilidade e a generalidade de achados anteriores através da condução de réplicas** (por ex.: verificar se achados psicossociais são transistóricos e/ou transculturais).

Todos estes tipos de pesquisa integram a psicologia social científica e fornecem subsídios para sua aplicação a problemas psicossociais concretos. Quando se lança mão de **um achado específico** para a solução de um problema determinado (por ex.: eliminar o sentimento de frustração de um grupo com o objetivo de diminuir sua agressividade; utilizar um determinado tipo de poder social para lograr uma mudança comportamental específica), estamos tratando de aplicações simples; se, todavia, **combinamos achados existentes** para utilizá-los na solução de um problema social, estamos praticando o que Jacobo Varela (1971) denomina **tecnologia social**.

Varela (1975) define assim a tecnologia social: "É a atividade que conduz ao planejamento de soluções de problemas sociais através de combinações de achados derivados de diferentes áreas das ciências sociais" (p. 160).

A primeira distinção que se impõe na compreensão do que seja tecnologia social é a que se refere à diferença de objetivos do cientista social (seja ele psicólogo social ou não, básico ou aplicado) e do tecnólogo social. O cientista não orienta sua atividade para a solução de problemas. Dizem Reyes e Varela (1980): "Frequentemente, achados científicos foram feitos por alguém que não tinha a menor ideia de que eles iriam ser utilizados para algo de útil ou de uma determinada maneira. A progressão do telégrafo para o telefone e para o rádio é um exemplo. Mas Morse e Bell eram inventores. Os cientistas atrás deles foram Faraday, Henry, Maxwell, Hertz e outros. Sem as descobertas puramente científicas, as invenções que as seguiram não teriam sido possíveis. Mas o cientista sozinho não poderia ter-nos legado as comunicações modernas. Não era esta sua preocupação. Os tecnólogos foram necessários para dar os passos necessários. Maxwell e os demais não estavam interessados em saber como suas descobertas seriam usadas. Sua ocupação era bem distinta daquela de Bell ou de Marconi" (p. 49).

Reyes e Varela (1980) salientam ainda que os cientistas sociais, no afã de atenderem à pressão social que clama pela relevância de suas pesquisas, criam "programas aplicados". Acontece, porém, que pesquisa aplicada continua sendo pesquisa, isto é, a preocupação é a de descobrir a realidade em ambientes naturais e continuar pesquisando até que se obtenha um conhecimento satisfatório e fidedigno desta realidade. O tecnólogo social não se preocupa em descobrir a realidade; ele deixa isto para os cientistas e, baseado nas descobertas destes últimos, procura resolver problemas concretos. No capítulo 9, ao tratarmos do fenômeno de Influência Social, mostraremos a tecnologia social em ação.

Marcos históricos da Psicologia Social Científica

Os manuais de psicologia social diferem consideravelmente no que diz respeito à ênfase dada ao histórico da psicologia social. Alguns simplesmente ignoram o assunto (Aronson, Wilson & Ackert, 2009; Baron & Byrne, 2002; Berkowitz, 1975; Brown, 1965; Franzoi, 2005; Freedman, Carlsmith & Sears, 1970; Kenrick, Neuberg & Cialdini, 2005; Myers, 2010; Newcomb, Turner & Converse, 1965; Raven & Rubin, 1983; Sarbin, 1995; Schneider, 1978; Secord & Backman, 1964; Taylor, Peplau & Sears, 2006) outros dedicam uma seção de um capítulo ao assunto (Baron, Brabscombe & Byrne, 2008; Brehm, Kassin & Fein, 2005; Feldman, 2000; Harvey & Smith, 1977; Jones & Gerard, 1967; Kassin, Fein & Markus, 2011; Krech, Crutchfield & Ballachie, 1962; Smith & Mackie, 2007); outros reservam um apêndice para a matéria (Shellenberg, 1969); e outros ainda dedicam um capítulo inteiro ao tópico em questão (Hollander, 1967; Hewstone, Stroebe & Stephenson, 1996).

Entre os que consideram a matéria, alguns salientam a evolução da psicologia social desde suas raízes filosóficas acerca da natureza social do homem e da formação da sociedade (Allport, 1968); outros focalizam principalmente os fatos mais relevantes da psicologia social no final do século XIX e durante o século XX (Krech, Crutchfield & Ballachie, 1962; Jones & Gerard, 1967); e outros ainda procuram um equilíbrio entre as informações históricas referentes à fase pré-científica e à fase propriamente psicológica deste setor da investigação (Hollander, 1967; Hewstone; Schroebe & Stephenson, 1996).

O leitor interessado na história da psicologia social deverá consultar as fontes acima indicadas que tratam do assunto. Na edição de 2010 do *Handbook of social psychology* o leitor encontrará no primeiro capítulo um enfoque histórico das características da psicologia social através de seu desenvolvimento. Embora Ross, Lepper e Ward, autores do capítulo, apresentem uma erudita revisão dos tópicos estudados, métodos preferidos, influências do *zeitgeist* das várias épocas na escolha de fenômenos sociais investigados e tendências atuais da psicologia social, recomendamos que o leitor interessado só o consulte após terminar a leitura deste livro, pois o entendimento do capítulo requer um razoável conhecimento de psicologia social.

Nosso objetivo ao tratar do desenvolvimento histórico da psicologia social é muito mais modesto. Limitar-nos-emos a apresentar alguns marcos históricos que, em nossa opinião, foram muito significativos no desenvolvimento da disciplina. A listagem abaixo, todavia, reflete as tendenciosidades dos autores e não seria surpresa encontrar-se razoável divergência de opiniões no que concerne à inclusão de alguns acontecimentos e à omissão de outros. Deve, pois, o leitor considerar esta seção acerca dos marcos da psicologia social científica com as reservas que estes esclarecimentos impõem.

Seguem-se alguns marcos históricos da psicologia social do final do século XIX em diante. Embora fenômenos de interesse da psicologia social tenham sido considerados desde Platão e Aristóteles e através da história, a psicologia social como disciplina psicológica científica autônoma tem uma curta história, iniciando-se no final do século XIX.

1895 – Gustave Le Bon publica seu livro *La Psychologie des Foules*, que, apesar de conter conceitos não empiricamente testáveis, suscitou o estudo científico dos processos grupais e, principalmente, dos movimentos de massa.

1898 – Norman Triplett conduz o primeiro experimento relativo a fenômenos psicossociais, comparando o desempenho de meninos no exercício de uma atividade nas condições de isolamento ou juntamente com outros, fenômeno este que ficou conhecido como "facilitação social".

1908 – William MacDougall e Edward A. Ross publicam no mesmo ano os primeiros livros intitulados *Psicologia Social*. Apesar do mesmo título, a abordagem dos autores é distinta: McDougall é guiado por uma posição instintivista e Ross salienta o papel da cultura e da sociedade no comportamento humano.

1921 – Morton Prince inicia a publicação do *Journal of Abnormal and Social Psychology*, o qual se constitui, até 1964, na principal fonte de publicação de estudo em psicologia social.

1928 – Louis L. Thurstone inicia seus estudos relativos à mensuração das atitudes em seu artigo *Atitudes Can Be Measured*.

1935 – Carl Murchison publica o primeiro *Handbook of social psychology*.

1936 – Kurt Lewin e seus associados dedicam-se com afinco à aplicação de princípios teóricos na resolução de problemas sociais, caracterizando o que ficou consagrado no termo *action research*. A influência de Lewin em psicologia social é de tal ordem que Leon Festinger, comentando um livro sobre a obra de Kurt Lewin, declarou que 95% da psicologia social contemporânea revela a influência lewiniana.

1936 – Muzafer Sherif mostra experimentalmente como se formam as normas sociais, através de seus estudos sobre o efeito autocinético.

1939 – Kurt Lewin, Ron Lippit e Ralph White publicam os resultados de seus estudos relativos à conduta de grupos funcionando em diferentes atmosferas no que concerne ao tipo de liderança exercida.

1943 – Theodore M. Newcomb reporta seu estudo de quatro anos no *Bennington College*, mostrando como as atitudes podem se modificar em função da adesão a diferentes grupos de referência.

1946 – Fritz Heider publica seu artigo *Attitudes and Cognitive Organization*, considerado o berço das teorias de consistência cognitiva que floresceram na década de 1950 e que continuam a ter relevante papel na psicologia social contemporânea.

1953 – Carl Hovland, Irving Janis e Harold Kelley publicam os resultados dos estudos do Grupo de Yale acerca dos fatores influentes na mudança de atitudes.

1954 – Gardner Lindzey coordena o *Handbook of social psychology*.

1957 – Leon Festinger apresenta a sua teoria da dissonância cognitiva, que, sem qualquer dúvida, constitui a teoria de maior valor heurístico em psicologia social, inspirando uma grande quantidade de testes empíricos e de aplicações.

1958 – Fritz Heider publica seu influente livro *The psychology of interpersonal relations*. Esse livro lançou as bases do que é hoje conhecido como teoria da atribuição e tem exercido influência significativa em psicologia social desde sua publicação até os dias de hoje.

1964 – Sob a presidência de Leon Festinger, forma-se o *Comitê de Psicologia Social Transnacional* que teve papel fundamental na criação das associações de psicologia social europeia e latino-americana.

1965 – Dois novos periódicos destinados a divulgar pesquisas em psicologia social vêm à lume: O *Journal of Personality and Social Psychology* e o *Journal of Experimental Social Psychology*.

1968 – G. Lindzey e E. Aronson coordenam a 2ª edição do *Handbook of Social Psychology*.

1970 – Através dos trabalhos de Edward E. Jones, Harold H. Kelley, Keith E. Davis, Richard Nisbett, Bernard Weiner, John Harvey etc., extraordinário impulso é dado ao estudo do fenômeno de atribuição de causalidade em psicologia social.

1970 – Ganha grande visibilidade o movimento que se tornou conhecido como a crise da psicologia social, durante o qual fortes ataques foram dirigidos às pesquisas de laboratório, aos procedimentos metodológicos e éticos e à falta de aplicação da psicologia social aos problemas sociais. A crise também se caracterizou pela crítica à pouca relevância prática das pesquisas em psicologia social.

1971 – Realiza-se em Viña Del Mar, Chile, o primeiro workshop de psicologia social na América Latina, do qual participaram as principais figuras da psicologia social latino-americana e três psicólogos de renome dos Estados Unidos. Foi então criado o Comitê Latino-Americano de Psicologia Social sob a presidência de Luis Ramallo (Chile), mais tarde transformado na Associação Latino-Americana de Psicologia Social.

1973 – Funda-se a Associação Latino-Americana de Psicologia Social tendo como Presidente Aroldo Rodrigues (Brasil). Integraram a diretoria em diferentes funções Héctor Cappello (México), José Miguel Salazar (Venezuela), Gerardo Marín (Colômbia), Julio Villegas (Chile) e Catalina Weinerman (Argentina).

1985 – Gardner Lindzey e Elliot Aronson editam mais uma edição do *Handbook of Social Psychology*.

1986 – O pensamento atribuicional em Psicologia Social serve de base para a Teoria Atribuicional de Motivação e Emoção proposta por Bernard Weiner em seu livro *An Attributional theory of motivation and emotion*.

1998 – A 4ª edição do *Handbook of social psychology* é publicada, agora organizada por Gardner Lindzey, Susan T. Fiske e Daniel T. Gilbert.

2001 – Dijksterhuis e Bargh publicam na série *Advances in experimental social psychology* seu importante capítulo acerca dos efeitos automáticos do processo de percepção social no comportamento social.

2010 – Vem à lume a 5ª edição do *Handbook of social psychology*, editado por Susan T. Fiske, Daniel T. Gilbert e Gardner Lindzey.

No Quadro 1.4 o leitor encontrará uma sinopse da história da psicologia social. Nele a nossa preocupação foi mais a de exemplificar temas e nomes de destaques em vários períodos do que a de sermos exaustivos. Saliente-se ainda que o fato de certos tópicos não serem mencionados em determinados períodos não significa que eles tenham sido ignorados. A finalidade da sinopse é mostrar o surgimento e a maior importância dada ao estudo de certos fenômenos psicossociais em certos períodos aproximados de tempo.

PERÍODO	TÓPICOS DOMINANTES	NOMES DE DESTAQUE
1895 – 1930	FACILITAÇÃO SOCIAL, SUGESTÃO, IMITAÇÃO	LE BON, MCDOUGALL, ROSS, ALLPORT
1930 – 1945	MEDIDA DE ATITUDES, CONFORMISMO, LIDERANÇA PRECONCEITO	THURSTONE, GALLUP, SHERIF, BOGARDUS, LEWIN
1945 – 1960	DINÂMICA DE GRUPO, AUTORITARISMO, GRUPOS DE REFERÊNCIA, COOPERAÇÃO E COMPETIÇÃO, CONFLITO, MUDANÇA DE ATITUDE, AGRESSÃO, DISSONÂNCIA COGNITIVA	LEWIN, ASCH, FESTINGER, KELLEY, CARTWRIGHT, ZANDER, RAVEN, GERARD, DEUTSCH, HOVLAND, JANIS, ARONSON, BREHM, COHEN
1960 – 1970	OBEDIÊNCIA, ALTRUÍSMO, ATRIBUIÇÃO, INFLUÊNCIA SOCIAL, PODER DA MINORIA, IDENTIDADE DO GÊNERO NO COMPORTAMENTO SOCIAL	MILGRAM, LATANÉ, DARLEY, HEIDER, KELLEY, JONES, DAVIS, NISBETT, ROSS, WEINER, MOSCOVICI, TAJFEL, EAGLY
PERÍODO	TÓPICOS DOMINANTES	NOMES DE DESTAQUE

1970 – 1990	PERCEPÇÃO SOCIAL, COGNIÇÃO SOCIAL, PROCESSOS DECISÓRIOS, COGNIÇÃO E AFETO, JUSTIÇA, AUTOCONCEITO, RELAÇÕES ÍNTIMAS	BRUNER, FISKE, TAYLOR, KAHNEMANN, TVERSKI, ZAJONC, ADAMS, WALSTER, DEUTSCH, KELLEY, GREENWALD
1990 – 2000	INFLUÊNCIAS CULTURAIS, REPRESENTAÇÕES SOCIAIS, BEM-ESTAR PSICOLÓGICO, PSICOLOGIA SOCIAL APLICADA	MARKUS, TRIANDIS, KITAYAMA, MOSCOVICI, SELIGMAN, MYERS, FREDRIKSON, CIALDINI
2000 –	TERRORISMO, MANEJO DE PROBLEMAS EXISTENCIAIS, PENSAMENTO AUTOMÁTICO	ZIMBARDO, PYSZCZINSKI, GREENBERG, SHELDON, BLANSKOVICH, BARGH

Quadro 1.4 Sinopse da história da psicologia social

Resumo

Neste capítulo a Psicologia Social foi conceituada como sendo uma atividade científica cujo objetivo é entender a interação humana e os processos cognitivos e afetivos a ela relevantes. Foi ressaltado o caráter situacional dos estudos psicossociais e a ênfase no estudo do indivíduo em suas relações com outros indivíduos. Para melhor entendimento do que seja Psicologia Social foram apresentados neste capítulo os pontos distintivos entre ela e áreas afins do conhecimento (sociologia, antropologia e outros setores da psicologia). Uma distinção entre Psicologia Social científica (com seus vários tipos de pesquisa) e aplicações da Psicologia Social foi assinalada. No que se refere a aplicações da Psicologia Social foi destacado o papel da tecnologia social, através da qual as descobertas da psicologia social e das outras ciências sociais são combinadas com a finalidade de resolver um problema social específico. O capítulo termina com uma breve listagem de alguns marcos históricos importantes e uma sinopse do histórico da psicologia social.

Sugestões de leituras

ARONSON, E. (2007). *The social animal*. 10. ed. New York: Freeman & Company.

ARONSON, E., WILSON, T. & AKERT, R. (2009). *Social psychology*. 7. ed. New York: Prentice-Hall.

BARON, R., BRANSCOMBE, N.R. & BYRNE, D. (2008). *Social psychology*. 12. ed. New York: Allyn & Bacon.

BERKOWITZ, L. (1975). *A survey of social psychology*. Hindale: The Dryden Press, cap. 1.

DEUTSCH, M. (1969). "Socially relevant science: Reflections on some studies of interpersonal conflict". *American Psychologist*, 12, p. 1076-1092.

DEUTSCH, M. & HORNSTEIN, H. (1975). *Applying social psychology*. New York: Erlbaum.

KASSIN, S., FEIN, S. & MARKUS, H.R. (2011). *Social Psychology*. Belmont, CA: Wadsworth, cap. 1, p. 12-21.

MYERS, D.C. (2010). *Social psychology*. 10. ed. New York: McGraw-Hill.

REYES, H. & VARELA, J.A. (1980). "Conditions required for a technology of the social sciences". In: KIDD, R.F. & SAKS, M.J. (orgs.). *Advances in Applied Social Psychology*. New York; Erlbaum.

RODRIGUES, A. (1977). "Algumas considerações sobre os problemas éticos da experimentação em psicologia social". *Arquivos Brasileiros de Psicologia Aplicada*, 29, p. 3-16.

RODRIGUES, A. (1978). "A crise de identidade da psicologia social". *Arquivos Brasileiros de Psicologia Aplicada*, 30, p. 3-11.

RODRIGUES, A. (2008). *Psicologia social para principiantes*. Petrópolis: Vozes, cap. 1.

ZIMBARDO, P. (1976). Uma entrevista. In: EVANS, R. (org.). *Construtores da psicologia*. São Paulo: Summus/Edusp.

Tópicos para discussão

1. Caracterizar psicologia social e tecnologia social, salientando as diferenças entre elas.

2. Qual a diferença entre psicologia social e sociologia?

3. Se a maior parte das áreas da psicologia lidam com a interação entre pessoas, o que distingue a psicologia social destas outras áreas da psicologia?

4. Discutir o tema: a psicologia social e a relevância social de suas descobertas.

5. O psicólogo social é um cientista ou um tecnólogo? Justifique sua resposta.

6. Em sua opinião, a psicologia social é uma ciência? Justifique sua resposta.

7. Qual a diferença entre pesquisa "básica", pesquisa "aplicada" e tecnologia social? Como elas se inter-relacionam?

8. Em sua opinião a tentativa de reprodução de achados anteriores (réplica) é útil ao desenvolvimento da psicologia social? Quais as vantagens e as desvantagens das réplicas? Será perda de tempo tentar repetir o que já foi feito antes?

9. Considerando os marcos históricos apresentados, indique algumas tendências que passaram a predominar em psicologia social nos últimos 30 anos mais ou menos.

10. A psicologia social, tal como conceituada neste capítulo, corresponde à ideia que o leitor dela fazia antes de ler o capítulo? Explique sua resposta.

Anexo 1 – Análise do conteúdo de 6 manuais de Psicologia Social (*Handbooks of Social Psychology*)

Achamos ilustrativo analisar abaixo o conteúdo de seis publicações que mostram os tópicos de psicologia social de interesse na época. Estas publicações são os Handbooks of Socal Psychology, *publicados em 1935, 1954, 1968, 1985, 1998 e 2010. O primeiro deles, editado por Carl Murchison, revela uma psicologia social ainda em busca de sua identidade. Os demais, sob a orientação de Gardner Lindzey, já mostram uma disciplina mais amadurecida e definida. Uma simples leitura dos fenômenos psicossociais merecedores de destaque em cada uma delas dá ao leitor uma ideia geral da evolução histórica da psicologia social científica nos Estados Unidos. Por várias razões, a Psicologia Social recebeu extraordinário desenvolvimento neste país e as contribuições apresentadas pelos psicólogos sociais nele radicados são difundidas e estudadas em todo o mundo. Daí julgarmos oportuno ver como a psicologia social se revelou através de livros marcantes que surgiram naquele país nas últimas oito décadas.*

Na primeira edição, publicada em 1935, note-se a referência a tópicos que caíram em desuso em psicologia social [história social do negro, história social do pele vermelha (índios), história social do homem branco, história social do homem amarelo (asiáticos), e fenômenos mágicos e cognatos, entre outros] e a preocupação com o comportamento social de animais (comportamento populacional das bactérias, origens e processos sociais entre plantas, sociedade de insetos, o comportamento de hordas e agrupamentos de mamíferos, comportamento social em primatas infra-humanos, entre outros). Atitudes e o poder da situação social no comportamento individual, tópicos centrais da psicologia social contemporânea, já são mencionados

Em 1954 a maioria dos capítulos mostra que a psicologia social já se apresenta com objetivo e metodologia definidos. Ênfase é dada à influência dos grandes sistemas psicológicos em Psicologia Social (contiguidade estímulo-resposta e teoria do reforço na psicologia social; teoria cognitiva; teoria psicanalítica e suas aplicações nas ciências sociais; e teoria de campo em psicologia social). Os métodos de investigação em Psicologia Social são descritos em profundidade (experimentos: seu planejamento e execução; técnicas quantitativas selecionadas; mensuração da atitude; técnicas de observação sistemática; mensuração sociométrica; a entrevista: uma ferramenta das ciências sociais; análise de conteúdo; e o método intercultural), e tópicos familiares aos psicólogos sociais contemporâneos começam a merecer atenção especial (preconceito e relações étnicas; efeitos da mídia de comunicação de massa; liderança; a psicologia do voto: uma análise do comportamento político; a percepção das pessoas).

Na terceira edição (1968) a influência da psicologia cognitiva na Psicologia Social começa a se tornar manifesta. Persiste a ênfase em assuntos metodológicos (experimentação em psicologia social; análise de dados, incluindo estatística; e mensuração da atitude, entre outros). Aplicações da Psicologia Social a outras áreas começam a ganhar visibilidade (psicologia e economia; uma psicologia social da educação; aspectos psicossociais das relações internacionais; psicologia da religião e psicologia social da saúde mental).

A quarta edição, que veio à lume em 1985, apresentou mais novidades: o capítulo de Gordon Allport constante das edições de 1954 e 1958 é mantido, mas um capítulo histórico relativo às cinco décadas passadas é acrescentado (Principais desenolvimentos em psicologia social nas últimas cinco décadas). Um capítulo específico sobre aplicações da psicologia social é incluído (A aplicação da psicologia social), além de um outro, referido ao meio ambiente (Aspectos psicossociaias da psicologia ambiental). Atração interpessoal, agressão e altruísmo merecem capítulos específicos (Atração interpessoal e Altruísmo e agressão), bem como a questão de gênero (Papéis sexuais na sociedade americana contemporânea). O método observacional e as pesquisas de levantamento são tratados em capítulos específicos (Métodos de observação sistemática e Métodos de levantamento de dados (survey). *Capítulos relativos à Psicologia Social de animais não aparecem, embora tenham constatado de todas as edições vistas até aqui. Pela primeira vez um psicólogo social europeu (S. Moscovici) contribui com um capítulo (Influência social e conformidade).*

Na quinta edição (1998) prossegue a expansão das aplicações da Psicologia Social a outros setores (justiça social e movimentos sociais; psicologia da saúde, compreendendo as organizações: conceitos e controvérsias; e opinião e ação no campo da política, entre outras). Um europeu, R. J. Brown (Relações intergupais, juntamente com M. Brewer), e um japonês, S. Kitayama (A matriz cultural da psicologia social, também em coparceria), figuram entre os autores, assim como Michael Bond, da Univ. de Hong-Kong (Linguagem e comportamento social). Relações íntimas são incluídas no estudo das relações interpessoais (atração e relações íntimas). Justiça e relações internacionais merecem destaque (psicologia e a lei e psicologia social e política mundial). Além disso, motivação, emoção, autoconceito e processos decisórios e de julgamento também passam a fazer parte integrante das preocupações dos psicólogos sociais (motivação, emoção, o "self" e tomada de decisão comportamental e julgamento).

Finalmente, na última edição publicada em 2010, a conexão entre fenômenos psicossociais e processos neurológicos e fisiológicos recebe tratamento especial [neurociência sociocognitiva e psicofisiologia social e corporização (embodiment)], bem como a questão da automaticidade e da motivação in-

consciente (automaticidade e o inconsciente). Tópicos como gênero, linguagem não verbal, psicologia evolucionista juntam-se a outros mais tradicionais na ocupação de cadeiras cativas dentro do escopo de estudos levados a cabo pela Psicologia Social. Mais autores de outras partes do mundo prestam sua contribuição (Dijksterhuis e Koole, da Holanda; Griffin, Heine, Scheller e Kay, do Canadá; Macrae e Quadflieg, da Escócia; e Yzerbyt e Demouloin, da Bélgica).

Anexo 2

Participantes das Yosemite Conference I e II, nome dado pelos organizadores de duas importantes reuniões científicas em psicologia social realizadas em 1997 e 2006 envolvendo psicólogos sociais de destaque.

Renomados psicólogos sociais reunidos num evento organizado por Aroldo Rodrigues e Robert Levine em 1996. Como resultado desta conferência, foi publicado o livro Reflections on 100 Years of Experimental Social Psychology, *editado pelos organizadores* (Basic Books, 1999).

Da esquerda para a direita: Robert Levine, Eliot Aronson, Harold Gerard, Aroldo Rodrigues, Robert Zajonc, Albert Pepitone, Leonard Berkowitz, Philip Zimbardo, Harold Kelley, Morton Deustch e Bertram Raven.

Participantes da Yosemite Conference II, organizada por Aroldo Rodrigues, Robert V. Levine e Lynnette Zelezny. Desta Conferência resultou o livro Journeys in Social Psychology: Looking back to inspire the future, *editado pelos organizadores e publicado em 2008 pela Psychology Press do Grupo Taylor & Francis. Traduzido para o chinês em 2015 pela Posts & Telecom Press.*

Da esquerda para a direita: Robert Rosenthal, Alice Eagly, Aroldo Rodrigues, Robert Cialdini e Shelley Taylor, Bernard Weiner, Lynnette Zelezny, Harry Triandis e Ed Diener.

2

Métodos de investigação em Psicologia Social

I. O método de observação
    Características
    Vantagens
    Desvantagens
    Exemplo de uma pesquisa observacional

II. O método correlacional
    Características
    Vantagens
    Desvantagens
        O problema da terceira variável
        O problema da causalidade reversa
    Exemplo de uma pesquisa correlacional

III. Os métodos *ex-post facto*
    A pesquisa de levantamento (Survey research)
        Características
        Vantagens
        Desvantagens
        Exemplo de uma pesquisa de levantamento
    O estudo de campo
        Características
        Vantagens
        Desvantagens
        Exemplo de um estudo de campo

IV. Os métodos experimentais
    O experimento de campo
        Características
        Vantagens
        Desvantagens
        Exemplo de um experimento de campo

O experimento de laboratório
- Características
- Vantagens
- Desvantagens
- Exemplo de um experimento de laboratório

V. Características distintivas dos métodos de investigação em Psicologia Social
VI. Outros métodos de investigação em Psicologia Social
VII. Principais formas de coleta de dados
VIII. Resumo
IX. Sugestões de leituras
X. Tópicos para discussão
XI. Anexo
- Pesquisa de réplica e meta-análise

> *Experimentos tornam-se mais necessários à medida que se avança no conhecimento; no início, é melhor utilizar o que naturalmente se apresenta aos nossos sentidos.*
>
> René Descartes

Vários métodos de investigação se acham à disposição do psicólogo social. Dentre eles, o método experimental é o mais frequentemente utilizado. Por ser o que melhor permite estabelecer relações de causa e efeito, este método tem sido o preferido dos psicólogos sociais para testar hipóteses derivadas de teorias psicossociais. Como diz Descartes, experimentos se tornam mais necessários à medida que o conhecimento avança; mas, como ele também admite, meras observações são importantes ao iniciar-se o conhecimento da realidade que estamos interessados em estudar. Em Psicologia Social é muito frequente um experimento se seguir a algo observado e que iniciou o conhecimento de um fenômeno social.

O ciclo teoria – experimento – aplicação à realidade – refinamento da teoria foi denominado pesquisa-ação (*action research*) por Kurt Lewin e incorporado no que Mortensen e Cialdini (2010) chamam de **psicologia social de ciclo completo** e que consiste na observação de fenômenos da realidade social, utilização de uma teoria capaz de explicar o que é responsável pelo fenômeno, experimentação para verificar a correção da explicação e uma volta ao ambiente natural para confirmação dos achados experimentais.

Assim, como será visto no capítulo 11, os experimentos de Latané e Darley (acerca da difusão de responsabilidade explicativa do fato de pessoas, quando na mesma situação de outras, não tomarem a iniciativa de ajudar a um necessitado) se seguiram à observação do trágico exemplo de uma moça em Nova York que, ao ser atacada por um assassino, solicitou auxílio por quase meia hora sem que os observadores de seu drama tomassem qualquer providência. O mesmo ocorreu em relação aos experimentos de Milgram (capítulo 9) sobre obediência à autoridade, que foram inspirados pela observação do que fizeram os carrascos nazistas em relação aos judeus durante a Segunda Guerra Mundial.

Consideraremos neste capítulo os seguintes métodos utilizados em Psicologia Social: o método de observação, o método correlacional, dois tipos de métodos *ex-post facto* (estudo de campo e pesquisa de levantamento) e dois métodos experimentais (experimento de campo e experimento de laboratório). Todos estes métodos têm vantagens e desvantagens, como veremos a seguir.

O método de observação

Características

Quando o psicólogo social observa um comportamento social se desenrolar num ambiente natural, diz-se que ele utiliza o método de observação. Às vezes, em sua atividade de observação, o pesquisador interage diretamente com as pessoas cujo comportamento está sendo observado (**observação participante**); outras vezes, a observação é feita de fora, isto é, sem que os observados tenham conhecimento de que alguém os observa (**observação indireta** ou **não participante**).

Vantagens

- O fenômeno social é observado no ambiente natural.
- O comportamento observado ocorre espontaneamente.
- Estuda fenômenos sociais não acessíveis a outros métodos.

Desvantagens

- É mais descritivo que explicativo.
- Não permite o estabelecimento de relações de causa e efeito.

- Exige cuidados especiais para que o observador, no caso de observação participante, não influa no comportamento observado.
- Requer a verificação à fidedignidade das observações feitas por diferentes observadores.

Exemplo de uma pesquisa observacional

No livro *When Prophecy Fails* (Quando a profecia falha), Festinger, Riecken e Schachter (1956) reportam um estudo de observação participante. Ao lerem em uma reportagem de jornal que uma senhora em Salt Lake City dizia que o mundo seria destruído por um dilúvio no dia 25 de dezembro e que somente os membros de sua seita seriam salvos por um disco voador, esses investigadores infiltraram, entre os membros da seita, observadores que se diziam interessados em fazer parte do grupo de fiéis que seriam salvos. Os próprios investigadores compareceram aos momentos finais que antecederam o dia 25 de dezembro para observar diretamente a reação dos fiéis depois de não realizada a profecia. A observação do comportamento da líder do grupo antes e depois da não confirmação de sua profecia foi flagrante. Se antes ela se mostrava arredia e se negava a atender à solicitação de jornalistas interessados em saber mais sobre o que ocorreria no dia 25, depois deste dia ela convocou os repórteres para dizer que a fé e as orações dos membros de sua seita haviam evitado a destruição do mundo e passou a recrutar pessoas para aderir à sua seita religiosa. A observação deste comportamento, bem como a racionalização para explicar por que o mundo não havia sido destruído por um dilúvio, são exemplos claros de redução de dissonância de que nos fala Festinger em sua teoria da dissonância cognitiva (a ser exposta no capítulo 6). Nenhum outro método de investigação possibilitaria detectar o fenômeno social revelado pela observação participante utilizada neste estudo.

O método correlacional

Características

Este tipo de pesquisa consiste na obtenção de medidas de duas ou mais variáveis e no estabelecimento (por meio do método estatístico apropriado) da relação existente entre elas. Assim, quando se quer, por exemplo, descobrir uma possível relação entre quantidade de exposição a programas violentos na televisão e intensidade de comportamento agressivo, podemos lançar mão deste método. A correlação entre as variáveis estudadas pode ser *positiva* (ao aumento de uma, corresponde um aumento da outra), *negativa* (ao aumento de uma, corresponde uma diminuição da outra) ou *nula* (as duas variáveis apresentam comportamentos independentes, sendo impossível predizer-se, com base no comportamento de uma, qual será o da outra). Os coeficientes de correlação variam entre +1 (correlação positiva máxima) e -1 (correlação negativa máxima), passando por zero (inexistência de correlação). Valores intermediários entre +1 e -1 expressam a magnitude da correlação no sentido positivo ou negativo.

Vantagens

- Permite o estudo de situações nas quais uma pesquisa experimental seria inadequada ou impossível.
- Permite a coleta de grande quantidade de dados.
- Utiliza métodos estatísticos de fácil aplicação que fornecem resultados de fácil entendimento.

Desvantagens

- Às vezes as variáveis covariam, mas esta covariação é causada por uma terceira variável.
- Muitas vezes se torna difícil dizer qual das variáveis correlacionadas é responsável pelos resultados obtidos.

O problema da terceira variável

Às vezes duas variáveis covariam, isto é, ao aumento de intensidade em uma, corresponde um aumento de intensidade na outra, ou o contrário, mas esta covariância é devida ao efeito de uma terceira variável que afeta ambas. Um exemplo seria a existência de uma correlação positiva entre quantidade de exposição a filmes violentos e quantidade de agressividade em crianças que são educadas em ambientes muito violentos. Neste caso, o ambiente de violência é que seria o responsável pela preferência por filmes violentos e também pelo comportamento agressivo. Alguns exemplos de correlações encontradas são bem curiosos, isto porque não se devem às relações entre as variáveis em si, mas à ação de uma terceira variável. Assim, por exemplo, tatuagens correlacionam-se com acidentes de moto, pessoas que tomam café acima da média são mais sujeitas a ataques cardíacos e casados vivem mais do que solteiros. Evidentemente, estes pares de variáveis apenas covariam em função de uma terceira variável: uma tendência a correr mais riscos, fruto de certos traços de personalidade, no primeiro caso; a fumar ou a não se exercitar adequadamente, no segundo; e a fatores relacionados a cuidar mais da saúde, menor exposição a riscos e um estilo de vida, no todo, mais saudável, no terceiro.

O problema da causalidade reversa

Às vezes não se pode determinar com segurança a relação de causalidade entre as variáveis que covariam. Por exemplo, ainda mantendo o exemplo da possível correlação entre quantidade de exposição a filmes violentos e agressividade, poder-se-ia indagar se é o fato de ver filmes violentos que conduz ao comportamento agressivo, ou se o fato de uma criança ser agressiva por problemas de personalidade faz com que ela prefira programas violentos na TV.

Exemplo de uma pesquisa correlacional

Para nos atermos ao campo dos efeitos da televisão, que vimos abordando até agora, podemos citar um estudo de Gerbner e Gross (1976), que não difere muito de outras pesquisas realizadas sobre a influência da televisão no comportamento das pessoas (a grande maioria delas costuma ser do tipo correlacional). Estes autores registraram primeiramente o tempo que adultos gastam em média na frente de seus televisores assistindo a programas diversos, dividindo-os em seguida em função do tempo passado diante da TV (espectadores assíduos: grupo de pessoas que viam muitas horas diárias de TV *versus* espectadores não assíduos: grupo de pessoas que viam poucas horas diárias de TV). Tomaram o cuidado de selecionar, entre os participantes da pesquisa, pessoas que viam televisão desde a mesma época, para evitar eventuais diferenças de efeito cumulativo, uma vez que o tempo precedente passado diante da TV poderia ter algum tipo de efeito que, de outra forma, não poderia ser detectado.

Paralelamente a isso, sondaram estes mesmos telespectadores quanto às suas crenças acerca da possível similaridade entre o que viam na TV e o que acontecia de fato no mundo real, com especial atenção ao nível de agressividade existente nas ruas de suas cidades, à possibilidade de serem vítimas de assaltos ou à de estarem expostos a situações violentas. Isto porque, como se sabe por meio de inúmeros outros estudos, a TV costuma exibir níveis de agressividade quantitativamente bem superiores (e qualitativamente distintos) àqueles realmente detectáveis no dia a dia.

O resultado dessa pesquisa mostrou que existe uma correlação linear positiva entre o tempo de exposição diária à TV e a crença de que o mundo real é similar àquele visto na TV. Isto incluía uma distorção perceptiva, no sentido de superestimar o nível de violência existente nas ruas, a probabilidade de vir a ser molestado de alguma forma e a convicção da necessidade do aumento do policiamento ostensivo e de punições mais severas às pessoas que cometem delitos. Em outras palavras, ver TV e achar o mundo perigoso são duas variáveis que se relacionam na mesma direção (correlação linear positiva). Como vimos anteriormente, tal método, por sua natureza, não permite o estabelecimento claro de uma relação de causa e efeito. De outro lado, sabe-se, por exemplo, que pessoas que foram vítimas de assaltos ou sofreram algum tipo de violência na rua tendem a ficar mais em casa, e, por conseguinte, a assistir mais programas de TV. Aqui poderíamos muito bem pressupor igualmente a ação de uma terceira variável responsável pela correlação descoberta: o medo. Indivíduos mais medrosos, por quaisquer razões, tanto evitariam sair de casa como passariam a assistir mais programas de TV.

No mais é interessante atentar para uma importante consequência que a existência da correlação indicada possui: quanto mais uma pessoa vê TV e acha o mundo perigoso, menos sai de casa (o que poderia levá-la a corrigir esta percepção distorcida) e, por conseguinte, mais assistirá a programas de TV, formando-se um perverso círculo vicioso.

Os métodos *ex-post facto*

Os métodos *ex-post facto* se caracterizam por estudar uma situação na qual as variáveis independentes e dependentes já ocorreram. O pesquisador, por meio de diferentes métodos de coleta de dados, obtém informações acerca da variável dependente (o comportamento observado) e, em seguida, procura inferir a variável ou as variáveis independentes (aquela ou aquelas responsáveis pelo comportamento observado). Seria o caso, por exemplo, de verificar, em uma eleição, em quem uma pessoa votou e depois remontar às causas que explicam este comportamento social.

As pesquisas *ex-post facto* podem ser de dois tipos: pesquisas de levantamento e estudos de campo. Vejamos, a seguir, as características, as vantagens e as desvantagens de cada um dos dois tipos de métodos *ex-post facto* mencionados.

A *pesquisa de levantamento* (Survey research)

Características

Em geral, as pesquisas de levantamento utilizam um número elevado de pessoas, apesar de, na quase totalidade dos casos, constituírem estas pessoas apenas uma amostra da população pesquisada. A coleta dos dados é feita mediante a utilização de questionários que são aplicados na situação de entrevista de pessoa a pessoa, ou enviados aos integrantes da amostra para que respondam e posteriormente os devolvam ao condutor da pesquisa. Perguntas através do telefone são igualmente utilizadas para obtenção de informação relativa ao objeto da pesquisa, quando o questionário é composto de um pequeno número de perguntas. A técnica de painel, em que uma amostra de pessoas é selecionada e entrevistada periodicamente, é também muito utilizada quando se quer estudar a evolução da opinião pública em relação a algum evento ou situação que se estende por razoável período de tempo (nas telenovelas brasileiras, que são assistidas diariamente por mais de 50 milhões de pessoas, costuma-se utilizar este método para sondar o gosto do público, o que pode levar a modificações na trama e no desenvolvimento de certas personagens).

A internet tem sido cada vez mais utilizada em pesquisas de levantamento. Entretanto vários problemas precisam ser considerados ao fazê-lo. O leitor interessado encontrará em Beins (2004: 220-225) uma lista dos cuidados a serem tomados no uso da internet para pesquisas de levantamento e em Reis e Gosling (2010) importantes informações relativas à utilização da internet em pesquisa.

Os componentes da amostra são selecionados a partir de cuidadosos processos de amostragem, quer probabilística, quer não probabilística. Apesar das vantagens do uso de tipos de amostragem probabilística (aqueles em que os integrantes do universo têm a mesma probabilidade de serem sorteados para integrar a amostra), por vezes as limitações de tempo e de disponibilidade financeira obrigam o pesquisador a utilizar métodos de seleção de amostra menos precisos, porém possíveis de serem utilizados dentro das limitações que lhes são impostas. Com amostras probabilísticas é possível determinar-se estatisticamente a margem de erro associada à amostra selecionada.

A sequência de passos a serem seguidos numa pesquisa de levantamento é a seguinte:

- determinação dos objetos gerais;
- determinação dos objetivos específicos e possível formulação de hipóteses;
- escolha da amostra;
- elaboração do instrumento de coleta de dados;
- trabalho de campo (coleta de dados com o instrumento escolhido);
- codificação dos dados;
- análise dos dados;
- relatório final.

Vantagens

• Permitem estudar fenômenos psicossociais inacessíveis a outros métodos.

• Possibilitam generalizar seus achados a uma população com base em dados coletados em uma amostra da mesma.

• Permitem fazer previsões de comportamentos futuros a partir do estudo de uma amostra da população-alvo.

Desvantagens

• Em geral requerem recursos financeiros consideráveis.

• Cuidado especial deve ser tomado para evitar que os entrevistadores tendenciem os dados obtidos.

• O fraseamento das perguntas constantes da pesquisa exigem pré-teste rigoroso a fim de serem detectadas possíveis fontes de invalidação dos dados coletados.

Exemplo de uma pesquisa de levantamento

Sears, Maccoby e Levin (1957) conduziram 379 entrevistas com mães da área metropolitana da cidade de Boston que tivessem filhos de cinco anos de idade matriculados em jardins de infância. A finalidade destes investigadores era a de verificar a influência que o comportamento dos pais, ao lidarem com manifestações agressivas de seus filhos, exercia no comportamento agressivo destes últimos. Para este fim, escolheram uma amostra de mães tal como especificada acima, e conduziram entrevistas com cada uma delas visando à obtenção de dados relativos a: (1) maneira de elas lidarem com as manifestações agressivas de seus filhos no que concerne à permissão ou punição de tais manifestações; (2) depoimento das mães em relação à agressividade exibida por seus filhos. Analisando os resultados obtidos, verificaram que a maior porcentagem de crianças agressivas vivia em famílias em que predominava o comportamento permissivo e altamente punitivo de manifestações agressivas, isto é, famílias que permitiam manifestações agressivas por parte das crianças, mas que, ao mesmo tempo, reagiam de forma extremamente punitiva diante de tais manifestações. A menor porcentagem de crianças agressivas foi encontrada nas famílias que procuravam impedir as manifestações agressivas das crianças em direção aos pais, mas que o faziam de forma pouco punitiva. Proporcionalmente dos meninos 42% e 38% das meninas considerados muito agressivos numa escala avaliadora de sua agressividade pertenciam a famílias altamente permissivas e altamente punitivas; apenas 4% dos meninos e 13% das meninas considerados muito agressivos foram encontrados em famílias em que predominavam pouca permissividade e pouca punição.

O estudo de campo

Características

Mais restritivas em escopo que as pesquisas de levantamento, as pesquisas do tipo estudo de campo permitem ao pesquisador um exame mais aprofundado do tópico do estudo. Este é conduzido num ambiente determinado no qual ocorre o fenômeno psicossocial, cuja análise constitui o objeto da pesquisa.

Vantagens

- É conduzido no ambiente natural em que o fenômeno psicossocial ocorre.
- Permite estudo aprofundado de uma realidade específica.
- Pode revelar a influência de variáveis não previstas pelo investigador e cuja relevância se manifesta ao coletarem-se os dados no ambiente natural em que o fenômeno se desenrola.

Desvantagens

- Nem sempre é fácil obter a colaboração das pessoas responsáveis pelo local onde o estudo é conduzido.
- Dificuldade de estabelecer relação de causa e efeito entre as variáveis estudadas.

- Possível influência da autosseleção, ou seja, da possibilidade de uma variável desconhecida ser responsável pela composição do grupo estudado.

Exemplo de um estudo de campo

Deutsch e Collins (1951) realizaram um estudo de campo em dois projetos residenciais, um nas proximidades e outro na cidade de Nova York. O estudo tinha por objetivo principal verificar a influência exercida pelo fato de um destes projetos ser segregado e, o outro, integrado racialmente, na eventual mudança de atitude preconceituosa de brancos em relação a negros. Foram conduzidas cerca de 525 entrevistas com donas de casa moradoras de ambos os projetos residenciais, as quais foram selecionadas por meio de um procedimento de escolha aleatória.

A conclusão mais importante da pesquisa foi a de que a convivência inter-racial no projeto integrado fazia com que os brancos tivessem atitudes mais favoráveis aos negros. Tal ocorria apenas no projeto residencial integrado. Como dizem Deutsch e Collins (1951), "num experimento *ex-post facto*, como o que estamos descrevendo aqui, há sempre a necessidade de sermos cautelosos ao fazer inferências causais. Temos que enfrentar, inevitavelmente, a pergunta: 'O que veio primeiro?' Isto é, as diferenças de atitudes entre as donas de casa do projeto integrado e as do projeto segregado birracial existiam antes de elas residirem em tais projetos e talvez tenham causado o fato de elas residirem num ou noutro tipo de projeto residencial? Ou as diferenças em atitude resultaram do fato de elas viverem nos dois projetos diferentes?" (p. 615). Com exceção do uso do termo "experimento *ex-post facto*" de que os autores deste manual discordam, a citação anterior é inteiramente pertinente. Faz-se mister determinar com precisão se, antes de lá residirem, havia ou não uma atitude pelo menos mais fraca de preconceito contra pessoas da raça negra por parte daquelas donas de casa que habitavam no projeto residencial integrado. Se isto não for esclarecido, o problema da autosseleção de que falamos anteriormente passaria a desempenhar papel preponderante, invalidando as conclusões da pesquisa. Em outras palavras poder-se-ia dizer que as duas amostras não eram semelhantes ao ingressarem nos projetos residenciais. Elas se teriam autosselecionado no sentido de que, em face da diferença de atitude preexistente em relação a preto, as pessoas integrantes das amostras escolheram seletivamente um ou outro tipo de projeto residencial.

Deutsch e Collins (1951) apresentam, no entanto, uma série de indícios de que não havia diferença em atitudes antes de as pessoas ingressarem nos projetos residenciais. Vejamos aqui alguns deles. Os pesquisadores salientam que na ocasião em que os moradores ingressaram no projeto havia uma desesperada procura por habitação. Acreditam eles que esta motivação seria superior a qualquer desejo de evitar contato com pessoas de outra cor, levando-os, por conseguinte, a crerem que não houve seleção prévia, pois a necessidade de obter moradia era premente. Além disso, na ocasião em que ingressaram, os moradores não tinham opção entre projeto segregado ou integrado, pois todos os projetos segregados já estavam completamente lotados. Buscando mais indícios de que não houve autosseleção, os pesquisadores verificaram a porcentagem de pessoas que se recusaram a morar nos projetos residenciais estudados quando lhes foi oferecida a oportunidade. Houve apenas 5% de recusas e, dentre estes, apenas alguns alegaram motivos relacionados a problema racial. De outro lado, a maioria das pessoas entrevistadas revelou que sabia, anteriormente à sua mudança para os conjuntos residenciais, que eles eram integrados ou segregados. Indicação adicional em favor de não haver atitudes prévias favoráveis aos negros entre as donas de casa residentes nos dois projetos é o fato de uma amostra de crianças em ambos os projetos ter sido entrevistada. Os resultados confirmaram a menor ocorrência de preconceito contra negros entre as crianças do projeto integrado. Ora, é improvável que as crianças tivessem exercido qualquer participação relevante na decisão tomada pelos pais de morarem neste ou naquele projeto. Elas simplesmente seguiram o que foi decidido. O fato de constatar-se também entre as crianças uma diferença entre os moradores dos dois projetos aumenta a certeza de que a convivência favorece a diminuição do preconceito. Além de todos esses indícios, Deutsch e Collins fizeram perguntas especificamente destinadas a verificar como as donas de casa entrevistadas se sentiam antes de morarem nos conjuntos residenciais no que concerne ao preconceito. Por meio de perguntas retrospectivas foi verificado o quanto elas haviam mudado em suas ideias acerca de negros antes e depois de habitarem no projeto, qual a quantidade de contato que elas haviam tido com negros antes de se mudarem etc. As respostas a estas perguntas indicaram que as donas de casa do projeto integrado reconheciam uma significante mudança em suas ideias acerca dos negros; quanto à quantidade de contato mantido antes da mudança, não se verificou diferença entre os dois projetos, diminuindo assim a possibilidade de as moradoras do projeto integrado terem, inicialmente, menos preconceito racial. Um último indício de que a conclusão dos autores está correta: comparando os moradores do projeto integrado que estavam nele há muitos anos com os que nele residiam há pouco tempo, verificou-se que os primeiros tinham atitudes menos preconceituosas que os últimos, o que demonstra a influência do convívio, independentemente de possíveis atitudes iniciais.

Como se depreende do exemplo aduzido, o estudo *ex-post facto* pode permitir o estabelecimento de relações entre variáveis em termos da ordem sequencial das mesmas, porém exige muita argúcia do pesquisador para excluir explicações alternativas.

Os métodos experimentais

As pesquisas que utilizam o método experimental, ao contrário das que lançam mão de métodos *ex-post facto*, observacionais ou correlacionais, destinam-se a encontrar e confirmar relações de causa e efeito entre variáveis, em condições especificadas de forma estrita, constituindo, por excelência, um método de verificação de hipóteses derivadas de teorias. Nesse sentido, controlam a ocorrência da variável ou das variáveis independentes e, posteriormente, observam seus eventuais efeitos na variável ou nas variáveis dependentes. Assim, por exemplo, um educador pode submeter duas turmas a dois métodos de ensino diversos (variável independente) e ao término do semestre verificar se houve diferença no rendimento dos alunos (variável dependente). As pesquisas experimentais também podem ser divididas em dois grupos: experimentos de campo e experimentos de laboratório. Veremos, a seguir, as características, vantagens e desvantagens de cada um destes dois tipos de pesquisa que utilizam o método experimental.

O experimento de campo

Características

Assemelhando-se ao estudo de campo no que tange à observação do fenômeno estudado em seu ambiente natural, o experimento de campo dele difere por permitir ao pesquisador a manipulação da variável independente cujo efeito pretende verificar. Possui, pois, as características já mencionadas quando nos referimos ao estudo de campo, porém apresenta esta crucial diferença capaz de distinguir nitidamente estas duas estratégias de pesquisa. Não há como negar que haja algumas restrições impostas pela situação real em relação à manipulação de variáveis independentes. Não se pode, por exemplo, alterar à vontade a rotina de um hospital, de uma instituição de ensino ou de uma indústria. Pode-se, porém, dentro de um raio de ação estabelecido pelas características do ambiente onde será executado o experimento, criar diferentes condições experimentais antes das observações relativas à variável dependente. Esta é a característica marcante do experimento de campo: manipulação de variáveis independentes pelo pesquisador e observação de seus efeitos na variável dependente numa situação natural.

Vantagens

- Possui as mesmas vantagens mencionadas em relação aos estudos de campo.
- Permite o estabelecimento de relação causal entre as variáveis.
- Permite a alocação aleatória dos participantes ao grupo experimental e ao de controle.

Desvantagens

- Dificuldade em obter colaboração dos responsáveis pelo local em que se pretende realizar o estudo.
- Limitação na manipulação da variável independente em face dos aspectos idiossincráticos do ambiente natural em que se realiza a pesquisa.
- Possível apreensão de avaliação por parte dos participantes da pesquisa ao serem solicitados a fornecer os dados necessários ao estudo (Efeito Hawthorne, explicado a seguir).

A apreensão quanto a serem avaliados pode levar os participantes de um experimento de campo a esforços inusitados para evidenciar maior rendimento, o que, por si só, constitui uma variável não controlada pelo experimentador, podendo levá-lo a conclusões errôneas relativas aos efeitos das variáveis manipuladas. Tal situação ocorreu em experimentos de campo realizados em Hawthorne (Roethlisberger & Dickson, 1939), onde as operárias de uma fábrica passaram a demonstrar rendimento inesperado devido ao fato de perceberem que estavam sendo avaliadas de alguma forma. Na verdade era a presença dos psicólogos na fábrica que funcionava como a verdadeira variável independente. Atenção personalizada, ser observada e supor que seu trabalho é digno de consideração foram, neste caso, os principais fatores responsáveis pelas mudanças obtidas com as trabalhadoras desta fábrica. Posteriormente, a metodologia então empregada, bem como os resultados obtidos, foram questionados (Adair, 1984; Parsons, 1974; Rice, 1982). Se é verdade o que esses críticos afirmam, ao negar que tenha havido um aumento real da produtividade da maneira como foi e que continua sendo divulgado pelos manuais de Psicologia Social, para nós vale a ressalva de que o que se convencionou chamar de Efeito Hawthorne funciona ao menos como um alerta para os muitos cuidados que devem ser tomados ao se criar um experimento de campo.

Exemplo de um experimento de campo

Coch e French (1948) realizaram um experimento de campo com a finalidade de verificar a forma mais eficaz de vencer as resistências à mudança geralmente encontradas toda vez que se mudam os hábitos das pessoas. Tomaram como ambiente natural para teste de suas hipóteses uma fábrica de pijamas, onde as funcionárias exerciam diferentes atividades e ganhavam um salário-base e uma gratificação correspondente ao desempenho apresentado. Verificava-se que, quando uma funcionária era transferida de uma seção para outra, a novidade da tarefa afetava seu rendimento, o que, consequentemente, acarretava uma diminuição de sua remuneração mensal, de vez que a parte variável proporcional ao seu rendimento era prejudicada pela falta de experiência na nova modalidade de trabalho. As consequências daí decorrentes eram péssimas. O nível de absenteísmo aumentava, ocorria com maior frequência abandono do emprego, muitas não recuperavam sua eficiência original, enfim, graves consequências para as funcionárias e para a fábrica decorriam desta medida, que, por outro lado, justificava-se sob outros aspectos. Impunha-se, portanto, descobrir a forma que possibilitasse a obtenção das vantagens com o revezamento no exercício das diferentes funções e evitasse as maléficas consequências que tal revezamento estava acarretando. Baseados em proposições da Teoria Lewiniana relativas à resistência à mudança, Coch e French criaram três condições em seu experimento e alocaram aleatoriamente as funcionárias em cada um deles. Os grupos foram os seguintes: mudança de função das funcionárias sem qualquer participação das mesmas na decisão tomada pela direção da fábrica; mudança com participação das funcionárias através de representação; e um terceiro em que a mudança era feita com total participação de todos os membros que iriam ser transferidos. Caracteriza-se, neste procedimento, o experimento de campo. Um grupo que poderia ser chamado de grupo de controle (o grupo sem qualquer participação) e dois grupos experimentais (um com participação por representação e outro com participação total) foram criados e os efeitos destas variáveis observados nas variáveis dependentes: índice de absenteísmo, motivação, recuperação do desempenho anterior, permanência no emprego etc. Os pesquisadores verificaram que o grupo experimental em que havia participação total era o que revelou posteriormente maior aceitação da mudança e, consequentemente, melhores resultados nos índices de ajustamento mencionados. Todos os grupos eram observados nestes índices (variáveis dependentes) antes e depois da mudança, o que permite o estabelecimento da relação causal entre variável independente e dependente.

O experimento de laboratório

Características

Festinger define o experimento de laboratório como aquele "em que o investigador cria uma situação com as condições exatas que ele pretende ter e na qual ele controla algumas e manipula outras variáveis" (Festinger & Katz, 1953: 137). A essência do experimento de laboratório consiste no seguinte: (1) a possibilidade de o investigador criar à vontade a situação que melhor testará a relação porventura existente entre as variáveis de seu interesse; (2) apresentar as variáveis independentes da forma mais pura possível, isto é, não contaminada por outras possíveis variáveis; e (3) alocar aleatoriamente os participantes pelas diferentes condições do experimento. Mais do que qualquer outra modalidade de pesquisa, o experimento de laboratório permite o estabelecimento de relações causais entre variáveis; também mais do que qualquer outro tipo de pesquisa, o experimento de laboratório permite o **controle** de variáveis capazes de associarem-se à variável independente, o que levaria à possibilidade de atribuições errôneas. Não pretende o experimento de laboratório duplicar uma situação da vida real. O que ele pretende é purificar ao máximo a manifestação de determinadas variáveis a fim de verificar sua relação com outras variáveis. Não importa que, na vida real, a variável investigada no laboratório nunca se apresente não contaminada por uma outra. O que se pretende no experimento de laboratório é criar **realismo experimental,** e não **realismo mundano**, para utilizar a terminologia empregada por Aronson e Carlsmith (1968). Um experimento tem realismo experimental quando a situação nele apresentada é realista para o sujeito da experiência, faz com que ele se envolva, participe, tome posições, enfim, quando a situação tem sobre o sujeito o impacto desejado pelo experimentador. Realismo mundano seria a criação de uma situação tal como ela ocorre na vida real. O primeiro tipo de realismo é o realismo procurado pelo pesquisador que conduz um experimento de laboratório. O segundo é procurado quando a estratégia utilizada é a do experimento de campo. Caracteriza-se ainda o experimento de laboratório pela possibilidade total que possui o pesquisador de controlar possíveis diferenças iniciais dos participantes incluídos nos diferentes grupos experimentais por meio da alocação aleatória dos mesmos aos tratamentos experimentais a que serão submetidos. O problema suscitado no estudo de Deutsch e Collins, por exemplo, e ao qual dedicamos atenção especial – o da possibilidade de ter havido autosseleção na composição inicial das duas amostras –, não existe na situação de laboratório, pois os participantes são equalizados por meio da alocação aleatória dos mesmos nos diferentes tratamentos.

Vantagens

• É o método que permite maior controle de variáveis estranhas ao interesse do pesquisador.

• Permite que o efeito da variável independente seja maximizado.

• Permite o estabelecimento de relações causais entre variáveis.

• É o método ideal para testar hipóteses derivadas de teorias.

• Permite a alocação aleatória dos participantes ao grupo experimental e ao de controle.

Desvantagens

• A artificialidade da situação experimental torna difícil a generalização dos achados para situações da vida real.

• É suscetível de questionamentos de natureza ética e metodológica (cf. comentários que se seguem).

Alguns experimentos de laboratório têm recebido críticas do ponto de vista ético. A criação de situações por vezes incômodas aos participantes, bem como o fato de a maioria desses experimentos, a fim de criar realismo experimental, não dizer toda a verdade acerca das manipulações experimentais, têm sido objeto de críticas severas. A criação de comissões para analisar a correção ética dos experimentos em várias universidades tem aliviado esse problema. Atualmente muitos estudos realizados em décadas anteriores (p. ex.: o estudo na prisão simulada conduzida por Zimbardo e à qual nos referimos no capítulo anterior; o experimento de Milgram a ser descrito no capítulo 9, no qual os participantes eram induzidos a dispensar o que acreditavam ser choques dolorosos a outros participantes) não obteriam a aprovação de tais comissões nos dias de hoje. O cuidado com o bem-estar do participante e com a honestidade na descrição das tarefas a que são submetidos limita a possibilidade de o experimentador criar as condições ideais para os objetivos de sua pesquisa. Alguns psicólogos sociais (p. ex.: Zimbardo, 1999: 137-138) são veementes contra estas limitações impostas pelos comitês encarregados de aprovar a condução do experimento. Acredita-se que, com o tempo, um compromisso entre a necessidade de criar realismo experimental, de observar diretamente o comportamento dos participantes e de proteger estes últimos será atingido.

Também do ponto de vista puramente metodológico este tipo de pesquisa tem recebido críticas. Há os que pensam que o ser humano não pode ser objeto de experimentação, pois, contrariamente à matéria inanimada das pesquisas nas ciências naturais, o ser humano interage com o experimentador e tal interação necessariamente afeta os resultados da pesquisa. Critica-se também a capacidade de generalização dos achados a outras populações e a outras culturas. O leitor interessado encontrará em Beins (2004) e em Rodrigues (1977; 1980) uma discussão mais aprofundada das críticas aqui mencionadas.

Exemplo de um experimento de laboratório

Como dissemos no início deste capítulo, muitas vezes a observação de um fato da vida real leva o psicólogo social a reproduzi-lo numa situação controlada de laboratório para estudo de suas causas e características. Foi o que fizeram Darley e Latané (1968) após o trágico assassinato da jovem Kitty Genovese na cidade de Nova York. Apesar de solicitar ajuda por quase meia hora, a jovem não recebeu auxílio de nenhuma das muitas pessoas que testemunharam o crime. Por que será que ninguém se mobilizou para ajudá-la? Darley e Latané levantaram a hipótese pela qual a razão do comportamento dos que testemunharam o crime decorreu de uma difusão de responsabilidade, ou seja, ninguém toma a iniciativa sabendo que há outros na mesma situação que poderiam tomá-la. A fim de testar esta hipótese, estes investigadores montaram um experimento de laboratório no qual os participantes se viam diante de um acontecimento inesperado: um deles passa mal, parece prestes a desmaiar e se encontra em estado que requer assistência médica imediata. A situação de emergência foi, obviamente, simulada e os participantes que se comunicavam por meio de um sistema de interfones foram divididos em três situações experimentais: (1) o participante pensava que era o único a saber da emergência que havia surgido; (2) o participante sabia que um outro participante também estava ciente da emergência; e (3) o participante sabia que quatro outros participantes tinham conhecimento da emergência. As variáveis dependentes do experimento capazes de indicar o comportamento de ajuda foram a porcentagem de participantes em cada grupo experimental que tentaram prestar ajuda e o tempo gasto para que a tentativa de ajuda se manifestasse.

Os resultados confirmaram a hipótese do estudo. Quanto maior o número de outras pessoas cientes da emergência, menor a porcentagem de participantes que tentou prestar ajuda e maior o tempo decorrido entre a ocorrência da emergência e a tentativa de ajuda. Os autores (Latané & Darley, 1970) apresentam outros experimentos comprovadores de sua hipótese bem como as razões teóricas explicativas do comportamento de ajuda.

Características distintivas dos métodos de investigação em Psicologia Social

Finalizando o tratamento dos principais métodos de investigação em Psicologia Social, o Quadro 2.1 resume as características distintivas dos métodos aqui descritos no que concerne ao tratamento das variáveis consideradas na pesquisa, à escolha dos participantes e ao tipo de relação entre as variáveis que os diferentes métodos permitem estabelecer.

MÉTODO	TRATAMENTO DAS VARIÁVEIS	ESCOLHA DOS PARTICIPANTES	TIPO DE RELAÇÃO ENTRE VARIÁVEIS
Observacional	Observadas no ambiente natural; não controladas	Não aleatória	Descritiva
Correlacional	Medidas no ambiente natural	Não aleatória	Associativa
Pesquisa de levantamento	Medidas no ambiente natural	Amostra representativa da população	Descritiva e/ou preditiva
Estudo de campo	Medidas no ambiente natural	Não aleatória	Descritiva e causa e efeito
Experimento de campo	Medidas no ambiente natural	Quase sempre aleatória	Causa e efeito
Experimento de laboratório	Medidas em ambiente artificial (lab.)	Quase sempre aleatória	Causa e efeito

Quadro 2.1 Características distintivas dos métodos estudados

Outros métodos de investigação em Psicologia Social

Os métodos de pesquisa relatados acima são aqueles considerados pela maioria dos psicólogos sociais como os mais adequados e funcionais. No entanto, alguns pesquisadores costumam lançar mão de métodos alternativos. Nos estudos de natureza qualitativa, por exemplo, como frisam Seidl de Moura, Ferreira e Payne (1998), não há uma preocupação maior quanto à generalização dos resultados obtidos, mas sim com a descrição, compreensão e interpretação de fenômenos observados em uma dada situação. Nesses casos caberia a utilização de outros métodos, tais como os de técnicas observacionais, já citados por nós (observação participante, observação sistemática, naturalista, artificial, assistemática etc.), uso de entrevistas, diários, análise do discurso, pesquisa histórica, análise documental, estudo de casos, entre outros. O leitor interessado deverá consultar publicações especializadas em tais práticas metodológicas alternativas (p. ex.: Pinheiro & Günther, 2008; Webb et al., 1981).

Principais formas de coleta de dados

Na utilização dos vários métodos de investigação indicados, o pesquisador lança mão dos seguintes recursos para coletar dados:

a) Solicita aos participantes que forneçam informações acerca do que pensam, do que sentem, enfim que expressem em palavras ou em respostas a questionários, escalas de atitude, seus pensamentos, sentimentos, opiniões e comportamentos.

b) Consulta arquivos existentes sobre características demográficas, dados obtidos pelo Censo e quaisquer outros conjuntos de dados obtidos anteriormente para outras finalidades e que, em determinado momento, podem ser úteis ao pesquisador. Bancos de dados contêm grande e variada quantidade de informações e são, via de regra, acessíveis ao investigador interessado.

c) Observa diretamente ou por meio de gravações em áudio ou em vídeo determinados comportamentos capazes de fornecer informações necessárias ao planejamento de estudos subsequentes. Quando a observação se destina a elucidar fenômenos ela constitui, como vimos anteriormente, a essência do método observacional descrito antes.

d) Recorre à internet a fim de obter dados de grande número de pessoas e de interações que ocorrem em grupos de conversas (*chat rooms, blogs*). Esta modalidade de coleta de dados apresenta vantagens (custo mínimo, possibilidade de atingir muitas pessoas, recebimento de respostas já codificadas facilitando o processo de análise de dados etc.), mas possui também desvantagens (tendenciosidade da amostra, falta de controle das circunstâncias nas quais as respostas são fornecidas, possibilidade de fraude etc.). Problemas associados à condução de pesquisas por meio da internet, ressaltando problemas de segurança dos dados, como obter participantes, questões éticas etc. são abordados no livro *Advanced Methods for Conducting online Behavioral Research*, editado por S.D. Gosling e J.A. Johnson e publicado pela American Psychology Association em 2010. Mais informações sobre este livro podem ser obtidas consultando-se a página http://pubs.apa.org/books/supp/gosling.

Outra fonte de informação sobre a coleta de dados por meio da internet pode ser encontrada no capítulo de autoria de Reis e Gosling (2010) no *Handbook of Social Psychology*.

Resumo

Neste capítulo foram descritos seis métodos de pesquisa em Psicologia Social, a saber: observação, correlação, pesquisa de levantamento, estudo de campo, experimento de campo e de laboratório. Embora estes não sejam os únicos métodos utilizados pelos psicólogos sociais em seus trabalhos, não há dúvida de que são os mais frequentemente empregados. Para cada um destes seis métodos apresentamos suas principais características, suas vantagens e desvantagens. Um exemplo de pesquisa em Psicologia Social utilizando cada um desses métodos foi apresentado como ilustração. Finalmente, foi apresentada uma lista das principais formas de coleta de dados para pesquisa.

Sugestões de leituras

ARONSON, E. & CARLSMITH, J.M. (1968). Experimentation in Social Psychology. In: LINDZEY, G. & ARONSON, E. (orgs.). *The Handbook of Social Psychology*. Vol. 2. Reading: Mass.: Addison-Wesley, cap. 9.

BEINS, B.C. (2004). *Research Methods – A Tool for Life*. Boston, MA: Pearson.

BREAKWELL, G.M.; HAMMOND, S. & FIFE-SCHAW, C. (2001). *Research Methods in Psychology*. Londres: Sage.

CARLSMITH, J.M.; ELLSWORTH, P. & ARONSON, E. (1976). *Methods of Research in Social Psychology*. Reading, MA: Addison-Wesley.

FESTINGER, L. & KATZ, D. (orgs.). (1953). *Research Methods in the Behavioral Sciences*. Nova York: Dryden.

JUDD, C.M.; SMITH, E.R. & KIDDER, L.H. (1991). *Research Methods in Social Relations*. São Francisco: Holt, Reinhart and Winston.

RODRIGUES, A. (1982). "Replication: A Neglected Type of Research in Social Psychology". *Interamerican Journal of Psychology*, 16, (2), p. 91-109.

_____ (1980). "Experimentação em Psicologia Social: aspectos epistemológicos e metodológicos". *Arquivos Brasileiros de Psicologia*, 32, p. 5-13.

_____ (1977). "Algumas considerações sobre os problemas éticos da experimentação em Psicologia Social". *Arquivos Brasileiros de Psicologia Aplicada*, 39 (4), p. 3-16.

Tópicos para discussão

1) Escolha um dos seis métodos de pesquisa aqui brevemente descritos e aprofunde seu conhecimento sobre eles, consultando a bibliografia indicada.

2) Por que não se pode estabelecer relação de causa e efeito por meio do método correlacional?

3) Como o fenômeno social de agressão pode ser estudado pelos seis métodos mencionados neste capítulo?

4) Escolha um fenômeno psicossocial de seu interesse e mostre como ele pode ser estudado, usando dois dos métodos descritos neste capítulo. Indique, todavia, qual o método mais adequado para os fins que você tem em vista.

5) Indique os principais problemas de natureza ética e metodológica encontrados em pesquisas experimentais de laboratório.

6) Mostre as diferenças e semelhanças entre os seis métodos de investigação aqui descritos no que diz respeito a "tratamento das variáveis da pesquisa" e " tipo de relação entre as variáveis".

7) Quais as formas de coleta de dados mais usadas em Psicologia Social?

8) Selecione, consultando revistas que possuam artigos de pesquisa em Psicologia Social, uma pesquisa que utilize informações colhidas diretamente dos participantes e uma que observe diretamente o fenômeno psicossocial estudado.

Anexo 1 – Pesquisa de réplica e meta-análise

Apesar de ser procedimento-padrão nas ciências da natureza, em Psicologia as réplicas são muito raras. Uma das fortes críticas apresentadas ao conhecimento acumulado pela Psicologia deriva do fato de que a maioria de seus achados se baseiam em dados fornecidos por estudantes universitários. Será possível generalizar para outras pessoas o que se encontra em estudantes universitários? Serão tais achados aplicáveis a outro tipo de população de idade diferente, cultura diferente e características diferentes? Muito provavelmente não. Daí a necessidade de tentar replicar os achados obtidos em amostras diferentes. Infelizmente, réplica é um tipo de pesquisa negligenciado em Psicologia (Rodrigues, 1982; 1986). Leon Festinger tentou, certa vez, estimular réplicas de pesquisas em Psicologia Social com a criação de uma revista especializada em publicar estudos desta natureza intitulada Replications in Social Psychology. *Entretanto, a revista durou apenas uns poucos anos. Parece que os pesquisadores se interessam mais em descobrir novos conhecimentos do que em verificar a generalidade transcultural e transistórica de achados existentes.*

A importância da réplica não pode e não deve ser subestimada. Nenhuma pesquisa em Psicologia é absolutamente perfeita. Quanto mais o efeito de uma variável independente é verificado em diferentes amostras, a partir de diferentes métodos, em diferentes épocas e em diferentes culturas, maior a confiança em sua validade. Christensen (1977) afirma que, "se observações não são replicadas, nossas descrições e explicações são igualmente não confiáveis e, portanto, inúteis" (p. 9). Igualmente enfáticos no que se refere à importância de réplicas são Doherty e Shemberg (1978) ao afirmarem que "não importa quão estatisticamente significante é um achado, a confiabilidade de um efeito jamais pode ser estabelecida com apenas um estudo. Confiabilidade deve ser determinada a partir de réplica" (p. 127).

Embora não seja substituto para a pesquisa de réplica, um novo procedimento estatístico conhecido como meta-análise permite que se tenha maior segurança no que se refere à validade dos achados psicológicos. Por meio deste método, vários estudos que utilizam a mesma variável independente são analisados em conjunto. O pesquisador interessado em utilizar a meta-análise deve, em primeiro lugar, reunir todos os estudos que possa encontrar relativos a um tópico específico. O procedimento estatístico permitirá que ele veja se a magnitude do efeito estudado (p. ex.: influência do sexo dos participantes, influência do tipo de pesquisa utilizado, influência da cultura dos participantes etc.) é suficientemente relevante. Às vezes os resultados da meta-análise mostram que o efeito estudado, embora real, é tão insignificante que não vale a pena ser levado em conta; ou poderá mostrar que ele é, de fato, relevante e robusto. Outro aspecto dos dados revelados pela meta-análise se refere a informações sobre a consistência do efeito estudado. É ele encontrado sistematicamente através dos vários estudos ou ocorre em uns, mas não em outros? Este método tem sido usado com frequência nas últimas duas décadas por psicólogos sociais e fornecido resultados importantes relativos à confiança que se pode ter nos efeitos das variáveis independentes estudadas. Exemplos de utilização de meta-análise em Psicologia Social podem ser vistos nos estudos de Eagly e Steffen (1986) sobre o papel do gênero no comportamento agressivo, de Bond e Smith (1996) relativos à relação entre cultura e conformidade, e de Gollwitzer e Sheeran (2006) acerca da influência da implementação de intenções para se atingirem objetivos. O primeiro dos exemplos citados incluiu 77 estudos na meta-análise, o segundo, 133 e o terceiro, 94.

PARTE II

Conhecendo a realidade social

3
Cognição social: esquemas, heurísticas e pensamento automático

I. Conhecendo a realidade social
II. Esquemas sociais
    Conceituação
    Consequências dos esquemas sociais
    Ativação dos esquemas sociais
    Esquemas sociais em ação
III. Heurísticas
    Representatividade
    Acessibilidade
    Uso de ponto de referência
    Falso consenso
    Utilização de heurísticas
IV. Pensamento automático
    Pensamento automático e comportamento
    Pensamento automático e interação social
    Pensamento automático e avaliação positiva ou negativa
    Pensamento automático e estabelecimento de objetivos
    Automatismo ou atividade consciente
V. Resumo
VI. Sugestões de leitura
VII. Tópicos para discussão
VIII. Anexo
    Rotulação e suas consequências

Não vemos as coisas como elas são; nós as vemos como nós somos.

Anäis Nin

A Parte II deste manual estuda um dos componentes da definição de Psicologia Social apresentada no capítulo 1: **o pensamento ou cognição social**. Será visto como nosso pensamento influencia a maneira pela qual lidamos com a realidade social e como ele é por ela influenciado. Neste capítulo serão apresentadas as características do pensamento social, enquanto que os dois outros que integram esta Parte II serão dedicados a como conhecemos a nós mesmos e a como percebemos as pessoas com quem interagimos.

Conhecendo a realidade social

Segundo Taylor, Peplau e Sears (2006), cognição social é "o estudo de como as pessoas formam inferências com base nas informações sociais fornecidas pelo ambiente" (p. 65). Ao entrarmos em contato com o ambiente social que nos rodeia, percebemos outras pessoas, conhecemos membros de diferentes grupos e interagimos com estas pessoas e grupos. Nosso processo de socialização constitui um incessante intercâmbio com os mais diferentes estímulos sociais (pessoas, classes, grupos étnicos, família, escolas, demais instituições etc.) e, nesse intenso intercâmbio, coletamos e processamos informações, e chegamos a julgamentos. Cognição social diz respeito a esse processo cognitivo por meio do qual somos influenciados por (1) **esquemas sociais**, (2) **heurísticas** (atalhos utilizados no conhecimento da realidade social) e (3) **automatismo** (comportamento exibido inconscientemente) tanto para nos conhecer como para conhecer os outros, e a partir dele damos sentido ao contexto social em que vivemos.

O presente capítulo focalizará estes três fatores que são responsáveis pelo conhecimento que formamos da realidade social em que nos inserimos. A influência marcante destes fatores nos induz a uma visão da realidade que, na maioria das vezes, é distorcida. Ao estudarmos a formação de nosso autoconceito e a proteção de nossa autoestima (capítulo 4) veremos que, a fim de atingir bem-estar psicológico, lançamos mão de processos cognitivos que distorcem a realidade. Situação semelhante será vista em relação ao conhecimento que adquirimos das outras pessoas (capítulo 5); também aqui formas esquemáticas, rápidas e automáticas de pensar são responsáveis pela imagem que formamos dos outros. Daí a importância dada em Psicologia Social ao estudo do **pensamento social**.

Esquemas sociais

Conceituação

Baron, Brascombe e Byrne (2008) definem esquemas como "estruturas mentais que giram em torno de um tema específico e que nos ajudam a organizar informação concernente ao ambiente social". Para Aronson, Wilson e Akert (2009) esquemas são "estruturas mentais que as pessoas usam para organizar seu conhecimento do mundo social em torno de temas ou assuntos que influenciam a informação que as pessoas percebem, pensam a respeito e recordam".

Esquemas sociais são, pois, estruturas mentais que nos possibilitam reunir em torno de certos temas aspectos da realidade social que, uma vez estabelecidos, influenciarão a maneira pela qual reagimos a estímulos sociais. Sendo assim, temos esquemas acerca de pessoas (engenheiros, artistas, políticos, contadores etc.), de nós mesmos (tímidos, desportistas, contemplativos etc.), do comportamento dominante em certos ambientes (festas, jogos de futebol, culto religioso etc.), de determinados grupos (negros, asiáticos, muçulmanos etc.), de gênero (masculino, feminino, indiferenciado etc.) e assim por diante. Em virtude de possuirmos esquemas relativos a esses aspectos de realidade, somos por eles influenciados quando nos deparamos com esses mesmos dados.

O leitor provavelmente já foi a um jogo de futebol importante. O que ocorre por ocasião de um tal jogo? A seguinte sequência de eventos é encontrada a partir do momento em que nos aproximamos do estádio: tráfego intenso, longas filas para comprar ingresso, bandeiras dos clubes sendo agitadas, ambulantes de todo tipo vendendo suas mercadorias, filas para ingressar no estádio, correria, gritaria, procura de lugar para sentar e, finalmente, o início do jogo. Nada disso surpreenderá o leitor, pois devido à experiência passada em seu pensamento se formou um esquema relativo a *assistir a jogos de futebol em estádios* que o predispõe a antecipar e considerar normais todos esses eventos. Para quem nunca foi a um estádio assistir a um importante jogo de futebol, tais expectativas não existem e a sequência de eventos mencionados poderia lhe causar surpresa e certa ansiedade.

A existência de esquemas sociais nos permite "preencher as lacunas" toda vez que nos deparamos com uma situação social a que ele se aplica. Por exemplo, se temos formado um esquema de gênero segundo o qual as mulheres são delicadas, afetivas, maternais e emotivas, ao nos depararmos com uma pessoa do sexo feminino esse esquema influenciará nossa percepção desta pessoa fazendo com que vejamos essas características sem que as mesmas tenham sido necessariamente exibidas pela pessoa. As "lacunas" em nosso conhecimento da mesma serão preenchidas pelo esquema de gênero de que lançamos mão para formar uma impressão desta pessoa.

Consequências dos esquemas sociais

Os esquemas sociais exercem influência em nossa atenção, fazendo com que prestemos mais atenção a informações coerentes com os mesmos; eles influenciam também a maneira pela qual guardamos a informação em nossa memória e a forma pela qual recordamos a informação nela armazenada.

Quando nos deparamos com informações contrárias ao esquema que possuímos, elas tendem a não ser percebidas. As informações são filtradas pelo esquema e apenas aquelas que são com ele coerentes são alvo de nossa atenção (Fiske, 1993). Uma ressalva, entretanto, deve ser feita. Informações flagrantemente contrárias ao esquema são capazes de serem conservadas em nossa memória. Suponhamos que uma pessoa tenha um esquema segundo o qual filósofos são pessoas preocupadas com abstrações, um tanto distanciadas de coisas materiais e constantemente absortas em seus pensamentos. Um dia esta pessoa encontra um filósofo extrovertido, constantemente envolvido em transações financeiras, prático e objetivo. O esquema do filósofo típico é tão claramente contrariado pela observação deste hipotético filósofo atípico que essa flagrante contradição se destaca e é retida na memória. Via de regra, todavia, filtramos as informações percebendo, armazenando e recordando aquelas que são típicas do esquema que possuímos e, portanto, com ele coerentes.

As consequências dos esquemas sociais em nossa maneira de ver a realidade tornam-se ainda mais flagrantes quando (a) eles são fortemente arraigados em nossa mente (Tice, Bratslavsky & Baumeister, 2000) e (b) quando nos confrontamos com um grande número de informações a serem processadas (Kunda, 1999).

Por influenciar nosso pensamento os esquemas sociais influem também em nosso comportamento. Isso pode ser claramente verificado no caso das **profecias autorrealizadoras**. A chamada profecia autorrealizadora é uma forma de manutenção dos esquemas sociais. Consiste na exibição de um padrão de comportamento que, guiado por esquemas, faz com que a pessoa-alvo deste comportamento seja influenciada por ele e responda de forma coerente com as expectativas. O estudo de Rosenthal e Jacobson (1968) é um bom exemplo desta tendência: um professor forma um esquema segundo o qual um determinado aluno é desatento; ele age em relação a este aluno orientado por este esquema; o aluno acaba se convencendo de que é mesmo desatento, "confirmando" assim a profecia do professor de que ele não seria atento em aula. Este estudo mostrou, além da influência da categorização na percepção do aluno, a influência do comportamento resultante desta categorização na realização do esquema esperado. Estudos realizados por Seaver (1973), analisando o comportamento de professores que ministraram aulas a irmãos (aos mais velhos primeiro e, posteriormente, aos mais novos), evidenciaram a influência deste tipo de expectativas e de suas consequências. Ao examinar os registros escolares, observou que os alunos cujos irmãos mais velhos haviam se saído bem também obtinham bons resultados. O mesmo foi observado no sentido contrário, em relação àqueles cujos irmãos mais velhos haviam se saído mal. O mesmo fenômeno acontece com supervisores em relação a supervisionados, pais em relação a seus filhos, amantes em relação a suas ou seus amados etc. O fato que a Psicologia Social nos mostra é que tendemos a agir de acordo com nossos esquemas sociais e tal maneira de agir muitas vezes induz a resultados compatíveis com estes esquemas, reforçando-os ao invés de contestá-los. A falácia deste processo está em que não são os fatos que comprovam nossos esquemas, mas é nossa maneira de proceder que induz à coincidência dos fatos com nossas expectativas.

Ativação dos esquemas sociais

Como foi dito anteriormente, dispomos de uma grande variedade de esquemas capazes de influir na maneira pela qual processamos as informações que recebemos do ambiente social. Estes esquemas são ativados, isto é, postos em prática, a partir de processos conhecidos como primazia, *priming* e importância da situação.

Primazia refere-se à recenticidade da informação capaz de desencadear o esquema. Suponhamos que ao viajar num transporte coletivo nos deparamos com uma pessoa com postura estranha, falando consigo mesma e com olhar ameaçador. Muitas vezes isso não nos perturba e a pessoa deixa de ser objeto de nossas preocupações. Se, entretanto, recentemente fomos vítima de uma agressão por um estranho que exibia comportamento semelhante, é muito provável que um esquema de doença mental seja ativado e nós percebamos essa pessoa como perigosa e dela nos afastemos o mais rápido possível. O efeito da primariedade se manifesta também quando somos apresentados a uma pessoa pela primeira vez e a pessoa que nos apresenta diz: "Gostaria de lhe apresentar a Francisco, que está concorrendo à eleição para deputado federal pelo Partido Socialista". Imediatamente ativamos nossos esquemas relativos a políticos e a pessoas de esquerda e eles passam a filtrar nossa percepção à medida que a interação com o candidato se desenvolve.

Quanto mais no início da interação o esquema é ativado, mais influente ele é (Fiske & Taylor, 1991).

Outra forma de ativação de esquemas é através do processo conhecido como *priming*, no qual pensamentos recentes influem no processamento da informação que lhes segue (Bargh, 1994). Quanto mais frequentemente um esquema tem sido ativado no passado, maior a probabilidade de ele vir a ser ativado novamente (Higgins & King, 1991). Como diz Lippa (1994), policiais que lidam quotidianamente com infratores e criminosos tornam-se propensos a perceber o comportamento das pessoas em termos de criminalidade. Depois de assistirmos a um filme violento, ficamos mais predispostos a interpretar ações de outros como agressivas; tal não ocorreria caso tivéssemos assistido a uma comédia, por exemplo.

Interessante que esta ativação de esquemas devido ao efeito de *priming* ocorre inconscientemente (Stapel; Koomen & Ruys, 2002). Constitui mais um dos muitos comportamentos que emitimos automaticamente, tal como veremos ao estudarmos o pensamento automático mais adiante neste capítulo.

Dependendo da importância da situação social, esquemas são ativados de imediato sem que se recorra a eles com muito esforço. Quando, porém, a situação assume maior importância para as pessoas, maior tempo é dedicado à ativação de outros esquemas suscitados por uma análise mais cuidadosa da situação (Tetlock & Boettger, 1989).

Esquemas sociais em ação

Na literatura psicológica encontramos exemplos clássicos do papel desempenhado pelos esquemas na maneira pela qual nos comportamos diante de estímulos sociais. Allport e Postman (1947) mostraram que nossos esquemas influem na maneira pela qual percebemos certos acontecimentos. Quando participantes de um estudo foram solicitados a transmitir a outros o que viram numa cena de metrô (cf. figura 3.1), embora a pessoa negra não tivesse nada em suas mãos e a pessoa branca tivesse uma faca, na transmissão da cena a outras pessoas a faca "trocou de mãos" e passou para a pessoa da raça negra. A influência de esquemas raciais tem sido repetidamente confirmada.

Figura 3.1 Cena de metrô utilizada no estudo de Allport e Postman (1947)

Duncan (1976) apresentou aos participantes de seu estudo um vídeo no qual dois estudantes se engajaram em uma discussão intensa e, depois de algum tempo, um deles empurrou o outro. Metade dos participantes viu um estudante negro empurrando um estudante branco, e a outra metade viu o oposto, ou seja, o branco empurrando o negro. Quando solicitados a interpretar o empurrão, quando ele foi iniciado pela pessoa de cor negra, 75% dos participantes consideram-no "violento"; entretanto, apenas 17% deles julgaram-no da mesma forma quando o empurrão foi dado pela pessoa de cor branca. Ademais, o empurrão do branco foi visto como "de brincadeira" por 42% dos participantes, enquanto que o do negro foi interpretado desta maneira apenas por 6% deles.

Heurísticas

Ao tentarmos conhecer o ambiente social, lançamos mão de atalhos, ou seja, métodos rápidos de chegar a conclusões. Tais métodos, chamados em Psicologia Social de **heurísticas**, nem sempre nos levam a conclusões corretas. Entretanto, como Fiske e Taylor (1991) salientam, somos "avaros cognitivos", isto é, não gostamos de gastar muito esforço cognitivo na tentativa de entender o mundo social que nos rodeia. Preferimos despender pouco esforço e, por causa disso, as heurísticas nos servem perfeitamente, apesar de poderem nos levar – fruto do pouco aprofundamento no processamento e avaliação das informações em foco – a conclusões simplesmente equivocadas. A seguir, veremos exemplos de tais heurísticas, e isso deverá tornar o conceito mais claro ao leitor.

Representatividade

Tversky e Kahneman (1974) em artigo na revista *Science* denominam "representatividade" a heurística que consiste em levar-se em conta a semelhança entre dois objetos para inferir que um tem as características daquele com o qual se parece. Assim, ao ouvirmos a descrição de uma pessoa como sendo "meticulosa, ordeira, muito atenta a detalhes", e sermos indagados se esta pessoa é um fazendeiro, um contador ou um médico, nossa tendência é dizer que é um contador, pois a descrição é mais representativa de pessoas que escolhem esta profissão do que as que optam pelas outras duas. Esta conclusão pode ser certa ou errada, mas somos levados, por sermos "avaros cognitivos", a facilitar nossa tarefa de chegar a uma conclusão. Da mesma forma, tendemos a considerar melhores os produtos mais caros, a manifestar nossos estereótipos na avaliação de pessoas pertencentes a grupos cujas características pretendemos conhecer etc. Em resumo: usamos um atalho para chegar a uma conclusão, utilizando a semelhança da situação presente com um esquema cognitivo previamente adquirido. Julgando que a nova situação é **representativa** do esquema anterior, rapidamente chegamos a um julgamento.

Um outro exemplo de heurística representativa pode ser vista, segundo Aronson (2007), na análise dos remédios populares nos primórdios da medicina ocidental, quando persistia a crença de que a cura deveria ser similar à causa da doença. Esta teria sido uma das principais razões para que a proposta de W. Reed de que a febre amarela seria transmitida por um mosquito tenha sido tão ridicularizada: pouco havia de comum entre a causa (mosquito) e a consequência (malária). Inversamente, o mesmo raciocínio deve ter servido para embasar a indicação de pó de chifre de rinoceronte para a cura da disfunção erétil masculina.

Acessibilidade

Esta heurística foi também sugerida por Tversky e Kahneman (1974). Consiste em fazermos julgamentos de probabilidade de ocorrência de um evento com base na facilidade com que o evento nos vem à mente. Depende, pois, da maior ou menor acessibilidade de informação sobre o assunto. Se, por exemplo, somos indagados acerca de quão perigoso um determinado esporte é, a probabilidade maior é de que respondamos a esta pergunta com base na maior ou menor facilidade com que evocamos acidentes ocorridos entre praticantes deste esporte. Da mesma forma, se numa classe de Psicologia há 90% de moças, um aluno desta classe é mais propenso a dizer que a maioria dos psicólogos são mulheres do que um aluno de uma classe em que a porcentagem de moças seja de 45%. Tversky e Kahneman exemplificam esta heurística ao dizer que a maioria das pessoas de língua inglesa, ao ser indagada acerca de "se, em inglês, há mais palavras começando com k ou mais palavras com k sendo a terceira letra", responde dizendo que há mais palavras começando com k. Na verdade, o número de palavras em inglês com k sendo a terceira letra é três vezes maior do que o de palavras que começam com k. Entretanto, a maior facilidade de evocar palavras que começam com k leva à afirmação errônea.

Uso de ponto de referência

Ao emitirmos julgamentos muito frequentemente utilizamos um ponto de referência e, com base nele, chegamos a uma conclusão. Um dos pontos de referência mais comumente utilizados é o nosso próprio eu. Se somos tímidos, tendemos a julgar uma pessoa normalmente sociável como sendo extremamente extrovertida e sociável; se somos extremados em nossas convicções políticas, julgamos uma pessoa de centro como sendo de direita ou de esquerda; se estamos acostumados com um clima temperado, consideramos uma temperatura de oito graus como indicando rigoroso inverno; e assim por diante.

Falso consenso

Temos a tendência de achar que nossa posição é partilhada por um grande número de pessoas. E isso nos leva a aceitar, sem crítica, a veracidade de nossos pontos de vista. Recorremos à heurística do "falso consenso" para certificarmo-nos de nossas posições. "Todo mundo acha isso" é o que frequentemente dizemos em apoio à nossa posição, sem nos darmos ao trabalho de certificarmo-nos de que "todo mundo acha isso" mesmo. O falso consenso é uma maneira econômica (mas falha) de crer que estamos certos em nossas posições.

Um experimento, que ilustra bem o fenômeno em questão, foi realizado por Kassin (1985). Em uma pesquisa patrocinada pelo governo estadunidense quase 300 juízes foram solicitados a ler determinado processo e, em seguida, após emitir uma sentença, estimar como seus colegas de toga se comportariam. Embora as sentenças tenham variado bastante, os juízes avaliaram que entre 63 e 85% de seus colegas (estes números variando em função do ganho de causa dado ao queixoso ou ao réu) votariam como eles. Curiosamente, não foi o que aconteceu, com a variabilidade de opiniões entre os juízes tendo se dado em grau bastante elevado. Eis aí um exemplo de como esta tendência pode nos levar a uma errônea avaliação de consenso, superestimando a semelhança entre as nossas atitudes e as dos outros.

Entretanto outras heurísticas são às vezes utilizadas e se opõem ao falso consenso. É o caso da **falsa unicidade**, que se refere à tendência de pensar que somos os únicos a ter determinada posição. Frequentemente também ocorre o que se denomina **ignorância pluralística** e que consiste em supor que nossas atitudes, opiniões, intenções etc. são diferentes daquelas da maioria das pessoas, apesar de não haver diferença no comportamento exibido.

Utilização de heurísticas

Recorremos aos atalhos ilustrados pelas diferentes heurísticas quando: (a) nos sentimos sobrecarregados cognitivamente; (b) o assunto não é muito importante; (c) estamos sob pressão de tempo para emitir julgamentos; e (d) dispomos de pouca informação sobre o assunto.

Apesar de essas serem as instâncias em que mais frequentemente utilizamos heurísticas, exemplos de recurso a elas em situações de considerável relevância em termos de suas consequências são também encontrados. Vejamos alguns deles.

- Como salienta Schwarz (1994), "heurísticas permitem que médicos reduzam sua carga cognitiva substituindo a matemática de probabilidades por rotinas estereotipadas" (p. 49). Por exemplo: Poses e Anthony (1991) verificaram que médicos que trataram recentemente muitos doentes portadores de infecções bacteriológicas tendem mais a diagnosticar infecções bacteriológicas em clientes novos do que médicos que não trataram de pacientes com tais infecções no passado recente. A heurística conhecida como "acessibilidade", ou facilidade de acesso à informação, é responsável por tal equívoco.

- Diagnósticos clínicos são, muitas vezes, feitos de acordo com a maior ou menor semelhança entre sintomas do cliente e o protótipo de uma determinada síndrome clínica; utilizando a heurística denominada "representatividade", psiquiatras e psicólogos clínicos com frequência se deixam levar pela visão estereotipada relativa ao protótipo, ao invés de procurar evidências clínicas que corroborem o diagnóstico.

- Muitas de nossas escolhas ao longo da vida (que universidade cursar, que profissão seguir, que conduta adotar numa determinada situação) não raro decorrem de heurísticas (principalmente acessibilidade de informação referente a pessoas conhecidas e/ou representatividade de certos protótipos) ao invés de se basearem numa análise racional e cuidadosa da situação.

Em resumo: apesar de sermos animais racionais, nem sempre utilizamos nossa racionalidade para fazer julgamentos e tomar decisões. Pelo fato de sermos "avaros cognitivos", frequentemente não nos damos ao trabalho de processar a informação com o cuidado necessário e de forma exaustiva e não tendenciosa, como um cientista; ao contrário, lançamos mão de expedientes cognitivos que nos fornecem atalhos (heurísticas) para chegarmos ao resultado desejado, mormente no meio extremamente complexo e carregado de informações em que vivemos. Se nos propuséssemos a proceder a análises exaustivas e aprofundadas diante de todas e quaisquer tarefas rotineiras, viveríamos constantemente assoberbados e sobrecarregados, exibindo neste caso um comportamento não adaptativo. Por outro lado, porém, a adoção sistemática de heurísticas pode, como vimos nos exemplos anteriores, nos levar a incorrer em erro.

Pensamento automático

O final do século XX e o início do XXI registram um grande número de pesquisas que mostram como nosso pensamento ocorre automaticamente, independentemente de nossa consciência do mesmo. Fazendo uma analogia com o que ocorre quando um piloto dirige um avião, certos comportamentos por ele exibidos decorrem de uma análise consciente e atenta da situação que se apresenta, mas, uma vez atingida a altitude de cruzeiro, o avião é guiado pelo piloto automático. Nós também às vezes pensamos e agimos como o piloto e, outras vezes, como o piloto automático.

Bargh (2009) define **automatismo** como "se referindo ao controle de processos psicológicos internos de uma pessoa por estímulos e acontecimentos externos presentes no ambiente em que a pessoa se encontra". As pesquisas sobre pensamento automático têm revelado (cf., p. ex.: Bargh, 1994, 1996, 2009; Bargh & Chartrand, 1999; Bargh, Cohen & Burrows, 1996; Bargh & Ferguson, 2000; Cesario, Plaks & Higgins, 2006; Phelps et al., 2001) que grande parte de nosso comportamento social é guiado por um pensamento automático, não consciente, no qual representações mentais são desencadeadas por fatores ambientais. Consideremos o exemplo de uma pessoa que começa a aprender a dirigir um automóvel. No início sua atenção é concentrada nos menores detalhes necessários à condução do veículo e ela não presta atenção a qualquer outra atividade que possa interferir em seu desempenho ao volante. Depois de adquirir o treinamento necessário para que seja capaz de dirigir bem, os comportamentos que eram precedidos de atenção, concentração e raciocínio são agora desempenhados naturalmente e sem esforço e o motorista sente-se à vontade para mudar as estações de rádio, observar a paisagem e até mesmo falar no telefone celular enquanto acelera, freia, faz curvas etc.

O pensamento social pode ser sistemático, lógico e requerer esforço e concentração, mas pode também ser rápido, imediato e independente de esforço. Avanços na área da neurologia nos revelam que nosso cérebro possui dois sistemas neurais distintos capazes de processar a informação proveniente da interação social e que são localizados em duas regiões diferentes do cérebro. Como bem assinalam Bargh e Chartrand (1999), "[...] a posição dominante em Psicologia atualmente aceita tanto a existência de processos conscientes e de causalidade voluntária como a existência de processos automáticos desencadeados pelo ambiente. O debate evoluiu da discussão da existência ou não destas forças causais distintas para a consideração das circunstâncias nas quais uma ou outra controla a mente" (p. 463).

Experimentos indicadores da existência de pensamento automático são orientados pelo seguinte paradigma: a pessoa é induzida a ativar um esquema sem se aperceber (p. ex.: é solicitada a resolver um quebra-cabeça no qual palavras destinadas a ativar o esquema relativo à "pessoa idosa" são apresentadas; exposição subliminar a estímulos geradores de estereótipos raciais); em seguida, o comportamento da pessoa é observado em reação a diferentes estímulos. O que estes estudos revelam é que, uma vez ativado um esquema, a pessoa passa a pensar de acordo com a estrutura mental correspondente ao esquema ativado e seu comportamento passa a ser automaticamente guiado por ele sem que a pessoa disso se aperceba.

Pensamento automático e comportamento

Experimentos conduzidos por Cesario, Placks e Higgins (2006) e por Jonas e Sassenberg (2006) mostraram que a ativação de esquemas não só induz comportamentos coerentes com o automatismo mental por eles provocado, mas também predispõe as pessoas a prepararem-se para interagir com pessoas do grupo representado esquematicamente.

Segundo Bargh (1999) o comportamento é função de fontes internas (pensamentos conscientes acerca do comportamento) e de fontes externas (mera percepção do comportamento dos outros), ambas estas fontes de informação formando a atividade cognitiva relevante ao comportamento em questão. Como o ambiente externo é capaz de influenciar o comportamento de forma não percebida conscientemente pela pessoa, nosso comportamento pode ser emitido de forma automática, sem participação consciente. No experimento conduzido por Bargh, Chen e Burrows (1996), os participantes de uma condição experimental foram expostos a palavras relacionadas à rispidez (p. ex.: rude, descortês, importuno), e os da outra, a palavras relacionadas à polidez (p. ex.: respeitoso, educado, atencioso). Em seguida foram colocados numa situação na qual poderiam interromper uma conversa em andamento a fim de obter uma informação. Entre os participantes expostos aos adjetivos relativos à rispidez, 60% interromperam a conversa, enquanto apenas 16% dos que foram expostos aos adjetivos relacionados à polidez assim o fizeram. Na condição de controle (não expostos a adjetivos de nenhum dos dois tipos das condições experimentais), 38% dos participantes interromperam a conversa.

Pensamento automático e interação social

Bargh e Chartrand (1999) afirmam que "na vida real os estereótipos não são ativados a partir de palavras, mas sim pela cor da pele, características de gênero e outros aspectos típicos dos membros de um grupo facilmente detectados". Sendo assim, o estereótipo pode criar uma profecia autorrealizadora de que falamos anteriormente, pois de forma totalmente inconsciente eles levam a pessoa a comportar-se de forma tal que induza a outra pessoa com quem interage a responder de maneira coerente com o estereótipo.

No mesmo experimento acima referido, Bargh, Chen e Burrows (1996) mostraram rostos de pessoa da raça negra de forma subliminar. Os participantes do grupo experimental reagiram em tarefas subsequentes com mais hostilidade do que os da condição de controle (hostilidade faz parte do estereótipo relacionado a pessoas negras nos Estados Unidos). Portanto, a ativação não consciente do estereótipo induziu a manifestação de hostilidade durante a interação social que se seguiu. As pessoas que interagiram com as que mostraram hostilidade responderam com comportamento semelhante. Como o início das hostilidades foi causado pelo efeito automático do estereótipo cuja evocação foi subliminarmente induzida, as pessoas que iniciaram o comportamento agressivo não se davam conta de que elas haviam suscitado a resposta agressiva da pessoa com quem interagiam.

Pensamento automático e avaliação positiva ou negativa

A avaliação automática das pessoas pode ocorrer mesmo quando não temos a intenção de fazê-la. Os estudos que investigam a influência do pensamento automático na avaliação de pessoas ou objetos obedecem ao seguinte paradigma: um grupo social (p. ex.: orientais, homens, artistas) ou um objeto atitudinal (socialismo, capitalismo, futebol) é apresentado aos participantes do experimento e, após um intervalo de tempo mínimo (250 milésimos de segundo), é apresentado o objeto cuja avaliação o experimentador está interessado em obter dos participantes. Se o pensamento automático de fato influi, os conceitos (grupos, objetos atitudinais etc.) apresentados antes do conceito a ser avaliado, quando positivos, deverão induzir a pessoa a escolher adjetivos favoráveis ao conceito a ser avaliado; caso sejam negativos, deverão suscitar o oposto. Como a pessoa não tem tempo de fazer uma avaliação consciente do estímulo apresentado inicialmente porque o intervalo de tempo entre esta apresentação e a do objeto a ser avaliado é quase imediata (250 milésimos de segundo de intervalo), se de fato se verifica uma influência do objeto apresentado em primeiro lugar, esta influência é automática e não consciente. Vários estudos confirmam esta influência (p. ex.: Bargh et al., 1992, 1996).

Pensamento automático e estabelecimento de objetivos

O estabelecimento de objetivos a serem alcançados tem sido considerado como uma atividade decorrente da ação de processos mentais superiores, tais como raciocínio, expectativa, deliberação e escolha. Bargh (1999) toma posição contrária ao que tem sido predominantemente aceito em Psicologia e afirma que objetivos podem derivar de estímulos externos e ser produzidos automaticamente. Como exemplo de estudo que confirma sua posição ele se refere ao experimento conduzido por Chartrand (1999) no qual participantes foram solicitados a resolver anagramas muito fáceis ou muito difíceis e induzidos a obter sucesso ou fracasso. Em seguida foram solicitados a responder a uma escala destinada a avaliar como a pessoa se sentia no momento. De acordo com o predito, os participantes que fracassaram indicaram estar em pior estado de ânimo do que os que obtiveram sucesso. O que o experimento pretendeu demonstrar é que não é preciso ter conscientemente um objetivo (o de obter sucesso ou evitar fracasso) para que este objetivo se manifeste. Em outras palavras, o estabelecimento do objetivo decorreu do pensamento automático. Outros estudos indicaram resultados semelhantes (cf. Bargh & Huang, 2009).

Automatismo ou atividade consciente?

Durante o século passado a Psicologia deparou-se com algumas posições bastante diferentes no que tange às causas de nosso comportamento. De um lado, a posição freudiana segundo a qual nossas pulsões inconscientes governavam o nosso comportamento; de outro, a posição skinneriana segundo a qual nosso comportamento é condicionado por contingências externas provenientes do ambiente. A corrente cognitivista da segunda metade do século passado restaurou a importância da consciência, da capacidade de controle e da capacidade de o ser humano ser criativo e não determinado por forças internas ou externas (Bandura, 1986, 1997; Seligman, 1991; Seligman & Csikszentmihalyi, 2000).

No final do século XX e início do XXI, verificou-se uma tendência a mostrar que muito do que se considerava decorrente de pensamento consciente pode ser explicado por um pensamento automático. Ocorrências no ambiente social podem ser captadas sem que tenhamos consciência das mesmas e estas, por seu turno, influenciam nossa percepção, nosso julgamento, nosso processo de interação social e o estabelecimento de nossos objetivos. Trata-se de um misto de behaviorismo (determinação externa) e cognitivismo (aceitação da existência de estruturas mentais superiores), com ênfase acentuada no funcionamento automático (não consciente) dos processos mentais superiores.

A posição dos autores deste manual é a de que tanto o pensamento controlado e consciente como o automático e não consciente exercem significativa influência na maneira pela qual conhecemos a realidade social.

Resumo

O capítulo mostrou como as nossas estruturas mentais superiores processam a informação que nos vêm do ambiente social. Foi considerada a influência exercida por esquemas, heurísticas e pensamento automático em nossa construção da realidade social. Os esquemas que formamos acerca de vários aspectos da realidade social fazem com que percebamos aquilo que é com eles compatível e não registremos o que não é. Eles muitas vezes nos levam a profecias autorrealizadoras, pois nosso próprio comportamento orientado pelo esquema provoca reações em outrem compatíveis com o que esperamos. Foi mostrado como esquemas são ativados e foram citados exemplos dos esquemas sociais em ação na vida real. Em seguida foram apresentadas as principais heurísticas, ou atalhos mentais (representatividade, acessibilidade, uso de ponto de referência e falso consenso), utilizadas por nós a fim de diminuir a carga cognitiva exigida pelo esforço para conhecer a realidade social. Finalmente foram apresentados vários fenômenos decorrentes da existência do pensamento automático ou não consciente. O capítulo termina com uma breve consideração acerca de duas formas de atividade cognitiva: o pensamento controlado e o pensamento automático.

Sugestões de leituras

BANDURA, A. (1986). *Social Foundations of Thought and Action* – A Social Cognitive Theory. Inglewood Cliffs, N.J.: Prentice-Hall.

BARGH, J.A. (1996). "Automaticity in Social Psychology". In: HIGGINS, E.T. & KRUGLASNKI, A.W. (orgs.). *Social Psychology*: Handbook of Basic Principles. Nova York: Guilford Press.

BARGH, J.A. & CHARTRAND, T.L. (1999). "The Unbearable Automaticity of Being". *American Psychologist*, 54, p. 462-479.

BARGH, J.A. & FERGUSON, M.J. (2000). "Beyong Behavioism: On the Automaticity of Higher Mental Processes". *Psychological Bulletin*, 126 (6), p. 925-945.

FISKE, S.T. (1993). "Controlling other People: The Impact of Power on Stereotyping". *American Psychologist*, 48, p. 621-628.

FISKE, S.T. & TAYLOR, S.E. (1991). *Social Cognition*. Reading: Addison-Wesley.

HEATH, L. et al. (orgs.) (1994). *Applications of Heuristics and Biases to Social Issues*. Nova York: Plenum Press.

SELIGMAN, M.E.P. & CSIKSZENTMIHALYI, M. (2000). "Positive Psychology: An Introduction". *American Psychologist*, 55 (1), p. 5-14.

TVERSKI, A. & KAHNEMAN, D. (1974). "Judgement under uncertainty: Heuristics and biases". *Science*, 185, p. 1.124-1.131.

Tópicos para discussão

1) Caracterize e dê exemplos de esquemas sociais.

2) Indique algumas vantagens e desvantagens dos esquemas sociais.

3) O que se entende por profecia autorrealizadora e por que ela se confirma?

4) Como são ativados os esquemas sociais?

5) O que se entende por "heurística" em cognição social? Indique uma ou duas ocasiões em que você recorreu a heurísticas e quais as utilizadas.

6) O que caracteriza o pensamento automático?

7) Mostre como o pensamento automático pode influir em nossas percepções e julgamentos.

8) Quais as principais conclusões que podem ser tiradas do estudo da cognição social?

Anexo – Rotulação e suas consequências

Em nosso relacionamento social não raro utilizamos rótulos para caracterizar as pessoas com quem entramos em contato. Esses rótulos podem ser características de personalidade (p. ex.: introversão, sociabilidade), estigmas (p. ex.: maníaco-depressivo, hiperativo); estereótipos de vários tipos (judeu avaro; negro preguiçoso; americano materialista; brasileiro esperto). Uma vez que uma pessoa é rotulada, o esquema induzido pelo rótulo é ativado e, daí por diante, passa a governar a seletividade da atenção (apenas comportamentos coerentes com a rotulação são percebidos), o processo de informação e o comportamento perante a pessoa rotulada. Em outras palavras, o que vimos neste capítulo acerca dos esquemas sociais em ação se verifica após a atribuição de um rótulo a uma pessoa. O estudo descrito a seguir constitui um dos exemplos mais eloquentes das consequências que decorrem da rotulação.

Em seu famoso estudo em hospitais psiquiátricos (ROSENHAN, 1973), Rosenhan (psiquiatra) e mais sete pessoas (três psicólogos, um estudante de pós-graduação em Psicologia, um pediatra, um pintor e uma dona de casa, sendo três mulheres e cinco homens) simularam sinais de esquizofrenia numa entrevista de screening em 12 hospitais psiquiátricos distintos – públicos, privados, universitários, novos, tradicionais etc. Após serem admitidas como esquizofrênicas, estas pessoas se comportaram de maneira absolutamente normal, dedicando-se a anotar o que se passava e fingindo tomar a medicação que lhes era dada. A duração do período de hospitalização variou de 7 a 52 dias e, ao serem liberados, foram todos diagnosticados como "esquizofrênicos em remissão" (com uma única exceção de um pseudopaciente, diagnosticado como psicótico maníaco-depressivo). Em outras palavras, uma vez atribuído o rótulo de "esquizofrênico", as percepções dos que com eles interagiram foram filtradas por este rótulo, a ponto de não ter sido suficiente seu comportamento normal para livrá-los do diagnóstico "esquizofrênicos em remissão". Daí o perigo de rotularmos as pessoas com base em conhecimento superficial sobre elas. Uma vez feito isso, nossa tendência será a de procurar elementos coerentes com o esquema formado e rechaçar os que a ele se opõem. Ironicamente, os outros pacientes internados – menos comprometidos com o processo de rotulação – mostraram-se capazes de detectar o que estava acontecendo. Nas três primeiras internações, em que houve este tipo de observação, quase um terço dos verdadeiros pacientes chegaram a declarar que "eles não eram pacientes de verdade, e sim pesquisadores, jornalistas ou algum tipo de fiscal".

4

O eu social: conhecendo-nos a nós mesmos

I. Como conhecemos nosso eu?
    Introspecção
    Percepção de nosso comportamento
    Processos de comparação social
    Influência do contexto social
    Conhecendo nossas emoções
    Influência da cultura na formação do autoconceito

II. Autoestima e a tendência a protegê-la
    Manejo de impressão
    Otimismo irrealista
    Pessimismo defensivo
    Ilusões positivas
    Desengajamento moral
    Colocando-nos em desvantagem (*self-handicapping*)
    Atribuição de causalidade
    Tendência a obter sucesso ou evitar fracasso

III. Bem-estar psicológico

IV. Resumo

V. Sugestões de leitura

VI. Tópicos para discussão

VII. Anexo
    Otimismo irrealista e a ilusão de invulnerabilidade

Conhecer-se a si mesmo é o início de toda sabedoria.

Aristóteles

Como vimos no capítulo 1, o objetivo da Psicologia Social é o estudo das interação entre as pessoas. Desde que nascemos estamos em contato com outras pessoas e, em nosso processo de socialização, vamos pouco a pouco formando uma ideia de quem somos e de como são as pessoas com quem interagimos. O contato social é tão relevante à formação de nosso autoconceito que nosso eu é visto como um fenômeno social.

O presente capítulo mostrará como conhecemos a nós mesmos, ou seja, como se forma nosso **autoconceito**.

A Psicologia Social tem dedicado crescente importância ao autoconceito. Embora ele seja objeto de estudo de outros setores da Psicologia, dois fatores levaram os psicólogos sociais a se interessar por este construto. São eles:

- nosso autoconceito é formado, em grande parte, em decorrências de fatores interpessoais e sociais;
- nosso autoconceito é relevante em uma variedade de situações sociais.

Além disso, como bem assinala Anäis Nin (1966) em um de seus diários, "não vemos as coisas como elas são, mas como nós somos". É importante, portanto, saber como somos a fim de melhor entender a influência que isso tem no processo de interação social.

É a partir da percepção de nós mesmos (nosso sexo, as características de nossa família, nossas preferências, nossos valores, os grupos aos quais nos associamos etc.) e da percepção de como nos relacionamos e nos comparamos com os outros que nosso autoconceito se forma. Consequentemente, podemos dizer que formamos uma imagem de nós mesmos basicamente da mesma maneira que formamos uma impressão acerca de outras pessoas.

A pergunta inicial, cuja resposta orienta os estudos deste tópico, é bem simples: "*Quem sou eu?*" As respostas podem começar pelos aspectos físicos, passando por características de personalidade, hábitos, ideário político e religioso, grupos a que a pessoa pertence, estado civil, particularidades extremamente pessoais, chegando até as (tão em moda hoje em dia) referências zodiacais. Como veremos mais adiante, o contexto social e a cultura a que pertencemos também influenciam a maneira pela qual respondemos a esta pergunta.

Em suma, o autoconceito refere-se à ideia que temos de nosso complexo e multifacetado eu. Acumulamos uma série de crenças – corretas ou não – sobre quem somos nós, crenças estas fortemente influenciadas por vários fatores, mas, em especial, pelos resultantes do processo de interação social.

Analisar todos os ângulos pelos quais podemos estudar a representação mental que construímos acerca de nosso eu é tarefa que escapa aos limites desta obra. O leitor interessado encontrará em Swann e Bosson (2010) um tratamento minucioso deste assunto. No restante do capítulo focalizaremos o que consideramos de mais essencial no estudo deste complexo fenômeno.

Como conhecemos nosso eu?

Para formar nosso autoconceito utilizamos várias fontes de informação. Nas seções seguintes serão vistas as principais formas de conhecimento de nosso eu. A partir do processo de conhecimento de nosso autoconceito forma-se uma estrutura cognitiva conhecida por **autoesquema**, que, como diz Markus (1977), são generalizações cognitivas acerca do autoconceito. Estas generalizações decorrem de nossa experiência passada e passam a ter papel ativo no processamento de informações sobre nós mesmos. Como vimos no capítulo 3, esquema é o nome dado em Psicologia Cognitiva para representar uma estrutura organizada de conhecimentos acerca de pessoas, assuntos, objetos etc. que utilizamos para entender o mundo que nos cerca. Quando o foco do processo somos nós mesmos, trata-se de um autoesquema. Assim, autoesquemas são estruturas de conhecimentos que temos sobre nós mesmos, baseadas em experiências passadas, e que nos ajudam a entender, explicar e prever nossas próprias ações (Deaux, 1993).

Se de nosso autoconceito faz parte "ser uma pessoa com aptidão para esportes", isto influenciará a maneira pela qual processamos as informações relativas ao nosso desempenho esportivo, à facilidade com que recordamos eventos desportivos, à resistência que mostramos quando nos deparamos com informações contrárias a esse esquema etc.

Introspecção

Introspecção refere-se ao processo de "olhar-se para dentro" e tentar conhecer nossos pensamentos, emoções e motivações. Ao contrário do que se pensa, não se trata de uma atividade muito frequente de nossa parte (Csikszentmihalyi & Figurski, 1982), além de estar sempre sujeita a interferências não conscientes. Será possível obter-se um conhecimento adequado de nosso eu a partir da introspecção? Vejamos a seguir as limitações e as potencialidades do processo introspectivo como forma de conhecermos nosso eu.

A crítica mais frequentemente apresentada à introspecção como meio de nos conhecer deriva da existência do mecanismo de repressão de que nos fala a psicanálise. Se tendemos a manter fora de nossa consciência, por meio do mecanismo de repressão, tudo aquilo que nos provoca ansiedade e nos ameaça, como poderemos vir a nos conhecer realmente? Embora existam atualmente explicações alternativas ao conceito psicanalítico de repressão (Wilson & Dunn, 2004), permanece o fato de não nos ser possível atingir certas características de nosso eu, seja porque existe uma motivação inconsciente de reprimir conteúdos psíquicos indesejáveis, seja porque a arquitetura da mente inclui partes que nos são inacessíveis a partir de esforço consciente.

Apesar de um conhecimento completo e preciso de nosso eu por meio de introspecção não ser possível, este processo nos permite acesso aos conteúdos conscientes por ele atingíveis e isso nos permite formar uma narrativa relativa ao nosso eu que, embora incompleta, possui alguma validade. A partir da introspecção e de outras formas de nos conhecer formamos um **autoesquema** indicativo de "quem somos nós".

Percepção de nosso comportamento

Para Bem (1972) a maneira pela qual nos comportamos constitui uma importante fonte de informação acerca de como somos. Para este autor, quando nossas atitudes e sentimentos são um tanto ambíguos, nós os esclarecemos muitas vezes a partir da observação de nosso comportamento e da situação em que ele ocorre, inferindo desse modo as causas subjacentes a tal comportamento. Por exemplo, se defendemos um ponto de vista em troca do recebimento de uma elevada quantia de dinheiro, tendemos a achar que nós não somos partidários do ponto de vista defendido, pois foi necessário receber uma grande recompensa a fim de emiti-lo. Se, ao contrário, expressamos uma opinião sem receber qualquer recompensa, ou recebendo uma recompensa insignificante, tendemos a interpretar a situação como decorrente de possuirmos, de fato, a opinião expressa. É por isso que Deci (1975) nos fala de uma motivação intrínseca (aquela que vem de dentro e independe de estímulos externos) e de uma motivação extrínseca (que deriva da presença de recompensas externas). Se um comportamento motivado intrinsecamente passa a ser continuamente reforçado por significativas recompensas externas, passamos a achar que a razão pela qual emitimos tal comportamento é a busca da recompensa, e não o desejo interior de manifestá-lo. Interessantes as implicações destes achados, uma vez que o senso comum tende a sugerir – inclusive na educação – que se deem recompensas às crianças durante o aprendizado, prática que, à luz do que foi dito acima e observado em vários estudos, tende a provocar um efeito contrário ao que se pretende, ou seja, a criança diminui o interesse natural pela atividade em questão. A teoria da autopercepção é relevante quando se trata de adquirir conhecimento sobre algo que não está muito claro. Por exemplo, não precisamos jogar tênis para saber que gostamos de praticar este esporte; entretanto, quando existe certa ambiguidade e indefinição no que concerne a nossas preferências e pontos de vista, o fato de exibirmos comportamentos indicativos de como sentimos e pensamos nos ajuda a dirimi-las. Pesquisas têm demonstrado (p. ex., Schlenker & Trudeau, 1990) que pessoas levadas a comportarem-se de uma determinada maneira em relação a algo sobre o qual não têm uma posição definida tendem a perceberem-se de forma coerente com o comportamento exibido. Pessoas induzidas a descreverem-se como introvertidas ou extrovertidas (independentemente de possuírem ou não tais características), quando incertas, descreveram-se de acordo com o comportamento induzido (Fazio, Effrein & Falender, 1981).

Processos de comparação social

> *O conhecimento próprio deriva do conhecimento dos outros.*
>
> Goethe

Em sua teoria dos processos de comparação social, Festinger (1954) nos mostra como podemos nos conhecer melhor a partir de comparação com outros semelhantes. Sua hipótese básica é a de que tendemos a nos avaliar constantemente quanto às nossas opiniões e capacidades. Tal apreciação é feita pela comparação com uma realidade objetiva ou, na falta desta, por meio de comparação com outras pessoas. Uma pessoa pode, facilmente, verificar se tem ou não a capacidade de levantar um peso, bastando para isso tentar fazê-lo. Não poderá tão simplesmente, porém, determinar se sua habilidade em correr 100 metros em 15 segundos indica bom ou mau desempenho. Isso dependerá da comparação com o desempenho de outras pessoas na mesma situação. Tal processo é ainda mais complicado quando se trata de atitudes ou crenças centrais para o nosso autoconceito, como é o caso, por exemplo, de concluirmos se temos competência para tomar uma decisão importante ou se nossos pontos de vista serão aprovados pelo grupo a que aspiramos pertencer. Assim, muitas vezes, nossos juízos de valor são dependentes do cotejo com o que pensam outras pessoas. A escolha de com quem nos comparar é focalizada na teoria dos processos de comparação social: a tendência é escolhermos pessoas semelhantes a nós. Voltando ao exemplo do desempenho numa prova de 100 metros rasos, o normal é não tomarmos como base de comparação o tempo gasto por recordistas e atletas que se dedicam especialmente a corridas de velocidade. Certamente nos comparamos com pessoas de idade, nível de treinamento, condições atléticas etc. semelhantes às nossas. Saliente-se todavia que a escolha de modelos superiores pode igualmente ser usado para estipularmos um padrão de excelência a ser alcançado (**comparação para cima**); e, quando procuramos nos sentir melhor diante de uma fraqueza pessoal, comparamo-nos com pessoas inferiores a nós (**comparação para baixo**). Embora a comparação com outros semelhantes seja a melhor maneira de avaliarmos nossas habilidades, no que diz respeito a nossas opiniões a situação é menos clara. Comparação com pessoas diferentes pode ajudar-nos a validar a correção de nossas opiniões. Se pessoas diferentes de nós concordam com nossa posição, sentimo-nos mais seguros de que nossa posição é correta e não influenciada por nossas tendenciosidades. Entretanto, se elas discordam dela, podemos facilmente atribuir a discrepância ao fato de a pessoa diferente de nós possuir valores distintos dos nossos. O contrário ocorre quando uma pessoa semelhante concorda com nossa posição, isto é, sua concordância não nos ajuda muito no que concerne à validação de nossa posição, mas sua discordância nos leva a pensar melhor (Goethals & Darley, 1977). É interessante que esta teoria postula simplesmente que, para podermos saber quem somos nós "por dentro", é preciso que dirijamos nosso olhar para "fora" de nós.

Influência do contexto social

Analisando em mais detalhes a importância dos processos de comparação social na formação do autoconceito, verificamos que o contexto social no qual estamos imersos influi na avaliação que fazemos de nós mesmos. Às vezes se verifica o que se chama em Psicologia Social de **efeito de contraste** e, outras vezes, verifica-se o fenômeno conhecido como **efeito de assimilação**. O efeito de contraste se manifesta quando nos avaliamos como mais inteligentes, ou mais bem-apessoados, ou melhores jogadores de tênis quando o ambiente em que estamos imersos é constituído de, respectivamente, pessoas limitadas intelectualmente, fisicamente sem atrativos, ou péssimos jogadores de tênis. Exemplo do efeito de contraste foi demonstrado por Marsh,

Kong e Hau (2000) com estudantes chineses na cidade de Hong-Kong. Estes investigadores entrevistaram 7.000 estudantes de escolas que variavam de nível acadêmico. Os estudantes que frequentavam escolas de baixo rendimento acadêmico se consideravam mais capazes academicamente e mais inteligentes quando comparados com a estimativa que deles faziam os que frequentavam escolas de alto rendimento acadêmico. Contrastando-se com pessoas de nível baixo, estes estudantes formavam um autoconceito mais positivo do que aqueles cujo ambiente ao seu redor não permitia o estabelecimento de tal contraste. Entretanto, efeitos de assimilação podem também ocorrer em função do contexto social. Por exemplo, quando nos sentimos mais intimamente ligados a uma pessoa ou quando pensamos que, com esforço, poderemos nos igualar à pessoa superior a nós, existe uma tendência no sentido de nos autoavaliarmos de forma mais semelhante a esta pessoa (Taylor & Lobel, 1989; Diederik, Stapel & Koomen, 2000).

Conhecendo nossas emoções

Schachter (1964) mostrou que interpretamos o tipo de emoção que experimentamos a partir da observação de certas transformações fisiológicas (batimentos cardíacos, ruborização, suor frio etc.) e da situação em que elas ocorrem. Assim, se nos sentimos excitados (aumento das batidas cardíacas, sinais internos de ansiedade etc.) ao nos deparar com um animal feroz, interpretamos nossa emoção como sendo de medo; se os mesmos fenômenos ocorrem ao nos depararmos com uma pessoa atraente do sexo oposto, interpretamo-los como indicativos de excitação sexual. Mais uma vez, a observação de nossas reações e as características da situação em que elas ocorrem nos ajudam a melhor conhecer a nós mesmos. Embora esta teoria das emoções tenha recebido críticas e ressalvas (Marshall & Zimbardo, 1979; Reisenzein, 1983; Izard, 2009), o fato é que experimentos subsequentes demonstraram que nossos sentimentos são mesmo influenciados significativamente pelo modo como interpretamos ou avaliamos a situação em que nos encontramos (Averill, 1980; Medvec, Madey & Gilovich, 1995; Neumann, 2000; Sinclair et al., 1994). Assim, nossos estados fisiológicos costumam servir de guias quando, em diversas situações, procuramos conhecer nossos estados emocionais.

A influência da cultura na formação do autoconceito

A cultura a que pertencemos exerce certa influência na maneira pela qual respondemos à pergunta "*Quem sou eu?*" Pessoas pertencentes a uma cultura mais individualista respondem a esta pergunta concentrando-se mais em características pessoais (inteligência, traços caracterológicos, preferências etc.), enquanto que pessoas que fazem parte de uma cultura coletivista salientam mais aspectos grupais (posição na família, local de trabalho, semelhanças com outras pessoas etc.).

Um resultado interessante foi encontrado por Kim e Markus (1999). O estudo consistiu em apresentar cinco lápis aos participantes de uma cultura individualista (Estados Unidos) e de uma coletivista (Japão). Quatro dos cinco lápis eram da mesma cor e o quinto, de cor diferente. Os participantes eram solicitados a escolher um dos cinco lápis. Os participantes americanos escolheram, na maioria das vezes, o lápis de cor diferente, enquanto que os japoneses escolheram mais vezes um lápis dentre os quatro da mesma cor.

Este simples experimento revela a tendência dos membros de culturas individualistas a serem diferentes, enquanto os de culturas coletivistas preferem identificar-se como semelhantes aos membros de seu grupo. Há um ditado nos Estados Unidos que diz: "*A roda que faz barulho recebe óleo*", enquanto que no Japão há um ditado que diz: "*O prego que está saliente recebe uma martelada*". Estes ditados populares mostram bem a diferença entre os dois tipos de cultura no que concerne ao valor atribuído a ser diferente (cultura individualista) e a ser semelhante aos demais (cultura coletivista). Daí o fato de pessoas pertencentes a estas culturas responderem diferentemente à pergunta "*Quem sou eu?*": as de culturas individualistas focalizando mais aspectos idiossincráticos que as distinguem das demais, e as de culturas coletivistas salientando preferencialmente as características que compartilham com o grupo a que pertencem.

Autoestima e a tendência a protegê-la

> *Deus expulsou Adão e Eva do Paraíso, mas depois se sentiu um pouco mal por tê-lo feito. Aí Ele deu aos seres humanos o dom de iludirem-se. Assim, embora seja horrível estar fora do Paraíso, ninguém nota...*
>
> Errol Morris

Uma vez formado nosso autoconceito (processo cognitivo) desenvolvemos um afeto, geralmente positivo, em relação a ele (processo afetivo). A **autoestima** é, pois, o resultado da autoavaliação de nosso autoconceito. Quando positiva, diz-se que a pessoa tem alta autoestima e, quando negativa, baixa autoestima.

No processo de auto-observação de nosso comportamento muitas vezes contrapomos nosso comportamento atual ao de modelos ideais internalizados (Wicklund, 1975). Possuímos um *eu real* e um *eu ideal*. O primeiro consiste no conhecimento que temos de como somos; o segundo refere-se ao que gostaríamos de ser. Quanto maior a discrepância entre o eu real e o eu ideal, menor a nossa autoestima.

Em Psicologia Cognitiva denomina-se **autosservidora** a tendência que temos a manter uma imagem positiva de nós mesmos. Freud (1959) nos diz que "o ego rejeita uma ideia insuportável e afeto a ela associado e se comporta como se essa ideia jamais tivesse ocorrido". Greenwald (1980), num artigo intitulado o "Ego totalitário", compara o nosso eu a um ditador que censura tudo aquilo que nos é indesejável acerca de nós mesmos. Taylor (1989) mostra como mantemos **ilusões positivas** a fim de nos sentirmos bem e continuarmos tendo uma autoimagem positiva. Fiske e Taylor (1991) afirmam que, ao analisarmos a realidade, "ao invés de encontrarmos um cientista em genuína procura da verdade, nós nos deparamos com a constrangedora figura de um charlatão procurando fazer com que os dados apareçam da forma mais vantajosa possível para a confirmação de suas teorias". Assim agimos também quando processamos os dados relativos a nosso autoconceito. A partir de negação da realidade e de ilusões positivas, fortalecemos uma visão favorável de nosso autoconceito e de nossa autoestima. Dois livros focalizam com bastante precisão a tendência que temos de proteger nosso autoconceito e nossa autoestima. Essa tendência é tão arraigada em nós que frequentemente nos recusamos a reconhecer nossos erros. Um destes livros é de autoria de Tavris e Aronson (2007) e tem por título *Mistakes Were Made (but not by me)* [Erros foram cometidos (mas não por mim)]; o outro é de Triandis (2009) e se intitula *Folling Ourselves* (Fazendo-nos de bobos), no qual ele discorre sobre o papel desempenhado pela tendência a nos enganarmos em política, religião e terrorismo. Ambos esses livros mostram numerosos exemplos da tendência que temos a recorrer a racionalizações, negação e outros mecanismos de defesa a fim de justificar nossos erros e manter intacta nossa autoestima. Um dos exemplos mais flagrantes de distorção da realidade para não aceitar erros cometidos é o que vimos em George Bush e nos membros de sua administração em relação à guerra contra o Iraque, em 2003. Apesar da esmagadora evidência em contrário, Bush e seus acessores continuaram afirmando que Saddam Hussein possuía armas de destruição em massa e que ele era ligado à facção terrorista Al-Qaeda. Suas expectativas acerca de como as tropas americanas seriam recebidas e também em relação ao tempo e aos custos da guerra foram, igualmente, totalmente negadas pelos fatos. Não obstante a ofuscante evidência dos fatos, racionalizações e distorções continuaram protegendo sua autoestima diante das inúmeras críticas de que foram alvo.

Os fenômenos considerados a seguir mostram a preocupação que temos em manter uma autoestima positiva, ou seja, o interesse que temos em projetar uma imagem favorável de nós mesmos e de proteger nossa autoestima.

Manejo de impressão

> *Não é necessário que um Príncipe tenha todas as qualidades necessárias. Mas é necessário – e muito – que pareça tê-las!*
>
> Maquiavel

Há muito sociólogos e psicólogos sociais dão ênfase à tendência que temos de causar boa impressão aos outros. Os sociólogos Cooley (1902) e

Mead (1934), assim como Goffman (1959), salientam a necessidade que temos de nos apresentar favoravelmente aos outros. Goffman (1959) afirma que a maneira pela qual somos tratados por outros depende de como nós lhes parecemos, da impressão que lhes damos de nós mesmos. Sendo assim, podemos influenciar a maneira pela qual as pessoas nos veem a partir de nosso comportamento. Daí se segue que é de nosso interesse apresentarmo-nos aos outros de modo favorável a fim de evitar constrangimento e preservar nossa autoestima. Estudando o problema sobre o ponto de vista da Sociologia, Goffman ressalta o papel da situação social no manejo de impressão.

Em Psicologia Tedeschi Schlenker e Bonoma (1971) mostram, por meio de sua Teoria do Manejo de Impressão, o desejo que temos de que os outros nos vejam da maneira que gostaríamos de ser vistos. Causar uma boa impressão pode, com frequência, resultar em recompensas materiais ou sociais, ou ainda trazer mais segurança e sentimentos de bem-estar à própria pessoa (Leary, 1994). Em consequência, estamos constantemente buscando projetar uma imagem favorável de nosso eu e, para isso, utilizamos táticas como as de bajulação (elogios dirigidos aos outros na esperança de que isso crie neles uma imagem positiva de nós mesmos) e a tática da autodepreciação (criação de desculpas e indicação de obstáculos de forma a justificar um eventual desempenho insatisfatório). Goffman (1959) fez uma interessante analogia entre o teatro e este processo psicológico em sua obra intitulada *A representação do eu na vida cotidiana*. Para este autor, a interação entre as pessoas seguiria uma perspectiva dramatúrgica: representamos na vida real como se estivéssemos em um palco, com roteiros, figurinos, cenários, falas apropriadas etc., tudo para ajudar a "vender uma imagem" positiva de nós mesmos.

Otimismo irrealista

Otimismo irrealista (Weinstein, 1989) é a tendência a acreditar que adversidades de toda sorte ocorrem mais frequentemente com os outros do que conosco. Em outras palavras, somos inclinados a pensar que somos menos vulneráveis a ocorrências negativas em nossas vidas do que outras pessoas. Sendo assim, nossa tendência é achar que nosso casamento tem menor probabilidade de terminar em divórcio que o dos outros, que somos menos suscetíveis a doenças graves que os outros, que a probabilidade de sermos vítimas de acidentes é menor que a dos outros, e assim por diante. No que se refere a eventos positivos, o otimismo irrealista nos leva a esperar que eles ocorram mais frequentemente conosco do que com as outras pessoas. Tal postura defensiva pode nos induzir a uma excessiva confiança em nossa invulnerabilidade a eventos negativos e, como resultado, negligenciar medidas capazes de preveni-los.

O otimismo irrealista nos faz sentir bem e nos ajuda a manter nossa autoestima. Julgando que coisas ruins acontecem mais com os outros do que conosco e que coisas boas nos esperam, nosso bem-estar psicológico é mantido. A tendência a preservar nossa autoestima pode ser vista nos seguintes achados de pesquisas sobre o otimismo irrealista e a ilusão de invulnerabilidade (Rodrigues, 2008):

- a maioria dos executivos considera-se mais ética e mais eficiente do que a média dos executivos;
- a maioria dos motoristas acredita que dirigem melhor que a média dos motoristas;
- estudantes holandeses consideram-se mais honestos, mais persistentes, mais originais e mais merecedores de confiança que a média dos estudantes;
- as pessoas tendem a perceber-se como mais inteligentes, mais bem-apessoadas e menos preconceituosas do que a maioria das pessoas;
- estudantes que terminam um curso universitário acreditam que obterão empregos melhores e de maneira mais fácil que a maioria dos outros que terminam seus cursos.

Pessimismo defensivo

Embora a maioria das pessoas tenha uma visão positiva do futuro, outras são pessimistas. Entretanto, mesmo entre os pessimistas encontramos às vezes uma tendência a proteger sua autoestima por meio do que Noren (2002) denominou pessimismo defensivo. Em seu livro *The Positive Power of*

Negative Thinking (O poder positivo do pensamento negativo) ela apresenta o conceito. O pessimista defensivo maneja sua ansiedade frente a tarefas futuras contemplando tudo que pode dar errado em sua tentativa de obter seus objetivos. Assim, se uma pessoa tem que fazer uma apresentação em público, ela dedica sua atenção ao que fazer se o computador falhar na hora de iniciar a apresentação em *PowerPoint*, à possibilidade de ela ficar nervosa, à possibilidade de o auditório estar muito vazio, enfim, a todos os fatores capazes de dificultar o sucesso de sua apresentação. Tais pessoas reduzem sua ansiedade antecipando possíveis problemas e preparando-se para lidar com eles. A consequência de tal postura é que sua ansiedade diminui e isso faz com que elas se saiam melhor em suas realizações e, consequentemente, possam manter sua autoestima por meio da preparação para enfrentar (e evitar) possíveis resultados negativos.

Como diz Noren (2002), pesquisas indicam que desapontamentos esperados, apesar de desagradáveis, são tolerados mais facilmente do que os inesperados. Voltaremos a este ponto mais adiante ao considerarmos as tendências das pessoas a serem mais orientadas pela busca de sucesso ou pela evitação do fracasso. Antecipando o que pode dar errado, o pessimista defensivo tem a sensação de maior controle da situação. Isso diminui sua ansiedade perante a tarefa a realizar, aumentando suas possibilidades de desempenhar-se melhor e, no caso de fracasso, a diminuir seu impacto negativo. Entrevistas com pessimistas defensivos revelaram que esta estratégia de proteção da autoestima de fato diminui o desapontamento no caso de fracasso (Martin et al., 2003).

Ilusões positivas

Em sua obra *Ilusões positivas*, Taylor (1989) apresenta numerosos exemplos do efeito benéfico de tal tipo de ilusões. Segundo ela, as tendenciosidades normais existentes na maneira pela qual pensamos e na forma pela qual percebemos o mundo a nosso redor nos induzem a ilusões positivas. As ilusões decorrentes destas tendenciosidades se referem: (1) a uma visão positiva de nosso eu; (2) à crença em nossa capacidade de exercer controle; e (3) ao otimismo irrealista.

Sua análise do tema a levou a fazer a seguinte afirmação:

> De uma maneira geral, as pesquisas mostram que autoproteção do eu, crenças exageradas na capacidade de controlar eventos e otimismo irrealista geram maior motivação, maior persistência na realização de tarefas, desempenho melhor e, no final, maior sucesso. Uma das principais vantagens destas ilusões é que elas ajudam a criar profecias autorrealizadoras. Elas podem levar as pessoas a se esforçarem mais em situações objetivamente difíceis. Embora alguns fracassos sejam totalmente inevitáveis, em última análise as ilusões levarão ao sucesso mais frequentemente do que a falta de persistência (p. 64).

Os efeitos benéficos apontados por Taylor acerca das ilusões positivas têm sido objeto de debate. Nem todos concordam com esta posição. Parece difícil negar, entretanto, que tais ilusões positivas trazem uma sensação de bem-estar e protegem nossa autoestima. Se estas ilusões ultrapassam o limite do razoável e tornam-se puras fantasias, e não moderadas ilusões, seus efeitos serão certamente negativos. É por isso que Weinstein (1989) afirma que "os benefícios decorrentes de ilusões, todavia, seguramente dependem da natureza da ilusão e da natureza do perigo. Expectativas fortemente otimistas acerca do valor de uma dieta baixa em colesterol e de exercícios podem ajudar uma vítima de ataque cardíaco a manter estas mudanças em seu estilo de vida e sentir-se mais feliz e mais produtivo. Entretanto, a não aceitação de que fumar, dirigir enquanto alcoolizado, ou a praticar sexo sem proteção nos põe em risco pode nos levar a não fazer as mudanças necessárias e isso pode ser desastroso" (p. 1.232)

Desengajamento moral

> *As pessoas sofrem em consequência dos danos que lhes são infligidos, independentemente de como os perpetradores justificam suas ações desumanas.*
>
> Albert Bandura

Faz parte de nossa autoestima a crença de que possuímos um elevado senso moral. Ninguém gosta de ser considerado antiético, imoral ou violador das normas de conduta universalmente aceitas. Entretanto, violações dessas normas ocorrem e as pessoas se defendem contra o reconhecimento de que as violaram desengajando-se moralmente do comportamento exibido. Entre outros, Bandura (Bandura, 1986; McAlister, Bandura & Owen, 2006; Osofsky, Bandura & Zimbardo, 2005) tem dedicado atenção especial ao fenômeno conhecido como **desengajamento moral**, que se verifica quando, a partir de reconstrução da realidade, negação de responsabilidade pessoal, minimização das consequências de nossos atos, atribuição de responsabilidade à vítima e outros mecanismos defensivos, protegemos nossa autoestima, pois rompemos a conexão existente entre nossos valores morais e o comportamento reprovável exibido.

A partir dos mecanismos de desengajamento moral, carrascos desempenham sua função que justificam como "dar às vítimas o que elas pediram para receber", soldados executam as ordens de "limpar o campo do inimigo" e outras atrocidades são perpetradas sem que isso abale os padrões morais de conduta dessas pessoas. É uma forma de reduzir a dissonância e um mecanismo autorregulatório, que bloqueia o efeito de nossa própria censura moral.

No Brasil, Iglesias (2002, 2008) tem dedicado atenção especial ao assunto. Em seu capítulo no livro editado por Bandura, Azzi e Polydoro (2008) ele menciona pesquisas que estudam o fenômeno de desengajamento moral numa variedade de contextos sociais, tais como a ação de terroristas, transgressões corporativas, agressão a crianças, delinquência juvenil, atitudes frente à pena de morte, guerra e intervenção militar, entre outros. No entanto, o fenômeno ocorre também nas atividades mais rotineiras (p. ex.: descarte inadequado de lixo, uso de energia, pirataria de produtos audiovisuais, estratégias de persuasão em vendas) e permeia diversas interações sociais, o que pode expressar, sob o ponto de vista da Psicologia Social, alguns elementos do que é identificado na Antropologia como o famoso *jeitinho brasileiro* (Barbosa, 1992).

Iglesias (2002) examinou o desengajamento moral no cometimento de infrações de trânsito. Esse estudo verificou que os mecanismos que operam sobre a própria conduta são mais eficazes que os que operam sobre as consequências ou sobre as vítimas, pois não só retiram a visão negativa da conduta, como ainda acrescentam a ela qualidades pró-sociais (p. ex.: "trafegar no acostamento ajuda o trânsito a fluir melhor").

Colocando-nos em desvantagem (self-handicapping)

Berglas e Jones (1978) nos falam de um fenômeno psicossocial interessante: a tendência de uma pessoa colocar-se em desvantagem como justificação para seus possíveis fracassos. Pode parecer estranho que uma pessoa deliberadamente diminua suas chances de sair-se bem numa tarefa ou se desempenhe aquém daquilo que suas capacidades lhe permitem. Entretanto, isso acontece com relativa frequência. A razão da ocorrência desse fenômeno é o desejo de proteger nossa autoestima. Criando situações em que um bom desempenho se torne quase impossível, a pessoa justifica antecipadamente um possível fracasso ameaçador de sua autoestima. É o caso de praticantes de esportes que deliberadamente não se preparam antes de uma competição difícil, de pessoas que oferecem vantagens excessivas ao adversário, que mostram claramente que não estão se esforçando, que alegam não ter aptidão para a tarefa etc. Tudo isso serve de justificação antecipada para um eventual desempenho inadequado. As pessoas que utilizam esta estratégia para proteger sua autoestima apresentam desculpas antecipadas para um fracasso que pode nem vir a ocorrer. Deixando de preparar-se adequadamente para uma tarefa, ou fornecendo vantagens exageradas ao oponente, a pessoa se defende de um resultado negativo alegando sua falta de preparação ou as vantagens concedidas como razão para a vitória de seu adversário. O mesmo se dá quando não se empenha para vencer ou se de antemão alega não ter aptidão para a tarefa.

Colocar-se em posição desvantajosa ocorre mais frequentemente quando as pessoas estão inseguras acerca de como se desempenharão numa tarefa importante (McCrea, 2008). Entre as estratégias para colocar-se em desvantagem verificadas empiricamente encontram-se as seguintes: ouvir música capaz de distrair a pessoa ao executar uma tarefa importante (Shepperd & Arkin, 1989); falta de esforço durante a realização da tarefa (Hirt, McCrea &

Kimble, 2000); ingestão de drogas ou álcool antes de iniciar a tarefa (Berglas & Jones, 1978).

Pesquisas também demonstram que a utilização desta forma de proteção da autoestima atinge o efeito desejado pelas pessoas que fracassam (McCrea, 2008). A existência de fatores capazes de justificar o mau desempenho faz com que a pessoa atribua a causa do fracasso a tais fatores, e não à sua falta de habilidade e competência. Isto foi demonstrado por McCrea e Hirt (2001) com estudantes de Psicologia submetidos a um teste de conhecimento da matéria. Os que se colocaram em desvantagem mantiveram sua confiança em seu conhecimento da matéria não obstante o desempenho deficiente no teste, e isso concorreu para que sua autoestima não fosse abalada.

Atribuição de causalidade

Outra maneira de manter nossa autoestima é atribuir nossos fracassos a causas externas e nossos sucessos a causas internas. Assim os jogadores de uma equipe perdedora de um jogo tendem a responsabilizar o juiz pela derrota; o estudante que tira uma nota baixa acusa o professor de explicar mal e de dar uma prova com um grau de dificuldade injustificado; o motorista envolvido num acidente culpa o motorista do outro carro pelo ocorrido; e assim por diante. Entretanto, se obtivemos êxito no que fazemos, a razão invocada é sempre algo em nós (nossa habilidade, nossa inteligência, nosso conhecimento, nosso esforço etc.).

Esta tendência a atribuir a uma causa interna nossos sucessos e nossos fracassos a causas externas é denominada em Psicologia Social **tendenciosidade autosservidora**. Inúmeras são as provas empíricas da existência do fenômeno. Um exemplo é o estudo conduzido por McAllister (1996). Este investigador criou no laboratório uma situação na qual dois estudantes eram solicitados a desempenhar o papel de "instrutor" ou de "aluno". Depois de algum tempo desempenhando estes papéis e no qual o "instrutor" ensinava um determinado assunto ao "aluno", os que fizeram o papel de "alunos" foram submetidos a um teste e seu desempenho avaliado em 50% de respostas corretas ou 90% de respostas corretas (estes resultados eram, naturalmente, falsos e se destinavam simplesmente a suscitar um sentimento de desempenho apenas regular ou de desempenho muito bom). Ao serem solicitados a indicar a causa de seu desempenho, os que receberam o *feedback* de 50% correto culparam o professor pelo seu rendimento insatisfatório, enquanto os que receberam o *feedback* de 90% atribuíram-no às suas habilidades. Em outro estudo, McAllister solicitou a verdadeiros professores que procurassem se lembrar de situações recentes em seus cursos nas quais estudantes receberam um A (excelente) ou um F (reprovação) e quais as causas a que atribuíam tais resultados. A tendenciosidade autosservidora manifestou-se novamente, isto é, os professores acreditavam que haviam desempenhado papel importante no sucesso dos estudantes que obtiveram A, mas responsabilizaram os alunos por terem obtido F.

No capítulo 5 voltaremos a considerar o fenômeno de atribuição diferencial de causalidade e como ele influencia a maneira pela qual conhecemos a realidade social.

Tendência a obter sucesso ou evitar fracasso

Lewin et al. (1944), ao analisarem o fenômeno conhecido como **nível de aspiração**, mostram-nos que existem duas tendências presentes quando tentamos empreender algo. Uma delas é tendência a obter sucesso e a outra é tendência a evitar fracasso. Daí sua hipótese segundo a qual o nível de aspiração de uma pessoa ao empreender uma tarefa é dado pela fórmula:

$$RV = f(P_s \times V_s) - (P_f - V_f)$$

onde RV significa a valência resultante (força motivadora), Ps a probabilidade de sucesso estimada pela pessoa, Vs a valência positiva (significado positivo) do sucesso, Pf a probabilidade de fracasso e Vf a valência negativa (significado negativo) do fracasso.

Atkinson (1957) incorporou à fórmula lewiniana as características de personalidade Ms (motivação à realização e ao sucesso) e Mf (a motivação a evitar o fracasso). Daí sua conhecida fórmula:

$$\text{Motivação à realização} = (M_s \times P_s \times I_s) - (M_f \times P_f \times I_f)$$

onde Is e If correspondem, respectivamente, a Vs e Vf da fórmula lewiniana.

O que as teorias conhecidas como teorias de expectativa e valor (as que focalizam a motivação derivada da expectativa de sucesso ou fracasso e do valor atribuído a sucesso ou fracasso) nos ensinam é que, diante da realização de uma tarefa que temos pela frente, somos motivados por dois tipos de forças: uma tendência de aproximação e uma de evitação. Ao mesmo tempo que desejamos obter êxito temos também medo de fracassar. Estas duas motivações, uma (positiva) em busca de sucesso e uma (negativa) caracterizada pelo medo do fracasso, opõem-se uma à outra e se constituem num conflito denominado por Lewin de conflito de aproximação/evitação (*approach-avoidance conflict*).

Em relação à nossa autoestima, se nossa tendência predominante nessa situação é a busca do sucesso, quando ele é alcançado, isso repercute favoravelmente em nossa autoestima; entretanto, quando fracassamos, o efeito negativo em nossa autoestima é bastante significativo. Se, ao contrário, nossa tendência dominante é evitar o fracasso, quando obtemos sucesso nos sentimos aliviados e, quando fracassamos, preocupamos-nos com isso, mas o fracasso não tem o mesmo efeito devastador que tem nas pessoas orientadas mais nitidamente pela tendência a lograr êxito (Higgins, Shah & Friedman, 1997).

Bem-estar psicológico

Vimos neste capítulo os principais processos individuais, interpessoais e sociais que nos permitem responder à pergunta "*Quem sou eu?*" É desejável que tenhamos um autoconceito positivo e sentimento de alta autoestima elevado, pois isso nos traz bem-estar psicológico. Daí o recurso a várias formas de proteger nossa autoestima vistas anteriormente.

O bem-estar psicológico, assim como outros fenômenos positivos tais como o otimismo, a felicidade, a esperança etc., têm sido objeto de estudo por uma área relativamente recente da Psicologia conhecida como **psicologia positiva**. Como a caracterizam Seligman e Csikszentmihalyi (2000) "o campo da psicologia positiva, no aspecto subjetivo, diz respeito ao valor de experiências íntimas: bem-estar, contentamento e satisfação (no passado);

esperança e otimismo (no futuro); e tranquilidade e felicidade (no presente). No nível do indivíduo, ela diz respeito a traços individuais positivos: a capacidade de amar e ter uma vocação, coragem, habilidade interpessoal, sensibilidade estética, perseverança, capacidade de perdoar, originalidade, orientação para o futuro, espiritualidade, talento e sabedoria. No nível grupal, ela diz respeito a virtudes cívicas e instituições que conduzem o indivíduo a melhor cidadania, responsabilidade, apoio social, altruísmo, moderação, tolerância e ética profissional" (p. 5).

Rodrigues (2016) apresenta alguns dados sobre o sentimento de felicidade das pessoas, os quais reproduzimos a seguir. Myers e Diner (1996), reunindo dados obtidos com 1.100.000 pessoas de 45 países, verificaram que a grande maioria delas se considera acima da média numa escala medidora de satisfação com a vida, indicando valores entre 5 e 9. Ademais, quando solicitadas a descrever o que estão sentindo em diferentes momentos de suas vidas, elas dizem experimentar mais emoções positivas do que negativas. Até mesmo pessoas com severas limitações físicas (cegos, paraplégicos e outros deficientes físicos) reportaram escores de satisfação com a vida acima do ponto médio das escalas utilizadas. Tal comportamento é indicativo de que a maioria das pessoas gosta de viver e se sente mais feliz do que infeliz.

Inglehart (1990) em entrevista com mais de 100.000 pessoas em dez países da Europa Ocidental verificou que 21% dos entrevistados se dizem muito satisfeitos com suas vidas, 57% se consideram relativamente satisfeitos e 21% dizem não estar nada satisfeitos.

Em relação ao Brasil especificamente, uma pesquisa citada no *ODiaOnline* revelou que o brasileiro se consideraria o povo mais feliz do mundo em 2013. Segundo pesquisa da Fundação Getúlio Vargas, em parceria com o Instituto Votorantim, com base em dados coletados pelo Instituto Gallup com mais de 130 mil pessoas em 132 países conduzida em 2008, os brasileiros teriam o nível mais alto de expectativa de felicidade: 64% dos entrevistados acreditavam que seriam mais felizes em 2013. Em uma escala de 0 a 10, a expectativa do brasileiro de ser feliz, em cinco anos, seria de 8,28 (maior que a esperada nos demais países pesquisados), enquanto que, em 2008, este índice era de 6,64 e ocupa o 23º lugar em relação aos demais países incluídos na pesquisa.

Esta tendência a sentir-se feliz, a desfrutar de bem-estar psicológico é, como se vê, bastante generalizada. Um grande número de pesquisas tem mostrado que o otimismo, as ilusões positivas, um estilo atribuicional otimista (Seligman, 1991), em suma, uma atitude positiva perante a vida ajuda a pessoa enfrentar dificuldades, recuperar-se de doenças, evitar depressão, perseverar na busca de objetivos, desfrutar mais do relacionamento interpessoal, viver mais tempo e desempenhar-se melhor em atividades acadêmicas, atléticas e profissionais. A manutenção de uma autoestima positiva faz parte deste complexo de características e posturas positivas de que nos fala a psicologia positiva. Consequentemente, não constitui surpresa o fato de lançarmos mão de tantos recursos a fim de manter uma alta autoestima. Nosso *eu totalitário* lança mão de vários meios a fim de que alcancemos este objetivo...

Resumo

Nesse capítulo foi visto como se forma o nosso autoconceito. Por ser fortemente influenciado pelas nossas interações com outras pessoas, o estudo do autoconceito tem recebido atenção especial nas últimas décadas. Foram mostradas as várias formas de responder à pergunta *"Quem sou eu?"* e salientada a importância dos esquemas sociais no processo de formação de nosso autoconceito, no qual desempenham importante papel os seguintes fatores: introspecção, autopercepção do comportamento social, contexto social, conhecimento de nossas emoções e cultura. Por ser intimamente relacionado ao autoconceito, o capítulo focaliza o fenômeno conhecido por autoestima e que se refere à avaliação positiva ou negativa de nosso eu. A tendência a proteger nossa autoestima por meio de racionalizações e ilusões foi salientada e vários fatores capazes de atingir esse objetivo foram indicados (manejo de impressão, otimismo irrealista, pessimismo defensivo, ilusões positivas, autodepreciação e atribuição de causalidade). Breve referência foi feita a teorias de expectativa e valor e sua relação às consequências de sucessos e fracassos para nossa autoestima. O capítulo termina com breves considerações acerca da tendência à felicidade e ao bem-estar psicológico.

Sugestões de leitura

ARONSON, E.; WILSON, T.D. & AKERT, R.M. (2009). *Social Psychology*. Nova York: Longman, caps. 5 e 6.

BARON, R.A.; BRANSCOME, N.R. & BYRNE, D. (2008). *Social Psychology*. [s.l.]: [s.e.], cap. 4.

BREHM, S.; KASSIN, S. & FEIN, S. (2005). *Social Psychology*. Boston, MA: Houghton Mifflin Company, cap. 3.

FESTINGER, L. (1954). "A Theory of Social Comparison Processes". *Human Relations*, 7, p. 117-140.

SULS, J.M. & MILLER, R.L. (1977). *Social Comparison Processes*: Theoretical and Empirical Perspectives. Nova York: John Wiley & Sons.

TAVRIS, C. & ARONSON, E. (2007). *Mistakes Were Made (but not by me)*. Nova York: Harcourt.

TAYLOR, S.E.; PEPLAU, L.A. & SEARS, D.O. (2006). *Social Psychology*. Upper Saddle River, NJ: Pearson Prentice Hall, cap. 4.

TRIANDIS, H.C. (2009). *Fooling Ourselves*: Self-deception in Politics, Religion, and Terrorism. Westport, Conn: Praeger.

WILSON, T.D. & DUNN, E.W. (2004). "Self-knowledge: Its Limits, Value, and Potential for Improvement". *Annual Review of Psychology*, 55, p. 493-518.

Tópicos para discussão

1) Por que a Psicologia Social se interessa pelo estudo do autoconceito?

2) Dê exemplos de como o autoconceito é influenciado for fatores sociais.

3) Como a cultura influi na formação do autoconceito?

4) Discuta o título do livro de Tavris e Aronson "*Erros foram cometidos (mas não por mim)*". A que fenômeno psicossocial eles se referem?

5) Dê exemplos de como nossa autoestima pode ser protegida.

6) Indique situações em que você ou alguém que você conhece lançou mão de uma das formas de proteção do eu mencionadas neste capítulo.

7) Que se entende por autodepreciação? Você já observou pessoas lançando mão desta forma de proteção da autoestima?

8) O que neste capítulo chamou sua atenção de modo especial? Por quê?

Anexo – Otimismo irrealista e a ilusão de invulnerabilidade

Uma das formas de proteção de nossa autoimagem é exibir um otimismo irrealista, ou seja, achar que somos menos vulneráveis a acontecimentos negativos e mais sujeitos a desfrutar de eventos positivos do que a média das pessoas. Isso nos faz sentir bem. Embora pessoas de culturas individualistas exibam mais esta postura do que as de culturas coletivistas, a ilusão de invulnerabilidade é bastante difundida entre as pessoas (cf. LEVINE, 2003, cap. 1). Neste Anexo apresentaremos alguns dados indicadores de quão dominante é a tendência a exibirmos a ilusão de invulnerabilidade.

Weinstein (1989) encontrou numa amostra aleatória de adultos no Estado de Nova Jersey que as pessoas se consideram abaixo da média em relação ao risco de serem vítimas das seguintes doenças e nas proporções indicadas entre parêntesis: asma (9 por 1), vício de drogas (8 por 1), envenenamento por alimento estragado (7 por 1), gripe influenza (3 por 1), câncer do pulmão (2 por 1) e pneumonia (5 por 1). O otimismo irrealista manifestou-se em 25 dos 32 eventos negativos apresentados. Como vimos neste capítulo, pesquisas destinadas a estudar a tendência a uma visão favorável do eu e à ilusão de invulnerabilidade (RODRIGUES, 2008) também mostraram que:

• a maioria dos executivos considera-se mais éticos e mais eficientes que a média dos executivos;

• a maioria dos motoristas acredita que dirige melhor que a média dos motoristas;

• estudantes holandeses consideram-se mais honestos, mais persistentes, mais originais e mais merecedores de confiança que a média dos estudantes;

• as pessoas tendem a perceber-se como mais inteligentes, mais bem-apessoadas e menos preconceituosas do que a maioria das pessoas;

• estudantes que terminam um curso universitário acreditam que obterão empregos melhores e de maneira mais fácil que a maioria dos outros que terminam seus cursos.

Levine, Fast e Zimbardo (2004) verificaram que estudantes universitários se consideram menos suscetíveis à persuasão que a média das pessoas. Seus achados mostraram que:

- *55% dos estudantes disseram ser menos ingênuos do que a média dos estudantes; apenas 22% consideraram-se mais ingênuos que a média;*

- *43% disseram ser menos influenciáveis que a média; apenas 25% se disseram ser mais influenciáveis que a média;*

- *46% consideram-se menos conformistas que a média; apenas 16% consideram-se mais conformistas que a média;*

- *74% veem-se como mais independentes que a média; apenas 7% consideram-se menos independentes que a média;*

- *63% consideram-se acima da média em autoconfiança; apenas 13% julgam ser menos independentes que a média;*

- *55% disseram ser mais assertivos que a média; apenas 15% consideraram-se menos assertivos que a média;*

- *66% disseram estar acima da média no que tange à capacidade de raciocinar criticamente; apenas 5% consideram-se abaixo da média.*

Estes dados comprovam a existência de uma tendência generalizada à proteção de nosso autoconceito e de nossa autoestima por meio de um otimismo irrealista e da ilusão de invulnerabilidade.

5
Percepção social: conhecendo as outras pessoas

I. Como conhecemos os outros
   Aparência física
   Comportamento não verbal
   Categorização
   Primeiras impressões
   Traços centrais
II. Teoria Implícita de Personalidade
III. Atribuição de causalidade
   Causalidade pessoal e impessoal
   As contribuições de Jones e Davis e de Kelley
   Tendenciosidades no processo atribuicional
   A Teoria Atribuicional de Weiner
IV. Precisão da impressão que formamos dos outros
V. Resumo
VI. Sugestões de leitura
VII. Tópicos para discussão
VIII. Anexo
   Demonstração da influência da atribuição causal em nossas emoções e comportamentos

Não vemos as coisas como elas são; nós as vemos como nós somos.

Anäis Nin

Como conhecemos os outros

No processo de interação social formamos necessariamente uma impressão da pessoa com quem interagimos. O presente capítulo nos mostra como isso ocorre. Assim como existem os meios para conhecermo-nos a nós mesmos descritos no capítulo anterior, no processo de conhecimento de outras pessoas somos também guiados por processos psicossociais.

Taylor, Peplau e Sears (2006) apresentam seis princípios gerais que governam nossa percepção dos outros. Salientamos os quatro que se seguem: (1) as pessoas formam impressões de outras com base em número muito limitado de informações e daí derivam outras características mais gerais; (2) essas impressões são baseadas nos aspectos mais salientes, e não na totalidade das características dos outros; (3) tendemos a categorizar os estímulos percebidos na outra pessoa de forma a situá-la num grupo cujos membros possuem características conhecidas (p. ex.: pessoas fardadas pertencem às forças armadas); e (4) nossas necessidades e objetivos influem na maneira pela qual percebemos as características dos outros (p. ex.: prestamos mais atenção quando se trata de alguém com quem vamos interagir frequentemente no futuro, tal como um colega de trabalho, do que quando se trata de alguém que sabemos que só encontraremos uma única vez).

Nossas impressões acerca dos outros podem ser muito superficiais, como, por exemplo, a impressão que formamos de um estranho que viaja conosco num ônibus, ou bem mais aprofundadas, como no caso de um colega de trabalho. Obviamente a possibilidade de maior contato permite a formação de uma impressão melhor da pessoa com quem interagimos e influenciará nosso comportamento futuro em relação a ela.

A seguir são apresentadas as principais fontes de informação que utilizamos ao formar uma impressão de outra pessoa.

Aparência física

> *A beleza pessoal é uma recomendação muito melhor do que qualquer carta de apresentação.*
>
> Aristóteles

A mera aparência física é capaz de fornecer informações acerca de uma pessoa. Olson e Marshuetz (2005) mostraram que a percepção de beleza física é mais ou menos imediata à tendência de percepção da outra pessoa num sentido positivo. Segundo Zebrowitz et al. (2003), a influência da aparência física na formação de impressões ocorre em diferentes épocas históricas, culturas e faixas etárias. Estudos têm demonstrado que pessoas fisicamente atraentes são percebidas como portadoras de outras características positivas, tais como interessantes, calorosas, sociáveis e habilidosas (Feingold, 1992; Zebrowitz et al., 2003). Por outro lado, as pessoas menos dotadas fisicamente são vistas como possuindo outras características negativas. Esta tendência a perceber as pessoas fisicamente atraentes de forma positiva foi considerada por Berscheid e Walster (1974) como constituindo um estereótipo que elas denominaram de "estereótipo da beleza é bom" (*beauty-is-good stereotype*). Se bem que, de uma maneira geral, este estereótipo é frequentemente exibido, uma meta-análise incluindo 76 estudos esclareceu um pouco mais a natureza do mesmo (Eagly et al., 1991). Segundo estes autores, embora exista uma tendência a atribuir aspectos positivos em função da beleza física, esta tendência não é tão forte quanto inicialmente indicada e varia de estudo para estudo. No estudo citado, o efeito do "estereótipo beleza é bom" mostrou-se mais forte quanto à inferência de habilidades sociais e menos acentuado no que concerne a ajustamento, inteligência e preocupação com os outros. Em outro estudo utilizando meta-análise (Langlois et al., 2000), os autores concluem que o efeito positivo de ser atraente fisicamente na impressão que fazemos da pessoa é robusto e universal.

Aspectos negativos associados à beleza física foram também encontrados, embora em menor frequência. Cash e Jahoda (1984) verificaram em seu estudo que a beleza física induziu à percepção de vaidade e egocentrismo. Pessoas com aparência infantil (*baby face*) são percebidas como mais afetuosas, frágeis e honestas (Andreoletti, Zebrowitz & Lackman, 2001).

Não somente as características físicas, mas também a forma de vestir induz à inferência de certas características pessoais. Embora o ato de se vestir seja influenciado por inúmeros fatores não sociais (conforto, preço), é inegável que a preocupação com a imagem e a aceitação social estão envolvidas no processo, fazendo com que as pessoas busquem usar roupas que melhorem sua aparência e que as façam se sentir em conformidade com pessoas que se vestem de maneira mais formal, que são percebidas como mais conservadoras em sua filosofia política; trajes visivelmente contrastantes com os tradicionais induzem à percepção de individualismo, rebeldia e liberalismo.

A influência das características físicas da pessoa se manifesta até na maneira pela qual membros de um júri popular avaliam os acusados de crimes. Acusados com aparência infantil (*baby face*) são mais facilmente considerados culpados de contravenções menos graves do que de crimes intencionais (Berry & Zebrowitz-McArthur, 1988). Réus mais bonitos recebem fianças menores, ou, caso sejam condenados, penas menores que os não tão bonitos, o que leva a questionamentos sobre quão cega de fato é a Justiça... (Smith & Mackie, 2007).

Comportamento não verbal

Além da mera aparência física, outros aspectos não verbais podem influir na percepção de pessoas. Negligenciada por muito tempo pela Psicologia Social a "comunicação sem palavras" – que inclui gestos, posturas, olhares, posição corporal no espaço, tom de voz, ritmo e inflexões – vem acolhendo a atenção de inúmeros pesquisadores, tendo recebido na edição de 1998 do *Handbook of Social Psychology*, pela primeira vez, um capítulo dedicado inteiramente ao tema. Escrito por Depaulo e Friedman (1998), procura fazer um breve histórico do desenvolvimento deste tópico, desde o lançamento do pioneiro *A expressão das emoções nos homens e nos animais*, escrito por Charles Darwin em 1872, até os dias de hoje. Os autores destacam algumas das principais áreas de estudo, a saber, pistas não verbais na percepção pessoal e na conversação, expressividade, detecção de mentiras, influência social e atração. A edição de 2010 do *Handbook* também inclui um capítulo sobre o assunto (Ambady & Weisbuch, 2010). Nele são tratados vários temas resultantes das pesquisas na área nos últimos anos, ressaltando a importância da linguagem não verbal na adaptação ao mundo social, nos domínios da emoção e na questão do controle, uma vez que boa parte de nossa expressão não verbal não é passível de regulação consciente. Os autores também chamam a atenção para a influência do contexto e também na formação de traços de personalidade. Lembram, além disso, que percepção e julgamentos sociais por parte de adultos baseiam-se firmemente em comportamentos não verbais. O capítulo se encerra apontando para temas de especial interesse na área, como os da detecção de mentiras (e de como é difícil de fazê-lo, como a maioria dos estudos têm demonstrado) e das diferenças culturais e de gênero (mulheres mais precisas do que os homens).

A expressão facial como indicativa de emoções é um fenômeno que possui amplitude mundial. O reconhecimento de uma emoção a partir de expressão facial é um fenômeno encontrado através dos tempos e de culturas. O leitor não deverá ter dificuldades em identificar as emoções subjacentes às expressões faciais reproduzidas na figura 5.1.

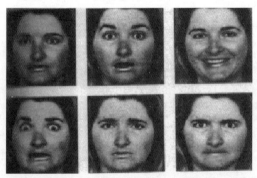

Figura 5.1 Expressões faciais de seis emoções distintas
Da esquerda para a direita: Natural – Surpresa – Felicidade – Medo – Tristeza – Raiva

Elfenbein e Ambady (2002) conduziram uma meta-análise incluindo 22.148 participantes de 42 países que confirmou que por todo o mundo as pessoas são capazes de reconhecer emoções reproduzidas em expressões faciais.

Outras formas de comportamento não verbal, tais como movimento das mãos, posturas corporais, gestos, movimentos dos olhos, aperto de mão etc. produzem informações que são processadas pelo percebedor e incorporadas à impressão que forma de outras pessoas.

Um estudo conduzido por Pickett, Gardner e Knowles (2004) revelou um aspecto interessante em relação à acuidade de nossa percepção de informação derivada da observação de comportamentos não verbais: quanto mais interessados estamos em que a pessoa observada goste de nós e nos aceite, mais eficientes somos na interpretação desses comportamentos.

A importância da entonação verbal foi mostrada em pesquisa conduzida por Kruger et al. (2005) na qual 20 afirmações foram apresentadas por *e-mail* ou por mensagem telefônica e os participantes foram solicitados a indicar quais destas afirmações eram sarcásticas e quais não eram. Embora os que enviaram as afirmações esperassem que seu significado sarcástico não fosse igualmente entendido independentemente do meio de comunicação, na realidade a comunicação por recado telefônico foi muito mais bem entendida do que a transmitida por *e-mail*.

Categorização

Um fator importante a influenciar a maneira pela qual percebemos os outros é a tendência que temos a atribuir a uma pessoa as características do grupo a que pertence. Sexo, raça, faixa etária, tipo de profissão, classe social etc. são categorias capazes de influenciar a impressão que fazemos dos outros. Imediatamente generalizamos para a pessoa aquilo que caracteriza o grupo ao qual ela pertence.

Estudos têm demonstrado (Brewer, 1988; Fiske & Neuberg, 1990) que, quando focalizamos nossa atenção na pessoa, formamos uma impressão da mesma a partir de traços específicos por ela apresentados; entretanto, quando de início consideramos a pessoa como pertencente a um grupo social, as características deste grupo tornam-se mais importantes do que os traços individuais. Ao sabermos que uma pessoa é bibliotecária ou contadora, se salientamos esse fato no processamento de informações acerca dela, a tendência é atribuirmos a ela características tais como atenção a detalhes, introversão, meticulosidade e demais traços geralmente encontrados em pessoas que exercem essas profissões. Os estereótipos que mantemos acerca dos vários grupos sociais fazem com que vejamos as pessoas a ele pertencentes como exemplos confirmadores dos mesmos.

Brewer, Dull e Lui (1981) apresentaram aos participantes de um experimento fotografias de pessoas pertencentes a três categorias: avó, uma mulher jovem e um senhor de idade juntamente com indicação por escrito com o nome de cada categoria na parte de baixo da foto. A variável dependente foi o tempo gasto pelos participantes para incorporar à descrição da pessoa características coerentes ou não com o que normalmente se espera de pessoas pertencentes a cada uma destas categorias. Tal como esperado, os participantes levaram menos tempo para processar e incorporar informação coerente com o protótipo da categoria (p. ex.: *amável* em relação à avó) do que a que contrariava o protótipo (p. ex.: *agressiva* em relação à avó).

Primeiras impressões

> *Uma vez estabelecidas, as reputações não mudam com facilidade.*
>
> Albert Bandura

O papel desempenhado pelas primeiras impressões na percepção de pessoas tem sido estudado em Psicologia Social. Asch (1946) apresentou a dois grupos de sujeitos adjetivos descritivos de uma pessoa, manipulando a ordem de apresentação dos adjetivos positivos e negativos. Um grupo recebeu os adjetivos positivos em primeiro lugar e os negativos a seguir; esta ordem foi invertida para o outro grupo. Os adjetivos apresentados foram:

inteligente, trabalhador, impulsivo, crítico, teimoso e invejoso (para um grupo); o inverso foi apresentado ao segundo: invejoso, teimoso, crítico, impulsivo, trabalhador e inteligente. Asch verificou que impressões diversas são formadas pelos integrantes dos dois grupos, embora os adjetivos mostrados fossem exatamente os mesmos, variando apenas sua ordem de apresentação; os adjetivos apresentados primeiro exerceram influência maior na inferência de outros traços positivos ou negativos. Luchins (1957) confirmou os resultados obtidos por Asch a favor do efeito de primariedade na formação de impressão de pessoas, ou seja, predominância dos adjetivos apresentados em primeiro lugar. Intuitivamente, todos nós, de certa forma, partilhamos desta crença, já que nos esmeramos (colocando uma roupa que nos favoreça, prestando atenção no que falamos para causar uma boa impressão, sendo amistosos etc.) quando temos de nos apresentar para um primeiro encontro, seja em um pedido de emprego ou em um contexto afetivo.

Na vida real vimos como no final dos anos de 1980 os líderes americanos e de outros países resistiram a aceitar que a liderança do ex-Secretário-Geral do Partido Comunista e dirigente maior da URSS – Mikhail Gorbachev – era totalmente distinta da de seus predecessores. O esquema relativo a líderes russos era tão forte que não foi fácil a Gorbachev convencer o Ocidente de que ele não era totalitário, não queria dominar o mundo e implantar o comunismo à força, suas propostas de desarmamento eram sinceras, suas ideias eram liberais e ele desejava uma convivência pacífica com o resto do mundo independentemente de ideologia.

O papel preponderante das primeiras informações foi posto em dúvida por alguns experimentos nos quais os sujeitos foram alertados no sentido de evitar qualquer julgamento até que tivessem ouvido toda a descrição da pessoa cuja impressão se estava solicitando que eles fizessem. Anderson e Hubert (1963) mostraram que, se as pessoas são solicitadas a relembrar os adjetivos (diminuindo assim o peso dos apresentados em primeiro lugar), o efeito da primariedade desaparece. Não havendo isto, porém, o papel das primeiras impressões é bastante forte e tende a permanecer, a menos que a pessoa que é solicitada a formar uma impressão sobre outra tenha acesso a mais informações sobre a mesma. Ickes (1980) apresenta quinze explicações sociopsicológicas para o fenômeno de resistência à mudança de nossas primeiras impressões mostrando como é difícil alterá-las.

Traços centrais

Existem certos traços de personalidade que são mais influentes do que outros no que concerne ao fato de suscitar a evocação de outros traços coerentes com eles. Isso foi demonstrado por Asch (1946) e por Kelley (1950) e estes traços foram denominados centrais.

Asch (1946) apresentou a um grupo de estudantes sete adjetivos descritivos de uma pessoa, solicitando-lhes que formassem uma impressão dela com base em tais adjetivos. A outro grupo foi solicitada a mesma tarefa, porém um dos sete adjetivos foi modificado. Os seis adjetivos comuns a ambos os grupos eram: inteligente, habilidosa, trabalhadora, firme, prática e cautelosa. Um dos grupos recebia tais adjetivos e depois de "trabalhadora" era incluído o adjetivo *afetuosa*; para o outro grupo, em vez de *afetuosa*, a pessoa era descrita como *fria*. A impressão causada pelas duas descrições foi significativamente diferente, embora apenas um adjetivo fosse modificado. O grupo que recebeu a descrição da pessoa incluindo o adjetivo *afetuosa* considerou-a também generosa, sábia, feliz, brincalhona, expansiva e imaginativa, enquanto o grupo para o qual ela fora descrita como *fria* considerou-a séria, de confiança, infeliz e sem senso de humor. Estudo semelhante foi conduzido por Kelley (1950), no qual um professor foi descrito das duas maneiras acima indicadas para uma mesma turma, que recebeu por escrito as informações. Para metade da turma o professor foi descrito como frio, e para a outra metade ele foi caracterizado como afetuoso. Kelley confirmou os resultados obtidos por Asch e verificou ainda que houve muito maior número de perguntas dirigidas ao professor pelo grupo que recebeu a informação de que ele era afetuoso do que pelo outro grupo. Isto é, não só as *impressões* são distintas, mas tais impressões induzem a *comportamentos distintos*. No Brasil, temos frequentemente realizado este pequeno experimento em nossas turmas de Psicologia Social, e os resultados confirmam claramente os obtidos por Asch.

A tabela 5.1 mostra os resultados colhidos em uma das primeiras réplicas deste estudo, realizada em 1968, com uma turma de 34 alunos de Psicologia da Pontifícia Universidade Católica do Rio de Janeiro.

ADJETIVOS	"AFETUOSO" %	"FRIO" %
Generoso	41	6
Sábio	41	50
Feliz	53	19
Bondoso	59	12
Sociável	82	31
Confiável	76	62
Humano	76	12
Brincalhão	18	0
Antissocial	6	37
Desumano	0	25
Altruísta	53	6

Tabela 5.1 Frequência de indicação de adjetivos em réplica brasileira do experimento sobre formação de impressão

Outros traços não possuem tal característica, como foi demonstrado por Asch ao variar os adjetivos *delicado* e *bruto* em experimento semelhante ao que empregou *afetuoso* e *frio*, e não encontrou efeitos diferenciais nas impressões formadas pelos grupos experimentais.

Teoria Implícita de Personalidade

O enfoque cognitivo salienta a necessidade que temos de formar todos significativos em nossas percepções das pessoas. Bruner e Tagiuri (1954) afirmam que nós desenvolvemos, em relação a outras pessoas, uma **Teoria Implícita de Personalidade** segundo a qual associamos determinados traços a outros e esperamos coerência entre aquelas com quem entramos em contato. Por essa razão, somos seletivos na busca de atributos que se coadunam com as primeiras impressões formadas. Daí a importância das primeiras impressões e daí a tendência que temos a atribuir características positivas às pessoas de quem gostamos ou admiramos e negativas àquelas de quem não gostamos. A teoria implícita é resistente à mudança. Como diz a epígrafe deste capítulo, "uma vez estabelecidas, as reputações não mudam com facilidade".

Ao processarmos as informações recebidas das pessoas com quem entramos em contato, somos fortemente influenciados por **esquemas sociais**. Trataremos de esquemas sociais em mais detalhes no próximo capítulo. Por enquanto basta-nos a definição de Aronson et al. (2009) segundo a qual "esquemas são as estruturas cognitivas em nossas cabeças que organizam as informações em torno de temas ou tópicos" (p. 118). As teorias implícitas de personalidade que formamos acerca dos outros constituem um esquema social. Ao sermos apresentados a alguém, imediatamente ativamos os esquemas relativos à profissão, gênero, grupo étnico etc. na impressão, que formamos dessa pessoa. Uma vez formada uma primeira impressão, daí por diante assimilamos facilmente características dessa pessoa que se coadunam com nossa primeira impressão, isto é, que são coerentes com aquela primeira impressão e tendemos a rejeitar outras que não se harmonizam com ela.

Consideremos, por exemplo, que o leitor tenha formado uma teoria implícita acerca da personalidade de um conhecido seu. De acordo com sua "teoria", essa pessoa é honesta, séria, trabalhadora e ética. Um dia alguém lhe diz que esse seu conhecido foi surpreendido roubando mercadoria de um supermercado. Qual a sua reação imediata à notícia? Certamente de descrença, de achar que é intriga ou que o acusador errou na identificação da pessoa que cometeu o delito. Se, ao contrário, sua teoria implícita acerca da personalidade de um outro conhecido é de que ele é desonesto, não confiável, ocioso e aético, a informação de que tal pessoa roubou alguma coisa de um supermercado é perfeitamente assimilada sem dúvidas ou contestações, pois tal comportamento é coerente com a teoria implícita que o leitor desenvolveu acerca da personalidade de seu conhecido. O esquema decorrente de sua teoria implícita filtra as informações que são processadas pelo percebedor, aceitando o que é coerente com o esquema e rejeitando o que não é.

Dentre as razões apresentadas por Ickes (1980) a que nos referimos na seção relativa à importância das primeiras impressões, ele inclui a seguinte: "Nossas percepções dos outros resistem à ideia de uma não confirmação porque elas servem como uma espécie de 'teoria' acerca de como os outros são; mais importante ainda, acerca do que os outros provavelmente farão. Devido à utilidade prática de tal teoria como um guia para nosso comportamento em relação à outra pessoa, temos interesse em aderir a esta teoria o maior tempo possível".

Inúmeros exemplos do relevante papel desempenhado pelos esquemas sociais em nossa interpretação dos estímulos sociais que nos atingem são apresentados pelos psicólogos sociais. Como comentamos em relação ao experimento de Kelley (1950), a variável afetuoso/frio de que nos fala Asch levou duas turmas de alunos a perceberem o mesmo conferencista de forma diferente (apesar de ele haver se comportado de maneira idêntica perante as duas turmas), simplesmente porque para uma ele foi descrito como "frio" e, para a outra, como "afetuoso", em meio a mais de seis adjetivos que não variaram de uma turma para a outra. Estereótipos acerca de grupos ou de seus representantes constituem a base cognitiva da atitude de preconceito, como veremos ao tratar de preconceito e discriminação. Eles confirmam a tendência que temos de categorizar as coisas e de recorrer a tais categorizações em nossos julgamentos e decisões. Tudo isso concorre para a formação de nossa teoria implícita relativa à personalidade da pessoa que percebemos em nosso processo de interação social.

Atribuição de causalidade: como conhecemos as causas subjacentes a comportamentos

Feliz aquele que pode conhecer as causas das coisas.

Virgílio

Ao interagirmos com outras pessoas procuramos saber as causas de seus comportamentos. Será que um gesto amistoso da outra pessoa em relação a nós foi causado por verdadeira amizade ou por bajulação? O fracasso de um aluno é percebido pelo professor como indicativo de falta de inteligência ou de falta de esforço? Um esbarrão é percebido como intencional ou involuntário? Um pobre que nos pede esmola o faz por necessidade absoluta ou por não querer trabalhar? Um rapaz vê seu convite para jantar rejeitado por uma moça porque ela o considera sem atrativos ou porque naquele dia ela tem um compromisso inadiável? E assim por diante. Ao interagirmos com os outros estamos constantemente fazendo atribuições de causalidade para seus comportamentos e, como veremos a seguir, conforme as características das causas a que atribuímos o comportamento, experimentamos emoções e emitimos comportamentos distintos.

O processo de atribuição de causalidade é um tópico que tem sido alvo de especial atenção por parte dos psicólogos sociais. Segundo Kelley (1972), somos "epistemólogos leigos" e, por meio do senso comum, procuramos estabelecer as causas das coisas. Procuraremos nesta seção mostrar a origem da ideia de atribuição diferencial de causalidade (causalidade interna ou externa, estável ou instável, controlável ou incontrolável), os critérios geralmente utilizados no processo de atribuição, as tendenciosidades cognitivas que interferem nesse processo, bem como suas consequências psicológicas.

Causalidade pessoal e impessoal

Foi, sem dúvida alguma, o trabalho seminal de Fritz Heider (1944, 1958) que desencadeou o interesse pelo estudo do fenômeno de atribuição. Em seu livro clássico *A psicologia das relações interpessoais* (1958), Heider diz que temos necessidade de atribuir causas aos fenômenos que ocorrem conosco ou que observamos porque desejamos conhecer as fontes de nossas experiências, saber de onde vêm e como surgem. Ao fazê-lo, satisfazemos nossa necessidade de vivermos num mundo relativamente estável e previsível. Segundo Heider, buscamos as invariâncias (isto é, as constâncias) nos objetos e nas pessoas. Se consideramos uma pessoa como "agressiva", é de se esperar que ela emita comportamentos agressivos; se vemos uma esfera num plano inclinado, é de se esperar que ela role, pois as propriedades disposicionais do plano inclinado e da esfera nos levam a esperar que esta desça em direção à base do plano inclinado. Se isto não acontece, procuramos pela causa do fenômeno inesperado. Será o plano inclinado imantado e a esfera de ferro? Haverá um pino introduzido na esfera que a mantém ligada ao plano inclinado? Enfim, explicações possíveis são procuradas e, enquanto não encontradas, sentimo-nos curiosos e inseguros. A existência de explicações para os fenômenos que contemplamos nos dá a sensação de vivermos, como foi dito antes, num mundo relativamente estável e previsível.

No capítulo 4 de sua obra acima citada, Heider faz o que ele chama de uma análise ingênua (*naïve*) da ação. Uma ação qualquer, x, é função de dois fatores: poder (*can*) e tentar (*try*). O primeiro diz respeito à relação entre o ator da ação e o ambiente (p. ex.: eu posso levantar um peso de cinco quilos); o segundo se refere ao fator motivacional, ou seja, a vontade de realizar a ação (eu quero levantar um peso de cinco quilos). Eu *posso* levantar um peso de cinco quilos, mas posso também não querer fazê-lo; por outro lado, eu posso *querer* levantar um peso de 300 quilos, e não poder fazê-lo. Consequentemente, a relação entre poder e tentar é multiplicativa. Se um deles é zero a ação não se realiza.

Além das forças pessoais (as que provêm da própria pessoa engajada na ação), forças do ambiente também desempenham seu papel. Como exemplifica Heider, se uma pessoa está num barco no meio de um rio e lá pretende ficar, seu desejo pode ser contrariado por uma corrente ou por rajadas de vento que, contrariamente à vontade da pessoa, levem o barco a outro destino. Neste caso, dir-se-ia que as forças do ambiente são mais fortes que as forças pessoais, e uma ação não desejada se verifica. A relação entre as forças pessoais e as ambientais é aditiva, pois, como vimos no exemplo acima, mesmo quando uma delas é zero, o fato pode ocorrer devido à existência de um desses dois tipos de forças responsáveis por sua ocorrência. A seguinte equação expressa o que acaba de ser dito:

$$x = f(p \times q + a)$$

onde

>x = uma ação qualquer envolvendo uma pessoa
>
>p = poder (capacidade da pessoa de agir de uma determinada forma)
>
>q = querer (vontade da pessoa de agir de uma determinada forma)
>
>a = ambiente e sua capacidade de influir na ação verificada

Com esta análise *ingênua* da ação humana, Heider deixa claro que nossas ações podem derivar de **causalidade pessoal** ou **impessoal**. Se percebemos uma ação como derivando principalmente de forças pessoais, estamos fazendo uma atribuição de causalidade pessoal, isto é, vemos aquela ação como proveniente de algo interno à pessoa; se, por outro lado, atribuímos a ação a forças externas às pessoas, ou seja, a forças sobre as quais as pessoas não têm controle, estamos fazendo uma atribuição de causalidade impessoal, isto é, percebemos a ação como proveniente de forças ambientais ou, mesmo quando localizadas na pessoa (como no caso de uma doença mental, por exemplo), como derivando de algo sobre o qual a pessoa não exerce controle. A distinção entre causalidade pessoal e impessoal apresentada originalmente por Heider teve importantes consequências para a psicologia das relações interpessoais.

O pensamento heideriano sobre atribuição de causalidade gerou profundo interesse sobre o assunto e, a partir da segunda metade da década de 1960 até o presente, numerosos estudos teóricos e pesquisas empíricas têm sido por ele inspirados.

As contribuições de Jones e Davis e de Kelley

A primeira tentativa de apontar fatores relevantes na atribuição de um ato a uma disposição subjacente (causalidade pessoal) foi apresentada por Jones e Davis (1965). Estes autores especificam três fatores como particularmente importantes na atribuição que fazemos acerca de um comportamento observado. Para eles, quando o ato é consequência de (1) escolha livre, (2) é pouco desejável socialmente e (3) se caracteriza por ter efeito não comum a várias causas, tal ato é atribuído a uma disposição interna de seu ator de perpetrá-lo (denominado pelos autores como uma inferência correspondente).

Suponhamos que um convidado, ao final de uma festa, diz a seu anfitrião: "Veja se na próxima vez organiza uma festa melhor; esta foi horrível!" Tal comentário será interpretado como expressando uma disposição interna de quem o emite, pois decorre de uma livre escolha em fazê-lo, vai contra as normas de etiqueta social e é típico de uma única causa (o fato de não ter gostado da festa). Compare-se tal comportamento com o de outro convidado que diz: "Muito obrigado por ter-me convidado; sua festa estava ótima". Este comportamento revela muito pouco acerca da disposição interna da pessoa que o emite, porque é socialmente desejado e é comum a, pelo menos, duas causas: ao fato de ter gostado da festa e à vontade de ser educado e agradável ao anfitrião.

Kelley (1967) apresenta outros princípios importantes na atribuição de causalidade, referidos a algo próprio da pessoa ou a algo inerente à entidade considerada (sua teoria abrange, pois, tanto a causalidade pessoal como a causalidade impessoal, de que nos fala Heider). Segundo Kelley, um efeito é atribuído à causa com a qual ele covaria. Assim, se sempre que A se mostra agressivo B está presente, diz-se que B é a causa da agressividade de A. Kelley salienta três aspectos importantes na análise de um comportamento. O primeiro deles é a **especificidade** do comportamento. Esta especificidade ou tipicidade decorre da resposta à seguinte pergunta: a pessoa emite este comportamento frente a qualquer estímulo ou apenas quando um estímulo específico está presente? Se a resposta é que ela emite tal comportamento apenas quando este estímulo está presente, diz-se que tal comportamento tem alta especificidade; caso contrário, o comportamento terá baixa especificidade. Outro aspecto a considerar quando fazemos atribuições de efeitos a causas é a **constância** do comportamento. Se a pessoa exibe o mesmo comportamento em diferentes ocasiões em que o mesmo estímulo está presente, dizemos que este comportamento tem alta constância; caso contrário, ele tem baixa constância. Finalmente, Kelley nos fala do **consenso**. Se outras pessoas reagem da mesma forma considerada diante do estímulo em pauta, diz-se que tal comportamento tem alto consenso; caso contrário, diz-se que ele tem baixo consenso. O principal aspecto da contribuição de Kelley é que ele afirma que, quando um comportamento de uma pessoa diante de um estímulo possui baixa especificidade (isto é, ela exibe o mesmo comportamento em outras situações e diante de outros estímulos), alta constância (isto é, a pessoa reage ao mesmo estímulo da mesma maneira em outras ocasiões) e baixo consenso (isto é, as outras pessoas não reagem do mesmo modo diante do estímulo), tendemos a atribuir seu comportamento a algo peculiar a esta pessoa (atribuição interna); se, por outro lado, o comportamento se caracteriza por alta especificidade, alta constância e alto consenso, tendemos a atribuí-lo aos aspectos característicos da entidade em si (atribuição externa). O quadro a seguir resume o que foi dito:

	COVARIAÇÃO			ATRIBUIÇÃO
	consenso	distintividade	constância	
	baixo	baixa	alta	
X adorou ler o livro y	Outras pessoas não gostaram	X adora qualquer livro	X sempre relê este livro	**Interna**
	alto	alta	alta	
	Outras pessoas adoraram	X não gosta de outros livros	X sempre relê este livro	**Externa**

Quadro 5.1 Atribuição interna ou externa em função do princípio da covariância

Na situação ilustrada no quadro 5.1, como na parte superior é apresentado um caso em que o consenso é baixo, a especificidade também é baixa e a consistência é alta, concluímos que algo idiossincrático a esta pessoa faz com que ela goste do livro; já na parte inferior, onde consenso, especificidade e constância são todos altos, infere-se que o livro é, de fato, bom. Em outras palavras, no primeiro caso o gosto pelo livro é atribuído a algo interno à pessoa; no segundo, a algo externo, ou seja, à qualidade mesma do livro.

Além dessa importante contribuição, Kelley (1973) propõe dois outros princípios referentes ao processo de atribuição de causalidade, ambos relacionados à causalidade pessoal. São eles: o **princípio do desconto** (*discounting principle*) e o **princípio do aumento** (*augmentation principle*). O primeiro se refere ao fato de descontarmos o papel de outras possíveis causas quando uma delas se destaca como a provável responsável pela ocorrência de um determinado evento. Assim, se vemos uma pessoa ser muito bem paga para defender uma opinião, inferimos que a recompensa (dinheiro) é a causa de seu comportamento e descontamos possíveis causas internas. O segundo princípio se refere a situações em que uma pessoa enfrenta custos, dificuldades, obstáculos a fim de emitir um determinado comportamento; quando isso ocorre, nossa atribuição tende a ser no sentido de que a causa de tal comportamento reside na pessoa, decorre de uma disposição sua de agir daquela forma. Em outras palavras, o esforço despendido para superar os obstáculos aumenta nossa percepção da causalidade interna da ação.

Os princípios propostos por Kelley têm recebido confirmação empírica (cf., por ex., Hazlewood & Olson, 1986; Hewstone & Jaspars, 1987; McArthur, 1976) e são muito úteis para entendermos o processo de atribuição. Nem sempre, porém, dispomos de todas as informações necessárias à aplicação do princípio de covariância. Às vezes, faltam-nos dados sobre consenso ou sobre consistência ou mesmo sobre especificidade. Neste caso, segundo Kelley, a inferência causal torna-se difícil e são necessárias mais informações.

O fenômeno de atribuição de causalidade nem sempre é racional, podendo, muitas vezes, decorrer de tendenciosidades derivadas de aspectos emocionais como, por exemplo, a necessidade que temos de proteger nosso ego, referida anteriormente. A seguir será visto o papel desempenhado por essas tendenciosidades.

Tendenciosidades no processo atribuicional

> *Eis a sublime estupidez do mundo: quando nossa fortuna está abalada – muitas vezes pelos excessos de nossos próprios atos – culpamos o sol, a lua e as estrelas pelos nossos desastres; como se fôssemos canalhas por desígnios lunares, idiotas por influência celeste, escroques, ladrões e traidores por comando zodíaco [...] É a admirável desculpa do homem devasso – responsabilizar uma estrela por sua devassidão!*
>
> W. Shakespeare

Várias tendenciosidades têm sido apontadas no processo atribuicional, dentre as quais destacaremos as seguintes:

- erro fundamental de atribuição;
- a tendenciosidade ator/observador;
- a tendenciosidade autosservidora ou egotismo.

O erro fundamental de atribuição (ROSS, 1977) consiste na tendência que temos de fazer atribuições disposicionais (internas) quando observamos o comportamento de outrem. Assim, ao observarmos duas pessoas discutindo tendemos a atribuir-lhes traços de agressividade, sem levar em conta as possíveis variáveis situacionais que possam ser responsáveis pela discussão.

A tendenciosidade ator/observador (Jones & Nisbett, 1972) consiste na facilidade de fazermos atribuições internas em relação ao comportamento que observamos em outras pessoas e de fazer atribuições externas quando consideramos nosso próprio comportamento (principalmente quando ele é negativo). Quando nosso comportamento é elogiável, tendemos a fazer atribuições internas porque a isso nos leva à tendenciosidade autosservidora ou egotismo, como veremos a seguir. Um bom exemplo de tendenciosidade ator/observador em ação nos é dado pela facilidade com que responsabilizamos alguém por tropeçar em algo ("Como ele é desatento"!) e à igual facilidade que temos de atribuir a fatores externos a responsabilidade por nossos próprios tropeços ("Que absurdo deixarem essas coisas no caminho!").

A tendenciosidade autosservidora, também conhecida por egotismo, consiste na tendência que temos de atribuir nossos fracassos a causas externas ("Fui mal neste exame porque minhas obrigações no trabalho me impediram de estudar") e nossos sucessos a causas internas ("Joguei bem porque sou bom mesmo em esportes"). Como vimos anteriormente, defendemos nossa autoestima fazendo atribuições externas para nossos fracassos e internas para nossos sucessos.

A atribuição de causalidade aos eventos que nos rodeiam constitui um fator de singular importância em nosso relacionamento interpessoal e na maneira pela qual formamos impressões sobre as pessoas, sobre o mundo e sobre nosso próprio comportamento. Não seria exagero afirmar que o estudo do processo atribuicional e de suas consequências constitui um dos pontos centrais da Psicologia Social científica contemporânea. A Teoria Atribuicional de Motivação e Emoção apresentada por Bernard Weiner (1986), bem como sua posterior extensão aos julgamentos de responsabilidade (Weiner, 1995, 2006), evidenciam a importância do pensamento atribuicional em Psicologia Social. Na seção seguinte será apresentada a importante contribuição de Bernard Weiner.

A Teoria Atribuicional de Weiner

Desde os anos 70 do século passado, Weiner tem conduzido inúmeras pesquisas inspiradas pelos trabalhos de Heider sobre atribuição de causalidade. A originalidade do trabalho de Weiner consiste na proposta de uma taxonomia de dimensões causais (*locus*, estabilidade e controlabilidade) e no estabelecimento das ligações existentes entre tais dimensões e determinadas emoções e comportamentos. Os principais méritos da Teoria Atribuicional de Weiner são a sua simplicidade e a amplitude de fenômenos psicossociais aos quais ela se aplica. Vários trabalhos empíricos precederam a publicação da teoria em sua forma contemporânea (Weiner, 1986) e em seus refinamentos posteriores (Weiner, 1995, 2006). Vejamos, a seguir, os pontos centrais da Teoria Atribuicional de Weiner e sua extensão recente.

Segundo Weiner (1986), sempre que um evento positivo ou negativo ocorre, determinadas emoções o acompanham. Se o acontecimento é positivo, sentimos prazer, alegria etc.; se é negativo, sentimos tristeza, frustração etc. Essas emoções dependem exclusivamente da característica positiva ou negativa do evento. Quando ele é importante, negativo e, principalmente, inesperado, procuramos saber sua causa. Aqui se aplicam todas as noções que vimos anteriormente sobre a maneira pela qual fazemos atribuições (princípio da covariância, do desconto, do aumento, tendenciosidades no processo atribuicional etc.). Chegamos, então, a uma causa para o evento considerado. No domínio de realizações acadêmicas, profissionais ou desportivas podemos, por exemplo, chegar à conclusão de que nosso sucesso se deveu à nossa aptidão natural, ou ao nosso esforço, ou à facilidade da tarefa, ou à sorte, ou à estratégia utilizada etc. Uma vez identificada uma causa, ela é considerada em suas dimensões: é ela **interna** (decorrente de algo em mim) ou **externa** (decorrente de algo no ambiente)? É ela **estável** (constante, permanente, duradoura) ou **instável** (poderá variar no futuro)? E, finalmente, é ela **controlável** (dependente de minha vontade ou da vontade de outra pessoa) ou **incontrolável** (depende de algo sobre o qual não exerço controle e também não pode ser controlado por outrem)? A dimensão *locus* (internalidade/externalidade), segundo Weiner, está ligada à emoção de orgulho e à autoestima; a dimensão *estabilidade* (estável/instável) influi na expectativa de acontecimento igual ou diferente no futuro; e a dimensão *controlabilidade* (controlável/incontrolável) está associada às emoções de vergonha, culpa e, quando em relação à outra pessoa, às emoções de raiva ou gratidão e pena. Conforme a análise causal conduzida, comportamentos de ajuda ou agressão, punição ou elogio etc. se seguirão. Alguns exemplos ajudarão a entender a teoria.

Suponhamos que um menino um dia joga muito mal no time de futebol em seu colégio. Diante deste acontecimento negativo é de se esperar que ele se sinta frustrado, triste etc. Essas emoções independem de atribuição causal. Como se trata de evento negativo, importante e inesperado, pois ele pensava que seria um bom jogador, ele procura estabelecer a causa de sua má atuação. Se ele chega à conclusão de que fracassou por falta de habilidade para o esporte (uma causa interna, estável e incontrolável), é de se esperar, segundo a teoria de Weiner, que ele sinta sua autoestima diminuída e, dada a estabilidade e incontrolabilidade da causa, desista de jogar futebol. Se, todavia, ele atribui seu fraco desempenho à falta de esforço (uma causa interna, instável e controlável), a teoria prevê que ele sinta culpa e remorso, que sua autoestima seja diminuída, mas que, dada a instabilidade e controlabilidade da causa, ele procure treinar mais e esforçar-se bastante no próximo jogo e, assim, modificar o resultado obtido anteriormente.

Vejamos um outro exemplo. Suponhamos que marcamos um encontro com uma pessoa e ela chega 30 minutos atrasada. Nossa reação quando ela chega será, muito provavelmente, de insatisfação ou mesmo irritação pelo ocorrido. Essas emoções dependem exclusivamente do acontecimento desagradável (esperar 30 minutos por alguém). Suponhamos ainda que, ao chegar, esta pessoa nos diga que se atrasou porque estava vendo televisão e o programa estava interessante. A teoria prediz que, nesse caso, nós experimentaríamos raiva e provavelmente reagiríamos agressivamente; se, por outro lado, ela nos dissesse que chegou atrasada porque seu carro foi abalroado por trás quando ela estava parada num sinal, sentiríamos pena, e não raiva, e, provavelmente, ofereceríamo-nos para prestar alguma ajuda. No primeiro caso, a causa do atraso teria sido interna e controlável (a dimensão da estabilidade não é relevante aqui), enquanto no segundo a causa é externa e incontrolável pela pessoa.

A teoria de Weiner tem sido aplicada no entendimento de situações de desempenho (Weiner & Kukla, 1970), de expectativa de comportamento futuro (Rodrigues, 1979; Rodrigues & Marques, 1981; Weiner, Nierenberg & Goldstein, 1976), de comportamento de ajuda (Weiner, 1980; Pilati et al., 2008), na análise de reações a estigmas sociais (Weiner, 1995), no entendimento de reações frente à pobreza (Zucker & Weiner, 1993) e à origem das doenças mentais (Oliveira & Neves, 1995), na análise da apresentação de desculpas (Weiner, 1995), no entendimento do comportamento que se segue a uma influência social bem-sucedida (Rodrigues, 1995; Rodrigues & Lloyd, 1998; Alanazi & Rodrigues, 2003), no entendimento das reações à iniquidade e a diferentes formas de justiça distributiva (Rodrigues, 1996), na busca de explicações para a causa de divórcios (Pasquali & Faiad de Moura, 2003) e do sucesso ou do fracasso escolar (Ferreira et al., 2002; Martini & Del Prette, 2005), entre outras.

Os mais de 30 anos de pesquisa sobre a utilização do pensamento atribuicional no estudo de fenômenos interpessoais conduzida por Weiner, seus alunos e colaboradores foram apresentados em três livros (Weiner, 1986, 1995, 2006). Em seus dois últimos livros, Weiner é inspirado por duas metáforas: a primeira é a de que os homens, à semelhança de Deus, sentem-se no direito de julgar os outros como bons ou maus, inocentes ou culpados; a segunda é a de que "o mundo é um tribunal", onde estamos constantemente julgando os outros e a nós mesmos. Nesse julgamento, procuramos determinar a responsabilidade pelo ato cometido e, na determinação de responsabilidade, o fator fundamental é a atribuição do ato a uma causa interna e controlável. Se a causa do ato perpetrado é interna e controlável e não existem circunstâncias atenuantes, a responsabilidade é atribuída à pessoa, determinados afetos (culpa, raiva) são eliciados e comportamentos correspondentes se seguem.

Como se vê, o que foi dito antes sobre a Teoria Atribuicional de Weiner se coaduna perfeitamente com este enfoque. A sequência postulada pela teoria é a seguinte:

a) ocorrência de um comportamento;

b) atribuição de uma causa para este comportamento;

c) determinação das dimensões causais de *locus* e controlabilidade.

Se a causa é interna e controlável e se não há circunstâncias atenuantes, responsabilidade pessoal é atribuída (se externa e incontrolável, ou se existem circunstâncias atenuantes, responsabilidade não é atribuída ou é diminuída). Se há atribuição de responsabilidade, afetos se seguirão (p. ex.: raiva de alguém que me prejudicou quando poderia tê-lo evitado; pena de alguém que está em dificuldades por motivos alheios à sua vontade e fora de seu controle). Tais atribuições e tais afetos eliciarão comportamentos específicos (p. ex.: retaliação tendo como alvo a pessoa que me prejudicou; ajuda à pessoa que está em dificuldade).

Prova empírica da sequência cognição (atribuição) → afeto → comportamento pode ser vista, por exemplo, em estudo realizado por Rodrigues e Lloyd (1998). Estes investigadores solicitaram aos participantes da pesquisa que se colocassem no papel de um diretor de um hospital. Um incidente entre um médico e uma enfermeira, no qual o médico solicitou à enfermeira que administrasse um remédio experimental a seu paciente, foi levado ao conhecimento do diretor do hospital. De acordo com os vários cenários apresentados, o médico utilizou os seguintes tipos de influência para levar a enfermeira a perpetrar o comportamento antiético: recompensa, punição, legitimidade, conhecimento, referência ou informação. Os participantes foram solicitados a indicar, em escalas apropriadas, como eles percebiam o comportamento da enfermeira, indicando quão interno e quão controlável este comportamento lhes pareceu e, ainda, o grau de responsabilidade que atribuíam à enfermeira e quanta raiva seu comportamento suscitava. Finalmente, foram apresentadas aos participantes cinco alternativas de comportamento do diretor: demissão da enfermeira; rebaixamento de função; entrega de uma carta de reprimenda; apenas repreensão verbal ou ausência de punição. A sequência cognição (atribuição) → afeto → comportamento predita pela teoria de Weiner se confirmou. Quanto mais interno e mais controlável era percebido o comportamento da enfermeira, maior a atribuição de responsabilidade, maior a raiva e maior a punição.

Precisão da impressão que formamos dos outros

Vimos neste capítulo várias formas pelas quais formamos uma impressão acerca de outras pessoas. Somos influenciados pela aparência física, pelo comportamento não verbal, pelos esquemas grupais que nos levam a caracterizar os outros a partir dos vários grupos a que pertencem, pelas primeiras impressões e por certos traços centrais. Tudo isto nos induz à formação de uma Teoria Implícita de Personalidade, segundo a qual a impressão que formamos dos outros assume coerência e clareza. Além disso, estamos constantemente procurando entender o comportamento dos outros a partir da atribuição dos mesmos a causas que os suscitam.

Cabe a pergunta: Uma vez que se forma uma impressão acerca de outra pessoa, esta impressão é correta ou incorreta, ou seja, corresponde à realidade ou não?

A Psicologia dispõe de instrumentos para uma avaliação mais precisa destes não observáveis (testes, entrevistas, observações etc.); mas estamos tratando aqui da situação de duas ou mais pessoas que se encontram e que se comportam uma em função da outra numa situação social, e não da situação clínica de estudo da personalidade.

O grande problema encontrado pelos estudiosos deste assunto, entretanto, reside no estabelecimento de um *critério indicativo da acuidade do julgamento*. Um exemplo esclarecerá o que queremos dizer com isso. Digamos que num grupo de sensibilidade (*sensitivity training*), no qual cerca de 14 pessoas se reúnem e interatuam livremente visando a um conhecimento melhor de si mesmas e dos outros, queiramos verificar se, ao cabo de várias sessões, seus integrantes de fato são capazes de conhecerem-se melhor e de conhecerem melhor os outros. Como haveremos de proceder? Qual será o critério que dirá da validade de nossas impressões, isto é, o que dirá que de fato, após a experiência de grupo, nós nos conhecemos melhor e também julgamos melhor as características dos outros? Quando dispomos de testes psicológicos capazes de aferir com precisão satisfatória um determinado traço psicológico (p. ex.: inteligência), então poderemos comparar nossas avaliações com os resultados obtidos nos testes. E quando não dispomos de testes válidos e fidedignos capazes de nos fornecer informação sobre determinado traço, por exemplo, sinceridade da amizade de A em relação a nós mesmos? Neste caso, teremos que recorrer a outro critério que poderia ser, talvez, o consenso unânime de outras pessoas. Aqui começamos a encontrar problemas. Consenso unânime ou quase unânime é um indicador deficiente da acuidade de um julgamento. Não só a maioria pode estar equivocada, como também não é fácil encontrarmos uma situação em que várias pessoas percebam da mesma forma o que lhes está sendo solicitado a avaliar. Em outras palavras, no exemplo acima, é possível haver pessoas com concepções distintas de amizade (umas sendo mais exigentes, outras admitindo um sentimento relativamente positivo como suficiente para caracterizar amizade), o que obviamente torna este critério bastante precário. Por outro lado, tomar por critério o julgamento dos outros, sabendo-se, como de fato se sabe, que a percepção é afetada por uma variedade de fatores cognitivos, é saber de início que estamos utilizando um critério intrinsecamente eivado de erros. Voltando então ao nosso exemplo com o grupo de sensibilidade, diríamos que pode, e até mesmo deve, haver modificação na capacidade individual de avaliar-se e de avaliar os outros após a experiência em grupo. Na falta, porém, de testes válidos para tal, ficamos à mercê dos julgamentos de outras pessoas, um critério, por si mesmo, deficiente. Restaria o recurso da observação objetiva de comportamentos indicativos das disposições que lhes estão subjacentes. Também aqui não se conseguiria evitar totalmente a possibilidade de distorção perceptiva, o que nos conduz novamente aos problemas do critério anterior.

Entretanto, o problema da acuidade de nossas percepções dos outros não é tão importante em Psicologia Social como o é em outros setores da Psicologia. Como salientou com precisão Kurt Lewin, por muitos considerado o "pai" da Psicologia Social, o que importa no comportamento interpessoal é a **realidade percebida**, e não a realidade objetiva. O que governa nosso comportamento é o que ele denomina "espaço vital", o qual engloba a pessoa e o ambiente em que está inserida num determinado momento. Ilustrando a maior importância da realidade percebida em relação à realidade física, Lewin nos fala de um viajante a cavalo que se perdeu numa tempestade de neve. Ao ver uma luz à distância ele se dirigiu para ela em linha reta. Ao chegar a seu destino, foi informado de que acabara de atravessar um lago gelado... O viajante desmaiou! (Weiner, 1992).

Sabemos que não registramos as pessoas como uma máquina fotográfica ou uma máquina de raios-X. Nossas tendenciosidades, os esquemas que norteiam nossas cognições, as heurísticas ou atalhos cognitivos de que lançamos mão ao tentar conhecer a realidade social, a automaticidade de nosso pensamento, tudo isso influi em nosso processo cognitivo (capítulo 3) e concorre para dificultar (ou mesmo impossibilitar) um conhecimento perfeito das pessoas com quem interagimos. Não obstante, o que governará o processo de interação social esquematizado no quadro 1.1 à p. 38 do capítulo 1 é a impressão que formamos da pessoa com quem interagimos, seja ela correta ou não.

Resumo

Neste capítulo foi estudado o fenômeno social de percepção de pessoas. Foram comentadas as principais fontes de informação de que lançamos mão ao formar uma impressão da pessoa com quem interagimos: aparência física, linguagem não verbal, categorização, primeiras impressões e traços centrais. Foi mostrado como formamos uma Teoria Implícita da Personalidade das pessoas com quem interagimos e como isso se torna resistente a mudanças. Devido à importância do processo de atribuição causal ao comportamento, esse tópico recebeu tratamento relativamente aprofundado, sendo destacada a teoria de Bernard Weiner que focaliza o papel desempenhado em nossas emoções e em nossos comportamentos pelas características das causas às quais atribuímos nosso próprio comportamento e o de outrem. O capítulo termina com considerações acerca da acuidade da impressão que formamos dos outros. Foi ressaltada a importância da realidade percebida como fator fundamental no processo de interação social.

Sugestões de leitura

AMBADY, N. & WEISBUCH, M. (2010). "Nonverbal Behavior". In: FISKE, S.; GILBERT, D. & LINDZEY, G. (orgs.). *Handbook of Social Psychology*. Hoboken, NJ: John Wiley & Sons, cap. 13.

ASCH, S. (1952). *Social Psychology*. Nova York: Prentice Hall.

DELA COLETA, J.A. & DELA COLETA, M.F. (1982). *Atribuição de causalidade*: teoria, pesquisa e aplicações. 2. ed. Taubaté: Cabral.

FISKE, S.T. & TAYLOR, S.E. (1991). *Social Cognition*. Reading: Addison-Wesley.

HEIDER, F. (1958). *The Psychology of Interpersonal Relations*. Nova York: Wiley.

JONES, E.E. et al. (1972). *Attribution*: Perceiving the Causes of Behavior. Morristown, NJ: General Learning.

KELLEY, H.H. (1973). "Processes of Causal Attribution". *American Psychologist*, Feb., p. 107-128.

MACRAE, C.N. & QUADFLIEG, S. (2010). "Perceiving People. In: FISKE, S.; GILBERT, D. & LINDZEY, G. (orgs.). *Handbook of Social Psychology*. Hoboken, NJ: John Wiley & Sons, cap. 12.

TAGIURI, R. & PETRULLO, L. (orgs.) (1958). *Person Perception and Interpersonal Behavior*. Stanford, CA: Stanford University Press.

WEINER, B. (2006). *Social Motivation, Justice, and the Moral Emotions*. Mahwah, NJ: Lawrence Erlbaum Associates.

_____ (1995). *Judgments of Responsibility*: A Foundation for a Theory of Social Conduct. Nova York: Guilford.

_____ (1986). *An Attributional Theory of Motivation and Emotion*. Nova York: Springer-Verlag.

Tópicos para discussão

1) Por que as primeiras impressões são tão importantes no processo de interação social?

2) Qual a importância da aparência física e da linguagem não verbal na percepção de pessoas?

3) Quais as contribuições de Salomon Asch ao estudo do fenômeno de percepção de pessoas?

4) Que se entende por *Teoria Implícita de Personalidade* e qual sua importância no fenômeno de percepção social?

5) Explique os princípios que, segundo Kelley, são relevantes ao processo de atribuição de causalidade.

6) O que se entende por "erro fundamental de atribuição"?

7) Indique uma situação em que uma pessoa fracassa e não se sente culpada.

8) Ponha os termos listados a seguir em várias possíveis ordens lógicas, tendo como base a Teoria Atribuicional de Motivação e Emoção de Weiner: culpa – sucesso – fracasso – causa controlável – causa interna – vergonha – orgulho – causa incontrolável – causa externa – raiva – pena – responsabilidade – punição – recompensa – surpresa – ausência de punição – ausência de responsabilidade.

(*Ex.: fracasso – causa interna e controlável – responsabilidade – culpa – punição*)

Anexo – Demonstração da influência da atribuição causal em nossas emoções e comportamentos

A fim de verificar como as atribuições que fazemos influem em nossas emoções e comportamentos, o leitor poderá fazer o exercício que se segue.

1) Duas pessoas contraíram o vírus da Aids; uma por promiscuidade sexual e a outra por transfusão de sangue. De qual você tem mais pena?

2) Um professor entrega o resultado de um teste a um aluno e diz: você só conseguiu tirar 7; estou aborrecido com você. A outro aluno, que também tirou 7, ele diz ao entregar o teste: muito bem, gostei. Qual dos dois alunos, o primeiro ou o segundo, o professor considera possuir maiores talentos?

3) Um juiz acredita que o que induziu um criminoso, A, a perpetrar um crime foi algo inerente a seu caráter e o que levou outro criminoso, B, a cometer um crime foi um distúrbio emocional momentâneo. A qual dos dois é mais provável que o juiz conceda liberdade condicional?

4) Uma pessoa chega atrasada para um encontro porque se descuidou da hora. Qual a razão do atraso mais provável que ela diga à pessoa que a estava esperando: dizer que seu atraso foi motivado por ela não ter prestado atenção na hora ou pelo fato de o trânsito estar engarrafado?

5) Um aluno se esforça muito e obtém uma boa nota; outro, sem se esforçar, obtém nota semelhante. Qual dos dois merece mais elogios?

Se o leitor for como a maioria das pessoas, responderá assim a estas perguntas:

1) Da que contraiu o vírus através de transfusão de sangue.

Explicação: *A causa da doença neste caso está fora do controle do doente, o que não aconteceu com a pessoa que adoeceu por conduta desregrada.*

2) O primeiro.

Explicação: *Ele atribui ao sucesso relativo (nota 7) do aluno talentoso à sua falta de esforço, pois ele tem habilidade para tirar nota melhor; já o segundo conseguiu tudo que podia, dentro de suas limitações. A causa de* *o primeiro aluno não ter obtido nota mais elevada foi sua falta de esforço (causa interna e controlável), e não sua falta de habilidade para sair-se melhor.*

3) Ao criminoso B.

Explicação: *Como a causa do crime do criminoso A é estável (traço caracteriológico), é provável que ele volte a cometer o crime, ao passo que a causa do crime perpetrado pelo criminoso B é instável (descontrole emocional momentâneo).*

4) O fato de o trânsito estar engarrafado.

Explicação: *Levando a pessoa que a esperou a acreditar que a causa de seu atraso foi algo externo e incontrolável faz com que seja mais propensa a perdoar o atraso.*

5) O que se esforçou mais.

Explicação: *Apesar de não ter tanta habilidade quanto o outro, o aluno que se esforçou superou suas limitações e atingiu o mesmo nível do outro mais bem-dotado intelectualmente que, caso tivesse se esforçado (causa interna e controlável), teria obtido nota ainda melhor.*

Tais exemplos mostram claramente como a natureza da causa a que se atribui um comportamento nos leva a experimentar determinadas emoções (pena, aborrecimento, raiva etc.) e a nos comportarmos de acordo com o julgamento que fazemos acerca do que levou a pessoa a emitir seu comportamento.

PARTE III

Avaliando a realidade social

6

Atitudes: conceito e formação

I. Conceito de atitude
    O componente cognitivo
    O componente afetivo
    O componente comportamental
    Atitudes e valores
II. Formação das atitudes
    Enfoques cognitivos
        A Teoria do Equilíbrio
        A Teoria da Dissonância Cognitiva
            a) Dissonância como resultado de decisões
            b) Aquiescência forçada
            c) Exposição à informação dissonante
            d) Dissonância resultante de justificação insuficiente
            e) Por que reduzimos dissonância?
            f) Críticas à Teoria da Dissonância Cognitiva
III. Atitude e comportamento
    Interesse investido no conteúdo atitudinal
    A Teoria da Ação Racional de Fishbein e Ajzen
IV. Resumo
V. Sugestões de leitura
VI. Tópicos para discussão
VII. Anexo
    Mudança de comportamento utilizando dissonância cognitiva

É a nossa atitude no início de uma tarefa difícil que, mais do que qualquer outra coisa, determinará um resultado positivo.

William James

Nos capítulos integrantes da Parte II deste manual, analisamos um dos componentes da definição de Psicologia Social apresentada no capítulo 1, ou seja, o concernente ao *pensamento social*. Nesta Parte III estudaremos um outro componente da definição de Psicologia Social – o relativo à avaliação da realidade social. Ao tomarmos conhecimento dessa realidade social, desenvolvemos sentimentos positivos, negativos ou neutros em relação a pessoas e objetos sociais em geral. Atitude é o conceito em Psicologia Social que engloba tais sentimentos. Neste capítulo apresentaremos a conceituação do que sejam atitudes sociais, como elas se formam e como elas influem em nosso comportamento. No capítulo seguinte será focalizada um tipo de atitude social de importância singular e de consequências marcantes no mundo em que vivemos: o preconceito.

Conceito de atitude

Atitudes são sentimentos pró ou contra pessoas ou objetos com que entramos em contato. Atitudes se formam durante nosso processo de socialização. Elas decorrem de processos comuns de aprendizagem (reforço, modelagem), podem surgir em atendimento a certas funções ou derivar de características individuais de personalidade ou de determinantes sociais; podem ainda decorrer de ativação automática (não consciente) ou formar-se em consequência de processos cognitivos (p. ex.: busca de equilíbrio, busca de consonância cognitiva).

Inúmeras são as definições de atitude. Allport (1935) menciona várias delas. Baseando-nos em definições existentes, podemos sintetizar os elementos essencialmente característicos das atitudes sociais como: (a) uma organização duradoura de crenças e cognições em geral; (b) uma carga afetiva pró ou contra um objeto social; (c) uma predisposição à ação. Sendo assim, podemos definir atitude social como **uma organização duradoura de crenças e cognições em geral, dotada de carga afetiva pró ou contra um objeto social definido, que predispõe a uma ação coerente com as cognições e afetos relativos a este objeto**. As definições de atitude, embora divirjam nas palavras utilizadas, tendem a caracterizar as atitudes sociais como sendo integradas por três componentes claramente discerníveis: (a) o componente cognitivo; (b) o componente afetivo; e (c) o componente comportamental.

O componente cognitivo

Para que se tenha uma atitude em relação a um objeto é necessário que se tenha alguma representação cognitiva deste objeto. Se perguntarmos a um empregado de uma fazenda no Mato Grosso qual sua atitude em relação ao sistema de pressurização de uma nave espacial, é improvável que se obtenha uma resposta que indique uma atitude desta pessoa em relação a este tópico. Se, por outro lado, lhe perguntarmos qual sua posição em relação ao tipo de alimentação do gado a seu cargo, é muito provável que ele tenha uma representação cognitiva estruturada deste assunto e também um afeto positivo em relação ao seu sistema de alimentar o gado entregue a seu cuidado. Assim, para que haja uma carga afetiva pró ou contra um objeto social definido, faz--se mister que se tenha alguma representação cognitiva deste mesmo objeto. As crenças e demais componentes cognitivos (conhecimento, maneira de encarar o objeto etc.) relativos ao objeto de uma atitude constituem o componente cognitivo desta atitude.

Pessoas que exibem atitudes preconceituosas, por exemplo, têm uma série de cognições acerca do grupo que é objeto de sua discriminação. Pessoas que não gostam de índios consideram-nos selvagens, ameaçadores, ignorantes, hostis, deficientes intelectualmente, bestiais etc. Pessoas que gostam da arte pós-moderna representam cognitivamente este movimento artístico como criador, espontâneo, forte, audacioso, original etc. Muitas vezes a representação cognitiva que a pessoa tem de um objeto social é vaga ou errônea. Quando vaga, seu afeto em relação ao objeto tenderá a ser pouco intenso; quando errônea, porém, isto em nada influirá na intensidade do afeto, o qual será consistente com a representação cognitiva que a pessoa faz do objeto, seja ela correspondente à realidade ou não. Esta última alternativa pode ser percebida claramente na atitude preconceituosa, como veremos no capítulo 7.

O componente afetivo

Para alguns (Fishbein & Raven, 1962; Fishbein, 1965, 1966) o componente afetivo, definido como sentimento pró ou contra um determinado objeto social, é o único característico das atitudes sociais. De acordo com Fishbein, as crenças e comportamentos associados a uma atitude são apenas elementos pelos quais se pode medir a atitude, não sendo, porém, parte integrante dela.

Não há dúvida de que o componente mais nitidamente característico das atitudes é o afetivo. Nisto as atitudes diferem, por exemplo, das crenças e das opiniões que, embora se integrem numa atitude, suscitando um afeto positivo ou negativo em relação a um objeto e predispondo à ação, não são necessariamente impregnados de conotação afetiva. Uma pessoa pode crer na existência de vida em outros planetas ou ser de opinião que a lua foi, outrora, uma parte da Terra, porém manter esta crença e esta opinião num nível cognitivo sem unir a isto qualquer traço afetivo. Não se poderia dizer então que tal pessoa tem uma atitude em relação à existência de vida em outros planetas ou em relação à origem da lua. Os mesmos objetos, porém, poderão ser alvo de atitudes por parte de outras pessoas. Estas acrescentariam uma conotação afetiva às suas cognições acerca da existência de vida em outros planetas e acerca da origem da lua e demonstrariam isto ao engajarem-se em discussões acaloradas sobre estes tópicos.

Rosenberg (1960) demonstrou experimentalmente que os componentes cognitivo e afetivo das atitudes tendem a ser coerentes entre si. Em seu experimento, Rosenberg mudou o componente cognitivo da metade dos sujeitos que tinham atitudes nítidas em relação à medicina socializada, negros, União Soviética etc., utilizando o método hipnótico; em relação à outra metade de participantes, ele mudou o componente afetivo por meio do mesmo método e no que concerne aos mesmos temas. Posteriormente os sujeitos foram liberados da sugestão hipnótica, porém antes foram verificadas, respectivamente, as transformações em seus afetos e cognições acerca daqueles objetos. Tal como esperado por Rosenberg, os sujeitos cujo componente cognitivo havia sido modificado por sugestão hipnótica passaram a demonstrar afetos mais coerentes com o novo componente cognitivo, o mesmo se verificando, *mutatis mutandis*, com aqueles que tiveram seu conteúdo afetivo modificado experimentalmente. Tais achados demonstraram que "a destruição da congruência afetivo-cognitiva por meio da alteração de qualquer um destes componentes põe em movimento processos de restauração da congruência, os quais, sob certas circunstâncias, conduzirão a uma reorganização atitudinal a partir de uma mudança complementar no componente não alterado previamente" (Hovland & Rosenberg, 1960).

O componente comportamental

A posição geralmente aceita pelos psicólogos sociais é a de que as atitudes possuem um componente ativo, instigador de comportamentos coerentes com as cognições e os afetos relativos aos objetos atitudinais. A relação entre atitude (do ponto de vista puramente afetivo) e comportamento constitui um dos motivos por que as atitudes sempre mereceram especial atenção por parte dos psicólogos sociais, chegando mesmo ao ponto de, já em 1918, Thomas e Znaniecki definirem Psicologia Social como "o estudo científico das atitudes". Não há unanimidade de posições, todavia, no que se refere ao papel psicológico desempenhado pelas atitudes em relação ao comportamento a ela intimamente ligado. Para Newcomb, Turner e Converse (1965), as atitudes humanas são propiciadoras de um estado de prontidão que, se ativado por uma motivação específica, resultará num determinado comportamento; já Krech e Crutchfield (1948), Smith, Bruner e White (1956) e Katz e Stotland (1959) veem nas atitudes a própria força motivadora à ação.

Newcomb et al. (1965) representam da seguinte forma o papel das atitudes na determinação do comportamento:

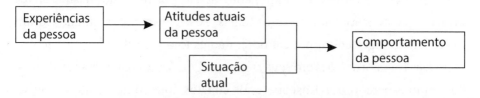

Figura 6.1 Papel das atitudes na determinação do comportamento
(Adaptado da figura 3.6 de Newcomb, Turner & Converse, 1965)

Vê-se na representação de Newcomb et al. que as atitudes sociais criam um estado de predisposição à ação que, quando combinado com uma situação específica desencadeante, resulta em comportamento. Assim, uma pessoa que é torcedora de um clube de futebol possui cognições e afetos em relação a esta agremiação esportiva capazes de predisporem-na, dada uma situação adequada (realização de um jogo de futebol, p. ex.), a emitir comportamentos consistentes com tais cognições e afetos (no caso, torcer para o clube de sua preferência).

Devido a este caráter instigador à ação quando a situação o propicia, as atitudes podem ser consideradas como bons preditores de comportamento manifesto. Dir-se-á, porém, que nem sempre se verifica absoluta coerência entre os componentes cognitivo, afetivo e comportamental das atitudes. Não raro encontramos pessoas que se dizem católicas, protestantes ou israelitas, mas que não se comportam de acordo com as prescrições dessas religiões. Num estudo frequentemente citado, La Pière (1934) aparentemente demonstrou que não há coerência entre atitude e comportamento. Consideraremos o estudo de La Pière mais adiante neste capítulo. Por ora queremos apenas apresentar a posição segundo a qual as atitudes sociais contêm em si um elemento cognitivo (o objeto tal como conhecido), um elemento afetivo (o objeto como alvo de sentimento pró ou contra) e um elemento comportamental (a combinação de cognição e afeto como instigadora de comportamentos diante de determinadas situações).

Atitudes e valores

> Um conservador é, na maioria das vezes, um liberal que foi assaltado.
>
> Tom Wolfe

Valores são categorias gerais dotadas também de componentes cognitivos, afetivos e predisponentes de comportamento, diferindo das atitudes por sua generalidade. Uns poucos valores podem incluir muitas atitudes. O valor religião, por exemplo, envolve atitudes em direção a Deus, à Igreja, a recomendações específicas da religião, à conduta dos encarregados das coisas da Igreja etc. Rokeach (1968) propõe que o estudo dos valores receba maior ênfase em Psicologia Social, de vez que, por sua generalidade e número reduzido, fornece ao psicólogo mais facilidades de estudo que as atitudes, que são inúmeras e por demais específicas.

Allport, Vernon e Lindzey (1951) propuseram uma escala padronizada para a classificação das pessoas de acordo com a importância dada por elas aos seis valores seguintes:

Teoria: ênfase em aspectos racionais, críticos, empíricos e busca da verdade.

Estética: ênfase em harmonia, beleza de formas, simetria.

Praticalidade: ênfase em utilidade e pragmatismo, dominância de enfoques de natureza econômica.

Atividade social: ênfase em altruísmo e filantropia.

Poder: ênfase em influência, dominância e exercício do poder em várias esferas.

Religião: ênfase em aspectos transcendentes, místicos e procura de um sentido para a vida.

Posteriormente, Schwartz (1992, 1994), baseado em uma série extensa de estudos transculturais, propôs uma teoria de valores que é considerada referência obrigatória em qualquer estudo sobre o assunto. Concebendo os valores como objetivos ou metas trans-situacionais que variam em importância e servem como princípios que guiam a vida das pessoas, Schwartz especifica dez tipos motivacionais de valores que se organizam hierarquicamente em função de sua importância relativa e de suas consequências práticas, psicológicas e sociais para os indivíduos:

Benevolência: busca da preservação e da promoção do bem-estar dos outros.

Tradição: adesão a costumes e ideias de natureza religiosa e cultural.

Conformidade: controle de impulsos ou de ações socialmente reprováveis.

Segurança: defesa da harmonia e da estabilidade da sociedade, das relações e do próprio eu.

Poder: controle sobre pessoas ou recursos, buscando *status* e prestígio.

Realização: busca de sucesso pessoal pela demonstração de competência, de acordo com os padrões sociais.

Hedonismo: busca de prazer e sensações gratificantes.

Estimulação: busca de excitação, novidades e desafios.

Autodireção: busca de independência de pensamentos e de ações.

Universalismo: busca de compreensão, tolerância e proteção para com *todas* as criaturas da Terra.

Esses valores derivam, portanto, de necessidades humanas universais e se estruturam em um sistema de compatibilidades e oposições, em um *continuum* de motivações que se organiza em duas dimensões bipolares, por ele designadas dimensões de ordem superior. A primeira reflete um conflito entre, por um lado, a independência própria por meio de ações que visem a mudança e, por outro, a busca de estabilidade e a preservação da tradição, sendo constituída por dois polos opostos: *abertura à mudança*, que combina os tipos motivacionais de valores *autodireção* e *estimulação* e conservação, que conjuga os tipos de valores *segurança, conformidade* e *tradição*. A segunda dimensão, por sua vez, reflete um conflito entre a busca do bem-estar dos outros e sua aceitação como iguais, por um lado, e a busca do sucesso pessoal e do domínio sobre os outros, por outro; opõe-se, portanto, ao polo autotranscendência, que combina os tipos motivacionais de valores *benevolência* e *universalismo,* e ao polo autopromoção, que conjuga os tipos de valores *poder* e *realização*. Cumpre destacar que o hedonismo compartilha elementos de abertura à mudança e de autopromoção.

Em suma, a característica de generalidade dos valores e de especificidade das atitudes faz com que uma mesma atitude possa derivar de dois valores distintos. Assim, por exemplo, uma pessoa pode ter uma atitude favorável a dar esmola a um pobre por valorizar a caridade e o bem-estar do outro, e outra, por valorizar o desejo de mostrar-se poderoso e superior.

Formação das atitudes

Atitudes podem ser aprendidas. Uma criança, que é **reforçada** por mostrar-se favorável a um objeto e punida quando indica sentimento desfavorável a outro tenderá a desenvolver uma atitude favorável ao primeiro e desfavorável ao segundo. Preconceito racial é um exemplo de atitude negativa em relação a um grupo social que pode ser formada por reforço e punição.

Modelagem é outro processo capaz de formar atitudes pró ou contra objetos sociais. Tendemos a adotar as atitudes das pessoas que são significantes para nós.

Atitudes servem para ajudar-nos a lidar com o ambiente social. Katz e Stotland (1959), Smith, Bruner e White (1956) e outros teóricos destacam várias **funções** a que servem as atitudes, como: (a) permitir-nos a obtenção de recompensas e a evitação de castigos; (b) proteger nossa autoestima e evitar ansiedade e conflitos; (c) ajudar-nos a ordenar e assimilar informações complexas; (d) refletir nossas convicções e valores; e (e) estabelecer nossa identidade social.

Determinados tipos de **personalidade** levam ao surgimento de certas atitudes. Adorno et al. (1950) descreveram o que chamaram de personalidade autoritária. Segundo esses autores, a personalidade autoritária se caracteriza pelo seu ingrupismo (valorização excessiva do grupo a que pertence e rejeição dos demais), gosto pelo exercício da autoridade e também facilidade em submeter-se à autoridade, rigidez em seu sistema de crenças e valores, etnocentrismo, concepção religiosa rígida, moralista e calcada na ideia de culpa e punição, puritanismo etc. Pessoas que apresentam tal síndrome desenvolvem atitudes coerentes com ela.

Além de aspectos de personalidade, determinantes sociais, tais como **classe social** e **identificação com grupos sociais**, podem levar as pessoas a exibirem determinadas atitudes. Centers (1949) mostrou como a identificação com diferentes classes sociais leva a atitudes políticas distintas. Newcomb et al. (1967) apresentam prova inequívoca da força da identificação com grupos de referência no desenvolvimento e manutenção de atitudes. Estudantes universitárias do Bennington College, que se identificaram com a posição liberal dos professores, mudaram suas atitudes políticas e mantiveram-nas por um período de 25 anos (quando foram novamente contatadas).

Como vimos no capítulo 3 ao estudar o **pensamento automático**, pistas do ambiente que não chegam a atingir nossa consciência podem suscitar automaticamente a formação de atitudes. Os estudos de Bargh et al. (1992) e de Bargh et al. (1996) mencionados na seção do capítulo 3 referentes a "pensamento automático e avaliação positiva ou negativa" confirmam que atitudes pró ou contra certos objetos podem ser ativadas por conteúdos não conscientes suscitados por influência do ambiente. Um estudo conduzido por Strahan, Spencer e Zanna (2002) mostrou que, quando os participantes são submetidos a um questionário que os induz a focalizar sua atenção em sua sede, eles se tornam mais suscetíveis à influência de anúncios relacionados a bebidas destinadas a matar a sede do que pessoas que não foram induzidas a concentrar-se em sua sede. Weisbuch, Mackie e Garcia-Marques (2003) obtiveram resultados semelhantes ao fazer com que os participantes de seu estudo fossem expostos subliminarmente a um comunicador de uma mensagem. Quando uma segunda mensagem era transmitida pelo comunicador subliminarmente apresentada, os participantes eram mais facilmente por ela persuadidos do que participantes que não haviam sido expostos subliminarmente a este comunicador.

Enfoques cognitivos: as teorias do equilíbrio e da dissonância cognitiva

A Teoria do Equilíbrio

A tendência a preferirmos situações interpessoais harmoniosas influi na formação de nossas atitudes em relação a pessoas e objetos sociais. Em um pequeno artigo intitulado "Atitudes e organização cognitivas", Heider (1946) apresenta os postulados fundamentais do que posteriormente passaria a ser conhecido como Teoria do Equilíbrio. Baseado principalmente nas concepções gestaltistas relativas à percepção de coisas, Heider procurou adaptar os mesmos princípios à percepção de pessoas; simetria, boa forma, proximidade, semelhança etc., que são princípios explicadores da organização perceptiva das coisas que nos rodeiam, seriam também aplicados nas situações sociais em que a tônica recai sobre a percepção de pessoas e de suas relações com outras pessoas ou com objetos. Assim, se um percebedor, **p**, contempla um quadro de arte do qual gosta muito e descobre posteriormente que tal quadro foi pintado por um amigo seu, tal situação é perfeitamente assimilada por **p**, de vez que se trata de um todo harmoniosamente constituído. Em linguagem gestáltica, a percepção de um objeto, **x**, e uma outra pessoa, **o**, formam uma relação unitária (autor e sua obra são percebidos como um todo indivisível); a situação **p** gosta de **x**, **p** gosta de **o** e **o** está unido a **x**, constitui um todo harmonioso cuja boa forma é facilmente percebida por **p**. Em se tratando de duas pessoas, se os sentimentos recíprocos entre elas são idênticos, haverá uma situação harmoniosa, segundo Heider. Em caso contrário, isto é, se **p** gosta de **o**, mas **o** não gosta de **p**, a situação será desequilibrada e gerará tensão, caso não seja modificada a partir de mudança de atitude ou da reorganização cognitiva. Se utilizarmos, tal como Cartwright e Harary (1956), uma linha cheia para representar atitudes positivas e uma linha tracejada para representar atitudes negativas, teremos situações equilibradas em **a** e **b** da figura 6.2 e desequilibradas em **c** e **d** da mesma figura.

Figura 6.2 Representação de situações diádicas equilibradas e desequilibradas

Se, em vez de duas entidades, tivermos três, por exemplo, três pessoas **p**, **o** e **q**, ou duas pessoas e um objeto **p**, **o** e **x**, teremos oito possíveis situações que, segundo Heider, são equilibradas ou desequilibradas, conforme o número de sinais negativos que possuem seus elos associativos. Assim, se uma relação triádica possui três sinais positivos ou um número par de sinais negativos, será equilibrada. De acordo com tal proposição, temos as seguintes configurações de situações triádicas equilibradas e desequilibradas quando três entidades estão envolvidas:

	p/o	p/x	o/x
Equilibradas	+	+	+
	+	−	−
	−	+	−
	−	−	+
Desequilibradas	−	−	−
	−	+	+
	+	+	−
	+	−	+

Heider (1946, 1958) postula que preferimos situações de equilíbrio. Tal não quer dizer, porém, que o equilíbrio prevaleça sempre em nossas relações interpessoais. O que Heider afirma é que, na hipótese de o equilíbrio não ser atingido e a pessoa não puder mudar uma situação desequilibrada para uma situação equilibrada, ela experimentará tensão.

Quatro são as maneiras de se tornar uma situação triádica desequilibrada: (a) mudança do elo p/o, (b) mudança do elo p/x; (c) mudança do elo o/x; e (d) diferenciação. Consideremos, por exemplo, a seguinte situação: **p** é amigo de **o**; **p** é contra a pena de morte; **o** é a favor da pena de morte. Tal situação triádica pode ser assim representada graficamente:

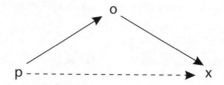

Figura 6.3 Situação p-o-x desequilibrada

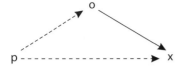
P passa a não gostar de o

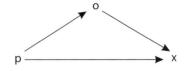
O passa a ser a favor da pena de morte

P passa a ser contra a pena de morte

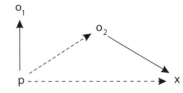
P gosta de o_1 mas não de o_2; quando se trata da pena de morte, P não gosta de o_2

Figura 6.4 Quatro formas possíveis de resolver a situação desequilibrada da figura 6.3

Esta foi a primeira formulação do princípio do equilíbrio tendo inspirado diretamente três outras concepções teóricas baseadas na ideia de consistência, a saber: a da força em direção à simetria de Newcomb (1953), o princípio da congruência de Osgood e Tannenbaum (1955) e a Teoria da Dissonância Cognitiva de Festinger (1957).

O maior desenvolvimento do princípio do equilíbrio ocorreu a partir de 1956 com a ocorrência de inúmeras pesquisas e avanços teóricos (Cartwright & Harary, 1956; Heider, 1958; Newcomb, 1968; Rodrigues & Newcomb, 1980; Rodrigues, 1985; Zajonc, 1968). Alguns trabalhos, especificamente, inspiraram outros desenvolvimentos, como, por exemplo, os que levaram Feather (1964, 1967) a apresentar um modelo para a compreensão e predição de comunicações sociais baseadas no princípio do equilíbrio.

Um fato assoma com clareza dos inúmeros estudos empíricos orientados teoricamente pelo princípio de Heider numa situação interpessoal tríplice que envolve duas pessoas e um tema em relação ao qual estas pessoas têm uma posição definida: a tendência ao equilíbrio prevista por Heider é apenas *uma* entre várias outras forças que operam no sistema. Atualmente estão claramente identificadas, além das forças de **equilíbrio**, as forças decorrentes da **concordância** entre **p** e **o** e as forças da **positividade** do sentimento entre **p** e **o**. Em outras palavras, as pessoas buscam equilíbrio no sentido heideriano, buscam concordância e preferem gostar a desgostar dos outros. Embora não sejam as únicas, estas fontes de tendenciosidade cognitiva acham-se bastante documentadas por meio de inúmeros experimentos (cf., para comprovação desta asserção, Mower-White, 1978; Rodrigues, 1967, 1981a, 1981b, 1985; Rodrigues & Newcomb, 1980).

Numa tentativa de explicitar quando cada uma destas três fontes de tendenciosidade cognitiva – equilíbrio, concordância e positividade – atuam com maior intensidade, Rodrigues (1985) propôs três modelos teóricos que foram testados empiricamente. Segundo esta posição, as forças do equilíbrio se manifestam mais nitidamente quando as tríades são avaliadas em termos de sua consistência, harmonia, estabilidade ou coerência. Assim, se perguntarmos a uma pessoa o grau de coerência da situação "João gosta de Pedro; Pedro é a favor do controle da natalidade; João também é favorável a isso", as pessoas tendem, facilmente, a considerar a situação como perfeitamente coerente. Já quando a tríade interpessoal é avaliada em termos de sua agradabilidade, as forças da concordância se manifestam mais nitidamente. Assim, uma tríade equilibrada tal como "Maria não gosta de Joana; Maria é a favor do socialismo; Joana é contra o socialismo" pode ser considerada por muitos como desagradável, embora seja coerente que duas pessoas que não se dão tenham posições filosóficas e políticas distintas. Finalmente, quando, além de ser avaliada a agradabilidade da relação interpessoal tríplice, expressamente se indica que as duas pessoas da relação continuarão a manter contato no futuro (ADERMAN, 1969), espera-se que as forças decorrentes da positividade predominem.

Os modelos propostos têm se mostrado capazes de predizer com relativa precisão a forma pela qual as pessoas hierarquizam as várias tríades interpessoais do tipo **p-o-x** (cf. Rodrigues, 1981a, 1981b; Rodrigues & Dela Coleta, 1983; Rodrigues, 1985). Rodrigues e Dela Coleta (1983), ao testarem especificamente os modelos em que a força do equilíbrio e a força da concordância predominavam, encontraram prova do seu valor preditivo. Resultados em apoio aos modelos de Rodrigues foram também obtidos por Rodrigues e Iwawaki (1986) com participantes japoneses.

Em suma, ao longo dos muitos anos de pesquisa a que vem sendo submetido, o princípio do equilíbrio de Heider tem se mostrado de inegável valor em Psicologia Social para o entendimento do fenômeno da formação das atitudes sociais.

A Teoria da Dissonância Cognitiva

> *Não somos animais racionais, somos animais racionalizantes [...]. Menos motivados a ter razão do que a crer que temos razão!*
>
> E. Aronson

Em 1957 foi publicado o livro de Leon Festinger intitulado *A Theory of Cognitive Dissonance* (Uma Teoria de Dissonância Cognitiva). A publicação da Teoria da Dissonância Cognitiva deu ensejo a que se desencadeasse uma série sem precedentes de experimentos em Psicologia Social. A teoria de Festinger possui, inegavelmente, notável valor heurístico, além de ter servido como integradora de inúmeros achados relativos aos fenômenos de formação e mudança de atitudes. Tal como salienta Zajonc (1968), "se há uma formulação teórica que, durante esta década, capturou a imaginação dos psicólogos sociais esta é, sem sombra de dúvida, a Teoria da Dissonância Cognitiva de Festinger" (p. 130).

A Teoria da Dissonância Cognitiva tem recebido críticas, às vezes severas (Asch, 1952; Bem, 1967, 1972; Chapanis & Chapanis, 1964; Fazio, 1987; Janis & Gilmore, 1965; Jordan, 1964; Rosenberg, 1965), mas não é possível negar-se seu valor e o grande apoio empírico que tem recebido a partir de experimentos realizados para testar suas proposições.

O ponto central da teoria é que nós procuramos um estado de harmonia em nossas cognições. O termo cognição, tal como definido anteriormente, refere-se a "qualquer conhecimento, opinião ou crença acerca do ambiente, acerca da própria pessoa ou acerca de seu comportamento" (Festinger, 1957). As relações entre nossas cognições podem ser relevantes ou irrelevantes. Por exemplo, saber que o automóvel A é melhor que o B e comprar o automóvel B constituem um par de cognições relevantes e, segundo a teoria, dissonantes.

Por outro lado, saber que um automóvel A é melhor que outro automóvel B e achar que andar de táxi é melhor que dirigir o próprio carro, constituem um par de cognições irrelevantes. Quando os elementos cognitivos são relevantes, diz-se que estão em dissonância se, considerando-se apenas os dois, o contrário de um seguir-se do outro. Como diz Festinger (1957), "x e y são dissonantes se não x se segue a y". Quando os dois elementos cognitivos relevantes estão em harmonia, diz-se que eles formam uma relação consonante.

A grande atividade experimental desencadeada pela teoria deu ensejo a que certos refinamentos fossem propostos. Em nossa opinião, as principais contribuições no sentido de aprimorá-la foram feitas por Brehm e Cohen (1962) e por Aronson (1968).

A contribuição de Brehm e Cohen (1962) foi a de ressaltar dois pontos importantes que nunca haviam sido apontados com o necessário realce e precisão tal como os citados autores o fizeram. Um desses pontos é a ideia de compromisso (*commitment*) para a manifestação da força motivacional da redução da dissonância; o outro é o destaque dado à noção de volição (*volition*), como elemento básico na determinação da existência e da magnitude da dissonância. Se não há um razoável grau de compromisso, de envolvimento, de uma pessoa no que concerne às cognições relevantes dissonantes, não há por que falar em dissonância cognitiva. Da mesma forma, a magnitude da dissonância é função direta da quantidade de deliberação livre (volição) da pessoa em engajar-se (comprometer-se) em determinadas situações.

Aronson (1968) ressalta o papel do eu (*self*) no fenômeno de dissonância cognitiva. Para ele, dissonância decorre do fato de nós não gostarmos de parecer estúpidos ou imorais. Quem faz uma má escolha ou se comporta de maneira reprovável necessariamente experimentará dissonância, pois estará parecendo pouco esclarecido, no primeiro caso, e imoral, no segundo.

Estes são, pois, os principais fundamentos da Teoria da Dissonância Cognitiva de Leon Festinger, tanto em sua forma original como nos subsequentes esforços para seu aprimoramento teórico. Vejamos a seguir como a teoria se comportou na inspiração de trabalhos experimentais e na predição dos resultados obtidos em tais estudos.

a) Dissonância como resultado de decisões

A Teoria da Dissonância procura esclarecer o que se segue psicologicamente ao processo de decisão. Na maioria dos casos, quando optamos por uma dentre duas alternativas depois de ponderar os prós e os contras de cada uma, tendemos a valorizar a alternativa escolhida e a desvalorizar a alternativa rejeitada. Verificar-se-á, pois, uma amplitude maior entre a diferença de julgamentos acerca da atratividade das alternativas quando feitos *depois* da decisão, tomando-se como referência a amplitude entre tal diferença quando os julgamentos são feitos *antes* da decisão. A figura 6.5 ilustra o que acaba de ser dito.

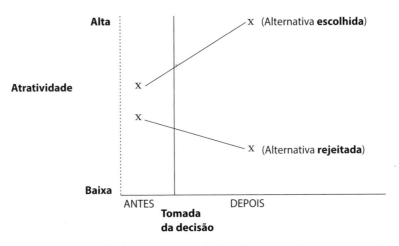

Figura 6.5 Afastamento da atratividade das alternativas após a tomada da decisão

Inúmeros experimentos comprovam a hipótese derivada da teoria. Um dos clássicos experimentos nessa área foi conduzido por Brehm (1956), no qual os sujeitos foram solicitados a fazer duas avaliações da atratividade de oito produtos de valor em torno de US$ 20,00 cada um. A primeira avaliação foi feita no período pré-decisional; a segunda, depois de os participantes terem sido solicitados a escolherem para si apenas um entre dois dos produtos avaliados. A fim de variar a magnitude da dissonância, para um grupo experimental Brehm ofereceu, à escolha dos sujeitos, dois produtos cuja avaliação prévia havia sido semelhante (dissonância pós-decisional devendo, portanto, ser alta), e, para outro grupo experimental, a escolha oferecida foi entre dois produtos bem distanciados na escala de preferência dos participantes (dissonância pós-decisional devendo, por consequência, ser baixa). Um grupo de controle foi incluído no experimento, não tendo sido dada aos participantes a oportunidade de escolha.

Os resultados confirmaram as predições da teoria. O produto escolhido foi valorizado na segunda avaliação e, o rejeitado, desvalorizado. O fenômeno, tal como previsto, foi maior no grupo experimental em que a dissonância provocada foi alta do que no grupo em que ela foi baixa. No grupo de controle não se verificaram modificações nos julgamentos dos produtos dados aos participantes após terem feito sua avaliação inicial. Experimentos conduzidos no Brasil (Rodrigues, 1970) também revelaram resultados confirmadores das predições da teoria de Festinger, segundo a qual a alternativa escolhida é valorizada e, a rejeitada, desvalorizada após a decisão ter sido feita, tal como ilustrado na figura 6.5.

b) Aquiescência forçada

Não raro se encontram situações em que uma pessoa é induzida a comportar-se de uma maneira contrária a seus princípios ou sistema de valores em troca de alguma recompensa. De acordo com a Teoria da Dissonância Cognitiva, a magnitude da dissonância será tanto *maior* quanto *menor* for o incentivo capaz de levar uma pessoa a engajar-se num comportamento contrário aos seus valores. O clássico experimento nesta área é o de Festinger e Carlsmith (1959). Dois grupos experimentais e um de controle foram planejados. Os participantes dos três grupos foram solicitados a realizar uma tarefa extremamente monótona e desinteressante. Após a realização dessa tarefa, cada um, individualmente, foi solicitado a dizer a uma pessoa que iria, supostamente, submeter-se à mesma tarefa, que esta era muito interessante. Isto seria feito em troca de uma recompensa de US$ 1,00 para um dos grupos experimentais e de US$ 20,00 para o outro. O grupo de controle não recebeu nada e aos seus integrantes nada foi solicitado além de julgar, em duas ocasiões, em uma escala utilizada para esse fim, a atratividade da tarefa a que haviam sido submetidos. Os resultados do experimento mostraram que os indivíduos do grupo experimental que haviam recebido US$ 1,00 julgaram a tarefa muito mais interessante que o grupo de controle; ao passo que o grupo cujos participantes receberam US$ 20,00 cada um não se diferenciou do grupo de controle na avaliação da tarefa. De fato, ambos a avaliaram muito negativamente.

A fim de responder às críticas de que a desproporcionalidade da recompensa no grupo de US$ 20,00 em relação à tarefa que lhes foi solicitada induzia os integrantes desse grupo a não mudarem suas atitudes em relação à tarefa, Cohen (1962) conduziu um experimento em que as recompensas para emitir publicamente uma declaração contrária à atitude que internamente variava de acordo com a seguinte escala: US$ 10,00, US$ 5,00, US$ 1,00, US$ 0,50. A condição de controle não recebia nada e, igualmente, não era solicitado a seus membros que emitissem opinião contrária às suas crenças. Os resultados de tal experimento foram os seguintes:

Controle: 2,70*
Condição US$ 10,00: 2,32
Condição US$ 5,00: 3,08
Condição US$ 1,00: 3,47
Condição US$ 0,50: 4,54

* Quanto maiores os valores escalares médios, maior a mudança de atitude no sentido de ir de encontro à atitude existente antes da apresentação do incentivo monetário.

Os resultados confirmam claramente a teoria de Festinger. Quanto maior a recompensa, menor a dissonância resultante do engajamento em comportamento contrário à posição pessoal dos participantes e, consequentemente, menor a mudança de atitude. Lembre-se de que o que está sendo discutido aqui não é o fato de as pessoas não gostarem de ganhar mais dinheiro, e sim que, em determinadas circunstâncias, uma recompensa menor pode ser mais poderosa que uma outra maior, no que diz respeito ao processo de mudança de atitudes.

Apesar da clareza de tais dados empíricos, Janis e Gilmore (1965) e também Rosenberg (1965) sustentam ponto de vista contrário. Defendendo o que chamam de *Teoria do Incentivo*, Janis e Gilmore (1965) postulam que, quanto maior a recompensa para que uma pessoa emita opinião ou se comporte de maneira diferente da que pensa, maior será a mudança de atitude. Baseado no que ele denomina de *apreensão de avaliação,* Rosenberg (1965) critica os experimentos de Festinger e Carlsmith e de Cohen citados anteriormente. Diz ele que os participantes de experimentos psicológicos o fazem com uma suposição de que todas as suas atitudes serão avaliadas e analisadas pelo experimentador. Tal apreensão os leva a certos comportamentos defensivos. No caso dos experimentos em pauta, Rosenberg (1965) argumenta que os sujeitos que receberam um incentivo maior para agir contrariamente ao que pensavam, para não darem a impressão de que se venderam para exprimir determinado comportamento, não mudavam de atitude, o que lhes protegia contra tal interpretação negativa. Tanto Janis como Rosenberg apresentam resultados experimentais em confirmação de suas posições. Uma análise mais profunda de tais experimentos, no entanto, demonstra sérios problemas metodológicos.

O leitor interessado encontrará em Rodrigues (1979, caps. 20 e 21) uma análise exaustiva deste problema, bem como todo o desenrolar da controvérsia suscitada pelo experimento de Festinger e Carlsmith (1959) e que se constitui numa das mais interessantes polêmicas em relação ao estudo das atitudes. O resultado da análise que fizemos naquela ocasião, bem como o experimento conduzido por Linder, Cooper e Jones (1967), não permitem dúvidas quanto ao seguinte: quando há liberdade de escolha numa situação de aquiescência forçada, quanto maior o incentivo menor a mudança de atitude, tal como previsto pela Teoria da Dissonância Cognitiva; quando não há liberdade de escolha dá-se o inverso, tal como predito pela Teoria do Incentivo I (isto é, quanto maior o incentivo, maior a mudança de atitude).

c) Exposição à informação dissonante

Festinger (1957) diz que, quando uma pessoa se depara com uma opinião contrária à sua e se esta diferença de pontos de vista existe entre pessoas mais ou menos semelhantes em *status,* ela experimentará dissonância cognitiva. Segue-se a esta proposição que, a fim de evitar o aparecimento de um estado de dissonância, procuramos nos expor a informações consonantes com nossos pontos de vista e evitamos aquelas informações que lhes são contrárias.

Os primeiros dados empíricos relativos a este problema foram fornecidos por Ehrlich et al. (1957). Freedman e Sears (1965) fizeram uma completa revisão das pesquisas realizadas sobre o assunto e concluíram pela falta de prova empírica definitiva em favor das predições da teoria de Festinger. Os resultados experimentais são ambíguos, ora confirmando a preferência pela exposição a situações consonantes, ora revelando o oposto, e às vezes não mostrando nem uma coisa nem outra.

Mills e Jellison (1968) descreveram um experimento em que apresentaram prova empírica de que, antes de assumirem um compromisso definitivo, as pessoas procuram informação consonante com o curso de ação que pretendem tomar, evitando qualquer informação que possa enfraquecer seu estado de razoável certeza de que o curso de ação que pretendem seguir seja o melhor. Tal dado experimental foge um pouco ao contexto estrito da Teoria da Dissonância Cognitiva, de vez que se refere a cognições anteriores à decisão e ao engajamento. Indiretamente, porém, tal achado tem bastante relevância para o assunto de que estamos tratando.

Em relação ao problema de procura de informação consonante e de fuga de informação dissonante, achamos que diferenças individuais em relação ao fato de haver pessoas que têm posições contrárias às nossas poderão ser responsáveis pela falta de clareza dos resultados experimentais mencionados por Freedman e Sears (1965). Para algumas pessoas, o fato de se confrontarem com opiniões opostas pode ter pouca ou nenhuma importância. Para outras, porém, tal fato pode ser extremamente desagradável (p. ex.: pessoas que se enquadram na síndrome de autoritarismo descrita por Adorno et al., 1950, ou que apresentam um sistema de crenças muito fechado, tal como descrito por Rokeach, 1960). Somos de opinião que, para o primeiro tipo de pessoas descrito, deparar-se com informação contrária a seus pontos de vista não tem nada de dissonante. Suas cognições acerca do mundo são no sentido de que divergência de opinião é natural e, quem sabe, até estimulante. Para o segundo tipo de pessoas descrito dá-se o inverso. Consequentemente, dever-se-ia esperar maior procura de informações consonantes no segundo grupo de pessoas que no primeiro e maior desconforto nos membros do segundo grupo quando se deparam com informações divergentes de suas convicções.

Além disso, outros fatores motivacionais, tais como curiosidade e honestidade intelectual, por exemplo, podem sobrepor-se à força motivadora da busca de consonância e fazer com que nos exponhamos a informações dissonantes.

d) Dissonância resultante de justificação insuficiente

É certamente dissonante para uma pessoa realizar um esforço razoável na esperança de atingir algo que, uma vez atingido, carece da atratividade que a pessoa antecipava. Em casos assim, a justificação para o esforço despendido é insuficiente. Em virtude disso, a cognição do esforço despendido para alcançar X e a cognição de que X não vale aquele esforço são, certamente, dissonantes. De acordo com a Teoria da Dissonância Cognitiva, uma motivação no sentido de harmonizar tal estado incongruente decorre inevitavelmente.

Aronson e Mills (1959) submeteram estudantes universitárias a um experimento em que elas se apresentaram como voluntárias para participar de um grupo de discussão sobre psicologia e sexo. Três grupos experimentais foram planejados. Em um deles, as moças eram submetidas a testes relativamente embaraçosos (ler uma lista de palavras obscenas, além de trechos contendo descrições detalhadas de atividades sexuais, extraídas de romances contemporâneos). No segundo grupo, o teste não era tão embaraçoso quanto no primeiro (recitar uma lista de palavras relacionadas a sexo), e no terceiro grupo nada havia de desagradável neste sentido. Depois de submetidas e aprovadas no teste, foi-lhes permitido ouvir o final de uma discussão de um dos grupos já formados. Tal como previsto pela Teoria da Dissonância, as moças que passaram pelo teste mais desagradável avaliaram o debate mais favoravelmente do que as dos outros dois grupos. Sem poder desfazer o embaraço e o desconforto vivenciados no teste, a única maneira que lhes restava para reduzir a dissonância era a de distorcer sua percepção da discussão banal e monótona que ouviram, passando a achá-la atrativa e interessante. Um estudo conduzido por Gerard e Mathewson (1966) confirmou os resultados obtidos por Aronson e Mills. Os participantes de seu experimento foram submetidos a choques de intensidade maior ou menor como requisito para atingir um objetivo. Confirmando a expectativa da Teoria da Dissonância Cognitiva, os que se submeteram a choques mais intensos valorizaram mais o objetivo alcançado do que os que sofreram choques de menor intensidade.

e) Por que reduzimos dissonância?

Um outro ponto da teoria que merece estudos é o que se refere ao *porquê* do fenômeno de redução de dissonância. Para Festinger, reduzimos dissonância porque a incoerência entre cognições nos causa tensão. Para Tedeschi et al. (1971), só temos necessidade de reduzir dissonância diante de uma incongruência quando outras pessoas estão cientes de nosso estado de dissonância. Finalmente, para Steele (1988), só reduzimos dissonância quando nosso eu está fraco; se temos suficientes fatores que reforçam nosso eu, toleramos dissonância sem maiores problemas. Rodrigues, Costa e Corga (1993) tentaram dirimir esta controvérsia. Embora, de acordo com seus resultados, a posição defendida por Festinger tenha sido confirmada, os autores recomendam cautela devido ao número muito pequeno de observações nas várias condições do estudo. Um interessante achado desta pesquisa foi o de que a maior intensidade de redução de dissonância foi encontrada na condição em que a pessoa, além de experimentar dissonância cognitiva, sabia que essa dissonância era do conhecimento de outrem e seu eu não havia sido fortalecido experimentalmente. Isso parece indicar que a motivação a reduzir a dissonância é máxima quando, além de a pessoa encontrar-se em dissonância, outras pessoas têm conhecimento disso e sua autoestima se encontra debilitada.

f) Críticas à Teoria da Dissonância Cognitiva

Os comentários feitos até agora acerca da teoria de Festinger podem dar ao leitor a impressão de que a teoria está a cavaleiro de qualquer crítica e de que há quase unanimidade acerca de seu valor preditivo, bem como acerca da clareza e precisão de suas proposições. Essa impressão não corresponderá à verdade.

Como vimos anteriormente, vários autores apresentaram críticas à teoria. Jordan (1963, 1964), por exemplo, a critica do ponto de vista formal e experimental. Já Chapanis e Chapanis (1964) o fazem mais do ponto de vista da interpretação das provas experimentais invocadas em apoio da teoria e da metodologia utilizada. Outros autores apresentam críticas menos severas (Brown, 1965; Zajonc, 1960, 1968).

Uma das objeções centrais dos críticos à teoria de Festinger se prende ao que eles chamam de falta de clareza e rigor nas proposições fundamentais da teoria. Dizem eles que a expressão básica usada por Festinger (1957) para definir o que sejam cognições dissonantes – ("dois elementos estão em uma relação dissonante se, considerando-se apenas esses dois, o oposto de um elemento advém do outro") – não é precisa e permite que um estado de dissonância seja considerado diferentemente por diversos experimentadores. A expressão *advém* do outro (*follows from*) tem sido o alvo das críticas mais severas. Com que base se estabelece se um elemento cognitivo se segue ou não ao outro? Festinger (1957) reconhece aí, implicitamente, uma certa ambiguidade, ao dizer "[...] talvez seja útil dar-se uma série de exemplos, nos quais a dissonância entre elementos cognitivos deriva de diferentes fontes, isto é, onde os dois elementos são dissonantes por diferentes significados da palavra **advém** (*follows from*) da definição de dissonância dada anteriormente".

Os exemplos dados por Festinger realmente clarificam a ideia de um elemento cognitivo se seguir ou não a outro, porém não satisfazem plenamente aos críticos mais preocupados com o fato de existir ambiguidade nas definições dos termos fundamentais de uma teoria. Zajonc (1968) chega mesmo a afirmar que "[...] a Teoria da Dissonância não é uma teoria no sentido estritamente formal da palavra. É, isso sim, um dispositivo heurístico cuja principal finalidade (e, na realidade, consequência) é a estimulação da pesquisa".

Os que se preocupam menos com o aspecto formal da teoria e mais com seu apoio experimental criticam a exclusão de alguns participantes em vários experimentos citados em favor da teoria, exclusão esta feita sob a alegação de que "tais sujeitos não experimentaram dissonância". Criticam as interpretações tiradas dos dados, insinuando que dados contrários à teoria são tratados com menor cuidado que aqueles que a confirmam. Combatem, ainda, a metodologia usada em vários experimentos, principalmente no que se refere a alegadas réplicas de outros experimentos, as quais não constituem verdadeiras réplicas no sentido estrito do termo.

Como vimos anteriormente, várias explicações alternativas para os achados citados em apoio da teoria foram apresentadas. Muitas delas, entretanto, têm sido respondidas por seus defensores (Brehm & Cohen, 1962; Zimbardo, 1967). Algumas ainda persistem e constituem-se em incentivos para os estudiosos do assunto. Em todas as ciências, o ciclo teoria – testes experimentais – reformulação da teoria – novos testes experimentais – confirmação – reformulação geral ou rejeição da teoria repete-se a cada passo. A psicologia não é exceção. Apesar das inúmeras críticas sofridas pela teoria de Festinger, ela constitui, inegavelmente, uma das mais frutíferas em Psicologia Social. Os muitos anos de intensa atividade experimental suscitada pela teoria provam o que acaba de ser dito. É óbvio que há pontos ainda obscuros e reformulações de certas suposições e proposições da teoria de Festinger ainda por certo virão. O núcleo da teoria, porém, parece que permanecerá para sempre como um diamante bruto que sofre subsequentes trabalhos de lapidação.

Para concluir esta seção acerca de uma visão crítica sobre a Teoria da Dissonância Cognitiva, queremos salientar o seguinte:

1) Apesar das críticas sofridas, o saldo a favor da teoria de Festinger é positivo.

2) Mesmo os mais ferrenhos críticos reconhecem o valor heurístico da teoria.

3) A teoria apresenta ainda certos pontos que não estão claros e há ainda razoável controvérsia em torno de suas proposições básicas.

4) Não obstante a intensa atividade experimental decorrente da teoria, mais esforços experimentais se fazem necessários a fim de esclarecer, entre outros, os seguintes pontos:

a) exposição seletiva à informação consonante ou dissonante;

b) arrependimento após a tomada de uma decisão irrevogável;

c) características psicológicas do processo de decisão no momento em que ela é, de fato, tomada por uma pessoa.

A Teoria da Dissonância foi, sem dúvida, uma daquelas de maior impacto em Psicologia Social. Apesar de ter sido proposta em meados do século passado, continua desempenhando relevante papel como inspiradora de hipóteses e testes experimentais de suas proposições, tendo, como é óbvio, sido aperfeiçoada em decorrência dos testes empíricos a que foi amplamente submetida. O livro de Hammon-Jones e Mills (1999) mostra que a teoria continua sendo estudada, ampliada e capaz de inspirar estudos empíricos mais de quatro décadas depois de sua formulação original.

Atitude e comportamento

Pensar é fácil, agir é difícil. E transformar pensamentos em ação, ah... isto é a coisa mais difícil que existe neste mundo!

Goethe

De acordo com as teorias psicossociais conhecidas como teorias de consistência (p. ex.: Festinger, 1957; Heider, 1958), os três componentes das atitudes devem ser internamente coerentes. De fato, causaria surpresa verificar-se que alguém é atraído por um objeto que ele considera cognitivamente como possuidor de características negativas, ou vice-versa. Entretanto, não raro se verificam certas inconsistências entre as atitudes e os comportamentos expressos pelas pessoas. Para ilustrar esta inconsistência, voltemos ao estudo de La Pière citado anteriormente. No início da década de 1930, La Pière viajou de carro de costa a costa dos Estados Unidos acompanhado de um casal de chineses. Durante a viagem eles pararam em 66 hotéis e 184 restaurantes, sendo atendidos por todos os estabelecimentos, à exceção de um hotel. Seis meses depois La Pière enviou carta a todos os estabelecimentos que havia visitado em sua viagem perguntando se eles prestariam seus serviços a um casal de chineses. Dos 128 que responderam, 92% disseram que recusariam seus serviços a chineses. Resultados semelhantes foram encontrados por Kutner, Wilkins e Yarrow (1952), que percorreram vários restaurantes em companhia de pessoas negras. Tais estudos são invocados por alguns como prova da ausência de correlação entre atitude e comportamento.

Como muito bem salienta Triandis (1971), "seria ingênuo, entretanto, concluir a partir desses resultados que não há relação entre atitude e comportamento. O que é necessário que se entenda é que atitudes envolvem o que as pessoas pensam, sentem e como elas gostariam de se comportar em relação a um objeto atitudinal. O comportamento não é apenas determinado pelo que as pessoas gostariam de fazer, mas também pelo que elas pensam que devem fazer, isto é, normas sociais, pelo que elas geralmente têm feito, isto é, hábitos; e pelas consequências esperadas de seu comportamento". Além disso, as pessoas têm atitudes no tocante a determinados objetos de uma situação (os chineses, no caso do estudo de La Pière) e também em relação à situação como tal (os chineses acompanhados de um americano, todos de boa aparência e solicitando serviços para os quais estavam em condições de pagar e, possivelmente, o dono do estabelecimento precisando de clientes). Tudo isso e mais outras razões que por certo ocorrerão ao leitor podem explicar os resultados obtidos nos estudos citados. Campbell (1963) defende basicamente o ponto de vista que apresentamos e acrescenta não haver inconsistência entre atitude e comportamento no estudo de La Pière. Tal só se verificaria, segundo Campbell (1963), nos seguintes casos: se os que se recusaram a aceitar os chineses tivessem respondido que os aceitariam no questionário enviado; ou se os que indicaram no questionário que não aceitariam os chineses os tivessem recebido no contato direto.

Outros estudos (p. ex.: Gaertner & Bickman, 1971) mostram como as normas sociais influem na relação atitudes e comportamentos. Na verdade, o fato de possuirmos atitudes em relação a certos objetos sociais e a certas situações nas quais eles estão imersos explica certas inconsistências aparentes entre atitude e comportamento. Uma pessoa pode, por exemplo, ter uma atitude fortemente negativa contra franceses, mas tratar cordialmente um grupo de franceses que lhe é apresentado numa recepção para a qual foi convidada. Sua atitude em relação à propriedade de seu comportamento numa reunião social prevalece sobre sua eventual animosidade contra franceses. Concluímos, pois, de acordo com Newcomb et al. (1965), que o comportamento é uma resultante de múltiplas atitudes. Tal posição explica também as aparentes inconsistências verificadas no comportamento relapso dos adeptos desta ou daquela denominação religiosa.

Curiosamente, a língua portuguesa também confere ao termo *atitude* o sentido de ação, modo de proceder ou agir (Holanda, 1986). A própria expressão popular "tomar uma atitude" refere-se explicitamente à adoção de um determinado comportamento. Este diferencial linguístico, no entanto, tanto pode facilitar o entendimento do que seja o componente comportamental das atitudes como também pode confundir as coisas, tornando indistintas as diferenças entre atitude e comportamento.

Encerramos a presente seção com a contribuição de Myers (2010), que sintetiza a clássica discussão sobre a congruência entre atitude e comportamento, afirmando que: (a) *a atitude prediz o comportamento* quando ela é específica para uma determinada ação, é potente (isto é, deriva da própria experiência, não sendo, portanto, formada de forma passiva), e outras influências sociais ou situacionais são minimizadas, já que os psicólogos sociais nunca obtêm uma medida direta das atitudes reais, mas sim das atitudes expressas, sujeitas a essas influências; (b) *os comportamentos afetam as atitudes* quando, por motivos estratégicos, expressamos atitudes para que *pareçam* coerentes com nossas ações (Teoria da Autoapresentação); diante de situações ambíguas ou quando nos sentimos indecisos sobre o que sentimos ou pensamos, olhamos para nossos comportamentos em busca de pistas que nos orientem (Teoria da Autopercepção), e quando tentamos justificar nossas ações para nós mesmos a fim de reduzir o desconforto que sentimos quando agimos de modo contrário às nossas atitudes (Teoria da Dissonância Cognitiva).

Duas outras importantes fontes de explicação da relação entre atitude e comportamento são ainda oferecidas pelos estudiosos do assunto, conforme se pode verificar a seguir.

Interesse investido no conteúdo atitudinal

Sivacek e Crano (1982) fizeram importante contribuição ao estudo da relação existente entre atitude e comportamento. Para esses autores, a correspondência entre atitudes e comportamento será tanto maior quanto maior for o interesse investido pela pessoa no conteúdo atitudinal. Um estudo por eles conduzido no Estado de Michigan, Estados Unidos, ilustra claramente sua posição. Durante o período que antecedeu as eleições de 1980, Sivacek e Crano (1982) detectaram, a partir de questionários junto a estudantes da Universidade de Michigan State, as pessoas que eram contrárias à proposição de que se elevasse de 18 para 21 anos a idade mínima para o consumo de bebidas alcoólicas naquele estado. O interesse das pessoas de menos de 21 anos e das maiores de 21 era, obviamente, distinto, de vez que as últimas não seriam afetadas pela aprovação da medida. Sivacek e Crano dividiram as pessoas cuja atitude era contrária à aprovação da proposição de aumento da idade mínima para o consumo de álcool em três grupos: um formado por pessoas cuja idade média por ocasião da votação da proposição era de 18,5 anos; um de idade média igual a 19,94 anos; e um de idade média igual a 21,6 anos. Esperava-se que, em função da idade, diminuísse progressivamente o interesse investido no assunto. A todos foi perguntado se estariam dispostos a colaborar na campanha destinada à rejeição da proposição, telefonando para outras pessoas e lendo um pequeno texto *ad hoc* preparado para tentar convencer os eleitores a não votarem a favor do aumento da idade mínima para consumo de bebidas alcoólicas. A variável dependente do estudo era o número de pessoas às quais os participantes se dispunham a telefonar e passar a mensagem persuasiva.

Os resultados comprovaram claramente a hipótese dos autores. O grupo de idade média igual a 18,5 anos (aqueles que tinham maior interesse no assunto) prontificou-se voluntariamente a telefonar para mais pessoas (média de telefonemas dados igual a 8,97); os outros grupos apresentaram médias de 3,77 e 1,25, respectivamente para os grupos de idade média 19,94 e 21,6 anos. Este estudo revela que é maior a correspondência entre atitude e comportamento quanto maior o interesse pessoal envolvido no assunto sobre o qual versa a atitude.

A Teoria da Ação Racional de Fishbein e Ajzen

Fishbein (1966) e Ajzen e Fishbein (1980, 2005) também apresentam contribuição importante ao estudo da relação entre atitude e comportamento. Contrariamente à maioria dos autores que distinguem três componentes nas atitudes – o cognitivo, o afetivo e o comportamental –, estes autores preferem reservar para a caracterização das atitudes apenas o aspecto afetivo e determinar seu papel (juntamente com outros fatores) na formação de uma intenção de comportamento que, por sua vez, constitui-se em bom preditor do comportamento da pessoa. Para eles há dois componentes principais que, com pesos empiricamente determinados, são capazes de predizer intenções, as quais, por sua vez, predizem comportamento. Estes dois componentes são: **as atitudes** da pessoa, relativas a um ato em particular, e **a norma subjetiva**, isto é, a percepção do que outras pessoas esperam que ela faça e sua motivação a conformar-se a essa expectativa. Como as atitudes e a norma subjetiva podem ser empiricamente determinadas a partir de escalas apropriadas (avaliativas, no caso das atitudes, e probabilísticas, no caso da norma subjetiva), podemos dizer que a intenção de perpetrar um determinado comportamento é função da soma ponderada desses fatores, sendo a ponderação determinada empiricamente por meio de uma equação de regressão. Simbolicamente, teríamos:

$$IC = f(P_1 A + P_2 NS)$$

onde

IC = intenção de comportamento

P_1 = peso empiricamente determinado em relação às atitudes

A = atitudes

P_2 = peso empiricamente determinado em relação à norma subjetiva

NS = norma subjetiva

Fishbein e Ajzen vão mais além e procuram explicar os antecedentes da formação das atitudes e da norma subjetiva. As atitudes são influenciadas pelas nossas crenças relativas a certos resultados ou consequências de determinados comportamentos; a norma subjetiva é consequência de nossas crenças sobre os julgamentos de outras pessoas concernentes ao nosso comportamento. Daí o modelo apresentado por Azjen e Fishbein (1980) aqui reproduzido:

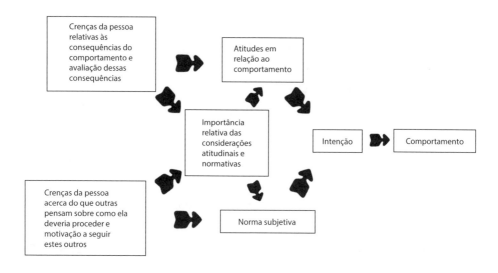

Figura 6.6 Adaptação do modelo de Ajzen e Fishbein (1980)

De acordo com este modelo, para que sejamos capazes de prever a intenção de uma pessoa em praticar determinado comportamento, é necessário determinar empiricamente quais as suas atitudes em relação ao comportamento (isto é, se o comportamento é bom ou mau, bonito ou feio, recomendável ou reprovável etc.). Além disso, faz-se mister determinar o valor atribuído pela pessoa à norma subjetiva, isto é, à sua percepção das avaliações de outras pessoas acerca da perpetração daquele comportamento. Uma vez determinada empiricamente a magnitude destes dois fatores e a intenção da pessoa de realizar o comportamento, pode-se determinar também o peso relativo de cada um desses fatores na predição da intenção a partir de uma equação de regressão. Com esses elementos estaremos em condições de determinar de forma objetiva a intenção da pessoa em emitir um determinado comportamento de acordo com a equação vista anteriormente e, por sua vez, de determinar o comportamento a ser expresso.

Vários estudos têm dado apoio empírico ao modelo de Ajzen e Fishbein. No Brasil, Moreira Lima (1982) mostrou sua utilidade na preparação de uma comunicação persuasiva destinada a induzir as pessoas a terem a intenção de cadastrarem-se como doadores voluntários de sangue. Manstead et al. (1983) utilizaram o modelo para a predição e compreensão de como mães de um filho ou de mais de um filho pretendem alimentar seus filhos e como elas de fato alimentam (peito ou mamadeira).

A determinação das crenças subjacentes aos principais componentes do modelo de Ajzen e Fishbein permite a construção de comunicações persuasivas destinadas a alterá-las no sentido desejado. Os dois estudos citados mostram como isto é feito.

O modelo desses autores não está completo, como eles próprios reconhecem. Um estudo de Gorsuch e Ortberg (1983), por exemplo, sugere que, ao tratar-se de comportamentos em situações que envolvem aspectos morais, um outro componente precisa ser acrescentado ao modelo: a medida de **obrigação moral**. No estudo em questão, este componente correlacionou-se mais fortemente com a intenção comportamental do que com a atitude e a norma subjetiva quando a situação envolvia aspectos morais; tal não se deu quando a situação não envolvia valores morais. Posteriormente (Ajzen & Madden, 1986; Ajzen, 1991) incluíram a dimensão **controle** no modelo. Para que se forme uma intenção de comportar-se de determinada maneira, faz-se mister que a pessoa se considere capaz de controlar o comportamento. Não podemos ter intenção de comportarmo-nos de uma maneira que escapa totalmente a nosso controle. Muitos fumantes acham que o fumo faz mal à saúde, percebem que outras pessoas significantes também são contra o fumo, mas atribuem o fato de serem viciados à sua incapacidade de parar de fumar (falta de controle).

Resumo

Vimos neste capítulo que o estudo das atitudes tem recebido atenção especial por parte dos psicólogos sociais através dos tempos. Várias definições têm sido propostas, mas todas salientam o aspecto pró ou contra um determinado objeto de julgamento. Como esse objeto tem que ser conhecido e tal conhecimento, juntamente com o afeto positivo ou negativo que o acompanha, induzem as pessoas a comportarem-se de acordo com ele, costumam-se reconhecer três componentes nas atitudes sociais: o cognitivo, o afetivo e o comportamental. Maneiras pelas quais as atitudes se formam foram apresentadas, recebendo destaque duas abordagens teóricas – o princípio do equilíbrio de Fritz Heider e a Teoria da Dissonância Cognitiva de Festinger –, as quais constituem importante contribuição ao entendimento de como se formam, se mantêm e se mudam as atitudes sociais. A diferença entre atitudes e valores foi indicada. Finalmente, foi considerada a correspondência entre atitude e comportamento. A importância do interesse investido no conteúdo da atitude e o modelo da ação racional proposto por Fishbein e Ajzen foram expostos. Segundo tal modelo, atitudes e normas subjetivas influenciam a intenção de comportar-se de uma determinada maneira e esta intenção, por sua vez, induz a um comportamento específico. Dois outros fatores, além de atitudes e normas subjetivas, foram acrescentados ao modelo: obrigação moral e controle.

Sugestões de leitura

AJZEN, I. & FISHBEIN, M. (2005). "The Influence of Attitudes on Behavior". In: ALBARRACIN, D.; JOHNSON, B.T. & ZANNA, M.P. (orgs.). *The Handbook of Attitudes.* Hillsdale, NJ: Erlbaum.

_____ (1980). *Understanding Attitudes and Predicting Social Behaviors.* Englewood-Cliffs, NJ: Prentice-Hall.

BARRAJI, M.R. & HEIPHETZ, L. (2010). "Attitudes". In: FISKE, T.; GIBERT, D. & LINDZEY, G. (orgs.). *The Handbook of Social Psychology.* Hoboken, NJ: John Wiley & Sons.

GOUVEIA, V.V.; FONSÊCA, P.M.; MILFONI, T.L. & FISHER, R. (2011). "Valores humanos: contribuições e perspectivas teóricas". In: TORRES, C.V. & NEIVA, E.R. (orgs.). A *Psicologia Social*: principais temas e vertentes. Porto Alegre: Artmed, p. 296-313.

GOUVEIA, V.V.; MILFONI, T.L.; FISHER, R. & SANTOS, W.S. (2008). "Teoria funcionalista dos valores humanos". In: TEIXEIRA, M.L.M. (org.). *Valores humanos e gestão*: novas perspectivas. São Paulo: Senac, p. 47-80.

HARMON-JONES & MILLS, J. (orgs.) (1999). *Cognitive Dissonance*: Progress on a Pivotal Theory in Social Psychology. Washington, DC: American Psychological Association.

McGUIRE, W.J. (1969). "The Nature of Attitudes and Attitude Change". In: LINDZEY, G. & ARONSON, E. (orgs.). *Handbook of Social Psychology*. Vol. III. Cambridge: Addison-Wesley.

PRATKANIS, A.R. & ARONSON, E. (2000). *Age of Propaganda*: The Everyday Use and Abuse of Persuasion. 2. ed. Nova York: Freeman.

ROKEACH, M. (1968). *Beliefs, Attitudes and Values*. São Francisco: Jossey-Bass.

Tópicos para discussão

1) Por que é importante o estudo das atitudes pelo psicólogo social?

2) A relação atitude/comportamento: descreva e aprofunde a controvérsia sobre essa relação; analise as várias definições de atitude e identifique a consideração ou não desta relação pelos vários autores; qual a contribuição de Sivacek e Crano e de Fishbein e Ajzen para o esclarecimento do problema?

3) Faça uma análise crítica do estudo de La Pière.

4) Qual a diferença entre atitudes e valores?

5) Indique três maneiras pelas quais as atitudes se formam.

6) De que forma podemos transformar uma tríade desequilibrada em uma tríade equilibrada?

7) Que outras forças, além da força ao equilíbrio, estão presentes no tipo de relações interpessoais consideradas pela teoria heideriana?

8) Quais as proposições principais da Teoria da Dissonância Cognitiva de Festinger?

9) Indique duas situações sociais em que a Teoria da Dissonância Cognitiva é capaz de fazer predições comprovadas empiricamente.

10) Como o fenômeno de dissonância cognitiva pode ser aplicado na solução de problemas sociais específicos? (cf. anexo)

Anexo – Mudança de comportamento utilizando dissonância cognitiva

Elliot Aronson e seus associados utilizaram a Teoria da Dissonância Cognitiva para produzir mudanças comportamentais no que concerne ao uso de preservativos nas relações sexuais e à conservação de energia elétrica. Para tanto eles conduziram os seguintes experimentos. Em dois estudos (Aronson; Fried & Stone, 1991; Stone et al., 1993), estudantes universitários com vida sexual ativa foram solicitados a elaborar uma lista de vantagens relativas ao uso de preservativos nas relações sexuais. Numa condição experimental, apenas isso lhes era solicitado; numa outra, eles eram solicitados a enumerar as vantagens em frente a uma câmera de vídeo e lhes foi informado que a gravação seria mostrada a turmas de estudantes secundários. Metade dos sujeitos de cada condição foi instruída no sentido de lembrar-se de ocasiões em que eles mesmos tiveram relações sexuais, enquanto a outra metade não foi solicitada a fazê-lo. A hipótese dos autores era a de que a condição de gravação de vídeo em que os sujeitos foram solicitados a relembrar que eles mesmos se comportavam de maneira diferente da que estavam preconizando seria a condição geradora de maior dissonância. A maneira de eles diminuírem essa dissonância seria a de passarem a utilizar o preservativo em futuras relações sexuais. Os dados confirmaram a hipótese. Indagados dois meses depois, os sujeitos que disseram haver comprado maior número de preservativos e que indicaram ter usado o preservativo mais frequentemente foram, exatamente, os integrantes do grupo de dissonância máxima (videoteipe e lembrados do comportamento dissonante).

Em outro experimento utilizando um paradigma experimental semelhante a esse, Dickerson, Thibodeau, Aronson & Miller (1992) solicitaram a moças que saíam de uma piscina altamente clorada que lessem um texto de um cartaz defendendo a necessidade de todas tomarem banhos mais curtos a fim de economizar energia. Metade das moças foi solicitada apenas a ler o texto do cartaz, enquanto a outra metade foi solicitada a assinar seu nome em um abaixo-assinado que seria colocado em vários locais da universidade ao lado do cartaz. Tal como no experimento anterior, metade das moças de cada grupo foi solicitada a recordar ocasiões em que havia tomado longos banhos. O grupo de dissonância máxima seria, neste caso, o grupo de moças que assinou o documento e que foi lembrado de que, em outras ocasiões, havia desperdiçado energia tomando banhos demorados. Sem que as moças soubessem, uma aliada dos experimentadores as aguardava no vestiário munida de um cronômetro e media o tempo que as moças levavam para tomar banho. Esta aliada do experimentador não sabia de que condição experimental as moças faziam parte. Os resultados confirmaram, uma vez mais, a hipótese. O grupo de moças que assinaram o documento e que foram solicitadas a relembrar instâncias em que havia desperdiçado energia tomou banho em metade do tempo gasto pelos demais grupos (três minutos e meio em média, contra mais de sete minutos dos outros grupos).

Tais estudos indicam a força motivacional do estado de dissonância cognitiva e evidenciam que a teoria de Festinger continua sendo inspiradora de estudos e intervenções na Psicologia Social contemporânea.

7

Preconceito, estereótipos e discriminação

I. Definição e exemplos históricos
II. Estereótipos: a base cognitiva do preconceito
    Rotulação
    Estereótipos e gênero
    Estereótipos e atribuição
III. Preconceito e discriminação
IV. Causas do preconceito
    Competição e conflitos econômicos
    O papel do bode expiatório
    Traços de personalidade
    Causas sociais do preconceito: aprendizagem social, conformidade e categorização social
V. Ameaça estereotípica
VI. A redução do preconceito
VII. Resumo
VIII. Sugestões de leituras
IX. Tópicos para discussão
X. Anexo
    A cor dos olhos

Afinal de contas, só existe uma raça: a humanidade.

George Moore

Definição e exemplos históricos

Poderíamos incluir no título anterior as palavras racismo, sexismo ou segregacionismo. Todos estes termos referem-se, de uma forma ou de outra, a atitudes ou comportamentos negativos direcionados a indivíduos ou grupos, baseados num julgamento prévio que é mantido mesmo diante de fatos que o contradigam. Em Psicologia Social, **preconceito** é uma atitude negativa dirigida a um grupo e aos que dele fazem parte.

O preconceito é tão velho quanto a humanidade e, por isso, de difícil erradicação. Pereira (2002) compilou exemplos que vão desde a Antiguidade romana (o historiador Cornélio Tácito caracterizando, no livro que escreveu sobre a então Germânia, os cheruscos de covardes e estultos; os suevos de sujos e preguiçosos e os fenos de salteadores e miseráveis) até manifestações na internet, datadas do início dos anos de 1990, na qual alemães foram retratados por americanos como extremamente pontuais e pouco amistosos, fanáticos por cerveja e excessivamente conformados a regras, leis e regulamentos.

Estes exemplos, no entanto, não fornecem a dimensão acurada dos males profundos que se escondem por trás do preconceito e de suas consequências, ora sutis, ora extremamente violentas. Assim, assistimos perplexos em meados da década de 1990 à convulsão que mostrou a verdadeira face do que pensávamos ser uma unida e pacífica Iugoslávia, com massacres perpetrados em nome de etnias, posse de territórios e poder. Aprendemos que, em certo sentido, "Iugoslávia" era uma espécie de ficção nacional, que encobria um sentimento de ódio renitente entre sérvios, croatas, bósnios e montenegrinos, ou, ainda, entre católicos e muçulmanos. Fenômeno muito semelhante ocorreu no Iraque. Uma vez liberados do controle rígido de Saddam Hussein, xiitas, sunis e curdos se mostraram pouco dispostos a uma conciliação nacional e as cenas de violência sectária assumiram proporções de uma guerra civil. Na África, agrupamentos distintos ganham, de tempos em tempos, as manchetes dos jornais por suas cruentas e mútuas agressões. O mesmo pode ser dito sobre os genocídios ocorridos na Armênia e na Ucrânia e os conflitos na Irlanda do Norte, numa lista aparentemente sem fim; e, no meio do século XX, talvez o exemplo mais estarrecedor de todos: o Holocausto, quando milhões de judeus foram massacrados na Europa. Como salientou Goldhagen (1996), "não há fato comparável neste século, nem em toda a história da Europa moderna". Extermínio de populações judaicas inteiras, atos de crueldade organizados e sistemáticos, operações premeditadas de matança com requintes de crueldade: muitas vezes as palavras se mostram débeis para retratar o horror do que realmente significou o Holocausto.

Mas, como dissemos antes, os efeitos do preconceito podem apresentar níveis distintos em termos da agressividade exibida. Assim, em meados dos anos de 1990, O.J. Simpson, herói do futebol americano, astro e figura de grande notoriedade na sociedade norte-americana, foi acusado de ter assassinado sua ex-esposa e um acompanhante. Simpson tinha uma considerável história de abuso e ameaças de violência contra a esposa. Além disso, embora não houvesse testemunhas do crime, testes sanguíneos confirmaram haver amostras de seu sangue no local do crime, em seu carro, roupas etc. O próprio comportamento do acusado, que tentou fugir, parecia prenunciar um julgamento com final previsível. Bastou a defesa levantar a questão da existência de preconceito racial por parte da polícia e o caso mudou de rumo e de perspectivas. Pesquisas realizadas durante este julgamento, que mobilizou profundamente a opinião pública norte-americana, apontaram para uma notável distinção: enquanto a maioria esmagadora dos brancos acreditava na culpa de Simpson, o inverso foi observado entre a população negra. Nem pareciam estar falando do mesmo julgamento! Pode-se especular que a comunidade negra americana simplesmente "viu" no julgamento a possibilidade de se vingar de sistemáticas perseguições policiais. O fato é que O.J. Simpson foi absolvido no foro criminal, mas a falta de harmonia na percepção de brancos e negros parece refletir com transparência uma inequívoca tensão nas relações humanas inter-raciais naquele país. Note-se, por exemplo, o estudo realizado por Skolnick e Shaw (1997) que, utilizando um sistema de juri simulado, levou os autores a concluir que é provável que "raça", mais do que o fato de ser famoso, haja influenciado o veredito no caso Simpson. No Brasil, a escravidão teve consequências óbvias na convivência entre brancos e negros. Por um lado, a maioria dos brancos aqui aportou por escolha própria; por outro, os negros vieram escravizados, trazidos à força da África. Mesmo após a Lei Áurea, em 1888, não se criaram mecanismos efetivos para uma emancipação dos ex-escravos e seus descendentes que permitissem a igualdade em termos de acesso a bens, educação, oportunidades etc. No entanto, a miscigenação étnica aqui ocorrida certamente concorreu para distinções significativas, principalmente quando comparadas aos países de colonização protestante, onde o preconceito racial seria ainda mais acirrado. Segundo Buarque de Holanda (1995), "a simpatia transigente, comunicativa e mais universalista – ou menos exclusivista – infundida pela Igreja Católica" trouxe um matiz diferente no que diz respeito às relações entre as diversas etnias que constituíram o Brasil. Nem por isso deixou de subsistir entre nós, ainda que em doses comparativamente menores, "preconceitos contra a cor de parte de uns; contra a origem escrava, de parte de outros" (Freyre, 1984).

Na verdade, qualquer grupo social, e não apenas as minorias, pode ser alvo de preconceito. Além disso, estamos diante de uma via de mão dupla, com sentimentos hostis fluindo também das minorias para as maiorias.

Historicamente, entretanto, a ideia de se encarar o preconceito como objeto de estudo científico emergiu apenas ao longo dos anos de 1920, relacionado principalmente à questão racial. Até então e basicamente durante o século XIX, como aponta Duckitt (1992), quase toda a comunidade científica americana e europeia não se preocupava com a questão porque partia da premissa de que realmente havia diferenças entre as raças e que seriam umas inferiores a outras. Sendo assim, falar de preconceito racial não tinha nenhum significado especial. As teorias da época preocupavam-se em explicar, por exemplo, a suposta inferioridade dos negros, atribuindo-a a um atraso evolutivo, a limitações na capacidade intelectual e a um excessivo ímpeto sexual, entre outras "causas das supostas diferenças". Foi da década de 1930 em diante que se fizeram sentir mudanças na visão do preconceito, passando este a ser encarado como irracional ou injustificado, fruto de defesas inconscientes, expressão de necessidades patológicas, influenciado por normas sociais, manifestação de interesses grupais ou como inevitável consequência do processo de categorização social que divide as pessoas em grupos: os seus próprios *versus* os dos outros, com o consequente despertar de respostas discriminatórias contra o grupo que não o seu.

Esta flutuação na imagem do tema em questão também se deu na Psicologia, por ocasião da polêmica levantada em 1994 em função da publicação do livro *The Bell Curve*, de Herrnstein e Murray, que sugeria que as diferenças encontradas entre os desempenhos acadêmicos de negros e de brancos nos Estados Unidos poderiam se dever a uma base genética. O que vem a acrescentar claramente a necessidade de se concentrarem esforços na busca de elucidação para os processos psicológicos subjacentes à chamada natureza do preconceito, bem como às possíveis maneiras de diminuí-lo.

Estereótipos: a base cognitiva do preconceito

> *Não há qualquer prova de que seja vantagem pertencer a uma raça pura. Algumas das raças mais puras atualmente em existência são os pigmeus, os hotentotes e os aborígenes australianos. Os gregos antigos eram os mais misturados e eram também os mais civilizados.*
>
> Bertrand Russel

Na base do preconceito estão as crenças sobre características pessoais que atribuímos a pessoas ou grupos, chamadas de *estereótipos*. O termo foi utilizado, ainda que de forma não muito precisa, pelo jornalista americano Walter Lippman (1922), para se referir à imputação de certas características a pessoas pertencentes a determinados grupos, aos quais se atribuem determinados aspectos típicos. Etimologicamente, deriva de duas palavras gregas: *stereos* e *túpos*, significando "rígido" e "traço", respectivamente. Para Leyens et al. (1994), o termo foi cunhado por volta de 1798, em referência a um processo de moldagem. Antes dos psicólogos sociais, os psiquiatras já usavam a palavra "estereotipia" para descrever a frequente e quase mecânica repetição de um mesmo gesto, postura ou modo de falar, comuns em certos tipos de distúrbios mentais graves.

Embora, hoje em dia, haja tantas definições de estereótipos quanto estudiosos do tema (Miller, 1982), todas elas admitem alguns traços centrais, como a referência a crenças compartilhadas acerca de atributos (geralmente traços de personalidade) ou comportamentos costumeiros de certas pessoas ou grupos de pessoas. Mais especificamente, podemos dizer que a partir de uma representação mental de um grupo social e de seus membros tendemos a enfatizar o que há de similar entre pessoas, não necessariamente similares, e a agir de acordo com essa percepção.

Os psicólogos sociais contemporâneos identificam o estereótipo como a base cognitiva do preconceito. Como veremos adiante, os sentimentos negativos em relação a um grupo constituiriam o componente afetivo, e a discriminação, o componente comportamental. É verdade que, para alguns teóricos, esta divisão não se faria necessária, com o termo preconceito significando mais uma atitude intergrupal que englobaria naturalmente estes três componentes. Mas a maioria dos estudiosos, entre os quais nos incluímos, prefere analisar a questão em separado, examinando distintamente os estereótipos, o preconceito e a discriminação.

O estereótipo em si é frequentemente apenas um meio de simplificar e agilizar nossa visão do mundo. Como vivemos sobrecarregados de informações, tendemos a nos poupar, muito compreensivelmente, de gastos desnecessários de tempo e energia. No capítulo 3 vimos o conceito de *avaros cognitivos* proposto por Fiske e Taylor (1991), pelo qual utilizamos atalhos ou heurísticas para evitar dispêndios desnecessários de tempo e de energia para o entendimento do complexo mundo social que nos rodeia. Nesse sentido, podemos dizer que estereotipar pertence à mesma família conceitual ali proposta. Trata-se de uma maneira simplista de atribuir características comuns a todos os membros de um grupo. Se pedirmos ao leitor que pense agora num italiano, uma imagem lhe virá à mente. Se solicitarmos mais detalhes, surgirá uma série de particularidades: um homem alto, moreno, que come massas, fala alto, gesticula muito, gosta da mãe, é fanático por futebol, impulsivo e, talvez, bonito. Falso ou verdadeiro? Na verdade, falso **e** verdadeiro. Possivelmente, se não todas, várias dessas características podem ser encontradas em algum romano. Mas um morador do Norte ou do Sul da Itália provavelmente não deterá sequer um terço das características antes levantadas.

Imagine que neste exato momento um professor de Psicologia Social em Milão, Florença ou outra metrópole italiana esteja dando uma aula sobre este mesmo assunto, convocando seus alunos a descreverem uma brasileira "típica". Podemos imaginar como seria esta "brasileira" cogitada por italianos: morena, sensual, com senso de ritmo, bonita, liberada, além de impulsiva, expansiva e carnavalesca... Imagem que seria fruto da influência dos meios de comunicação de massa, de filmes, romances ou até dos relatos de viajantes mais entusiasmados que aqui possam ter estado. Agora olhe em volta, na sua sala de aula. Quantas "brasileiras assim típicas" você conseguiu detectar?

Usando um procedimento experimental semelhante ao utilizado por Katz e Braley (1933), Ferreira e Rodrigues (1968) realizaram um estudo acerca de estereótipos no campus universitário da PUC-Rio, cuja finalidade foi verificar como os estudantes de Psicologia eram vistos por seus colegas. Uma lista de aproximadamente 90 adjetivos foi apresentada a uma amostra de estudantes, sendo-lhes solicitado em seguida que dissessem quais deles mais se aplicariam a estudantes de Psicologia. Os autores esperavam, na época, encontrar um estereótipo negativo em relação aos alunos de Psicologia, tanto pelo fato da ainda pouca receptividade de uma ciência relativamente nova e sem muita aceitação quanto pela recente reforma ali ocorrida segundo a qual as diversas faculdades, até então dispersas, passaram a se concentrar em um único local, proporcionando uma constante interação, até então inexistente, entre os alunos de cursos distintos.

Com os resultados fornecidos pelos 60 participantes da amostra foi construída uma tabela de frequência com os cinco adjetivos que, segundo a opinião de cada sujeito, melhor caracterizariam os alunos do curso de Psicologia. Tal tabela acha-se reproduzida a seguir, dela constando os 13 adjetivos mais frequentemente apontados.

Problemáticos	(18)	Dedicados	(10)
Pesquisadores	(18)	Angustiados	(9)
Idealistas	(18)	Inteligentes	(8)
Observadores	(17)	Teóricos	(7)
Humanos	(16)	Isolados	(7)
Interessados	(14)	Compenetrados	(7)
Bem-intencionados	(14)		

Tabela 7.1 Adjetivos mais apontados para os alunos de Psicologia

Contrariamente ao esperado pelos autores, os estudantes do Curso de Psicologia foram categorizados pelos demais alunos da universidade simplesmente com alguns poucos adjetivos, a maioria de conotação positiva, embora uma avaliação do que seja positivo ou negativo possa ser muito influenciada por fatores subjetivos. De qualquer forma, existe um estereótipo acerca do estudante de Psicologia que o faz ser visto como dotado de certas características bem marcantes. Acreditamos que seria interessante realizar novos estudos, com metodologia similar, para saber como anda nossa imagem diante da comunidade. Será que ela mudou? Para melhor ou para pior?

Se os psicólogos são ou não assim e em que proporções, só outras pesquisas, utilizando-se testes de personalidade, entrevistas ou outros instrumentos poderiam confirmar. A falta dessas informações, todavia, não impede, como vimos, que tenhamos um estereótipo. Na mídia, nas seções ou nos quadros de humor, é comum vermos os psicanalistas, gordinhos e de barbicha, sendo sempre retratados com um bloquinho de anotações na mão, atrás de um paciente deitado num divã. Algum dos leitores em terapia já esteve em um psicanalista que anote as sessões em um bloquinho?...

De modo geral os psicólogos sociais tradicionalmente usaram este sistema de lista de adjetivos para detectar estereótipos. No estudo original de Katz e Braley, por exemplo, alunos da Universidade de Princeton foram solicitados a escolher 5 dentre 84 adjetivos que melhor descreveriam diferentes grupos sociais ou étnicos. Assim, na pesquisa realizada por eles em 1933, 75% dos estudantes brancos selecionaram como os adjetivos que melhor retratariam os negros as palavras: *preguiçosos, supersticiosos, ignorantes, musicais e imprevidentes*. Quando se referiam a si mesmos, a descrição era outra:

trabalhadores, inteligentes, materialistas, empreendedores e progressistas. Este método permite avaliar o conteúdo de estereótipos sociais, além do grau de consenso em torno dele, bem como do preconceito igualmente envolvido. Estudos posteriores (Karlins; Coffman & Walters, 1969; Dovidio & Gaertner, 1986) evidenciaram uma mudança significativa no padrão de respostas em direção a uma avaliação bem mais positiva. Entretanto, em outro estudo, Dovidio, Mann e Gaertner (1989) ainda encontraram um favorecimento sistemático de brancos em relação a outros brancos, atribuindo-lhes comparativamente mais traços positivos. Nas palavras desses autores, "os negros não seriam piores, mas os brancos ainda seriam melhores" (Dovidio et al., 1989: 88). Camino et al. (2001), ao considerarem essas e outras pesquisas, afirmam que hoje em dia o preconceito, no que diz respeito aos estereótipos, estaria sendo expresso não mais pela atribuição de traços negativos e sim pela negação de atributos positivos a um grupo-alvo.

De algum tempo para cá, no entanto, outros métodos vêm sendo desenvolvidos com o intuito de aprimorar a aferição de estereótipos. Assim, alguns autores solicitam dos participantes que pensem em termos de porcentagens do grupo-alvo, em vez de sua totalidade ("Quantos por cento de indivíduos do grupo X poderiam ser descritos como...?"). Outros procuram comparar características do grupo estudado, estimando-as "contra a população em geral" (se os adjetivos se aplicarem a ambas as populações, é porque não são discriminadores). Outros trabalhos ainda têm procurado saber o quanto certo traço pode servir para um determinado grupo-alvo, utilizando para tanto escalas do tipo Likert (Brigham, 1971; McCauley & Stitt, 1978; Triandis et al., 1982). Outros ainda usam atribuição de causalidade como forma de detectar preconceito. Deaux e Emsweilwer (1974) verificaram, por exemplo, que o sucesso de um homem branco é geralmente atribuído à sua capacidade, enquanto que o sucesso de um homem negro é geralmente atribuído a seu esforço.

Estereótipos, pois, podem ser corretos ou incorretos e também positivos, neutros ou negativos. O fato de, num primeiro momento, facilitarem nossas reações frente ao mundo esconde a realidade de que, na maioria das vezes, estereotipar pode levar a generalizações incorretas e indevidas, principalmente quando não se consegue "ver" um indivíduo com suas idiossincrasias e traços pessoais por trás do véu aglutinador do estereótipo.

Gordon Allport, em sua influente obra *The Nature of Prejudice* (1954) (A natureza do preconceito), referia-se ao ato de estereotipar como fruto da "lei do menor esforço". Referendando o que foi dito antes, já que o mundo é muito complicado para que tenhamos atitudes diferenciadas sobre tudo e todos, optamos em economizar energia e tempo "cognitivos", desenvolvendo opiniões, atitudes ou crenças baseadas em conhecimento nem sempre preciso na tentativa de entender o mundo que nos cerca. Dada nossa limitada capacidade de processamento de informações, "procuramos adotar estratégias que simplifiquem problemas complexos" (Fiske & Taylor, 1991). Fazemos isso ora negligenciando algumas informações para reduzir o excesso de oferta cognitiva, ora usando em excesso outras informações, "para não ter que procurar ainda outras" (Aronson, 2007). São nossos limitados recursos cognitivos, diante de um mundo cada vez mais complexo, que nos fazem optar por esses atalhos, que se às vezes nos poupam, cortando significativamente o caminho, em outras nos conduzem aos indesejáveis becos do preconceito e da discriminação.

Devine (1989) faz uma distinção entre o que chamou de **ativação automática** e **ativação controlada** de estereótipos. No primeiro caso, não temos controle: crenças muito disseminadas culturalmente nos sobreveem à mente assim que nos deparamos com certas pessoas em dadas circunstâncias. Após a ativação automática, entretanto, uma pessoa pode conscientemente analisar e refletir sobre o que acabou de pensar sobre aquele membro de um grupo que não o seu e, consequentemente, reavaliar sua primeira impressão ou avaliação. Isto seria o que Devine chamou de ativação controlada e que poria um freio no processo de discriminação, impedindo-o de prosseguir adiante. Bargh et al. (1995), Banaji e Hardin (1996) e Monteith (1993) são outros autores que, referendando a distinção anteriormente proposta, vêm pesquisando fórmulas de enfraquecer ou de contrabalançar as ações fruto da ativação automática.

Rotulação

> *Rótulos são como sirenes tonitruantes que nos tornam surdos diante de quaisquer distinções mais finas que, de outra maneira, poderíamos vir a perceber.*
>
> G.W. Allport

O ato de rotular as pessoas é um outro processo bastante similar à estereotipia. Poderíamos mesmo dizer que a rotulação seria um caso especial dentro do ato de estereotipar. Em nossas relações interpessoais, facilitamos nosso relacionamento com os outros se atribuirmos a eles determinados rótulos capazes de fazer com que certos comportamentos possam ser antecipados. Assim, por exemplo, quando um gerente rotula um empregado de "preguiçoso", ele "prevê" determinados comportamentos que este empregado deverá exibir frente a certas tarefas.

A atribuição de um rótulo a uma pessoa nos predispõe a pressupor comportamentos compatíveis com o rótulo imputado; nossas percepções são distorcidas, e isto pode acarretar uma ou duas consequências importantes: (a) por um lado, em virtude de nossas tendências à consistência cognitiva, faz com que comportamentos que não se harmonizem com o rótulo imposto tendam a passar despercebidos ou sejam deturpados para se adequarem ao rótulo; (b) por outro lado, as expectativas ditadas pelo rótulo podem nos fazer agir não consciente e consistentemente, de modo a induzir o rotulado a se comportar da maneira que esperamos, tal como ilustrado no fenômeno da *profecia autorrealizadora* mencionado anteriormente no capítulo 3.

Consideremos o famoso experimento levado a cabo por Rosenhan (1973) no início dos anos de 1970 e constante do anexo ao capítulo 3. Este estudo, já considerado um clássico, mostrou claramente a impressionante influência da rotulação nas percepções do comportamento da pessoa rotulada. Uma vez atribuído, tendemos a perceber os comportamentos da pessoa à luz do rótulo.

Tal tendência, embora comum, é perigosa e pode levar a injustiças e erros de julgamentos graves. Numa sala de aula, para citar um de muitos exemplos, onde a complexidade das relações interpessoais induzem o professor a simplificá-las por meio da atribuição de rótulos aos alunos, o perigo se evidencia de forma especial, podendo prejudicar sensivelmente alguns estudantes.

Um bom exemplo para o entendimento dos estereótipos está na narração que se segue:

Examine a seguinte história: ela contém um erro básico. Você seria capaz de detectá-lo?

Desastre

Um pai e seu filho trafegavam por uma movimentada estrada. Estavam próximos de seu destino quando o pai perdeu a direção do carro, saiu da estrada e bateu num poste. O pai morreu instantaneamente e o filho ficou bastante ferido. Uma ambulância levou o menino para o hospital mais próximo. Convocaram a equipe médica para uma cirurgia de emergência, mas, quando a pessoa que ia operar entrou na sala de cirurgia e viu o garoto, não se conteve e gritou: "Eu não posso operá-lo! Ele é meu filho!"

Como isso é possível, se o pai morreu no desastre? Aparentemente, não se trata de um enigma, e sim de um erro crasso do redator!

Na verdade, se há algum erro, ele está na educação que recebemos e que (a) nos impele a ver homens e mulheres cumprindo papéis sociais rígidos e distintos e (b) nos impede, por exemplo, de ver mulheres fugindo aos tradicionais papéis que lhes são culturalmente impostos.

Se mudarmos o final da história anterior, talvez fique mais clara nossa discriminação (e o entendimento do falso enigma):

[...] e viu o garoto, não se conteve e explodiu em lágrimas. E entre soluços, histericamente, disse: Eu não posso operá-lo, ele é meu filho!"

Para Daryl e Sandra Bem (1970), falsos enigmas como o citado, revelam o que eles chamaram de **ideologia inconsciente**, conjunto de crenças que aceitamos implícita e não conscientemente, porque não conseguimos sequer perceber a possibilidade de concepções alternativas. Um exemplo disso pode ser visto nas relações de gênero entre nós. No meio cultural em que vivemos, apesar de todo movimento em direção à igualdade resultante das pressões exercidas pelo movimento de emancipação feminina, ainda consideramos certos papéis e funções como uma exclusividade de um dos sexos. Um marido "dono de casa", uma neurocirurgiã, um piloto de aviões do sexo feminino, um árbitro de futebol do sexo feminino (o dicionário sequer registra a palavra "árbitra", embora nos campeonatos brasileiros de futebol já haja algumas "juízas" em atividade), uma locutora de partidas de futebol ou um homem trabalhando como doméstica ou secretária ainda nos causam pasmo ou riso, *se* percebidos (daí a condição de enigma do texto "Desastre" reportado há pouco e a explicação do significado do termo **ideologia inconsciente**).

Estereótipos e gênero

> *Quando um homem comete uma asneira, dizem: "Como ele é idiota!" Quando uma mulher a comete, dizem: "Como as mulheres são idiotas!"*
>
> Anônimo

Há uma série de experimentos já clássicos que são levados a cabo periodicamente e que continuam ilustrando o fenômeno em questão. Em um deles, Goldberg (1968) solicitou a alunas universitárias que avaliassem artigos acadêmicos em termos de competência, estilo, profundidade etc. Para algumas participantes o artigo era assinado por uma mulher (Joan T. McKay), enquanto que, para outras, por um homem (John T. McKay). Apesar de o artigo ser o mesmo para os dois grupos, aquele assinado por uma mulher era invariavelmente menos elogiado que o supostamente escrito por um homem. Outro experimento bastante citado na literatura fala de uma cena filmada em que um bebê de fraldas aparece chorando. Quando solicitados a atribuir possíveis causas para aquele choro, as respostas dos participantes variavam apenas em função do sexo do bebê: se era menino ou menina. No primeiro caso apareciam mais respostas de raiva; no segundo, eram significativas as respostas de medo. Ressalte-se que as próprias mulheres endossaram significativamente este tipo de resposta, isto é, quando o estereótipo é suficientemente forte, até os membros do grupo-alvo tendem a aceitá-lo.

Para atestar a dominância deste fenômeno, vale citar os estudos de Patricia Arés (1998), da Universidade de Havana, que relata a partir de sua experiência com "Grupos de Reflexão para Homens", como o estereótipo ligando os homens às funções de "herói" e as mulheres às de "mães" está profundamente entranhado na cultura cubana, apesar dos esforços em contrário envidados desde a Revolução Cubana de 1959. A norma genérica dominante ainda exige dos homens que sejam machistas, narcisistas, onipotentes, impenetráveis e ousados. Qualquer desvio em relação a esta norma pode significar fracasso, debilidade ou *sinal de homossexualidade*. Arés lembra o papel exercido pelas próprias mulheres neste processo, já que atuam muitas vezes de modo ambivalente: como mãe, acabam reforçando em seus filhos o que criticam nos homens.

Outro famoso experimento, conduzido por Clark e Clark (1947) nos Estados Unidos, mostrou que crianças negras já aos três anos exibiam preferência por bonecas de cor branca. Neste experimento, especificamente, pedia-se às crianças que indicassem, por exemplo, qual a boneca mais bonita, a branca ou a preta. A maioria das crianças optou pela branca, endossando de alguma forma a superioridade desta sobre a outra. Desta maioria, cerca de 70% eram crianças negras. Quando o oposto era solicitado – qual a boneca feia ou má – quase 80% das crianças negras apontavam para a boneca de cor preta.

A diminuição da autoestima, como se vê pelo exemplo anterior, pode começar cedo. Como bem alertam Aronson et al. (2009), uma pessoa com a autoestima abalada pode se convencer de que não merece uma educação de bom nível, trabalhos e moradias decentes, além de um perverso e difuso sentimento de inferioridade que, se acompanhado por sentimentos de culpa, pode levá-la a uma situação de desamparo e sofrimento.

A bem da verdade, algumas mudanças têm sido observadas, ao menos experimentalmente. Porter e Washington (1979) detectaram mudanças em crianças negras, no sentido de elas estarem então mais satisfeitas com bonecas negras do que trinta anos antes. Entretanto, pesquisa recente encomendada pela rede de televisão americana CNN (dados reportados no noticiário *Anderson Cooper 360* em 18 e 19 de maio de 2010) revelou que os resultados obtidos por Clark e Clark há 60 anos ainda permanecem em 2010, se bem que um pouco mais atenuados. As crianças de ambas as raças continuam atribuindo características positivas a bonecos brancos e negativas aos bonecos escuros. Embora a porcentagem agora esteja em torno dos 60%, não deixa de ser deplorável que, não obstante os progressos verificados em relação à questão racial, a eleição de Barack Obama e a existência de uma Casa Branca habitada por uma família da raça negra, com duas meninas apreciadas por sua aparência e atributos, ainda a maioria das crianças americanas revela o estereótipo negativo verificado há várias décadas. Swim et al. (1989) não mais encontraram diferenças significativas na avaliação de trabalhos produzidos por homens ou por mulheres. Para esses autores, o próprio experimento original levado a cabo por Goldberg não teria obtido resultados tão contundentes como mais tarde os livros acadêmicos se encarregariam de divulgar (os resultados verdadeiramente significativos teriam sido na verdade bem poucos, o que, no entanto, não invalidaria as conclusões como um todo). E Steele (1988) chegou à conclusão de que a autoestima entre mulheres e homens já não é tão díspar.

Devemos olhar estes progressos com cautela. O preconceito pode ter se tornado apenas mais sutil, menos explícito. Experimentalmente, Hutz (1988) procurou sondar se a tendência observada em crianças americanas de depreciar pessoas ou animais negros seria encontrada em crianças brancas e negras de diferentes níveis socioeconômicos brasileiras (Rio Grande do Sul). Os resultados, extraídos de testes aplicados em crianças de 4,2 a 5,8 anos mostraram que virtualmente todas as crianças, negras ou brancas, sistematicamente atribuem características positivas a animais brancos e negativas a animais pretos. Não houve nenhuma diferença significativa entre os participantes em termos de raça, sexo ou nível socioeconômico (embora crianças brancas tenham se mostrado mais uniformemente preconceituosas). Para o autor, tais dados indicam que desde cedo crianças de qualquer cor já têm ideias estereotipadas sobre raça e, o que é ainda mais sério, que crianças negras já introjetaram tais ideias, com efeitos danosos no que diz respeito à autoestima e à autoimagem.

Além disso, há os exemplos extraídos da vida real: uma pesquisa levada a cabo pelo IBGE em 1998 (Pesquisa de Padrão de Vida) em seis grandes cidades do Brasil comparou, entre outros dados, o salário médio percebido por homens e mulheres, brancos e negros. Foi constatado que homens brancos recebiam em média, por mês, o maior salário; em segundo lugar vinham as mulheres brancas, em terceiro, os homens negros e, por fim, as mulheres negras. Nova pesquisa a cargo do mesmo IBGE (2009), comparando dados de março de 2003 a março de 2009, observou que em questões de ocupação, escolaridade e rendimento, a renda média real dos negros e pardos foi de R$ 690,30 para R$ 847,70, enquanto que a dos brancos foi de R$ 1.443,30 para R$ 1.663,90, comprovando a permanência de grande desigualdade salarial entre negros e brancos. Conquanto não se possa reduzir os ganhos pecuniários à comprovação da existência de preconceito, os números exibidos indicam claramente uma desigualdade racial e também de gênero entre nós. Da mesma forma, segundo estudo realizado pelo Fundo de Desenvolvimento das Nações Unidas para a Mulher, em 1992, os homens ganhavam 50% a mais que as mulheres, diferença esta que teria caído para 30% dez anos depois, em 2002 (reportado no *Jornal do Brasil*, edição de 3 de março de 2002, p. A19). Já uma pesquisa realizada por Atal et al. (2009) em 18 países latino-americanos evidenciou a generalidade do fenômeno em questão, com os homens suplantando as mulheres nos ganhos salariais em até 27%.

Assim, apesar da significativa melhora, existe ainda um longo percurso a ser percorrido no caminho da igualdade. Por outro lado, como citamos na introdução do presente capítulo, os conflitos em meados dos anos de 1990 na antiga Iugoslávia e no início deste século no Iraque, bem como as perseguições a estrangeiros em alguns países da Europa Ocidental, servem de alertas adicionais para frear nosso otimismo quanto a mudanças muito significativas na diminuição do preconceito e da discriminação a curto prazo.

Para alguns autores (Dovidio & Gaertner, 1986; Lima & Vala, 2004; McConahay, 1986), o que há em termos de evolução limita-se ao que chamam de **racismo moderno** (ou racismo sutil, ou, ainda, racismo envergonhado); as pessoas, pressionadas por normas sociais mais liberais e que pregam maior tolerância para com as diferenças, podem abrandar seu comportamento discriminatório, mas, internamente, mantêm seus preconceitos. O resultado é uma aparente mudança na direção de uma sociedade menos discriminatória. Estes autores lembram, no entanto, que num clima diferente, onde estas mesmas pessoas se sintam mais seguras para externar seus sentimentos, o preconceito e a discriminação voltarão a seus níveis anteriores. Ou, ainda, que estes "racistas não assumidos" possam se valer de explicações alternativas para discriminações raciais ou de gênero, camuflando suas verdadeiras origens ("Não o empreguei, não por ser negro/mulher, mas sim por não ter o nível educacional necessário, traços de personalidade x ou y adequados etc."). Nesta mesma linha de raciocínio, Camino et al. (2001) advogam a posição de que no Brasil, por estarem proibidos quaisquer atos explícitos de discriminação social, as pessoas preconceituosas estariam simplesmente inibindo suas atitudes e/ou comportamentos ao tempo em que conservam intimamente suas convicções racistas. Nesse estudo os autores chegaram à mesma conclusão de Rodrigues et al. em pesquisas realizadas em 1984 e descritas mais adiante, segundo as quais os entrevistados reconhecem a existência do preconceito no Brasil, mas não se consideram preconceituosos.

Por outro lado, a percepção de que o clima social mudou, tornando-se menos favorável a manifestações racistas ou sexistas, não deixa de significar um avanço, em termos de normas sociais percebidas e de seus reflexos no comportamento individual.

Estereótipos e atribuição

Uma forma sutil de preconceito pode apresentar-se também via atribuição de causalidade. Quando observamos uma pessoa realizando uma ação, tendemos a fazer inferências acerca do que possa ter causado seu comportamento. O preconceito frequentemente contamina nossas percepções, como ilustra o exemplo anedótico de Aronson (2007): dois homens veem um padre sair de um prostíbulo. Um deles, protestante, comenta maliciosamente a hipocrisia de um representante da Igreja Católica; o outro, católico, responde com orgulho, argumentando que quando um membro de sua igreja está à morte, mesmo que seja num prostíbulo, ele é merecedor do Sagrado Sacramento. A "moral" da anedota está no fato de, quando se defrontam com situações ambíguas, as pessoas fazem atribuições consistentes com suas crenças ou preconceitos.

No caso da questão de gênero que vínhamos abordando, o processo de estereotipar fica bem aparente quando o pensamos em termos de atribuição de causalidade. Além do estudo já citado sobre uma possível superioridade dos homens sobre as mulheres (John *versus* Joan McKay) e do falso enigma do "pai morto e o estereótipo sobrevivente", outros psicólogos sociais (Feldman-Summers & Kiesler, 1974; Deaux & Emsweiler, 1974; Eagly & Steffen, 1984; Baron, Burgess & Kao, 1991; Swim & Sanna, 1996) têm demonstrado que, diante de uma situação em que, por exemplo, somos apresentados a um bem-sucedido médico ou à sua contrapartida do sexo feminino, tendemos a atribuir o sucesso da mulher a uma maior motivação intrínseca, quando não à pura sorte (o artigo de Deaux e Emsweiler citado antes tem, traduzido para o português, o seguinte e elucidativo título: "Explicações para o sucesso em tarefas relacionadas ao gênero: o que é capacidade para homens vira sorte para mulheres"). Pode-se depreender daí que ou as mulheres tiveram de trilhar um caminho mais cheio de obstáculos ou precisaram de doses suplementares de sorte ou de motivação para suplantar supostas deficiências internas. Entre nós, sabemos que chamar um aluno de "esforçado" não significa um elogio: pelo contrário, dá a entender que ele compensa uma possível inferioridade intelectual por meio de trabalho duro. Um efeito colateral indesejável neste processo está, quando o mesmo é forte o suficiente, na introjeção, por parte do grupo-alvo do estereótipo, de sua intrínseca inferioridade, algo observável também em outras formas de preconceito (Nunan, Jablonski & Féres--Carneiro, 2010). Como no caso anterior, as mulheres tendem a incorporar tais ideias e a se comportarem de forma a endossá-las. No momento, apesar de todos os progressos resultantes do movimento de emancipação feminina, quando diante de um sucesso profissional, a tendência é no sentido de atribuí-lo a uma capacidade fora do comum em termos de motivação ou a uma sorte igualmente rara.

Yarkin, Town e Walston (1982) verificaram que "homens e mulheres negros e mulheres de ambas as raças, quando bem-sucedidos, eram percebidos tanto por homens como por mulheres como *menos* capazes e *mais* esforçados que os homens brancos bem-sucedidos. Aparentemente, mulheres e negros têm que esforçar-se mais" (grifo nosso).

Dois trabalhos realizados por Rodrigues (1984) e Rodrigues et al. (1984a) confirmam parcialmente os achados de Yarkin, Town e Walston vistos antes. O primeiro foi uma réplica do experimento citado, com uma amostra de estudantes universitários cariocas e mineiros. A tarefa dos participantes era ler uma carta em que um funcionário de um banco solicitava promoção e justificava seu pedido com base em seu excelente desempenho profissional. Além da carta, era apresentado o *curriculum vitae* do funcionário. Ambos tinham o mesmo teor em quatro condições experimentais, variando apenas o sexo e a cor do funcionário que pleiteava a promoção (homem branco, homem negro, mulher branca e mulher negra). Pedia-se aos participantes que explicassem a causa do sucesso do funcionário em questão. Curiosamente, não foi detectada qualquer indicação de estereótipo sexual contra as mulheres; apenas na amostra mineira, leves sinais de preconceito racial: os homens negros supostamente seriam mais esforçados. Outro dado importante deste estudo foi a crença de que os brancos (homens ou mulheres), mais provavelmente do que os negros, conseguiriam a promoção almejada, o que pode significar a percepção de que vivemos em uma sociedade preconceituosa.

O segundo trabalho, seguindo a mesma linha dos anteriores, contou com uma amostra de pouco mais de 600 pessoas. Do mesmo modo que no estudo citado, não se detectou qualquer atitude preconceituosa significativa contra pessoas da raça negra ou de estereotipia negativa em relação às pessoas do sexo feminino. O esforço foi considerado por esta amostra o principal motivo de êxito do candidato à promoção, independentemente de sua cor e de seu sexo. Tal como estudo anterior, houve uma percepção bem diferente entre os participantes quanto à probabilidade de brancos ou negros conseguirem a almejada promoção, com os primeiros suplantando significativamente os segundos.

Essas pesquisas provariam que não existe preconceito entre nós? De modo algum. O que este conjunto de trabalhos reafirma é, em primeiro lugar, a necessidade de se estudar mais o tema, procurando distinguir entre os possíveis efeitos dos fatores relacionados à classe social e econômica, à cor da pele, à dificuldade em expor opiniões "politicamente incorretas", além das relações entre atitudes e comportamentos ou atitudes e crenças. Esta última questão levou a um novo trabalho, igualmente realizado em 1984, uma vez que sistematicamente, como vimos, os membros das amostras anteriores, embora não tenham indicado atitude preconceituosa contra pessoas negras, mostraram acreditar na existência de discriminação racial na sociedade em que vivem. Parodiando Sartre, poderíamos dizer que "preconceituosos são os outros". Ou ainda, G.W. Allport, que frisava que "traços de personalidade são coisas que os outros *têm*" (grifo nosso). Com isso, ele queria denunciar uma distorção perceptiva, pela qual os outros seriam egoístas, mesquinhos, injustos, inclementes. Nós, ao contrário, aos nossos próprios olhos, estaríamos nervosos, com problemas, atravessando uma fase difícil etc. Mais um notável exemplo de atribuição diferencial, que nos tinge de pessoas boas, mas sensíveis a situações perturbadoras, em contraste com os outros, disposicionalmente maus: os outros *são*, e nós *estamos*, ao menos quando se trata de características desagradáveis.

No caso do preconceito, estaria acontecendo o mesmo? Na verdade o novo estudo (Rodrigues et al., 1984a) não respondeu diretamente a esta pergunta, mas mostrou que boa parte da amostra (180 participantes, 87% brancos, 44% do sexo masculino) acredita na existência de discriminação tanto racial como sexual em nossa sociedade. Será que o brasileiro tem vergonha de assumir que é preconceituoso? Ou, na prática, não nos opomos genuinamente a qualquer tipo de distinção baseada no sexo ou na cor da pele? Ou o preconceito não surgiria nas relações de trabalho, e sim na parte afetiva (casamentos interraciais, por exemplo)? E por que a crença de que os "outros" são preconceituosos? E quem seriam estes outros? Ou o poderoso sentimento afiliativo que vigora em nossa cultura mascara e inibe possíveis sentimentos preconceituosos?

Como vemos, são perguntas que reafirmam a necessidade de serem conduzidas novas pesquisas dentro de uma área que se mostra ao mesmo tempo tão presente, tão complexa e tão relevante.

Encerraremos esta seção citando o interessante experimento levado a cabo por Porter et al. (1983). Nele eram exibidas fotos nas quais aparecia "um grupo de estudantes, em torno de uma mesa, trabalhando num projeto de pesquisa". O que variava nas fotos era a composição do grupo (só homens, só mulheres e um grupo misto) e a posição ocupada à cabeceira da mesa. Aos participantes perguntava-se simplesmente, num teste de primeiras impressões, quem eles achavam que seria, daquele grupo, a pessoa que aparentemente estava conduzindo os trabalhos ou exercendo uma maior influência. Quando os grupos eram compostos por indivíduos do mesmo sexo, a pessoa sentada na extremidade central da mesa era indicada majoritariamente como sendo a líder dos trabalhos. A coisa muda de figura nos grupos mistos. Aí, ainda com as mulheres em maioria e com uma delas sentada na cabeceira da mesa, os homens eram indicados como os líderes, mesmo somando-se os pontos recebidos por todas as mulheres! Um retrato e tanto da realidade dos estereótipos! É até possível que, com o passar do tempo, a exemplo de outros estudos citados, os resultados deste experimento, no caso de uma réplica, não sejam mais tão expressivos. Mesmo assim, fotografias esmaecidas pelo tempo nem por isso deixam de revelar uma dada realidade.

Preconceito e discriminação

Se o estereótipo é sua base cognitiva, os sentimentos negativos em relação a um grupo constituiriam o componente afetivo do preconceito, e as ações, o componente comportamental. Em sua essência, o preconceito é uma atitude: uma pessoa preconceituosa pode desgostar de pessoas de certos grupos e comportar-se de maneira ofensiva para com elas baseada em uma crença segundo a qual possuem características negativas. Embora, como vimos no capítulo 6, uma atitude seja composta por uma combinação de sentimentos (componente afetivo), predisposições para agir (componente comportamental) e de crenças (componente cognitivo), no caso do preconceito, este termo se refere mais ao aspecto afetivo do fenômeno.

Tecnicamente, o preconceito pode ser positivo ou negativo. Podemos ser, por exemplo, a favor ou contra estrangeiros, dependendo de sua nacionalidade: vamos supor que, em princípio, suecos teriam a faculdade de despertar sentimentos positivos e argentinos, sentimentos negativos. No entanto, em Psicologia Social o termo é usado apenas no caso de atitudes negativas. Assim, o preconceito poderia ser definido como uma atitude hostil ou negativa em relação a um determinado grupo, não levando necessariamente, pois, a atos hostis ou comportamentos discriminatórios.

Quando nos referimos à esfera do comportamento (expressões verbais hostis, condutas agressivas etc.), fazemos uso do termo **discriminação**. Neste caso, sentimentos hostis somados a crenças estereotipadas resultam em um comportamento que pode variar de um tratamento diferenciado a expressões verbais de desprezo e a atos manifestos de agressividade.

Os experimentos levados a cabo por Sherif et al. (1961) nos anos de 1950 ilustram bem o que acabamos de dizer. Em três ocasiões distintas (1949, 1953 e 1954), durante três semanas passadas em um acampamento nas férias de verão, um grupo de meninos entre 11 e 12 anos pensou estar se divertindo amenamente em uma colônia de férias. Na verdade participavam, ainda que sem saber, de um experimento em um ambiente natural acerca da origem da coesão grupal, conflitos grupais e, neste último caso, de sua possível redução. Divididos em dois grupos, os meninos, que não se conheciam de antemão, formaram laços de amizade, fruto de inúmeras atividades lúdicas em comum. Na segunda parte do experimento, os dois grupos eram colocados em situação de competição e conflito. A ideia era que, se dois grupos possuem objetivos conflitantes e metas que só podem ser atingidas à custa do fracasso do grupo rival, seus membros se tornariam hostis. De fato, nesse sentido, os experimentos confirmaram a hipótese: insultos, perseguições, ataques e destruição de bens foram observados, ao lado da formação de estereótipos, os quais se traduziam na criação de apelidos difamatórios aos membros do grupo rival, além de atitudes preconceituosas e de comportamentos efetivamente discriminatórios. Uma verdadeira observação microscópica da gênese do preconceito e da discriminação.

É importante mencionar também a terceira fase dos estudos, que consistia na busca da eliminação das tensões intergrupais a partir de atividades de cooperação: objetivos comuns e benéficos a todos que só podiam ser alcançados caso todos os integrantes se unissem para um trabalho conjunto. Após um início difícil, Sherif et al. afirmaram ter conseguido restabelecer por meio desta estratégia de interdependência uma boa dose de harmonia entre os até então "inimigos". Em suas próprias palavras, "a hostilidade se vai quando os grupos se juntam para alcançar objetivos maiores que sejam realmente importantes para a promoção do bem comum" (Trotter, 1985).

À guisa de ilustração, achamos interessante citar a própria história de vida de M. Sherif, que nasceu na Turquia e foi criado em uma atmosfera de constantes conflitos entre gregos, turcos e armênios, ou ainda de muçulmanos *versus* católicos. Em maio de 1919, adolescente e morando em Izmir, na Turquia, ele conta que viu literalmente seus companheiros sendo assassinados pelos invasores gregos, que avançavam matando indiscriminadamente membros da população turca. Quando chegou a sua vez, por alguma razão, o soldado inimigo mudou de ideia, retirando-se e poupando sua vida. Por pouco, preconceito e discriminação não interromperam uma das mais brilhantes carreiras devotadas ao entendimento dos conflitos intergrupais e de suas soluções.

Causas do preconceito

> *Todos gritamos contra o preconceito, mas nenhum de nós está livre dele.*
>
> Spencer

Podemos classificar as causas do preconceito em quatro grandes categorias, a saber: (a) competição e conflitos políticos e econômicos, (b) o papel do "bode expiatório", (c) fatores de personalidade, e (d) causas sociais do preconceito: aprendizagem social, conformidade e categorização social. O preconceito parece estar tão entranhado no âmbito das relações humanas que se torna difícil distinguir suas origens. Suas raízes parecem tão profundas e tão próximas da agressividade que, por vezes, suspeitamos estarem elas ligadas à própria natureza humana. Em certo sentido, todos nós somos preconceituosos: na melhor das hipóteses, em relação às pessoas que sabemos preconceituosas. Em que pesem os argumentos defendidos pelos sociobiólogos (que aventam a possibilidade de o preconceito estar ligado a mecanismos de sobrevivência, inerentes à história da humanidade e com uma função protetora do grupo a que pertencemos), cremos que a aprendizagem pode ser responsabilizada em grande parte por este fenômeno, ainda que a facilidade com que o adquirimos levante suspeitas sobre a existência de uma possível predisposição inata.

Competição e conflitos econômicos

A competição é um dos caminhos que mais facilmente conduzem à formação de estereótipos, preconceitos e atos discriminatórios. Conflitos ligados ao *status* social, ao poder político e ao acesso a recursos limitados fornecem fermento poderoso a este tipo de hostilidade. **Conflito grupal realista** é o nome desta formulação teórica que prediz que, a reboque de objetivos conflitivos, advirão tentativas de depreciar o grupo adversário, inclusive a partir da estimulação de crenças preconceituosas. Aparentemente, é mais fácil atacar, sem remorsos, um adversário, se o mesmo for dotado de características de personalidade negativas, hábitos nocivos ou se for claramente mal-intencionado. Um estereótipo negativo acerca do competidor une o próprio grupo em torno do ataque ao rival (**in-group** *versus* **out-group**: dentro do grupo *versus* fora do grupo). Mais uma vez, o experimento de Sherif et al. merece ser lembrado, agora como um exemplo do poder da competição em deflagrar conflitos.

Os exemplos históricos aqui são incontáveis, qualquer que seja a nação tomada como modelo. Veja-se, por exemplo, a bem documentada oscilação das atitudes e comportamentos de brancos norte-americanos para com imigrantes chineses ao longo do século XIX, em função do nível de competição ecomômica entre ambos. No início da corrida do ouro, brancos e chineses competiram por vagas e estes passaram a ser descritos como "desumanos, cruéis, depravados" etc. A seguir, anos depois, ao aceitarem trabalhos duros e não almejados por brancos na construção de ferrovias, os mesmos chineses passaram a ser descritos como "diligentes, obedientes e confiáveis". A lua de mel acabaria pouco depois com a volta dos soldados brancos após a Guerra da Secessão, congestionando, na época, um já não muito extenso mercado de trabalho e levando os chineses a serem percebidos como "criminosos, ardilosos e obtusos" (Jacobs & Landau, 1971).

Enfim, competição e conflitos são claramente capazes de provocar reações de hostilidade e de criar inimigos onde antes havia paz ou, ao menos, tolerância mútua.

O papel do bode expiatório

Este conceito é uma espécie de complemento da causa anterior. Uma vez despertadas a raiva, a hostilidade ou a frustração, a quem dirigi-las? Muitas vezes, a causa real do sofrimento é ou muito vaga, ou muito grande ou poderosa. Quando um país atravessa um período de recessão e de desemprego, fica difícil para o cidadão comum atacar um abstrato sistema econômico. A figura do líder ou presidente da nação é mais concreta, porém igualmente inatingível sem o risco de evidente retaliação. Esperar democrática e pacientemente três a quatro anos por uma nova eleição talvez seja racionalmente o mais adequado, mas é emocionalmente impraticável como solução imediata para os sentimentos existentes.

O que a história tem mostrado é que nessas ocasiões a raiva é deslocada para grupos minoritários, sem muito poder e facilmente detectáveis. Segundo Aronson (2007), os antigos hebreus tinham um costume pelo qual o sacerdote, durante um período de expiação de culpas da tribo, pousava as mãos na cabeça de um bode e, por meio das devidas rezas, exortações e enunciação dos pecados cometidos transferia-os para o animal que depois era abandonado no deserto para morrer, levando consigo os pecados e limpando a comunidade de seus erros. O termo ficou e hoje é usado para designar aqueles que levam a culpa de algo, ainda que sendo inocentes.

Um exemplo bem conhecido deste proceder ocorreu nos Estados Unidos e foi revelado por Hovland e Sears (1940) num estudo frequentemente citado e confirmado por avaliações estatísticas posteriores (Hepworth & West, 1988). Hovland e Sears fizeram uma análise correlacional entre (a) o preço do algodão nos estados sulinos americanos entre 1882 e 1930 e (b) o número de linchamentos de negros no mesmo período. Deve-se lembrar que a exportação de algodão era a principal fonte de renda daqueles estados, com a situação geral econômica (de abundância ou escassez) dependendo significativamente do preço do algodão. O que esses dois pesquisadores descobriram foi uma forte correlação negativa entre estas duas condições. Quando o preço do algodão caía, aumentava o número de linchamentos, e vice-versa. Assim, quando os membros de um grupo experimentavam a dureza de uma depressão econômica, tornavam-se hostis aos membros considerados "de outro grupo". Vale a pena citar que as pesquisas vêm demonstrando que, quanto menor a distância na escala socioeconômica entre brancos e negros (e, por conseguinte, maior a possibilidade de competição intergrupal), tanto maior o preconceito manifestado pelos primeiros (Myers, 2010). Em suma, a relação, em um dado momento, entre a queda do preço do maior produto de exportação dos estados do Sul dos Estados Unidos e o aumento de linchamentos de negros é um cruel exemplo deste tipo de procedimento.

O mesmo pode ser dito da Alemanha nazista, onde, após a derrota na Primeira Guerra Mundial, os judeus foram responsabilizados pela inflação, pela recessão e pelos sentimentos de frustração então existentes. Criou-se a crença de que, eliminando os judeus, todos os problemas estariam resolvidos. Um dos governos militares da Argentina, nos anos de 1980, tentou reconquistar as Ilhas Malvinas (ou Falklands, na visão do outro grupo) e conseguiu por algum tempo desviar a atenção dos problemas econômicos que na época afligiam o povo argentino. Da mesma forma, o fim da União Soviética, se por um lado trouxe a liberdade para algumas nações, por outro permitiu vir à tona um nacionalismo exacerbado acompanhado de intensa demonstração de hostilidades contra grupos étnicos distintos. Estes são apenas alguns dos inúmeros exemplos que podemos encontrar ao longo da história.

Mesmo em um nível microssocial, conforme vimos ao tratar do fenômeno de atribuição de causalidade, procuramos transferir nossos sentimentos de raiva ou de inadequação colocando a culpa de um fracasso pessoal em algo externo ou sobre os ombros de uma outra pessoa. Se chego tarde no trabalho, é mais fácil culpar o trânsito do que assumir a responsabilidade por não ter tomado a precaução de sair um pouco mais cedo. Se meu time de futebol perde, é mais simples culpar o juiz do que aceitar a ideia de que o time rival jogou melhor, e assim sucessivamente.

Diversos experimentos vêm comprovando este fenômeno, embora, a rigor, não seja fácil distinguir o preconceito causado por competições e conflitos daqueles originados pela agressão desviada para bodes expiatórios. Aparentemente estas duas causas são complementares. Em inúmeras situações experimentais, em que um participante era frustrado por alguma razão e, em seguida, solicitado a punir um outro por causas diversas, fez diferença, nos níveis de agressividade demonstrados, o fato de o outro ser negro ou branco, judeu ou não judeu, franco-canadense ou anglo-canadense etc. Principalmente quando o participante a quem cabia o papel de punir demonstrava de antemão sentimentos negativos com relação a esses grupos (Weatherly, 1961; Rogers & Prentice-Dunn, 1981; Meindel & Lerner, 1985).

Em resumo, a hipótese do bode expiatório postula que indivíduos, quando frustrados ou infelizes, tendem a deslocar sua agressividade para grupos visíveis, relativamente sem poder e por quem nutrem de antemão sentimentos de repulsa.

Traços de personalidade

É possível dizer, *a priori*, que uma pessoa seja mais propensa a ser preconceituosa do que outra? Aparentemente, sim. A ideia, desenvolvida por Adorno et al. (1950), parte do pressuposto de que algumas pessoas, em função do tipo de educação recebida, estariam mais predispostas a se tornarem preconceituosas. Denominaram de **personalidade autoritária** o conjunto de traços adquiridos que tornariam uma pessoa mais rígida em suas opiniões, intolerante para com quaisquer demonstrações de fraqueza em si ou nos outros, pronta a adotar valores convencionais, desconfiada, propensa a adotar ou pregar medidas de caráter punitivo, aderente a princípios morais estritos e a dedicar respeitosa submissão a figuras de autoridade de seu próprio grupo e clara rejeição aos que não pertencem ao seu ciclo restrito de relações.

Adorno e colegas, cientes das perseguições na Alemanha nazista, acreditavam que pessoas enquadradas como fortemente autoritárias estariam mais propensas a perseguir quaisquer grupos minoritários. Desenvolveram um instrumento de aferição do grau de autoritarismo (chamado de escala *F*), pelo qual os participantes, ao concordar ou discordar de itens relacionados à síndrome autoritária descrita, poderiam ser classificados como muito ou pouco autoritários e, por conseguinte, mais ou menos inclinados a comportamentos discriminatórios.

Qual seria a origem dessa configuração de personalidade? Para os pesquisadores, após extensas entrevistas com sujeitos classificados em ambos os extremos da escala, o cenário resultante apontava para uma infância marcada pelos seguintes acontecimentos: quando crianças, tais pessoas teriam sido duramente disciplinadas, com seus pais sendo muito punitivos, usando ainda do artifício de manipular manifestações de afeto para obter respostas de obediência por parte delas. Isto tornaria as crianças inseguras, dependentes e muito ambivalentes para com os próprios pais, amando-os e odiando-os concomitantemente. O ódio reprimido, inconsciente, mais tarde afloraria, só que dirigido a grupos minoritários e desprotegidos. Tal tipo de educação ajudaria a formar um adulto preocupado com questões de *status* e poder, rígido, intolerante e com dificuldades em lidar com situações de ambiguidade. É natural que crianças vejam o mundo em branco e preto, tendo bem marcada em suas mentes a diferença entre mocinhos e bandidos, bons e maus, fadas e bruxas. Aparentemente, isto está relacionado ao desenvolvimento normal da aquisição de conceitos de moral e de justiça. Em adultos, entretanto, espera-se que saibam que o mundo é composto igualmente de matizes de cinza e que o bem e o mal fazem parte da natureza humana. Boa parte da verdadeira educação consistiria em inibir nosso lado pior e deixar vir à tona nosso lado melhor.

Voltando à hipótese de Adorno et al., de um modo genérico, este tipo de formação resultaria em adultos preferentemente etnocentristas, isto é, que acreditam na superioridade do grupo étnico ou cultural a que pertencem, com o correspondente desprezo por membros de outros grupos.

As críticas posteriormente levantadas contra essa concepção não negam seu valor e sua expressiva contribuição no que toca à gênese do preconceito. No entanto, em primeiro lugar, esta teoria não teria levado em consideração o papel desempenhado pelos pais, no que se refere aos seus próprios preconceitos. Filhos de pais preconceituosos tendem a se *identificar* com eles, ou, por aprendizagem, a imitar seu comportamento, independente ou concomitantemente ao tipo de educação recebida, qualquer que tenha sido.

Em segundo lugar, uma crítica mais específica: a escala original teria uma orientação ideológica muito definida, pela qual apenas pessoas de extrema-direita se enquadrariam na tipologia preconizada. Rokeach (1968), em trabalho de revisão posterior, destacou o autoritarismo como independente do contínuo político esquerda/direita e permeando todas as matizes de pensamentos e convicções.

Apesar desses reparos, a verdade é que trabalhos realizados no final da década de 1980 e no início dos anos de 1990 na Rússia, na África do Sul e nos Estados Unidos (McFarland, Ageyev & Abalakina, 1992; Myers,

2010) vêm confirmando a influência do autoritarismo como traço de personalidade adquirido que predispõe à manifestação de preconceitos e de discriminações.

Causas sociais do preconceito: aprendizagem social, conformidade e categorização social

Este grupo de causas refere-se à ideia de que o preconceito é criado e mantido por forças sociais e culturais. A **Teoria da Aprendizagem Social**, por exemplo, enfatiza que estereótipos e preconceitos fazem parte de um conjunto maior de normas sociais. Estas, por sua vez, seriam o conjunto de crenças de uma dada comunidade acerca dos comportamentos tidos como socialmente corretos, aceitáveis e permitidos. Evidentemente, o que é considerado estranho em uma cultura pode ser encarado como perfeitamente normal e ajustado em outra. Hábitos alimentares, modo de educar filhos, formas de cortejamento, moda, práticas religiosas, tolerância a relações extramaritais por parte dos homens e poligamia constituem alguns exemplos de como diferentes sociedades lidam de formas diversas com aspectos similares do comportamento social humano.

As normas sociais são aprendidas em casa, nas escolas, nas instituições religiosas, com colegas e a partir da mídia e das artes. Passadas de geração a geração, instruem-nos aberta ou sutilmente sobre o que pensar, como reagir afetivamente ou como agir no mundo. Desta forma é que preconceitos persistiriam em um dado momento em uma dada cultura. Basta que seja uma sociedade que acredite em certos tipos de estereótipos depreciativos ou veja como normal o trato diferenciado a determinados grupos étnicos, regionais, ou, ainda, a mulheres ou a praticantes de uma religião. Como vimos no início do capítulo, ainda não é comum que mulheres detenham certas funções e papéis sociais. Ou seja, é "normal" que uma mulher seja enfermeira e um homem, neurocirurgião. Assim, segundo esta teoria, as crianças estariam simplesmente adquirindo determinados preconceitos da mesma maneira que aprendem outras atitudes e comportamentos, partilhados pela sociedade como um todo.

A **conformidade** seria um caso especial do exposto anteriormente em que as pessoas, de tanto perceberem e viverem relações de desigualdade entre grupos, sexos etc., passam a considerar tais tratamentos diferenciados como naturais. Em outras palavras, conformam-se com a situação reinante. Na maior parte das salas de aula de nossas universidades, por exemplo, brancos ainda são em número muito superior a negros e poucos estranham isso, tamanha a amplitude do fenômeno. Um outro exemplo é encontrado nas artes. Na peça *O mercador de Veneza*, de Shakespeare, o judeu Shylock é retratado preponderantemente como pérfida e viciosa criatura. Por que isso seria um exemplo de conformidade? Porque, quando a peça foi escrita, os judeus já haviam sido expulsos da Inglaterra há aproximadamente 300 anos! Infelizmente, o preconceito também se mantém pela inércia.

Na conformidade, cedemos à pressão social para sermos aceitos, não sofrermos punições ou por realmente acreditarmos na veracidade das teses disseminadas no meio cultural em que vivemos. Em consequência, se atitudes preconceituosas fazem parte, implícita ou explicitamente, das regras do jogo social, tenderemos a corroborá-las em nosso dia a dia. Pettigrew (1958) constatou que, entre sulistas americanos e brancos da África do Sul na década de 1950, os mais conformistas eram justamente os que se mostravam os mais preconceituosos.

Estas considerações nos levam ao papel desempenhado pela mídia e pelas artes na perpetuação de estereótipos e preconceitos. Nas novelas, programas de maior audiência da TV brasileira, negros sempre apareceram em papéis secundários e basicamente como serviçais ou bandidos. Só em 1995, pela primeira vez, uma novela (*A próxima vítima*, TV Globo) retratou uma família negra de classe média com os mesmos problemas e preocupações de uma família branca da mesma classe social. As mulheres também não têm melhor sorte; mesmo uma análise superficial dos comerciais de televisão indica que elas são basicamente retratadas como donas de casa, objetos sexuais ou como pessoas passivas, dependentes e sequiosas da aprovação de seus maridos. Quando, por exceção, aparecem como executivas ou em posição de liderança, é porque se trata de um comercial que apela para a comicidade. Chavez (1985), por exemplo, ao analisar 14 histórias em quadrinhos publicadas em jornais norte-americanos, muitas delas reproduzidas igualmente em grandes jornais de todo o Ocidente, observou que as mulheres só eram personagens principais em 15% das vezes. Além disso, só 4% das personagens do sexo feminino trabalhavam fora de casa, um contrassenso, na medida em que, nos Estados Unidos, 70% das mulheres se enquadram nesta categoria.

No Brasil, segundo dados do IBGE (2009) relativos ao ano de 2006, quase 42% de toda a mão de obra é feminina. Posteriormente, outros pesquisadores confirmaram em seus estudos a permanência de forma desproporcional de vieses que ratificam estereótipos de gênero, com os homens em maior destaque no papel de provedores e/ou figuras de destaque na vida pública, e cabendo às mulheres papéis mais relacionados à esfera doméstica e interpessoal (Ganahl, Prinsen & Netzley, 2003; Lauzen, Dozier & Horan, 2008).

A bem da verdade, como assinalam Smith e Mackie (2007), o retrato das mulheres nos programas de TV norte-americanos vem sofrendo uma mudança qualitativa nos últimos anos, ao passar a mostrar também personagens femininas competentes, fortes, independentes e bem-sucedidas em suas carreiras. Os mesmos autores, no entanto, lembram que na hora dos comerciais o que emerge é um forte estereótipo de gênero, como se ainda vivêssemos há sessenta anos, e contrabalançando (ou neutralizando) a imagem retratada no interior dos programas.

Evidentemente, a mídia e as artes também atuam no sentido de propagar comportamentos pró-sociais. As próprias novelas supracitadas contribuíram para a divulgação de papéis de gênero mais equilibrados, ao levar para o interior imagens típicas da realidade moderna das grandes cidades, onde há uma divisão menos rígida e tradicional entre as funções desempenhadas por homens e mulheres (Kottak, 1991). Da mesma forma, os filmes *Filadélfia* (1993), com o ator Tom Hanks, e *O segredo de Brokeback Mountain* (2005) provavelmente fizeram mais pela diminuição do preconceito contra homossexuais do que algumas toneladas de material impresso do mesmo teor. Sem dúvida, a mídia e as artes são hoje poderosos disseminadores de opiniões e verdadeiros agentes de socialização, e seu peso na transmissão de estereótipos e preconceitos ainda não foi devidamente avaliado no que se refere à sua decisiva influência sobre nossos comportamentos e atitudes.

Um subproduto do modo como processamos psicologicamente as informações, categorizamos as pessoas ou formamos esquemas e que leva à formação de estereótipos negativos é o que está na base da **Categorização social** (nosso grupo em oposição a grupos externos). Como bem salientam Tajfel e Turner (1979), "a mera percepção de pertencer a um entre dois grupos distintos, isto é, a categorização social *per se*, é suficiente para deflagrar discriminações intergrupais a partir do favorecimento do próprio grupo. Em outras palavras, a mera consciência da existência de um outro grupo é suficiente para provocar respostas competitivas ou discriminatórias por parte dos membros do próprio grupo".

Em função disso, preconceito e discriminações intergrupais seriam consequências praticamente inevitáveis dentro de um processo cognitivo normal e natural, cuja função seria a de simplificar e tornar mais inteligível o complexo mundo social que nos rodeia. Afetivamente, sentiríamos coisas positivas pelos membros de nosso grupo e coisas negativas (seguidas de um tratamento injusto) por membros do grupo que não o nosso. O aumento da autoestima seria, ainda segundo Tajfel, a motivação básica por trás deste viés cognitivo.

Diversas tendenciosidades cognitivas, como a correlação ilusória, a profecia autorrealizadora, o efeito de homogeneidade do outro grupo, entre outras, fortificariam, junto com a categorização social, a gênese e a manutenção de preconceitos.

Ameaça estereotípica

Steele (1992, 1997, 2004) e Steele e Aronson (1995) chamaram atenção para um efeito do preconceito que, até então, não havia sido detectado. Trata-se do que eles chamam "ameaça estereotípica" e consiste, como já o esboçamos anteriormente no item "Estereótipos e atribuição", no fato de pessoas de grupos-alvo de atitudes preconceituosas, cientes dos estereótipos negativos que sustentam o preconceito, deixarem-se por eles influenciar em seu desempenho. Por exemplo, se existe um estereótipo de que os negros apresentam rendimento acadêmico inferior aos brancos, quando numa situação de desempenho acadêmico, as pessoas da raça negra ficam ansiosas devido ao estereótipo existente em relação a elas e acabam por confirmar o estereótipo, desempenhando-se de forma insatisfatória. O mesmo se dá quando mulheres, em virtude do estereótipo de que têm menos aptidão para matemática do que os homens, acabam saindo-se pior em testes de matemática devido à ansiedade gerada pela existência do estereótipo. E é assim com outros estereótipos negativos referentes a diversos grupos.

Felizmente, há maneiras de neutralizar os efeitos da ameaça estereotípica. Uma delas é reforçar a ideia de que existem pessoas do grupo estereotipado que não confirmam o estereótipo. No caso dos negros de que falamos antes, chamar a atenção para a existência de pessoas da raça negra que se destacaram nas artes, nas ciências e na política ajuda a diminuir o efeito da ameaça estereotípica. Do mesmo modo, salientar que inteligência pode ser cultivada e que não é totalmente determinada geneticamente contribui para a redução do efeito decorrente de ameaça estereotípica (Aronson, Fried & Good, 2002; Good, Aronson & Inzlicht, 2003).

A redução do preconceito

> *Expulsai os preconceitos pela porta; eles tornarão a entrar pela janela.*
>
> Frederico, o Grande

Diante do que vimos antes, é possível a criação de mecanismos eficazes para diminuir o preconceito? Apesar da facilidade com que o mesmo é despertado e a dificuldade em encontrar um modelo que integre toda a gama das possíveis causas do preconceito, a resposta é sim.

Uma das primeiras ideias na busca de soluções veio através da **hipótese do contato**. Acreditava-se que, aumentando-se o contato entre, por exemplo, brancos e negros, não só iria diminuir os estereótipos de parte a parte como, na situação forçada de contato, acabaria prevalecendo uma interação pacífica inter-racial. O que se observou na prática, nos Estados Unidos, a partir da criação de escolas integradas em meados dos anos de 1950 (antes havia escolas só para brancos ou só para negros), foi um inesperado aumento de tensões e conflitos entre crianças brancas e negras.

O curioso é que anos antes Deutsch e Collins (1951), no experimento descrito no capítulo 2, observaram uma notável diminuição do preconceito quando brancos e negros tiveram de ocupar moradias integradas. Após alguns meses de convivência, os moradores brancos desses projetos não segregados mostraram considerável aumento de atitudes positivas para com os negros.

Qual a explicação para a diferença entre esses dois episódios? O que se descobriu depois é que a simples interação não é suficiente. Ela tem de se dar num contexto de igualdade de *status*, como G.W. Allport já o apontara em seu seminal *The Nature of Prejudice* (1954): "O preconceito pode ser reduzido em contatos entre grupos majoritários e minoritários, desde que os mesmos ocorram em condições de igual *status* social e na busca de objetivos comuns. Este efeito pode ser aumentado se os contatos forem apoiados institucionalmente (leis, costumes, condições locais) e enfatizada a consecução de interesses comuns entre os membros dos dois grupos".

Não foi o que sucedeu nas escolas, onde nada foi feito de concreto para diminuir as diferenças iniciais de percepção e autoestima ou para estabelecer metas em comum. Já no caso das moradias, ambos os grupos detinham de fato o mesmo *status* socioeconômico, o que alijou a ameaça de conflitos intergrupais.

Assim, o contato pode diminuir o preconceito, desde que se dê sob certas condições. Lembremos o experimento de Sherif, no qual não bastou a eliminação de conflitos e da competição para a harmonia voltar a reinar entre os dois grupos. Foi preciso lançar mão de situações de *interdependência mútua*, ou seja, de atividades de cooperação para suplantar dificuldades comuns, como vimos anteriormente, neste mesmo capítulo. Dessa forma, um defeito "fabricado" no fornecimento de água obrigou a que todos se juntassem para descobrir a solução do problema. Igualmente, uma associação de todos para coletar dinheiro serviu para salvar uma cobiçada sessão de cinema. Sherif denominou esta condição de *estabelecimento de objetivos superiores*: metas atraentes para os dois grupos, mas que não podem ser obtidas sem sua colaboração mútua. Lentamente, as hostilidades foram diminuindo até alcançar um patamar satisfatório.

A questão da interdependência mútua foi bastante estudada por Aronson (1978), levando-o a criar o sistema de "quebra-cabeças" em salas de aula, no início dos anos de 1970. Ele desenvolveu um método de ensino que dava ênfase à cooperação. Pequenos grupos de estudo multirraciais eram organizados com suas tarefas de aprendizagem divididas como se fossem peças de um quebra-cabeças. Para aprender toda a lição, os alunos tinham de ouvir com atenção seus colegas de grupo, já que cada um estudava uma parte separadamente. A nota final dependia, pois, da colaboração entre todos. Após um início tumultuado, no qual as crianças tendiam a repetir seus padrões preconceituosos, sobrevinha uma mudança de rumo, no momento em que elas tomavam consciência da necessidade de ouvir o outro, em condições de igualdade e em prol de um objetivo maior.

Este tipo de arranjo provocava também uma alteração perceptiva dos estereótipos. Normalmente, estereótipos já formados são bastante imunes a novas informações que os contradigam. Daí o fracasso das primeiras campanhas antipreconceito que se baseavam na crença de que bastaria dar muitas informações corretas às pessoas preconceituosas, isto é, "educando-as", que elas mudariam de atitude. Sabemos hoje, no entanto, que não somos receptores passivos de informações, que somos sensíveis a distorções perceptivas e que aspectos emocionais inerentes ao preconceito podem fazer com que os indivíduos não prestem atenção a mensagens que venham de encontro às suas convicções mais íntimas. No caso do quebra-cabeças, a partir do novo tipo de contato proposto os alunos acabavam reformulando suas percepções iniciais, desfazendo estereótipos. Isto, por sua vez, fazia com que os alunos até então discriminados recuperassem sua autoestima, se sentissem mais relaxados e confiantes e, consequentemente, tivessem um melhor desempenho acadêmico.

Resumo

> *Tentar viver neste mundo sem se deixar contaminar por alguma forma de preconceito é como querer passar uma temporada no inferno sem suar.*
>
> H.L. Mencken

O preconceito parece ser tão velho quanto a própria humanidade e de difícil erradicação. Sua base cognitiva ancora-se nos estereótipos, conjunto de crenças, corretas ou não, que atribuímos a indivíduos ou a grupos. De forma similar, atribuir rótulos a uma pessoa nos leva a esperar comportamentos compatíveis com o rótulo imputado. No caso dos papéis de gênero, por exemplo, isto pode conduzir a erros de julgamento no que diz respeito à manutenção de desigualdades entre homens e mulheres. Além de sua base cognitiva, representada pelos estereótipos, os preconceitos possuem um componente afetivo, a saber, os sentimentos negativos, e um componente comportamental caracterizado pela discriminação. Dentre as possíveis causas do preconceito foram citadas as competições e os conflitos econômicos, fatores de personalidade, a utilização do "bode expiatório" e fatores sociais, tais como aprendizagem, categorização social e conformidade. A *ameaça estereotípica* decorrente da ansiedade provocada pela existência do estereótipo junto a pessoas que deles são vítimas foi mencionada. Já em termos de redução do preconceito, vimos que estereótipos podem ser inibidos após sua ativação automática; que a agressão pode ser deslocada ou inibida de forma a neutralizar seu veneno; e que um contato em igualdade de condições, com ênfase na interdependência e na busca de objetivos superiores comuns, pode criar harmonia onde antes havia ódio e discriminação. Principalmente se isto tudo for acompanhado de mudanças macrossociais, que questionem normas sociais, modelos educacionais e práticas conformistas capazes de alimentar preconceitos de quaisquer espécies.

Sugestões de leituras

ALLPORT, G. (1954). *The Nature of Prejudice*. Reading, MA: Addison-Wesley.

ARONSON, E. (2007). *The Social Animal*. 10. ed. Nova York: W.H. Freeman.

DEVINE, P.G. (1989). "Stereotypes and Prejudice: Their Automatic and Controlled Components". *Journal of Personality and Social Psychology*, 56, p. 5-18.

DOVIDIO, J.F. & GAERTNER, S.L. (orgs.) (1986). *Prejudice, Discrimination, and Racism*. Nova York: Academic Press.

DUCKITT, J. (1992). "Psychology and Prejudice – A Historical Analysis and Integrative Framework". *American Psychologist*, v. 47, (10), p. 1.182-1.193.

HEPWORTH, J.T. & WEST, S.G. (1988). "Lynchings and the Economy: A Time-series Reanalysis of Hovland and Sears (1940)". *Journal of Personality and Social Psychology*, 55, p. 239-247.

HUTZ, C.S. (1988). "Atitudes com relação à cor em crianças pré-escolares brancas, mulatas e negras". *Psicologia: Reflexão e Crítica*, 1, p. 32-37.

PEREIRA, M.E. (2002). *Psicologia Social dos estereótipos*. São Paulo: EPU.

RODRIGUES, A. (1984). "Atribuição de causalidade: estudos brasileiros". *Arquivos Brasileiros de Psicologia*, 36 (2), p. 5-20.

RODRIGUES, A. & EQUIPE DO CBPP (1984a). "Detectação de preconceito racial e de estereótipo sexual através de atribuição diferencial de causalidade". *Relatório Técnico*, 1. FGV/ISOP/CBPP.

_____ (1984b). "Atitude e crença em relação a preconceito racial e a estereótipo sexual no Brasil". *Relatório Técnico*, 2. FGV/ISOP/CBPP.

ROSENHAN, D.L. (1973). "On Being Sane in Insane Places". *Science*, 179 (1), p. 250-258.

SHERIF, M. et al. (1961). *Intergroup Conflict and Cooperation*: The Robbers Cave Experiment. [s.l.]: University Book Exchange.

SWIM, J. et al. (1989). "Joan McKay vs. John McKay: Do Gender Stereotypes bias Evaluations?" *Psychological Bulletin*, 105, p. 409-429.

TAJFEL, H. & TURNER, J. (1979). "An Integrative Theory of Intergroup Conflict". In: AUSTIN, W. & WORCHEL, S. (orgs.). *The Social Psychology of Intergroup Relations*. Monterey, CA: Brooks/Cole.

Tópicos para discussão

1) O que são estereótipos?

2) O que se entende por rotulação?

3) Quais os três componentes constitutivos do preconceito?

4) Dê exemplos de manifestações de ideologia inconsciente.

5) De acordo com a teoria do conflito grupal realista, quais seriam as causas do preconceito e da discriminação?

6) Em que consiste a hipótese do bode expiatório?

7) Quais são as chamadas causas sociais do preconceito?

8) Quais são as estratégias efetivas na redução do preconceito?

9) O que é a interdependência mútua?

10) O que mostram as pesquisas relativas ao preconceito no Brasil?

11) Em sua opinião, o preconceito no mundo vem diminuindo?

Anexo – A cor dos olhos

Deixando de lado a discussão biologia versus cultura, podemos ver como é fácil o aprendizado do preconceito. Além dos supracitados estudos de Sherif et al., já faz parte da história da Psicologia Social o famoso relato da Professora Jane Elliot, que, no final da década de 1960, ministrava suas aulas numa pequena cidade (Riceville) no interior de um estado norte-americano. Seus alunos eram da zona rural, todos brancos e católicos, e, no entender da Professora Jane, sem nenhuma ideia real do significado do preconceito e do racismo. Pois ela decidiu ensiná-los. Num dia, dividiu a classe em duas, tomando por base a cor dos olhos. Olhos castanhos para um lado, olhos azuis para o outro. Em seguida "explicou" aos alunos que os segundos eram comprovadamente melhores do que os primeiros: mais espertos, confiáveis, bonzinhos etc. Para marcar a diferença, fez com que os de olhos castanhos usassem um colar no pescoço para tornar sua "inferioridade" mais visível. Além disso, neste dia, os de olhos azuis tiveram recreio mais longo, elogios em sala de aula, doces extras na cantina, entre outras regalias.

Em menos de meia hora Elliot alega ter criado uma miniatura de sociedade preconceituosa. Os alunos que até então se davam normalmente romperam entre si. Os de olhos azuis passaram a tripudiar dos seus colegas "inferiores", recusaram-se a brincar com eles e até sugeriram à professora formas adicionais de punição, além de outras restrições. Não faltou nem uma tradicional briga corporal entre membros dos dois grupos. O grupo "inferior" mostrou-se mais deprimido, com pouca moral, saindo-se inclusive pior nos testes feitos ao final da aula.

No dia seguinte, uma surpresa: a professora confessou ter-se enganado, e que na verdade o grupo superior era o dos olhos castanhos. Em seguida pediu que estes colocassem os colares nos "novos inferiores". Neste dia, os comportamentos observados anteriormente simplesmente mudaram de lado. O experimento foi encerrado na manhã do terceiro dia, quando a professora desfez toda a história, mostrando que tinha procurado fazer com que eles sentissem na pele o verdadeiro significado do preconceito e da discriminação. Seguiu-se um debate entre todos os alunos participantes. Para encerrar a descrição deste elucidativo experimento, cabe ainda uma citação adicional. A criativa Professora Jane Elliot diz ter reencontrado boa parte desses estudantes vinte anos depois e que eles guardavam vividamente em suas memórias aqueles dias em que a cor dos olhos foi tão decisiva. Mais importante ainda: sentiam-se menos preconceituosos que seus vizinhos, colegas atuais de profissão etc. pelo fato de terem passado por aquele experimento, complementando que, em sua opinião, todas as crianças deveriam passar pelo mesmo teste. Digna de nota, também, a lamentável perseguição que, segundo a Professora Jane, sofreram seus familiares em sua própria cidade, após a divulgação do seu trabalho com os alunos. Os interessados têm à disposição um vídeo/DVD criado pela ABC News: "Eye of the Storm", com detalhes do experimento e a participação da própria J. Elliot.

PARTE IV

Interagindo com as outras pessoas

8

Mudança de atitude e persuasão

I. Modelos teóricos explicativos da mudança de atitudes
    O modelo tridimensional
        Mudança do componente cognitivo
        Mudança do componente afetivo
        Mudança do componente comportamental
    Mudança de atitude e o princípio do equilíbrio
    Mudança de atitude e a Teoria da Dissonância Cognitiva

II. Comunicações persuasivas
    O modelo do Grupo de Yale sobre comunicação persuasiva e mudança de atitude
    Influência do comunicador
    Influência da forma de apresentação da comunicação
        a) Ordem de apresentação dos argumentos
        b) Apresentação ou omissão da conclusão
        c) Comunicações unilateral e bilateral
        d) Quantidade de mudança tentada
        e) Natureza emocional ou racional da comunicação
        f) Comunicação com argumentos suscitadores de medo
    Influência do tipo de audiência
        a) Personalidade do recebedor da comunicação persuasiva
        b) Filiação a grupos sociais

III. Resistência à persuasão
    A Teoria da Reatância
    A Teoria da Imunização

IV. Processamento da comunicação persuasiva

V. Resumo

VI. Sugestões de leitura

VII. Tópicos para discussão

VIII. Anexo
    Escalas de mensuração de atitudes

Matar ou capturar um homem são tarefas relativamente fáceis se comparadas com a tarefa de mudar sua mentalidade.

R. Cohen

Nesta Parte IV deste manual consideraremos especificamente o terceiro componente da definição de Psicologia Social apresentada no capítulo 1: a **interação social**. Um dos fenômenos comuns no processo de interação social é a tentativa de mudar atitudes exibidas pelas pessoas. Apesar de serem relativamente estáveis, as atitudes são passíveis de mudança. Vivemos num mundo em que a quantidade de informação a que nos expomos diariamente é realmente estarrecedora. O aperfeiçoamento dos meios de comunicação conduziu a humanidade a um novo espaço cultural que, no dizer de McLuhan, se caracteriza por ser um espaço acústico. Rádio e televisão passaram a ser os principais meios de divulgação e penetração na segunda metade do século XX, veiculando notícias e ideias capazes de provocar mudança de atitude ou de comportamento. No final do século XX e, principalmente, no XXI, a internet (e-mails, blogs, YouTube, Facebook, Twitter etc.) passaram a desempenhar extraordinário papel na comunicação de ideias, posições políticas e informação de todo tipo. Há um consenso hoje em dia acerca da capacidade atribuída às grandes formas de comunicação de massa que surgiram nos séculos XIX e XX de rivalizar e, até mesmo, suplantar as tradicionais instituições responsáveis pelo processo de socialização, a saber: a Igreja, a escola e a família. Muitas pessoas, exibindo um otimismo irrealista de que falamos no capítulo 4, pensam serem imunes à persuasão e se consideram invulneráveis aos que tentam persuadi-los (cf. o anexo ao capítulo 4). O fato é que as técnicas persuasivas são poderosas e em geral atingem seu objetivo. O presente capítulo considera diferentes formas pelas quais as atitudes podem ser modificadas e, as pessoas, persuadidas.

Modelos teóricos explicativos da mudança de atitudes

O modelo tridimensional

Como vimos no capítulo 6 relativo a atitudes, de acordo com o modelo tridimensional os componentes cognitivo, afetivo e comportamental que integram as atitudes sociais se influenciam mutuamente em direção a um estado de harmonia. Qualquer mudança em um desses três componentes é capaz de modificar os outros, de vez que todo o sistema é acionado quando um de seus componentes é alterado, tal como num campo de forças eletromagnético, no qual a mudança em um elemento do campo causa sua total reestruturação. Consequentemente, uma informação nova, uma nova experiência, um novo comportamento emitido em cumprimento a normas sociais, ou outro tipo de agente capaz de prescrever comportamento, podem criar um estado de inconsistência entre os três componentes atitudinais de forma a resultar numa mudança de atitude. Vejamos como isso pode ocorrer em situações concretas.

Mudança do componente cognitivo

O estudo de Deutsch e Collins (1951), descrito no capítulo 2, fornece-nos um exemplo de como a transformação no elemento cognitivo pode resultar em mudança também no componente afetivo e no comportamental. O leitor deverá lembrar-se de que, nesse estudo, Deutsch e Collins verificaram que o fato de uma pessoa portadora de atitude preconceituosa para com negros morar num projeto habitacional inter-racial redundava em modificação da atitude negativa exibida inicialmente contra as pessoas desta raça. O estudo fornece provas suficientes de que o motivo da mudança deveu-se à verificação, por parte da pessoa preconceituosa, de que muitas de suas crenças acerca dos negros eram falsas. Acreditava, por exemplo, que todos os negros eram sujos, preguiçosos, violadores da lei etc. Com a oportunidade que teve de conviver com eles, tais cognições foram modificadas, suscitando por seu turno uma reestruturação cognitiva no sentido de modificar os componentes afetivo e comportamental relacionados a essas crenças, resultando em extinção do preconceito e manifestação de comportamento amistoso em relação aos negros.

Mudança do componente afetivo

Digamos que, devido a uma desavença qualquer, sem real fundamento cognitivo, modificamos nossa relação afetiva com uma pessoa, passando a desgostar dela. A mudança desse componente das atitudes nos levará a comportamentos hostis a ela (componente comportamental) e também a atribuir-lhe uma série de defeitos (componente cognitivo) capazes de justificar e de tornar consistente a mudança de nosso afeto. Da mesma forma, se, por um motivo ou por outro, passamos a gostar de uma pessoa de quem não gostávamos anteriormente, tudo aquilo que era considerado como defeitos capitais da pessoa em questão passa a ser percebido de maneira muito mais atenuada e, quem sabe, até mesmo como virtudes. No cenário político de todos os países não é raro se verificarem situações desse tipo.

Mudança do componente comportamental

A prescrição de um determinado comportamento, por exemplo, os pais exigirem que seus filhos ingressem num colégio do qual eles não gostam, mas que, no julgamento dos pais, é o que lhes trará mais benefícios no futuro, pode resultar em reorganização dos componentes cognitivo e afetivo em relação ao colégio, tornando-o objeto de atitude positiva por parte das crianças. Quando estamos diante de um *fait accompli*, é comum procurarmos tornar nossas crenças e afetos coerentes com o comportamento que estamos exibindo.

Mudança de atitude e o princípio do equilíbrio

Rodrigues e Newcomb (1980) dizem que o princípio do equilíbrio pode trazer bastante coerência e integração aos achados sobre o processo de mudança de atitude. Esses autores interpretam, em termos da Teoria do Equilíbrio de Heider, os fenômenos relacionados à influência do comunicador, dos quais trataremos mais adiante. A essência do argumento desses autores é que um comunicador positivamente avaliado e a posição por ele defendida formam uma relação unitária. De acordo com a Teoria do Equilíbrio, o fato de o comunicador positivamente avaliado ser a favor ou contra um objeto atitudinal induz o recebedor da comunicação a ser igualmente favorável ou contrário a esse objeto atitudinal.

A tendência a mantermos relações interpessoais equilibradas (cf. capítulo 6) nos induz a modificar nossas atitudes quando somos parte de uma situação desequilibrada. Por exemplo, se gostamos de uma pessoa que tem uma atitude negativa em relação a um objeto de que gostamos, haverá uma força no sentido de mudarmos nossa atitude no tocante a este objeto, tornando-a semelhante à da pessoa de quem gostamos, ou no sentido de mudarmos nossa atitude em referência a essa pessoa e manter nossa posição pró ou contra o objeto em questão.

Mudança de atitude e a Teoria da Dissonância Cognitiva

Já vimos anteriormente, no capítulo 6, que a Teoria da Dissonância Cognitiva de Festinger faz certas predições acerca da direção da mudança de atitude desde que duas cognições estejam em relação dissonante. Assim, por exemplo, vimos que magnitude de incentivo, esforço despendido, agradabilidade ou não da fonte influenciadora e vários outros fatores são capazes de propiciar mudança de atitude no sentido de tornar a nova atitude coerente com uma cognição de mais difícil mudança. Cohen (1964) diz que "onde há pequenas recompensas, poucos benefícios materiais, poucas justificações, pouca coerção, muita escolha, alta autoestima, um agente influenciador desagradável e um comportamento altamente discrepante, a dissonância será máxima e as atitudes mudarão no sentido de valorizar a posição discrepante com que uma pessoa se comprometeu". Vimos também, nesse mesmo capítulo 6, que uma série de estudos experimentais confirma essa afirmação e que mudança de comportamento pode ser obtida a partir da criação de uma situação dissonante que induz a pessoa a mudar a fim de resolver a dissonância. Os estudos realizados por Aronson, Friede Stone (1991) e Stone et al. (1993) mencionados no anexo ao capítulo 6 ilustram o que acaba de ser dito.

Comunicações persuasivas

Nesta seção será exposta uma linha de investigação que, desde o início da década de 1950, vem merecendo a atenção dos psicólogos sociais. Trata-se do estudo da influência de comunicações persuasivas sobre a mudança de atitude. Nessa área destacam-se os estudos clássicos de um grupo de pesquisadores da Universidade de Yale, liderados por Carl Hovland (Hovland; Janis & Kelley, 1953), que tinham por objetivo verificar o que torna mais eficaz uma mensagem persuasiva, tomando por base três aspectos principais: a fonte de comunicação, a comunicação em si mesma e o tipo de audiência. Em outras palavras, a eficácia de mensagens persuasivas depende de *quem* diz *o que* a *quem*. Algumas décadas depois, outros pesquisadores trouxeram novas contribuições ao tema da comunicação persuasiva e à sua capacidade de propiciar mudanças de atitude focalizando especificamente o processamento cognitivo das informações contidas nas mensagens persuasivas: o **modelo heurístico-sistemático de persuasão** (Chaiken, 1987; Chaiken; Wood & Eagly, 1996) e o **modelo da probabilidade da elaboração** (Petty & Caciopo, 1986; Petty & Wegener, 1998).

O modelo do Grupo de Yale sobre comunicação persuasiva e mudança de atitude

Sob a coordenação de Carl Hovland e integrado por mais dois renomados psicólogos sociais – Irving Janis e Harold Kelley – formou-se o chamado Grupo de Yale. Influenciado por Clark Hull, de quem foi aluno, Hovland tratou o fenômeno de influência persuasiva como sendo um processo de aprendizagem. De formação behaviorista, Hull postulava que os hábitos são formados a partir de reforço. Coerente com esta posição teórica, Hovland acreditava que, numa tentativa de persuasão, a mensagem persuasiva deve ser *aprendida* para que ocorra a mudança de atitude. Para que se aprenda uma mensagem faz-se mister que se preste atenção a seu conteúdo, e que ele seja compreendido e retido na memória. Sendo assim, em seu livro *Communication and Persuasion* (Comunicação e persuasão) (Hovland; Janis & Kelley, 1953), os autores postulam que é importante que a mensagem persuasiva se revista das condições ideais para que o alvo da persuasão preste atenção, compreenda e retenha seu conteúdo. De acordo com o paradigma clássico da Teoria da Aprendizagem, ao se fornecerem incentivos (reforços) para que isso ocorra, fortalece-se o hábito e a mudança de atitude se verifica.

A seguir veremos a contribuição do Grupo de Yale para o estudo da comunicação persuasiva e a consequente mudança de atitude. Coerente com a teoria que inspirou tal contribuição, são salientados aspectos do comunicador, da comunicação e da pessoa-alvo da comunicação que permitam a aprendizagem da mensagem capaz de produzir mudança de atitude.

Influência do comunicador

A *credibilidade* e a *competência* do comunicador são, segundo Hovland, Janis e Kelley (1953), duas características importantes para a elaboração de uma comunicação persuasiva eficaz. Se o recebedor percebe o comunicador como competente, porém o percebe também como interessado em dizer o que está apregoando, esta última percepção gerará suspeita e desconfiança quanto à sinceridade do comunicador, diminuindo a eficácia da tentativa de persuasão. Aristóteles (*Retórica*, 355 a.C.) antecipou o que veio a ser posteriormente demonstrado experimentalmente, ao dizer que "a persuasão é obtida a partir do caráter pessoal do orador quando sua fala é de tal ordem que nos faça vê-lo como de confiança".

Hovland e Weiss (1951) apresentaram comunicações idênticas a dois grupos, variando, porém, a fonte da comunicação: em um caso, tratava-se de uma fonte de alta credibilidade e, no outro, de uma de baixa credibilidade. A maior ou menor credibilidade das fontes foi anteriormente verificada por meio de um questionário administrado aos participantes em que essas e outras fontes estavam incluídas. Os investigadores utilizaram quatro tópicos diversos e quatro comunicações sobre eles foram apresentadas aos sujeitos, tendo como responsável ora uma fonte de alta credibilidade, ora uma fonte de baixa credibilidade. Os resultados indicaram que a fonte de alta credibilidade invariavelmente produz mais mudança de atitude que uma de baixa credibilidade. Os grupos receberam escalas de atitudes antes da manipulação experimental, imediatamente depois e um mês depois. Os resultados mencionados se referem à mudança verificada entre a primeira e a segunda aplicações. Quando a atitude foi medida um mês depois, o efeito verificado desapareceu. Hovland e Weiss interpretaram este fenômeno como devido ao esquecimento acerca da natureza da fonte emissora da comunicação, desaparecendo assim qualquer efeito que pudesse porventura ter.

Posteriormente, Zimbardo e Ebbesen (1969) reinterpretaram os dados obtidos por Hovland e Weiss (1951) e chegaram à conclusão de que existe um efeito decorrente da maior credibilidade do comunicador no sentido de promover maior mudança de atitude, mas que tal efeito é muito pequeno. Segundo a análise de Zimbardo e Ebbesen, o valor médio de credibilidade percebida pelos participantes é de 78,2% (isto é, tomando-se a média para os quatro grupos em termos de percentagem das pessoas que perceberam a fonte de alta credibilidade como sendo de alta credibilidade), enquanto a mudança de atitude média para os quatro grupos em conjunto é de apenas 14,1%. Trata-se, pois, de um efeito muito menor do que geralmente se atribui ao estudo de Hovland e Weiss. Entretanto, quanto maior a porcentagem de pessoas em cada grupo que percebe a fonte da comunicação como de alta credibilidade, maior a quantidade de mudança de atitude.

Kelman e Hovland (1953) conduziram um experimento com estudantes secundários que ouviram uma exposição gravada na qual o orador se manifestava em prol de um tratamento mais suave para os delinquentes juvenis. Para um grupo o orador era apresentado como um juiz de uma corte encarregada de julgar os casos de delinquência juvenil; para outro, ele era apresentado como uma pessoa qualquer do público em geral; e para o terceiro grupo o orador era identificado como um delinquente juvenil respondendo a processo. Em outras palavras, havia no caso uma fonte positiva, uma neutra e uma negativa. Tal como esperado, a fonte positiva produziu muito mais mudança de atitudes que as outras, sendo que a fonte negativa foi a que produziu menos mudança de atitude.

Resultados semelhantes foram obtidos por Hovland e Mandell (1952) variando a credibilidade do comunicador e mantendo constante a comunicação. Hovland et al. (1953) concluem o capítulo de seu livro sobre comunicação e persuasão, no qual tratam da influência da credibilidade do comunicador, dizendo que, de fato, as intenções, os conhecimentos e a credibilidade inspirada pelo comunicador são variáveis importantes no que concerne à eficácia da comunicação persuasiva. Mais de quarenta anos depois, Petty, Wegener e Fabrigar (1997) reforçam a estabilidade dessas evidências, ao reportarem que oradores fidedignos, com notórios conhecimentos especializados, são mais persuasivos que oradores sem credibilidade. Em estudos comparando a eficácia de alertas sobre intervenções para se evitar a infecção por Aids, pesquisadores comprovaram a superioridade da influência de informes quando os mesmos eram atribuídos a fontes de prestígio (Albarricín et al., 2003, 2005; Durantini et al., 2006). A par disso, para Kumkale et al. (2010), o efeito em questão seria muito mais sensível quando voltado para atitudes em relação a novos tópicos do que em relação a atitudes já enraizadas.

Para uma revisão dos estudos sobre o papel do comunicador na eficácia da comunicação persuasiva, o leitor encontrará em Eagly e Chaiken (1993) e em Pornpitakpan (2004) excelentes estudos sobre o tema.

No Brasil, todavia, um estudo conduzido por Prado, Mizukami e Rodrigues (1981) não demonstrou esse efeito da credibilidade do comunicador. Varela (1981), em comunicação pessoal, disse também não ter tido êxito com a utilização da credibilidade do comunicador em comunicações persuasivas no Uruguai. Parece, pois, que a cultura pode ter algo a ver com a eficácia dessa variável no processo persuasivo.

Quanto ao papel desempenhado pela percepção de *interesse ou intencionalidade* do comunicador, o que pode ser percebido pelos participantes como um motivo para influenciar suas opiniões, experimentos conduzidos por Walster e Festinger (1962) demonstraram que participantes que ouvem uma comunicação persuasiva sem saber que ela está sendo dirigida a eles mudam mais sua atitude que aqueles que ouvem a mesma comunicação, mas que a atribuem a tendenciosidades e interesse do comunicador em modificar suas atitudes.

Vários estudos têm mostrado que um comunicador admirado e atraente é um poderoso agente de mudança de atitude. Por serem, em geral, de boa aparência física, famosos e simpáticos, são eles fonte de identificação fácil e frequentemente utilizados pela propaganda com efeitos bastante positivos para os anunciantes de seus produtos (Chaiken, 1979; Kahle & Homer, 1985; Hilmert; Kulike & Christenfield, 2006).

Por fim, merece ainda comentários um dos achados de Hovland e Weiss (1951). Trata-se do fenômeno por eles observado ao medirem a atitude dos sujeitos em relação ao objeto atitudinal cuja mudança de atitude foi tentada um mês depois da comunicação persuasiva. Verificaram que o grupo que recebeu a comunicação por parte da fonte de baixa credibilidade mostrou-se um pouco mais influenciado pela comunicação depois de quatro semanas do que logo após a apresentação da comunicação por tal fonte. Os autores denominaram esse fenômeno de *sleeper effect* (efeito adormecido), querendo com isso significar um efeito retardado da comunicação, provavelmente devido ao fato de o recebedor da mesma dissociar a fonte da comunicação com o decorrer do tempo. Estudos posteriores confirmaram o efeito em questão (Cook & Flay, 1978; Pratkanis et al., 1988).

Em outro estudo, Aronson, Turner e Carlsmith (1963) apresentaram nove estrofes tiradas de poemas não muito notáveis por sua arte e apresentaram-nas a dois grupos de estudantes. Para um dos grupos, os versos foram atribuídos a T.S. Elliot; para o outro foi dito que o poema era de uma estudante universitária. Os participantes deveriam avaliar a qualidade das estrofes. Tal como esperado, a fonte de maior prestígio provocou maior mudança de atitude que a de menor prestígio. Jablonski (1976, trabalho não publicado) replicou este experimento no Brasil, utilizando um poema não tão conhecido – ao menos na época – de Carlos Drummond de Andrade (*Stop*) e tendo como amostra igualmente estudantes universitários. Tal como no estudo de Aronson et al., quando o poema era atribuído ao seu verdadeiro autor, maior era a classificação do poema em termos de qualidade (nesse trabalho, os números apontando exatamente o dobro de respostas positivas).

Antes de terminar esta seção sobre o papel do comunicador na mudança de atitude do recebedor da comunicação, convém lembrar a posição de Asch

(1952) em relação ao assunto. Para ele, os resultados experimentais citados nesta seção poderiam ter outra explicação que a apresentada por Hovland et al. (1953). Segundo Asch, verifica-se nestes casos uma mudança de objeto de julgamento em vez de uma mudança no julgamento do objeto. Em outras palavras, dizer que um conjunto de versos, por exemplo, é de autoria de um poeta de renome faz com que os versos e seu autor formem um todo (*Gestalt*) diferente daquele formado pelos mesmos versos de um poeta sem prestígio. Estaríamos então diante de dois conjuntos diversos, que seriam alvo de julgamentos diversos e teriam efeitos diferentes nas pessoas que os percebem.

Influência da forma de apresentação da comunicação

Uma comunicação persuasiva pode ser apresentada de várias formas. Eis algumas:

a) argumentos mais importantes em primeiro lugar e os menos importantes em segundo;

b) argumentação seguida de conclusão e argumentação deixando a conclusão implícita;

c) apresentação de argumentos exclusivamente a favor do que se pretende ou inclusão também dos argumentos contrários ao que se pretende com a comunicação persuasiva;

d) apresentação de uma posição muito distante da originariamente mantida pelo recebedor da comunicação e apresentação de uma posição apenas um pouco diferente da sustentada pelo recebedor;

e) apelo a argumentos de natureza emocional ou apresentação apenas de argumentos racionais;

f) apelo a argumentos suscitadores de medo ou exclusão desse tipo de argumentação.

Vejamos os resultados experimentais obtidos quando essas várias formas de comunicação persuasiva foram testadas.

a) Ordem de apresentação dos argumentos

A pergunta que os investigadores procuram responder em relação a este tópico é: Será mais eficaz, para efeito de mudança de atitude, a apresentação dos argumentos mais importantes em primeiro lugar ou em último lugar? Em outras palavras, devemos utilizar uma técnica caracterizada por uma ordem climática dos argumentos ou uma anticlimática, esta última significando a apresentação dos argumentos mais eloquentes em primeiro lugar e dos menos convincentes em último lugar?

Embora os resultados experimentais não sejam inequívocos em relação a este assunto, Hovland et al. (1953) defendem a posição de que é mais eficaz apresentar-se a argumentação principal antes da argumentação secundária quando a audiência está pouco motivada. Tal estratégia teria como consequência despertar o interesse da audiência para o material a ser apresentado na comunicação, fazendo com que ela preste mais atenção, requisito essencial para a aprendizagem da mensagem. Se, porém, a audiência está sintonizada com o comunicador, a ordem dos argumentos em direção ao clímax é mais eficiente.

Este tema também pode ser abordado tendo-se em vista a competição entre dois oradores. Nesse caso, quem levaria vantagem: aquele que – diante de uma plateia indecisa – falaria primeiro ou o que falaria depois? Quem discursar depois terá a seu favor uma melhor memorização por parte da plateia, caso a decisão se dê em seguida; por outro lado, o primeiro orador terá maior êxito quando se pensa apenas na aprendizagem: a plateia, mais descansada, prestará mais atenção ao primeiro discurso. O que as pesquisas vêm demonstrando a este respeito (Aronson, 2007) é que o fator crucial para o desempate entre as duas forças em oposição (aprendizagem *versus* memória) é o tempo, seja aquele entre as duas falas, seja o existente entre a última fala e a hora da decisão por parte da plateia. Ao que tudo indica (Miller & Campbell, 1959), um largo espaço de tempo entre as duas falas, seguidas imediatamente da decisão, favorece o segundo orador. De outro lado, um pequeno espaço entre as duas falas, seguidas de um longo intervalo até a decisão da plateia, parece dar vantagem ao primeiro orador (com todas as outras condições, evidentemente, mantendo-se iguais: qualidade da argumentação, características dos oradores, modo de falar etc.). As implicações para estes tipos de pesquisa são evidentes quando se pensa na Justiça e nos julgamentos que vão a júri popular.

b) Apresentação ou omissão da conclusão

À primeira vista pode parecer que a apresentação da conclusão por parte do comunicador, que tem por finalidade persuadir uma audiência numa determinada direção, seja mais eficaz do que simplesmente deixar que a audiência tire suas próprias conclusões. Se, de um lado, a apresentação da conclusão torna o objetivo da comunicação mais claro e inequívoco, por outro tem o inconveniente de poder despertar na audiência certos sentimentos negativos em relação ao comunicador por uma atribuição de parcialidade e tendenciosidade em sua argumentação. Deixando a conclusão para a audiência, o comunicador poderá parecer mais digno de crédito, menos interessado em conduzir os recebedores da mensagem para os fins que tem em vista e, consequentemente, obter maior êxito em sua tentativa.

Hovland e Mandell (1952) verificaram que a apresentação da conclusão é mais eficiente quando a audiência é pouco sofisticada intelectual e educacionalmente; com uma audiência sofisticada, entretanto, a apresentação da conclusão é, na melhor das hipóteses, tão eficaz quanto a não apresentação da mesma e, às vezes, revela-se contraproducente.

c) Comunicações unilateral e bilateral

Chama-se comunicação unilateral aquela que apresenta apenas os argumentos pró ou contra um determinado tema; a comunicação bilateral é a que apresenta ambos os lados da controvérsia. Também aqui os estudos experimentais indicaram que a maior ou menor eficácia de cada tipo dependerá do tipo de audiência a que a comunicação se destina. Com uma audiência sofisticada intelectualmente, a comunicação bilateral é mais eficaz, o oposto se verificando com uma audiência de nível intelectual abaixo da média. De um modo geral, as mensagens bilaterais são mais eficazes quando as pessoas estão convencidas de que podem refutar os argumentos contrários à sua posição (Allen, 1991; Crowley & Hoyer, 1994). Hovland, Lumsdaine e Sheffield (1949) verificaram que não só o tipo de audiência é importante para determinar-se a maior ou menor eficácia desses dois tipos de comunicação persuasiva, mas que também influem a posição inicial da audiência e o fato de ela ser ou não submetida posteriormente à contrapropaganda. Se a audiência é a favor da comunicação apresentada, a forma unilateral é mais eficaz que a bilateral. Esta será mais eficaz que aquela quando a audiência é exposta futuramente à contrapropaganda. O fato de ter ouvido ambos os lados da controvérsia tem, por assim dizer, o efeito de inocular a audiência contra futuras tentativas de persuadi-la na direção oposta à primeira comunicação. Assim, se a audiência será exposta a argumentos opostos, a comunicação bilateral deverá se mostrar mais efetiva. Os políticos costumam ilustrar convincentemente estas distinções: são bem radicais (unilaterais) quando estão em seus redutos eleitorais falando para seus correligionários e bem mais moderados (bilaterais) quando expõem seus argumentos na mídia (rádio, TV etc.).

d) Quantidade de mudança tentada

Hovland (1959) afirma que quando o comunicador é de alta credibilidade, quanto maior a quantidade de mudança tentada, maior a mudança conseguida; o contrário é verdadeiro caso o comunicador seja de baixa credibilidade. Zimbardo (1960) e Aronson, Turner e Carlsmith (1963) confirmaram tal afirmação no que diz respeito à fonte de alta credibilidade e Bergin (1962) apresenta confirmação experimental para ambas as afirmações de Hovland indicadas.

Hovland, Harvey e Sherif (1957) e Sherif, Sherif e Nebbergal (1965) expuseram ideias importantes no que concerne à amplitude do campo de aceitação ou rejeição de uma comunicação persuasiva. Para esses autores existem três posições em relação à essência de um objeto atitudinal, a saber: latitude de aceitação, latitude de rejeição e latitude de não comprometimento. Por **latitude de aceitação** se entende a posição de uma pessoa em relação a um tema que se constitui na posição mais aceitável, acrescentada de outras posições também aceitáveis. Assim, por exemplo, uma pessoa pode achar que a posição que lhe é mais aceitável em relação à universidade a que pertence é que ela é a melhor do país; entretanto, também aceitará posições como: sua universidade é uma das melhores do país; sua universidade é uma universidade muito boa; sua universidade é melhor que um bom número de outras universidades etc. Todas as posições aceitáveis, ainda que não exatamente aquela com a qual a pessoa mais concorda, constituem a latitude de sua aceitação em relação às diversas posições possíveis diante de um determinado objeto atitudinal. Da mesma forma, a **latitude de rejeição** é constituída pela posição mais contrária à atitude da pessoa em relação ao tema, acompanhada de outras posições também contrárias. As posturas que não são nem aceitáveis nem tampouco objetáveis pela pessoa constituem sua **latitude de não envolvimento**. A latitude de não envolvimento é diretamente proporcional à moderação (indiferença) da posição de uma pessoa em relação a um objeto atitudinal. Por outro lado, pessoas cujas atitudes são muito extremas no tocante a um tópico possuem latitudes de aceitação e de rejeição inversamente relacionadas em magnitude, ou seja, quanto maior uma delas, menor a outra.

À luz desta posição teórica, podemos predizer que tentativas de comunicação persuasiva com pessoas cuja latitude de rejeição é muito grande devem ser moderadas e não extremas, pois dificilmente se obterá qualquer êxito ao tentar-se, de início, apresentar uma comunicação cujo conteúdo cai nitidamente dentro da latitude de rejeição do recebedor da comunicação. Já com pessoas cuja latitude de não envolvimento é grande, podemos tentar modificações mais arrojadas, pois suas latitudes de aceitação e de rejeição são pequenas.

e) Natureza emocional ou racional da comunicação

É mais fácil alcançar nossos propósitos apelando às paixões do que à razão.

Voltaire

Hovland et al. (1953) afirmam que as provas experimentais acerca da maior ou menor eficácia de comunicações que utilizam argumentos racionais ou emocionais não são claras e inequívocas. Para eles, a motivação despertada por cada um desses tipos de comunicação depende de certas predisposições para responder por parte da audiência, as quais podem ser afetadas de maneira diversa, tais como:

- atenção ao conteúdo verbal da comunicação;
- compreensão da mensagem da comunicação;
- aceitação das conclusões propostas pela comunicação.

Para Hovland et al. (1953) uma mensagem de conteúdo emocional pode servir de incentivo ao recebedor, predispondo-o a aceitar a comunicação persuasiva. Uma comunicação de natureza emocional pode despertar maior atenção ao seu conteúdo, pode motivar mais o recebedor a entender sua essência e pode facilitar a aceitação das conclusões sugeridas. Talvez a curiosidade despertada por uma comunicação de conteúdo emocional seja responsável pela ocorrência dessas possibilidades. Isto não ocorrerá, certamente, com todas as pessoas. Parece-nos, pois, que também aqui a interação comunicação e tipo de audiência é fundamental para um melhor entendimento do fenômeno relativo ao efeito de uma comunicação do conteúdo emocional em comparação com o de uma comunicação de conteúdo racional. Os resultados experimentais tendem a favorecer esta posição, isto é, argumentos emocionais parecem surtir melhores resultados quando a audiência é pouco sofisticada educacional e intelectualmente.

Por outro lado, não se pode negar o papel das emoções quando se quer chamar a atenção das pessoas para um determinado tópico. Como se vê pela análise das propagandas de hoje, são muitos os anunciantes que, em vez de apresentarem fatos e/ou números, apelam – com sucesso – para emoções que evoquem empatia, medo (como veremos na seção seguinte), sensualidade, humor, desejo, inveja e sentimentalidade, entre outras.

Um experimento de campo que ficou famoso em Psicologia Social foi o realizado por Hartmann (1936), que, concorrendo pelo Partido Socialista em Allentown, na Pensilvânia, dividiu os distritos eleitorais em três grupos. No primeiro foram distribuídos panfletos e propagandas fortemente calcados em apelos emocionais; no segundo, predominavam os argumentos lógicos e racionais; finalmente, no terceiro, não foram distribuídos panfletos e propagandas. Os resultados mostraram que no distrito sem propaganda Hartmann obteve 2,44% dos votos; no distrito "racional", 1,76%; e no distrito "das emoções", 4,00% dos votos.

Resultados favoráveis à eficácia de mensagens persuasivas de conteúdo emocional foram encontrados por Fabrigar e Petty (1999) e por Huskinson e Haddock (2004).

Na propaganda comercial veiculada na TV é frequentemente bem-sucedida a combinação de um produto com figuras públicas altamente atrativas (artistas, desportistas de destaque, cantores), num enfoque baseado predominantemente na associação das emoções despertadas pelas figuras públicas para com os produtos a serem vendidos – descontadas algumas variações em torno da adequação de certos produtos a certas celebridades, e vice-versa (Atkin & Block, 1983; Kamins, 1989). Convém lembrar, em relação a esse ponto, que a Teoria do Equilíbrio vista anteriormente é capaz de explicar por que se verifica mudança de atitude neste caso.

f) Comunicação com argumentos suscitadores de medo

Janis e Feshbach (1953) conduziram um experimento no qual comunicações capazes de suscitar medo ou ameaça foram utilizadas. Para esses investigadores, uma comunicação que ameaçasse o recebedor – no sentido de que consequências desagradáveis decorreriam da não aceitação da mensagem da comunicação persuasiva – poderia conduzir a uma maior aceitação da mensagem. Tal suposição não foi confirmada empiricamente no experimento aludido. Experimentos subsequentes conduzidos por Janis e Milholland (1954) e por Janis e Terwilliger (1962) chegaram a resultados contraditórios acerca do efeito persuasivo de mensagens contendo argumentos atemorizadores. Parece que tal tipo de comunicações pode suscitar defesas contra as ameaças, resultando no efeito contrário, qual seja, em maior resistência à persuasão. Weiss e Fine (1956) realizaram um experimento em que foi utilizada uma comunicação com argumentos de natureza agressiva ou punitiva. Testaram a hipótese de que pessoas instigadas à agressão seriam mais influenciadas por uma comunicação que recomendasse tratamento severo ou punitivo que por uma que recomendasse tratamento tolerante e benévolo. Os dados confirmaram a hipótese testada.

Embora a situação do efeito resultante de comunicações eivadas de argumentos suscitadores de medo e outras emoções não esteja definitivamente esclarecida, há razões para postular como hipótese plausível a de que a estimulação de um estado emocional por uma comunicação e a recomendação de algo que venha a satisfazer a necessidade despertada pela comunicação redundam em maior eficácia da comunicação persuasiva (Becker & Josephs, 1988; Job, 1988; Spence, 1995). Além disso, na medida em que inúmeras campanhas publicitárias de utilidade pública (contra o tabagismo e o uso de drogas e álcool, a favor da utilização de cintos de segurança, ou preventivas de comportamento sexual de risco etc.) lançam mão deste recurso, é preciso, sem dúvida, prosseguir nas pesquisas acerca da eficácia do medo como indutor de comportamentos. Ademais, para que a comunicação suscitadora de medo produza efeito, é necessário que o medo suscitado seja moderado e que o alvo da comunicação pense que poderá evitar as consequências negativas apregoadas, caso preste atenção nos argumentos apresentados (Petty, 1995).

Pesquisas posteriores (Cho & Witte, 2005; Das, De Wit & Stroebe, 2003; Perloff, 2003) demonstraram que mensagens suscitadoras de medo aumentam o impacto de comunicações persuasivas nas atitudes e nas intenções de comportamento.

Influência do tipo de audiência

Já vimos anteriormente o efeito da audiência em interação com outras variáveis. Por exemplo, verificamos que uma comunicação bilateral é mais eficaz com uma audiência intelectualizada e erudita, enquanto uma comunicação unilateral surte melhores efeitos com uma audiência pouco sofisticada. Vimos também que argumentações emocionais podem suscitar melhores resultados com esse último tipo de audiência, assim como uma comunicação que apresenta explicitamente a conclusão pretendida. Analisaremos a seguir os resultados experimentais relativos ao efeito da personalidade dos recebedores da comunicação e ao fato de eles pertencerem ou não a grupos coesos.

a) Personalidade do recebedor da comunicação persuasiva

Uma das fontes mais ricas em detalhes sobre a correlação existente entre tipo de personalidade e suscetibilidade à persuasão é a obra editada por Hovland e Janis em 1959, intitulada *Personality and Persuasibility*. Os estudos de Janis e Field e de King, Abelson e Lesser, ali citados, evidenciam a existência de correlações positivas, embora pequenas, entre certas características de personalidade e uma maior suscetibilidade à persuasão. Hovland e Janis indicam como fatores de personalidade capazes de resultar em maior ou menor suscetibilidade à persuasão os seguintes:

• **Autoestima:** quanto maior a autoestima, menos suscetível de influência será o indivíduo. Rodrigues e Cavalcanti (1971) planejaram um experimento no qual a situação de julgamento de linhas do tradicional experimento de Asch (1946), que será descrito no capítulo 9, foi replicada com três grupos de participantes: um grupo de controle, em que o experimento de Asch é repetido sem modificações; um grupo experimental, em que se manipula a autoestima dos sujeitos fornecendo-lhes resultados fictícios de testes psicológicos no sentido de aumentar-lhes a autoestima; um segundo grupo experimental, em que os resultados dos testes são apresentados de forma a diminuir a autoestima dos participantes. A hipótese testada foi a de que o grupo experimental cuja autoestima fora fortalecida seria menos sensível à pressão grupal presente no estudo de Asch do que os demais grupos, sendo o outro grupo experimental o mais sensível. O experimento comprovou a influência da autoestima. Os de maior autoestima mostraram menor conformismo. Outros estudos, como os levados a cabo por Rhodes e Woods (1992), chamam a atenção para o fato de que pessoas com autoestima elevada são mais confiantes em suas convicções (e mais dificilmente mudarão de opinião) e pessoas com baixa autoestima às vezes não são persuadidas facilmente, porque mostram dificuldade em entender as mensagens persuasivas. Assim, para esses autores, pessoas com um grau moderado de autoestima é que seriam mais facilmente influenciáveis.

- **Autoritarismo:** pessoas autoritárias são altamente influenciáveis por comunicadores de prestígio. Um experimento de campo conduzido por Centers, Shomer e Rodrigues (1970) confirma essa assertiva. Também no Brasil se confirmou esta hipótese em experimentos conduzidos por Erthal (1980) e por Prado, Mizukami e Rodrigues (1981).

- **Isolamento social:** a sensação de isolamento social conduz a uma maior dependência de aprovação por parte dos outros, o que redunda em maior suscetibilidade à influência. Cultos exóticos utilizam o isolamento social como uma das táticas destinadas a persuadir seus membros (cf. p. ex.: Pratkanis & Aronson, 2000);

- **Maior ou menor riqueza de fantasias:** pessoas mais propensas a fantasias são mais persuasíveis;

- **Sexo:** talvez devido ao papel mais passivo atribuído à mulher em nossa sociedade (o que em muito breve não será mais verdadeiro), as pessoas do sexo feminino são um pouco mais persuasíveis que as do sexo masculino, até por terem ainda – em função das persistentes diferenças nos papéis de gênero – menor autoestima (Aronson, 2007).

- **Tipo de orientação vital:** pessoas cujos valores são mais compatíveis com adaptação e conformidade são mais persuasíveis que aquelas cuja orientação vital valoriza a independência e o estabelecimento de objetivos e padrões pessoais.

- **Idade:** Krosnick e Alwin (1989) verificaram que pessoas mais jovens são mais suscetíveis a mudar de atitude que pessoas mais velhas (mais de 33 anos comparadas a jovens de 18 a 33 anos); entretanto, pouco ainda se sabe acerca da relação entre estas duas variáveis.

b) Filiação a grupos sociais

Kelley e Volkart (1952) mostraram experimentalmente que quanto mais identificado com um grupo o recebedor da comunicação está, menos influenciado ele é por uma comunicação contrária às normas do grupo. Kelley e Woodruff (1956) realizaram um experimento com estudantes de uma pequena faculdade, que ouviram um discurso de dez minutos gravado por um professor de educação de uma outra universidade, no qual ele era claramente contra as práticas educacionais da faculdade em que estudavam os ouvintes do discurso. Em sete pontos, o orador foi interrompido por aplausos. A manipulação experimental consistia em variar a identidade da plateia que o aplaudia tão entusiasticamente. Assim, para o grupo (A), foi dito que a plateia era composta exclusivamente por alunos e ex-alunos dessa mesma faculdade; para outro grupo (B), os ouvintes seriam universitários de outra cidade. Os resultados mostraram que os membros do grupo A mudaram suas atitudes prévias na direção advogada pela comunicação mais do que os membros do grupo B, que supunham ser os ouvintes do discurso universitários de uma outra comunidade. Além disso, os participantes da primeira condição tenderam até a interpretar erroneamente o comunicador a fim de tornar seus pontos de vista mais próximos das normas da faculdade em que estudavam, coisa que os membros do outro grupo não fizeram. Tais resultados mostraram que "mudanças nas opiniões ancoradas no grupo podem ser facilitadas a partir da informação de que outros membros do próprio grupo mudaram de opinião". Outros experimentos, como o de Sherif (1935) acerca do efeito autocinético e o de Asch (1946) acerca do julgamento do tamanho de várias linhas, a serem relatados no próximo capítulo, demonstram a influência da pressão exercida por um grupo de pessoas no julgamento de outrem, embora a situação seja diversa das ilustradas nos exemplos anteriores. Naquelas, o fator relevante é a filiação do recebedor a um grupo, sua identificação com ele, o papel de referência positiva desempenhado pelo grupo; já nos experimentos de Sherif e de Asch o fator responsável pela suscetibilidade à persuasão é a pressão social exercida por outros. Newcomb et al. (1967) mostraram como as atitudes formadas por identificação a grupos de referência conduzem a subsequentes atitudes coerentes com as adquiridas e se perpetuam por período de tempo considerável (25 anos, no estudo citado).

Resistência à persuasão

A Teoria da Reatância

A Teoria da Reatância psicológica afirma que, todas as vezes em que temos nossa liberdade restringida ou ameaçada de supressão, uma motivação no sentido de recuperar a liberdade ameaçada ou perdida se faz presente. A consequência desta proposição da teoria para o caso específico de mudança de atitude é que, se o recebedor da comunicação persuasiva percebe a tentativa de persuasão como uma intenção ou um ato no sentido de cercear sua liberdade, é provável que a resistência à mudança de atitude no sentido da posição defendida pelo comunicador seja tal que não haja possibilidade de sucesso por parte do comunicador. Estudos relatados por Brehm (1966) e por Brehm e Brehm (1981) confirmam esta posição.

Ainda segundo tal teoria, o desagradável estado de insatisfação provocado pela eventual perda da liberdade motiva o indivíduo a diminuí-lo, o que faz com que ele passe a rejeitar a mudança forçada. Nesse sentido, seriam de pouca valia campanhas, avisos ou pedidos que lancem mão de admoestações e/ou ameaças severas (GRAYBAR et al., 1989). Assim, o desejo de recuperar o senso de liberdade pessoal não deve ser descartado, sob pena de efeitos sociais absolutamente indesejáveis. Se os pais de Romeu e Julieta tivessem conhecimento deste princípio, talvez a peça tivesse um final diferente, uma vez que a possível oposição familiar tenha provocado a intensificação da paixão, pela via da reatância...

A Teoria da Imunização

McGuire (1962, 1964) analisou o tópico de resistência à mudança de atitude de uma forma muito original. Em vez de concentrar-se em métodos capazes de produzir mudança de atitude, esse investigador estudou os fatores que concorreriam para tornar mais difícil a mudança de atitude. Numa analogia feliz com o que ocorre em medicina (em que um vírus enfraquecido é administrado a um organismo sadio, através de uma vacina, a fim de provocar a proliferação de anticorpos capazes de aniquilar o vírus da doença quando este se apresenta mais forte), McGuire sustenta que as atitudes que nunca foram atacadas são mais vulneráveis a um ataque persuasório do que aquelas em relação às quais os indivíduos criaram defesas contra argumentações a ele opostas. Reconhece McGuire que, também em analogia com a medicina, uma das maneiras de se fortalecer uma atitude é fornecer constante apoio e argumentos favoráveis à mesma, tal como vitaminas, exercícios, fortificantes etc. tornam o organismo mais resistente a doenças. Consequentemente, as duas formas de tornar a comunicação persuasiva menos eficaz são: (a) imunizar-se contra seus efeitos através de contra-ataque a tentativas pouco ameaçadoras de mudar a posição original da pessoa; (b) fortalecer a posição original com argumentos consonantes. McGuire e Papageorgis (1961) testaram experimentalmente estes dois métodos de dificultar a eficácia de uma comunicação persuasiva. Três grupos de participantes receberam três tratamentos diversos: um recebeu argumentos coerentes com sua posição em relação a um tema atitudinal; outro recebeu ataques fracos e de fácil refutação à sua posição em relação ao tema atitudinal; o terceiro funcionou como grupo de controle, não recebendo qualquer dos tratamentos recebidos pelos outros dois. Os resultados mostraram que os dois grupos experimentais mudaram menos que o grupo de controle quando submetidos a uma comunicação persuasiva relativa ao tema atitudinal em questão. O grupo que menos mudou foi o que recebeu o tratamento imunizante.

Processamento da comunicação persuasiva

Dois modelos de base cognitiva foram propostos na década de 1980 para explicar em que condições é mais importante preocupar-se com a natureza ou conteúdo das comunicações persuasivas e em que condições mais vale enfatizar os aspectos mais superficiais da comunicação, tais como o comunicador ou a audiência, por exemplo. Em linhas gerais, o **modelo heurístico-sistemático de persuasão** (Chaiken, 1987; Chaiken, Wood & Eagly, 1996) e o **modelo da probabilidade da elaboração** (Petty & Cacioppo, 1986; Petty & Wegener, 1998) constituem uma nova abordagem do processo de persuasão e, de certa forma, fazem uma revisão da pesquisa produzida anteriormente nessa área. Para ambos, nem sempre a persuasão ocorre do mesmo modo: às vezes mudamos de opinião porque ouvimos com atenção os argumentos de uma mensagem, pensamos racionalmente neles e verificamos sua validade, isto é, prevalece aqui a lógica dos argumentos; outras vezes, mudamos de atitude sem nos dar ao trabalho de elaborarmos cognitivamente uma mensagem, preferindo optar por um atalho, que nos evita todo esse esforço cognitivo. Há, portanto, dois tipos de processamento cognitivo das comunicações persuasivas: um processamento heurístico (segundo Chaiken) ou um processamento superficial ou periférico (conforme Petty & Cacioppo, 1986), que exige menor envolvimento cognitivo; e um processamento sistemático (Chaiken, 1987) ou central (na linguagem de Petty & Cacioppo, 1986), que envolve uma elaboração cognitiva da mensagem.

Quando as pessoas seguem uma ou outra dessas vias de processamento cognitivo? De acordo com Petty e Cacciopo (1986), o mais importante para responder esta questão é o fato de as pessoas-alvo da comunicação persuasiva terem ou não motivação e capacidade para prestar atenção aos fatos aludidos nas mensagens. Desse modo, se elas estão interessadas no assunto e têm capacidade para prestar atenção ou nada as está distraindo, é mais provável que a comunicação siga a via central. Em caso contrário, ela segue a via periférica, derivando de atalhos cognitivos ou heurísticas (cf. capítulo 3). Estas últimas, convém recordar, são regras simples que aprendemos durante nossa vida, do tipo "podemos confiar nas afirmações de especialistas" ou "quanto mais argumentos, mais forte é a posição" ou, ainda, "acreditamos nas pessoas de quem gostamos, que são simpáticas ou bonitas" etc.

Como se vê, ambos os modelos têm muitos pontos em comum. Contudo, há uma diferença fundamental entre eles no que se refere especificamente ao caráter automático do pensamento elaborado cognitivamente: enquanto o modelo heurístico-sistemático pressupõe a ativação automática das heurísticas, o modelo da probabilidade da elaboração destaca apenas que a via periférica para a persuasão requer uma menor elaboração cognitiva das comunicações, sem recorrer ao processamento automático.

A título de ilustração, julgamos interessante trazer algumas evidências empíricas, obtidas à luz desse enfoque teórico, as quais demonstram que comunicações calcadas no poder de argumentação são mais eficientes quando o assunto é relevante para o ouvinte (despertando mais efetivamente sua atenção) e que, em caso contrário, prevalecem os chamados "elementos periféricos" da comunicação, tais como o prestígio da fonte, o formato da mensagem etc. (Petty & Cacioppo, 1986; Petty, Cacioppo & Goldman, 1981). Petty et al. (1981) conduziram um experimento com um grupo de alunos universitários que ouviram uma mensagem comunicando-lhes que deveriam se submeter a um exame geral antes de se formarem. Para outro grupo era comunicado que os tais exames só se dariam dez anos depois. Além disso, as mensagens variavam em torno dos argumentos (fortes e convincentes ou fracos e pouco convincentes) e do prestígio do comunicador (um ilustre professor da Universidade de Princeton ou um aluno do curso secundário). A relevância pessoal da questão traduziu-se, entre os alunos do último ano que teriam de prestar o tal exame imediatamente, na influência determinante da qualidade da argumentação e bem pouco na pessoa do comunicador. Já para os menos motivados a se preocupar com o futuro (e longínquo) exame, o que pesou na concordância com a comunicação foi o prestígio do comunicador. Assim, para os autores, quando a mensagem é pessoalmente relevante, os ouvintes se atêm mais aos argumentos expostos. Quando, porém, ela não é de interesse imediato, os ouvintes não se mostram motivados a prestar muita atenção, optando por um "atalho mental", privilegiando, nesse caso, atributos mais superficiais, como a excelência do comunicador.

Em suma, quando o alvo da comunicação persuasiva está atento e interessado na comunicação, argumentos fortes e racionais serão mais eficazes; quando esse alvo não se encontra nessa situação, aspectos mais triviais da comunicação, tais como ordem dos argumentos, características do comunicador, apelos emocionais etc. surtirão maior efeito.

Na propaganda comercial esta divisão costuma aparecer frequentemente, com os anúncios ora salientando as qualidades inerentes ao produto, ora associando-os a figuras públicas de destaque ou a imagens de forte apelo emocional. Assim, é de se esperar que anúncios de venda de computadores concentrem-se em aspectos analíticos e racionais. Por outro lado, músicas, paisagens bonitas e estrelas da TV seriam mais eficazes para ajudar na venda de refrigerantes e viagens de turismo. Lembre-se, no entanto, de que a persuasão calcada na via central tende a ser mais duradoura, por ser menos superficial ou apressada.

Para encerrarmos esta seção, julgamos oportuno comentar as consequências dessas duas formas de processamento cognitivo para a mudança de atitude. Foram considerados os papéis desempenhados pela credibilidade do comunicador, pela forma de apresentação e da comunicação pela natureza da audiência no que se refere à eficácia da comunicação. As evidências reunidas por estudos sobre esse tópico têm demonstrado que as atitudes formadas ou mudadas a partir de um processamento sistemático ou central são mais estáveis, mais resistentes à mudança e à contra-argumentação e mais consistentemente ligadas ao comportamento. Em contraste, as atitudes formadas ou mudadas com base em uma elaboração cognitiva mais fraca (aquela decorrente da utilização de heurísticas ou dos atributos periféricos da comunicação) seriam mais instáveis, menos resistentes à mudança e menos ligadas ao comportamento, principalmente por terem sido elaboradas de forma bem menos complexa (Petty & Wegener, 1998).

Resumo

Neste capítulo foram focalizados vários modelos teóricos relativos ao fenômeno da mudança de atitude. Foi apresentado inicialmente o modelo tridimensional das atitudes, segundo o qual uma mudança em um de seus componentes (cognitivo, afetivo e comportamental) resulta numa reorganização cognitiva destinada a tornar os demais componentes coerentes com o que foi mudado. Em seguida foi feita uma breve referência a outros modelos cognitivos que tratam de mudança de atitude (equilíbrio e dissonância). Foi abordada também, com algum relevo, a clássica linha de investigação conduzida na Universidade de Yale que trata da influência das comunicações persuasivas no processo de mudança de atitude. Foram considerados os papéis desempenhados pela credibilidade do comunicador, pela forma de apresentação da comunicação e pela natureza da audiência no que se refere à eficácia da comunicação persuasiva. O capítulo termina com uma referência a dois modelos cognitivos sobre mudança de atitude que enfatizam os tipos de processamento cognitivo das informações presentes em mensagens persuasivas.

Sugestões de leitura

ALLEN, M. (1991). "Meta-analysis Comparing the Persuasiveness of One-sided and Two-sided Messages". *Western Journal of Speech Communication*, 55, p. 390-404.

EAGLY, A.H. & CHAIKEN, S. (1993). *The Psychology of Attitudes*. Orlando, FL: Harcourt, Brace & Jovanovich.

HOVLAND, C.I. & JANIS, I.L. (1959). *Personality and Persuasibility*. New Haven: Yale University Press.

HOVLAND, C.I.; JANIS, I.L. & KELLEY, H.H. (1953). *Communication and Persuasion*. New Haven: Yale University Press.

INSKO, C. (1967). *Theories of Attitude Change*. Nova York: Appleton, Century, Crofts.

KILBOURNE, J. (1999). *Deadly Persuasion*. Nova York: Free Press.

LEVINE, R. (2003). *The Power of Persuasion*. Nova Jersey: John Wiley.

PETTY, R.E. & CACIOPPO, J.T. (1986). *Communication and Persuasion*: Central and Periferic Routes to Attitude Change. Nova York: Springer-Verlag.

PETTY, R.E.; CACIOPPO, J.T. & GOLDMAN, R. (1981). "Personal Involvement as a Determinant of Argument-based Persuasion". *Journal of Personality and Social Psychology*, 41, p. 847-855.

PRATKANIS, A.R. & ARONSON, E. (2000). *Age of Propaganda*: The Everyday Use and Abuse of Persuasion. Nova York: Freeman.

TRIANDIS, H.C. (1971). *Attitude and Attitude Change*. Nova York: Wiley.

Tópicos para discussão

1) Dê exemplos de como a mudança do componente cognitivo pode levar a pessoa a mudar de atitude em relação a um objeto social.

2) Planeje uma comunicação persuasiva baseada no Princípio do Equilíbrio.

3) Mostre como é possível mudar-se a atitude de uma pessoa a partir da criação de dissonância.

4) Você quer que uma pessoa faça algo contra as convicções dela e que mude essas convicções no sentido de fazê-las mais semelhantes às suas. O que seria mais eficaz: oferecer uma recompensa grande ou uma recompensa pequena para esta pessoa fazer o que você quer? Por quê?

5) Quando uma comunicação bilateral é mais eficiente do que uma unilateral?

6) Quando as comunicações persuasivas que se utilizam de formas de despertar medo nas pessoas-alvo são eficazes?

7) Para que uma comunicação seja eficaz quando o alvo da comunicação é uma audiência pouco sofisticada intelectual e educacionalmente, de que forma devemos apresentá-la?

8) Quando uma comunicação persuasiva percorre a "via central" e quando ela percorre a "via periférica"? Dê exemplos.

9) Segundo McGuire, quando uma atitude se torna mais resistente à mudança?

10) Consultando o anexo, faça uma escala do tipo Likert (10 ou 12 itens) para medir atitude em relação a um objeto social de sua escolha (p. ex.: atitude em relação a políticos, atitude em relação a uma religião, atitude em relação ao capitalismo, atitude em relação ao socialismo).

Anexo – Escalas de mensuração de atitudes
a) A Escala de Likert

Sendo de simples confecção e aplicação e possuindo boa correlação com outras escalas e critérios de medida de atitudes, a Escala de Likert é uma das mais usadas para a mensuração das atitudes. Consiste em uma série de afirmações (em geral entre 20 e 30) relativas a um objeto atitudinal (por exem-

plo, divórcio, censura, aborto, eutanásia etc.), mais ou menos metade das quais sendo favoráveis ao objeto atitudinal, e a outra metade, desfavorável. A conveniência de dividir o número de afirmações favoráveis e desfavoráveis em duas metades decorre da necessidade de serem evitadas certas tendenciosidades individuais como, por exemplo, a de concordar mais do que discordar. Cada afirmação é seguida de cinco alternativas: concordo plenamente, concordo em parte, não estou seguro, discordo em parte, e discordo plenamente. A cada uma dessas alternativas são atribuídos valores numéricos de 1 a 5, cabendo ao confeccionador da escala determinar em que direção (positiva ou negativa) ele vai atribuir os valores mais altos. Por exemplo, se estamos construindo uma escala para medir atitude em relação à democracia, podemos construir os seguintes itens:

a) A democracia é a melhor forma de governo:

1) concordo plenamente;

2) concordo em parte;

3) não tenho opinião;

4) discordo em parte;

5) discordo plenamente.

b) Há várias formas de governo mais eficazes que a forma democrática:

1) concordo plenamente;

2) concordo em parte;

3) não tenho opinião;

4) discordo em parte;

5) discordo plenamente.

Como o item a é favorável à democracia e o item b é desfavorável, faz-se mister decidir em que direção se vai atribuir os escores atitudinais. Se estabelecermos que quanto mais alto o escore, mais favorável a pessoa é em relação à democracia, itens do tipo a terão valor 5 na alternativa "concordo plenamente" e valor 1 na alternativa "discordo plenamente". Já no item b seriam mantidos os valores correspondentes às alternativas que figuram no exemplo anterior. Portanto, todos os itens favoráveis ao objeto atitudinal no caso em pauta teriam suas alternativas de respostas com valor 5 para "concordo plenamente", 4 para "concordo em parte", e assim por diante, até 1 para "discordo plenamente"; já os itens desfavoráveis ao objeto atitudinal medido receberiam valores opostos em suas alternativas de respostas.

Tal como acontece na construção de testes psicológicos, faz-se mister verificar empiricamente se a escala está medindo o que se pretende que ela meça (validade) e se o está fazendo consistentemente (fidedignidade). Para verificar-se a validade da Escala de Likert pode-se recorrer aos métodos de validação de conteúdo. Sua fidedignidade é determinada pelo método de teste-reteste ou do método da divisão em duas partes (tais procedimentos podem ser encontrados em qualquer livro introdutório acerca de testes psicológicos ou fundamentos de medida).

A fim de purificar a escala dos itens mal construídos, é conveniente fazer-se uma análise de itens dividindo o grupo experimental de pessoas a quem foi administrada a escala para fins de pré-teste em duas metades: o grupo que obteve escores acima da mediana e o grupo que obteve resultados abaixo deste ponto da distribuição de escores. Em seguida, calcula-se para cada item o valor da estatística t de Student, a fim de verificar-se a significância da diferença entre as médias obtidas pelos dois grupos em cada um dos itens da escala. Serão retidos os itens que mostrarem diferenças significantes na direção esperada, ou seja, médias significativamente maiores no grupo acima da mediana em relação ao grupo abaixo da mediana. Em outras palavras, toma-se no caso o escore total como critério para validação de cada item.

Fazem-se tantos testes t quantos são os itens da escala e conservam-se aqueles que apresentarem valores de t mais significantes e na direção esperada. Uma vez feito isso, a escala estará pronta para ser usada, desde que os índices de validade e fidedignidade obtidos tenham sido satisfatórios. O escore atitudinal de um indivíduo em particular será a soma dos pontos obtidos de acordo com as respostas dadas aos itens da escala.

b) A Escala de Intervalos Iguais de Thurstone

Thurstone e Chave (1929) propuseram uma escala de medida de atitude de bastante valor, mas que tem sido menos utilizada que a de Likert, provavelmente devido à laboriosidade requerida em sua construção.

Constrói-se uma escala de intervalos iguais para medida de atitude da seguinte forma:

a) Tal como na Escala de Likert, vários itens favoráveis e desfavoráveis ao objeto de julgamento são preparados pelo construtor da escala; na Escala de Thurstone é preciso levar em conta, porém, o grau de favorabilidade ou desfavorabilidade das afirmações, procurando-se construir itens que preencham o continuum de favorabilidade/desfavorabilidade em relação ao objeto de julgamento. Isto é feito com base no senso comum do construtor da escala.

b) A segunda fase consiste em testar empiricamente a eficácia dos itens no que diz respeito à sua gradação no continuum favorabilidade/desfavorabilidade; para isto se recorre a 200 ou 300 juízes, que são instruídos no sentido de colocarem sobre uma série de 11 letras alinhadas à sua frente cada um dos itens de acordo com as seguintes instruções:

Você tem diante de si 11 cartões com letras que vão de A até L.

Estas letras estão em sua ordem alfabética e você deverá colocar sobre a letra A as afirmações (itens) que, em sua opinião, são mais nítida e fortemente desfavoráveis a... (aí se insere o objeto atitudinal em relação ao qual se está construindo a escala); sobre a letra F você deverá colocar as afirmações que indicam uma posição neutra em relação a... e, sobre a letra L, aquelas afirmações mais definitivamente favoráveis a... Em relação às letras dos demais cartões, você deverá colocar sobre elas as afirmações que variam de acordo com o grau de favorabilidade em relação a...

Tal método pode ser substituído por outro, em que se coloca uma escala de 11 pontos, com intervalos iguais, e se pede aos juízes que indiquem o grau de favorabilidade das afirmações marcando um X no lugar apropriado, tal como no exemplo a seguir:

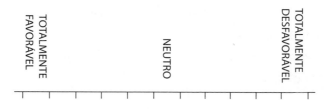

*É importante notar-se que o que é pedido aos juízes é a avaliação **do grau de favorabilidade ou desfavorabilidade de cada afirmação em relação ao objeto atitudinal, e não sua posição em relação às afirmações**. Assim, a pessoa fazendo o papel de juiz na construção de uma Escala de Thurstone, ao deparar-se com a afirmação "a democracia é a melhor forma de governo que pode ser concebida", deverá colocá-la no extremo favorável da escala de avaliação mesmo que seja um ferrenho antidemocrata. Não é sua posição que está sendo avaliada nesta etapa de construção da escala, mas sim a favorabilidade ou desfavorabilidade das afirmações em relação ao objeto de julgamento.*

Uma vez obtidas as avaliações dos juízes, as afirmações que finalmente serão incluídas na escala definitiva serão aquelas que tiverem valores escalares que preencham, da melhor forma possível, o continuum desfavorável/favorável. Valor escalar é o termo usado para significar a mediana dos julgamentos dos juízes em relação a cada item. Como vimos antes, os juízes avaliam cada item numa escala de 11 pontos. A mediana destas avaliações é o valor escalar do item. O ideal é que a escala seja composta de itens cujos valores escalares variam de meio em meio ponto e que vão de 1 a 11. Uma escala ideal deveria, pois, conter 22 itens com valores escalares que obedecessem a estas especificações. Como na prática isto é difícil de ser obtido, aceitam-se aproximações a esta situação ideal.

No caso de duas afirmações possuírem medianas iguais, dar-se-á preferência àquela cuja distribuição de avaliações dos juízes mostrar menor desvio-padrão. A razão de ser desta preferência é óbvia, pois uma menor dispersão na distribuição de avaliações indicará maior uniformidade de pontos de vista no que tange à posição da afirmação no continuum *de favorabilidade.*

c) A Escala de Guttman

Guttman (1944, 1945) propôs uma escala de medida de atitudes que tem a característica de ser unidimensional. Diz-se que uma escala é unidimensional quando uma pessoa por ela considerada como tendo atitude mais favorável que outra num conjunto de afirmações referentes a um objeto é tão ou mais favorável que esta outra em cada uma das afirmações que compõem o conjunto constitutivo da escala.

Constrói-se uma Escala de Guttman formulando-se várias afirmações (em geral 7 ou 8) que, de acordo com o senso comum, refiram-se ao objeto atitudinal em ordem decrescente de favorabilidade. Assim, por exemplo, poderíamos construir as seguintes afirmações em relação à Psicologia:

1) A Psicologia é a mais importante das ciências.

2) A Psicologia é de extrema utilidade no mundo moderno.

3) A Psicologia é benéfica à maior parte do conjunto das atividades humanas.

4) A Psicologia ajuda a maioria das pessoas.

5) A Psicologia é útil a algumas pessoas.

6) A Psicologia, quando bem exercida, não é prejudicial às pessoas.

7) A Psicologia, via de regra, é benéfica a todos.

Uma vez feito isso, faz-se mister verificar empiricamente se tais proposições satisfazem os critérios de uma escala unidimensional. Para tanto, é necessário que se utilizem tais afirmações com um grupo de pessoas e, após colhidos os resultados, estabelecer o coeficiente de reproducibilidade da escala. Vejamos como isso é feito:

a) Solicitamos a um grupo de pessoas com posições diferentes em relação à Psicologia que nos diga se concorda ou se discorda de cada uma das afirmações da escala; se a pessoa concorda, a ela se confere 1 ponto naquela afirmação; se discorda, seu escore é zero naquela afirmação. Na escala anterior, os escores poderão então variar de 0 a 7 pontos apenas.

b) Digamos que 20 indivíduos foram testados e que se obteve um quadro como o da figura a seguir, que representa como cada sujeito respondeu a cada item de nossa escala.

c) A etapa seguinte é estabelecer o ponto divisório em cada coluna do quadro da figura A1, que corresponde a cada uma das afirmações da escala. Guttman estabeleceu duas regras para a colocação do ponto divisório: 1) localizá-lo de forma a minimizar o número de "erros"; 2) nenhuma categoria deverá conter mais "erros" do que "não erros". Por erro entenda-se uma marca numa das colunas da figura A1 que não segue a tendência da "categoria" (esta podendo ser superior ou inferior conforme se refira à parte do ponto divisório ou à parte abaixo do mesmo). Assim, por exemplo, o sujeito 6 que concordou com a afirmação 1 concorre com um "erro", pois a tendência dominante na categoria inferior (abaixo do traço divisório) é de responder que discorda.

Afirmações

Sujeitos	1 C D	2 C D	3 C D	4 C D	5 C D	6 C D	7 C D	Escores
1	x	x	x	x	x	x	x	7
2	x	x	x	x	x	x	x	7
3	x	x	x	x	x	x	x	7
4	x	x	x	x	x	x	x	6
5	x	x	x	x	x	x	x	6
6	x	x	x	x	x	x	x	5
7	x	x	x	x	x	x	x	5
8	x	x	x	x	x	x	x	5
9	x	x	x	x	x	x	x	4
10	x	x	x	x	x	x	x	4
11	x	x	x	x	x	x	x	4
12	x	x	x	x	x	x	x	4
13	x	x	x	x	x	x	x	3
14	x	x	x	x	x	x	x	3
15	x	x	x	x	x	x	x	3
16	x	x	x	x	x	x	x	2
17	x	x	x	x	x	x	x	2
18	x	x	x	x	x	x	x	1
19	x	x	x	x	x	x	x	1
20	x	x	x	x	x	x	x	0
Erros	0 1	0 1	0 1	0 2	1 0	1 1	0 0	$\Sigma e = 8$

Figura A1. Exemplo fictício de respostas de 20 sujeitos à escala de atitudes em direção à Psicologia mencionada no texto

d) Em seguida obtém-se o somatório dos erros, e a fim de calcular o coeficiente de reproducibilidade da escala aplica-se a seguinte fórmula:

$$CR = 1 - \Sigma e/N$$

Onde,

CR = coeficiente de reproducidade

Σe = somatório dos erros

N = número de sujeitos X o número de afirmações

No caso do exemplo que estamos considerando, teríamos:

$$CR = 1 - (8/140) = 1 - 0,06 = 0,94$$

O coeficiente de reproducibilidade mínimo aceitável por Guttman é de 0,90. Não sendo obtido um coeficiente de reproducibilidade de tal magnitude, faz-se necessário construir outra escala. Note-se que uma escala perfeita, em que não haja erros, terá um coeficiente de reproducibilidade igual a 1.

9
Influência social

I. Estudos clássicos sobre conformidade social
    Os estudos de Sherif
    Os estudos de Asch
    Os estudos de Milgram
    Conformidade e a influência de outros fatores
    Influência social e cultura
    Influência de minorias
II. Táticas de influência social
    A tática "um pé na porta" (*foot-in-the-door technique*)
    A tática da "bola baixa" (*low-ball technique*)
    A tática da "porta na cara" (*door-in-the-face technique*)
    A tática do "isso não é tudo" (*that's not all technique*)
    A tática do "contraste perceptivo"
    A tática da "reciprocidade"
III. Tecnologia social
IV. As bases do poder social
    Poder de recompensa
    Poder de coerção
    Poder de legitimidade
    Poder de referência
    Poder de conhecimento
    Poder de informação
    Influência independente
    Influência dependente e pública
    Influência dependente e privada
    Obediência e atribuição
V. Resumo
VI. Sugestões de leitura
VII. Tópicos para discussão
VIII. Anexo
    Por que os participantes do experimento de Milgram obedeceram?

> *A chave de uma liderança bem-sucedida é influência, não autoridade.*
>
> Ken Blanchard

Um dos fenômenos que mais comumente ocorrem no relacionamento interpessoal é o fenômeno de influência social. Aliás, todos os fenômenos estudados pela Psicologia Social envolvem, de uma forma ou de outra, algum tipo de influência social. Aronson, Wilson e Akert (2009) dizem que influência social constitui a essência mesma da Psicologia Social. Constantemente estamos tentando influenciar outras pessoas e sendo por elas influenciados. Nossas atitudes, como vimos anteriormente, derivam não raro de influências de outros significantes e são às vezes mudadas devido à persuasão de que somos alvo. A enorme soma de dinheiro gasta em propaganda demonstra a confiança na possibilidade de as pessoas serem persuadidas. De fato, influenciamos e somos influenciados com frequência, às vezes com a intenção de fazê-lo e, outras vezes, servindo de referência positiva (ou negativa) para outras pessoas e as influenciando sem perceber.

O assunto tratado neste capítulo difere do considerado no capítulo 8 ("Mudança de atitude e persuasão") porque no capítulo 8 focalizamos maneiras de mudar *atitude* enquanto que, no presente capítulo, estudaremos as formas de modificar *comportamento*, e não necessariamente atitude. Uma pessoa pode induzir outra a comportar-se de uma determinada maneira e atingir seu objetivo, sem que isso signifique que ela tenha logrado mudar a atitude da outra pessoa, pois mudança de atitude implica mudança interna, e não apenas comportamental.

Veremos inicialmente os estudos clássicos relativos à influência social conduzidos por Sherif (1935), Asch (1946) e Milgram (1965). Em seguida, serão apresentadas várias táticas comumente utilizadas para persuadir as pessoas a exibir determinados comportamentos, bem como a tecnologia social (Varela, 1971) mencionada brevemente no capítulo 1. Finalmente, diferentes tipos de influência derivados da utilização de várias bases de poder social serão apresentados.

Estudos clássicos sobre conformidade social

Os estudos de Sherif

Sherif (1935) conduziu uma série de experimentos referentes ao fenômeno de suscetibilidade à influência de outrem. Tais experimentos utilizaram um arranjo experimental básico que consistia em solicitar aos participantes que estimassem a distância percorrida por um ponto de luz que "se movia" num ambiente totalmente às escuras. Na realidade o ponto luminoso era estacionário, porém, devido a uma ilusão conhecida pelo nome de efeito autocinético, ao contemplarmos um ponto luminoso num ambiente destituído de pontos de referência, tal como uma sala totalmente às escuras, temos a ilusão de que o ponto luminoso se move em várias direções. O fenômeno ocorre invariavelmente com todas as pessoas, porém as estimativas da distância percorrida pelo foco luminoso variam de pessoa a pessoa. Em um de seus experimentos, Sherif obteve as estimativas dos participantes colocados a sós na sala escurecida e, em seguida, colocou-os na companhia de um aliado do experimentador cuja função era fazer estimativas bastante diversas das apresentadas pelo participante *naive*. Assim, se o sujeito dizia que, em sua opinião, o ponto luminoso havia-se movimentado cerca de 5cm, o aliado do experimentador dizia que, para ele, o ponto havia-se locomovido a uma distância estimada em 30cm, por exemplo. À medida que a situação era repetida, verificou Sherif uma tendência nítida à aproximação dos julgamentos feitos pelos participantes no sentido de torná-los mais semelhantes aos emitidos pelo aliado do experimentador. O mesmo fenômeno também ocorria quando dois sujeitos eram colocados a sós e, em seguida, em conjunto e solicitados a realizar esta mesma tarefa. Quando os julgamentos eram feitos na presença de outrem, notava-se uma convergência das avaliações no sentido de atingirem uma norma aceita por ambos, que era então adotada nos julgamentos posteriores.

Os resultados destes experimentos podem parecer indicadores de um conformismo não adaptativo, cego e injustificável. Levando-se em conta, todavia, que o fenômeno autocinético é um fenômeno caracterizado pela ambiguidade da percepção, esta interpretação de tal conformismo não parece totalmente justificada. Afinal de contas, diante de estímulos ambíguos, não deixa de ser prudente confiarmos, até certo ponto, no depoimento de outras pessoas. Por outro lado, no entanto, quando o estímulo não é ambíguo, o conformismo pode indicar um comportamento inadequado.

Os estudos de Asch

Asch (1946) testou o comportamento dos indivíduos diante de estímulos bem estruturados e nítidos, eliminando assim o fator ambiguidade do experimento anterior de Sherif. Asch colocou os participantes na seguinte situação: o sujeito *naive* era propositadamente colocado numa posição tal que, antes de ser solicitado a emitir seu julgamento, vários aliados do experimentador já haviam emitido os seus. O julgamento a ser enunciado consistia em dizer qual a linha, entre as três de comprimento variado, era do mesmo comprimento de uma linha-padrão colocada ao lado destas três, tal como na Fig. 9.1.

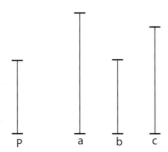

Figura 9.1 Exemplo de um estímulo no experimento de Asch

Os aliados eram instruídos de forma a apontar uma linha nitidamente errada como sendo aquela que, em sua opinião, era do mesmo tamanho da linha colocada à esquerda como padrão. Na situação representada na figura

9.1, eles diriam *unanimemente* que a linha que corresponde em comprimento à linha-padrão era, por exemplo, a linha *c*. Isto ocorreria em 75% dos julgamentos solicitados. Para surpresa do experimentador, cerca de 33% das respostas dadas pelos participantes eram no sentido de concordar com a maioria unânime, apesar do erro claríssimo que se estava cometendo! Verificou Asch que o efeito de pressão do grupo desaparecia quando a unanimidade era quebrada, ainda que por apenas uma pessoa.

Por meio de entrevista posterior ao experimento, Asch verificou que os participantes que se conformavam com o julgamento errado da maioria faziam-no por três razões:

a) **distorção da ação**: percebiam que a maioria estava em erro, porém não tinham coragem de a ela se opor e, consequentemente, emitiam um julgamento semelhante;

b) **distorção do julgamento**: pensavam que havia algo de errado com sua visão ou consigo mesmos e por isso seguiam a opinião unânime;

c) **distorção da percepção**: realmente percebiam a linha errada como sendo a que correspondia em comprimento à linha-padrão. Apenas uma pequena minoria apresentou distorção da percepção.

Os resultados do experimento de Asch têm sido replicados em diferentes épocas e locais e o fenômeno de conformismo se repete mais ou menos na mesma proporção verificada no experimento original. Whittaker e Mead (1967) replicaram os achados de Asch com sujeitos americanos, brasileiros, libaneses, rodesianos e chineses. Trata-se de um conformismo realmente surpreendente, tal a clareza da situação estimuladora. O experimento revela nitidamente a forte pressão exercida pelo grupo e demonstra quão suscetíveis somos à posição unânime de pessoas semelhantes a nós. Crutchfield (1955) repetiu o experimento de Asch utilizando um sistema eletrônico de forma a permitir que vários indivíduos fossem sujeitos da experiência simultaneamente, sem a necessidade de aliados do experimentador. Cada participante era colocado numa cabine diante de um painel que indicava as respostas dadas pelos demais participantes do experimento. O circuito era programado de tal forma que todos tinham diante de si a indicação de que todos os demais haviam feito um julgamento igual, julgamento este contrário à evidência dos sentidos. Os resultados encontrados confirmaram os obtidos por Asch.

Estudos posteriores, sempre corroborando os achados iniciais de Asch, vêm ajudando a dirimir certas dúvidas e aprofundar os conhecimentos existentes sobre a conformidade. O tamanho do grupo, por exemplo, tem sido alvo de especulações adicionais. Para Asch (1946) quanto à conformidade, a partir do momento em que os componentes da unanimidade aliada do experimentador chegavam a três, o aumento do número de integrantes da unanimidade não importava, o que foi confirmado por Rosenberg (1961). Gerard et al. (1968), no entanto, encontraram um aumento linear, isto é, quanto maior o grupo, maior a pressão e maior o conformismo. Para Latané (1981), essas discrepâncias se devem ao fato de não terem sido levados em consideração dados importantes no processo além do *número de pessoas*: questões qualitativas ligadas à *força da fonte* (visibilidade, *status*, credibilidade e poder das pessoas que estão influenciando) e à sua *proximidade* (estarem perto ou não da pessoa-alvo).

Tanford e Penrod (1984) sinalizaram em suas pesquisas que, entre outros fatores, o tipo de tarefa e as diferenças individuais também contribuem para a resistência (ou não) à pressão grupal. Como veremos mais adiante, a cultura exerce certa influência em relação ao comportamento de conformidade.

Os estudos de Milgram

Talvez a série de experimentos de resultados mais impressionantes nesta linha de comportamento conformista tenha sido a realizada por Stanley Milgram (1965). A situação-padrão dos vários experimentos conduzidos por Milgram era a seguinte: o participante era colocado diante de um aparato que, segundo lhe era dito, produziria um choque numa outra pessoa quando um botão fosse apertado. Havia 30 botões e o participante era informado de que o primeiro botão, quando acionado, descarregaria um choque de 15 volts na pessoa cujo corpo estava ligado ao aparelho por meio de eletrodos. Assim, o choque mais fraco era de 15 volts e o mais forte, de 450 volts, de vez que cada botão acionado na sequência indicada aumentava a carga de choque em

15 volts. O participante recebia instruções no sentido de acionar o primeiro botão quando a pessoa que supostamente estava participando de um experimento sobre aprendizagem fizesse o primeiro erro e era também instruído no sentido de aumentar de 15 em 15 volts a carga de choque em cada erro subsequente perpetrado pela pessoa no processo de aprendizagem. O aliado do experimentador, que desempenhava o papel de se submeter ao processo de aprendizagem (mas que, para o participante, era apenas uma pessoa que errava muito e que estava sendo duramente castigada por ele por isto), estava instruído no sentido de indicar os primeiros sinais de desconforto quando o participante acionasse o quinto botão, ou seja, o que presumivelmente descarregaria um choque de 75 volts. Ao chegar a 150 volts ele deveria solicitar insistentemente que o permitissem abandonar o experimento. Na intensidade de 180 volts ele deveria gritar e dizer que não aguentava mais a dor. Ao atingir a intensidade de 300 volts ele deveria recusar-se a responder aparentando estar prestes a desmaiar. Nessa ocasião o experimentador, que estava de pé, ao lado do participante, instruía-o no sentido de que deveria considerar ausência de resposta como erro e, consequentemente, continuar a seguir o que lhe fora determinado, ou seja, aumentar sucessivamente a intensidade dos choques até atingir o máximo de 450 volts.

A figura 9.2 mostra a curva esperada teoricamente e a obtida na prática. De acordo com a estimativa de 40 psiquiatras a quem Milgram solicitou que indicassem qual seria o desempenho dos participantes em situação desta natureza, apenas 1% deles chegariam a obedecer as ordens do experimentador e administrar a carga máxima de 450 volts. Surpreendentemente, porém, 62% dos participantes o fizeram!

Utilizando este mesmo paradigma experimental, Milgram variou o *status* do experimentador, a proximidade da "vítima" do participante que aplicava os choques etc. Verificou que quanto mais próxima a vítima estava do participante, menor era a porcentagem deles que obedeciam até a descarga do choque de 450 volts. O contrário se verificava à medida que o experimentador era apresentado como pessoa de *status* superior.

Os resultados dos experimentos de Milgram são sem dúvida surpreendentes. Trata-se de uma atitude inadaptada de conformidade e obediência à autoridade, se bem que a situação experimental possa, no caso, ter atenuado para os participantes as consequências de seus atos. Isto é, pode contemplar-se a possibilidade de os participantes confiarem de tal forma no experimentador que acreditavam ser impossível que este lhes solicitasse algo que fosse realmente maléfico a outra pessoa. Sem dúvida, o processo de atribuição de causalidade impessoal ao ato de administrar o intenso choque teve lugar. Os sujeitos devem ter atribuído ao experimentador a responsabilidade pelo que viesse a ocorrer, funcionando ali apenas como um carrasco que segue ordens no sentido de executar o condenado à morte.

Como bem resumiram Ross e Nisbett (1991), "não é que não existam atributos estáveis de caráter que façam uma pessoa se comportar desta ou daquela maneira em termos morais, mas, sem dúvida, tais atributos podem ser superados de longe por fatores situacionais, por exemplo, onde a pessoa está naquele momento e com quem". De fato, se a situação apenas fosse a única responsável, 100% dos sujeitos teriam se comportado de forma abusiva. De qualquer modo, o fato de a maioria tê-lo feito retrata bem o poder de influência dos fatores situacionais.

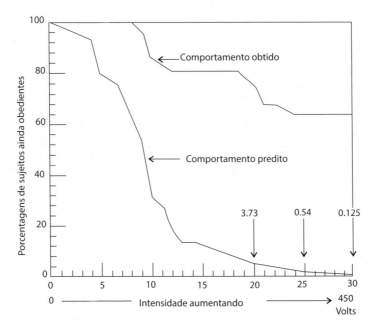

Figura 9.2 Comportamento predito e obtido por Milgram (1965) em um de seus experimentos (reprodução autorizada por autor e editor)

Seja como for, os estudos de Milgram mereceram atenção e foram replicados em outras culturas, face à importância de suas repercussões em situações da vida real. Algumas experiências foram repetidas na Alemanha, Itália, África do Sul, Jordânia, Espanha, Holanda e Austrália, com os resultados apontando para um nível de obediência até um pouco maior do que o encontrado na investigação pioneira (Blass, 1999). Na cidade de Munique, na Alemanha, por exemplo, o percentual de obediência chegou aos 85% (Milgram, 1961). Em outra pesquisa, Meeus e Raaijmakers (1995) obtiveram os mesmos resultados que Milgram. Além da réplica do trabalho original, estes autores também testaram um novo procedimento, no qual os choques elétricos foram trocados por crescentes avaliações negativas da *performance* de pleiteantes a um cargo em uma empresa. Neste caso, como os danos só seriam percebidos pelos sujeitos-alvo posteriormente, os experimentadores obtiveram um índice de obediência acima dos 90%! Uma recente réplica levada a cabo de modo parcial por J.M. Burger nos Estados Unidos (2009) – com mais cuidados na parte ética, sustando o experimento a partir de determinado momento – chegou a resultados muito similares aos do trabalho original de Milgram, com índices apenas pouco abaixo daqueles reportados há mais de 45 anos.

Conformidade e a influência de outros fatores

Os experimentos aqui passados em revista indicam, inequivocamente, que nós somos fortemente influenciados. **Fatores de personalidade** interatuam com as variáveis situacionais focalizadas nesses experimentos e têm sido objeto de investigação. Assim, por exemplo, Rodrigues e Cavalcanti (1971), estudaram o papel desempenhado pela autoestima na situação de Asch, mostrando que pessoas com a autoestima elevada são menos suscetíveis de influência. Snyder e Ickes (1985) sugeriram que pessoas que se consideram mais necessitadas de aprovação pelos outros exibem maior tendência à conformidade. No que diz respeito às diferenças de gênero, Gerard et al. (1968), mostraram que moças se conformam mais. Eagly e Carly (1981), em meta-análise de estudos sobre conformismo, chegaram igualmente à conclusão de que mulheres, de fato, seriam significativamente algo mais sensíveis à pressão social, principalmente em tarefas nas quais as mulheres têm menos saber ou familiaridade com os tópicos envolvidos (Eagly & Chrvala, 1986). Finalmente, Tanford e Penrod (1984) salientam igualmente o papel exercido pelas diferenças individuais.

Uma contribuição adicional para os estudos acerca da conformidade social é apontada por Kelman (1958), que propôs a distinção de três tipos diferentes de respostas à pressão social: a **complacência**, a **identificação** e a **internalização**. No primeiro caso, uma pessoa cederia para evitar uma punição ou receber uma recompensa; no segundo, o indivíduo seria influenciado pelo fato de identificar-se com determinada figura de evidente ascendência sobre ele. O conceito de identificação fornece pistas para o entendimento desse tipo de influência, ligado à atratividade, consciente ou não. Finalmente, na internalização, o indivíduo reflete sobre o que lhe é pedido e cede, se passa a considerar o pedido como justo. A internalização de valores ou crenças é o mais permanente, em termos temporais. Nesse caso, ao introjetar determinadas atitudes não depende mais de reforços imediatos ou de identificações mais ligadas à esfera afetiva. Um exemplo, fornecido por Aronson (2007), esclarece o papel de cada um destes conceitos: uma pessoa pode dirigir um carro na estrada a 80km por hora, por medo da fiscalização (guardas rodoviários poderão multá-lo, caso ultrapasse o limite considerado máximo naquela rodovia); mas também pode fazê-lo por identificar-se com seu pai, que sempre procurou respeitar os limites de velocidade legais; ou ainda pode dirigir nessa velocidade por acreditar que é mais seguro fazê-lo dessa forma, pois assim evitaria acidentes e imprevistos incontroláveis. É possível também que a pessoa observe o limite de velocidade por todos os motivos indicados, uma vez que os mesmos, ainda que sirvam para esclarecer o processo de obediência a normas, não são mutuamente exclusivos para suscitar determinada conduta. Smith et al. (2006), ao conduzir estudos em diversas nações, observaram variações sensíveis, com o nível de conformidade indo de 14% (entre estudantes belgas) até 84% (professores nativos de Fiji). A média, no entanto, permaneceu em torno dos 31,2%, bem próxima dos achados iniciais de Asch.

Normas situacionais, isto é, aquelas que emanam da situação específica ou de determinado tipo de ambiente em que a pessoa se encontra, são também responsáveis por conformidade social. A maioria das pessoas fala baixo em hospitais, igrejas e bibliotecas e alto em campos desportivos, festas de carnaval e bares. Os estudos sobre pensamento automático de que falamos no capítulo 3 mostram que a obediência a normas situacionais ocorre mesmo sem que a pessoa tome consciência da situação. Um estudo conduzido por Aarts e Dijksterhuis (2003) revelou que participantes informados de que mais tarde iriam visitar uma biblioteca leram palavras apresentadas numa tela de computador em tom de voz significativamente mais baixo do que os que não receberam esta informação.

Influência social e cultura

A variedade das culturas existentes no mundo em que vivemos é enorme. Costumes, línguas, tradições, religiões dominantes caracterizam a diversidade de culturas existentes. Uma distinção entre o que se considera uma **cultura individualista** ou uma **cultura coletivista** (Triandis, 1995) tem sido muito útil para diferenciar aspectos dominantes em diferentes culturas. Culturas individualistas valorizam autonomia individual, independência em relação a grupos e os que a elas pertencem estabelecem e perseguem objetivos que lhes beneficiem; as coletivistas, ao contrário, enfatizam a interdependência entre as pessoas, valorizam os grupos a que pertencem e colocam o bem-estar do grupo acima do bem-estar individual. Devido a essas características diferenciais, é de se esperar que culturas coletivistas sejam mais propensas à conformidade e suscetíveis à influência do grupo a que seus membros pertencem.

No Japão, por exemplo, estar de acordo com os outros constitui um sinal de tolerância, autocontrole e maturidade (Markus & Kitayama, 1994), diferentemente do que acontece na cultura ocidental, onde a própria palavra conformismo tem uma conotação pejorativa, associada à fraqueza, ausência de independência, de honestidade e de firmeza de convicções. Outras culturas, como a africana banto no Zimbabwe (Whittaker & Meade, 1967), também tendem a valorizar a conformidade.

Mesmo dentro de uma mesma cultura, valores podem vir a ser avaliados de forma distinta ao longo do tempo. Há indícios, a partir de réplicas do experimento de Asch conduzidas quase trinta anos após os estudos originais, de um decréscimo nos Estados Unidos e na Inglaterra dos níveis de concordância sob pressão social (Nicholson; Cole & Rocklin, 1985). Da mesma forma, uma comparação entre os valores prestigiados pelos pais na educação de seus filhos nas décadas de 1920 e de 1980 nos Estados Unidos mostrou uma queda acentuada da obediência, da conformidade, do patriotismo e do respeito pelos valores familiares e religiosos. Em contrapartida, os pais acentuaram, na educação de seus filhos, a importância da autonomia, da iniciativa, da assunção de responsabilidades e da tolerância e o respeito pelas diferenças (Alwin apud Remley, 1988). Da mesma forma, pesquisas de levantamento realizadas anualmente de 1951 a 1983 na antiga Alemanha Ocidental identificaram um aumento do estímulo parental à autossuficiência e uma diminuição da ênfase na obediência. Estudos levados a cabo na Itália no mesmo período mostraram tendências similares (Remley, 1988). Nota-se, assim, uma lenta porém firme mudança na hierarquia de valores na cultura ocidental em relação aos temas supracitados. Tais mudanças podem estar por trás dos resultados obtidos por Bond e Smith (1996) que, ao efetuarem uma meta-análise de 133 experimentos envolvendo mais de quatro mil participantes, 25% dos quais fora dos Estados Unidos, confirmaram um declínio geral dos níveis de conformidade desde os estudos pioneiros conduzidos por Solomon Asch nos anos de 1950. O individualismo crescente verificado nas sociedades ocidentais, reflexo dos tempos pós-modernos que privilegiam este valor, pode estar contribuindo para a ocorrência de tais mudanças. Os autores observam, no entanto, que os achados acerca da conformidade ainda são válidos e que o tamanho da maioria, a maior proporção de mulheres, a constituição homogênea do grupo e a ambiguidade dos estímulos apresentados concorrem significativamente para a ocorrência de um maior grau de conformidade.

Influência de minorias

Apesar da tendência das pessoas em seguirem as normas sociais e as posições representativas da maioria, a história contém muitos exemplos de pessoas que não se submeteram ao pensamento dominante e acabaram por fazer com que suas ideias fossem seguidas (p. ex.: Jesus Cristo, Galileu, Darwin, Gandhi, Martin Luther King etc.). Uma palavra, pois, deve ser dita acerca do processo em que uma minoria pode influenciar uma maioria. Segundo Moscovici (1980, 1985), a maioria deriva seu poder do número de pessoas que sustentam uma posição, enquanto que as minorias obtêm poder por meio do estilo de seu comportamento. Moscovici sustenta que, a partir de consistência e perseverança na expressão de um mesmo ponto de vista repetidas vezes com o apoio de outros membros do grupo minoritário, é possível inverter o processo usual de influência normativa. Uma série de pesquisas por ele conduzidas (Moscovici, 1985) demonstrou empiricamente que, de fato, a influência também pode se dar no sentido contrário, qual seja a de indivíduos ou de minorias modificando as opiniões e as atitudes da maioria dentro de um grupo. Por meio de um procedimento-padrão baseado na constância – expressando o mesmo ponto de vista ao longo do tempo –, membros minoritários de um grupo podem exercer uma influência significativa dentro dele, lançando mão do poder das informações. Apoiado nesses estudos, Moscovici identificou três fatores determinantes principais da influência das minorias: (a) a coerência e a persistência na defesa sistemática de suas posições tornam-nas capazes de desenvolver argumentos convincentes e persuasivos, que levam muitos membros a refletir mais profundamente sobre as questões que propõem; (b) a coerência e a persistência transmitem autoconfiança, o que pode fazer com que membros da maioria comecem a reconsiderar sua posição, principalmente se opiniões, e não fatos, estiverem em jogo; (c) as defecções da maioria, isto é, uma minoria persistente enfraquece a ilusão de unanimidade, levando as pessoas a se sentirem mais livres para pensar, a convencerem-se da pertinência das opiniões contrárias às suas e até a "passarem para o outro lado".

Uma meta-análise conduzida por Wood et al. (1994) levando em conta 97 estudos sobre a influência da minoria deu apoio à hipótese da consistência proposta por Moscovici. Uma minoria pode introduzir novas e inesperadas informações que levem a maioria a reexaminar uma questão mais detidamente. Isto, por sua vez, pode levar a um reconhecimento dos méritos, no todo ou em parte, das posições minoritárias e, consequentemente, à sua eventual aceitação (De Dreu & De Vries, 2001; Moscovici, 1985; Nemeth et al., 1990).

Uma descoberta interessante foi feita por Maas e Clark (1983). Eles mostraram que a minoria tem maior capacidade de produzir aceitação privada de suas posições do que públicas. Em outras palavras, as pessoas influenciadas pela minoria frequentemente reformulam suas posições internamente, mas mantêm publicamente a posição coerente com a maioria. Em um de seus estudos, estes investigadores verificaram a reação de 400 estudantes universitários a uma discussão entre cinco moças acerca dos direitos dos homossexuais. Numa condição, quatro das cinco eram favoráveis aos direitos dos homossexuais e uma, contra. Em outra condição dava-se o oposto, ou seja, não foram expostos a nenhum debate sobre o assunto. Os participantes foram, em seguida, solicitados a emitir sua própria posição acerca dos direitos dos homossexuais. Metade dos participantes o fez publicamente e, a outra metade, o fez de forma que sua posição permanecesse anônima. Os resultados foram claros: os que expressaram sua posição publicamente foram mais influenciados pela maioria, enquanto os que o fizeram anonimamente foram mais influenciados pela minoria.

Lembre-se que, nos experimentos de Asch, participantes que publicamente fizeram julgamentos de acordo com a maioria unânime, em entrevista posterior ao experimento, confessaram que o fizeram por receio de ir de encontro ao julgamento da maioria (**distorção da ação** vista anteriormente).

Um exemplo bem mais atual pode ilustrar como a força de uma minoria está na origem da maior parte dos movimentos sociais. Como bem afirmou Ralph Waldo Emerson "toda a história é um registro do poder das minorias, até de minorias de um". À afro-americana Rosa Parks, falecida em outubro de 2005, é creditada a deflagração do movimento dos direitos civis norte-americanos quando ela se recusou a ceder seu lugar a um branco no ônibus em que viajava, como obrigava a lei então em vigor no Alabama.

Táticas de influência social

> *Calvin: Mãe, posso pôr fogo na cama da empregada?*
> *Mãe: Não!*
> *Calvin: Mãe, posso pedalar com a minha bicicleta em cima do telhado?*
> *Mãe: Claro que não!*
> *Calvin: Então posso comer um biscoitinho?*
> *Mãe: Ah, isso pode!*
> *Calvin (em voz baixa): – A velha tá na mão...*
>
> Bill Watterson

Na tentativa de persuadir uma pessoa a, por exemplo, comprar um produto, vendedores utilizam várias táticas para atingir seus objetivos. A preocupação do persuasor não é, necessariamente, a de mudar a atitude da pessoa-alvo da comunicação, mas sim eliciar um determinado comportamento por parte dela. Muitas vezes somos induzidos a comprar algo que não nos atrai significativamente simplesmente porque a tática persuasiva foi suficientemente eficaz a induzir-nos a comprar o que não compraríamos se não fosse utilizada tal estratégia. O leitor interessado encontrará em Cialdini (2008) uma excelente descrição de várias táticas de influência social.

A tática "Um pé na porta" (foot-in-the-door technique)

Muito frequentemente vendedores oferecem presentes aos consumidores a fim de que eles o aceitem e o deixem falar sobre seu produto. Uma vez com "um pé na porta", o vendedor então inicia a tentativa de persuasão destinada a vender o produto ou o serviço que oferece. Esta tática tem a vantagem de fazer o recebedor da comunicação persuasiva predisposto a aceitar bem o vendedor (em virtude do presente recebido) e, principalmente, a de permitir ao vendedor uma entrada no assunto de sua venda e de ser ouvido. Qualquer forma de atrair a pessoa-alvo a fim de permitir que o influenciador inicie sua tentativa de influência se enquadra nesta técnica.

*A tática da "bola baixa" (*low-ball technique*)*

Aqui o persuasor começa solicitando algo que leve a uma fácil adesão, passando depois para a apresentação de outras ações que se seguem à adesão inicial. Por exemplo, Cialdini et al. (1978) recrutaram sujeitos para participarem de um experimento. O experimentador descreveu o experimento de forma atraente e, após obter o compromisso da pessoa contatada para participar como sujeito de seu experimento, disse: "muito bem, então conto com você amanhã, na sala X do prédio Y... às 7 horas da manhã". O anúncio da hora do experimento (aspecto desagradável) foi omitido de propósito, só sendo revelado posteriormente, quando já seria mais difícil para a pessoa recusar, face ao compromisso assumido antes de saber desta característica negativa.

*A tática da "porta na cara" (*door-in-the-face technique*)*

Esta técnica consiste em fazer a uma pessoa um pedido que certamente será negado (porta fechada na cara) para, em seguida, fazer o pedido que a pessoa realmente deseja, o qual é muito mais modesto do que o que foi rejeitado. Por exemplo: um menino, que precisa de dois reais para comprar balas, pede a sua mãe R$ 50 para comprar balas. Sua mãe obviamente lhe nega. Ele então diz: "Está bem, 50 é muito mesmo; será que você pode me dar então R$ 2,00?" Esta técnica tem a sutileza de mostrar que a pessoa que quer persuadir a outra (no caso do exemplo, o menino) é compreensiva e flexível, portanto, aceita a negativa inicial; isto, por sua vez, pressiona a pessoa-alvo da influência (no caso em pauta, a mãe) a mostrar a mesma compreensão (e até a se sentir culpada se disser que não) e não lhe negar agora um pedido razoável. As costumeiras "listas de Natal", elaboradas por carteiros, lixeiros e outros prestadores de serviços na época natalina, costumam ser encabeçadas por ilustres desconhecidos que sempre fazem doações de uma generosidade acima do normal; mas o mecanismo subjacente é o mesmo utilizado no exemplo anterior (menino/balas/mãe): pedir 10 X para ganhar o X inicialmente desejado. A epígrafe que inicia esta seção ilustra situação análoga.

A tática do "isso não é tudo" (that's not all technique)

Assim como na tática da *"porta na cara"* a pessoa pede muito inicialmente para depois pedir menos, na tática do *"isso não é tudo"* o vendedor oferece um produto que quer vender e, antes de qualquer reação por parte do possível comprador, acrescenta: "mas isso não é tudo!"; e aí reduz o preço ou acrescenta outras vantagens mantendo o preço inicial. Esta tática é muito usada em ofertas de produtos na TV, em que uma mercadoria é oferecida por um preço e, logo em seguida, uma série de vantagens são oferecidas caso o telespectador compre o produto anunciado pelo preço inicial.

A tática do "contraste perceptivo"

Estudos sobre percepção visual nos mostram que, por exemplo, a cor cinza vista contra um fundo preto é percebida como mais clara do que o mesmo cinza quando colocado contra um fundo branco. De igual modo, uma mesma situação pode ser percebida de forma distinta, dependendo do contexto em que ela esteja inserida. Se uma pessoa quebra um braço no acidente de automóvel em que os demais passageiros morreram, o braço quebrado é visto como algo insignificante; o mesmo não acontecerá se uma pessoa escorregar e quebrar um braço enquanto passeava com outras na calçada. O contraste perceptivo é utilizado como tática de influência social quando, por exemplo, um vendedor, interessado na venda de um determinado produto, mostra ao cliente vários outros muito inferiores antes de mostrar o que quer vender. Tendo como fundo os inferiores, o produto que o vendedor quer vender assume características muito mais atraentes. Cialdini (2008) cita um exemplo interessante de uma carta escrita por uma estudante universitária a seus pais. Ela inicia a carta pedindo a seus pais que se sentem, pois as notícias que ela tem são horríveis. Enuncia então um desfile de tragédias que lhe teriam acontecido. Depois de enumerá-las – incêndio no apartamento com perda de todos os bens, braço quebrado, doença contagiosa incurável contraída, escolha afetiva bastante "alternativa", vício em drogas etc. – ela conclui a carta dizendo que tudo aquilo era mentira, mas que ela havia tirado uma nota muito baixa em História e sido reprovada em Química... Seus pais, aliviados por não ser verdade o rol de tragédias que ela listou, viram os maus resultados escolares de uma maneira muito mais branda do que se a estudante não tivesse utilizado a tática do contraste perceptivo.

A tática da "reciprocidade"

Se fazemos um favor a outrem, isto nos dá, de certa forma, o direito de solicitar favor igual no futuro. Por exemplo, se eu ajudo um amigo a trocar um pneu furado, caso eu venha a ter um pneu furado e ele esteja perto eu posso dizer: "Ajude-me a trocar o pneu porque eu lhe ajudei em outra ocasião". A solicitação de reciprocidade constitui uma forma de influenciar o amigo a ajudá-lo na troca de pneu.

Tecnologia social

No capítulo 1 dissemos que uma das formas de aplicação da Psicologia Social consiste no que Varela (1971) denominou **tecnologia social**, a qual consiste na utilização dos conhecimentos das ciências sociais a fim de obter finalidades desejadas. Sendo assim, a tecnologia social pode ser utilizada para influenciar as pessoas numa determinada direção desejada pelo influenciador. Veremos a seguir um exemplo de como funciona esta tecnologia a fim de influenciar uma pessoa.

Varela (1977) nos relata o êxito alcançado por uma de suas alunas nos Estados Unidos. Trata-se de uma intervenção num caso de uma moça de 19 anos, bonita, de boa família, cujos pais eram muito rígidos, muito religiosos e convencionais. Pertencendo à nova geração, Rosa usava calças *jeans* rotas e desbotadas e frequentava uma turma de amigos que nada agradavam a seus pais. Rosa se dedicava a trabalhos artísticos, o que também desagradava a seus pais, que esperavam vê-la engajada em "coisas mais respeitáveis". Durante aproximadamente cinco meses, Rosa passou a beber muito e a fumar maconha, o que coincidiu com a rejeição de sua matrícula numa escola de arte. Cinco conceitos derivados das ciências sociais foram combinados para produzir um produto tecnológico que se mostrou eficaz. Tais conceitos foram (1) conflito aproximação/afastamento de Lewin; (2) a Escala de Latitude de Rejeição de Hovland e Sherif; (3) escalas de tipo de Likert; (4) Teoria da Dissonância Cognitiva de Festinger; e (5) Teoria da Reatância Psicológica de Brehm. Varela se refere à tecnóloga social que conduziu a intervenção utilizando o pseudônimo de Beatriz. É a seguinte a narração que ele faz do caso: "Beatriz facilmente diagnosticou o abuso alcoólico e de drogas em que incorreu Rosa como coincidindo com a rejeição de sua admissão à escola de arte. O choque da rejeição foi interpretado por Rosa como uma rejeição de seus valores e habilidades artísticas. Um conflito aproximação/afastamento se deveu ao forte desejo de seguir a carreira artística oposto a um medo ainda mais forte de uma outra rejeição. Se este diagnóstico for correto, as drogas e o álcool devem ser mecanismos de defesa que deverão desaparecer uma vez que ela readquira confiança em suas capacidades. Foi então decidido que um esforço seria dirigido no sentido de fazer com que Rosa retornasse à atividade artística ao invés de dirigi-lo para a mudança dos hábitos de beber e fumar drogas. Uma Escala de Atitude do tipo proposto por Hovland e Sherif foi construída representando a provável situação de Rosa naquele momento. Isto foi feito a partir da alocação de valores tipo Escala de Likert às afirmações que variavam desde a altamente aceita até a altamente rejeitada. Isto constitui então a Escala de Latitude de Rejeição para a circunstância" (p. 916).

A escala *ad hoc* construída e os valores tipo Escala de Likert atribuídos às várias afirmações constam no quadro a seguir. Note-se que quanto maior o valor negativo associado à afirmação, mais ela é rejeitada inicialmente por Rosa. O persuasor tentará fazer com que esses valores passem de negativos para positivos, ou seja, de repudiados a atraentes.

Valor atribuído	Afirmação
+ 8	Eu sempre gostei de arte.
- 1	Eu agi certo ao não seguir o conselho de minha mãe quando ela se mostrou contrária a eu pintar.
- 2	Há sempre obstáculos na vida dos artistas.
- 3	Os artistas não devem necessariamente seguir os conselhos dos críticos.

- 4	Os diretores das escolas de arte não têm tempo nem são infalíveis no julgamento dos pedidos de matrícula.
- 5	A opinião negativa da Escola de Arte do Leste é apenas mais uma opinião negativa que os artistas têm de enfrentar.
- 6	Eu acho que eu vou tentar a matrícula novamente no próximo período.
- 7	Eu vou mandar para eles algumas peças da minha nova atividade artística.
- 8	Vou pegar meu material. Vou começar a pintar agora.

A estratégia usada pela tecnologia social foi a de induzir Rosa a estados de dissonância a partir da provocação de reatância psicológica. Esta é produzida pela tentativa de impor certas atitudes ou crenças sobre as pessoas. Tentando impor o oposto do que se quer obter, canalizam-se as forças de reatância psicológica na direção desejada. Ao tentar recuperar a liberdade ameaçada por meio da adoção de uma posição contrária à imposta pela tecnologia, Rosa entra num estado de dissonância. Ela resolve esta dissonância mudando sua maneira de pensar acerca da posição em questão: isto é, se ela era contra o conteúdo da asserção, uma vez que lhe é imposto e ela reage por reatância, ela passa a ser favorável a tal conteúdo. Manejando, portanto, reatância e dissonância no sentido de obter as posições desejadas, o tecnólogo social chega a seu objetivo que, no caso, era fazer com que a afirmação que Rosa mais rejeitava "Vou pegar meu material; vou começar a pintar agora" passasse a ser por ela desejada e realizada. A intervenção foi bem-sucedida. Rosa voltou a pintar, iniciou sua preparação para tentar a matrícula na escola de arte e deixou de ser uma dependente de drogas e de álcool.

Além desses casos reproduzidos em detalhes para permitir ao leitor uma visão mais clara do uso da tecnologia social, Varela (1975, 1977, 1978) nos mostra como tal tecnologia conseguiu recuperar um delinquente contumaz, um egresso de um hospital psiquiátrico, um pai dedicado que arruinava a saúde de tanto trabalhar, pensando que, com isso, beneficiaria sua família etc.

As bases do poder social

Muitas vezes a influência exercida sobre uma pessoa resulta do tipo de poder exercido pelo influenciador. Uma das taxonomias mais conhecidas e estudadas em Psicologia Social é a apresentada originalmente por French e Raven (1959), posteriormente expandida por Raven (1965, 1993).

Na conceituação original de French e Raven (1959), cinco bases do poder social foram especificadas, a saber:

- poder de recompensa;
- poder de coerção;
- poder de legitimidade;
- poder de referência;
- poder de conhecimento.

Posteriormente, Raven (1965) acrescentou uma sexta base de poder à taxonomia anterior:

- poder de informação.

Vejamos a seguir características de cada uma destas bases geradoras de influência social. Por exemplo, uma pessoa capaz de recompensar outra tem, sobre esta outra, o potencial de influenciá-la a partir de promessa da recompensa para a emissão de determinado comportamento. O mesmo se dá com os demais tipos de poder social descritos a seguir.

Poder de recompensa

Quando A é capaz de influenciar B em virtude da possibilidade que A tem de recompensar B caso este obedeça, a base da influência exercida é o poder de recompensa. Esse tipo de influência é diretamente ligado à admissão, por parte da pessoa sobre quem a influência é exercida, da capacidade que o influenciador tem de concretizar a oferta da recompensa prometida. Quando um pai diz a um filho que se ele exibir um determinado comportamento receberá uma recompensa, a influência paterna se baseia no poder de recompensa. Ela será bem-sucedida se a recompensa é desejada pelo filho e ele reconhece em seu pai capacidade para concedê-la.

Poder de coerção

Quando A é capaz de influenciar B em virtude da possibilidade que A tem de infligir castigos a B caso este não obedeça, a base de influência exercida é o poder de coerção. Esse tipo de influência é diretamente dependente da possibilidade reconhecida por B de A aplicar-lhe sanções caso ele não ceda à influência exercida por A. O poder de A sobre B cessará no momento em que B não mais reconhecer em A a possibilidade de mediar-lhe punições por não aceitação da influência exercida. Um chefe de seção, por exemplo, capaz de infligir punições a um seu chefiado, poderá conseguir que este ceda às suas influências; deixará de obter tal resultado no momento em que deixar de ser chefe, e, consequentemente, perder a capacidade de ser mediador de punições para o seu ex-chefiado.

Poder de legitimidade

Muitas vezes somos participantes de situações em que determinados comportamentos são apropriados e outros inapropriados. A propriedade ou impropriedade do comportamento numa situação específica pode decorrer da tradição, de crenças, de valores, de normas sociais etc. Um grupo de escoteiros, por exemplo, tradicionalmente obedece às determinações do chefe do grupo; na área militar, a cadeia de comando é rigorosamente observada; e assim por diante. Tal comportamento é tradicional, faz parte integrante do sistema de crenças e valores prevalentes na organização e é, consequentemente, reconhecida como legítima a prescrição de determinados comportamentos por parte do chefe do grupo. Sempre que A emite comportamento desejado por B, em virtude do reconhecimento da legitimidade de B prescrever tal comportamento, estamos diante de influência baseada em poder legítimo. Se um policial nos diz que, em tal dia e a tal hora é proibido estacionar numa determinada rua, nós deixaremos de estacionar nesta rua porque reconhecemos legitimidade por parte do policial de prescrever tal comportamento. Dificilmente obedeceríamos à ordem caso ela fosse dada por um transeunte não investido legitimamente na posição de prescrever regras de tráfego.

Poder de referência

As pessoas podem desempenhar em relação a outras o papel de referência positiva ou negativa. Há pessoas de quem gostamos e admiramos (referência positiva) e outras com as quais não temos nada em comum ou até as desvalorizamos (referência negativa). Quando a influência exercida por A sobre B decorre do fato de B ter A como ponto de referência (positiva ou negativa), a base da influência exercida é o poder de referência. Este pode ser verificado em casos de identificação, como vimos antes, nos quais uma pessoa depende de outra por razões várias e emite comportamentos semelhantes ao desta outra espontaneamente (identificação) ou porque esta outra assim o deseja (poder de referência).

Um caso original de uso do poder de referência pode ser encontrado na cidade de Pompeia, destruída por uma erupção do Vulcão Vesúvio no ano de 79. Aparentemente, a cidade foi atingida em meio a um processo eleitoral, uma vez que escavações realizadas no século passado encontraram uma parede que, quando tornada limpa das cinzas que a recobriam, mostrou os seguintes *slogans*: "Vote em Vatius: quem é bêbado, gigolô, vadio ou espanca mulheres, vota em Vatius!" Embora os arqueólogos não tenham conseguido saber dos resultados da eleição, inegavelmente esses nossos antepassados já sabiam do poder da referência negativa para influenciar as pessoas...

Poder de conhecimento

Diz-se que A tem poder de conhecimento sobre B quando B segue as prescrições determinadas por A em virtude da aceitação do conhecimento abalizado de A. Quando um médico por nós reconhecido como especialista num assunto nos prescreve um medicamento, nós o tomamos. O poder exercido pelo médico tem como base o reconhecimento por parte do cliente dos méritos profissionais do especialista. Não há necessidade de que o cliente entenda a razão da tomada do medicamento, bastando apenas que ele reconheça competência no especialista para prescrever tal ou qual comportamento. A influência é, pois, dependente desse reconhecimento e deixará de ser eficaz no momento em que o cliente deixar de reconhecer em seu médico os méritos de especialista e conhecedor do assunto que lhe atribuía.

Poder de informação

Quando uma pessoa A muda um seu comportamento ou atitude em função de uma reorganização cognitiva provocada pelo conteúdo de uma influência exercida por outra pessoa B, e não em virtude de alguma característica especificamente associada a B, diz-se que a modificação verificada foi decorrente de poder de informação. Um vendedor, por exemplo, pode fazer com que o comprador veja por si mesmo as vantagens de comprar a mercadoria que lhe está sendo oferecida. Se a argumentação do vendedor gerou no comprador novos conhecimentos que o levaram a decidir-se pela conveniência de adquirir a mercadoria, a influência exercida pelo vendedor é suscetível de enquadramento no tipo de poder social aqui descrito. Tal não seria o caso, por exemplo, se o comprador adquirisse a mercadoria porque um especialista na matéria lhe havia recomendado a compra do artigo. Neste último caso, a aquisição da mercadoria decorreria da aceitação, por parte do comprador, da influência exercida pela pessoa que ele considera especialista e será dependente deste conceito que ela tem da pessoa influenciadora. Não seria, neste último caso, o poder dos argumentos, e sim o poder de conhecimento que o teria levado a comprar a mercadoria.

Posteriormente, Raven (1993) distinguiu entre recompensa pessoal e impessoal e entre coerção pessoal e impessoal. A primeira distinção se refere à recompensa ou punição envolvendo uma pessoa (p. ex.: se você fizer isso, não serei mais sua amiga; se você fizer o que eu digo, ficarei muito contente com você). A segunda distinção diz respeito a recompensas materiais (dinheiro, promoção, prêmio etc.) e a punições da mesma natureza (castigo, multa, demissão etc.). Em relação ao poder de legitimidade, Raven (1993) nele inclui quatro tipos: (a) legitimidade decorrente da posição ocupada por uma pessoa; (b) legitimidade em função da necessidade de reciprocar um favor recebido; (c) legitimidade em função de equidade, ou seja, a necessidade de dar a cada um de acordo com seu merecimento; e (d) legitimidade decorrente da dependência, como ocorre quando um líder depende da cooperação de seus liderados para atingir um objetivo comum.

Raven (1965) classifica os tipos de influência vistos anteriormente em dois grandes grupos: independente e dependente. Subdivide ainda a influência dependente em pública e privada. Vejamos como as seis bases de poder descritas se enquadram nessas categorias.

Influência independente

É a que se verifica quando a base do poder exercido é o poder de informação. Neste tipo de influência, a pessoa influenciada não depende da pessoa influenciadora, de vez que o conteúdo da mensagem proveniente da pessoa influenciadora provoca reestruturação interna na pessoa influenciada e esta reorganização interna é responsável pela emissão de determinado comportamento. A pessoa influenciada não depende, pois, das características da pessoa influenciadora, mas sim da reorganização cognitiva provocada nela mesma.

Influência dependente e pública

Quando a influência exercida se baseia nas características da pessoa influenciadora, diz-se que ela é dependente. Além disso, quando ela só suscita comportamentos externos de acordo com a influência exercida, mas não corresponde a uma modificação interna da pessoa no sentido de aceitar o comportamento, ela é pública. Exemplos típicos de influência dependente e pública são as modificações comportamentais obtidas por meio do poder de coerção e de recompensa. Tais influências são dependentes de vez que se fundamentam exclusivamente na percepção da pessoa influenciada da capacidade de o influenciador aplicar-lhe punições ou recompensas. No momento em que esta percepção desaparece, também desaparece o poder anteriormente existente. Tais casos são ainda exemplos de influência pública, de vez que o comportamento prescrito só é exibido na presença do agente influenciador a fim de evitar a punição ou receber a recompensa. Internamente, porém, nenhuma modificação cognitiva se verifica. É por isso que Festinger e Carlsmith (1959) levantaram a hipótese de que quanto menor a recompensa, maior a mudança de atitude nas situações de aquiescência forçada. De fato, quanto menor for a recompensa para a manifestação pública de um comportamento contrário às convicções internas do agente, maior será a dissonância por ele experimentada e maior será a motivação a reduzir tal dissonância. Uma das maneiras de consegui-lo é mudar internamente, fazendo com que o ato público seja coerente com suas convicções internas. Se a recompensa for muito grande, os elementos cognitivos que derivam da magnitude da recompensa concorrem para diminuir a dissonância experimentada pela emissão de comportamento contrário às convicções íntimas do agente, dificultando a modificação interna de sua posição original. Esses comentários ilustram bem a diferença entre mudança de atitude (discutida no capítulo 8 quando mostramos como estratégias derivadas da Teoria da Dissonância Cognitiva podem causar mudança de atitude) e mudança de comportamento decorrente do exercício dos poderes de recompensa e coerção.

Influência dependente e privada

Há casos em que o comportamento exibido em decorrência de influência exercida depende das características do agente influenciador tal como percebidas pelo influenciado. Ao invés de este comportamento ser apenas uma manifestação externa coerente com a influência exercida, ele permanece com ou sem a presença do agente influenciador. Isto lhe dá o caráter privado a que Raven (1965) se refere. Os poderes legítimos, de referência e de conhecimento, são deste tipo. Se um professor de estatística respeitado por seus alunos recomenda o uso de um determinado teste para a solução de um problema, o aluno utilizará este teste ainda que não compreenda precisamente a razão de seu uso e mesmo que o professor jamais verifique se ele utilizou ou não o teste. Ocorreu, no caso, uma influência dependente e privada, de vez que o aluno seguiu a prescrição do professor por nele reconhecer capacidade e conhecimento para prescrever o teste e emitiu este comportamento mesmo não existindo a possibilidade de sua verificação por parte do professor (o que dá a característica de influência privada ao fenômeno).

As seis bases de poder social vistas anteriormente e suas características de influência dependente ou independente e de pública ou privada podem ser esquematizadas no quadro a seguir.

Base do poder	Tipo de influência
Poder de informação	Independente/privada
Poder de coerção	Dependente/pública
Poder de recompensa	Dependente/pública
Poder de legitimidade	Dependente/privada
Poder de referência	Dependente/privada
Poder de conhecimento	Dependente/privada

Poder-se-ia dizer que a distinção entre poder de coerção e poder de recompensa é desnecessária, uma vez que se pode conceituar a vontade de evitar uma punição como um certo tipo de recompensa ou a vontade de obter uma recompensa como uma certa forma de evitar uma punição (não recebimento da recompensa). A necessidade da distinção decorre das *consequências* do exercício desses dois tipos de poder. O exercício contínuo do poder de coerção tende a afastar mais e mais a pessoa influenciada da pessoa influenciadora, enquanto que o poder de recompensa pode (ainda que não necessariamente) conduzir a uma maior simpatia e atração pela pessoa influenciadora. Caso isso se verifique, o poder de recompensa poderá eventualmente transformar-se em poder de referência, adquirindo então a característica de influência privada inexistente no poder de recompensa.

Outro ponto importante a ser mencionado diz respeito ao domínio ou área específica da influência exercida. Uma pessoa reconhecida como capaz de legitimamente prescrever determinados comportamentos em um domínio específico pode não ser reconhecida como capaz de prescrever legitimamente comportamentos em outras áreas. Em outras palavras, o reconhecimento de legitimidade, assim como o de conhecimento, são restritos a áreas específicas. O fato de uma pessoa ter poder legítimo (ou de conhecimento) sobre outra num domínio específico não significa que ela seja capaz de influenciar esta outra em todos os domínios usando esta fonte de influência.

Por outro lado, não é incomum vermos na imprensa celebridades de uma determinada área serem entrevistadas e solicitadas a emitir suas opiniões acerca de assuntos que nada têm a ver com suas esferas de competência. Trata-se muitas vezes de um caso de generalização indevida. Psicanalistas, cientistas sociais, atores/atrizes famosos/as são solicitados a opinar acerca de temas sobre os quais não têm um conhecimento em nada superior ao do público em geral. Quando isso acontece, a influência possivelmente verificada não seria em função do exercício do poder de conhecimento, mas, sim, daquele de referência.

O enfoque de French e Raven (1959) e as adições de Raven (1965) oferecem inúmeras possibilidades de investigações de interesse. É importante saber-se qual o tipo de influência predominante em determinados ambientes (p. ex.: família, escola, ambiente de trabalho etc.). Raven (1971) conduziu um estudo no qual são analisadas as relações de influência entre professor e aluno e entre colega e outro colega, com base no modelo teórico que acabamos de descrever. Em relação à estrutura do poder na família, Centers, Raven e Rodrigues (1971) realizaram uma pesquisa em que uma amostra da população de Los Angeles foi entrevistada e classificada de acordo com o tipo de influência dominante na família: dominada pelo marido, dominada pela mulher, sincrática (ambos os cônjuges com o mesmo poder) e autônoma (cada cônjuge exerce o poder numa determinada área específica). Variáveis tais como tipo de personalidade, idade, classe social, escolaridade etc. foram relacionadas com a maior ou menor ocorrência desses quatro tipos principais de estrutura de poder na família. Em outro estudo, Raven, Centers e Rodrigues (1969) verificaram a ocorrência das diversas formas de poder social aqui descritas nas relações sociais entre os cônjuges. Comprovaram os autores que poder de referência, poder de conhecimento e poder legítimo são os mais frequentemente indicados como prováveis de serem as bases de influência entre os cônjuges; os menos prováveis são os de recompensa e de coerção. A atribuição de influência baseada em poder de conhecimento diminui com o aumento da idade dos cônjuges, enquanto que o poder de referência aumenta. Os poderes de coerção e recompensa desempenham papel mais relevante entre as pessoas de baixos níveis educacional e socioeconômico. Merecedor de citação também é o dado encontrado em relação à felicidade conjugal e o tipo de influência mais frequentemente exercida. Nos casais mais satisfeitos predomina o poder de referência, enquanto que o de coerção é a forma de influência mais utilizada entre os que indicam não estar satisfeitos com o casamento.

Esses achados foram replicados no Brasil por Rodrigues, Bystronski e Jablonski (1989) e Jablonski, Corga e Rodrigues (1995). Estes últimos, especificamente, fizeram uma análise de metodologia utilizada em estudos sobre as bases do poder em situações familiares. Tomadas em conjunto, essas duas pesquisas indicam, em comparação aos estudos anteriores, uma queda do poder decisório do marido, com exceção feita aos segmentos mais idosos da amostra, o que pode ser um reflexo das mudanças sociais que acompanharam o movimento de emancipação feminina. Além disso, notou-se também a preferência por uma estrutura autonômica (divisão clara das áreas em que a mulher ou o marido exercem maior poder) de poder conjugal. Já a legitimidade, a referência e o conhecimento foram, da mesma forma que nos estudos precedentes, os mais frequentemente indicados como prováveis fontes de influência entre os cônjuges. Interessante notar que se verificou uma inversão no que diz respeito à importância da coerção e da recompensa nas duas culturas. Embora sempre colocadas nos últimos lugares, os brasileiros privilegiaram preponderantemente a recompensa à coerção, dando-se o oposto entre norte-americanos.

Obediência e atribuição

Vimos anteriormente os fundamentos básicos do fenômeno psicossocial de atribuição de causalidade, bem como as proposições essenciais da Teoria Atribuicional de Motivação e Emoção apresentada por Bernard Weiner (1986) e de sua Teoria Sobre a Conduta Social (1995, 2006). Veremos agora como as teorias de Weiner nos permitem fazer uma análise atribuicional do fenômeno de influência social originado pelo exercício de cada uma das seis bases principais de poder constantes da taxonomia de Raven (1965) quando uma pessoa é influenciada por outra a perpetrar uma transgressão, ou seja, algo que ela originalmente se recusara a fazer, mas que, devido à influência exercida, acabou emitindo o comportamento desejado pelo influenciador.

Rodrigues (1995) mostrou empiricamente que, quando uma pessoa é induzida a fazer algo a que inicialmente se opunha e isso se dá devido à utilização pelo influenciador dos poderes de recompensa, informação ou de referência (de agora em diante denominados **Bases de Poder do Grupo 1**), o comportamento conformista da pessoa influenciada é percebido como *mais interno e mais controlável* do que quando o comportamento resulta de influência derivada de coerção, legitimidade ou conhecimento (de agora em diante considerados como **Bases de Poder do Grupo 2**). Este achado foi posteriormente replicado por Rodrigues e Lloyd (1998) com diversas amostras, em diferentes culturas e utilizando diferentes situações de influência. Coerente com a Teoria Atribuicional de Motivação e Emoção de Weiner (1986), quando um comportamento ocorre mediante influência derivada das Bases de Poder do Grupo 1 e esse comportamento tem consequências negativas, seu autor é considerado mais responsável por sua ocorrência, é mais criticado, gera mais raiva em outrem, sente-se mais culpado e sua autoestima é mais negativamente afetada do que quando um comportamento negativo deriva das Bases de Poder do Grupo 2. Se o comportamento derivado de persuasão leva a um bom resultado, seu autor é considerado mais responsável, é alvo de maior gratidão, sente-se mais orgulhoso e sua autoestima é mais positivamente afetada quando a influência deriva de Bases de Poder do Grupo 1 do que quando ela deriva de Bases de Poder do Grupo 2. O paradigma básico dos estudos de Rodrigues citados foi essencialmente o seguinte: os participantes do experimento eram solicitados a considerar um cenário em que um médico pede a uma enfermeira que administre uma droga ainda em estado experimental a um de seus pacientes. A enfermeira se recusa a fazê-lo. O médico lança mão então de uma das bases de poder descritas por Raven para influenciá-la e logra êxito. Numa condição o doente se recupera e deixa o hospital poucos dias depois. Numa outra condição o doente é levado para um CTI após tomar a droga e morre poucos dias depois. Os sujeitos são solicitados a considerar a razão pela qual a enfermeira terminou fazendo o que o médico queria (razão esta descrita em termos de cada uma das seis formas de influência descritas por Raven) e, para cada uma das razões, indicar numa escala quão interno e quão controlável foi o comportamento da enfermeira de obedecer ao médico, quanto orgulho (ou culpa), aumento (ou diminuição) de autoestima, quanta gratidão (ou raiva) o comportamento da enfermeira suscitaria nos parentes do paciente e também quão responsável era a enfermeira por ter exibido tal comportamento. Em outro de seus estudos foi medida também a variável punição; neste caso os sujeitos eram solicitados a desempenhar o papel de um diretor do hospital que, após considerar o comportamento da enfermeira de acordo com cada uma das seis razões apresentadas, administraria ou não uma punição à mesma.

O estudo original de Rodrigues (1995) e várias réplicas que se seguiram (Rodrigues & Lloyd, 1998; Rodrigues et al., 1997; Alanazi & Rodrigues, 2003) mostraram que a conformidade decorrente da utilização das Bases de Poder do Grupo 1 é percebida como mais interna e mais controlável do que a exercida em função das Bases de Poder do Grupo 2, o que leva, segundo as teorias de Weiner, a maior responsabilidade, maior punição (no caso de consequências negativas do comportamento em questão) e a afetos esperados pela maior atribuição de internalidade e controlabilidade. Usando-se uma terminologia lewiniana, as Bases de Poder do Grupo 1 (recompensa, informação e referência) são *genotipicamente* semelhantes, enquanto que *fenotipicamente* distintas das Bases de Poder do Grupo 2 (coerção, legitimidade e conhecimento), as quais, por sua vez, são genotipicamente semelhantes entre si. O leitor interessado encontrará em Rodrigues (2011) uma ampla descrição dos estudos conduzidos em relação ao tema aqui apresentado.

Acrescente-se que o que foi dito antes se aplica a situações em que a influência social conduz a um estado de dissonância cognitiva. É preciso que a pessoa influenciada faça algo que ela normalmente não faria, mas que o fez em função da influência social exercida sobre ela. Sendo assim, se alguém não quer, por exemplo, jogar tênis, ou comer uma determinada comida e o faz porque o influenciador lhe prometeu uma recompensa, este comportamento não será percebido como interno, mas, sim, como externo, tal como encontraram Brown e Raven (1994). Quando, entretanto, uma pessoa faz algo antiético para receber uma recompensa, tal comportamento produz dissonância e é percebido como interno (Rodrigues & Lloyd, 1998).

Os achados de Rodrigues (2011) nos permitem entender vários fenômenos psicossociais, destacando-se os seguintes: (a) crimes de obediência (Kelman & Hamilton, 1989); (b) obediência à autoridade encontrada nos estudos de Milgram descritos no início deste capítulo; (c) justificação apresentada para iniciar a guerra contra o Iraque em 2003 (Rodrigues; Assmar & Jablonski, 2005).

Quando uma pessoa perpetra um crime em obediência a ordens superiores (poder de legitimidade), é mais fácil para ela eximir-se de responsabilidade, pois seu comportamento é percebido como menos interno e menos controlável do que se ela o fizesse em troca de uma recompensa, ou por ter aceito argumentos, ou por gostar do mandante (Bases de Poder do Grupo 1). Verificamos frequentemente que carrascos e soldados alegam estar "obedecendo a ordens emanadas de seus superiores" como justificativa para seus atos.

Blass (2000) apresentou aos participantes de um estudo por ele conduzido um filme de 12 minutos no qual o experimento de Milgram era apresentado (cf. o anexo para descrição do estudo). Os resultados mostraram que os participantes indicaram, como causas mais prováveis de haverem levado os participantes do estudo de Milgram a seguir as ordens do experimentador, as seguintes: por reconhecerem ser o experimentador uma autoridade no assunto (poder de conhecimento), por reconhecerem sua legitimidade de prescrever o comportamento de ministrar os choques (poder legítimo) e por recearem ser punidos (poder de coerção), as quais são influências chamadas aqui de Bases de Poder do Grupo 2. As fontes de influência consideradas menos prováveis de terem sido responsáveis pelo comportamento de obediência ao experimentador foram: referência, recompensa e informação, as quais são fontes de influência decorrentes das Bases de Poder do Grupo 1.

Em 2003 os Estados Unidos e a Inglaterra chocaram o mundo civilizado com a invasão não provocada de uma pequena nação independente, o Iraque. Justificaram a intervenção militar como sendo necessária para eliminar as armas de destruição em massa possuídas por Saddam Hussein. Tais armas nunca foram encontradas e serviu apenas de pretexto para justificar uma guerra injusta e arbitrária. A alegação de que a guerra era para evitar a destruição do Ocidente por Saddam (reação à influência coercitiva), embora inverídica, serviu de desculpa à ação unilateral daqueles governos.

Resumo

Depois de mostrar a diferença entre conformidade e mudança de atitude, foram apresentados neste capítulo os estudos clássicos de Sherif (1936), Asch (1946) e Milgram (1963) sobre conformidade social. Em seguida foi feita referência à influência da cultura no comportamento de conformidade e indicado como uma minoria inconformista pode influenciar a maioria e mudar as normas prevalentes. Na sequência foram descritas várias táticas de persuasão e apresentado um exemplo de influência social a partir da tecnologia social de Varela. Na parte final do capítulo foi mostrada a taxonomia das bases do poder social proposta por French e Raven (1959) e modificada por Raven (1965, 1993). Esta taxonomia inclui os poderes de recompensa, coerção, legitimidade, referência, conhecimento e informação. Estas bases de poder foram examinadas sob uma perspectiva atribuicional. Este reexame revelou que, quando uma pessoa é influenciada a emitir comportamento contrário às suas convicções íntimas, se isto ocorre em função do exercício, pelo influenciador, dos poderes de recompensa, informação e referência, seu comportamento é percebido como mais interno e mais controlável do que o resultante dos poderes de coerção, legitimidade e conhecimento. As consequências dessa distinção foram apresentadas e foi ilustrado como ela pode explicar certos fenômenos sociais.

Sugestões de leitura

CIALDINI, R.B. (2008). *Influence*: Science and Practice. Nova York: Harper-Collins.

FRENCH, J.P. & RAVEN, B.H. (1959). "The Bases of Social Power". In: CARWRIGHT, D. (org.). *Studies in Social Power*. Ann Arbor: Institute for Social Research.

KELMAN, H.C. (1958). "Compliance, Identification, and Internalization: Three Processes of Attitude Change". *Journal of Conflict Resolution*, 2, p. 51-60.

KELMAN, H.C. & HAMILTON, D.L. (1989). *Crimes of Obedience*. New Haven: Yale University Press.

LATANÉ, B. (1981). "The Psychology of Social Impact". *American Psychologist*, 36, p. 343-356.

LATANÉ, B. & WOLF, S. (1981). "The Social Impact of Majorities and Minorities". *Psychological Review*, 88, p. 438-453.

LEVINE, R.V. (2003). *The Power of Persuasion* – How We're Bought and Sold. Hoboken, N.J.: Wiley.

MILGRAM, S. (1961). "Nationality and Conformity". *Scientific American*, 205, p. 45-51.

MOSCOVICI, S. (1985). "Social Influence and Conformity". In: LINDZEY, G. & ARONSON, A. (orgs.). *Handbook of Social Psychology*. Vol. 2. Nova York: Random House, p. 347-412.

RAVEN, B.H. (1993). "The Bases of Power: Origins and Recent Developments". *Journal of Social Issues*, 49 (4), p. 227-251.

_____ (1965). "Social Influence and Power". In: STEINER, I.D. & FISHBEIN, M. (orgs.). *Current Studies in Social Psychology*. Nova York: Holt, Rinehart & Winston.

RODRIGUES, A. (2011). "Alocação de responsabilidade por transgressões perpetradas por influência de outrem: uma análise atribuicional". In: HUTZ, C. & SOUZA, L.K. (orgs.). *Estudos e pesquisas em Psicologia do Desenvolvimento e da Personalidade* – Uma homenagem a Angela Biaggio. São Paulo: Casa do Psicólogo.

_____ (1995). "Attribution and Social Influence". *Journal of Applied Social Psychology*, 25, p. 1.567-1.577.

Topicos para discussão

1) Qual a diferença entre conformidade e mudança de atitude?

2) O que foi demonstrado no experimento de Asch sobre a percepção do tamanho de linhas diferentes? A cultura pode influenciar o grau de suscetibilidade à influência social?

3) Pode uma minoria influenciar uma maioria? Se sim, como isso ocorre?

4) Dentre as táticas de influência social apresentadas, identifique exemplos de situações em que você as viu em ação.

5) Como se faz uma persuasão utilizando a tecnologia social de Varela?

6) Que bases de poder são dependentes e privadas?

7) Como diferem poder de recompensa e poder de coerção sob uma perspectiva atribuicional?

8) Quais os tipos de poder que são genotipicamente semelhantes em termos atribuicionais?

9) Explique a diferença entre poder de conhecimento e poder de informação.

10) À luz dos experimentos de Rodrigues, como entender os crimes dos carrascos nazistas e dos guardas americanos na prisão iraquiana de Abu Graib?

Anexo –Por que os participantes dos experimentos de Milgram obedeceram?

Como foi dito antes, Blass (2000) exibiu aos participantes de um estudo por ele conduzido um filme de 12 minutos no qual o experimento de Milgram era apresentado (cf. anexo). Seis cartões foram dados aos participantes, cada um contendo uma possível causa do comportamento de obediência manifestado pelos que participaram do experimento de Milgram. Em seguida, foi solicitado aos participantes que ordenassem os cartões atribuindo o número 1 ao cartão que contivesse a causa mais provável, o número 2 ao segundo mais provável e assim por diante até 6, o que continha a causa menos provável. As seis causas apresentadas nos cartões foram diretamente inspiradas na taxonomia de Raven, a saber: para receber uma recompensa, para evitar uma punição, devido ao reconhecimento de legitimidade ou de conhecimento do experimentador, por identificarem-se com o experimentador, ou porque entenderam as razões pelas quais deveriam obedecer. Os resultados foram reproduzidos na figura A9.1.

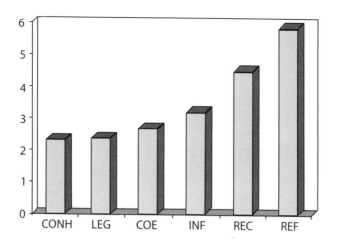

Figura A9.1 Médias indicadoras da improbabilidade de diferentes fontes de influência terem sido responsáveis pela obediência ao experimentador por parte dos participantes dos experimentos de Milgram. Quanto *maior* a média, *menor* a probabilidade de a base de poder indicada ter sido a causa da obediência ao experimentador.

Como esta figura mostra com clareza, os participantes do estudo de Blass indicaram, como causas mais improváveis (médias das classificações das causas maiores) de haverem levado os participantes do estudo de Milgram a seguir as ordens do experimentador, as seguintes: referência, recompensa e informação. As fontes de influência consideradas mais prováveis (médias das classificações menores) de terem sido responsáveis pelo comportamento de obediência ao experimentador foram: conhecimento, legitimidade e coerção. Em outras palavras, as causas mais prováveis de terem sido responsáveis pelo comportamento dos participantes no experimento de Milgram foram as decorrentes da influência originada pelas Bases de Poder do Grupo 2, e as menos prováveis, aquelas decorrentes de influência suscitada pelas Bases de Poder do Grupo 1. As Bases de Poder do Grupo 1, por gerarem comportamento percebido como mais interno e mais controlável, fazem com que a pessoa que exibe o comportamento de obediência seja percebida como mais responsável, enquanto que as Bases de Poder do Grupo 2 provocam o oposto. Daí serem estas últimas consideradas como as mais prováveis de terem induzido os participantes do experimento de Milgram a infligir choques elevados ao suposto aprendiz, pois elas funcionavam como circunstâncias capazes de atenuar sua responsabilidade.

10
Comportamento antissocial

I. O que é agressão?
II. As raízes da violência: explicações teóricas para a agressão humana
    Explicações biológicas da agressão
    Explicações psicológicas da agressão
        Aprendizagem instrumental
        Aprendizagem observacional
        A hipótese da frustração/agressão
III. Fatores que influenciam a agressão
    Fatores sociais desencadeadores da agressão
        O efeito das armas
        A provocação direta
        Obediência à autoridade
        Desindividuação
        Família
            Família: normas sociais
    Fatores ambientais estimuladores da agressão
    Fatores pessoais instigadores da agressão
IV. A influência de filmes e programas de televisão violentos
    O impacto nas crianças
    O impacto nos adultos
    Por que a exposição à violência na mídia gera violência?
V. Prevenção e controle da agressão
VI. Cultura e comportamento agressivo
VII. Resumo
VIII. Sugestões de leitura
IX. Tópicos para discussão
X. Anexo
    O efeito lúcifer

A violência é contemporânea do homem.

Tarcísio Padilha

Comportamento antissocial é todo aquele que vai de encontro a comportamentos normais sociais vigentes. Dentre eles, o que merece especial atenção por parte dos psicólogos sociais é o comportamento agressivo.

Se quiséssemos singularizar um assunto que ocupasse, atualmente, um lugar especial nas conversas cotidianas entre as pessoas, em casa, entre amigos, nos espaços públicos ou no trabalho, poderíamos apontar, sem medo de errar, a agressão e a violência humanas. Chega mesmo a ser surpreendente a "disputa" entre os interlocutores para ver quem mais acumula experiências pessoais, como vítimas ou espectadores, de assaltos, sequestros, ofensas, brigas, atos de vandalismo, crimes e assim por diante.

Se ampliássemos nossa curiosidade e quiséssemos saber que tópico mais absorve as manchetes de jornais e revistas, os programas de televisão, os filmes e os livros de sucesso, teríamos seguramente a mesma resposta. O mundo moderno e globalizado nos permite afirmar que se trata, lamentavelmente, de uma tendência quase universal, as exceções ficando por conta de comunidades restritas e isoladas do alcance da tecnologia e do progresso.

Vivemos, então, numa era de violência e agressão ímpares na história da humanidade? Certamente, a violência *não é* um fenômeno recente, já que ela se faz presente na história da humanidade, em todas as épocas e em todos os lugares, como citado na epígrafe de Tarcísio Padilha (1971) que abre o presente capítulo. Seriam esses fenômenos irreversíveis em sua marcha, mesmo diante do altíssimo nível de desenvolvimento jamais alcançado pelo homem? Seria desnecessário dizer, mas nem todo progresso é para melhor e nem todos os seus benefícios revertem em prol do ser humano. Algumas investidas que se fazem contra o próprio homem "em nome desse progresso" nos levam a descrer, em certos momentos, da capacidade humana em discernir entre atos "inteligentes" e atos "primitivos". A descoberta da energia atômica é um exemplo do que acaba de ser dito. Apesar dos muitos benefícios que ela nos traz, seu uso na construção de bombas poderá levar ao aniquilamento de nossa civilização.

Filósofos, juristas, cientistas políticos, sociólogos e psicólogos debruçam-se, já há algum tempo, sobre o estudo do comportamento agressivo na tentativa de decifrá-lo e, assim, impedir sua progressão e suas consequências. No entanto, a despeito do avanço do conhecimento em tantos setores, quão pouco ainda se pode contar que possa ser aplicado com sucesso para deter o ritmo vertiginoso da escalada da violência.

Diante da recorrência com que se desencadeiam atos individuais ou coletivos de agressão, com que se deflagram guerras por territórios, por motivos religiosos ou econômicos, com que se hostilizam entre si grupos raciais, políticos ou esportivos, com que se desentendem cônjuges, familiares, amigos, inimigos, colegas, estranhos, não raro atingindo níveis de profunda violência física e psicológica, as projeções assumem perspectivas assustadoras.

Pobreza, drogas, briga entre gangues, pais ausentes, facilidade de acesso a armas, preconceito e superpopulação, entre outros, são fatores de natureza social que facilitam a eclosão da violência. A Psicologia Social, talvez mais que outros campos do saber, interessa-se em estudar de perto a agressão e a violência humanas, restringindo, porém, seu foco de análise do fenômeno às suas características psicossociais, isto é, à consideração de suas especificidades em termos da interação entre agressor(es) e vítima(s). A ênfase é examinar os processos cognitivos, afetivos e comportamentais suscitados pelas situações sociais instigadoras de violência e de hostilidade de uns contra outros, sejam eles indivíduos ou grupos.

De um modo geral, os estudos da Psicologia Social sobre a agressão humana podem ser organizados em torno de algumas questões fundamentais. Existe uma propensão natural nos homens para agredir? Que circunstâncias ensejam ou predispõem as pessoas a atos de hostilidade e de violência em relação aos outros? É possível controlar, reduzir ou prevenir a agressão?

Neste capítulo, trataremos da agressão e da violência humanas, procurando responder a essas e a outras indagações.

O que é agressão?

Definir agressão, embora pareça ser algo dispensável – quem não saberia defini-la? –, não é uma tarefa tão simples assim. Isto porque o entendimento do termo na linguagem do senso comum difere um pouco do conceito de agressão adotado pelos psicólogos sociais. Em seu dia a dia, as pessoas podem referir-se a um vendedor como uma pessoa agressiva se ele não recua diante dos "nãos" de um comprador potencial; ou qualificar como agressivo o empresário que não desiste enquanto não consegue vencer um concorrente.

A Psicologia Social, contudo, define agressão como qualquer comportamento que tem a *intenção* de causar danos, físicos ou psicológicos, em outro organismo. Importante destacar nessa definição a intencionalidade da ação por parte do agente da agressão: só se caracteriza como agressivo o ato que deliberadamente se propõe a infligir um dano a alguém. Outro aspecto a ser ressaltado é que a agressão não precisa ser necessariamente física: um chefe que assedia sexualmente uma funcionária, provocando-lhe ansiedade e depressão, está lhe causando agressão psicológica. Os psicólogos sociais costumam distinguir diferentes tipos ou formas de agressão humana em função dos motivos ou intenções que se presumem subjacentes a tais comportamentos. Nesse sentido referem-se à **agressão hostil**, que deriva de estados emocionais fortes, como a raiva, e tem por objetivo básico causar dano a uma pessoa a fim de satisfazer impulsos hostis. A **agressão instrumental**, por sua vez, visa prejudicar, ferir ou magoar alguém apenas como um meio de atingir outro objetivo. Essas formas de agressão não se excluem mutuamente, podendo haver comportamentos agressivos duplamente motivados. Quando Baruch Goldstein, em 1994, matou cerca de 30 palestinos em uma mesquita, foi movido provavelmente pelo ódio intenso aos palestinos por tirarem as terras que, em seu modo de ver, pertenciam por direito aos judeus e pela esperança de desfazer as negociações que se iniciavam entre os representantes dos dois governos.

Por outro lado, vimos anteriormente que a agressão pode não envolver danos físicos, podendo a vítima ser agredida verbalmente por insultos, calúnias, ou impedida por outrem de atingir seu objetivo. Nesses casos, a agressão é **simbólica** e também pode ser hostil ou instrumental. A chamada

agressão sancionada é aquela que a sociedade julga aceitável ou mesmo imperiosa, como, por exemplo, o comportamento de um soldado que mata um inimigo na guerra ou o comportamento agressivo de uma pessoa em legítima defesa para proteger-se ou a outros dos ataques de alguém. Essa forma de agressão é tipicamente instrumental.

Ainda um ponto a ser considerado diz respeito ao fato de um ato agressivo poder ao mesmo tempo ser visto como um ato altruístico: os famosos pilotos japoneses kamikazes, que arremetiam em missão suicida contra alvos aliados durante a Segunda Guerra Mundial, eram vistos como heróis por seus compatriotas. Agressão ou altruísmo, aqui, dependeriam apenas da percepção de cada uma das partes envolvidas. Esse tipo de agressão é chamado de **agressão legitimada**, no sentido de que os fins que a norteiam são, pelos perpetradores da agressão, considerados legítimos. O ato terrorista de 11 de setembro de 2001, em Nova York, constitui outro exemplo do que acaba de ser dito.

As raízes da violência: explicações teóricas para a agressão humana

A sociedade civilizada está perpetuamente ameaçada de desintegração pela hostilidade primitiva que os homens demonstram em relação uns aos outros.

Sigmund Freud

Por que os seres humanos são agressivos ou agem de forma a causar danos em seus semelhantes? Em outras palavras, qual a origem da agressão humana? As várias formas de responder a essa questão central podem agrupar-se em três categorias gerais de explicação:

a) A agressão é tão intrinsecamente associada à natureza humana que ela, inevitavelmente, terá que encontrar uma forma de expressão, incluindo-se aqui os teóricos que defendem uma base biológica para os comportamentos agressivos, quais sejam, os psicanalistas, os etólogos e os sociobiólogos.

b) A agressão é uma resposta natural à frustração e a ideia subjacente é a de que a resposta agressiva deriva de um impulso básico eliciado por condições externas, enquadrando-se aqui os psicólogos sociais proponentes da hipótese frustração/agressão em sua formulação original e em revisões posteriores.

c) A agressão é aprendida, resultando, portanto, de normas sociais e culturais e de experiências de socialização, fazendo parte dessa categoria os teóricos da aprendizagem instrumental e observacional.

Explicações biológicas da agressão

A controvérsia sobre a natureza da agressão é bastante antiga. Filósofos e cientistas assumem posições distintas na discussão da agressão como um fenômeno inato e instintivo ou um comportamento aprendido. Em seu clássico trabalho *Leviatã*, publicado pela primeira vez em 1651, Thomas Hobbes já defendia o ponto de vista de que os seres humanos, em seu estado natural, são brutos e violentos e somente a imposição da lei e da ordem na sociedade é que poderia controlar suas tendências más e seu instinto natural para a agressão. Em contrapartida, na famosa obra *O contrato social*, de 1762, Jean-Jacques Rousseau introduz o conceito do **bom selvagem**, sugerindo que os seres humanos são naturalmente benignos, felizes e bondosos e que é a sociedade restritiva que os transforma em seres agressivos e depravados.

A visão pessimista de Hobbes foi retomada por Freud, no século XX, disseminando-se, então, a ideia de que os homens estão, de alguma forma, "programados" para a violência por sua natureza biológica. A base instintual da agressão foi primeiramente defendida por Freud (1933) ao sustentar que a agressão deriva principalmente de um poderoso desejo ou pulsão de morte (*thanatos*), possuído por todas as pessoas. A pulsão inicialmente dirigida para a autodestruição é parcialmente reorientada para fora, em direção aos outros. Sob a perspectiva etológica, Konrad Lorenz (1966, 1974) postula que a agressão resulta basicamente de um instinto de luta herdado que os seres humanos compartilham com muitas outras espécies. Supostamente, esse instinto desenvolveu-se durante o curso da evolução porque produziu importantes benefícios. Assim, por exemplo, a luta serviu para dispersar populações por uma vasta área, assegurando o máximo uso dos recursos naturais disponíveis. Ademais, por estar, em geral, em estreita relação com a seleção dos parceiros, a luta ajudou a garantir que só os mais fortes e os mais vigorosos transmitissem seus genes para as gerações subsequentes.

Em síntese, Freud e Lorenz concordam que a energia agressiva é instintiva, e não aprendida, e, se não descarregada periodicamente, cresce até explodir ou até ser "aliviada" por um estímulo apropriado. Discordam, no entanto, em alguns aspectos: o primeiro concebe a agressão humana como autodestrutiva e associada a uma "pulsão de morte"; o segundo, como adaptativa, argumentando que dispomos também de mecanismos inatos para inibir nossas tendências agressivas.

Uma outra teoria, que se propõe a explicar a agressão por suas raízes biológicas, é a *sociobiologia*, que também se desenvolveu a partir de estudos com animais. Tal abordagem, definida por Wilson (1975) como o estudo sistemático das bases biológicas do comportamento social, constitui-se uma extensão da Teoria Evolucionista de Darwin e postula que todos os aspectos do comportamento do homem em sociedade podem ser entendidos em termos da evolução das espécies.

Sob essa perspectiva, a agressão desenvolveu-se por sua adaptatividade. De modo mais específico, os sociobiólogos defendem o ponto de vista que todos os comportamentos que ajudam os indivíduos a transmitir seus genes para a geração seguinte vão se tornando cada vez mais prevalentes na população ou sociedade. As vantagens biológicas da agressão incluem as habilidades para adquirir e defender mais recursos e proteger a prole. Se um indivíduo agressivo é bem-sucedido, isso pode fortalecer sua posição dentro de seu próprio grupo, comparativamente aos demais. Assim, o comportamento agressivo tem o objetivo claro de proteção da própria espécie e de aumentar as chances de perpetuar sua constituição genética.

A explicação da agressão em bases exclusivamente biológicas é, de um modo geral, refutada pelos psicólogos sociais na medida em que a noção de um impulso básico, instintivo e inato para a agressão não é compatível com a ideia de que é a intenção do agente em causar dano que caracteriza um ato como agressivo.

Os estudos sobre o comportamento animal indicam que muitas espécies reagem de forma instintivamente agressiva ao ambiente, mas esses resultados, argumentam os psicólogos sociais, constituem evidências concernentes aos níveis mais baixos da escala filogenética, que não podem ser usadas para explicar a agressão na espécie humana.

Por outro lado, dizem eles, as teorias do instinto não conseguem explicar a variação de agressividade de pessoa para pessoa e de cultura para cultura. Um grande número de achados empíricos rejeita a existência de tendências humanas inatas e universais para a agressão. Os estudos comparativos entre várias culturas indicam que o nível de algumas formas de agressão varia bastante e a incidência de agressão também muda ao longo do tempo. Se genéticas, concluem eles, essas manifestações manter-se-iam sempre constantes. Como, por exemplo, se poderia explicar, a partir dessa abordagem, a existência de tribos ou comunidades primitivas tão pacíficas como os *Amish*, os *Mennonites*, os *Hutterites* nos Estados Unidos e no Canadá, que vivem em paz e harmonia e com raríssimos casos de atos agressivos? Como explicar a transformação da sociedade sueca, dos guerreiros Vikings à adoção de uma constituição que proíbe a Suécia de envolver-se em guerras? Como explicar as evidências dos estudos antropológicos, revistos por Gorer (1968), em sociedades cujo objetivo principal é o isolamento pacífico, como os *Arapesh*, na Nova Guiné, e os *Pigmeus*, na África Central? O premiado estudo de D. Archer – *Violence and Crime in Cross-National Perspectives* –, ao analisar o tópico em questão em 110 países, ajudou a reforçar o papel de fatores sociais na agressividade: "Como explicar, por exemplo, que os Estados Unidos tenham uma taxa de homicídios 50 vezes superior à da Nova Zelândia, sendo ambas sociedades multiculturais, predominantemente urbanas e de colonização similar?" (Archer, 1984).

Tomadas em conjunto, as explicações das teorias biológicas sobre agressão, embora divirjam em alguns aspectos, compartilham pressuposições semelhantes. A mais importante delas refere-se ao entendimento da agressão como um comportamento inato e instintivo, inerente à condição humana. Assim é que psicanalistas, etólogos e sociobiólogos poderão discordar sobre "o quanto e o onde" a agressão se manifestará, mas, sem sombra de dúvida, concordarão que ela, certamente, se manifestará.

Ainda sob a perspectiva biológica, alguns pesquisadores identificaram sistemas neurais tanto em animais quanto em humanos que facilitam a agressão. Segundo eles, quando tais sistemas ativam determinadas áreas do cérebro, a hostilidade aumenta e, quando desativadas, a hostilidade diminui. Nesse sentido, foram estudadas, além das influências da hereditariedade, as influências bioquímicas na sensibilidade dos sistemas neurais às estimulações agressivas. Dados de experimentos de laboratório e dados reais obtidos em arquivos policiais demonstram que quando as pessoas estão sob o efeito de drogas, especialmente o álcool, elas se tornam particularmente agressivas. Na vida real foi comprovado que pessoas alcoolizadas são responsáveis por aproximadamente metade dos sequestros e crimes violentos (REISS & ROTH, 1993). Segundo a Associação Americana de Psicologia, em 65% dos casos de homicídios, o agressor e/ou a vítima haviam ingerido álcool.

A agressividade é também afetada pela ação hormonal, particularmente a testosterona, o hormônio sexual masculino. Ainda que as influências hormonais pareçam ser mais fortes nos animais inferiores do que nos homens, vem sendo comprovado que as drogas que diminuam os níveis de testosterona em homens violentos abrandarão suas tendências agressivas. Em prisioneiros acusados por crimes violentos, sem terem sido anteriormente provocados, os níveis de testosterona tendem a ser maiores do que os de prisioneiros acusados por crimes não violentos (Dabbs, 1992). Entre adolescentes e adultos masculinos, a propensão para delinquência, uso de drogas pesadas e respostas agressivas à provocação tende a ser maior entre os que apresentam níveis hormonais mais elevados (Archer, 1991; Dabbs & Morris, 1990; Olweus et al., 1988).

Como vimos ao longo desta seção, os psicólogos sociais, de um modo geral, fazem severas restrições às teorias instintivistas ou pulsionais, o que não significa dizer que neguem qualquer influência de base biológica na deflagração de atos agressivos. Entre muitos deles, há até um consenso quanto à importância desses fatores em um amplo espectro de comportamentos sociais resultante do reconhecimento de evidências empíricas que atestam a influência de alguns fatores biológicos na predisposição de certos indivíduos para a agressão. A crítica maior da Psicologia Social a essas abordagens diz respeito a sua tentativa de explicar qualquer comportamento social, incluindo a agressão, exclusivamente em bases biológicas.

As variáveis biológicas seriam melhor consideradas como variáveis moderadoras da agressão humana. Cada um dos fatores biológicos discutidos – história evolucionista, hereditariedade genética e nível de atividade hormonal – contribui para o nível básico de agressividade nos indivíduos e, portanto, ajuda a determinar o tipo e a magnitude das respostas às instigações e provocações do ambiente (Geen, 1998).

Explicações psicológicas da agressão

Um grande número de estudiosos da agressão afirma que, apesar de o comportamento agressivo dos animais poder ser explicado por processos instintivos, em seres humanos não há como admitir que ele seja regulado por impulsos internos, mas, sim, *aprendido* com outros seres humanos.

Se o comportamento agressivo dos homens é, de fato, aprendido, como se processa essa aprendizagem? Os adeptos dessa abordagem teórica sugerem dois tipos de métodos: aprendizagem instrumental e aprendizagem observacional (Bandura, 1973).

Aprendizagem instrumental

De acordo com o princípio da aprendizagem instrumental, qualquer comportamento que é reforçado ou recompensado tem maior probabilidade de ocorrer no futuro. Assim, se uma pessoa age agressivamente e recebe recompensa por agir assim, mais provavelmente repetirá esse comportamento em outras ocasiões. Há uma enorme variedade de reforços para provocar comportamentos agressivos, entre os quais podemos citar: aprovação social ou aumento de *status* (Geen & Stonner, 1971); dinheiro, para os adultos (Gaebelein, 1973), e doces, para as crianças (Walsters & Brown, 1963); a evidência do sofrimento da vítima para uma pessoa que é extremamente provocada pode servir como uma espécie de reforço (Baron, 1974), o que sugere um mecanismo pelo qual os "executores de massa" são capazes de desincumbir-se dessa tarefa.

Aprendizagem observacional

Ainda que muitos atos agressivos possam ser aprendidos por meio de reforço direto, a aprendizagem observacional ou modelação social constitui um método mais usual de aquisição de comportamentos agressivos. De acordo com esse princípio, podemos aprender novos comportamentos pela observação das ações de outras pessoas, designadas como **modelos**. Bandura, Ross e Ross (1961, 1963) conduziram uma série de experimentos para demonstrar as maneiras pelas quais a observação do comportamento agressivo de adultos afetaria a escolha de brincadeiras pelas crianças. Os resultados indicaram os efeitos desse comportamento na agressividade das crianças: aquelas que observaram um modelo adulto agressivo foram consistentemente mais agressivas do que as que observaram um modelo não agressivo ou que não observaram modelo algum.

Os experimentos clássicos de Bandura e seus associados foram realizados com um boneco inflável, conhecido como *Bobo* (parecido com o nosso João Bobo), consistindo, via de regra, dos seguintes procedimentos gerais: a criança era levada a uma sala e solicitada pelo experimentador a participar de um jogo que envolvia fazer uns desenhos; em seguida, o experimentador introduzia um adulto na sala e levava-o para um canto da sala onde havia brinquedos e o boneco. Após a saída do experimentador, a pessoa começava a brincar com os brinquedos de "adultos". Na condição não agressiva, ela brincava naturalmente com alguns deles, mas, na condição agressiva, passava o tempo todo batendo no *Bobo* e gritando-lhe palavras agressivas. Após dez minutos, o experimentador retornava e levava a criança para outra sala, com vários brinquedos, agressivos (revólveres, o boneco etc.) e não agressivos (bichinhos de plástico, lápis cera etc.), mas lhe dizia que não podia brincar com seu brinquedo favorito, passando, então, a observar e registrar seus comportamentos. Como já citamos antes, aquelas que observaram um modelo adulto violento foram as que se mostraram mais agressivas.

Ainda que, para muitos psicólogos sociais, o comportamento manifestado pelas crianças dos experimentos de Bandura não possa ser definido como agressivo, já que não foram dirigidos a seres humanos, outras investigações vieram a demonstrar que os ataques agressivos ao *Bobo* relacionavam-se a outras formas de agressão. Assim, por exemplo, as crianças que reagiram de forma violenta e agressiva ao boneco também foram classificadas por seus colegas e professoras como as mais agressivas dos grupos (Johnston et al., 1977). A influência da modelação se daria mais entre as idades de 8 a 12 anos, passando a decrescer após tal idade (Harris, 2004). Bushman e Huesmann (2010) assinalam que as crianças possuem uma tendência inata para a imitação e que comportamentos agressivos não seriam diferentes de outros comportamentos motores. Assim, o que elas veem na mídia ou à sua volta em termos de empurrões, tapas e agressões serão imitados, a não ser que sejam alertadas por adultos para não fazê-lo.

Os adeptos da visão da agressão como uma resposta aprendida argumentam que, se há sociedades em que o comportamento agressivo não se manifesta ou se manifesta em índices muito baixos, pode-se concluir que é a aprendizagem, e não o instinto, que desempenha um importante papel na agressão.

As teorias de base biológica e psicológica, até então discutidas, buscam entender por que as pessoas são capazes de agredir, mas não dão conta de explicar como essa capacidade é implementada e em que circunstâncias o indivíduo acaba por agir de forma agressiva com os demais. Nesse sentido, um terceiro tipo de abordagem psicológica propõe-se a oferecer respostas a essa indagação geral, partindo do pressuposto de que há uma série de condições pessoais, sociais e ambientais que aumentam a probabilidade de comportamentos agressivos.

A hipótese da frustração/agressão

A primeira tentativa sistemática de definir a agressão como uma reação às condições ambientais foi a hipótese da frustração/agressão. Em sua formulação original ela propõe duas hipóteses gerais, segundo as quais a frustração sempre leva a alguma forma de agressão e a agressão sempre resulta da frustração (DOLLARD et al., 1939). A frustração foi definida como toda interferência na ocorrência de uma resposta orientada para um objetivo e a agressão, como uma resposta que tem por objetivo causar dano a um organismo vivo.

As objeções conceituais desencadeadas contra essa hipótese – e que se resumiam nas ideias de que nem sempre a frustração causa agressão e a agressão nem sempre é precedida por frustração – levaram à sua reformulação. Sears (1941) publicou estudo em que discutia reações não agressivas à frustração. Miller (1941) reapresentou os enunciados em termos menos rígidos: a agressão é uma das respostas possíveis à frustração e pode também ser deflagrada por outros fatores. Em consequência dessas reformulações, a teoria, para muitos de seus críticos, deixou de ser restritiva para se tornar ambígua.

Outros resultados indicaram que a frustração tende a ser maior quanto maior a motivação para atingir o objetivo ou maior a proximidade do objeto desejado; quando se tem expectativa de gratificação; quando ela não é esperada ou quando o impedimento para alcançar a meta for total. Com base nessa hipótese, a frustração estimularia um "drive" (um impulso), cujo objetivo básico primário seria atingir ou causar dano em alguma pessoa ou objeto (especialmente a fonte da frustração), acarretando reações agressivas.

No entanto, como a energia agressiva não se dirige necessariamente à fonte, até porque aprendemos a inibir a retaliação direta (especialmente quando há possibilidade de desaprovação social ou de punição), nós suspendemos provisoriamente a resposta agressiva e, posteriormente, deslocamos nossa hostilidade para alvos mais seguros. Este deslocamento é bem ilustrado na velha anedota sobre um homem que, humilhado por seu patrão, descontou na mulher, que gritou com o filho, que bateu no cachorro, que mordeu o papagaio, que ofendeu o carteiro, que... (e assim sucessivamente) (Myers, 2010).

O modelo teórico de Berkowitz proposto originalmente em 1959 representou mais uma tentativa de aperfeiçoamento da teoria. Para desfazer a ambiguidade quanto a que condições a frustração traz agressão, Berkowitz recorreu ao conceito de instinto de Tinbergen, que não se refere simplesmente a um mecanismo biológico interno, mas a um mecanismo que, para poder encontrar expressão, exige algum objeto ou situação externa "apropriados". Em outras palavras, para Berkowitz, embora haja uma resposta agressiva inata à frustração e à raiva, essa resposta se expressaria somente sob condições que fossem "apropriadas". É introduzida, então, a ideia de que outros estados emocionais, como a raiva, também podem ter efeitos similares à frustração. A frustração produz raiva, uma prontidão emocional para agredir. A raiva surge quando alguém que nos frustrou poderia ter agido de outra forma. Tais estados emocionais geram agressão, mas somente quando estão presentes certos estímulos ou indícios. Para Berkowitz, três são os indícios liberadores da agressão: alvos (pessoas ou grupos de pessoas), objetos (p. ex.: armas) e situações (em bares ou na rua, por exemplo). Por uma série de processos, aprendemos a associar esses indícios com violência e agressão, o que acaba por "amplificar" a agressão, ou seja, aumentar a probabilidade de que um indivíduo, movido por raiva ou frustração, aja de forma agressiva.

Posteriormente, Berkowitz (1984, 1988 e 1989) apresentou uma versão modificada dessa mesma hipótese. Segundo ele, a experiência de agredir alguém gera no agressor um afeto negativo. A exposição subsequente a eventos negativos (que se prefere evitar) gera sentimentos negativos que, automaticamente, ativam tendências para agressão ou esforços para escapar da situação desagradável, bem como reações fisiológicas e pensamentos ou lembranças relacionadas à experiência agressiva anterior. Se um comportamento agressivo se segue, ou não, depende de uma série de fatores, tais como os tipos de pensamentos ativados pela situação ou reavaliações cognitivas da própria situação.

Em síntese, Berkowitz (1993) sugere que os seres humanos parecem ter uma tendência inata para responder a estímulos ou situações sociais provocadoras, investindo contra eles de forma agressiva. Se a ação agressiva vai, ou não, se manifestar depende de uma interação complexa entre tais propensões inatas, uma variedade de respostas inibidoras aprendidas e a natureza precisa da situação social. Para este autor, trata-se de uma simplificação grosseira afirmar que os seres humanos, tal como os animais, estariam programados a reagir agressivamente a estímulos altamente específicos. As evidências vêm demonstrando que os padrões inatos de comportamento são infinitamente modificáveis e flexíveis e a maior prova disso, segundo ele, é a inequívoca variabilidade nos níveis de agressividade dos diferentes grupos culturais.

Fatores que influenciam a agressão

Considerando-se a propensão humana para a agressão, convém indagar: Quando e em que condições as pessoas realmente agem de modo agressivo?

A resposta não é simples, pois inúmeras são as circunstâncias que aumentam a probabilidade de manifestação de atos agressivos. Algumas delas relacionam-se a estados motivacionais ou afetivos que as pessoas vivenciam. Outras influências são externas às pessoas e dizem respeito a características do ambiente ou a circunstâncias imediatas. Nesta seção, trataremos dos principais fatores sociais, ambientais e pessoais que favorecem a agressão.

Fatores sociais desencadeadores da agressão

O efeito das armas

Como vimos anteriormente, a frustração constitui um dos fatores mais estudados na literatura sociopsicológica sobre o assunto. Parece claro, contudo, que nem sempre é a frustração em si mesma que conduz à agressão. Ela pode produzir raiva, por exemplo, e a prontidão para agredir pode estar mais ligada a outros aspectos do ambiente. Hábitos agressivos aprendidos previamente podem contribuir para essa prontidão da mesma forma que a presença no ambiente de "pistas" agressivas – armas, por exemplo – pode aumentar a probabilidade de ocorrência da agressão (Berkowitz, 1989).

Objetos violentos alimentam pensamentos violentos. Armas, facas e outros tipos de objetos são fortemente associados à ideia de agressão (Huesmann & Eron, 1984). Se ver uma arma pode propiciar pensamentos de agressão, isto deve fazer com que o comportamento agressivo seja mais provável. A essa conclusão, apoiada em programa sistemático de pesquisas, chegaram alguns psicólogos sociais, o que os levou a cunhar o termo **efeito das armas** (Berkowitz & LePage, 1967; Carlson, Marcus-Newhall & Miller, 1990). Nesta mesma direção, Carlson et al. (1990), ao procederem a uma meta-análise de 56 estudos, chegaram à conclusão de que a mera visão de armas pode levar a um aumento da agressividade, estejam as pessoas zangadas ou não. Outras evidências empíricas, no entanto, demonstram que a presença de armas não é suficiente para gerar agressão se a pessoa não as interpreta como algo que serve para ferir ou causar dano aos outros (Fraczek & Macaulay, 1971; Turner & Simons, 1974). E, mais, se o indivíduo teme que a manifestação da agressão pode lhe trazer punição ou desaprovação, essas pistas do ambiente não têm a mesma eficácia (Turner et al., 1977).

O **efeito das armas** tem importantes implicações práticas. A principal delas é que a exibição ou uso livre de armas perigosas envolve um risco inerente e potencial. Como bem afirma Berkowitz (1968: 22): "As armas não apenas propiciam a agressão, elas podem até estimulá-la. O dedo puxa o gatilho, mas o gatilho pode também puxar o dedo". As diferenças nas taxas de homicídio entre países em que há forte controle no porte de armas e países em que se permite o uso de armas para fins de proteção pessoal dão apoio à posição de Berkowitz. É óbvio que outras diferenças nacionais podem concorrer para isso e que a disponibilidade de armas pode não ser a única causa dos elevados índices de violência e criminalidade. Na Jamaica, em meados da década de 1970, quando sua legislação passou a incluir o controle de armas e a obrigatoriedade de uso de uma tarja de alerta em filmes e programas de televisão com cenas que envolvessem armas, o número de crimes violentos diminuiu consideravelmente (Diener & Crandall, 1979).

Outros estudos de caráter longitudinal (Archer, 1994; Archer & McDaniel, 1995) trouxeram resultados mais contundentes. Adolescentes norte-americanos e de mais dez países foram solicitados a ler histórias sobre conflitos entre as pessoas e a indicar sua opinião sobre o desfecho desses conflitos. Os resultados demonstraram que os adolescentes norte-americanos tenderam a antecipar soluções muito mais violentas, letais, impiedosas e resolvidas por meio de armas do que todos os adolescentes dos demais países. Segundo os próprios psicólogos sociais norte-americanos, as conclusões desses estudos são irrefutáveis no sentido de demonstrar que a violência letal, envolvendo armas, constitui uma parte considerável da sociedade norte-americana, desempenhando, portanto, um importante papel nas expectativas e fantasias de seus jovens.

Estudos sobre pensamento automático têm dado apoio à posição de Berkowitz. Quando a pessoa é colocada em situações capazes de ativar agressão (armas, objetos contundentes, estereótipos negativos relacionados a grupos) isso a predispõe, inconscientemente, a agir agressivamente (cf., p. ex., Cesario, Higgins & Plaks, 2006).

A provocação direta

O ataque direto – físico ou verbal – constitui uma das influências mais óbvias sobre o comportamento agressivo, já que a provocação tende a gerar na vítima um sentimento de retaliação. Em outras palavras, a um comportamento percebido como agressivo responde-se com outro comportamento tão ou mais agressivo. Embora, em geral, a retaliação possa caracterizar uma boa parte das reações à provocação direta, há uma série de outros fatores que podem determinar se, e em que grau, as pessoas escolhem a resposta agressiva. O mais importante talvez seja a intencionalidade percebida na provocação. Se ela é vista como intencional, o mais provável é que suscite estados emocionais suficientemente fortes, capazes de gerar o comportamento recíproco de agressão. Se não intencional ou acidental e, portanto, fora do controle do agressor, é menos provável a ocorrência de uma manifestação agressiva. Nesses casos, as *atribuições* feitas às causas do comportamento agressivo podem mediar o tipo de resposta que será dado à provocação – agressiva ou não agressiva, retaliativa ou não. São consideráveis as evidências empíricas no sentido de considerar que circunstâncias especiais, especialmente as explicações que damos aos motivos que levam à provocação do agressor, podem mitigar os efeitos dos ataques pessoais diretos (Ferguson & Rule, 1983; Lysak, Rule & Dobbs, 1989; Weiner, 1995, 2006). Lysak, Rule e Dobbs, no entanto, obtiveram também evidências de que a percepção de evitabilidade do ato agressivo é um determinante ainda mais importante do que a intenção percebida do agente. Ou seja, se alguém comete uma agressão, nós lhe atribuímos culpa se acreditamos que ele poderia, ou deveria, ter evitado as consequências de seu ato, mesmo quando julgamos que ele não teve a intenção de nos fazer mal.

Em resumo, nossas reações não são automáticas, mas refletem nossas interpretações sobre as causas subjacentes às ações dos outros; nossos comportamentos são fortemente influenciados por nossos pensamentos acerca dessas ações. Muitas vezes, as crenças sobre a previsibilidade e intenção do agressor são mais importantes do que o próprio dano sofrido.

Obediência à autoridade

Na perpetração de atos agressivos, a questão de assumir ou não a responsabilidade é um outro fator extremamente relevante. Nos casos de frustração e de provocação, as pessoas, em geral, tendem a assumir a responsabilidade por seus atos, embora, às vezes, tenham a tendência de buscar razões extremas para dela se eximirem.

Há, contudo, um outro tipo de situação que impele ao comportamento agressivo e que, normalmente, leva o perpetrador a se isentar totalmente da responsabilidade por seus atos. Essa "agressão legitimada" (Scheibe, 1974) ocorre em situações agressivas nas quais os agentes se sentem como meros executores de ordens superiores ou como veículos para a obtenção de um fim por eles considerado justo e até mesmo altruísta. Os carrascos nazistas e os terroristas dos tempos modernos enquadram-se nesses casos.

Nos experimentos clássicos de Milgram (1963, 1965, 1974) sobre obediência à autoridade e mencionados no capítulo 9, foi estudado o efeito das ordens do experimentador na predisposição das pessoas a administrar choques elétricos em outros. Nessa série de estudos os efeitos da pressão externa eram claros: os sujeitos que eram estimulados a prosseguir administravam choques de intensidade cada vez maior do que os que agiam sozinhos. A tendência a obedecer a ordens de forma cega pode ser explicada, segundo os pesquisadores, pelo fenômeno de atribuição de causa e responsabilidade ao mandante, seja ele o oficial superior, o chefe do movimento terrorista, seja ele o experimentador.

O experimento de Zimbardo (1975), já citado anteriormente, ilustra também, de forma inequívoca, a influência da situação de obediência às ordens, de pressão externa ou de cumprimento de um papel sobre o comportamento agressivo. Na vida real, da mesma forma, na guerra contra o Iraque, iniciada em 2003, a revelação do comportamento sádico de guardas americanos contra prisioneiros de guerra iraquianos revelou-se bastante traumática. Em flagrante violação da Convenção de Genebra, os prisioneiros foram submetidos a sessões de tortura física e psicológica que chocaram o mundo.

Muito embora isso de modo algum justifique a terrível conduta exibida pelos guardas em Abu Ghraib, as tremendas pressões de uma situação de guerra, somadas ao ambiente coercitivo de uma prisão de segurança máxima, facilitaram indubitavelmente a ocorrência de tais comportamentos (Rodrigues, Assmar & Jablonski, 2005).

Cientes disso, os supervisores dos guardas deveriam ter redobrado a atenção no sentido de evitar que isso acontecesse. Em um trabalho de 2004, Zimbardo, referindo-se ao comportamento dos guardas em Abu Ghraib, ressaltou a importância de fatores situacionais relacionados: à difusão de responsabilidade na execução de atos imorais e um senso de anonimato que não os fizeram sentir-se pessoalmente responsáveis (cf. próxima seção); à percepção da prisão de um modo desumanizado; a companheiros que serviram como modelos nocivos; à falta de sanções visíveis pela execução de comportamentos inaceitáveis; e a uma perspectiva estreita de tempo, que os levava a uma espécie de armadilha pela expansão avassaladora de vivência do tempo presente.

Desindividuação

Quando as pessoas não podem ser identificadas, elas são mais propensas a exibir condutas antissociais. Em situações de anonimato é possível que os agressores pensem que não serão vistos ou responsabilizados por suas ações violentas. E, de fato, inúmeros estudos comprovam este tipo de associação (Mann, 1981; Anderson & Bushman, 1997; Silke, 2003). Zimbardo (1970) apresenta uma teoria que postula modificações na autoconsciência em função do ambiente, centrando-se no conceito de **individuação** (termo inicialmente usado por Carl Jung e posteriormente pelos gestaltistas), segundo o qual o indivíduo se comporta como personalidade distinta que tem consciência de sua individualidade. Apoiado nesse conceito, propõe o termo **desindividuação**, fazendo-o corresponder à ideia oposta de ausência de sentimento de individualidade distinta ou de autoconsciência.

Dependendo da natureza da situação social ou física, as pessoas apresentam graus variados de individuação. Em família, ela é elevada, na multidão, ela é mais baixa. A desindividuação é sempre maior em situações nas quais podemos agir em relativo anonimato porque os indivíduos não podem ser identificados ou singularizados. Zimbardo (1975) sugere que a desindividuação reduz as preocupações com a avaliação dos outros, enfraquecendo os controles normais que se baseiam na culpa, na vergonha e no medo. Nesse sentido, as pessoas que moram em cidades grandes se sentem altamente desindividuadas, ao passo que os moradores de cidades pequenas sentem-se bastante individuados porque conhecem e são conhecidos por quase todo mundo.

Em estado de desindividuação, há duas razões importantes para, segundo esse autor, ocorrer o aumento da incidência de atos agressivos: a menor probabilidade de os indivíduos serem reconhecidos e a redução geral da capacidade ou tendência de terem preocupações sociais. Para testar essas proposições, Zimbardo (1970) conduziu um experimento no qual quatro estudantes supunham dividir a responsabilidade por aplicar choques elétricos (fictícios, é claro) em outros estudantes. Metade desses estudantes eram vestidos com capuzes, não eram identificados por seus nomes e desempenhavam a tarefa no escuro. Os demais estudantes tinham sua identidade reforçada, isto é, usavam crachá, tratavam-se pelo primeiro nome e o experimentador os cumprimentava pelo próprio nome. Todos os sujeitos eram livres para dar o número de choques que quisessem, mas os encapuzados davam mais choques do que os que eram identificados. Outros experimentos, usando manipulações semelhantes do anonimato dos sujeitos, mostraram que as pessoas são mais propensas a expressar agressão física e verbal quando sua identidade não é enfatizada (Cannavale; Scarr & Pepitone, 1970; Mann, Newton & Innes, 1982).

Aparentemente, a desindividuação pode também ser autoinduzida. Nesse sentido, a repetição sistemática de um ato agressivo pode fazer com que esse ato deixe de ser visto como agressivo por quem o pratica. Podemos perder a noção do que estamos fazendo e o ato agressivo passar a ser repetido de modo automático, destituído de autoconsciência. Com base nessa suposição, Zimbardo (1970) e Goldstein (1975) aventaram a hipótese de que os maus-tratos infligidos às crianças por parte dos pais poderiam ser explicados dessa forma.

Família

É bastante comum a expressão "violência gera violência". Com o objetivo de reunir dados empíricos que confirmem a força dessa predição, psicólogos sociais têm-se voltado para o estudo da influência do ambiente familiar na agressão. Em geral, podemos afirmar que crianças cujos pais adotam práticas punitivas, físicas ou verbais, tendem a usar esses mesmos recursos quando interagem com outras pessoas. Os pais, que costumam disciplinar os filhos por meio de gritos, castigos e surras estão na verdade "modelando" a agressão como um método natural de lidar com os problemas (Patterson, Chamberlain & Reid, 1982; Hill & Nathan, 2008). Esses pais provavelmente agem assim porque tiveram pais que procediam com eles da mesma forma (Bandura & Walters, 1959; Straus & Gelles, 1980). Como afirma Widom (1989), embora a maior parte dessas crianças não se transforme necessariamente em criminosos ou em pais punitivos, 30% delas acabam posteriormente sendo pais violentos. Além da questão das surras, disciplina inconsistente, pouca supervisão e rejeição ou frieza no relacionamento com as crianças também constituem fatores que podem levar à formação de adultos mais agressivos (Bushman & Huesmann, 2010).

A influência doméstica também se faz sentir nas taxas mais elevadas de violência em culturas e famílias nas quais a figura paterna é ausente ou apagada (Triandis, 1994). A correlação entre ausência do pai e violência mantém-se de forma significativa, independentemente de raça, nível de renda, educação e posição social (Staub, 1996). Assim, por exemplo, Santiago de

Matos (2002), em estudo com mães de adolescentes em conflito com a lei, em São João do Meriti, no estado do Rio de Janeiro, pôde observar, na maioria das vezes, que a ausência da figura paterna foi uma constante na vida daqueles adolescentes. O que esses dados demonstram não é, evidentemente, que crianças criadas sem pai serão futuros delinquentes, mas tão somente que o risco de isso acontecer é maior, haja vista a influência comprovada das experiências familiares na aquisição de comportamentos agressivos.

Família: normas sociais

Como vimos anteriormente, aprendemos a partir da imitação e do reforçamento quando, como e contra quem podemos ser agressivos. As pessoas aprendem, portanto, se devem ou não responder de forma violenta a determinados estímulos ambientais. Como discernir entre os estímulos que estão associados à expressão da agressão e os que estão associados à sua inibição? Tal distinção é regulada por normas sociais, que todos nós aprendemos e que nos prescrevem os tipos de comportamentos que devemos adotar em situações específicas. Assim, desde cedo o menino aprende, por exemplo, que não há problema em bater de volta no garoto que lhe bateu, mas não é certo revidar se for uma menina. Aprendemos também que não é certo agredir verbalmente a professora que nos repreende por nossos erros ou gritar com os mais velhos que nos chamam atenção. Apesar de alguns comportamentos agressivos serem de natureza impulsiva e, outros, inapropriados para certo tipo de situações sociais, há ainda muitos outros que são controlados por normas sociais, complexas ou sutis, desenvolvidas em todas as culturas humanas. São as normas sociais que especificam o tipo de agressão que é pró-social, sancionada ou antissocial. A palmada que a mãe dá no filho é educativa, é direito de uma pessoa matar por legítima defesa, mas assalto e crime devem ser punidos com rigor. Esses exemplos ilustram bem o papel das normas como reguladoras dos comportamentos. Na maioria dos casos, as normas sociais se aplicam à sociedade como um todo e os limites entre o certo e o errado são consensuais. Outras vezes, contudo, há divergências entre os grupos sociais ou camadas da sociedade: em 1960, por exemplo, os graves conflitos raciais entre brancos e negros na sociedade norte-americana traduziram esse estado de coisas, com os negros justificando os motins como um protesto contra a discriminação racial e os brancos recusando-lhes esse direito (Sears & McConahay, 1973).

Em outros casos, as normas sociais mudam e, com elas, a frequência de certos tipos de agressão. Os casos mais óbvios ocorrem com as guerras: durante a guerra, o ato de matar soldados inimigos deixa de ser antissocial para se tornar pró-social e, quando ela acaba, volta-se ao estado anterior.

Por outro lado, da mesma forma que existem normas que promovem a agressão, existem também normas inibidoras de atos agressivos. Como já discutimos anteriormente, muitas sociedades tentam manter e transmitir normas que limitam ou coíbem a violência e se preocupam também em desenvolver normas de convivência pacífica entre seus membros. Tais tipos de normas são mais efetivas no controle da agressão quando se trata do chamado *in-group* (isto é, os membros de um mesmo grupo ou o grupo endógeno). A similaridade reduz a agressão por duas razões principais: em primeiro lugar, a similaridade percebida promove a empatia e o sentimento de "nós" é incompatível com a agressão; em segundo lugar, as normas da maioria dos grupos proíbem ou controlam rigidamente a violência dentro deles a fim de que a coesão seja mantida e os objetivos dos grupos, alcançados. Os membros do grupo são protegidos por uma norma que parece advertir "não me façam nenhum mal, eu sou um dos nossos". Essa proteção contra a agressão, contudo, não se estende para os membros dos demais grupos. Pelo contrário, parece que o sentimento de que os *outsiders* são diferentes da "nossa gente" acaba por fazer com que a agressão se manifeste mais facilmente. Os membros de grupos de que não gostamos passam, geralmente, a ser desumanizados e moralmente excluídos, isto é, fora das fronteiras às quais se aplicam os controles normativos (Smith & Mackie, 2007).

Fatores ambientais estimuladores da agressão

Dentre os fatores ambientais que aumentam a probabilidade de atos agressivos, os mais estudados pelos psicólogos sociais têm sido o calor e a superpopulação. Os resultados de pesquisas experimentais mostraram que os estudantes que responderam a questionários em sala incomodamente quente relataram sentir-se mais cansados, agressivos e com maior hostilidade a estranhos do que aqueles que foram colocados em sala com temperatura normal (Griffitt, 1970; Griffitt & Veitch, 1971).

Alguns estudos correlacionais também evidenciaram associações entre condições climáticas de calor intenso e maior agressão: as inúmeras rebeliões ocorridas em várias cidades norte-americanas entre 1967 e 1971 aconteceram mais nos dias quentes que nos dias frios; os índices de crimes violentos são sistematicamente maiores nos lugares mais quentes. Segundo Anderson (1989), os crimes mais violentos ocorrem não só nos dias mais quentes e nas estações mais quentes, como também nos verões mais quentes.

Seriam esses dados, baseados em eventos reais, indicativos de que o calor, de fato, alimenta e aumenta a agressividade? Ainda que a conclusão pareça plausível, é óbvio que as correlações obtidas entre temperatura e agressão não provam isso. O que se pode afirmar é que com o calor as pessoas se tornam mais irritadiças e impacientes, mas outros fatores podem estar concorrendo para o aumento da agressividade, como é o caso do maior número de pessoas que, nos dias mais quentes, buscam as ruas e os lugares públicos para aliviarem-se da sensação desagradável provocada pelo excesso de calor. Como vimos no segundo capítulo, em estudos correlacionais, precisamos estar atentos à probabilidade de uma terceira variável ser responsável pela associação verificada.

Entre os fatores ambientais importantes para o desencadeamento de atos violentos está o chamado *crowding* – o sentimento subjetivo de falta de espaço, provocado pelo excesso de pessoas em um ambiente. A experiência de se sentir sufocado em um ônibus extremamente cheio ou de se sentir apertado em um ambiente pequeno com muitas pessoas é estressante e pode diminuir o senso de controle de certas pessoas (Baron et al., 1976; McNeel, 1980).

Aqui também cabe indagação semelhante à expressa anteriormente: seriam os sentimentos gerados por alta densidade social, por si só, suficientes para elevar os índices de agressão? Ainda que estudos com animais tenham demonstrado que o estresse provocado pelo excesso de animais em ambientes confinados tenha aumentado a agressão, há uma grande distância entre ratos enclausurados e seres humanos em uma cidade (Baron & Byrne, 2002). De todo modo, não há como negar que, em áreas urbanas muito densas, são mais altas as taxas de crime e de estresse emocional (Fleming, Baum & Weiss, 1987).

Além dos fatores expostos, o álcool também tem sido estudado como um aspecto importante relacionado à violência. Segundo Bushman e Huesmann (2010), inúmeros estudos comprovaram que pelo menos 50% das pessoas que cometem crimes violentos tinham ingerido bebidas alcoólicas. De fato, não se pode negar a existência de uma correlação positiva entre álcool e agressão: seja pela redução de inibições, da atenção e da concentração, pela diminuição da autoconsciência ou de habilidades cognitivas superiores que serviriam de freios a comportamentos agressivos, o que se sabe é que o álcool exerce um papel significativo na emissão de condutas agressivas.

Fatores pessoais instigadores da agressão

A despeito da conclusão de que há forte influência de fatores sociais e ambientais na deflagração de atos agressivos, características individuais podem concomitantemente atuar como desencadeadoras da agressão.

Uma das características pessoais mais estudadas no âmbito do comportamento agressivo é o chamado **Padrão de Comportamento Tipo A**. Os indivíduos, que se enquadram nesse padrão costumam possuir os seguintes traços pessoais: (a) são extremamente competitivos; (b) estão sempre com pressa; e (c) são irritadiços e hostis.

Como é comum no estudo das diferenças individuais, esses traços são vistos como constituindo um *continuum*, cujas extremidades seriam ocupadas por pessoas do Tipo A e do Tipo B. Mais recentemente, contudo, alguns estudiosos do assunto têm sugerido que essa distinção, na verdade, apresenta-se como dicotômica, isto é, como categorias mutuamente excludentes e não diferenciadas por grau. Em outras palavras, as pessoas seriam do tipo A ou do tipo B, sem ocuparem graus intermediários ao longo de um *continuum*.

Com base nessas características, parece razoável supor que as do Tipo A tenderiam a ser mais agressivas do que as do Tipo B em uma ampla variedade de situações sociais. Algumas evidências experimentais apontaram nessa direção (Baron, Russel & Arms, 1985; Berman, Gladue & Taylor, 1993). Além disso, outros achados demonstraram que as pessoas do Tipo A são, de fato, hostis: elas não apenas agridem outros porque isso representa um meio útil para atingir seus objetivos (sucesso profissional, vitórias em competições ou jogos) – e, nesse caso, estaríamos falando de *agressão instrumental* – como também se engajam na chamada *agressão hostil*, cujo objetivo principal é infligir dor e sofrimento às vítimas (Strube et al., 1984).

Como vimos anteriormente, as *atribuições* sobre as intenções dos outros desempenham um papel importante na agressão (Weiner, 1995, 2006). Quando os indivíduos creditam as ações ambíguas de alguém a uma intenção maldosa, eles são mais propensos a retaliar do que quando as interpretam como decorrentes de outros motivos (Johnson & Rule, 1986). Essa tendência sugere uma outra característica pessoal que afeta potencialmente a ocorrência da agressão – designada como **tendenciosidade atribuicional hostil** – e que consiste na propensão a perceber intenção hostil nas outras pessoas mesmo quando ela não existe. Quanto maior ela for, maior a probabilidade de reações agressivas em resposta à provocação de outros.

Um outro atributo pessoal relacionado ao comportamento agressivo diz respeito ao *gênero*. Serão os homens mais agressivos que as mulheres? O senso comum sugere que sim, pelo menos na maioria das vezes. As estatísticas criminais revelam a maior incidência de homens presos por atos violentos, comparativamente a de mulheres. Até o momento, contudo, os dados empíricos disponíveis na literatura sociopsicológica não oferecem um único padrão de respostas característico a cada gênero.

Por um lado, resultados de pesquisas indicam que os homens são mais propensos a instigar ou a servir de alvo para várias formas de agressão (Bogard, 1990; Harris, 1992). Por outro, uma inspeção mais detida revela que as diferenças não são tão acentuadas como a crença popular sugere. Além do mais, a tendência dos homens para atos agressivos parece ter mais a ver com as formas *físicas* de agressão (p. ex.: brigar e usar armas). Os achados mais recentes vêm sugerindo que as mulheres, mais que os homens, tendem a recorrer a formas variadas de agressão *indireta*, tais como espalhar boatos e "fofocas" sobre outra pessoa, rejeitar publicamente uma antiga amizade, ignorar uma pessoa na frente de outras (Lagerspetz, Bjorkqvist & Peltonen, 1988). Em estudo realizado por Bjorkqvist, Lagerspetz e Kaukiainen (1992), meninos e meninas de três faixas etárias foram solicitados a indicar como seus colegas de classe reagiam quando estavam com raiva. As respostas foram agrupadas em três categorias: agressão *direta* (tapas, brigas, palavrões), *indireta* ("fofocas") e *afastamento* (retirar-se, ficar de mau humor). Tal como o esperado pelos pesquisadores, os meninos usavam mais as formas físicas e diretas e as meninas "manipulavam" mais a agressão, isto é, recorriam às formas indiretas de agressão. Tais diferenças eram tanto maiores quanto maior idade possuíam, o que, segundo os autores, pode ser explicado pelo maior desenvolvimento das habilidades cognitivas necessárias ao uso de formas manipulativas.

Evidências adicionais demonstram que os sexos masculino e feminino também se distinguem em suas atitudes em relação à agressão (Eagly & Steffen, 1986). Enquanto os homens relatam sentir menor culpa e ansiedade quando se envolvem em comportamentos agressivos, as mulheres revelam uma maior preocupação de que a agressão a alguém acabe por trazer uma ameaça a sua segurança pessoal, ou seja, que a vítima busque uma retaliação.

A influência de filmes e programas de televisão violentos

O debate acerca da influência da exposição à violência nos meios de comunicação de massa, levada às últimas consequências no cinema e na televisão (e ultimamente também nos *videogames*), tem atraído a atenção não só dos cientistas sociais, mas também da sociedade em geral, assustada com os altos e crescentes índices de criminalidade na família, nas ruas, enfim, em grande número de situações sociais.

Sempre que se põe em relevo a questão polêmica violência x mídia, a discussão se polariza em torno do seguinte eixo de discussão: a mídia cria uma sociedade agressiva ou simplesmente reproduz e retrata uma realidade social violenta? Para uns, a mídia é a grande responsável pela exacerbação e banalização da violência, atingindo especialmente as crianças, que, sob sua influência, crescem e se tornam adultos, encarando a agressão com naturalidade e sem perplexidade. Os defensores da mídia costumam recorrer à hipótese da catarse, sustentando que assistir a programas violentos contribui para descarregar as tensões e energias agressivas e argumentando ainda que a violência é anterior à televisão.

Apesar das posições divergentes, os dados apontam para a conclusão de que, de fato, a excessiva exposição à violência na mídia pode ser um dos mais importantes fatores na deflagração da violência individual e social. Segundo Grossman e DeGaetano (1999), de 3.500 pesquisas realizadas sobre os efeitos da violência na mídia, 99,5% delas evidenciaram algum tipo de efeito negativo junto à audiência. Estudos realizados posteriormente vieram apenas confirmar, em menor ou maior grau, estes mesmos achados (Huesmann et al., 2003; Slater et al., 2003).

O impacto nas crianças

O leitor deve estar lembrado que, ao tratarmos da explicação dada pela Teoria da Aprendizagem Social para a agressão, afirmamos que as crianças tendem a imitar o comportamento dos modelos agressivos que observam. Podemos, então, por extensão, acreditar que a observação do conteúdo agressivo veiculado pela televisão, nos filmes, seriados e até mesmo nos desenhos animados, terá efeitos semelhantes nas crianças?

Levando-se em conta que as crianças permanecem, em média, três a quatro horas por dia diante de um aparelho de TV (inclusive no Brasil, onde dados colhidos pelo Ibope Mídia revelaram, em 2004, uma média diária de 3 horas e 31 minutos diante da televisão, por crianças entre 4 a 11 anos de idade), como podemos avaliar que comportamentos sociais estão sendo modelados? Desde 1967 pesquisadores da Universidade da Pensilvânia vêm analisando os programas da televisão norte-americana. Entre os principais achados, destacam-se os que apontam que dois em cada três programas contêm violência, compelindo fisicamente à ação com ameaça potencial de ferir e matar ou à ação que redunda, de fato, nesses atos de violência. Qual a consequência disso? Ao final da escola elementar, a criança norte-americana média terá visto aproximadamente oito mil assassinatos e cem mil outros comportamentos agressivos na televisão. Refletindo sobre todos esses atos de crueldade testemunhada e computada, Gerbner (1994) afirma que a humanidade teve eras mais sanguinárias, mas nenhuma tão preenchida com *imagens* de violência como a atual.

As evidências em favor dos efeitos da violência na mídia sobre a agressão infantil e suas repercussões na vida adulta foram obtidas em vários tipos de estudo, desde os experimentos de laboratório, passando pelos estudos correlacionais, até os experimentos de campo.

As primeiras evidências de que a agressão exibida na mídia pode levar a comportamentos agressivos foram reunidas nos clássicos experimentos de Bandura et al. (1963), nos quais era avaliado o comportamento de crianças observando atos de violência. Os estudos tinham sempre esse objetivo central, variando-se as condições em que se apresentavam os modelos agressivos ou não agressivos. Já nos referimos anteriormente aos estudos cujos modelos eram atores. Em outros estudos da série, os modelos eram mostrados em filmes ou em cartazes. Em todos os casos, as crianças que observaram os comportamentos do modelo agressivo demonstraram uma tendência maior a atos agressivos do que as que observaram modelos não agressivos.

Em estudos de laboratório subsequentes, os participantes, após assistirem a programas ou filmes de televisão, tinham a oportunidade de atacar (supostamente) uma vítima real, e não mais um boneco. Os resultados foram equivalentes aos anteriormente verificados: os participantes (crianças e adultos), que testemunharam cenas de violência na mídia, revelaram posteriormente índices mais altos de agressão do que aqueles que não foram expostos a tais conteúdos (Josephson, 1987; Liebert, Sprafkin & Davidson, 1989). Nessa linha de análise, Liebert e Baron (1972) conduziram um estudo comparando dois grupos de crianças: um deles assistiu ao *Os intocáveis*, um seriado de televisão, extremamente violento, de policiais contra bandidos, bastante popular nas décadas de 1960 e 1970; um outro grupo semelhante de crianças (grupo de controle) assistiu, pelo mesmo período de tempo, um evento esportivo, bastante excitante, mas não violento. Após o programa, permitia-se que as crianças brincassem em uma sala com outras crianças, que não assistiram a nenhum programa. Tal como o esperado, as crianças que viram *Os intocáveis* mostraram maior agressão contra seus colegas do que as que viram o programa esportivo.

Achados até certo ponto mais convincentes em relação ao impacto da mídia na agressão subsequente de crianças foram trazidos por estudos de campo, conduzidos sob condições mais realistas. Em tais estudos, os pesquisadores expunham grupos de crianças a quantidades variadas de violência na mídia e observavam os níveis de agressão manifestados em situações naturais. Mais uma vez, os resultados fortaleceram a interpretação de que os jovens, quando submetidos à exposição prolongada de violência, tornam-se mais agressivos do que os que são expostos a materiais não violentos (Leyens et al. 1975; Parke et al., 1977).

Estudos correlacionais longitudinais indicaram também que quanto maior a violência e agressão a que as pessoas assistem na televisão quando crianças, maior violência elas exibem quando se tornam adolescentes e adultos (Eron, 1987; Huesmann, 1982). Um exemplo típico desse tipo de estudos ajudará o leitor a compreender melhor a metodologia utilizada: os pesquisadores pediam a adolescentes que se lembrassem de programas de TV que assistiam quando eram crianças e qual a frequência com que os viam. Paralelamente, solicitavam a alguns juízes que, de forma independente, classificassem esses programas quanto ao grau de violência que continham. Os adolescentes, por sua vez, eram classificados por seus professores e colegas de classe, também de forma independente, em função do grau de agressividade que apresentavam. Os resultados indicaram não apenas alta correlação entre a quantidade de violência vista na TV e o grau de agressividade subsequente, mas também que o impacto é cumulativo, isto é, a força da correlação aumenta com a idade. Belson (1978) verificou em estudo longitudinal de seis anos de duração com mais de 1.500 adolescentes que a exposição em longo prazo a imagens violentas aumenta a probabilidade de atos violentos por parte do telespectador.

Ainda que contundentes, esses resultados não podem ser interpretados como indicativos de que a violência assistida na televisão faz com que todas as crianças se tornem necessariamente adolescentes violentos. Como se trata de estudos correlacionais e não de estudos experimentais, não se pode – como já alertamos seguidas vezes – pressupor uma relação de causa e efeito entre as variáveis consideradas. Até porque é bastante plausível que se tenham outras interpretações para esses mesmos resultados: poder-se-ia pensar, por exemplo, que crianças agressivas já nascem com a tendência a gostar de violência e, por conta disso, essa tendência manifesta-se tanto em seu comportamento agressivo quanto em sua preferência por programas agressivos e violentos.

É importante destacar que todos esses estudos, embora variem a quantidade de exposição à violência na mídia para avaliar seu impacto no nível de agressividade dos espectadores, não podem dar conta de todos os fatores que promovem a agressão. Quando se tem conhecimento de dados estatísticos, como os que apontamos no início desta seção, que revelam a intensidade com que as crianças são submetidas à violência na TV (número de horas por dia diante da televisão x proporção de cenas violentas x número de anos assistindo a programas agressivos), não há como deixar de considerar que, além da aprendizagem social e da imitação, um outro fator crucial pode contribuir para explicar o extraordinário impacto nas crianças dos conteúdos violentos, veiculados cotidianamente na mídia. É o fenômeno conhecido como *priming* (cf. capítulo 3), pelo qual a exposição das crianças a armas, revólveres, facas, deixadas à sua vista tende a aumentar a probabilidade de uma resposta agressiva diante da dor ou frustração subsequente. A exposição das crianças a uma carga interminável de violência em filmes e programas de televisão tem o efeito similar de acessar prontamente uma resposta agressiva diante de uma variedade de situações sociais.

Como a literatura sociopsicológica é, em geral, de procedência norte-americana, os achados aqui discutidos referem-se, em sua maioria, à cultura de origem. Diante dessa constatação, o leitor poderá logo pensar: não seriam as tendências, até então apontadas, típicas dessa sociedade, mas não de outras?

Parece não ser esse o caso. Pelo menos se levarmos em consideração os resultados da extensa pesquisa sobre violência na mídia realizada em 23 países, durante os anos de 1996 e 1997. A pesquisa foi coordenada pelo pesquisador alemão Jo Groebel, da Universidade de Utrecht, Holanda. Em entrevista concedida à imprensa (*Jornal do Brasil*/RJ, 1998), Groebel comenta seu trabalho, que se transformou no maior estudo transcultural do papel da violência na mídia no desenvolvimento da agressividade nas crianças. Groebel entrevistou cinco mil meninos e meninas de 12 anos, todos alunos de escolas, percorrendo 23 países, entre eles Brasil, Alemanha, Canadá, Croácia, Filipinas, Ucrânia, Tajiquistão, Índia, Japão, Ilhas Maurício. Pela primeira vez, em estudos dessa natureza, foram incluídas regiões internacionais em conflito.

Os resultados desse estudo reforçam as conclusões das pesquisas norte-americanas: a presença maciça da violência na mídia no dia a dia das crianças e seus graves efeitos no desenvolvimento de uma sociedade agressiva. E, o que é pior, revelam tratar-se de um problema de âmbito mundial: o privilégio da banalização da violência na mídia não se atém a classe social, raça, crença religiosa ou modelo cultural específicos.

Uma conclusão bastante interessante desse estudo refere-se à diferença constatada entre meninos e meninas, já discutida anteriormente neste capítulo: enquanto a maioria dos meninos escolhe heróis agressivos, as meninas optam por *pop stars* e músicos. Segundo Groebel (1998), a atração pela violência é definitivamente coisa de menino, e sua aplicação é também uma tendência predominantemente masculina. À luz dos achados desse e de outros estudos realizados, Groebel conclui que o que percebemos como educação, socialização, influência de estilos distintos de criação de meninos e meninas pode ser o resultado do impacto da mídia. A tendência é que as meninas se aproximem cada vez mais do comportamento masculino, e não que os meninos se tornem mais pacíficos. Em síntese, o que se verifica é a promoção sistemática da cultura da violência em detrimento da cultura pacífica.

O impacto nos adultos

A ênfase especial que demos à discussão do papel da mídia, especialmente da mídia eletrônica, no aumento da agressividade das crianças justifica-se por várias razões: por definição, as crianças são mais maleáveis que os adultos, pressupondo-se, então, que suas atitudes e comportamentos sejam mais profundamente influenciáveis pelas coisas que observam; ademais, ainda não atingiram o nível de desenvolvimento cognitivo necessário para decodificar e entender de que forma a violência gera sofrimentos e vítimas. Fein (1973) lembra também que a tendência à imitação declina com a idade. Crianças mais velhas, acima dos cinco anos, já não imitam tanto quanto as mais novas um comportamento observado, numa possível prova de que o declínio da imitação decorre em função de um progressivo amadurecimento cognitivo. Com isso, a observação da violência não seria tão danosa nos adultos, pelo menos, quando se tem em mente apenas o papel da imitação.

No entanto, não se pode afirmar que tais efeitos se limitem apenas às crianças e não atinjam também os adultos. Pelo contrário, são numerosos e aberrantes os exemplos de comportamentos violentos exibidos por pessoas adultas, muitos deles atribuídos à influência da mídia. Aronson, Wilson e Akert (2009) relembram um caso ocorrido no Texas, há alguns anos, em que um homem arremessou seu caminhão contra uma cafeteria lotada, desceu da cabina e começou a atirar nas pessoas. Após matar 22 pessoas, suicidou-se. Em seu bolso, a polícia encontrou o canhoto de um ingresso para um filme: ele havia assistido *Fisher King*, um filme que mostrava um homem louco, atirando e matando várias pessoas em um bar.

Coincidência? Ter visto o filme desencadeou esse ato violento? Razões muito mais profundas e inconscientes explicariam esse desfecho trágico? Não podemos ter certeza da resposta. O que sabemos é que a violência assistida, e de alguma forma legitimada ou naturalizada pela mídia, tem um impacto profundo no pensamento e no comportamento das pessoas.

Phillips (1983,1986) realizou uma análise interessante das taxas diárias de homicídio nos Estados Unidos e verificou que elas quase sempre aumentavam na semana subsequente às grandes lutas de boxe exibidas pela televisão e que, quanto maior a publicidade em torno delas, mais altas eram as taxas. Mais curioso ainda é que a raça das vítimas relacionava-se à raça dos perdedores. Os dados desses estudos correlacionais com adultos são bastante convincentes, mas também não podemos tomá-los como indicativos de que todas as pessoas e nem mesmo a maioria delas sejam levadas ou motivadas a cometer violência após assistirem a cenas de violência na TV. Mas é inegável que algumas delas se deixam influenciar pelo que assistem.

Por que a exposição à violência na mídia gera violência?

A conclusão a ser extraída dos estudos por nós examinados não é a de que a mídia eletrônica – televisão, cinema, internet, *videogames* – *é a causa fundamental* da violência individual e social. O que se pode afirmar é que, dentro de um amplo espectro de fatores influentes, biológicos, sociais, pessoais, ou, melhor ainda, da conjugação complexa desses múltiplos fatores, a exposição à violência na mídia pode ser um deles. Mediador ou modelador, instigador ou disparador, formador ou reprodutor amplificado, o fato é que o papel da mídia não pode ser descartado em qualquer análise que se faça, contemporaneamente, da agressão e da violência humanas.

Dada a convergência das evidências reunidas por estudos experimentais e correlacionais e por estudos intraculturais e transculturais, os psicólogos sociais vêm-se preocupando em explorar o porquê dos efeitos, às vezes trágicos, de testemunhar a violência na mídia. Entre as muitas possibilidades explicativas do impacto da mídia no comportamento, algumas são especialmente destacadas pelos estudiosos do assunto e a elas já nos referimos ao longo deste capítulo. Retomaremos algumas dessas explicações, de forma breve, aplicando-as diretamente ao contexto de discussão ora em foco:

a) Não é o conteúdo violento, por si mesmo, que causa a violência social, mas a excitação fisiológica (*arousal*) que ele produz (Mueller, Donnerstein & Hallam, 1983; Zillmann, 1989). Como vimos, a excitação tende a "transbordar" e um tipo de excitação energiza outros comportamentos, aumentando a probabilidade de ocorrer uma agressão em uma situação posterior.

b) A visão da violência *desinibe*. Nos experimentos de Bandura, o fato de os adultos esmurrarem o boneco pareceu legitimar as investidas das crianças e enfraquecer suas próprias inibições.

c) As imagens da mídia evocam *imitação*. As crianças de Bandura repetiram comportamentos específicos que haviam testemunhado. Exatamente por isso, a indústria da propaganda televisiva parte do pressuposto de que os anúncios comerciais modelam o consumo, pois os espectadores tenderão a imitar o que veem na TV.

d) A televisão, como um poderoso veículo de informação, dissemina novas técnicas de ataque e de maus-tratos aos outros, até então desconhecidas ou não disponíveis, e tais comportamentos possíveis, uma vez adquiridos, tendem a ser usados nos contextos apropriados.

e) Além da influência sobre o comportamento, os pesquisadores também vêm-se preocupando em examinar os efeitos emocionais do envolvimento dos espectadores com as cenas agressivas que assistem na TV. Até que ponto a exposição prolongada e excessiva à violência provoca um processo gradual, mas inexorável, de dessensibilização? O que se supõe é que a repetição *ad nauseam* de atos de crueldade acaba por "extinguir" qualquer resposta emocional em quem sempre os assiste e a resposta mais comum passa a ser apenas um comentário do tipo "não me incomoda nem um pouco" ou até mesmo deixa de causar qualquer tipo de perplexidade diante deles. A redução da sensibilidade emocional diante da violência traz consequências danosas ao convívio social. A agressão na vida real passa a ser vista de forma menos perturbadora, reduzindo-se a empatia com a vítima, mesmo quando ela evidencia sinais de dor e sofrimento (Baron, 1979; Harris et al., 2000).

f) Observar comportamentos agressivos exerce influência nos pensamentos ou cognições dos telespectadores de diferentes formas (Berkowitz, 1984, 1988): materiais violentos podem servir para dar primazia a pensamentos e lembranças agressivas, tornando-os mais prontamente disponíveis em seus sistemas cognitivos, fazendo com que uma situação social específica "dispare" a agressão (*priming*); fortalecimento e ativação dos *scripts* relacionados à agressão, isto é, as ideias acerca de que eventos são mais prováveis de acontecer ou são apropriados em um dado ambiente (Huesmann, 1988). Assistir a cenas violentas torna acessível ao observador o comportamento agressivo pela ativação de pensamentos relacionados à violência (Berkowitz, 1984; Bushman & Geen, 1990).

g) O mundo ficcional da televisão moldaria nossas concepções do mundo real? Gerbner et al. (1986) suspeitam que esse parece ser o efeito mais potente da violência na mídia. Seus estudos com adolescentes e adultos revelaram que os espectadores mais renitentes (pelo menos quatro horas diárias vendo televisão) são mais propensos que os espectadores eventuais a pensarem que a violência no mundo real é ainda maior e a ficarem cada vez mais receosos de serem pessoalmente atingidos por atos de violência. Isto pode provocar uma espécie de círculo vicioso, principalmente nos idosos: quanto mais veem TV, mais consideram o mundo externo perigoso. E quanto mais o fazem, menos saem à rua, o que os faria assistirem a mais programas de TV, que os levaria a superestimar a violência das ruas etc. Para estes autores um efeito de "cultivo" se daria entre os espectadores, em função do que é "ensinado" pelas TVs. O fato, por exemplo, de 50% dos personagens de TV se envolverem em episódios violentos uma vez por semana – contra menos de 1% da população, por ano, na vida real – criaria na mente das pessoas um falso retrato acerca da real incidência da violência no mundo.

Uma nova fonte de preocupações em relação à violência veio se colocar como foco de estudos dos psicólogos: os *videogames*. Desde que se soube que os adolescentes que perpetraram o massacre na escola de Columbine, nos Estados Unidos, em 1999, eram fãs de jogos violentos, pais e cientistas sociais têm voltado sua atenção para esta nova modalidade de violência na mídia. Parte substantiva desses jogos associa violência (assassinatos brutais) a entretenimento e, diferentemente do cinema, da TV ou da mídia impressa, o faz de forma *interativa*, possivelmente diminuindo ainda mais possíveis inibições, fomentando o *priming* e acentuando o processo de dessensibilização. As pesquisas já realizadas vem confirmando, inequivocamente, essas tendências (Bandura, 2002; Bushman & Anderson, 2002; Sherry, 2001).

Prevenção e controle da agressão

Civilização consiste, em última análise, em reduzir a violência a um mínimo possível.

José Ortega y Gasset

Embora a violência sempre tenha existido, em alguma forma, na história da humanidade e na vida das sociedades, será ela inevitável ou poderá ser controlada e eliminada?

A resposta para essa pergunta depende das pressuposições sobre as causas da agressão, o que, em última análise, significa dizer que dependem das crenças acerca da imagem básica de homem. Resumindo-se os dois principais polos de discussão sobre a agressão, temos as seguintes posições gerais: a agressão é vista como uma resposta automática "programada"; a agressão deriva de uma complexa interface entre uma variedade de eventos externos (p. ex.: provocação, frustração), cognições referentes a esses eventos (como atribuições) e diferenças individuais relacionadas a algumas dimensões-chave (p. ex.: padrão de comportamento tipo A).

Em função do ponto de vista que adotarmos para explicar a agressão – biológico ou sociopsicológico –, teremos perspectivas mais pessimistas ou mais otimistas em relação à possibilidade de controle e prevenção da agressão humana.

Assim, os teóricos que concebem a agressão como uma pulsão, portanto uma característica inata no ser humano, são pessimistas quanto às possibilidades de controlar o comportamento agressivo. O próprio Freud, testemunha ocular da Primeira Guerra Mundial, parece ter-se resignado à inevitabilidade da agressão ao postular a pulsão de morte, isto é, uma compulsão presente no ser humano para retornar ao estado inorgânico do qual toda matéria viva é formada. A agressão, para ele, era uma derivação natural da pulsão de morte. Já os neofreudianos deixaram alguma esperança quanto à redução da agressão ao admitirem a possibilidade de desenvolvimento do superego como forma de controlar os impulsos agressivos inatos. Propõem a participação em atividades agressivas socialmente aceitáveis, como esportes, competições e debates, como um meio de liberação da energia agressiva.

Tomando por base a perspectiva psicanalítica, os estudiosos da agressão defendem que a **catarse** pode ser vista como uma das técnicas úteis para combater a violência. Como sabemos, Freud propõe uma explicação "hidráulica" para dar conta dos impulsos. Segundo essa ideia, se não fosse permitido às pessoas expressarem seus impulsos agressivos de uma forma relativamente inofensiva, como, por exemplo, na sublimação, a energia agressiva se acumularia progressivamente, exercendo pressão até explodir em atos de extrema violência. Numa simplificação dessa ideia, o senso comum recomenda às pessoas que, sempre que estejam com raiva, liberem suas energias agressivas a fim de que, mais tarde, seus atos não acabem se transformando em atos destrutivos. A "descarga" da energia é saudável e útil e pode se dar por meio de vários tipos de comportamento: o desempenho de atividades físicas socialmente aceitáveis, como jogos e competições; a observação de atos agressivos que liberaria, vicariamente, a energia agressiva; ou o próprio engajamento em agressão direta. Analisando os dados empíricos reunidos sobre os efeitos da utilização dessa técnica, alguns psicólogos sociais argumentam que, de um modo geral, ela não tem se revelado tão eficaz no controle da agressão quanto seria desejável. Jablonski (1978), ao revisar os principais estudos acerca do tema, apontou uma certa confusão de sentidos que foram se agregando ao termo catarse, tornando-o de difícil precisão. Metodologicamente, também, procedimentos muito diversos têm sido comparados de forma indevida, o que acabou contribuindo para aumentar a confusão conceitual reinante. Cite-se ainda que apenas os experimentos que utilizaram o humor como forma de descarga parecem ter algum efeito do tipo pretendido pelos defensores da hipótese da catarse. De qualquer forma, a noção de catarse comportamental – ainda que relativamente útil para reduzir a frustração ou a raiva – não contribui para a redução da incidência global de agressão; quando muito, ela apenas controla a expressão da violência futura à custa da violência presente. Curiosamente, no entanto, em que pese a ausência de comprovação científica resultante dos experimentos até agora realizados, a noção de catarse permanece viva em termos de senso comum (Bushman, Baumeister & Stack, 1999).

Para os etólogos e sociobiólogos, é também bastante improvável a eliminação da agressão. Segundo eles, a única alternativa é também canalizar a agressão para comportamentos socialmente aceitáveis, o que nos encorajaria a identificar e, portanto, controlar as "pistas" que disparam a expressão da agressão.

Em contrapartida, são mais otimistas as perspectivas de eliminação ou redução dos índices de violência quando se levam em conta as explicações sociopsicológicas da agressão. Se fatores ambientais e sociais são capazes de controlar a aquisição e manutenção de comportamentos agressivos, tais teóricos propõem que mudanças apropriadas nessas condições levariam a decréscimos de agressão e violência.

Como vimos anteriormente, para os teóricos da aprendizagem social a observação de modelos não agressivos conduz à aquisição de comportamentos não agressivos. As pesquisas têm mostrado que, além da observação de modelo não agressivo levar a comportamento não agressivo e, de modelo agressivo, a comportamento agressivo, se ambos os tipos de modelo estiverem presentes, o modelo não agressivo pode efetivamente compensar a influência do modelo agressivo (Baron, 1971). Depreende-se dessa posição teórica que, se não é possível eliminar todos os modelos agressivos da sociedade, é possível reduzir a agressão introduzindo mais modelos não agressivos no ambiente.

Os teóricos da aprendizagem instrumental propõem também algumas técnicas para o controle da agressão. Alguns deles sugerem o não reforçamento de respostas agressivas, o que, obviamente, poderá levar à não aquisição ou à não manutenção de comportamentos agressivos. Outros propõem a punição ou a ameaça de punição como mecanismos que inibiriam os comportamentos agressivos. Baron (1971) sugere quatro condições necessárias para tanto: (a) a punição deve ser previsível; (b) deve seguir-se imediatamente ao comportamento agressivo; (c) deve ser legitimada por normas sociais vigentes; e (d) as pessoas que administrarem as punições não devem ser vistas como modelos agressivos, pois, em caso contrário, a punição acabaria por estimular a agressão. Uma terceira possibilidade para conter a agressão, sugerida pelos teóricos, refere-se à adoção de respostas incompatíveis. Como não podemos fazer duas coisas simultaneamente, a performance de atos violentos deve reduzir quando as condições ambientais induzem respostas incompatíveis com a expressão da agressão, como, por exemplo, a presença de *cartoons* humorísticos ou de condições que promovam a empatia. Quando há uma resposta alternativa disponível, a agressão é mais reduzida do que quando a agressão é a única escolha.

De acordo com alguns psicólogos sociais, é importante considerar a necessidade de estimular o sentimento de **empatia** nas pessoas como forma de prevenir a agressão. Muitos de nós sentimos dificuldade em infligir dor a alguém, de forma deliberada, a não ser que encontremos alguma forma de "desumanizar" a vítima (Feshbach, 1971). Durante as guerras, é comum os soldados referirem-se aos inimigos por alguma expressão que lhes retirem a condição humana, o que é interpretado como uma racionalização desumanizadora que os torna capazes de atos de crueldade. Por que isso acontece? A desumanização facilita-lhes a tarefa de cometer atos violentos ou matar alguém: quando conseguem convencer-se de que o inimigo não é realmente um ser humano, enfraquecem-se suas inibições para todo tipo de atrocidade.

A empatia constitui a contrapartida da desumanização. Da mesma forma que as pessoas precisam desumanizar suas vítimas para agredi-las, o desenvolvimento da empatia entre elas poderá impedir, ou pelo menos dificultar, seu engajamento em atos agressivos. Feshbach e Feshbach (1969) demonstraram uma correlação negativa entre agressão e empatia nas crianças: quanto maior empatia a criança tem, menos agressiva ela é. Eles também desenvolveram um método de ensinar às crianças a assumirem a perspectiva dos outros: as crianças aprendiam a identificar diferentes emoções, desempenhando uma série de papéis "carregados" emocionalmente, e essas "atividades de treinamento da empatia" levaram a decréscimos significativos nos comportamentos agressivos das crianças.

As intervenções cognitivas, representadas pelo pedido de desculpas, que traduz o reconhecimento pelo ato errado, bem como o pedido de perdão, costumam contribuir também para o enfraquecimento das reações de raiva a alguém. Não obstante essa influência, a natureza da desculpa interfere em seu efeito: se externas e fora do controle da pessoa, são mais efetivas do que as internas e sujeitas à capacidade volicional da pessoa (p. ex.: dizer "desculpe, eu esqueci").

Para testar essa técnica de redução da agressão foi realizado um experimento (Ohbuchi, Kameda & Agarie, 1989), no qual um grupo de mulheres tinha que realizar uma série de tarefas complexas, mas eram atrapalhadas pelos erros sucessivos de um assistente (na realidade, um aliado do experimentador). Os resultados trouxeram apoio ao valor das desculpas porque, nessas condições, o assistente foi mais bem avaliado, os sentimentos das participantes, mais positivos e o nível de agressão, mais baixo que nas demais condições. Tais achados sugerem que as desculpas por parte das fontes de provocação podem constituir um meio eficaz de prevenir a retaliação subsequente de quem foi objeto das provocações e se julga vítima delas.

Gentile et al. (2009) mostraram que *videogames* pró-sociais podem aumentar a emissão de comportamento pró-social e diminuir a agressão. Em estudos conduzidos em três países (Singapura, Japão e Estados Unidos) empregando métodos distintos (correlacional, longitudinal e experimental), estes investigadores verificaram que os voluntários que participaram de jogos pró-sociais mostraram um aumento de comportamentos pró-sociais. O fato de esses resultados terem sido obtidos em três países distintos com diferentes metodologias lhes concede bastante credibilidade.

Cultura e comportamento agressivo

Diferentes culturas apresentam níveis distintos de agressividade. Estudo conduzido por Forber et al. (2009) analisou questionários em que diferentes tipos de comportamento agressivo eram apresentados a integrantes de três culturas distintas: uma individualista (Estados Unidos), uma coletivista (China) e uma considerada como intermediária na dimensão individualismo-coletivismo (Polônia). Os resultados mostraram que os maiores níveis de agressão foram encontrados nos Estados Unidos, os menores, na China e, níveis intermediários, na Polônia. Bergeron e Schneider (2005), baseados em 36 estudos publicados, analisaram 185 comparações entre pares de culturas. Os resultados indicaram que culturas coletivistas mostraram os menores níveis de agressão.

Tipos de violência também diferem através das culturas. Por exemplo, crimes utilizando armas são mais comuns nos Estados Unidos do que na Inglaterra, embora o número de crimes violentos seja menor nos Estados Unidos do que na Inglaterra (Barclay & Tavares, 2003).

Como dissemos anteriormente, existem culturas que se destacam por serem pacíficas e nas quais a ocorrência de violência é mínima. Bonta (1997) enumera 25 sociedades desse tipo. Analisando vários aspectos dessas sociedades, ele verificou que o grau de competição entre seus membros é mínimo e o grau de cooperação, elevado. Em consequência, essas culturas se caracterizam por serem predominantemente pacíficas.

Resumo

Tratamos neste capítulo do fenômeno da agressão, conceituando-a como qualquer ato intencional com o objetivo de causar dano e sofrimento físico ou psicológico em alguém. Várias formas de agressão humana – hostil, instrumental, simbólica e sancionada –, em função dos motivos ou intenções subjacentes ao ato agressivo, foram discutidas.

Diferentes explicações para a agressividade humana foram expostas. A explicação biológica para a agressão é oferecida principalmente pelos psicanalistas, etólogos e sociobiólogos, que ressaltam seu caráter inato e pulsional. Ainda sob a perspectiva biológica, mas não qualificando a agressão como um instinto, destacam-se os estudos sobre genética comportamental e sobre os níveis de atividade hormonal, que enfatizam seu papel moderador na agressão humana.

As explicações psicológicas da agressão constituem um vasto campo de teoria e pesquisa e buscam fundamentalmente demonstrar que a agressão é aprendida. Uma variedade de condições externas – ambientais e sociais – que podem exercer considerável influência na ocorrência da agressão foram apresentadas. As diferenças individuais são particularmente consideradas na tentativa de entender por que umas pessoas tendem a ser mais agressivas que outras. Vários estudos evidenciam que é possível estabelecer uma inegável conexão entre violência na mídia e comportamento agressivo, o que é confirmado por estudos transculturais.

Diante desse quadro, as perspectivas de controle e prevenção da agressão e da violência da humanidade dependem das pressuposições teóricas que adotarmos. A crença de que a agressão é instintiva e inata conduz a perspectivas pessimistas. Ainda que se suponha e acredite que a agressão possa ser canalizada para formas socialmente aceitáveis, desse ponto de vista a expressão da violência será sempre inevitável. Em contrapartida, a crença de que a agressão é aprendida e resulta de fatores sociais e culturais favorece perspectivas mais otimistas de seu controle e redução. Entre as estratégias sugeridas para esse fim são especialmente destacadas a introdução de modelos não agressivos, o não reforçamento e punição de comportamentos agressivos, as respostas incompatíveis, as intervenções cognitivas e o desenvolvimento da empatia.

Uma breve referência à relação entre cultura e comportamento agressivo termina o capítulo.

Sugestões de leitura

ARONSON, E.; WILSON, T.D. & AKERT, R.M. (2009). *Social Psychology*. 6. ed. Nova York: Addison-Wesley Longman.

BARON, R.A. & BYRNE, D. (2002). *Social Psychology*: Understanding Human Interaction. 8. ed. Boston: Allyn and Bacon.

DEAUX, K. et al. (1993). *Social Psychology in the 90's*. 6. ed. Pacific Grove, CA: Brooks/Cole Publishing.

GEEN, R.G. & DONNERSTEIN, E. (1998). *Human Aggression*: Theories, Research, and Implications for Social Policy. San Diego, CA: Academic Press.

GOLDSTEIN, J. (1983). *Psicologia social*. Rio de Janeiro: Guanabara Dois.

HARRIS, R.J. (2004). *A Cognitive Psychology of Mass Communication*. Nova Jersey: LEA.

MORALES, J.F. et al. (1994). *Psicología Social*. Madri: McGraw-Hill.

MYERS, D.G. (2010). *Social Psychology*. Nova York: McGraw-Hill.

SMITH, E.R. & MACKIE, D.M. (2007). *Social Psychology*. Nova York: Worth Publishers.

ZIMBARDO, P.G. (2008). *The Lucifer Effect*. Nova York, NY: Random House.

Tópicos para discussão

1) O que é agressão? O que basicamente distingue o conceito de agressão na Psicologia Social do uso corrente desse termo?

2) Pense nas formas de agressão identificadas pelos psicólogos sociais e procure trazer exemplos da vida real que ilustrem cada uma delas.

3) Discuta a hipótese frustração/agressão, discorrendo sobre sua formulação original e as diferentes versões que foram introduzidas posteriormente. Quais as principais críticas que você faria a ela?

4) Quais são as principais vertentes teóricas disponíveis na literatura para o entendimento dos motivos básicos que levam os homens a agredir seus semelhantes? Há possibilidade de conciliação entre elas para uma maior compreensão desse fenômeno?

5) Discuta criticamente os principais fatores sociais instigadores da agressão.

6) A violência na mídia é a causa principal da escalada da violência social? Com base nas teorias sobre agressão, procure explicar como e por que a mídia eletrônica é apontada como a principal responsável pelo desenvolvimento da agressividade nas crianças.

7) Quais os meios que podem ser utilizados para neutralizar os efeitos da violência na mídia sobre a agressividade infantil?

8) Em seu modo de entender, é possível prevenir ou controlar a agressão humana? Fundamente seu posicionamento sobre a questão, apoiando-se

no referencial teórico que, em seu modo de entender, melhor dá conta da explicação desse fenômeno.

9) A atração pela violência e a tendência para agredir são tipicamente masculinas ou são produto dos processos de socialização culturalmente diferenciados para a criação de meninos e meninas?

10) Num mundo globalizado, será inevitável que a sociedade se torne cada vez mais agressiva, ou há meios eficazes para impedir a universalização e a banalização da violência?

Anexo – O efeito lúcifer

Uma das formas mais violentas de comportamento agressivo é a tortura. Praticada, infelizmente, desde os primórdios da humanidade até os dias de hoje, a tortura desumaniza o torturador e faz do torturado um revoltado contra a humanidade. Apesar da evolução da humanidade em vários setores – nas ciências, nas artes, na medicina, na tecnologia e em tantos mais –, a tortura é prova eloquente de que, do ponto de vista da moral e do respeito ao ser humano, a humanidade tem ainda muito que evoluir.

Em 2004, durante a guerra dos Estados Unidos contra o Iraque, o mundo foi chocado pelas provas fotográficas de torturas ignominiosas perpetradas por soldados americanos contra os prisioneiros de guerra retidos na prisão de Abu Ghraib. O fato gerou surpresa e revolta no mundo civilizado e mereceu consideração especial por parte de Philip Zimbardo, renomado psicólogo social que havia, no passado, estudado o comportamento de guardas numa prisão simulada (cf. referência no capítulo 1). Zimbardo (2008) cunhou o termo Efeito Lúcifer (The Lucifer Effect) para expressar a incrível transformação de pessoas normais em verdadeiros demônios em certas situações, sendo capazes de perpetrar atos de agressão revoltantes e incompreensíveis como a tortura.

O que aconteceu na prisão de Abu Ghraib foi, para Zimbardo, uma reprodução na vida real e em maior escala do que ele havia verificado em seu estudo The Stanford Prison Experiment, *conduzido em 1971. Para Zimbardo, ao invés de recorrermos a traços de personalidade para explicar o que ocorreu nessas duas situações, devemos salientar o papel da situação que, segundo ele, é muitas vezes capaz de fazer com que pessoas normais se tornem torturadoras. É o Efeito Lúcifer em ação.*

Note-se que Zimbardo, ao ressaltar o papel desempenhado pela situação no comportamento individual, não pretende justificar e isentar de culpa os perpetradores da violência verificada na prisão simulada e na prisão real de Abu Ghraib. Seu objetivo é apenas mostrar que fatores situacionais são capazes de exercer forte pressão e induzir pessoas a comportamentos cruéis não antecipáveis pela mera consideração das características individuais dessas pessoas. No capítulo 16 de seu livro sobre o Efeito Lúcifer (Zimbardo, 2008) ele indica 10 princípios que devem ser observados a fim de tornar as pessoas mais resistentes à pressão da situação social e de outras formas sociais de indução à violência.

11
Comportamento pró-social

I. Por que as pessoas ajudam?
   Teorias psicológicas tradicionais
   A visão da sociobiologia
   Cultura e comportamento pró-social
   A Teoria da Troca Social
   Empatia e comportamento de ajuda
   A abordagem normativa
   A ajuda como um processo de tomada de decisão
II. Fatores situacionais do comportamento pró-social
   Ambientes rurais e urbanos
   O "efeito do circunstante"
   A presença de modelos
   A natureza das relações interpessoais
III. Fatores individuais do comportamento pró-social
   Características de personalidade
   Estados emocionais
   Diferenças de gênero
IV. A quem ajudamos?
   Merecimento e responsabilidade da vítima
   Similaridade
   A perspectiva do recebedor da ajuda
V. A influência conjunta da pessoa e da situação no comportamento pró-social
VI. Como podemos promover o comportamento pró-social?
VII. Resumo
VIII. Sugestões de leitura
IX. Tópicos para discussão
X. Anexo
   A amabilidade de estranhos

> *[...] mas, um certo Samaritano que viajava chegou junto dele e, quando o viu, encheu-se de compaixão. Aproximou-se, cuidou de suas chagas com óleo e vinho, depois o colocou em seu próprio animal, conduziu-o a uma hospedaria e dispensou-lhe cuidados.*
>
> Lc 10,30-35

No capítulo anterior discutimos o comportamento antissocial buscando analisar as razões que levam os seres humanos, individual ou coletivamente, a agirem de forma a causar danos a seus semelhantes. Atos agressivos e antissociais acompanham a longa história da humanidade. Felizmente, verificamos também que os seres humanos são também capazes de atos de extrema generosidade e solidariedade. A história é repleta de exemplos de atos humanos de grande heroísmo e bravura voltados para o bem dos outros, sejam eles indivíduos ou grupos. Em nossa vida quotidiana é provável que tenhamos presenciado pessoas ajudando um vizinho doente, socorrendo uma pessoa acidentada ou se oferecendo como voluntário em campanhas de assistência pública, tudo isso de forma desprendida e apaixonada.

Essas duas tendências opostas foram incluídas no termo **paradoxo altruístico** sugerido por R. Cohen (1972): somos ao mesmo tempo cruéis e generosos para com o próximo. A ideia de que somos bons e maus vem sendo há muito tempo salientada por inúmeros pensadores. Rousseau e Marx, por exemplo, afirmavam que a humanidade é, por natureza, boa e que o mal é criado pela sociedade. Já Hobbes e Maquiavel, entre outros, afirmaram que os homens são inerentemente maus e que a função da sociedade é controlar suas tendências más e egoístas.

Na Psicologia Social, o estudo das condutas generosas se enquadram sob o rótulo de comportamento pró-social. Por comportamento pró-social entende-se qualquer ato executado com o objetivo de beneficiar alguém. Por altruísmo, entende-se qualquer ato que beneficia alguém, mas sem trazer qualquer benefício para o altruísta e que geralmente envolve algum custo pessoal para aquele que ajuda. O comportamento altruísta refere-se a condutas que beneficiam os outros ou têm consequências sociais positivas, são intrinsecamente motivadas, realizadas de forma voluntária ou intencional e com custos pessoais para aquele que ajuda (Krüger, 1986). Nesse sentido, é considerado altruísta o comportamento de alguém que arrisca sua própria vida para salvar uma pessoa, sem se preocupar com qualquer tipo de recompensa ou com sua imagem de herói.

Alguns psicólogos sociais preferem reservar a denominação **comportamento de ajuda** para os atos em favor de outros que, eventualmente, tenham motivações autocentradas (ganhar algo em troca, aliviar tensão pessoal, experimentar satisfação pessoal, aumentar autoestima), deixando o termo **altruísmo** para aqueles comportamentos motivados exclusivamente pelo desejo de aliviar o sofrimento da vítima ou pela preocupação com o seu bem-estar. A distinção entre comportamento de ajuda e altruísmo reside, então, na motivação para realizar o ato, e não no seu resultado (Horowitz & Bordens, 1995).

A preocupação com o estudo do comportamento pró-social foi desencadeada por um caso verídico, o chamado Caso Kitty Genovese, relativo a um fato ocorrido em Nova York, em uma noite de março de 1964. A repercussão e perplexidade causadas pelo assassinato de uma jovem diante de 38 testemunhas, que *nada* fizeram durante os quase quarenta minutos em que ela clamou por ajuda – enquanto era perseguida e esfaqueada repetidamente por um homem – foram de tal ordem que os psicólogos sociais Bibb Latané e John Darley (1970) resolveram investigar o assunto de forma sistemática. Embora os ataques tenham começado às três horas da madrugada, os gritos de Kitty Genovese acordaram os vizinhos e fizeram o assassino se afastar, mas apenas por alguns instantes. Cerca de dez minutos depois ele voltou, roubou-a, tentou molestá-la sexualmente e por fim acabou por matá-la, fugindo em seguida. O assassino, Winston Moseley, de 29 anos, que não tinha antecedentes criminais, confessou outros dois crimes similares. Nas palavras de Helen Benedict, na época, da Columbia University, "um caso que simboliza os males das grandes cidades, onde as pessoas ficam muito assustadas e muito egoístas para poder ajudar o próximo e onde a vida perde seu valor humanitário" (Gado, 2006). Embora essa narrativa tenha sido questionada (Manning, Levine & Collins, 2007), seja ela precisa ou não, o episódio despertou a atenção de psicólogos sociais e deu origem a importante linha de pesquisa sobre o comportamento pró-social.

Neste capítulo abordaremos o comportamento pró-social à luz do conhecimento existente sobre o assunto em Psicologia Social.

Por que as pessoas ajudam?

O interesse teórico do estudo do comportamento pró-social pela Psicologia Social tem como ponto de partida a natureza da motivação para ajudar. Que motivos, afinal, induzem as pessoas a fazer alguma coisa em favor de alguém em necessidade? A predisposição para ajudar é um impulso básico, de natureza biológica? Ou trata-se de algo que pode ser ensinado e encorajado na infância? Existe um motivo puro, incondicional, para prestar ajuda a um ser humano que sofre, mesmo quando não se antecipa nenhum tipo de ganho pela ajuda? Ou as pessoas se dispõem a ajudar apenas quando podem ganhar algo em troca? Veremos a seguir as diferentes posições teóricas a respeito.

Teorias psicológicas tradicionais

A teoria psicanalítica freudiana, ao postular que a natureza humana é basicamente egoísta e agressiva, concebe o altruísmo como um meio de nos defendermos das nossas ansiedades e conflitos internos, abordagem que parece negar que tenhamos qualquer interesse genuíno pelos outros. Os atos altruístas são, em última análise, autosservidores, isto é, são motivados mais para atender nossas necessidades interiores do que por uma preocupação real com os outros. Outros psicanalistas defendem pontos de vista mais otimistas e admitem que experiências positivas de socialização podem nos tornar menos egoístas. Nesse sentido, procuram entender como as influências positivas no desenvolvimento da personalidade podem reduzir a força dos motivos egoístas e conduzir à internalização de valores não egoístas.

Do ponto de vista das teorias de aprendizagem, o comportamento altruísta pode ser explicado a partir de dois princípios gerais: reforçamento e modelação. Segundo o princípio do reforço, repetimos e fortalecemos os comportamentos que resultam em consequências positivas para nós. Assim, as crianças aprendem a ajudar os outros quando são recompensadas por seus comportamentos pró-sociais. Por outro lado, as pessoas também aprendem a ajudar pela observação de modelos altruístas, o que faz supor que as crianças que veem seus pais prestando auxílio a pessoas em necessidade estão mais propensas a aprender e a desempenhar atos altruístas.

Para os críticos das teorias do reforço, fica difícil explicar como o altruísmo, se é que ele existe, pode ser desenvolvido se está associado, em geral, a consequências negativas como custos e riscos. Por essa razão, alguns teóricos da aprendizagem respondem que o que parece ser altruísmo é, na verdade, egoísmo ou autointeresse. Gelfand e Hartmann (1982) argumentam que há recompensas sutis para atos aparentemente altruístas, como, por exemplo, sentir-se melhor internamente ao ajudar alguém. Baumann, Cialdini e Kenrick (1981) afirmam que os adultos já aprenderam a ver o comportamento pró-social como autorrecompensador e não mais precisam de recompensas externas para que valha a pena ajudar. Alguns desses argumentos mostram-se circulares no sentido de que parecem pressupor que, tendo ocorrido o comportamento pró-social, suas consequências *devem* ter sido reforçadoras; além do mais, ainda que o ato altruísta possa ser autorrecompensador, isso não significa que sempre o seja (Deaux & Wrightsman, 1988).

Nem uma nem outra dessas abordagens psicológicas tradicionais, psicanalíticas ou behavioristas, conseguem explicar por que certas pessoas, às vezes, ajudam os outros com altos custos pessoais e sem qualquer recompensa aparente.

A visão da sociobiologia

Sob o enfoque da sociobiologia, que retoma os princípios da Teoria Evolucionista, de Charles Darwin, para explicar as causas de certos comportamentos sociais, o altruísmo seria explicado como respostas de ajuda, de caráter automático, determinadas por componentes específicos constitutivos de nosso código genético. Na década de 1970, biólogos evolucionistas como E.O. Wilson (1975) e R. Dawkins (1976) postularam que muitos tipos de comportamento social têm raízes genéticas e os indivíduos que possuem certos genes são mais propensos a exibir tais comportamentos. Por outro lado, pressões de ordem evolucionista favoreceram certos comportamentos em detrimento de outros, de forma que eles constituem agora uma parte fixa de nossa herança genética.

A perspectiva sociobiológica deixa, no entanto, um problema potencial a resolver quando se propõe a explicar o altruísmo. Se o objetivo maior dos seres humanos é garantir sua própria sobrevivência, por que ajudar os outros com os custos e riscos envolvidos? A tendência natural seria o decréscimo gradativo do altruísmo porque as pessoas que ajudassem, expostas a esses riscos eventuais, produziriam uma prole menor do que aquelas que agissem de forma egoísta. Se assim fosse, os genes que promovem o comportamento egoísta teriam uma probabilidade maior de transmissão ao longo das sucessivas gerações. Os sociobiólogos arguem que as pessoas ajudam as outras a fim de que, quando em necessidade, serem por elas ajudadas. É o que denominam de **altruísmo recíproco**.

Cultura e comportamento pró-social

Em oposição à visão da sociobiologia, alguns autores propõem que a evolução cultural pode ser mais importante que a evolução biológica para explicar o comportamento pró-social (Boyd & Richerson, 1990; Campbell, 1978). Segundo esses autores, se as sociedades funcionaram melhor e foram mais bem-sucedidas em sua adaptação quando desenvolveram formas de socializar seus membros no sentido do controle de seus impulsos egoístas, elas podem ter evoluído em direções pró-sociais através dos tempos. Nesse sentido, o mecanismo subjacente à evolução cultural é a aprendizagem, podendo, então, valores pró-sociais serem incorporados pelos jovens a partir das práticas educativas dos pais, da formação religiosa, da educação formal e até mesmo pelo intercâmbio entre as culturas.

Estudos transculturais vêm demonstrando que há diferenças entre as várias culturas em relação ao grau com que seus membros tendem a manifestar comportamentos pró-sociais e tendências à ajuda e à cooperação. As condutas altruístas são mais fortemente estimuladas nas chamadas culturas **coletivistas** (culturas latino-americana e asiática são bons exemplos) do que nas culturas **individualistas** (p. ex.: a norte-americana e a canadense). Nas primeiras, o bem-estar do grupo prevalece sobre os desejos individuais, ao passo que nas últimas predomina a liberdade em buscar objetivos pessoais, e não a responsabilidade individual pelo bem coletivo (Triandis, McCusker & Hui, 1990).

A internalização de padrões culturais altruístas não garante que, em todas as situações sociais, as pessoas se comportem como elas acham que deveriam se comportar. De igual modo, mesmo em culturas individualistas, podem ser encorajadas normas sociais, que prescrevam que devemos ajudar aqueles que precisam (norma da responsabilidade social) ou aqueles que já nos ajudaram (norma da reciprocidade). Não obstante essas possibilidades, são os padrões sociais de comportamento predominantes em uma dada cultura que mais influenciam nossa tendência a nos comportarmos de forma mais altruísta ou mais individualista. A explicação normativa para o altruísmo será retomada mais adiante, em tópico específico, quando, então, trataremos com mais detalhes das principais normas relacionadas aos comportamentos pró-sociais.

Levando em conta essas abordagens, o mais provável parece ser que forças biológicas e forças culturais interajam no sentido de favorecer comportamentos altruístas. Batson (1983) observa a esse respeito que a evolução biológica e evolução cultural não caminham necessariamente em direções opostas, podendo ser, pelo contrário, complementares.

A Teoria da Troca Social

A Teoria da Troca Social (Homans, 1961; Thibaut & Kelley, 1959) concebe as interações humanas como uma troca de recursos sociais, psicológicos ou materiais, orientada por uma "economia social". Isso equivale a dizer que, em nossas relações interpessoais, trocamos não apenas bens materiais (p. ex.: dinheiro), mas também bens sociais, como amor, informação, *status*, serviços (Foa & Foa, 1975). Nas trocas sociais, valemo-nos da chamada estratégia *minimax*, ou seja, minimizamos os custos e maximizamos as recompensas, prevendo-se que a relação interpessoal continuará se for suficientemente "lucrativa" para ambas as partes e será interrompida se uma das partes, ou ambas, acreditam que a interação deixa de ser compensadora.

A Teoria da Troca Social não pressupõe que essa estratégia de monitoração de custos e recompensas seja conscientemente usada, mas que essas considerações podem predizer nossos comportamentos (Myers, 2010). Assim, por exemplo, em campanhas de doação de sangue em que somos solicitados a participar, tendemos a avaliar de antemão os custos em doar (a dor da picada da agulha, a eventual indisposição), os custos em não doar (a culpa, a desaprovação social), os benefícios da doação (o sentimento de bem-estar em prestar ajuda a alguém) e os benefícios de não doar (não sentir desconforto e ansiedade). Os estudos com doadores de sangue, realizados por Piliavin, Evans e Callero (1982), demonstraram que essas ponderações sutis em torno da relação custo/benefício precedem a decisão de doar, ou não, sangue.

Sob essa perspectiva teórica, portanto, o comportamento altruísta pode ser recompensador em uma variedade de aspectos. Em termos da norma de reciprocidade, ajudar alguém é um investimento para o futuro porque se gera a expectativa de que seremos ajudados por esse alguém caso venhamos a ter alguma dificuldade adiante. A necessidade que temos de acreditar que a gentileza, a solidariedade, a cooperação com os outros será retribuída, de alguma forma ou em algum momento, parece ser uma das bases de sustentação de uma sociedade civilizada. Por outro lado, o ato de ajudar pode ser recompensador quando nos vemos como espectadores de uma situação em que uma pessoa está sofrendo por algum motivo: algumas evidências empíricas indicam que, quando a ajudamos, aliviamos o desconforto emocional que sentimos ao vê-la sofrendo (Dovidio, 1984; Dovidio et al., 1991; Eisenberg & Fabes, 1991). Comportamentos altruístas podem também trazer-nos aprovação social por parte de outras pessoas, sentimentos de maior valor pessoal e elevação da autoestima.

Em contrapartida, o altruísmo envolve custos pessoais óbvios. Quando os custos de ajudar são elevados – risco físico, dor, ou até mesmo uma perda grande de tempo – a probabilidade da ajuda é bem menor (Piliavin et al., 1981; Piliavin, Piliavin & Rodin, 1975).

Levando em conta esses dois fatores, a Teoria da Troca Social prediz que as pessoas ajudam outras quando as recompensas são maiores que os custos. Nesse sentido, o altruísmo só ocorre em condições que favoreçam o autointeresse de quem ajuda, podendo-se, então, concluir que, nessa abordagem, o verdadeiro altruísmo – ajudar ainda que os custos sejam altos – não existe.

Empatia e comportamento de ajuda

Se, por um lado, a explicação proposta pela Teoria da Troca Social para o comportamento de ajuda traduz uma imagem pouco positiva sobre a natureza humana, por outro, alguns psicólogos sociais defendem a ideia de que o homem é capaz de ajudar seu semelhante movido por razões genuinamente altruístas, por sua capacidade de sentir empatia por alguém que vê em necessidade.

Atualmente, entre as formulações teóricas sobre o altruísmo, a chamada **hipótese empatia/altruísmo**, proposta por Daniel Batson e seus colaboradores, é, certamente, uma das mais proeminentes e de pesquisa mais produtiva (Batson, 1991; Batson & Shaw, 1991; Batson et al., 1995; Toi & Batson, 1982). De acordo com o modelo de Batson, a ação puramente altruísta pode ocorrer, com segurança, sempre que for precedida por um estado psicológico específico, designado por **preocupação empática** pelo outro. A preocupação empática é definida como uma reação emocional caracterizada por sentimentos como compaixão, ternura, generosidade, comiseração. A empatia é provocada pelo ato de tomar a perspectiva do outro, fazendo com que o altruísta potencial assuma a posição da vítima. Em outras palavras, tomar a perspectiva de uma pessoa resulta da percepção de vínculo com essa pessoa (parentesco, amizade, familiaridade, similaridade) ou, simplesmente, de orientações ou instruções no sentido de que isso seja feito (Batson & Shaw, 1991).

Batson (1991) reconhece que, em algumas situações, a ajuda se dá por motivos egoístas, como para aliviar o próprio desconforto pessoal, mas que, em muitas outras situações, o ser humano presta ajuda a outro motivado por razões puramente altruístas, mesmo que isso lhe traga riscos ou custos pessoais elevados. Nesses casos, o que prevalece é a preocupação empática pela vítima.

À luz da formulação teórica de Batson (1991, 1995), nossa predisposição geral em ajudar é, portanto, influenciada por considerações autocentradas (tensão pessoal) e considerações não egoístas (tensão decorrente da tomada de perspectiva do outro).

Em extenso programa de pesquisas, Batson e seus colaboradores, assim como pesquisadores independentes (Dovidio, Allen & Schroeder, 1990; Schroeder et al., 1988), reuniram farta comprovação empírica em favor da hipótese empatia/altruísmo. Destaque-se ainda que essa formulação, que preconiza motivos eminentemente altruístas subjacentes à ajuda, foi reiteradamente confirmada quando confrontada com formulações alternativas baseadas em uma variedade de motivos egoístas. Assim é que, por exemplo, Batson e seus associados reportam dados que indicam que a maior ajuda relacionada à tomada de perspectiva do outro é devida a uma preocupação voltada para o outro, e não ao desejo egoísta de evitar a excitação aversiva (Batson et al., 1981), a culpa (Batson et al., 1988), a tristeza (Batson et al., 1989) ou de aumentar a alegria vicária (Batson et al., 1991).

O altruísmo genuíno só existe, então, quando sentimos empatia pelo sofrimento do outro (Toi & Batson, 1982). Quando, por qualquer razão, não sentimos essa empatia, passam a prevalecer as considerações relacionadas ao autointeresse, preconizadas pela Teoria da Troca Social.

As contribuições da Teoria da Troca Social e da hipótese empatia/altruísmo, embora relevantes no estudo do altruísmo, não dão conta de toda a complexidade do fenômeno. Um intenso debate foi gerado em torno de uma questão básica: ao observarmos um ato altruísta, como podemos distinguir se a pessoa agiu por empatia ou por autointeresse? (Cialdini, 1991; Hornstein, 1991; Martz, 1991; Sorrentino, 1991). Muitos psicólogos sociais que estudam o assunto questionam se as pessoas que experimentam o sentimento de empatia ajudam apenas por uma preocupação exclusiva com o outro ou para reduzir seu desconforto pessoal ao ver alguém de que gostam em necessidade. Como afirmam Aronson, Wilson e Akert (2007), a pureza dos nossos motivos quando ajudamos os outros é uma questão fascinante que os psicólogos sociais continuam a investigar.

Como uma alternativa teórica para a hipótese empatia/altruísmo, Cialdini e seus colaboradores (Cialdini, Darby & Vincent, 1973; Cialdini et al., 1987) propuseram um modelo de ajuda baseado no alívio do estado negativo (*negative-state relief model of helping*), segundo o qual, durante a infância, as crianças aprendem que o ato de ajudar é gratificante e pode contribuir para a superação de estados psicológicos negativos, como a tristeza e a culpa. As pessoas que sentem empatia por uma vítima, por exemplo, também sentem tristeza, e a vontade de ajudá-la se deve muito mais ao desejo de aliviar sua própria tristeza do que, de fato, pelo desejo altruístico de pôr fim ao sofrimento da vítima.

Com o propósito de demonstrar que empatia e altruísmo não estão necessariamente associados, como Batson postulava, Cialdini e seus associados realizaram uma série de experimentos nos quais manipularam empatia e tristeza. Segundo esses autores, os sujeitos na condição de alta empatia, que fossem levados a sentirem-se menos tristes, teriam menor motivação para aliviar sua tristeza com a da ajuda a uma vítima fictícia. Levando em conta a hipótese de Batson, os sujeitos altamente empáticos seriam os mais prestativos, mesmo se, antes da oportunidade de ajudar, fossem submetidos a um evento que produzisse um estado de humor positivo. Em um desses estudos (Schaller & Cialdini, 1988), afirmam que o elo entre empatia e altruísmo foi desfeito quando sujeitos na condição de alta empatia (e tristes) foram informados de que, logo em seguida, ouviriam uma fita humorística que provavelmente melhoraria seu estado de humor.

Paralelamente à ideia da tristeza empática (*empathic sadness*) como um importante fator para o ato altruísta, Smith, Keating e Stotland (1989) introduzem o conceito de alegria empática (*empathic joy*) para refletir a ideia de que as pessoas altamente empáticas podem ajudar uma vítima a fim de compartilhar de sua alegria por ter sido ajudada.

A polêmica em torno do modelo empatia/altruísmo ganhou força, assumindo novos contornos, tal como demonstrado no *Journal of Personality and Social Psychology* (vol. 73), um dos mais representativos da Psicologia Social, que reuniu na edição de setembro de 1997 quatro artigos sobre o assunto.

Os resultados dos estudos nessa área específica da empatia, ainda que insuficientes, têm o grande mérito de demonstrar que os seres humanos podem não ser sempre governados por motivos inteiramente egoístas. Não obstante seja desafiada por explicações rivais, a hipótese da empatia/altruísmo abre perspectivas para uma visão mais otimista das possibilidades humanas de interação social.

A *abordagem normativa*

Segundo os defensores da abordagem normativa, os indivíduos ajudam os outros por conta de certas normas da sociedade, *que prescrevem o comportamento apropriado em determinadas situações*. As normas constituem, portanto, expectativas sociais, que os orientam quanto a como *devem* agir quando alguém precisa de auxílio.

Sob esse enfoque, os fatores sociais são muito mais importantes que os fatores biológicos na determinação do comportamento pró-social humano. Por outro lado, argumenta-se que as pessoas ajudam aqueles em necessidade movidos não por avaliações calculadas em termos de seu autointeresse, mas simplesmente porque algo lhes diz que *devem* ajudá-los.

Três normas sociais, em particular, são consideradas importantes para promover o comportamento de ajuda: norma da reciprocidade, norma da justiça social e norma da responsabilidade social. A partir dos processos de socialização, os indivíduos aprendem e incorporam essas normas e passam a se comportar pró-socialmente, seguindo seus ditames implícitos.

A **norma da reciprocidade** prescreve que devemos retribuir os benefícios e favores que recebemos de outros. De acordo com essa norma, geralmente ajudamos quem já nos ajudou ou quem esperamos que nos ajude no futuro (Gross & Latané, 1974). O sociólogo Alvin Gouldner (1960) argumenta que a norma da reciprocidade é universal, é essencial à manutenção de relações estáveis entre as pessoas e se aplica em todas as esferas sociais. É como se as relações sociais se regulassem por esse preceito de mutualidade: em todas as interações humanas de troca, receber sem retribuir promove o desequilíbrio entre as partes porque isso viola a regra básica. Às vezes, sentimo-nos dando mais do que recebendo, mas temos a crença de que, no devido tempo, a relação de troca terá seu equilíbrio restabelecido.

Normas de justiça social são também comumente referidas no estudo dos comportamentos pró-sociais, especialmente as que dizem respeito à chamada **justiça distributiva** (a ser apresentada em mais detalhes no capítulo 12). Trata-se das regras que regulam a distribuição dos bens e recursos sociais entre os indivíduos, sejam eles materiais (econômicos) ou não materiais (afeto, prestígio etc.). Uma das normas de justiça distributiva mais usualmente pesquisadas é a **equidade**, segundo a qual duas pessoas que contribuem igualmente para uma tarefa comum devem receber recompensas iguais. Quando isso não acontece, ocorrem pressões internas para restaurar o equilíbrio da relação interpessoal tanto no caso de haver um recebimento menor do que se merece quanto no caso de um recebimento maior do que se espera. No que se refere particularmente ao altruísmo, a regra da equidade enfatiza o desequilíbrio produzido numa relação quando uma pessoa ajuda (ou prejudica) o outro pela necessidade que daí decorre de se restaurar a equidade. Cotidianamente, as crenças relativas à ideia de "ajudar os mais necessitados" parecem ser motivadas pelo desejo de promover a equidade. Dada a relevância que, nas últimas décadas, o estudo psicossocial da justiça nas interações humanas adquiriu na Psicologia Social, este tema será tratado de forma específica e aprofundada no capítulo 12 deste manual.

A **norma da responsabilidade social** prescreve que devemos ajudar as pessoas que dependem de nós ou que são incapazes de ajudarem-se a si próprias (Berkowitz, 1972). Esta norma opera mais frequentemente nas relações sociais mais próximas. Assim, espera-se, por exemplo, que os pais cuidem das necessidades dos filhos e os professores auxiliem seus alunos. No entanto, ela se aplica também à sociedade mais ampla, sugerindo que os mais aptos têm o dever e a obrigação de assistirem aos que necessitam de ajuda, como os velhos, os jovens e os doentes.

Em algumas sociedades, a força da norma de responsabilidade social é amparada e ampliada por códigos morais e religiosos. Na Índia, uma cultura coletivista, essa norma é bem mais enfatizada do que nos Estados Unidos da América, preponderantemente individualista, tendo sido verificado que lá os sentimentos de obrigação para com os estranhos é muito maior do que entre os ocidentais (Miller, Bersoff & Harwood, 1990).

Apesar de sua plausibilidade para explicar algumas formas de ajuda, essas explicações não são suficientes (Latané & Darley, 1970; Schwartz, 1977). Em primeiro lugar, essas normas são muito gerais e não prescrevem como agir em situações específicas. Em segundo lugar, se todas as pessoas observam, de fato, as normas, como explicar diferenças individuais na ajuda? E ainda, duas normas conflitantes podem parecer igualmente aplicáveis à mesma situação. Finalmente, o comportamento das pessoas é, em muitos casos, inconsistente com certas normas prevalentes em seu meio social.

Em alguns casos, por exemplo, a norma da responsabilidade social prescreve ajuda, mas ela não é dada, o que significa dizer que a norma pode ser endossada apenas verbalmente, e não na prática. Em outras situações, essa mesma norma pode colidir com a regra de que "não devemos nos intrometer na vida alheia". Por outro lado, apesar da força da norma da reciprocidade – não há dúvida de que as pessoas experimentam com frequência intensos sentimentos de obrigação em retribuir um ato de generosidade –, em muitos casos, ela não se faz presente nas relações interpessoais.

Por conta dessas e outras objeções, Schwartz (1973, 1977) e Schwartz e Howard (1981, 1984) propuseram um modelo teórico sobre o altruísmo, que veio acrescentar uma nova perspectiva à abordagem normativa do comportamento de ajuda. Ao invés de focalizarem normas sociais gerais, Schwartz e seus associados detiveram-se no estudo de **normas pessoais**, ou os sentimentos individuais de obrigação moral para agir de uma determinada forma em uma dada situação. Tais normas pessoais constituem um misto de cognição (expectativas sobre o próprio comportamento baseadas em valores) e emoção (sentimentos antecipados de satisfação ou insatisfação dependendo de como se age). Em outras palavras, uma situação específica de ajuda ativa em nós normas pessoais e esses sentimentos de obrigação motivam-nos a ajudar; somos, então, recompensados pelo sentimento positivo de que agimos de acordo com nossos próprios padrões morais. Se obedecemos às normas sociais para agradar a sociedade, aderimos a normas pessoais para agradar a nós mesmos (Deaux & Wrightsman, 1988).

Uma série de estudos foi desenvolvida por Schwartz e seus colegas nos quais foram medidas e avaliadas as normas pessoais, bem como as defesas contra essas normas, como a negação de responsabilidade pessoal. Em um desses estudos, Schwartz (1973) abordou uma questão de alta relevância e atualidade – a doação de órgãos. A pesquisa em foco propôs-se a medir uma norma pessoal, valendo-se da seguinte pergunta aos sujeitos: se um estranho necessitasse de um transplante de medula óssea e você fosse um doador compatível, você se sentiria na obrigação moral de servir de doador? Outros itens destinavam-se a avaliar as tendências dos participantes em aceitar ou negar sua responsabilidade pessoal pelo bem-estar dos outros. Após três meses, os participantes receberam uma carta com um pedido para servirem de doador em um transplante de medula. Os participantes com uma norma pessoal forte em favor da doação, quando comparados aos que não tinham um sentimento de obrigação nessa situação específica, foram mais propensos a agir em consonância com suas crenças, na medida em que eles também revelaram uma forte tendência a não negar sua responsabilidade pelo bem-estar dos outros. Os participantes que, algumas vezes, negaram tal responsabilidade, sentiram obrigação em ajudar, mas, quando confrontados com a oportunidade concreta de decidir pela doação, recorreram a mecanismos de defesa contra essas normas, conseguindo eximir-se de qualquer responsabilidade pessoal pela ajuda. Para esses, então, não havia qualquer correspondência entre a norma verbalizada e a forma com que se comportaram.

O modelo de Schwartz e colaboradores, baseado no conceito de normas pessoais, reveste-se de maior complexidade do que a abordagem normativa geral. Reconhece que as pessoas diferem não apenas em suas crenças normativas, mas também em suas tendências em agir de forma consistente com suas crenças. Demonstra que as normas pessoais são úteis na explicação do comportamento pró-social. Finalmente, chama atenção para a ideia de que agir em correspondência com nossos próprios padrões pessoais pode ser intrinsecamente motivante, ou pode servir como a própria recompensa. Podemos ajudar porque estamos internamente motivados para fazer a coisa certa, não para reduzir a excitação emocional desagradável (*emotional arousal*, cf. modelo de Piliavin et al., 1981, que será discutido a seguir) e nem para reduzir a tensão de outra pessoa (*empathic concern*, cf. Batson & Coke, 1981).

A ajuda como um processo de tomada de decisão

O estudo do altruísmo assume ainda uma outra perspectiva de análise em que o foco se dirige para o comportamento de pessoas que observam situações específicas de emergência, cabendo-lhes decidir se vão, ou não, prestar ajuda a uma pessoa em necessidade. Trata-se, então, não de considerar se as motivações são biológicas, sociais ou culturais, nem se elas são de natureza egoísta ou altruísta, mas de definir os fatores situacionais e pessoais que podem interferir na reação dos espectadores dessas situações, em termos de atender, ou não, à necessidade da vítima.

Os dois modelos teóricos mais conhecidos, e mais frequentemente citados na literatura sobre o altruísmo (Latané & Darley, 1970; Piliavin, Dovidio & Clark, 1981; Piliavin, Piliavin & Rodin, 1975), pressupõem a operação não só de uma série de processos cognitivos (como interpretar a situação e ponderar as consequências de ações alternativas), mas também de processos emocionais (como simpatia pela vítima, sentimentos de obrigação moral). A decisão de ajudar não seria, portanto, um processo meramente racional, mas envolveria também aspectos emocionais. Esses e outros modelos de ajuda como um processo de tomada de decisão (o modelo de normas pessoais de

Schwartz, já referido, também pode ser enquadrado nessa categoria) derivaram do já citado caso de Kitty Genovese e constituem uma área de estudos específicos sobre o fenômeno do altruísmo em situações de emergência, conhecida como *intervenção dos circunstantes*. Posteriormente, esses modelos foram também aplicados na pesquisa do altruísmo em situações de não emergência.

Jane Piliavin et al. (1981) propuseram, baseados em pressupostos da Teoria da Troca Social, um modelo de intervenção em emergências – **o modelo de ajuda excitação/custo-recompensa** (*arousal/cost-reward model of helping*). Esse modelo prevê a existência de cinco passos preliminares antes da decisão de intervir ou não na situação, incluindo a consideração dos prós e contras em ajudar: (a) tornar-se consciente da necessidade de alguém por ajuda; este é o primeiro passo porque muitas das situações de emergência são pouco claras ou ambíguas; (b) experimentar excitação emocional; (c) interpretar essa excitação como relacionada à situação específica, o que desencadeará a motivação para ajudar e reduzirá esse sentimento desagradável, configurando-se aí a natureza egoísta da ajuda, já referida anteriormente; (d) calcular os custos e recompensas das alternativas de ação, o que implica uma análise cognitiva em que se ponderam as consequências positivas e negativas no caso de ajudar e de não ajudar (já referidas e exemplificadas quando tratamos da Teoria da Troca Social); e (e) tomar a decisão e agir, seja no sentido de prestar ajuda à vítima, seja no sentido de fugir ou escapar da situação.

O modelo teórico de Latané e Darley (1970) conceitua o comportamento pró-social como uma resposta de ajuda que constitui o ponto final de uma série de cinco decisões cognitivas, a saber: (a) percepção da situação; (b) interpretação da situação como sendo uma emergência; (c) decisão de assumir responsabilidade pela ajuda; (d) identificação de uma maneira capaz de ajudar; e (e) decisão final de ajudar. Em cada passo do processo, tal como no modelo anterior, pode resultar uma decisão em não ajudar ou uma decisão que leva o indivíduo ao passo seguinte na direção do comportamento altruísta.

Embora haja pontos de contato entre o modelo de Latané e Darley e o de Piliavin e seus associados, algumas diferenças podem ser assinaladas, especialmente em relação aos passos intermediários do processo. Além disso, enquanto o primeiro modelo enfatiza os aspectos cognitivos suscitados pelas características da situação de emergência, o segundo pressupõe a interação entre aspectos cognitivos e emocionais desencadeados por uma emergência. O foco central da formulação de Latané e Darley prende-se à análise do efeito da presença de outras pessoas na resposta de ajuda à vítima por parte do altruísta potencial, o chamado efeito do circunstante. Tendo em vista a ênfase dada por esses autores às características situacionais que afetam o altruísmo, esse modelo será tratado com mais detalhes na seção seguinte, que trata especificamente do papel dos fatores externos no comportamento pró-social.

Os modelos teóricos que concebem o comportamento altruísta como um processo de tomada de decisão são alvo de muitas e contundentes críticas, haja vista a pressuposição neles implícita de que, diante de uma emergência, as pessoas agiriam de forma fria e calculista. A imagem que refletem é a de seres humanos eminentemente racionais, processando passo a passo uma situação dolorosa e angustiante, processo esse que começa com a percepção da necessidade de ajuda e termina com uma decisão de intervir, ou não, após serem ponderados os potenciais ganhos e perdas pessoais. Enquanto isso, alguém sofre, está em perigo ou pede desesperadamente por ajuda...

Os proponentes desses modelos contra-argumentam que não é bem assim. Latané e Darley (1970) enfatizam que os passos previstos em seu modelo podem não ocorrer um a um em uma sequência lógica. Admitem que as situações de emergência são, por sua própria natureza, perigosas, únicas e imprevisíveis e produzem excitação e estresse que podem interferir no processo de tomada de decisão e impedir uma ação puramente racional.

Piliavin et al. (1981), por sua vez, acentuam a natureza excitatória das emergências e a interface entre a emoção e a cognição. De fato, asseguram eles, algumas situações são tão claras e graves e suscitam tamanha excitação emocional que os circunstantes podem agir impulsivamente, ignorando certos indícios da situação, desprezando considerações acerca da relação custo/benefício e comportando-se de forma aparentemente irracional. Para eles, não há como deixar de reconhecer que a ajuda impulsiva é ajuda rápida, que o impulso para agir em situações dramáticas pode ser inato, mas, ao mesmo tempo, não há como negar que somos socializados a considerar sempre os custos e recompensas envolvidos em situações de emergências menos graves.

Em suma, podemos concluir que tais modelos sobre o comportamento pró-social não descrevem adequadamente a ajuda impulsiva, mas, de todo modo, podem ser úteis para explicar como reagimos a situações novas com que nos deparamos – sejam elas de emergência ou não – e nas quais ficamos inseguros quanto a se devemos ou não intervir. Nesses casos, o mais provável é que nos deixemos levar por uma análise dos prováveis aspectos positivos e negativos implicados na decisão e no ato de ajudar.

Fatores situacionais do comportamento pró-social

O caso de Kitty Genovese, como já dissemos anteriormente, pode ser considerado o marco da preocupação inicial da Psicologia Social com o estudo do altruísmo. O que, na época, mais atraiu a atenção dos psicólogos, somos forçados a reconhecer, não foram propriamente as condições cruéis em que ela foi assassinada, mas a **apatia generalizada** dos vizinhos, espectadores privilegiados do "espetáculo" e que praticamente a deixaram morrer.

Posteriormente, os estudiosos ampliaram o foco de análise para incluir situações de não emergência e de qualquer outro tipo – situações cotidianas regulares ou esporádicas, situações comuns ou excepcionais, situações ambíguas ou claramente definidas – nas quais a necessidade de ajuda se faça presente e o ato de ajudar, de forma espontânea ou planejada, seja o foco principal.

O exame da literatura especializada sobre o altruísmo não deixa margem à dúvida de que, para compreendermos melhor por que as pessoas ajudam os outros, temos que levar em conta a situação social em que se encontram. Nesta seção discutiremos as principais características situacionais que afetam o altruísmo, funcionando como fatores desencadeadores ou inibidores dos comportamentos de ajuda a quem está em necessidade.

Ambientes rurais e urbanos

Pesquisadores que se propuseram a estudar o ambiente social mais favorecedor do comportamento altruísta compararam pessoas que vivem em áreas rurais e urbanas. De um modo geral, os resultados dos seus estudos são concordantes: moradores de cidades pequenas e de áreas rurais são significativamente mais prestativos e generosos do que os moradores de grandes cidades (Bridges & Coady, 1996; House & Wolf, 1978; Korte, 1980; Levine et al., 1994; Steblay, 1987). Em uma série de estudos de campo, Amato (1983) obteve resultados indicativos de uma correlação negativa entre o tamanho da cidade e o grau de ajuda em diferentes tipos de situação: quanto menor a cidade, maior a ajuda a um estranho que se acidentou na rua, a uma criança perdida, orientando pessoas que pediam informações sobre o lugar, ou devolvendo uma carta extraviada. O mesmo tipo de relação entre tamanho da cidade e altruísmo foi encontrado em vários países, como, por exemplo, Estados Unidos, Canadá, Israel, Grã-Bretanha e Turquia (Hedge & Yousif, 1992; Amato, 1983), resultados esses sugestivos de que essa tendência pode ser universal.

Uma possível explicação para esse fenômeno é que as pessoas que crescem em cidades pequenas aprendem certos valores pró-sociais, como serem mais cooperativas e solidárias e terem um espírito mais comunitário, o que as torna mais confiáveis e altruístas. Já nas cidades maiores aprende-se a não confiar nos estranhos e que cada um deve cuidar de sua própria vida.

Uma explicação alternativa tem por base a chamada **hipótese da sobrecarga urbana** (*urban-overload hypothesis*), proposta por Stanley Milgram, em 1970. Dada a intensa estimulação das cidades grandes, as pessoas são expostas a uma carga enorme de informações e precisam ser seletivas, até mesmo para serem capazes de processar tudo o que lhes chega do ambiente. Isso implica, obviamente, a necessidade de ignorar certas coisas, como, por exemplo, pessoas necessitadas, ou tratar pessoas de forma rude e estar sempre com pressa. O ambiente urbano, por si só, reveste-se de características peculiares que constituem fontes de pressão sobre os indivíduos e que podem funcionar como inibidoras ou impeditivas do desejo ou da disponibilidade para prestar ajuda (Yousif & Korte, 1995). Já em 1902, Georg Simmel alertava, por meio de "A metrópole e a vida mental" que, por uma questão de autopreservação, o cidadão urbano adotaria para defender-se dos excessos de estimulação ambiental (comparado ao meio rural) uma atitude *blasé*, calculista, impessoal, reservada e intelectualizada, "reagindo com a cabeça, ao invés de com o coração" (Simmel, 1902).

Estudos realizados por Levine e colaboradores (Levine, 2003; Levine, Norenzayan & Philbrick, 2001) mostraram que pessoas de cidades com densidade populacional menor, bem como habitantes de culturas que valorizam a "simpatia", exibem mais comportamentos de ajuda (cf. o anexo ao final do capítulo para uma descrição deste importante estudo).

O "efeito do circunstante"

Pelo que acabamos de discutir, podemos pensar que uma razão plausível para explicar a indiferença e a apatia dos vizinhos de Kitty Genovese tenha sido o fato de o crime ter ocorrido em Nova York, uma das maiores cidades do mundo. De fato, a sobrecarga de estimulação urbana pode ter contribuído para a reação, ou melhor, a falta de reação dessas pessoas, mas, certamente, outras razões podem ser aventadas. Uma possibilidade seria atribuir a não intervenção às suas características disposicionais ou traços pessoais, classificando-as como pessoas frias e desumanas.

No entanto, para os psicólogos sociais B. Latané e J. Darley (1970), esse fenômeno pode ser explicado por um fator situacional específico, que designaram como o **efeito do circunstante** (*the bystander effect*): a presença de outras pessoas diminui a probabilidade de que um indivíduo ajude. Em outras palavras, quanto maior o número de pessoas potencialmente capazes de ajudar em uma situação de emergência, menor e mais lenta a ajuda que será dada à pessoa em necessidade.

Latané e Darley (1970) são considerados os psicólogos sociais pioneiros no estudo do altruísmo. Na época do assassinato de Kitty Genovese, eles eram professores de universidades situadas em Nova York. O modelo por eles proposto, a partir desse caso, resultou de uma série de pesquisas de laboratório e de campo acerca dos processos cognitivos suscitados por situações sociais de emergência e das respostas comportamentais resultantes.

Em um dos experimentos iniciais, Darley e Latané solicitaram a estudantes sentados em cubículos e conectados por um sistema de intercomunicação que discutissem sua vida universitária. Os participantes eram levados a acreditar que se enquadravam em uma de três condições: que estavam sozinhos com um outro participante (na realidade, um cúmplice do experimentador que logo em seguida simularia um ataque epiléptico), que havia mais uma testemunha a seu lado ou que havia mais quatro testemunhas. A suposta vítima lhe(s) afirmava que tinha ataques frequentes e, de repente, fingia estar tendo um ataque, dizendo coisas sem sentido e gritando por ajuda. Os resultados revelaram que quanto maior o número de testemunhas, menor e mais demorada ajuda dos participantes. Essa reação foi denominada pelos pesquisadores como o "efeito dos circunstantes", referido anteriormente.

Latané e Nida (1981), em revisão de aproximadamente 50 estudos, compararam o *bystander effect* em situações de emergência e de não emergência. Em cerca de 90% das comparações, que envolveram quase seis mil pessoas, os observadores que estavam sozinhos foram mais propensos a ajudar do que os que estavam acompanhados.

Essa tendência foi inicialmente interpretada por eles como uma resultante do princípio de **difusão de responsabilidade**, segundo o qual, se o número de circunstantes ou espectadores é grande, a responsabilidade pela ajuda se torna difusa e diluída no grupo, tendo como consequência uma baixa probabilidade de ajuda.

A presença de modelos

Do mesmo modo que modelos agressivos provocam o aumento da agressão e a presença de modelos apáticos inibe a ajuda, modelos pró-sociais também promovem o altruísmo. Sendo assim, numa situação de emergência, se alguém diz "temos um problema grave, precisamos fazer alguma coisa", o mais provável será que os demais circunstantes se mobilizem para ajudar também. Esse processo é conhecido como **modelação**. Cada circunstante pode atuar como modelo comportamental para os demais, e cada um dos observadores pode procurar outros indícios do que deve ser feito. Supondo, por exemplo, que o leitor observa ao longe uma briga de casal na rua, tendo umas cinco pessoas ao seu redor. Ele se aproxima e constata que a mulher chora e grita por ajuda. De acordo com Latané e Darley (1970), ele avalia a situação e decide se é necessária uma ajuda à mulher e conclui que é. Então decide se deve ajudar ou se talvez um dos demais circunstantes deva fazê-lo. Como são várias as pessoas presentes, é provável que conclua que elas é que devem intervir, e não ele. Assim, ele continua a observar a agressão.

No processo de modelação ou imitação, a explicação é diferente. Quando uma pessoa chega ao local e conclui que a mulher precisa de ajuda, ela olha para os demais em busca de pistas sobre o que precisa ser feito. Verifica então que ninguém faz nada, todos observam a cena como ela. Como ninguém dá um indício de qual deve ser o comportamento apropriado, a pessoa simplesmente fica olhando, tal como todos os presentes. Nesse caso, não é a falta de sentimento de responsabilidade que inibe sua tendência a ajudar, mas a falta de conhecimento de qual ação deve ser empreendida. Esse é o correspondente ao passo quatro do modelo anteriormente descrito.

Subitamente, um dos presentes toma a iniciativa de fazer alguma coisa e dirige-se para o casal. Alguém mais logo o acompanha na ação. O observador então decide que também deve intervir para apartar a briga do casal. Nesse caso, é provável que sua ação tenha sido gerada pela pista fornecida pelo primeiro circunstante que interveio. Ele serviu, portanto, como modelo, cujo comportamento o observador imitou. A ação do modelo definiu uma situação que antes lhe parecia ambígua e agora aparece como uma situação que exige intervenção, bem como indicou o comportamento apropriado.

Embora sugiram interpretações diferentes para as situações de emergência, ambas as explicações – difusão de responsabilidade e modelação – têm um ponto comum: a decisão de um circunstante intervir ou não depende da situação social. Nem uma nem outra se refere às características da emergência, nem tampouco aborda como elementos centrais processos psicológicos muito complexos do observador. Obviamente, nem todas as situações possíveis em que uma ajuda se faz necessária são semelhantes: umas são mais arriscadas, outras são fisicamente mais difíceis, outras tantas exigem maior dispêndio de tempo e energia e maior sacrifício pessoal, algumas se revestem de maior ambiguidade e outras são claramente definíveis.

Já o modelo de Piliavin, Piliavin e Rodin (1975), a que fizemos referência quando tratamos dos modelos de ajuda como um processo de tomada de decisão (a ajuda se dá para reduzir a tensão emocional gerada pela emergência), tem o mérito de alertar para a possibilidade de que as pessoas possam interpretar a mesma situação de forma diferente e de destacar a importância de respostas psicológicas às situações de emergência, em contraste com as respostas puramente comportamentais enfatizadas pelos modelos ora referidos.

Além dos processos psicológicos mencionados por Piliavin et al. (1975), outros tantos podem entrar em jogo, como o que está envolvido no chamado "fenômeno do mundo justo" (Lerner, 1970). Segundo Lerner, temos necessidade de acreditar que vivemos em um mundo em que as coisas não acontecem ao acaso, sem ordem e sem significado. Daí a crença de que o mundo é um lugar justo, que funciona de forma organizada e, por isso, as pessoas têm o que merecem, sejam coisas boas, sejam coisas ruins. De acordo com essa explicação, as pessoas podem deixar de intervir numa situação de emergência porque supõem que se algo de mau aconteceu com alguém é porque algo ele há de ter feito para merecer esse destino.

A natureza das relações interpessoais

De um modo geral, as pesquisas sobre altruísmo focalizaram os relacionamentos entre estranhos. No entanto, uma grande parte do comportamento pró-social na vida diária ocorre entre pessoas que se conhecem bem: casais, parentes, amigos, colegas, namorados. Que fatores determinariam atos altruístas nesses tipos de relacionamentos?

Quando as pessoas se conhecem, elas parecem se preocupar mais com os benefícios em longo prazo que a ajuda pode proporcionar do que com seus benefícios imediatos, efeitos esses que parecem prevalecer nas relações entre estranhos (Salovey, Mayer & Rosenhan, 1991). Por outro lado, em alguns tipos de relacionamentos próximos e afetivos, as pessoas podem não estar absolutamente preocupadas com as recompensas que, eventualmente, possam auferir de sua ajuda ao outro.

Ao estudarem o altruísmo e tentarem investigar os fatores que podem determinar diferenças na ajuda, os psicólogos sociais costumam considerar como fundamental a distinção entre **relações de troca** e **relações comunais**. As primeiras são governadas por considerações de equidade (o que invisto na relação tem que ser igual ao que recebo dela), ao passo que, nas últimas, a preocupação básica é com o bem-estar do outro. Como vimos ao longo deste capítulo, os conhecimentos adquiridos sobre o altruísmo aplicam-se mais às relações de troca, nas quais as pessoas pouco se conhecem, porém ajudam esperando receber algum retorno (em geral, os participantes das pesquisas eram estranhos entre si). Como seriam, então, os comportamentos pró-sociais nas relações familiares e de amizade? Os indivíduos seriam motivados a ajudar em função de ponderações de custo/benefício?

Uma tendência adota a posição de que tanto nas relações de troca quanto nas relações comunais, a expectativa por recompensas é um fator importante na ajuda. O que varia é a natureza das recompensas (Batson, 1993). No primeiro caso, a expectativa é de que o retorno seja imediato e, na maioria das vezes, de valor equivalente. Assim, se eu ajudo um novo colega de trabalho em uma tarefa, eu passo a esperar que ele, logo em seguida, me devolva o favor nas mesmas bases. Nas relações familiares, pode-se supor que a ajuda dada a um filho será um dia cobrada pela mãe ("eu me sacrifiquei por você e agora você não faz nada que eu lhe peço"), ou que o fato de ver o filho com saúde e bem-ajustado seja sua própria recompensa. É possível, então, que as recompensas em longo prazo sejam vistas como as que importam, e não as recompensas imediatas.

Sob outra perspectiva, Clark e Mills (1993) defendem o ponto de vista de que as relações comunais diferem qualitativamente das relações de troca porque nelas as pessoas não estão tão preocupadas com os eventuais benefícios que possam receber por ajudar um parente, amigo ou colega. Sua maior preocupação é poder satisfazer as necessidades e ver o bem-estar de quem gosta.

De fato, evidências empíricas apontam que, nas relações comunais, o que nos importa não é quem vai ganhar *o que* e *quanto*, mas sim *como* podemos ajudar ("minha filha realmente está precisando da minha ajuda") enquanto, nas relações de troca, prevalece a preocupação *de quem* ganha *o que* e ficamos aborrecidos se nos parece que estamos dando mais ao outro do que recebemos dele ("acho que estou sempre fazendo favores a fulano, mas ele nunca me retribui"). Depreende-se, então, que a tendência natural das pessoas é ajudar mais os parentes e amigos do que os estranhos (Aronson, Wilson & Akert, 2009).

Ainda que essa conclusão seja apoiada por uma série de pesquisas, alguns dados empíricos apresentados por Tesser (1988) em relação à necessidade de manutenção da autoestima sugerem uma interessante exceção à regra. Nessa pesquisa, Tesser demonstra que, quando as coisas têm pouca relevância para os sujeitos, a tendência realmente é de que eles ajudem mais os amigos do que os estranhos. No entanto, quando alguma coisa é muito importante para as pessoas, a tendência se inverte (Tesser, 1991). Por que isso acontece? Segundo o autor, porque é doloroso ver um amigo próximo se sair melhor do que nós quando se trata de uma área que valorizamos muito e, portanto, algo que é central em nossa autoestima.

Fatores individuais do comportamento pró-social

> *O filósofo Thomas Hobbes – famoso por suas teorias de que sempre agimos em interesse próprio – foi visto certa vez dando esmolas a um mendigo. Ao ser questionado do porquê de seu ato, ele explicou que não o fizera pelo sofrimento do mendigo, mas, sim, para amenizar sua própria dor de ver alguém sofrendo.*
>
> A. Kohn

Nesta seção serão abordadas as principais características individuais do comportamento altruísta, apresentando os traços de personalidade, os estados emocionais, o sentido de religiosidade e as eventuais diferenças de gênero na maior ou menor propensão a ajudar.

Características de personalidade

Quando tomamos conhecimento de eventos dramáticos, como enchentes, naufrágios, incêndios e ouvimos os relatos sobre o resgate das vítimas realizado por pessoas que arriscaram sua própria vida, logo nos inclinamos a pensar como essas pessoas são generosas, solidárias e abnegadas. Em alguns momentos, chegamos até a comentar com entusiasmo sobre a personalidade altruísta de algumas pessoas, como a de Madre Tereza de Calcutá, que dedicou sua vida à causa dos pobres e oprimidos tanto em seu dia a dia como em momentos de grande aflição para a humanidade.

Da mesma forma, é comum nos sentirmos revoltados quando sabemos que alguém recusou ajuda ou observou friamente uma situação de emergência, assumindo apenas a posição de um mero espectador curioso, como no caso de Kitty Genovese.

Cabe então indagar se existem traços de personalidade, características estáveis no modo de ser das pessoas que as tornam propensas a sempre ajudar os outros? Ou melhor, poderíamos falar de uma personalidade altruísta?

A Psicologia Social tem estudado como se desenvolve o comportamento pró-social e de como as diferenças individuais podem determinar pessoas mais e menos altruístas. Durante muitos anos, contudo, a investigação sistemática dessa questão não permitiu a identificação de um único traço de personalidade capaz de predizer o comportamento altruísta. Como afirma Myers (2010), até o momento foram obtidas correlações modestas entre a propensão para ajudar e certas variáveis de personalidade, como é o caso da necessidade de aprovação social. De um modo geral, os testes de personalidade não se mostraram úteis na identificação dos altruístas potenciais. Estudos com as pessoas que arriscaram suas vidas para libertar os judeus durante o nazismo demonstraram que se o contexto social é um fator influente na predisposição das pessoas a ajudar, o mesmo não se pode dizer das características individuais: não foi possível atribuir a um conjunto definível de traços de personalidade uma maior tendência altruísta por parte dos que se envolveram nessa situação.

No entanto, pesquisadores interessados no estudo da relação entre personalidade e comportamento social de ajuda destacam que algumas evidências já foram reunidas no sentido de indicar que a presença de certos traços predispõe ao altruísmo. Assim é que os indivíduos com alto grau de emocionalidade, empatia e autoeficácia tendem a ser mais altruístas (Bierhoff, Klein & Kramp, 1991; Eisenberg et al., 1991; Tice & Baumeister, 1985). Além do mais, as características de personalidade afetam o modo pelo qual as pessoas reagem a determinadas situações (Carlo et al., 1991; Romer, Gruder & Lizzadro, 1986).

Estados emocionais

Será que o humor da pessoa no momento da possível prestação de ajuda influi em seu comportamento?

Com o objetivo de buscar respostas para essa indagação, psicólogos sociais norte-americanos desenvolveram uma série de pesquisas, em que os sujeitos eram induzidos, a partir de manipulações experimentais, a sentir emoções positivas e negativas (p. ex.: *feedback* fictício de sucesso ou fracasso em tarefas ou testes). Em seguida, os sujeitos eram confrontados com situações em que alguém pedia ou precisava de ajuda, sendo observadas as suas reações. Os resultados obtidos, em seu conjunto, não são inteiramente consistentes; no entanto, algumas tendências gerais puderam ser constatadas.

O estado de humor negativo:

• propicia menor ajuda em crianças (Isen, Horn & Rosenhan, 1973);

• provoca maior ajuda em adultos (Apsler, 1975; Cialdini & Kenrick, 1976; Carlson & Miller, 1987);

• a culpa parece ser a emoção negativa mais relacionada ao ato altruísta (Carlson & Miller, 1987; Dovidio, 1984);

• a tristeza, tal como enfatizada pelo modelo de ajuda como um alívio do estado negativo (*negative-state relief model*), de Cialdini e colaboradores (Cialdini, Darby & Vincent, 1973; Cialdini et al., 1987), aumenta a possibilidade de ajuda, pois as pessoas aprendem durante a infância que o ato de ajudar contribui para a superação de estados psicológicos negativos.

De acordo com Cialdini e seus colaboradores, o altruísmo é visto pelos adultos como autogratificante, com recompensas internas inerentes. Quando a pessoa experimenta culpa ou tristeza, ela sabe que fazendo um bem a alguém sentir-se-á recompensada, neutralizando-se, assim, as emoções negativas. Os resultados opostos, obtidos com crianças, são interpretados por esses autores como um produto da socialização, que as leva a sentir menor satisfação no ato de ajudar; porém, à medida que crescem, os jovens começam a perceber no altruísmo uma fonte de autogratificação. Como observam os pesquisadores, tais resultados são também consistentes com a visão de que nascemos egoístas e que, ao longo de nosso desenvolvimento, essas tendências podem ser controladas.

Em relação ao estado de humor positivo, foi verificado que:

• pessoas felizes são mais altruístas, qualquer que seja a razão e qualquer que seja a idade (Salovey, Mayer & Rosenhan, 1991; Carlson; Charlin & Miller, 1988) e poucos achados são tão consistentes quanto esse em toda a literatura psicológica (Myers, 2010);

• pessoas felizes são ainda mais motivadas para ajudar quando sua atenção está focalizada mais em coisas boas para si mesmas do que para os outros (Rosenhan, Salovey & Hargis, 1981).

Por que isso acontece? Uma das interpretações correntes é que as emoções positivas fazem surgir nas pessoas pensamentos positivos, desencadeando-se uma circularidade de cognições positivas sobre si mesmas e os outros. Dessa forma, as pessoas felizes prolongam esse estado de espírito engajando-se em comportamentos pró-sociais (Isen, 1987). Uma interpretação análoga sustenta que um estado emocional agradável induz pensamentos positivos e autoestima positiva, o que predispõe a comportamentos positivos (Berkowitz, 1987; Cunningham et al., 1990; Isen et al., 1978). Em consequência, tornamo-nos mais propensos a estabelecer associações positivas entre sentirmo-nos bem e o fato de sermos altruístas.

Diferenças de gênero

Embora pareça ser simples, a questão "Quem é mais altruísta, o homem ou a mulher?" não tem uma resposta imediata. Já temos elementos suficientes, tanto do ponto de vista teórico quanto do ponto de vista dos achados empíricos, para concluirmos que o comportamento pró-social é, na maioria das vezes, situacionalmente determinado, ou, melhor ainda, é fruto da interação de variáveis pessoais e situacionais. Sendo assim, aqui também cabem considerações relativas ao papel desempenhado por uma conjugação de múltiplos fatores intervenientes. Não surpreende, portanto, que ainda não tenha sido possível concluir que um gênero seja mais altruísta do que o outro porque tudo depende do tipo da situação social de ajuda (Eagly & Crowley, 1986).

Em todas as culturas há normas específicas para homens e mulheres, das quais derivam traços e comportamentos socialmente valorizados e esperados para uns e para outras. Nas culturas ocidentais, prevalecem como atributos do papel masculino tradicional – características instrumentais – ser corajoso, heroico e capaz de iniciativas mais ousadas e arriscadas; já os atributos associados ao papel feminino tradicional envolvem características expressivas e se referem à educação e aos cuidados com a prole, aos aspectos socioemocionais da vida e à valorização de relacionamentos próximos e duradouros.

Em consequência, poder-se-ia esperar que os homens fossem mais altruístas em situações que exigissem bravura e coragem e as mulheres, em situações que envolvessem menor risco e maior necessidade de apoio emocional. Na revisão que fizeram de 170 estudos sobre o comportamento pró-social, Eagly e Crowley (1986) constataram que os homens, de fato, revelaram-se mais altruístas em situações de emergência e de risco que requeriam ações mais heroicas. Em um dos estudos, por exemplo, todos os participantes, com exceção de um, da amostra de pessoas que se dispuseram a intervir para prender criminosos eram homens (Huston et al., 1981). Por outro lado, as mulheres mostraram-se mais propensas que os homens a prestar ajuda e apoio emocional nas situações tradicionalmente relacionadas às expectativas sociais, como cuidar de crianças e de velhos (Belansky & Boggiano, 1994; Brody, 1990; Eagly & Crowley, 1986). Já em estudo realizado em Brasília no final dos anos de 1990 (Silva et al., 1998), usando a técnica da carta perdida (no qual uma carta é colocada "por engano" no para-brisa de um carro, solicitando para o dono do veículo, "amigo do missivista", dar uma olhadinha e colocá-la no correio com certa urgência, já que do envio da carta dependia a conquista de um emprego), não encontrou diferenças, tanto em função dos objetivos da pesquisa, que era sobre ajuda e preconceito – uma vez que a pessoa a ser ajudada era negra ou homossexual – quanto ao fato de ser do sexo feminino ou masculino. Apenas observou-se uma maior rapidez em atender quando a pessoa a ser ajudada era do sexo feminino. Em réplica realizada em 2009 em estacionamentos de universidades no Rio de Janeiro, Nunan e Jablonski também não encontraram diferenças de gênero no percentual de ajuda recebida, que, diga-se de passagem, foi, no todo, bem pequena. Novamente em Brasília, Silva e Günther (2001) pesquisaram comportamentos de ajuda entre passageiros de ônibus: um dos pesquisadores carregando pastas, livros e caderno, ficava de pé próximo de quem se esperava possível ajuda no sentido de segurar os objetos portados. Após 40 viagens realizadas observou-se um total de 60% de ajuda, sendo mais influentes neste sentido a linha de ônibus (maior na linha satélite, composta predominantemente por trabalhadores residentes na periferia), o contato visual prévio face a face e – aqui, sim – um maior percentual de ajuda entre mulheres, mormente entre duas mulheres (não houve maior comportamento de ajuda entre pessoas de gêneros diferentes). Embora este estudo possa ser considerado, como salientam seus autores, mais uma questão de cortesia social do que de ajuda propriamente dita, não deixa de ser um exemplo de comportamento pró-social.

Finalmente, Eagly e Crowley (1986), revendo 35 estudos que comparavam a ajuda recebida por homens e mulheres em situações que envolviam estranhos necessitando de auxílio, observaram que os homens ofereciam maior ajuda quando as vítimas eram mulheres, embora aqui também, como no experimento descrito antes, é possível que outros fatores, como cavalheirismo ou mera perspectiva de uma sedução, tenham colaborado positivamente para a ocorrência de comportamentos pró-sociais.

A quem ajudamos?

Nas seções anteriores, analisamos o altruísmo sob a perspectiva do altruísta em potencial, procurando discutir alguns dos fatores pessoais e situacionais que mais frequentemente o motivam e o predispõem a assumir a responsabilidade e tomar a iniciativa de prestar ajuda, seja em situações de emergência, seja em situações de não emergência. Nesta seção, focalizaremos a pessoa em necessidade e algumas de suas características, que podem ser importantes no sentido de mobilizar a ajuda, bem como suas reações ao fato de precisar ou de receber ajuda. Nesse sentido, abordaremos, em primeiro lugar, as percepções do altruísta potencial em relação ao merecimento da vítima em ser ajudada e sua eventual responsabilidade pelo que lhe está ocorrendo, bem como ao grau de similaridade entre eles. Em seguida, trataremos brevemente de algumas implicações envolvidas no fato de ser alvo de ajuda.

Merecimento e responsabilidade da vítima

A ajuda depende dos julgamentos que fazemos sobre o merecimento da vítima e de nossas inferências em relação às causas de seu "infortúnio". Se concluímos que a pessoa está em dificuldades porque foi negligente e, de alguma forma, é responsável por seu destino, a ajuda tende a ser pouco provável. Uma explicação para essa tendência pode ser dada a partir da **hipótese do mundo justo** (Lerner & Simmons, 1966), já mencionada anteriormente. Segundo essa hipótese, como as pessoas tendem a ser vistas como merecedoras de tudo o que lhes ocorre, de bom ou de ruim, este tipo de pensamento nos leva a desvalorizar a pessoa que, acreditamos, causou sua própria desgraça. Uma outra possibilidade refere-se à atribuição da necessidade da vítima a uma causa controlável ou incontrolável (Weiner, 1986). Assim, se um colega seu, que se saiu muito mal numa prova, lhe pedisse emprestado todas as suas anotações de aula, você provavelmente as cederia se julgasse que ele não estudou porque ficou doente (uma causa incontrolável), mas dificilmente lhe ajudaria se achasse que ele não estudou porque preferiu ir à praia (causa controlável). A controlabilidade da causa é, portanto, um fator que inibe a ajuda porque dela deriva a atribuição de responsabilidade pessoal pela dificuldade presente. Por que isso ocorre? Segundo Weiner, essa avaliação cognitiva da situação e da necessidade de alguém desencadeia emoções de raiva e desprezo no percebedor (no caso de causa controlável) ou de compaixão (causa incontrolável) o que, por sua vez, determina que a ajuda seja menos ou mais provável.

Similaridade

A decisão de ajudar ou de não ajudar se relaciona também à percepção do grau de similaridade entre o altruísta potencial e a pessoa em necessidade. Não causa estranheza que os que são vistos como mais semelhantes a nós acabem sendo mais auxiliados do que aqueles que são diferentes de nós (Dovidio et al., 1991). A percepção de semelhança gera sentimentos de vinculação e união entre as pessoas – sentimentos de pertencer ao mesmo grupo e de afeto – e isso estimula a vontade de ajudar. A relação entre similaridade e altruísmo parece evidenciar-se em muitas instâncias. Como comentamos anteriormente, é comprovadamente maior a propensão a ajudar amigos do que estranhos, e, por outro lado, nos países coletivistas, em que a valorização dos grupos por seus membros é bem maior do que nas culturas individualistas, os comportamentos pró-sociais são significativamente mais frequentes.

A perspectiva do recebedor da ajuda

Ainda que a pesquisa em comportamentos pró-sociais enfatize prioritariamente aqueles que prestam ajuda ou se eximem de ajudar, não há como negar que muito há ainda por ser acrescentado ao estudo do altruísmo com a consideração da perspectiva de quem precisa de ajuda.

Embora, à primeira vista, possa-se supor que a ajuda é sempre bem-vista pelo recebedor e tem apenas efeitos positivos, isso pode não ocorrer. É óbvio que, em muitos casos, as pessoas são reconhecidamente gratas a seus benfeitores e valorizam a ajuda recebida. É unânime a ideia de que a sociedade seria melhor se os indivíduos fossem estimulados e intrinsecamente motivados a ajudarem-se uns aos outros. No entanto, são bem mais frequentes do que se imaginam as dificuldades relacionadas ao ato de pedir e de receber ajuda.

Uma análise bastante interessante sob esse ângulo é apresentada por alguns psicólogos sociais. A preocupação em estudar primordialmente os pontos de vista de quem ajuda e secundariamente os de quem precisa de ajuda é um reflexo provável de como a própria sociedade encara a questão. A mesma sociedade que cria normas que estimulam e prescrevem a necessidade de ajudar todo aquele que precisa cria, também, normas que valorizam a autoconfiança e a independência (Deaux et al., 1993). Quantas vezes temos vontade de pedir ajuda ou de demonstrar indiretamente que uma ajuda seria bem-vinda, mas refreamos nosso desejo para não parecermos dependentes ou incompetentes? Pedir ou precisar de ajuda pode ainda significar ficar em débito com alguém ou ser pressionado a retribuir em algum momento futuro (cf. norma da reciprocidade). Quantos de nós, por exemplo, têm dificuldades em lidar com equipamentos eletrônicos, mas relutam em pedir ajuda a um colega de trabalho ou porque se envergonham por "sua ignorância" e incapacidade de aprender a manejá-los ou por não terem que, de alguma forma, devolver o favor? Um aspecto crítico que deve ser levado em conta para dimensionar em que medida as pessoas reagem positiva ou negativamente ao recebimento de ajuda diz respeito à extensão com que ela representa uma ameaça à autoestima (Nadler & Fisher, 1986). Se fortalece a autoestima (nos casos em que a pessoa se sente querida ou consegue seu objetivo), a reação à ajuda é favorável e pode propiciar novos pedidos de ajuda. Se o auxílio representa uma ameaça à autoestima, seu efeito poderá ser o de provocar ressentimento em relação a quem a ajudou, desencadeando tentativas de resgatar a autoconfiança. Ainda segundo esses autores, um fator importante deve ser considerado nessa situação: o grau de controle que o indivíduo percebe ter sobre sua vida, e as expectativas daí decorrentes quanto às suas possibilidades de readquirir a autoconfiança. Se acredita ser capaz de exercer controle sobre sua vida, tentará provar que é independente e não precisa de ajuda, e, se for bem-sucedido, as reações negativas à ajuda darão lugar a sentimentos mais positivos em relação a ela. Quando, no entanto, a autoestima é ameaçada e o indivíduo se percebe como incapaz de determinar sua vida, seus sentimentos negativos à ajuda persistirão, tornando-o cronicamente dependente de ajuda, ainda que se ressinta por precisar dela.

Pesquisas sobre a reação à ajuda por parte do recebedor mostraram ainda que a busca de ajuda pode ter consequências estigmatizantes. O ato de pedir ajuda traz à tona um dilema humano básico: o conflito entre a dependência e a independência. Como as sociedades ocidentais valorizam a independência e a autoconfiança como símbolos de força e de adequabilidade pessoal, procurar ajuda viola esses valores porque denota falta de competência e fraqueza pessoal.

A influência conjunta da pessoa e da situação no comportamento pró-social

Não há tarefa mais indispensável do que a de retribuir uma gentileza.

Cícero

Ao longo deste capítulo, discutimos as possibilidades de explicação e compreensão dos comportamentos pró-sociais, analisando os motivos básicos que levam os seres humanos a ajudar os outros e os fatores psicológicos e situacionais que interferem na tendência maior ou menor de prestar auxílio a quem precisa.

É óbvio que, embora inúmeros estudos e pesquisas confirmem a influência sobre o altruísmo ora de uma ora de outra dessas variáveis, os achados obtidos representam explicações parciais do fenômeno. Um passo adiante no entendimento dos comportamentos de ajuda é obtido quando se leva em conta a influência conjunta de fatores pessoais e situacionais. Isto porque, em geral, quando confrontado com atos altruístas, o psicólogo, da mesma forma que o observador leigo, tende a atribuí-los a: (a) traços relativamente estáveis, disposições permanentes e outras predisposições, que se presumem residam "dentro" do indivíduo, tais como a empatia e a personalidade altruísta; (b) características da situação social em que ocorrem, circunstâncias externas que, de alguma forma, desencadeiam esses comportamentos, como, por exemplo, se o indivíduo está sozinho ou em grupo; ou (c) influência interativa de aspectos pessoais e aspectos situacionais.

Ainda que muitos pesquisadores em altruísmo enfatizem uma abordagem situacional, a maioria reconhece, pelo menos em princípio, que é a conjugação de aspectos do indivíduo e de aspectos da situação que melhor explica esses comportamentos. Mesmo admitindo a pertinência dessa interação entre pessoa x situação no estudo do altruísmo, os pesquisadores diferem significativamente no modo como interpretam essa interação. Entre os modelos teóricos que se propõem a estudar o altruísmo sob esse duplo enfoque, Horowitz e Bordens (1995) destacam duas abordagens – a usualmente denominada por **interacionismo** e a aplicação dos modelos de ajuda como tomada de decisão (já tratados anteriormente) – a situações que requeiram ajuda regular e em médio e longo prazo (e não, tal como originalmente concebidos, a situações de emergência).

A perspectiva interacionista concebe que os motivos internos do indivíduo (altruístas ou egoístas) interagem com fatores situacionais para determinar se uma pessoa ajudará ou não alguém em necessidade. Romer e seus associados (Callero, 1986; Romer; Gruder & Lizzadro, 1986) identificaram quatro orientações altruístas baseadas no grau de necessidade individual de prestar ajuda e de receber ajuda: (a) altruístas – aqueles que são motivados a ajudar os outros sem receber nada em troca; (b) doadores receptivos, os que ajudam para obter algo em troca; (c) egoístas, motivados basicamente para receber ajuda, mas não para dar ajuda; e (d) os individualistas, que não são motivados nem para dar nem para receber ajuda.

Em seus estudos, esses autores induziram os participantes a acreditar que eles seriam recompensados ou não recompensados pela ajuda prestada. Os resultados obtidos em duas medidas de ajuda (concordância em ajudar e número de horas em que se dispuseram a ajudar) confirmaram as hipóteses elaboradas em função dessas quatro orientações. Destaque-se que os altruístas, além de demonstrarem maior grau de ajuda quando não havia qualquer compensação, revelaram a menor tendência a ajudar quando havia compensação. Isso significa que, quando as pessoas têm uma motivação intrínseca verdadeira para fazer algo, a oferta de recompensa diminui sua motivação e seu gosto pelo que se dispõem a fazer.

Por outro lado, há ainda evidências de que os fatores da pessoa e da situação também interagem de um modo a reduzir o efeito do circunstante. Em um desses estudos (Wilson, 1976), os participantes foram classificados como "orientados para a autoestima" (aqueles motivados por um alto sentido de competência pessoal) ou como "orientados para a segurança" (os dependentes do que os outros fazem). Esses mesmos sujeitos foram submetidos a uma emergência simulada (uma "explosão" que supostamente teria ferido o experimentador) em três condições experimentais: ou estavam sozinhos, ou estavam em companhia de um observador passivo, que nada fazia para ajudar, ou de um observador prestativo que se dispunha a socorrer o experimentador. Os resultados do estudo revelaram que os sujeitos internamente orientados para ajudar (em função da autoestima), comparativamente aos externamente motivados (orientados para a segurança), além de terem sido os mais prestativos em todas as condições, revelaram maior propensão à ajuda quando se encontravam diante de um espectador passivo. Isto significa que pessoas com essas características individuais não se deixam influenciar ou contaminar pela apatia de espectadores passivos, o que talvez possa sugerir que os "vizinhos de Kitty Genovese", em sua maioria, fossem do tipo "orientado para a segurança". Caso fossem do tipo "orientado para a autoestima", o desfecho daquela situação provavelmente poderia ter sido outro, porque suas características de personalidade fariam com que agissem de forma a ajudar a vítima.

Horowitz e Bordens (1995) discutem ainda um outro aspecto da relação pessoa/situação e tendência ao altruísmo. Trata-se da possibilidade de que a personalidade do indivíduo possa interagir com os custos de prestar ajuda em uma dada situação social. Por que alguns indivíduos ajudam os outros em situação de alto risco pessoal, como foi o caso das pessoas que resgataram os judeus durante a Segunda Guerra Mundial? Afinal, se elas fossem descobertas, a morte seria certa!

Segundo a perspectiva interacionista, o grau com que a personalidade do altruísta afeta a ajuda pode depender dos custos percebidos no ato de ajudar. Nas situações de baixo custo pessoal (p. ex.: ajudar alguém perdido na rua), os traços pessoais são menos importantes que a situação em si, e o número de pessoas que se dispõe a ajudar é grande. No entanto, nas situações de alto risco e custos pessoais elevados, inverte-se a ordem de importância e a personalidade passa a exercer um impacto mais forte na decisão de ajudar. Nesses casos, é bem pequena a proporção de pessoas que ajudam, o que faz supor que aquelas que conseguem superar as forças situacionais impeditivas da ajuda são as que possuem personalidades altruístas ou, pelo menos, alguns traços pessoais estáveis que as levam a assumir os riscos envolvidos no ato de ajudar.

Como podemos promover o comportamento pró-social?

O estudo do altruísmo pela Psicologia Social reveste-se de extrema importância não só do ponto de vista teórico-empírico, mas também do ponto de vista estritamente prático. Na medida em que admitimos a procedência de tantas e tão veementes denúncias de que a sociedade caminha perigosamente para o terreno dos graves conflitos sociais, dos incontroláveis desejos egoístas de sucesso e bem-estar pessoal e dos atos de flagrante desrespeito aos direitos humanos, é inevitável a preocupação de como podemos deter e reverter o quadro progressivo de violência e agressão que naturalmente emerge nessas condições sociais negativas e injustas. Por outro lado, a constatação de que são incontáveis os exemplos de verdadeiro altruísmo e abnegação e a certeza de que a ajuda, a cooperação e a solidariedade são essenciais para a vida dos grupos e o funcionamento da sociedade revelam uma outra face da questão, que pode ser o ponto de partida em busca de uma sociedade mais harmoniosa.

Smith e Mackie (2007) resumem alguns fatores capazes de promover o comportamento de ajuda, a saber: (a) redução da ambiguidade da situação; (b) estimulação da motivação intrínseca para exibir um comportamento pró-social (Batson et al., 1987; Piliavin; Evans & Callero, 1982); (c) procura de identificação com a vítima; (d) ativação das normas de ajuda (reciprocidade, responsabilidade social, justiça social); (e) ênfase na responsabilidade pessoal, procurando, com isso, evitar a difusão de responsabilidade; e (f) promoção do altruísmo na infância por meio de recompensas e modelos.

Alguns pesquisadores assinalam que um meio poderoso para o encorajamento na infância do comportamento pró-social é recompensar os atos altruístas das crianças com palavras elogiosas e gestos de carinho (Grusec, 1991). Outros, porém, alertam sobre a necessidade de não supervalorizar as recompensas. Em primeiro lugar, pelo risco de as crianças distorcerem a finalidade da ajuda, que passa a ser a obtenção de prêmios, e não a percepção favorável de si mesmas em termos altruístas; em segundo lugar, pelo surgimento da crença de que ajudar só vale a pena quando ao ato estão associadas recompensas extrínsecas. O mais importante nessas primeiras experiências de vida é estimular nas crianças um interesse intrínseco pelo ato de ajudar, pelo bem-estar que lhes possa provocar, pelo sentimento positivo de se verem como não egoístas, e não pela recompensa em si mesma. Uma das formas de se conseguir isso é, após a ajuda prestada, fazer comentários que indiquem serem elas pessoas gentis e generosas (Grusec et al., 1979).

Provavelmente mais importante do que as recompensas é o fato de os próprios pais servirem de modelos de altruísmo para seus filhos. Nas entrevistas realizadas com as pessoas que libertaram os judeus na Segunda Guerra Mundial, ficou evidente que a maior parte desses altruístas se identificava muito com seus pais, e esses eram vistos como possuidores de altos padrões morais, tendo-lhes transmitido valores de respeito e preocupação com o próximo, e não apenas com os membros de seu próprio grupo (Oliner & Oliner, 1988; Fogelman & Wiener, 1985). Um trecho da entrevista com uma destas pessoas ilustra o papel desempenhado por modelos familiares no comportamento pró-social: "Meu pai me ensinou a não fazer diferenças entre as pessoas. Nós todos temos um Deus. Não importa quanto dinheiro você tenha, ou qualquer outra coisa" (Fogelman & Wiener, 1985: 65).

Entre os fatores pessoais que parecem favorecer o comportamento altruísta e que provavelmente estão relacionados às experiências familiares durante a infância, podemos destacar a religiosidade e o sentido de moralidade. Nesses casos, costuma-se afirmar que as pessoas, por terem uma preocupação constante com os preceitos morais, os princípios de justiça humana, com as necessidades de seus semelhantes, com a norma de responsabilidade social, acabam por fazer opções de vida em que a ajuda aos outros é parte integrante de seu repertório comportamental (Eisenberg, 1986; Rushton, 1984; Erkut, Jaquette & Staub, 1981). O pensamento moral ou a empatia pelas vítimas motivou, em grande parte, as pessoas que ajudaram no resgate dos judeus em poder dos nazistas (Oliner & Oliner, 1988).

Resumo

Abordamos neste capítulo os comportamentos pró-sociais de altruísmo e de ajuda a outras pessoas, destacando inicialmente a natureza humana e os motivos que levam os indivíduos a ajudar seus semelhantes. Foi discutida a questão central que divide os estudiosos do tema: Afinal, é possível admitir-se a existência de altruísmo genuíno, motivado por uma preocupação empática pelo outro, ou em todo ato de ajuda pode vislumbrar-se um motivo egoísta ou autocentrado?

Os vários enfoques teóricos relacionados ao comportamento pró-social podem ser organizados em torno de três eixos principais de análise: o biológico e cultural, o pessoal e situacional e o cognitivo e afetivo.

Os principais fatores situacionais que podem favorecer ou inibir os comportamentos de ajuda foram discutidos, tratando-se desde os contextos sociais mais amplos, passando pelos tipos de relações interpessoais que envolvem o altruísta e o recebedor potencial de ajuda, até as características específicas da situação social de ajuda, especialmente o número de observadores presentes. Os processos psicológicos que podem explicar o chamado efeito do circunstante, bem como os processos de aprendizagem social que podem neutralizá-lo, foram também comentados.

Uma breve apreciação dos fatores individuais que caracterizam o altruísta potencial foi apresentada, discutindo-se, sob essa perspectiva, se existiria uma personalidade altruísta ou se são os estados emocionais transitórios os responsáveis pela propensão em ajudar.

A análise final abordou as implicações de ordem prática propiciadas pelos conhecimentos psicossociais sobre o comportamento pró-social, com algumas propostas e recomendações no sentido de promovê-lo.

Sugestões de leitura

ARONSON, E.; WILSON, T.D. & AKERT, R.M. (2009). *Social Psychology*. 6. ed. Nova York: Addison-Wesley Longman.

DEAUX, K. et al. (1993). *Social Psychology*. 6. ed. Pacific Grove, CA: Brooks/Cole Publishing.

GOLDSTEIN, J. (1983). *Psicologia Social*. Rio de Janeiro: Guanabara Dois.

HOROWITZ, I.A. & BORDENS, K.S. (1995). *Social Psychology*. Mountain View, CA: Mayfield Publishing.

MYERS, D.G. (2010). *Social Psychology*. Nova York: McGraw-Hill.

SEARS, D.O.; PEPLAU, L.A. & TAYLOR, S.E. (1991). *Social Psychology*. 7. ed. Englewood Cliffs, NJ: Prentice.

SMITH, E.R. & MACKIE, D.M. (2007). *Social Psychology*. 3. ed. Nova York: Worth.

Tópicos para discussão

1) O que é altruísmo? Que motivos básicos levam as pessoas a ajudar os outros?

2) Em que consiste a hipótese empatia-altruísmo e quais as principais objeções que lhe foram feitas?

3) Explique o que se entende por "efeito do circunstante".

4) Como empatia e egoísmo estão relacionados ao altruísmo?

5) Em seu modo de entender, existe o altruísmo genuíno?

6) Como os psicólogos sociais explicam o comportamento de ajuda em situações de emergência?

7) Quais as etapas do processo decisório de ajuda segundo Latané e Darley?

8) É possível falar-se de uma personalidade altruísta?

9) Em que sentido podemos afirmar que o comportamento de ajuda é situacionalmente determinado?

10) Em que medida os processos de socialização podem promover o desenvolvimento do altruísmo?

Anexo – A amabilidade de estranhos

Sob o título The Kindness of Strangers *(A amabilidade de estranhos), Robert Levine (2003) apresenta os resultados de pesquisas conduzidas por ele e seus colaboradores em 36 cidades dos Estados Unidos e em 23 cidades de diferentes países. A pesquisa nos Estados Unidos procurou obter respostas para as seguintes perguntas: (a) Que tipo de ambiente mais favorece o comportamento de ajuda? (b) Em que cidades uma pessoa em necessidade tem mais probabilidades de receber ajuda?*

Levine utilizou um estudo de campo a partir do qual oportunidades para ajuda eram intencionalmente criadas pelo pesquisador. Três situações foram lançadas, a saber: (1) um aliado do investigador (pessoa-estímulo), numa rua central e em hora de grande movimento, deixava cair uma caneta; (2) usando uma joelheira e mostrando certa dificuldade em andar, a pessoa-estímulo deixava cair no chão as revistas que levava e tentava, com muito esforço, apanhá-las; e (3) a pessoa-estímulo, usando óculos escuros e uma bengala branca, esperava no sinal para atravessar a rua. No estudo em cidades americanas duas outras medidas de comportamento de ajuda foram utilizadas: contribuições per capita a uma entidade nacional de caridade e colocação no correio de uma carta selada e endereçada caída no chão.

Em relação às cidades americanas, foi encontrado que cidades menores do sudoeste dos Estados Unidos exibiram maior porcentagem de comportamento de ajuda do que as grandes cidades do nordeste e da costa oeste. Levine verificou que alguns fatores sociodemográficos e ambientais se correlacionavam com o comportamento de ajuda, tais como densidade populacional (o mais importante de todos), condições econômicas e ambiente estressante (muito barulho, poluição do ar etc.). Neste estudo a cidade de Nova York ocupou o 35º lugar das 36 estudadas.

No estudo em 23 cidades de diferentes países, as três medidas indicadas (caneta caída no chão, dificuldade em apanhar revistas e um "cego" tentando atravessar uma rua) foram utilizadas. Um observador à distância anotava se uma pessoa, que passava perto do aliado do experimentador e que podia claramente ver a caneta no chão ou a pessoa tentando apanhar as revistas, ajudava ou não. Em relação ao "cego" que esperava, juntamente com outras, o sinal abrir, foi anotado se alguma pessoa lhe oferecia ajuda ou não.

A cidade que ocupou o primeiro lugar em porcentagem de ajuda prestada foi a cidade do Rio de Janeiro; em segundo lugar veio São José, na Costa Rica; das cidades europeias Viena foi a primeira em ajuda, seguida de perto por Madri e Copenhagen; as últimas colocadas foram Singapura, Nova York e Kuala Kampur, na Malásia.

Os estudos de Levine confirmam o que foi dito neste capítulo no que se refere à influência de fatores sociais e culturais na manifestação de comportamento pró-social.

12
Atração interpessoal e intimidade social

I. Afiliação
II. Aceitação social
   Indução ao ostracismo
   Estigmatização
   Preconceito e discriminação
   Aceitação social e atribuição
III. Atração interpessoal
   Proximidade física
   Identidade de valores e atitudes
      Redução dos custos no processo de interação social
      Estabelecimento de realidade social
      Satisfação da necessidade de comparação social
      Papel reforçador da concordância
   Aparência física
IV. Formação, manutenção e término da atração interpessoal
   O modelo de Newcomb
   O modelo de Thibaut e Kelley
V. Relações sociais íntimas
   A Teoria Triangular do Amor
   As cores do amor
      Eros
      Storge
      Ludus
      Mania
      Pragma
      Ágape
   Uma área em expansão
VI. Resumo
VII. Sugestões de leituras
VIII. Tópicos para discussão
IX. Anexo
   O papel da internet nas relações interpessoais

> *Nós somos motivados por cinco necessidades genéticas: sobrevivência, amor e aceitação social, poder, liberdade e diversão.*
>
> William Glasser

Nós, pessoas humanas, somos "animais sociais". Necessitamos de convívio com nossos semelhantes, não obstante Sartre ter dito na peça *Huis Clos* (Entre quatro paredes) que o "inferno são os outros". O fato é que, embora às vezes o convívio com certas pessoas possa nos parecer infernal, na maioria das vezes podemos dizer que "o céu são os outros". O estado de isolamento nos provoca ansiedade e, quando ansiosos, procuramos nos aproximar de outras pessoas. O sentimento de que somos acolhidos pela família e pelos amigos nos traz conforto e satisfação. Já no Livro do Gênesis da Bíblia dos cristãos se lê: "*Então disse o Senhor: Não é bom que o homem esteja só*".

O sentimento de solidão decorrente da falta de interação com outras pessoas conduz, frequentemente, a estados de depressão, baixa autoestima e outras emoções negativas. O sentir-se rejeitada é capaz de suscitar uma variedade de efeitos negativos numa pessoa, incluindo-se entre eles a diminuição de sua autoestima, a perda de seu senso de controle e a percepção de que sua vida carece de sentido (Williams, 2007). Com o advento da internet e da facilidade de comunicação através de *e-mail*, *blogs*, grupos de conversa, Facebook, Twitter etc., os psicólogos sociais têm estudado os efeitos de tais recursos na busca de estabelecimento de contato social e prevenção do sentimento de isolamento. Será a comunicação através dessas modalidades utilizando computadores, celulares e *iPads* capaz de substituir o contato direto entre as pessoas? O leitor encontrará no anexo a este capítulo considerações sobre esse tema.

Veremos a seguir o conhecimento acumulado pela Psicologia Social no que se refere à necessidade de interagirmos com os outros. Inicialmente serão considerados os estudos de Schachter (1959) sobre um dos fatores que nos leva a procurar outras pessoas. Em seguida será estudado o fenômeno de sentirmo-nos aceitos por outros, de considerarmo-nos integrados num ambiente social, fenômeno esse expresso em inglês pela palavra *belongingness*, que traduziremos aqui (por falta de expressão melhor) por "sentimento de aceitação social". Os vários fatores capazes de explicar como se desenvolve a atração por outras pessoas serão discutidos. Modelos teóricos que tratam de como a atração interpessoal se forma, se mantém ou se desfaz serão apresentados. O capítulo termina com o estudo das relações interpessoais íntimas.

Afiliação

A necessidade de entrarmos em contato com outras pessoas se manifesta de várias formas e decorre de motivações diversas. Procuramos outras pessoas para validar nossas opiniões e habilidades, para sentirmo-nos aceitos socialmente, para atender às nossas necessidades de relacionamento afetivo e para atingir vários outros objetivos. Para Hill (1987), por exemplo, nosso desejo de afiliação decorre, principalmente, das seguintes razões: pelas gratificações decorrentes do contato social, para ter apoio emocional, para conseguir informação a partir da comparação com outros e para obter a atenção dos outros.

Stanley Schachter conduziu estudos muito interessantes sobre a necessidade que temos de associarmo-nos a outras pessoas quando nos sentimos ansiosos. Em sua monografia sob o título *A Psicologia da Afiliação*, Schachter (1959) relata vários estudos sobre o assunto. O ponto central da monografia é a resposta à pergunta "Por que as pessoas se associam a outras?" Após rever alguns estudos o autor investiga as experiências de pessoas que passaram longos períodos em isolamento total ou quase total (eremitas, prisioneiros de guerra etc.). Três conclusões podem ser tiradas desses estudos: (1) quanto mais a pessoa fica isolada, mais aumenta a desagradabilidade e o drama do isolamento. Após atingir um máximo de intolerabilidade, este estado desconfortável decresce, transformando-se mais ou menos em um estado de apatia; (2) parece haver uma tendência nas pessoas em isolamento a sonhar e pensar de modo alucinatório acerca dos outros; e (3) as pessoas em isolamento que conseguem manter-se ocupadas de alguma forma parecem sofrer menos e tender menos ao estado de apatia (Schachter, 1959: p. 7 e 8).

Apesar de os estudos revistos por Schachter não resolverem o problema do porquê da necessidade de associação a outras pessoas, tais estudos mostraram que as pessoas de fato necessitam de outras e que, quando privadas do contato social, elas experimentam uma situação de grande desconforto.

Continuando em seu estudo do problema, Schachter procurou alguns voluntários que desejassem submeter-se a um experimento sobre as consequências do isolamento social, devendo, para isso, confinarem-se num quarto totalmente fechado onde recebiam comida apenas (a alguns foi permitido levar alguns jogos para distração) e eram pagos à razão de dez dólares por dia durante os dias que conseguissem ficar nessa situação. Os participantes deveriam bater na parede do quarto quando achassem que a situação era por demais intolerável e quisessem então sair do isolamento. Não havia no quarto nada que pudesse, de certa forma, substituir a presença de pessoas, tais como rádio, TV, livros etc. Dos cinco participantes do estudo, um tolerou apenas duas horas, três aguentaram dois dias e o quinto manteve-se em isolamento durante oito dias. As entrevistas conduzidas com estes cinco participantes após o período de isolamento mostraram a necessidade de controlarem-se muitas outras variáveis e Schachter chegou à conclusão, após este pequeno estudo-piloto, que necessitaria de cerca de onze anos para conduzir um experimento realmente adequado para a investigação das variáveis que têm influência no processo de associação com outros. Uma informação, porém, foi claramente revelada por este estudo piloto: todos os participantes experimentaram bastante ansiedade durante o período de isolamento. Schachter então decidiu abandonar a estratégia experimental que pensava utilizar e resolveu investigar o problema de outra forma. Se o isolamento conduzia as pessoas a um estado intenso de ansiedade, seria razoável levantar a hipótese de que diferentes condições de ansiedade levariam as pessoas a maior ou menor necessidade de associação a outros.

Para testar esta hipótese, Schachter (1959) manipulou, no primeiro experimento de uma série que se seguiria, dois níveis de ansiedade: alta e baixa.

Fê-lo da seguinte forma: estudantes universitários do sexo feminino que não se conheciam compareciam a uma sala onde um indivíduo com ar grave, vestido com jaleco branco, com um estetoscópio saindo de seu bolso e tendo atrás de si um complexo aparato eletrônico apresentava-se às moças como sendo Dr. Gregor Zilstein, do Departamento de Neurologia e Psiquiatria da Escola de Medicina. O experimentador acrescentava que ele tinha solicitado às estudantes que viessem participar de uma experiência que estava conduzindo acerca dos efeitos do choque elétrico. Em seguida, o Dr. Zilstein falava brevemente sobre as pesquisas conduzidas para verificar os efeitos dos choques elétricos e concluía salientando que os choques elétricos a que seriam submetidas seriam intensos.

Esta condição constituía a condição de *ansiedade alta*. A condição de *ansiedade baixa* era semelhante a esta, porém não havia aparelhagem eletrônica na sala do Dr. Zilstein e este dizia, após ter-se apresentado às moças, que elas seriam submetidas a choques muito leves, que mais se assemelhavam a cócegas.

Como se vê, a principal característica do experimento, em termos da variável independente, era a tentativa de criar uma condição em que os participantes deveriam ficar bastante ansiosos pela perspectiva de uma experiência desagradável e outra em que a ansiedade deveria ser consideravelmente menor.

O único ponto em que as duas condições variavam era nas instruções relativas à intensidade dos choques. Daí por diante o experimento consistia dos mesmos passos para ambas as condições e eram os seguintes:

- solicitação às participantes que indicassem como elas se sentiam em relação à perspectiva de terem que levar choque;
- pergunta às participantes se elas prefeririam esperar os dez minutos que seriam necessários para a arrumação da aparelhagem de choque a sós, isto é, em quartos individuais com poltronas, livros e revistas, ou numa sala maior, onde mais de uma poderia esperar conjuntamente;
- solicitação às participantes que indicassem o quanto elas prefeririam esperar a sós ou em conjunto, uma vez que o número de quartos indi-

viduais era limitado e todo o esforço seria feito no sentido de atender a todas de acordo com a intensidade de suas preferências por uma ou outra alternativa.

Os resultados mostraram nitidamente que as pessoas em estado de ansiedade preferem esperar na companhia de outras. Das 32 participantes na situação de ansiedade alta, 20 escolheram esperar, outras 9 disseram que não faria diferença e apenas 3 preferiram esperar a sós; na condição de ansiedade baixa, dentre 30 participantes, 10 preferiram esperar com outras, 18 mostraram-se indiferentes e 2 preferiram esperar a sós. Estatísticas aplicadas aos dados indicaram ser a diferença entre as condições significantes tanto no que se refere à distribuição de preferência por aguardar a hora da aplicação do choque, como no que diz respeito à intensidade da preferência (os mais ansiosos querendo mais intensamente que os menos ansiosos aguardassem a hora do choque em conjunto).

Diante desses resultados, Schachter (1959) partiu para a investigação das razões pelas quais as pessoas preferiam associar-se a outras quando num estado de ansiedade. Considerou ele cinco razões plausíveis para os resultados encontrados, a saber:

Possibilidade de escape: as pessoas poderiam preferir esperar com outras, a fim de discutirem a situação e verificar se poderiam, de alguma forma, escapar dessa situação provocadora de ansiedade. Convém esclarecer que, em experimento subsequente ao descrito, Schachter verificou que havia uma direcionabilidade específica na procura das pessoas com quem as participantes da experiência gostavam de associar-se. Queriam associar-se com outras pessoas que estivessem *na mesma condição*, e não com quem não estivesse na situação em que se encontravam.

Clareza cognitiva: é razoável contemplar-se a hipótese de que as pessoas em estado de ansiedade prefeririam esperar com outras a fim de, a partir da busca de esclarecimentos, terem uma visão mais adequada da situação e, quem sabe, tornar-se menos ansiosas devido aos esclarecimentos obtidos acerca da situação a que iam submeter-se.

Redução direta da ansiedade: por conta do conforto prestado por uma pessoa a outra, as pessoas na condição de ansiedade alta poderiam preferir estar com outras mais fortemente que as que estavam na situação de ansiedade baixa, devido à sua maior necessidade de reduzir diretamente a ansiedade a partir do apoio de outras pessoas.

Redução indireta da ansiedade: quando tiramos da cabeça aquilo que nos causa ansiedade, consequentemente a reduzimos. Poder-se-ia admitir, pois, que a razão pela qual as pessoas procuravam estar com outras mais frequentemente na situação de ansiedade alta que na situação de ansiedade baixa era o fato de a distração obtida no contato com outras pessoas resultar no esquecimento da situação ansiosa em que se encontravam.

Autoavaliação: finalmente, a necessidade de se autoavaliar, ou seja, a de estabelecer um padrão de realidade social que permitisse a avaliação correta da ansiedade experimentada, poderia ser a razão pela qual as pessoas mais ansiosas procurariam outras, uma vez que estas lhes forneceriam a base necessária para uma autoavaliação de sua ansiedade.

A fim de testar todas estas possíveis explicações para a busca de associação a pessoas semelhantes nos estados de ansiedade, Schachter repetiu o planejamento básico de seus experimentos anteriores, manipulando apenas algumas variáveis específicas que permitiriam eliminar ou confirmar uma ou mais das possíveis explicações enumeradas. Assim, por exemplo, num dos experimentos subsequentes ele informou aos participantes da experiência que não poderiam comunicar-se uns com os outros durante o período de espera. Apesar disso, foi confirmada a preferência dos que estavam na condição de ansiedade elevada pela espera em conjunto. Ora, se eles não poderiam comunicar-se, a busca de associação com outros no período de espera não poderia ser devida à necessidade de reduzir ansiedade diretamente, nem à necessidade de buscar clareza cognitiva, nem à possibilidade de conseguir uma forma de escapar. Em outro experimento seguindo o mesmo paradigma, Schachter permitia aos participantes que se comunicassem, mas apenas sobre assuntos não relevantes à situação em que se encontravam. Logicamente, se o motivo da procura de associação com outros nos estados de ansiedade fosse a necessidade de redução indireta da ansiedade, a preferência por estar com pessoas com quem pudessem falar sobre coisas irrelevantes deveria ser acentuada, uma vez que não se concentrariam naquilo que era gerador de ansiedade e, ao contrário, distrairiam-se um pouco tirando o pensamento daquela situação desagradável. Verificou-se, porém, que não havia diferença entre as condições de ansiedade alta e baixa em relação a esta situação: ambos escolhiam de forma idêntica estar com outros desde que só fosse permitido falar sobre matéria irrelevante à situação em que se encontravam.

Resta, pois, como única explicação para o fenômeno verificado, aquela segundo a qual as pessoas ansiosas procuram outras a fim de poderem autoavaliar-se. Tal explicação foi confirmada a partir de um experimento realizado por Wrightsman (1959) em que ficou patente a utilização do momento de espera para fins de equalização da ansiedade. Participantes muito ansiosos ficavam menos ansiosos após o período de espera em conjunto e os menos ansiosos ficavam um pouco mais ansiosos. Verificava-se, assim, uma convergência dos diferentes níveis de ansiedade numa indicação de um denominador comum que seria estabelecido pelas atitudes dos indivíduos colocados numa mesma situação e, consequentemente, autoavaliação de suas próprias atitudes em função da observação mútua. O experimento de Wrightsman confirmou a explicação dos resultados obtidos por Schachter com base na Teoria dos Processos de Comparação Social de Festinger (1954).

A copiosa prova experimental dos estudos citados permite que se conclua que uma das razões pelas quais as pessoas em estado de ansiedade procuram associar-se a outras é a necessidade de estabelecer uma realidade social que sirva de critério para a avaliação de seus próprios estados de ansiedade.

Posteriormente, Sarnoff e Zimbardo (1961) contestaram essa afirmação. Segundo estes autores, a busca de associação com outros pelos motivos que acabamos de apresentar se dá em situações de *medo*, e não em situações de *ansiedade*. O ponto merece atenção, porém é necessário que, em primeiro lugar, estabeleça-se nitidamente a diferença entre medo e ansiedade. Sarnoff e Zimbardo (1961), utilizando conceitos psicanalíticos de ansiedade oral, repetiram o paradigma experimental de Schachter, variando as condições de alta e baixa ansiedade oral e de alto e baixo medo. Verificaram que os resultados obtidos confirmam os de Schachter na situação de medo (os participantes eram ameaçados de sofrerem grandes ou mínimas extrações de sangue) e mostram exatamente o oposto na situação de ansiedade (as participantes eram solicitadas a chupar bicos de mamadeira, seios plásticos etc., mais ou menos demoradamente).

Rofé (1984) sugere que a situação da ansiedade leva as pessoas a procurar a companhia de outras apenas quando isso apresenta alguma utilidade para elas. Assim, no caso dos experimentos de Schachter, havia utilidade em estar em companhia de outros, pois isso poderia diminuir a ansiedade. Já no estudo de Sarnoff e Zimbardo não havia qualquer utilidade em procurar a companhia de outras pessoas. Rofé, Lewin e Padeh (1977) verificaram que mulheres grávidas preferiam ficar a sós nos momentos finais anteriores ao parto (momentos esses em que sua ansiedade deveria ser elevada, mas a companhia de outras pessoas não teria utilidade).

Confirmando os achados de Schachter (1959), Kulik e Mahler (1989) verificaram que pacientes prestes a serem operados do coração preferem ter como companheiros de quarto pacientes que foram operados do que pacientes que ainda seriam operados. Supõe-se que tal preferência, de acordo com os achados de Schachter, decorre da necessidade de obter-se "clareza cognitiva" numa situação de ansiedade. Pacientes já operados poderão fornecer mais informações do que os que ainda serão operados. Em estudo posterior (Kullik et al., 1996) os investigadores verificaram que os pacientes que interagiram com pacientes já operados mostraram-se menos ansiosos e tiveram recuperação mais rápida após a cirurgia. Kullik et al. (1994) verificaram que participantes que antecipavam sentir dor, ao serem instruídos a colocar suas mãos em água bem gelada, exibiram o mesmo comportamento obtido no estudo de Kullik e Mahler (1989) com pacientes cardíacos. Diante da ansiedade produzida pela antecipação da dor, eles preferiram esperar em companhia de outros que já haviam se submetido ao experimento.

Aceitação social

> *A solidão e o sentimento de não ser aceito constituem a mais terrível forma de pobreza.*
>
> Madre Teresa

O sentimento de pertencer a um grupo social e sentir-se aceito pelas outras pessoas que o integram constitui uma das necessidades básicas do ser humano. O ostracismo, a rejeição, o sentir-se inadequado e repudiado pelo grupo em que se está inserido é a causa de sérios e duradouros problemas de ajustamento. Baumeister e Leary (1995) salientam essa necessidade de as pessoas manterem um mínimo de relações interpessoais positivas, duradouras e significativas. Esses autores também chamam atenção para o fato de o estudo desta motivação básica do ser humano ter sido negligenciado por muito tempo em Psicologia Social. Felizmente, nas últimas duas décadas, o estudo desse tópico se intensificou significativamente.

Como indica Leary (2010), vários comportamentos são capazes de levar uma pessoa a sentir-se não aceita ou mesmo explicitamente rejeitada. Seguem-se alguns deles.

Indução ao ostracismo

Em vários estudos sobre ostracismo (Gonsalkorale & Wïllliams, 2007; Williams, 2007; Williams et al., 2000, 2002) foi demonstrado que a pessoa ignorada ou excluída pelos outros é profundamente atingida do ponto de vista psicológico. É o que ocorre também com os integrantes de minorias objeto de discriminação por integrantes da maioria. Baumeister e DeWall (2005) afirmam que em estudos sociológicos têm sido verificados os mesmos efeitos deletérios em minorias vítimas de discriminação, que se encontram nos estudos psicológicos de laboratório (p. ex.: aumento da agressão, comportamento antissocial, dificuldade em exibir comportamento cooperativo, recusa a obedecer a ordens, redução na atividade intelectual etc.).

A maioria das pessoas já experimentou certa vez o quão desagradável é ser ignorado por outras pessoas. Levar a pessoa a sentir-se ostracizada tem sido alvo de várias pesquisas de laboratório (p. ex.: Bourgeois & Leary, 2001; Snapp & Leary, 2001; Eisenberger, Lieberman & Williams, 2003). Em todos esses estudos as consequências deletérias de sentir-se ostracizado se mostraram bastante claras.

Estigmatização

Um outro tipo de comportamento indicado por Leary (2010) como sendo capaz de provocar o sentimento de não aceitação ou manifesta rejeição consiste em estigmatizarem-se certas pessoas em virtude de elas possuírem alguma característica que não são socialmente aceitas e que servem de base para sua não aceitação. Assim, pessoas portadoras de doenças infecciosas, egressos de prisão, aidéticos, ou qualquer outro estigma capaz de isolá-los e torná-los menos socialmente desejáveis induzem a comportamentos de exclusão e, tal como as outras formas de rejeição, afetam significativamente as pessoas que deles são vítimas.

Preconceito e discriminação

Leary nos fala ainda do sentimento de rejeição decorrente do comportamento discriminatório que frequentemente se segue à atitude de preconceito. Já vimos no capítulo 7 as consequências maléficas do comportamento discriminatório. Uma delas é a indução do sentimento de não aceitação social na pessoa que é alvo de discriminação. Tartakovsky (2007) revela que o sentimento de ser discriminado negativamente entre imigrantes constitui o melhor preditor de estresses e saudades da pátria de origem.

Um dos exemplos mais eloquentes dos efeitos nefastos de sentir-se não aceito por seus pares é o que ocorre nas escolas com os alunos que são discriminados, constituindo-se alvo de deboche, ofensas, brincadeiras de mau gosto e até agressão física por parte de seus colegas (*bullying*). As pessoas vítimas desse tipo de agressão consideram-se rejeitadas por seus pares, são induzidas a julgar que há algo errado com elas, posto que outros colegas não são tratados assim. Isso arrasa sua autoestima, conduz à depressão e a sentimentos de inadequação que são extremamente funestos. Em 1999 aconteceu uma tragédia na escola da cidade de Columbine, nos Estados Unidos, onde dois alunos tiveram um rompante de violência desenfreada e assassinaram um professor e doze colegas, alem de deixarem 23 feridos, alguns em estado grave. E a tragédia poderia ter sido ainda pior, pois não funcionou o plano que os dois assassinos haviam arquitetado e que consistia em explodir várias bombas por eles colocadas em lugares estratégicos. Em um livro dedicado à análise psicossocial da tragédia, Aronson (2000) salienta que a atmosfera prevalente na maioria das escolas pode desencadear atos desvairados de pessoas instáveis psicologicamente. Sem negar o fato de que os dois perpetradores do massacre de Columbine eram certamente gravemente perturbados por problemas mentais, Aronson defende o ponto de vista segundo o qual o costume prevalente nas escolas de isolar certos alunos, submetê-los a chacotas, humilhações, agressões e levá-los a sentirem-se excluídos e rejeitados concorre para desencadear ocorrências desta natureza. Os dois alunos responsáveis pela tragédia sofriam esse tipo de tratamento por parte de seus colegas. Como sugere Aronson, "é bem provável que os perpetradores estivessem reagindo, de uma forma extremamente patológica, a uma atmosfera geral de exclusão" (p. 13).

Cabe aos professores, orientadores educacionais e demais autoridades escolares prestar constante e redobrada atenção para que um aluno não seja alvo desse tratamento desumano por parte de colegas.

Aceitação social e atribuição

A razão pela qual uma pessoa se sente aceita ou rejeitada desempenha papel fundamental no sentimento daí decorrente. Sentir-se aceita por um grupo interessado nos benefícios que seus membros obterão por aceitá-la não gera na pessoa um genuíno sentimento de aceitação e pertença a esse grupo. A pessoa se vê utilizada pelo grupo e nele admitida apenas pelo que ela poderá trazer de vantagens para seus membros, e não por possuir características que a tornem querida e admirada como pessoa. Se ela permanecerá ou não no grupo dependerá da relação entre os custos e os benefícios decorrente de sua afiliação a ele, mas a pessoa não se sentirá genuinamente aceita pelos membros do grupo e não terá seu desejo de aceitação saciado.

Assim como o sentir-se aceito por outros depende da atribuição feita pela pessoa às causas de sua aceitação, o sentimento de rejeição também terá consequências mais ou menos graves em decorrência da causa a que é atribuída a rejeição. Uma pessoa que se sente rejeitada por não possuir características capazes de levar os outros a acolhê-la e a tratá-la como tratam os outros membros (causalidade interna) experimentará os sentimentos negativos de que falamos anteriormente. Entretanto, se a pessoa percebe como sendo a causa de sua rejeição a inveja que os demais membros do grupo sentem pelas qualidades superiores que possui (causalidade externa), a pessoa certamente não se beneficiará por pertencer ao grupo, mas o sentimento de rejeição é atenuado fortemente, pois a causa de sua não aceitação não é algo interno a ela, mas externo (a inveja dos outros). Isso acontece com relativa frequência quando uma pessoa se destaca em um setor de atividade e encontra dificuldade em ser aceita pelas pessoas que não conseguem a ela se equiparar e, como consequência, rejeitam-na por inveja ou por sentirem-se ameaçadas.

Embora o que foi dito nesta seção careça ainda de provas experimentais de sua validade, as afirmações feitas nos parecem perfeitamente plausíveis, facilmente testáveis empiricamente e logicamente derivadas da Teoria da Atribuição de que falamos no capítulo 4. Entretanto, prova tangencial da relação entre exclusão e atribuição, por exemplo, pode ser encontrada em Nishina e Juvonen (2005), segundo os quais crianças que são alvo de discriminação, deboche e agressão (*bullying*) sofrem consequências menos graves se elas observam que outras crianças também são alvo de tratamento semelhante. Em outras palavras, o fato de outras crianças também serem vítimas de *bullying* faz com que a criança não atribua a si a causa da discriminação. Prinstein, Cheah e Guyer (2005) verificaram que a atribuição a causas internas, para explicar comportamentos ambíguos por parte de outros membros do grupo a que pertence, é associada a sentimentos de solidão, sintomas depressivos e sentimento de rejeição.

O modelo teórico aqui proposto pode ser representado esquematicamente da seguinte forma:

Aceitação ⇒ causa interna ⇒ sentimento de aceitação pelos pares ⇒ emoções positivas

Aceitação ⇒ causa externa ⇒ sentimento de indiferença ou desprezo pelos pares

Rejeição ⇒ causa interna ⇒ autoestima diminuída; agressividade contra os pares ⇒ emoções negativas

Rejeição ⇒ causa externa ⇒ sentimento de indiferença ou desprezo pelos pares

---

Atração interpessoal

> *Quem não está por perto de quem ama, acaba por amar a quem está por perto.*
>
> Stephen Stills

As pessoas não só procuram afiliar-se a outras em momentos de ansiedade e se esforçam por sentirem-se aceitas pelas pessoas que valorizam e por seus pares. Elas também se sentem atraídas por outras e por elas desenvolvem sentimentos de amizade e amor.

Veremos a seguir os principais fatores que levam à atração interpessoal, bem como algumas teorias relativas à formação, manutenção e término da atração interpessoal. Relações íntimas caracterizadas por uma relação amorosa entre as pessoas serão consideradas na seção seguinte.

Proximidade física

Inúmeros estudos têm demonstrado que o simples fato de pessoas morarem próximas umas das outras ou, por qualquer outra razão, manterem frequentes contatos por estarem em situação de proximidade física correlaciona-se positivamente com a formação de uma relação interpessoal de atração entre elas. Festinger, Schachter e Back (1950) conduziram um estudo num projeto residencial para estudantes casados e verificaram uma frequência significantemente maior de amizades formadas entre pessoas que residiam próximas umas das outras. Estendendo o mesmo tipo de estudo para uma cidade que, por suas características, se constituiu em excelente oportunidade para um estudo de campo acerca da influência do fator proximidade física na atração interpessoal, Whyte (1956) verificou mais uma vez a comprovação da correlação existente entre essas duas variáveis. A pequena cidade estudada por Whyte era habitada por pessoas que haviam-se mudado praticamente na mesma época; além disso, não havia nesta comunidade diferenças de tipos de residência, no sentido de que todas se situavam mais ou menos num mesmo nível de conforto, evitando, dessa maneira, a formação de zonas mais ou menos sofisticadas do ponto de vista socioeconômico. A influência do fator proximidade física na formação das amizades, tal como indicada pela frequência a festas, número de visitas recíprocas, formação de grupos para jogos etc., foi nitidamente observada. Na mesma linha estão os estudos de Gullahorn (1952), Maisonneuve, Palmade e Fourment (1952), Byrne e Buehler (1964), Bornstein e D'Agostino (1992), entre outros. Mais recentemente, Back et al. (2008), em experimento realizado com estudantes universitários alemães, chegaram à mesma conclusão ao comprovarem a promoção de maiores índices de amizade entre alunos que sentaram lado a lado, após designação de lugares feita ao acaso em um curso introdutório. Além disso, um exame mesmo superficial dos dados do registro civil, ao menos na região metropolitana do Rio de Janeiro, parece confirmar que, no que diz respeito aos casamentos, a proximidade física também exerce um papel significativo – algo que os sociólogos já haviam detectado em meados do século passado (Bossard, 1932; Clarke, 1952). Pesquisas mais substanciais devem ser realizadas para determinar a veracidade e o alcance desses dados estatísticos (se os cônjuges moram no mesmo bairro, ou se, em bairros diferentes, a distância existente, bem como os meios de condução disponíveis etc.), mas ao que tudo indica a geografia parece desempenhar forte papel também nas histórias de amor e nas relações de amizade...

Quais serão as razões para o fato de verificar-se tão reiteradamente a correlação entre proximidade física e atração interpessoal? O sentido comum sugere algumas, a saber:

Conveniência: é muito mais cômodo fazer amizade com alguém que está próximo. Os custos envolvidos na superação do problema de distância física entre pessoas que se gostam desaparecem na situação de proximidade, tornando a relação interpessoal mais gratificante.

Familiaridade: o fato de encontrarmo-nos frequentemente com uma pessoa conduz a uma procura de relações amistosas com a mesma; seria muito desagradável estabelecerem-se relações inamistosas com pessoas com quem entramos constantemente em contato.

Entre os fatores não tão óbvios que explicam o papel desempenhado pela proximidade na formação de sentimentos positivos entre as pessoas, podemos destacar os seguintes:

Oportunidade de maior conhecimento mútuo, resultando em maior capacidade de predição do comportamento: de fato, a proximidade faz com que os hábitos, as maneiras, os costumes, os estados de espírito etc. das pessoas que vivem próximas se tornem conhecidos. A consequência deste conhecimento é que as pessoas podem antecipar custos e gratificações resultantes de sua interação, uma vez que têm maior conhecimento do comportamento das pessoas com quem interatuam.

Simples familiaridade decorrente da frequência de encontros: Zajonc (1968) mostrou que as pessoas tendem a desenvolver sentimentos mais positivos em relação a objetos que lhes são apresentados mais vezes. Este investigador realizou seu experimento utilizando caracteres chineses e também retratos de pessoas. Ambos estes estímulos eram apresentados em frequências de 0, 1, 2, 5, 10 e 25 vezes. Quanto maior a frequência de exposição, mais positiva a atitude dos sujeitos em relação aos estímulos. Este efeito ficou conhecido como "efeito da mera exposição" e se caracteriza pelo fato de que quanto maior a exposição de uma pessoa a um determinado estímulo, mais positivamente ela avalia tal estímulo. Moreland e Beach (1992) conduziram um experimento simples e engenhoso: quatro mulheres frequentaram as aulas de uma disciplina fazendo-se passar por alunas regularmente matriculadas, em número variado de vezes (de 0 a 15). Para não criar condições outras além da mera exposição, elas não interagiram com os colegas de sala. Posteriormente, quando foram exibidos aos 130 alunos da turma *slides* com fotos das "pseudocolegas de sala", observou-se que as que mais frequentaram as aulas também foram avaliadas como as mais atraentes. Rodrigues e Boschi (1971) replicaram o experimento de Zajonc com sujeitos brasileiros da Universidade Federal de Minas Gerais e acrescentaram duas outras intensidades de frequências: 40 e 60 vezes. Os resultados confirmaram os de Zajonc para as frequências até 25. Tal como esperavam Rodrigues e Boschi, todavia, verifica-se uma saciação quando a frequência de exposições aumenta demasiadamente, resultando em diminuição da atitude favorável. Zajonc, Swap, Harrison e Roberts (1971) indicam algumas variáveis que limitam a generalização da relação entre frequência de exposição e positividade da atitude em relação aos estímulos expostos.

Identidade de valores e atitudes

Dize-me com quem andas... e eu te direi se vou contigo!

Barão de Itararé

De uma maneira geral, parece-nos que poucas pessoas seriam capazes de negar o papel catalisador da identidade de valores, atitudes e outras características pessoais suscetíveis de valoração na formação de um sentimento positivo entre as pessoas. Quando um torcedor vê uma pessoa passar com a bandeira de seu clube, imediatamente demonstra simpatia; se numa reunião social uma pessoa encontra outra cujo campo de atividade profissional é semelhante ao seu, é altamente provável que um sentimento inicial de positividade se manifeste e provoque maior interação entre elas; e assim por diante. Inúmeros exemplos de situações da vida quotidiana podem ser enumerados em defesa da afirmação feita no início desta seção, mesmo quando se considera o assunto do ponto de vista de uma psicologia *naïve*, não científica, que todos os seres humanos são capazes de utilizar e o fazem constantemente.

Da mesma forma em que a percepção de semelhança conduz a um sentimento positivo, a existência de atração interpessoal leva a distorções perceptivas no sentido de "ver" semelhanças de valores e atitudes no comportamento das pessoas de quem gostamos. O leitor deverá lembrar-se que o Princípio do Equilíbrio de Heider considera como constituindo uma estrutura harmoniosa a situação **p** gosta de **o**; **p** é a favor de **x**; **o** é a favor de **x**. Como veremos mais adiante, tanto o princípio de Heider como a posição de Newcomb permitem a derivação de hipóteses relativas à atração interpessoal partindo da ideia de que a coorientação de **p** e de **o** em relação a **x** leva a um sentimento positivo entre **p** e **o**. No capítulo sobre percepção social nos referimos às distorções perceptivas decorrentes de certos processos psicológicos, incluindo-se aí a tendenciosidade cognitiva no sentido de perceber o comportamento das pessoas de quem gostamos como expressando valores e princípios que nos são caros. Hovland, Janis e Kelley (1953) chamam de **assimilação** o fenômeno de distorção de uma comunicação no sentido de fazê-la mais coerente com os pontos de vista do recebedor da comunicação. O fenômeno oposto, ou seja, o de distorção no sentido de tornar a comunicação mais distante dos valores e atitudes do recebedor, é chamado **contraste**. Vários experimentos têm demonstrado a ocorrência de ambos os fenômenos (p. ex.: Hovland, Harvey & Sherif, 1957; Kelman, 1965). De acordo com a existência de sentimentos positivos ou negativos entre duas pessoas, as distorções perceptivas na observação de um comportamento ou na recepção de uma comunicação poderão ser no sentido de assimilação ou de contraste, conforme o sentimento do percebedor seja positivo ou negativo em relação à outra pessoa.

Vejamos a seguir possíveis explicações para o fato de a semelhança gerar atração.

Redução dos custos no processo de interação social

De fato, se uma pessoa tem atividades e valores semelhantes aos de outra, é possível que haja menos polêmica, menos conflito, maior consenso de opinião. Ora, todos esses fatores reduzem os custos da interação produzindo resultados mais satisfatórios para ambos. A semelhança percebida em traços de personalidade como fator de atração foi igualmente comprovada em estudos levados a cabo por Aube e Koestner (1995), Sprecher e Duck (1994) e por Caspi e Harbener (1990). Estes últimos observaram, por exemplo, que quanto maiores as semelhanças entre maridos e esposas, menor a probabilidade da ocorrência de divórcio. Outros tipos de similaridades encontrados como fatores importantes no desenvolvimento da atração mútua dizem respeito à semelhança de atitudes e valores (Michener, Delamater & Myers, 2005; Singh et al., 2007); idade, religião e orientação política (Watson et al., 2004); exercício de atividades em comum (REIS, 2004); e nível de atratividade física (Hatfield & Sprecher, 1986).

Estabelecimento de realidade social

As teorias de Festinger de 1950 e de 1954 (respectivamente, a relativa à comunicação social informal e a concernente aos processos de comparação social) salientam a importância do estabelecimento de um consenso ou realidade social. Na ausência de realidade objetiva capaz de dirimir uma controvérsia, buscamos apoio às nossas posições como forma de estabelecer critério de avaliação das mesmas. Um dos pontos centrais da Teoria da Comunicação Social Informal de Festinger é o de que as pessoas de um grupo procuram, a partir da comunicação, estabelecer um ponto de vista comum. Na avaliação de nossas habilidades e opiniões (Teoria dos Processos de Comparação Social), tomamos como referência o desempenho e as posições de outros para estimar o grau de nossa habilidade e a correção de nossas opiniões. O fato de entrarmos em contato com pessoas que conosco concordam fornece esta realidade social que buscamos.

Satisfação da necessidade de comparação social

Segundo Festinger (1954), satisfazemos nossa necessidade de comparação no que diz respeito às nossas habilidades e opiniões buscando pessoas que nos são semelhantes. A associação a pessoas semelhantes fornece, pois, esta base para a comparação de habilidades e opiniões.

Papel reforçador da concordância

Sullivan (1947) indica que as pessoas validam suas atitudes por meio de concordância com os outros. Ele chama este fenômeno de "validação consensual". Este conceito provém da outra noção importante de seu sistema: a do outro significante. Uma consequência nítida do fato de que outras pessoas se tornam significantes para nós, no desenvolvimento de nossa personalidade, é essa procura de concordância expressa na noção de validação consensual.

No trabalho de Smith, Bruner e White (1956), o significado psicológico da concordância é salientado quando os autores explicam o que entendem por ajustamento social como uma função a que servem nossas opiniões. Dizem eles: "As opiniões podem desempenhar outro papel: o de facilitar, romper ou simplesmente manter as relações de um indivíduo com outros indivíduos" (p. 41). Referindo-se à noção de **grupos de referência**, os autores afirmam que as pessoas tendem a manter opiniões que concordam com as expressas por seus grupos de referência. Smith, Bruner e White empregam o termo grupo de referência para significar "[...] aqueles grupos em termos de cujos padrões o indivíduo se julga a si mesmo e com o qual ele se identifica ou sente afinidade" (p. 41). Vemos aqui a influência do Princípio do Equilíbrio nos autores de *Opinions and Personality*. Sua discussão sobre o ajustamento social como uma das funções das opiniões lembra a formulação do Princípio do Equilíbrio de acordo com o qual nós procuramos concordância com as pessoas de quem gostamos e discordância com as pessoas de quem não gostamos. Nos termos de Smith, Bruner e White, "[...] o ato de manter certas opiniões é um ato de filiação a grupos de referência. É um meio de dizer: sou como eles. Veremos que grupos de referência podem também desempenhar um papel negativo no funcionamento de opiniões. Há grupos com os quais procuramos rejeitar afinidade ou identificação" (p. 42).

A posição de Smith, Bruner e White salienta o poder recompensatório tanto da concordância como da discordância, dependendo da opinião da fonte com a qual a pessoa concorda ou discorda.

Newcomb (1953, 1959, 1960, 1961) baseia sua teoria de força em direção à simetria no poder recompensatório da concordância. Mostrou ele

(Newcomb, 1961) que pessoas com atitudes semelhantes se tornam amigas. Diz ele: "Tão dependentes nos tornamos, durante o processo de socialização, da avaliação dos outros em relação a coisas que nos interessam, que aprendemos a ser recompensados por isso e a ser ameaçados por sua ausência" (Newcomb, 1960: 108).

Prova experimental (Festinger, Schachter & Back, 1950; Schachter, 1951) apoia a hipótese de Festinger (1954) de que "a cessação de comparação com outros será acompanhada por hostilidades ou depreciação no caso de opiniões [...]" (p. 176).

Três estudos experimentais também demonstraram a importância da concordância nas relações interpessoais. Zimbardo (1960) mostrou que amigos, quando em discordância, mudam suas posições a fim de torná-las mais semelhantes. Rainio (1961) testou experimentalmente as predições de um modelo probabilístico de aprendizagem de interações sociais supondo concordância como recompensatória e discordância como punitiva. Os dados comprovaram suas hipóteses. Lerner e Becker (1962) mostraram que, quando os Ss eram confrontados com pessoas semelhantes e dissemelhantes que discordavam deles acerca de assuntos relevantes, eles escolhiam comunicar-se mais com pessoas dissemelhantes a fim de tentar mudar suas posições e concordar com eles.

Walster e Walster (1963) indicaram um problema interessante acerca da relação entre semelhança e atração interpessoal. Segundo esses autores a procura de pessoas semelhantes não é um fenômeno óbvio, porque uma pessoa diferente é capaz de suscitar novas ideias, novas maneiras de encarar os problemas, enfim, apresentar novidades inesperadas capazes de tornar a relação interessante e agradável. Levantaram então a hipótese de que, se fosse assegurado a uma pessoa que ela seria bem recebida tanto por pessoas semelhantes a ela como por pessoas que dela diferiam, ela preferiria associar-se às pessoas diferentes. Além disso, estes autores esperavam que as pessoas que são inseguras acerca de sua capacidade de serem bem recebidas por outrem, ou que por outra razão qualquer necessitam fortemente do afeto de outrem, procurariam claramente pessoas semelhantes. O experimento levado a efeito para testar tais hipóteses confirmou ambas.

Outro fator que deve ser levado em conta no estudo da relação existente entre semelhança e atração interpessoal é o da relevância do objeto da semelhança entre duas pessoas. Se uma pessoa tem a mesma cor de olhos da outra, é seguro afirmar que este fator suscitará menor atração interpessoal do que, por exemplo, o fato de duas pessoas terem a mesma orientação política e religiosa. A relação positiva entre semelhança e atração, no entanto, não goza de unanimidade entre os pesquisadores. Entre eles, Rosenbaum (1986) chegou à conclusão de que mais do que a atração por pessoas similares, a repulsa por "não similares" é que teria sido a maior responsável pelos achados de Newcomb, reportados antes.

Novos estudos vêm apontando também para o fato de que a atração em si pode levar a uma percepção de similaridade, no sentido de prover o outro de qualidades que julgamos possuir (Hoyle, 1993; Kenny & Acitelli, 2001; Morry, 2007). A projeção de atitudes e características de personalidade, acurada ou não, levaria a uma maior satisfação na relação, em consonância com as explicações citadas anteriormente.

Outro ponto a ser ressaltado no tratamento deste assunto é a existência de uma posição diametralmente oposta à defendida até aqui nesta seção, ou seja, a Teoria das Necessidades Complementares de Winch (1952). Segundo este autor, as pessoas procuram no casamento companheiros diferentes de si mesmos, isto é, companheiros que tenham características capazes de complementar o que falta no outro. De acordo com essa posição, pessoas dominantes procuram pessoas submissas, e vice-versa, assim como sádicos procuram masoquistas etc. Analisando as necessidades caracterizadas pelas personalidades de 25 casais, Winch, Ktsanes e Ktsanes (1954) afirmam ter obtido confirmação para sua hipótese. Vários outros estudos, entretanto, não confirmam a hipótese de Winch (Bowerman & Day, 1956; Hetherington, 1983; Houts; Robinson & Huston, 1996). Alguns autores, como Dryer e Horowitz (1997), chegaram a confirmar uma relação entre complementaridade e atração, mas, curiosamente, observaram em seus experimentos que pessoas satisfeitas em uma relação complementar (dominantes *versus* submissos) julgaram seus parceiros, na verdade, como similares, e não complementares.

Ou seja, como se a atração fosse capaz de provocar uma distorção perceptiva transformando em similar, aos olhos de um dos membros da díade, uma pessoa complementar, no mesmo sentido das pesquisas que citamos há pouco. Sodré (1970) levantou a hipótese segundo a qual as pessoas cujo ego real se distanciasse muito de seu ego ideal tenderiam a procurar pessoas diferentes. Estas pessoas diferentes seriam semelhantes a seu ego ideal. Já aquelas cujo ego real fosse próximo ao ego ideal tenderiam a preferir pessoas semelhantes. Para testar esta hipótese, Sodré pediu a sujeitos que preenchessem o teste 16 PF de Catell de duas formas: (a) primeiramente, respondendo como de fato são, ou seja, dando as respostas verdadeiras às perguntas do teste; em seguida, (b) respondendo como gostariam de ser, isto é, dando respostas que não correspondiam à realidade, mas que indicavam como a pessoa desejava poder responder. Numa terceira fase, a autora solicitou aos Ss que (c) indicassem como gostariam que seu cônjuge (atual ou futuro) respondesse. Quando a diferença de escores entre (a) e (b) era grande, a diferença entre (a) e (c) tendia a ser maior do que quando a diferença entre (a) e (b) era pequena. Consequentemente, pessoas cujas imagens se aproximam de seu ego ideal procuram pessoas mais semelhantes, enquanto aquelas cujas imagens se distanciam de seu ego ideal procuram pessoas mais diferentes.

Apesar das ponderações dos autores citados, o fato é que a maioria das pesquisas aponta para a prevalência do fator semelhança quando o foco é o gostar. A despeito de sua fama adquirida, o provérbio que diz que os opostos se atraem carece de comprovação empírica convincente. Assim, podemos concluir esta seção dizendo que as provas experimentais e correlacionais colhidas até agora são no sentido de favorecer a afirmação de que pessoas semelhantes têm maior atração e que a existência de sentimentos positivos entre as pessoas levam-nas a distorções perceptivas no sentido de verem-se mais semelhantes que de fato são. Não resta dúvida de que esta formulação geral está sujeita a exceções quando certas variáveis são manipuladas. O assunto se presta, pois, a qualificações específicas e investigações ulteriores para um esclarecimento mais completo do fenômeno em pauta.

Aparência física

> *A beleza recomenda melhor do que qualquer carta de apresentação.*
>
> Aristóteles

A simples consideração do grande número de pessoas que lotam as academias de ginástica, salões de beleza, *spas* etc. revela a importância dada à aparência física. Embora muitas pessoas estejam mais preocupadas em cuidar de sua saúde do que em melhorar o aspecto de seu corpo, a maioria parece priorizar a aquisição ou manutenção de um corpo fisicamente atraente (Berscheid & Reis, 1998; Berscheid & Walster, 1978; Bull & Rumsey, 1988; Eastwick & Finkel, 2008; Feingold, 1990; Lemay; Clark & Greenberg, 2010; Walster & Walster, 1978). Em primeiro lugar, haveria uma tendência em atribuir características pessoais positivas a pessoas bonitas (Eagly et al., 1991; Jackson et al., 1995), ou seja, pessoas de boa aparência seriam detentoras de traços de personalidade mais desejáveis. Uma decorrência curiosa das vantagens de ser bonito foi pesquisada por Hamermesh e Biddle (1994), que, em estudo longitudinal sobre beleza e salários, observaram que o mercado de trabalho recompensa mais favoravelmente as pessoas bonitas do que as não bonitas, mesmo em profissões nas quais a beleza, em tese, não deveria provocar diferenças. Anteriormente Roszell et al. (1989) já tinham chegado às mesmas conclusões. Assim, apesar de o ditado popular afirmar que beleza não põe mesa, aparentemente o que é comprado para ficar em cima da mesa parece depender, ao menos em parte, da atratividade das pessoas.

No contexto específico da atração interpessoal, a beleza tem-se mostrado um chamariz muito eficiente. Um dos primeiros experimentos a comprovar isso foi conduzido por Walster et al. (1966), no qual mais de 700 calouros de uma universidade – após serem submetidos a testes de personalidade e de aptidão – tiveram a oportunidade de dançar e conversar com um(a) parceiro, escolhido(a) aleatoriamente pelos pesquisadores. Segundo os resultados encontrados, o desejo de voltar a sair uma outra vez com o(a) parceiro(a) daquela noite não dependeu de nenhum atributo especial ou característica de personalidade, e sim da beleza da pessoa. Curiosamente, os participantes não atribuíam a este fator as razões de suas escolhas, o que pode se dever, em parte, à ideia de que a beleza é algo de superficial e não merecedora da mesma consideração que outros atributos pessoais.

Esta ambivalência ainda persiste socialmente, na medida em que a beleza parece ser avaliada pelas pessoas de forma contraditória. Por um lado, vivemos em um país onde se dá, proporcionalmente, o maior número de operações estéticas, o que, acompanhado da proliferação de academias de ginásticas, *spas*, desenvolvimento de tecnologias específicas e de cosméticos em geral, atesta o valor que damos à questão estética. Por outro, ainda parecemos viver sob a égide de *O pequeno príncipe*, de Saint-Exupéry, livro de cabeceira de candidatas a *miss* de antigos concursos, que pregava que "o essencial é invisível para os olhos". Nesse sentido, valorizar a beleza seria se deixar ver como uma pessoa fútil e superficial, incapaz de apreciar valores realmente importantes na vida. Os dois aspectos da questão revelam que valorizamos a beleza, mas, de modo geral, de forma oculta e silenciosa.

Outros experimentos realizados posteriormente vieram confirmar a associação entre beleza e atração (Feingold, 1990; Sprecher et al., 1994; White, 1980), inclusive entre homossexuais (Sergios & Cody, 1985). Mas o leitor poderá estar se questionando sobre a própria questão da beleza, já que o que é belo para uns pode não sê-lo para outros e que a beleza pode estar apenas nos olhos de quem a percebe. Embora isso seja verdade, haja vista a possibilidade de variações ao longo do tempo e do espaço, há uma forte concordância sobre o que/quem é bonito em determinada cultura em um dado momento (Frith, Shaw & Cheng, 2005; Langlois et al., 2000). Isso pode ser constatado por meio de um simples teste: em sala de aula, peça a algum(a) colega que cite algumas figuras públicas que ele(a) considere bonita. Você poderá verificar que – a par de algumas diferenças individuais – o consenso dentro da turma será bem alto.

Formação, manutenção e término da atração interpessoal

O modelo de Newcomb

Segundo Newcomb (1960), "atração interpessoal é acompanhada pela atribuição de valor gratificante à outra pessoa". Salienta este autor que há diversas formas pelas quais uma pessoa pode achar outra gratificante, razão por que ele considera diversas variedades de atração interpessoal.

Basicamente, a posição de Newcomb em relação ao fenômeno de atração interpessoal deriva de sua teoria relativa à força em direção à simetria. Quando A e B formam um sistema e se apercebem da maneira pela qual cada um se orienta em direção a um objeto, X, a existência de elo afetivo entre A e B provocará uma busca de simetria (coorientação de A e B em relação a X), assim como a coorientação de A e B em relação a X conduzirá à formação de um elo afetivo entre A e B (Newcomb, 1961). Em outras palavras, para Newcomb o fator *semelhança* discutido anteriormente é fundamental no fenômeno de atração interpessoal. O sistema tem, consequentemente, implicações óbvias não só para o fenômeno de atração interpessoal como também para os fenômenos de percepção social, comunicação social e influência social. Isto porque a coorientação de A e B em relação a X conduz a um sentimento positivo entre A e B; a existência de atração entre A e B leva ambos a distorcerem suas percepções de forma a manter o equilíbrio do sistema; a possibilidade de desequilíbrio no sistema induz à comunicação entre os membros no sentido de restabelecer o equilíbrio a partir de coorientação e a existência de desequilíbrio suscita o exercício do poder de A sobre B (ou vice-versa) no sentido de influenciá-lo a restabelecer o equilíbrio.

Newcomb (1960) distingue diversas variedades de atração interpessoal, tais como admiração, aceitação, valorização e outras, reservando o termo "atração geral" para significar o composto de todas essas formas. Essas variedades seriam identificadas de acordo com o papel gratificante desempenhado por uma pessoa em relação à outra. Por exemplo, se uma pessoa gratifica outra por conta de uma voz bonita ou habilidade de tocar com perfeição um instrumento musical, esta gratificação provoca um sentimento de admiração que é sem dúvida um sentimento positivo, mas que difere da situação experimentada entre companheiros de um grupo coeso ou entre amigos sinceros.

O modelo de Newcomb supõe uma visão sistêmica da relação entre as pessoas e determinados objetos, exigindo, pois, para sua compreensão, o reconhecimento da interdependência destas variáveis. O modelo é capaz de explicar perfeitamente as situações de atração interpessoal por semelhança, e as adições posteriores (como no caso da consideração das variedades de atração interpessoal) nos permitem o entendimento de outras formas de estabelecimento de elo afetivo entre as pessoas. Parece-nos, porém, que a situação de semelhança e suas consequências no sistema constitui-se na pedra angular do modelo de Newcomb no que concerne à atração interpessoal tomada no sentido de *atração geral* anteriormente mencionado. O modelo não explica, porém, outras formas de atração interpessoal tomadas nesse sentido, nem tampouco as exceções à relação semelhança/atração interpessoal. Este modelo tem recebido forte apoio empírico: além de seu estudo clássico relatado em seu livro *The Acquaitance Process* (Newcomb, 1961), várias outras pesquisas, além das já citadas, confirmam a importância do fator semelhança como gerador de atração interpessoal (p. ex.: Byrne, 1971; Kupersmidt; DeRosier & Patterson, 1995; AhYun, 2002). Do momento que a simetria do sistema se desfaz, a atração interpessoal diminui ou mesmo se extingue.

O modelo de Thibaut e Kelley

De acordo com a teoria de Thibaut e Kelley (1959), uma relação diádica será tanto mais agradável quanto mais acima do CL (nível de comparação) de seus integrantes estiverem os resultados por eles experimentados. O CL é o padrão contra o qual avaliamos os resultados obtidos numa relação interpessoal: se esses resultados se situam acima do CL, a relação é avaliada positivamente; caso estejam abaixo do CL, ela é avaliada negativamente. A base, pois, para a formação e manutenção da relação interpessoal é a obtenção, por parte de seus integrantes, de resultados satisfatórios e a inexistência de alternativas onde melhores resultados poderiam ser obtidos. O CLalt (nível de comparação para alternativas) indica se a relação interpessoal existente é melhor ou pior que outras possíveis relações. Uma relação será insatisfatória, e é considerada por Thibaut e Kelley como situação **não voluntária**, quando os resultados da interação diádica são inferiores ao CL de cada integrante, mas superiores a seus CLalts, fazendo com que a interação permaneça, embora seja não gratificante. É o caso, por exemplo, de esposos que experimentam uma relação insatisfatória em seu casamento, mas que não se separam porque consideram a alternativa (separação) capaz de trazer resultados ainda mais insatisfatórios; ou de um empregado que mantém relações insatisfatórias com colegas de emprego e nele permanece, pois a alternativa de ficar desempregado produz resultados ainda piores.

Dentro desse enfoque poderíamos dizer que a atração pessoal para Thibaut e Kelley seria resultante da capacidade de as pessoas produzirem resultados favoráveis umas às outras. Quando isto se dá, verificamos o desenvolvimento de atração interpessoal e, enquanto os resultados colhidos na interação permanecerem acima dos CLs de cada membro, essa atração será mantida. A atração diminuirá e a relação poderá romper-se quando seus membros passarem a produzir resultados abaixo de seus respectivos CLs. A consequência natural de uma tal situação é o abandono da relação e a busca de uma alternativa na qual os resultados auferidos sejam gratificantes.

É preciso ter-se em mente que o termo **resultado**, tal como empregado na teoria de Thibaut e Kelley, significa gratificações menos custos. Se o resultado desta diminuição for positivo, será satisfatório; caso contrário, será insatisfatório. Isto nos leva à consideração da situação de interação diádica sob o aspecto da produção de resultados de máxima gratificação e mínimo custo, o que produzirá uma relação altamente satisfatória.

Resumindo o que foi dito até aqui, o modelo derivado da teoria de Thibaut e Kelley nos permite explicar a gênese, a manutenção e a extinção de uma situação interpessoal de atração a partir do estudo dos resultados obtidos pelos membros da interação em relação aos seus respectivos CLs. A situação de atração interpessoal aparecerá se os membros da relação diádica gratificarem-se mutuamente e permanecerá enquanto os resultados por eles produzidos em termos de gratificações menos custos estiverem acima de seus

CLs. A interação cessará, ou se manterá, mas sem a característica de atração interpessoal, caso os resultados experimentados pelos seus membros estejam, respectivamente, abaixo de seus CLs e abaixo de seus CLalts (existam alternativas melhores), ou abaixo de seus CLs e acima de seus CLalts.

Digamos que duas pessoas se encontrem pela primeira vez numa reunião social. Segundo o modelo aqui considerado, o processo inicial de interação terá por finalidade verificar, a partir de amostras de comportamentos, as possibilidades de gratificações ou de custos que cada uma pode suscitar na outra. Já vimos anteriormente que semelhança de atitudes, valores, beleza, traços de personalidade etc., assim como o fator proximidade, são variáveis relevantes no estudo do fenômeno de atração interpessoal. Em termos do modelo de Thibaut e Kelley, tais fatores podem facilmente ser traduzidos em termos de resultados (gratificações menos custos) da seguinte forma: duas pessoas de orientação política semelhante podem suscitar altas recompensas com poucos ou nenhum custo ao manterem uma relação social; o fator proximidade diminui o custo da interação quando comparado com o fator dificuldade de contato por existência de distância entre os membros da interação. É possível que no decorrer da interação surjam comportamentos dos repertórios dos membros integrantes da interação social que resultem em diminuição da agradabilidade dos resultados por eles experimentados. A consequência de tal ocorrência será uma diminuição na atração interpessoal formada, ou mesmo o impedimento da formação do elo afetivo caso este ainda não se tenha estabelecido firmemente. Como dizem Secord e Backman (1964), uma verdadeira situação de barganha, na qual os membros da interação procuram tornar máximos seus ganhos e mínimos seus custos se estabelece e, se for encontrada uma situação de acomodação em que os resultados obtidos pelos membros da relação se situem acima de seus CLs, verificar-se-á a atração entre tais pessoas.

Colocado nestes termos, o modelo derivado da teoria de Thibaut e Kelley pode parecer excessivamente mecanicista, baseado simplesmente no poder reforçador ou punitivo da emissão de comportamentos gratificantes ou onerosos. Não obstante, a posição de Thibaut e Kelley tem o grande mérito de servir de ponte entre as concepções puramente mecanicistas e moleculares e as concepções estruturalistas e molares. Como bem observam Deutsch e Krauss (1965), os gestaltistas salientaram a necessidade de considerar as recompensas do ponto de vista relacional, mas negligenciaram as consequências comportamentais da percepção relacional das recompensas; por outro lado, os defensores da Teoria do Reforço puseram grande ênfase nas consequências comportamentais das recompensas e punições, porém negligenciaram os fatores que influenciam a maneira pela qual tais recompensas e punições são percebidas. A teoria de Thibaut e Kelley leva em conta ambos estes aspectos. Não se pode dizer que a formação da atração interpessoal seja uma consequência mecânica e totalmente determinada por uma sequência de contingências conducentes a reforço e punição. Os comportamentos das pessoas em interação são percebidos e avaliados com base num padrão subjetivo, próprio de cada pessoa (o CL), e o mesmo comportamento poderá ter diferentes consequências para diferentes pessoas. É por isso que, dentro do modelo de Thibaut e Kelley, posições antagônicas tais como as de Newcomb, por exemplo, segundo a qual a semelhança de valores entre duas pessoas é capaz de funcionar como excelente preditor da formação de um elo positivo entre elas, e a de Winch, de acordo com a qual pessoas de características diferentes, mas complementares, são as que se atraem, podem ser conciliadas. As semelhanças ou diferenças vão ser percebidas por cada membro da relação diádica e, de acordo com essa percepção, terão um valor específico na dimensão gratificação/custo que resultará numa experiência subjetiva de satisfação ou insatisfação, conforme a posição ocupada nesta dimensão for superior ou inferior ao nível de comparação (CL) individual.

A posição de Thibaut e Kelley no que concerne ao fenômeno psicossocial de atração interpessoal fornece, ao nosso ver, um instrumento teórico bastante rico para compreensão e estudo do fenômeno. Além disso, diversos estudos vêm comprovando que a avaliação de custos e benefícios influencia substancialmente na questão da manutenção ou da ruptura de relacionamentos afetivos (Attridge & Berscheid, 1994; Becker, 1981; Simpson, 1987; South & Lloyd, 1995).

Relações sociais íntimas

> *A paixão é a primeira a surgir e a primeira a desaparecer. A intimidade necessita de mais tempo para se desenvolver, e o compromisso, mais ainda.*
>
> Robert J. Sternberg

Estudos sobre o amor entre as pessoas têm sido a tecla dominante das investigações psicossociais das relações de intimidade. Rubin (1973) mostrou que amizade e amor diferem em sua essência, e não apenas na intensidade do afeto. No livro *Psicologia Social para principiantes* (Rodrigues, 2008), a Dra. Brendali F. Reis contribuiu para o capítulo intitulado "Quais as principais teorias e processos psicossociais da intimidade interpessoal?" Com a permissão da autora, reproduziremos a seguir excertos do que disse Brendali Reis naquela ocasião acerca dos recentes estudos sobre o amor:

"Secularmente relegado ao domínio de especulação de filósofos, poetas e compositores, hoje o amor se tornou também o objeto de investigação científica. Os estudos de Zick Rubin constituíram um dos marcos iniciais na investigação sistemática do amor, não só porque demonstraram que conceitos tão intimamente ligados como o gostar e o amar podem ser independentes, e não partes de um único contínuo, como muitos pressupunham anteriormente, dando início ao escrutínio científico de fenômenos tão complexos, mas também porque ensejaram a discriminação dos pensamentos, expectativas, comportamentos e sentimentos associados a este estado chamado amor.

Amor foi inicialmente conceituado como uma 'atitude mantida por uma pessoa em relação a uma outra pessoa particular, a qual envolve predisposições para pensar, sentir e comportar-se de determinadas maneiras relativamente àquela pessoa'. Sendo esta uma definição ainda muito próxima do que geralmente tem sido concebido com atração/gostar, tentou-se determinar em que medida os dois conceitos se distinguem, ou seja, em que medida os pensamentos e expectativas que derivam de atitudes de amor diferem daqueles pensamentos e expectativas associados a esta outra atitude positiva frente a outra pessoa que é o gostar. A partir de uma pesquisa sobre as concepções populares e teóricas sobre amor e sobre atração e de alguns procedimentos estatísticos, conseguiu-se distinguir os dois conceitos. A partir desta importante etapa no estudo científico do amor, chegou-se a quatro possíveis componentes do fenômeno amor: o *precisar do outro* – um forte desejo de estar em presença e ser cuidado pelo outro; o *cuidado* – um desejo de ajudar o outro, de fazer as coisas por ele; a *confiança* e a *tolerância* às suas faltas".

Dentre as teorias psicossociais sobre o amor destaca-se a Teoria Triangular do Amor, apresentada por Sternberg e que resumimos a seguir.

A Teoria Triangular do Amor

Robert J. Sternberg (1986), da Universidade de Yale, focaliza em sua teoria três aspectos básicos do amor: a intimidade, a paixão e a decisão/comprometimento. Brendali F. Reis, em seu capítulo no livro de Rodrigues (2008), assim descreve a teoria de Sternberg:

Intimidade estaria relacionada aos sentimentos de proximidade numa relação de amor, aqueles que criam a experiência de "aconchego". São identificados como sinais de intimidade:

1) desejo de promover o bem-estar do objeto de amor;

2) experienciar felicidade ao estar com ele;

3) ter por ele alta consideração;

4) poder contar com o ser amado em momentos de necessidade;

5) compreensão mútua;

6) dividir tanto o seu eu quanto as posses com o objeto do amor;

7) receber dele apoio emocional;

8) prover-lhe apoio emocional;

9) comunicar-se intimamente com este objeto;

10) conceder-lhe um valor importante.

O componente *paixão* diz respeito ao lado instintual do amor, atração física, contato sexual.

Por último, o fator *decisão/comprometimento* constitui-se em dois aspectos, um em curto e outro em longo prazo. O primeiro consiste na decisão de alguém de que ama outrem. O segundo diz respeito ao comprometimento em manter o amor. Os dois componentes não estariam sempre necessariamente juntos.

À luz destes três componentes se classificam os tipos de amor, conforme as sete possíveis combinações que deles se derivam, considerando-se os três componentes principais e as interações entre eles:

• Somente o componente *intimidade*: seria o gostar, porém sua definição diverge da fornecida por outros teóricos, no sentido de que não descreve meramente os sentimentos em relação a conhecimentos casuais, mas sim o conjunto de sentimentos e experiências de uma relação de verdadeira amizade, na qual a pessoa se sente próxima ao outro sem paixão intensa ou comprometimentos em longo prazo.

• Somente o componente *paixão*: seria o que o autor denomina "amor infatuado" (paixonite aguda); é o *amor à primeira vista*, no qual a idealização, a obsessão e a excitação física desempenham um papel fundamental; pode surgir instantaneamente e, da mesma forma, desaparecer de repente.

• Somente o componente *decisão/comprometimento*: é o que o autor chama *amor vazio*; pode ser caracterizado, por exemplo, por casamentos em que o envolvimento emocional mútuo e a atração física já deixaram de existir, ou, até mesmo, nunca existiram.

• *Intimidade + paixão*: este seria o amor romântico. Aquele tipo de amor onde os envolvidos podem perceber que a permanência da relação é improvável, impossível ou mesmo uma questão a ser tratada em algum momento no futuro. É o típico *amor de verão*, que pode ser altamente romântico, mas sem qualquer chance real de durar além de um determinado período. É também o clássico *Romeu e Julieta*, ou o caso de dois adolescentes que não podem se comprometer em função de que outras escolhas, tais como a profissional, desfrutam de um lugar prioritário em suas vidas.

- *Intimidade + comprometimento*: *amor-companheiro*, forma de amor que é essencialmente uma amizade comprometida e duradoura. Aquele tipo de casamento, por exemplo, em que não há mais atração física. Este tipo de amor coincide com o amor-companheiro mencionado anteriormente. Pode ser considerado o modelo de amor que surge quando o amor romântico (baseado somente na paixão) desaparece, se a relação é mantida.

- *Paixão + comprometimento*: *amor fátuo*. É o tipo de amor frequentemente associado a Hollywood: um dia um casal se encontra, decide casar rapidamente... e realmente o faz em seguida! Enfim, o comprometimento é feito com base na paixão, sem que estejam presentes os elementos estabilizantes próprios de um envolvimento íntimo, o qual requer tempo para se desenvolver; as relações fundadas neste tipo de amor são, assim, altamente suscetíveis ao estresse.

- *Intimidade + paixão + comprometimento*: *amor consumado* ou amor completo, é o amor ideal, apesar de ser dificilmente atingido e mantido, aliás, nem sempre buscado em nossas relações amorosas.

Posteriormente, Sternberg (1996, 2006) fez uma adição às suas próprias contribuições propondo uma Teoria do Desenvolvimento do Amor por ele denominada de histórias de amor e que valoriza os ideais de amor que as pessoas aspiram para seus relacionamentos. Como está implícito no nome, esta teoria fala das histórias pessoais pregressas (constituídas por influência de contos de fadas, observação da relação dos pais e parentes, televisão e cinema, leituras, conversas etc.) que levariam os sujeitos a constituir certos padrões e ideais de relacionamento.

Uma classificação envolvendo 26 temas foi desenvolvida pelo autor na busca de roteiros típicos que representassem concepções de amor por parte das pessoas – uma lista, por definição, necessariamente parcial, uma vez que não seria possível fazer um rol final que fosse capaz de capturar cada possível história pessoal existente. Como os enredos analisados foram de moradores nos Estados Unidos, é possível que a lista seja algo diferente em outros países. Por outro lado, no entanto, dada a globalização e a pervasividade de certos temas em letras de músicas, contos de fadas, filmes e obras literárias, espera-se também que as futuras réplicas em outros países e outras culturas venham a confirmar boa parte dos enredos já captados (Sternberg, Hojjat & Barnes, 2001).

Assim, enquanto a Teoria Triangular sugere que as pessoas formem triângulos congruentes, a Teoria das Histórias vai procurar dar conta dos porquês de as pessoas virem a constituir (ou não) triângulos congruentes. Dessa forma, as histórias das pessoas, combinadas com suas personalidades, as levarão a produzir determinados roteiros que, por sua vez, as conduzirão aos tipos de relacionamentos românticos escolhidos. Nas palavras do autor, a interação entre atributos pessoais e o ambiente – incluindo aquele em parte criado por nós – levaria ao desenvolvimento de enredos que procuramos preencher, dentro do possível, ao longo de nossas vidas. Parceiros em potencial vão atender em maior ou menor grau a esses anseios de completude, e as relações mais bem-sucedidas seriam aquelas nas quais haveria maior compatibilidade entre os enredos de ambos os parceiros.

Outras diferenças, além de nuances relacionadas a esta nova perspectiva, tocam em pontos diversos, tais como as causas de possíveis mudanças nas relações ao longo do tempo e a influência de heurísticas e tendenciosidades, entre outras. O autor lembra também que essa teoria se encaixa em uma tradição contemporânea, a de tentar compreender o papel das narrativas na vida das pessoas (Bruner, 1990; Murray & Holmes, 1994; Sarbin, 1986).

Sternberg ainda adiciona um novo enfoque à discussão do papel da similaridade e da complementaridade na afetividade ao afirmar que elas não são incompatíveis à luz da Teoria das Histórias, uma vez que ao mesmo tempo que procuramos pessoas com histórias similares, também necessitamos de pessoas que exerçam papéis que possam se complementar para que as histórias sigam adiante de forma harmoniosa.

As cores do amor

Lee (1973) apresentou uma taxonomia para os vários tipos de amor que denominou de "as cores do amor". Como diz Reis (apud Rodrigues, 2008), a taxonomia de Lee é "baseada na pressuposição de que o amor é um fenômeno plural, que não permite hierarquizações de qualquer espécie". Com efeito, um tipo de amor não é visto como superior ou mais verdadeiro do que outro. Todos os estilos são legítimos. John Alan Lee (1973), psicólogo canadense autor desta classificação – e empiricamente testada e desenvolvida por Hendrick e Hendrick (1992) –, ressalta que, como só temos uma palavra para designar as relações satisfatórias que chamamos amor, tendemos a pensar que só existe uma coisa correspondente a esta palavra, em função do que tendemos a medir diferenças em experiências de amor em termos de *quantidade*, definindo *amor mútuo* como aquela situação em que *A ama B tanto quanto este ama A*, "como se vivêssemos em um mundo de amor preto e branco, com as variantes nas quantidades de amor fazendo o quadro mais ou menos cinza". Estabelecendo uma analogia com as cores, seu objetivo é justamente mostrar que, assim como faz mais sentido explicar as diferentes cores do que definir a cor em si, faz mais sentido tentar distinguir os vários estilos de amor do que perseguir uma definição do amor que expresse a possível essência do que seria o "verdadeiro amor". Com efeito, assim como com a preferência pelas cores, o estilo de amor de uma pessoa pode variar durante a vida e de uma relação para outra.

Em sua tipologia, assim como o vermelho, o amarelo e o azul constituem as três cores primárias a partir das quais se formam todas as cores do arco-íris, os três "estilos primários de amor" são Eros, Storge e Ludus, sendo que todos os outros numerosos estilos de amor resultam de alguma combinação destes três. Os estilos de amor secundários mais familiares são Mania (Eros + Ludus), Pragma (Ludus + Storge) e Ágape (Eros + Storge). A seguir, uma descrição de cada um deles.

Eros

Este estilo de amor é a busca por um parceiro cuja apresentação física corresponda à imagem ideal que a pessoa tem em mente. Amantes eróticos sabem exatamente o tipo físico que é capaz de "mexer" com eles. A prioridade é a imagem do objeto de amor, e não há interesse em travar um conhecimento com candidatos que não demonstrem boas chances de adequar-se a esta imagem. É um estilo de amor que sempre começa com uma avassaladora atração física, pois o amante erótico é uma pessoa consciente de que seu parceiro ideal é uma raridade.

Storge

Esta era a palavra grega para o companheirismo afetuoso que se desenvolve a partir de um conhecimento gradual, apropriado para o estilo de amor no qual um indivíduo "se acostuma" com o parceiro, em vez de "apaixonar-se" por ele. É aquele tipo de amor de duas pessoas que crescem juntas numa amizade e de repente se percebem "*in love*" – "amor sem febre ou tolice". Cada parceiro desenvolve afeição e comprometimento com o outro e finalmente eles decidem ficar juntos. "Amor amigo" é o tipo de sentimento deste estilo de amor, em que os envolvidos não passam muito tempo se olhando nos olhos e a tranquilidade própria à relação faz com que seja até mesmo um pouco constrangedor dizer "eu te amo".

Ludus

O amante lúdico possui um estilo, como o próprio nome diz, lúdico. Enquanto consciente das diferenças entre os corpos, ele considera sem sentido que as chances de uma pessoa sejam restringidas pela "especialização" em um só tipo. A expectativa a respeito do amor é de que ele seja prazeroso e não comprometedor, durante tanto quanto as partes "curtam" a relação, não mais do que isso. O lúdico é um errante, ou um colecionador de experiências de amor que serão relembradas com prazer. São amantes pluralísticos (uma palavra menos carregada que promíscuos), e o grau de envolvimento é cuidadosamente controlado. Eles sabem que "há muitos peixes no oceano", motivo pelo qual ciúme é para eles algo sem sentido e deplorável. Este estilo de amor pode ser praticado como se fosse um jogo aberto, com a explicitação clara das regras, ou seja, de que outros eventualmente estarão envolvidos.

Mania

Neste estilo de amar, o amante é obsessivamente preocupado com o objeto amado, intensamente ciumento e possessivo e necessita continuamente de repetidas reafirmações de que é amado. Ao mesmo tempo ele frequentemente recua, temeroso de amar demais antes de que haja garantia de que há reciprocidade. Em muitos casos, ele nem mesmo *gosta* do objeto de seu amor, no sentido de que não o escolheria para uma amizade duradoura.

Amantes maníacos demonstram excessivo ciúme e demandam demonstrações de maior amor e comprometimento. Raramente consideram o sexo como objeto de amor satisfatório ou reconfortante.

Pragma

O amante pragmático tem um "rol" mais ou menos consciente de qualidades práticas e relativas ao cotidiano que ele deseja no ser amado, as quais podem incluir características físicas, mas não há uma ênfase especial a este detalhe, como em *eros*. Se as normas sociais em que o amante pragmático está inserido incluem prescrições relativas à aparência física na escolha de parceiros, então estas normas vão fazer parte da sua lista, mas de modo geral ele é indiferente a considerações sobre atração física. Ao invés disso, o amante pragmático está em busca de um parceiro *compatível*, no sentido que sociólogos e agências de "namoro por computador" usam o termo. O rol de características buscadas pela pessoa neste estilo de amor pode incluir medidas sociológicas tais como a que diz que pessoas de mesma religião, opção política e classe social, assim como interesses pessoais tais como *hobby* ou esporte favorito em comum, têm mais chances de serem compatíveis uma com a outra. *Pragma* é uma combinação de *ludus* e *storge*. O pragmático escolhe o parceiro como se tivesse crescido com ele e atua de forma consciente para encontrar um – primeiro pelas qualidades para pôr na lista e, segundo, pelos candidatos que possam ostentar tais qualidades. A procura é por uma parceria sensata, não por um extasiante ou excitante romance, com cada candidato sendo pesado e avaliado cuidadosamente. Escolha feita, sentimentos mais intensos podem se desenvolver.

Ágape

É a clássica visão cristã do amor: altruísta, universalista, sempre gentil e paciente, nunca ciumento, nunca demandante de reciprocidade. Quando São Paulo escreveu aos coríntios que o amor é um dever de cuidar de outros, e que o amor deve ser profundamente altruísta e compadecido, ele usou a palavra ágape. É o estilo menos frequentemente encontrado na prática de relacionamentos amorosos adultos. Ágape é despojamento, doação e altruísmo. Amantes com este estilo consideram amar um *dever*, mesmo quando não estão presentes sentimentos de amor. Assim, é um estilo de amor mais guiado pela cabeça do que pelo coração, mais expressão da vontade do que da emoção (excertos extraídos das p. 147-155).

Uma área em expansão

Novas contribuições vêm sendo aduzidas a este campo de estudos em um ritmo bastante acelerado. Ora dentro de uma perspectiva evolucionista/biológica (Buss e Fisher), ora inspirado por um viés culturalista (Schmitt, Lieberman e Hatfield, Jankoviak, Dion e Dion), ou ainda buscando enfocar o tema de forma a criar uma taxonomia válida, são muitos os estudos que vêm sendo realizados na tentativa de se melhor compreender a questão do amor.

Ainda está longe, no entanto, o objetivo de se alcançar uma teoria global que abarque todas essas questões de forma unificada e coerente. Já há, no entanto, certa concordância entre os pesquisadores de que existem vários tipos de amor e também de quais seriam seus elementos constituintes. Uma das dificuldades, no entanto, é a imprecisão dos conceitos, que ainda não permitem que haja um discurso não ambíguo sobre o que seja o amor: não há, de fato, uma clareza nos termos utilizados quando se fala de amor, faltando um vocabulário inequívoco aceito consensualmente (Weis, 2006).

Já no âmbito do debate por sofrer a influência do fator cultural, a maioria dos pesquisadores defende a tese de que o amor é, de fato, um fenômeno universal, ainda que sujeito a modificações em função do ambiente cultural em que está inserido.

Procuramos neste capítulo mostrar ao leitor o interesse que os psicólogos sociais têm dedicado ao tema da atração interpessoal e às relações de intimidade pessoal. Como a maioria das contribuições ao estudo da intimidade interpessoal é bastante recente, é compreensível que se verifique um certo caráter de provisoriedade nas formulações teóricas apresentadas. Não obstante, espera-se que o capítulo tenha revelado a contribuição efetiva desses esforços teóricos para um melhor entendimento dos processos psicossociais subjacentes à intimidade interpessoal.

As transformações sociais da segunda metade do século XX salientaram a necessidade desses estudos, já que muitas das estruturas sociais que regulavam estes relacionamentos foram profundamente abaladas. O leitor interessado encontrará em Jablonski (1998) um estudo aprofundado da instituição do casamento em nossos dias, suas características e transformações e os fatores mais diretamente ligados a ela.

Resumo

O capítulo inicia com a descrição dos estudos clássicos de Stanley Schachter acerca da busca de associação com outras pessoas quando nos encontramos em estado de ansiedade. O isolamento provoca ansiedade e a ansiedade conduz ao desejo de estar com outros. Foi considerado o fenômeno de aceitação social (*belongingness*) e salientada a importância deste sentimento e as consequências negativas resultantes do sentimento de rejeição. Comportamentos que levam um membro de um grupo a sentir-se ostracizado, estigmatizado, discriminado e alvo de *bullying* prejudicam seriamente as vítimas que são alvo desses comportamentos totalmente condenáveis. O fenômeno de atração interpessoal propriamente dito foi considerado em seguida. Fatores que facilitam o processo (proximidade, identidade de valores, beleza e atitudes) foram descritos, bem como algumas teorias que procuram explicar por que nós nos aproximamos de outras pessoas. As posições teóricas de Newcomb e de Thibaut e Kelley foram apresentadas, mostrando-se sua aplicação no entendimento de como a atração entre as pessoas se forma, permanece ou se desfaz. Finalmente, as modernas descobertas sobre o amor (características, tipos e consequências) foram descritas e comentadas. As contribuições de Rubin, Sternberg e Lee foram destacadas. Elas constituem, segundo os autores deste livro, as posições teóricas mais promissoras e modernas no que diz respeito ao estudo da intimidade interpessoal.

Sugestões de leitura

BAUMEISTER, R. & LEARY, M.R. (1995). "The Need to Belong: Desire for Interpersonal Attachments as a Fundamental Human Motivation". *Psychological Bulletin*, 117, p. 497-529.

BLIESZNER, R. & ADAMS, R.G. (1992). *Adult Friendship*. Newbury, CA: Sage.

BREHM, S. (1992). *Intimate Relationships*. Nova York: Random House.

HATFIELD, E. & RAPSON, R.L. (1993). *Love, Sex, and Intimacy*. Nova York: Harper-Collins.

HENDRICK, C. & HENDRICK, S. (1992). *Liking, Loving, and Relating*. Newbury Park, CA: Sage.

LEARY, M.R. (2010). "Affiliation, Acceptance, and Belonging: The Pursuit of Interpersonal Connection". In: FISKE, S.T.; GIBERT, D. & LINDZEY, G. (orgs.). *The Handbook of Social Psychology*. Hoboken, NJ: John Wiley & Sons.

NEWCOMB, T.M. (1961). *The Acquaintance Process*. Nova York: Holt, Rinehart & Winston.

SCHACHTER, S. (1959). *The Psychology of Affiliation*. Stanford: Stanford University Press.

STERNBERG, R.J. (1986). "A Triangular Theory of Love". *Psychological Review*, 102, p. 331-345.

STERNBERG, R.J. & WEIS, K. (2006). *The New Psychology of Love*. New Haven: Yale University Press.

Tópicos para discussão

1) Qual a reação dos sujeitos nos experimentos de Schachter quando ansiosos?

2) Discorra sobre os efeitos negativos do sentir-se rejeitado e indique as principais causas geradoras desse sentimento.

3) Que se entende por "efeito de mera exposição"?

4) Indique e comente dois fatores que conduzem à atração interpessoal.

5) Segundo Thibaut e Kelley, como se desenvolve a atração entre duas pessoas?

6) Quais os elementos essenciais da Teoria Triangular do Amor de Sternberg?

7) Qual a essência da posição de Sternberg quando ele afirma que o amor emana de histórias?

8) Quais as características das várias "cores do amor" segundo Lee?

9) Você conhece pares amorosos que ilustram um ou mais destes tipos de amor?

10) Em sua opinião, os sentimentos de amar e gostar diferem apenas em intensidade ou são sentimentos distintos por natureza?

Anexo – O papel da internet nas relações interpessoais

O uso da internet atingiu um crescimento verdadeiramente impressionante. Segundo Myers (2010), até 2008 havia um bilhão e meio de usuários no mundo. Tudo leva a crer que este número já tenha ultrapassado os dois bilhões. A internet serve a vários propósitos e, dentre eles, inclui-se a comunicação entre as pessoas através de e-mail, WhatsApp, Facebook, Twitter, chat rooms e Blogs. Será que a oportunidade oferecida pela internet de estabelecer contato entre as pessoas é suficiente para atender às necessidades humanas de envolvimento social, aceitação social e superação do sentimento de solidão e rejeição? Será ela capaz de criar o ambiente propício para o desenvolvimento da atração interpessoal?

Até o momento não podemos ainda responder a estas perguntas de uma maneira definitiva. Myers (2010) focaliza duas posições antagônicas no que se refere a esse assunto. De um lado, existem os que consideram a internet como um meio eficaz de promover relacionamento interpessoal gratificante, promover o desenvolvimento de atração interpessoal e combater o sentimento de solidão; de outro, há os que contestam tais benefícios.

Os que apregoam os benefícios da internet como meio de propiciar o relacionamento entre as pessoas apontam o aumento da comunicação entre parentes e amigos, a descoberta de outras pessoas com quem interagir através de Facebook e similares como responsáveis por um sentimento de maior integração, maior aceitação social e menor sentimento de isolamento e rejeição. Os que com isso não concordam alegam que a comunicação via internet é significantemente mais pobre do que a comunicação face a face. Na comunicação via internet a entonação da voz, as expressões faciais, os gestos presentes na comunicação direta estão ausentes, e isso concorre fortemente para o empobrecimento da comunicação. Mal-entendidos que jamais ocorreriam numa comunicação direta são possíveis na comunicação eletrônica. No capítulo 5 mencionamos os resultados de uma pesquisa que mostrou que emoções são mais bem transmitidas no contato direto do que em conversações telefônicas. A comunicação por e-mail é a menos adequada dos três tipos pesquisados.

Um estudo conduzido na Itália (Milani, Osualdella & Di Blasio, 2009) verificou que adolescentes que utilizam em demasia a internet como meio de relacionamento interpessoal apresentam inadequações nas relações sociais e deterioração em seu relacionamento interpessoal.

Não há dúvida de que a internet facilita a comunicação entre pessoas que já possuem um elo que as unem (parentes, amigos, companheiros de trabalho etc.). É duvidoso se ela é capaz de iniciar, desenvolver e manter relações interpessoais novas por si só, ou seja, sem a complementação do contato pessoal direto.

Ressalte-se ainda que, assim como a internet pode propiciar a manutenção de relações interpessoais existentes, ela pode também dar ensejo a ressentimentos e sentimentos de rejeição quando a pessoa que a utiliza como meio de comunicação não é reciprocada. Uma comunicação por e-mail ou Facebook não respondida pode ter um impacto bastante negativo para a manutenção da relação interpessoal.

O papel desempenhado pela internet no desenvolvimento, crescimento e manutenção de relações interpessoais saudáveis, bem como sua capacidade de evitar o sentimento de solidão, o ostracismo e o sentimento de não aceitação continuará a receber atenção especial dos psicólogos sociais. Até o momento o assunto não está suficientemente esclarecido. O aparecimento de uma revista especializada – a CyberPsychology & Behavior *– mostra o interesse atual dos psicólogos pelas consequências comportamentais da utilização crescente do espaço cibernético em todas as regiões do mundo.*

13
Justiça nas relações sociais

I. A relevância social da justiça
II. Considerações gerais
III. Justiça distributiva
    A abordagem unidimensional: a Teoria da Equidade
    Walster e colaboradores
    Revisão crítica da Teoria da Equidade
    A abordagem multidimensional de justiça: a contribuição de Morton Deutsch
IV. Cultura e a Teoria da Equidade
V. Justiça processual
VI. Justiça e diferenças individuais
VII. A fenomenologia da justiça na vida diária
VIII. Resumo
IX. Sugestões de leituras
X. Tópicos para discussão
XI. Anexo
    Justiça e atribuição

Justiça é verdade em ação.

Benjamin Disraeli

Olho por olho, dente por dente.

Ex 21,24

A relevância social da justiça

O estudo da justiça no âmbito da filosofia moral remonta à Antiguidade, objeto que foi das preocupações de Sócrates, Platão e Aristóteles. Desde então, a reflexão sobre a justiça acompanha a própria história do pensamento humano. Qual o verdadeiro significado da justiça? O que deve ser julgado como justo ou injusto, em termos absolutos de tempo e lugar? É possível avaliar a justiça como um padrão idealizado, uma regra de conduta válida e correta em si mesma? Quais são as origens das ideias de justiça nos homens e nas sociedades? É possível atingir um estado de justiça para indivíduos, grupos e sociedades? Indagações dessa ordem constituem questões centrais que a filosofia moral e política vêm tentando responder ao longo dos séculos.

A despeito da longa tradição filosófica, é recente o interesse das ciências sociais pelo assunto, somente a partir de 1961, com George C. Homans e sua obra *Social Behavior: Its Elementary Forms*, é que o tema da justiça adquiriu *status* próprio dentro da Psicologia Social, passando a constituir uma área autônoma de estudo e um campo teórico e empírico em franco desenvolvimento.

A relevância que o estudo da justiça passou a ter dentro da Psicologia é uma resultante da atenção que os psicólogos sociais vêm dedicando, desde o início da década de 1960, aos fenômenos de crescente e generalizada inquietação social que marcam de modo característico a vida contemporânea.

À Psicologia Social, provavelmente mais que a qualquer outra disciplina, interessa ampliar o conhecimento sobre o assunto. O estudo da justiça como um fenômeno psicossocial complexo e multifacetado empresta significado a uma série de manifestações grupais ou individuais que marcam a vida das pessoas em sociedade. Pode-se mesmo afirmar que tanto os movimentos reivindicatórios organizados e os atos contestatórios de natureza puramente individual quanto os conflitos sociais e os atos de violência grupal e pessoal podem ser explicados, em certa medida, por um elemento comum: a percepção de injustiça subjacente a todas essas instâncias.

Considerações gerais

Desde seu surgimento na década de 1960, a chamada *Psicologia Social da Justiça* vem se preocupando em demonstrar o papel crucial que valores, crenças e sentimentos sobre o que é justo ou injusto têm sobre as ações e as relações humanas. Os estudos sociopsicológicos vêm revelando que os julgamentos sobre o que é justo e merecido, sobre direitos e deveres, sobre o certo e o errado, estão na base dos sentimentos, atitudes e comportamentos das pessoas em suas interações com os outros. O foco é o significado subjetivo de justiça, sentimentos e ideias que não se justificam necessariamente por referência a padrões particulares de autoridade ou a fontes objetivas (Tyler et al., 1997).

Diferentemente do filósofo, ao psicólogo social cumpre lidar com a realidade social tal como ela é percebida pelos indivíduos que a integram. Não lhe importa avaliar a justiça como uma entidade abstrata, uma regra de conduta válida e correta em si mesma, mas sim como as pessoas interpretam as situações sociais em termos do que é justo ou injusto, atribuem-lhes significados cognitivos e afetivos e respondem a elas de forma socialmente apropriada ou não.

Segundo Tyler et al. (1997), os julgamentos de justiça são de interesse especial para os psicólogos sociais porque os padrões de justiça são uma realidade socialmente criada e mantida por grupos, organizações e sociedades. Embora formalmente iniciadas em 1961, as teorias e pesquisas sobre justiça remontam tradicionalmente à década de 1940. Em seu percurso até os dias de hoje, quatro grandes fases podem ser demarcadas: a primeira fase, relacionada ao conceito de **privação relativa**, que corresponde à percepção da existência de discrepância entre o que a pessoa tem e o que ela sente que deveria ter. É a partir dessa percepção que se busca explicar o grau de satisfação ou de insatisfação do indivíduo com uma distribuição de bens ou serviços pela comparação entre o que ele obtém e o que julga merecer. Sob essa perspectiva, os estudiosos tentavam entender e explicar os fenômenos de desordem social, como os motins, as revoluções e as greves: privados dos recursos sociais, comparativamente aos ganhos excessivos dos demais, os grupos insurgem-se na tentativa de obter o que lhes é devido.

Na segunda fase, a ênfase é na justiça das distribuições de recursos, entendidos como bens, serviços, promoções, salários etc. É a chamada **justiça distributiva**, cujo foco de análise se desdobra em duas grandes áreas: a percepção de justiça e a reação à injustiça. No primeiro caso, trata-se de investigar como as pessoas concebem a justiça e como decidem o que é uma justa distribuição de recursos, seja para elas mesmas, seja para os outros ou entre elas e os outros. No segundo caso, importa verificar como as pessoas se comportam diante de situações em que se percebem como injustamente tratadas por outros. Sob esse enfoque, destacam-se duas abordagens teóricas principais da justiça: a unidimensional e a multidimensional. De acordo com a primeira, representada pela Teoria da Equidade (Adams, 1965; Homans, 1961, 1976; Walster, Berscheid & Walster, 1973; Walster & Walster, 1975; Walster, Walster & Berscheid, 1978), o justo é o proporcional. Em linhas gerais, far-se--á justiça se aquele que mais contribuiu para uma tarefa receber uma recompensa maior do que aqueles que contribuíram menos. Nesse caso, por exemplo, se houver chance de dar promoção salarial a quatro funcionários, será justa a decisão se a escolha recair nos quatro de melhor desempenho no setor. O princípio formal de justiça é, então, não dar a cada um o que deseja ou o que precisa, mas dar a cada um na razão do que vale ou do que faz por merecer, comparativamente aos demais.

A concepção multidimensional de justiça, por seu turno, aponta para a coexistência de múltiplas formas de se fazer justiça em uma dada distribuição de recursos, cada uma das quais pode ser igualmente justa, dependendo da natureza e dos fins da relação social. Dessa forma, uma distribuição qualquer de recursos (p. ex.: bolsas de estudo) pode ser vista como justa se for feita: na base de uma regra equitativa, caso se decida dar a cada um segundo sua contribuição ou desempenho (no caso, bolsas para as pessoas com notas mais altas em uma prova classificatória); de uma regra igualitária, caso se garantam parcelas iguais para todos (dividir a verba disponível entre todos os alunos); ou, ainda, recorrendo-se à regra da necessidade (as bolsas serão dadas aos mais necessitados financeiramente).

O terceiro caso refere-se à **justiça processual**, a justiça dos procedimentos adotados para o estabelecimento de uma dada distribuição de recursos entre as partes. Nesse caso, focaliza-se a justiça dos meios de resolução dos conflitos ou dos processos de tomada de decisão quanto à repartição de recursos (em geral, valiosos e/ou escassos) entre os membros envolvidos. A crença subjacente é que uma situação é justa se os procedimentos de decisão são justos, independentemente de seus resultados. Tais procedimentos têm uma importância positiva e decisiva nas relações entre partes em conflito, sejam elas pessoas ou grupos.

A área de pesquisa mais recente e, por isso mesmo, ainda pouco desenvolvida, envolve a chamada **justiça retributiva**, cuja preocupação central é estudar como as pessoas reagem à violação de regras e normas sociais e como se processa a atribuição de responsabilidades. Enfatizam-se basicamente as questões relacionadas ao sistema criminal, sanções, punições e salvaguardas. Estudiosos do tema da justiça e que periodicamente se lançam em tentativas de sistematização desse conhecimento (Deutsch, 1985; Mikula, 1980; Vermunt & Steensma, 1991; Tyler et al., 1997) costumam reunir as seguintes indagações como focos de teoria e pesquisa nesse campo: (a) os julgamentos de justiça e injustiça moldam os sentimentos e atitudes das pessoas? (b) que critérios as pessoas usam para avaliar uma situação como justa ou injusta? (c) como as pessoas reagem, comportamentalmente, a uma situação percebida como injusta: aceitam-na, resignam-se a ela, sentem-se impotentes para mudá-la, buscam desafiá-la individualmente, coletivamente? (d) como as pessoas reagem cognitiva e emocionalmente diante da injustiça percebida? (e) quando as pessoas se preocupam com a justiça ou injustiça: a justiça é uma motivação básica, presente em todas ou em algumas áreas das interações humanas? (f) por que as pessoas se preocupam com as questões de justiça?

Em linhas gerais, esse breve panorama permite verificar que o estudo da justiça pelos cientistas sociais pode se processar sob quatro diferentes níveis de análise: o individual, o interpessoal, o grupal e o social. Nos dois primeiros níveis, os pesquisadores investigam o modo pelo qual os indivíduos adquirem o sentido da justiça, os processos cognitivos usados para a apreensão do fenômeno, as comparações interpessoais que fazem para avaliação da justiça de uma situação e o modo como reagem às violações das normas de justiça por parte dos demais. Nos níveis grupal e intergrupal a ênfase é direcionada ora para as relações entre situações de cooperação e competição e o desenvolvimento de regras distributivas de justiça, ora para a influência das relações intergrupais no desenvolvimento de normas de justiça do grupo, ora para a interface entre as reações individuais e grupais à injustiça. Já no nível social mais amplo, o interesse se volta para a percepção das pessoas em relação à distribuição global de recompensas do sistema social, como, por exemplo, a distribuição de renda e de seguridade social (benefícios trabalhistas em geral). Observados os três níveis, poderíamos, então, falar de microjustiça, justiça grupal e macrojustiça.

De um modo geral, a posição dominante entre os psicólogos sociais é focalizar o tema da justiça nos níveis individual e interpessoal de análise, compatível com a tendência geral prevalente na chamada "Psicologia Social Psicológica" de dar prioridade ao estudo do indivíduo em interação com outros indivíduos e dos processos cognitivos, afetivos e comportamentais suscitados por essa interação. No caso específico da justiça, a ênfase é na *microjustiça*, isto é, na busca de entendimento e explicação das condutas individuais reguladas por crenças e valores de justiça, consubstanciada em algumas formulações teóricas básicas.

Algumas dessas teorias psicossociais de justiça serão examinadas a seguir. Destaque especial será dado à Teoria da Equidade, não por se tratar da concepção pioneira, mas sim por constituir uma influência teórica importante e uma referência obrigatória em toda e qualquer discussão sobre justiça, além de sua grande aplicabilidade potencial a várias áreas da vida dos indivíduos em sociedade. Complementarmente, serão apresentadas vias alternativas da teoria e pesquisa em justiça, a partir das críticas dirigidas à Teoria da Equidade. Tais críticas culminaram seja na defesa de uma concepção multidimensional de justiça, seja na proposta de se buscar entender sua fenomenologia a partir das experiências de injustiça vividas pelos indivíduos em sua vida diária.

Justiça distributiva

A abordagem unidimensional: a Teoria da Equidade

> A verdadeira igualdade não consiste senão em tratar desigualmente aos desiguais na medida em que se desigualam. [...] Tratar com desigualdade a iguais ou a desiguais com igualdade seria desigualdade flagrante e não igualdade real.
>
> Ruy Barbosa

A Teoria da Equidade é reconhecida como uma abordagem unidimensional de justiça porque se baseia em um único conceito de justiça – a equidade – para explicar os comportamentos sociais de justiça. Ademais, ela pressupõe um único tipo de resposta a uma situação percebida como injusta: comportamentos direcionados para a restauração da equidade da situação, a única norma capaz de fazer com que uma distribuição de recursos qualquer seja feita de forma integralmente justa.

Nas duas décadas de proposição e aperfeiçoamentos da Teoria da Equidade (décadas de 1960 e 1970), durante as quais se processam a sistematização gradual de suas proposições básicas e intensa atividade experimental, destacam-se os nomes de Homans, Adams e Walster e seus associados. George Homans (1961) foi o introdutor do conceito de justiça distributiva na Psicologia Social, especificamente na Teoria da Troca Social. Stacy Adams

(1965) desenvolveu e formalizou as concepções de Homans e deu início à verificação empírica das primeiras formulações teóricas sobre o comportamento de justiça. Elaine Walster e associados (Walster, Berscheid & Walster, 1973; Walster & Walster, 1975; Walster, Walster & Berscheid, 1978) propuseram uma versão ampliada da Teoria da Equidade que, segundo eles, representaria o esboço inicial de uma Teoria Geral de Interação Social. Com o propósito de acompanhar o desenvolvimento da "mais articulada das teorias de justiça" (Utne & Kidd, 1980), apresentaremos, a seguir, as principais contribuições de cada um dos teóricos da equidade.

Ao formular a regra fundamental de justiça distributiva, Homans (1961) retoma o princípio aristotélico de que "o justo é o proporcional". As pessoas acreditam que uma distribuição justa deve ser proporcional às contribuições de cada um, e essa crença é universal. Assim, um indivíduo, numa relação de troca com outro, tem duas expectativas: (a) as recompensas de cada um serão proporcionais aos custos de cada um – quanto maior a recompensa, maior o custo; (b) as recompensas líquidas, os lucros, de cada um serão proporcionais aos seus investimentos – quanto maior o investimento, maior o lucro.

Por influência da psicologia behaviorista, Homans, assim como os demais teóricos da equidade, afirma que a crença na proporcionalidade deriva de experiências passadas e representa o resultado de processos de aprendizagem social.

Homans (1974) apresenta resultados de uma pesquisa em que demonstra o funcionamento da regra de justiça distributiva, mais especificamente da situação de privação relativa. O estudo investiga dois grupos funcionais em um mesmo departamento. Um dos grupos via-se como injustamente tratado do ponto de vista salarial, comparativamente ao outro. Apesar de seu salário estar no nível do mercado e, portanto, justo em termos absolutos, esse grupo passou a reivindicar aumento de remuneração porque o outro grupo, cujo trabalho era de menor complexidade (menor custo) e exigia menos experiências (menor investimento), recebia igual remuneração. Esse é um caso típico de privação relativa: o fato de a recompensa de um grupo estar em descompasso com a relevância percebida de seus investimentos e custos, comparativamente a outro grupo.

Stacy Adams (1965), além de desenvolver e formalizar as ideias de Homans sobre o conceito e antecedentes da injustiça, ampliou o estudo da justiça distributiva ao enfocar também as consequências da ausência da equidade nas relações humanas de troca, admitindo, nesse aspecto, a influência da Teoria da Dissonância Cognitiva, de Festinger (1957). Analogamente, a percepção da inequidade gera tensão proporcional à magnitude dessa inequidade. Essa tensão motivará comportamentos cujo objetivo é eliminá-la ou reduzi-la, e essa força motivadora é tanto maior quanto maior a tensão.

Adams introduz nova terminologia na literatura sobre a Psicologia Social da Justiça. Em primeiro lugar, adota o termo **inequidade** para fazer corresponder à **injustiça distributiva** de Homans. Por via de consequência, à **justiça distributiva** passou a corresponder o termo **equidade** e de seu uso corrente surgiu a expressão **Teoria da Equidade**. Esse ponto, aliás, é bastante discutido pelos críticos da Teoria da Equidade, principalmente pelos adeptos da concepção multidimensional de justiça. De acordo com eles, a identificação de justiça com equidade veio trazer ambiguidade e confusão à terminologia sobre justiça distributiva. Sob esse prisma, cumpre distinguir entre ambos: justiça é um termo genérico e equidade é um termo específico, pois designa apenas uma das normas existentes de justiça distributiva e que prescreve que a alocação de recompensas seja feita na base das contribuições individuais dos recebedores a um objeto ou produto socialmente definido.

Adams adota os termos *outcomes* (resultados) e *inputs* (insumos) em substituição a lucros/investimentos/contribuições de Homans. *Inputs* referem-se ao que a pessoa "percebe como sendo suas contribuições para a troca, em função das quais espera um retorno justo" (Adams, 1965), incluindo entre eles, além dos assinalados por Homans, o treinamento, a experiência e o esforço. *Outcomes* referem-se ao que a pessoa obtém de uma troca, incluindo uma gama diferenciada de recursos, desde pagamento até satisfação pessoal.

Tal como os demais teóricos da equidade, Adams (1965) concebe suas ideias sobre justiça como aplicáveis a todos os tipos de troca social. Se o interesse pela justiça surge numa relação social sempre que uma distribuição está para ser feita, seja de que natureza for, segue-se naturalmente que a justiça desempenha um papel central em todas as áreas da interação humana onde isso ocorra. Esse ponto de vista é também questionado pelos críticos da teoria, que argumentam que a preocupação com a justiça, embora importante, não se estende a todas as esferas do comportamento social, retirando-lhe, então, a primazia que lhe era atribuída entre as forças motivadoras do comportamento humano.

Para Adams, a inequidade ocorre entre dois indivíduos, A e B, numa relação de troca social, se as razões entre os resultados *outcomes* (O) e os *inputs* (I) de A e B não são iguais. De acordo com esse princípio, de uma situação de injustiça derivam-se as seguintes equações:

$$\frac{O_A}{I_A} > \frac{O_B}{I_B} \quad \text{ou} \quad \frac{O_A}{I_B} < \frac{O_B}{I_B}$$

Segundo Adams, a característica marcante do processo social de troca é que os *outcomes* recebidos de uma distribuição podem ser percebidos como justos ou injustos pelos participantes dessa distribuição. A ênfase que Adams atribui ao papel da percepção o leva a distinguir entre os conceitos de **reconhecimento** e **relevância** tanto para *inputs* quanto para *outcomes*. Em outras palavras, o indivíduo está apto a perceber o resultado de uma distribuição como justo ou injusto se, em primeiro lugar, reconhece de forma inequívoca os *inputs* que ele mesmo e o outro trazem para a relação direta de troca e se, em segundo lugar, atribui a esses *inputs* uma dimensão social relevante. A partir da ponderação valorativa entre seus próprios *inputs* e *outcomes* e os do outro, o indivíduo é capaz de, mesmo auferindo menos do que espera, avaliar como justo esse estado de coisas se, efetivamente, percebe que as contribuições do outro são maiores que as suas e, portanto, tornam-no merecedor de recompensa maior.

No entanto, as percepções de A e B podem não coincidir. Um atributo considerado relevante por A pode assim não ser reconhecido por B; e ainda, mesmo que B reconheça tal atributo em A, pode não ser reconhecido por B; e ainda, mesmo que B reconheça tal atributo em A, pode não julgá-lo relevante para a relação específica de troca que mantém com A.

No que concerne às consequências psicológicas da percepção de inequidade, Adams (1965) as concebe como análogas às preconizadas pela Teoria da Dissonância Cognitiva, como já mencionado anteriormente. A percepção de inequidade por uma pessoa cria tensão, a qual é proporcional à magnitude dessa inequidade. Essa tensão motivará, necessariamente, comportamentos ou distorções cognitivas cujo objetivo é eliminá-la ou reduzi-la, e essa força será tanto maior quanto maior for a tensão. Em suma, para Adams, a única resposta possível à injustiça é a restauração da justiça.

Adams (1965) propõe diferentes modos de redução da tensão, que estariam potencialmente disponíveis a um indivíduo em estado de inequidade. São várias as possibilidades psicológicas nesse sentido:

a) ação para alterar o valor de qualquer dos quatro componentes da fórmula de inequidade – os *outcomes* e *inputs* próprios ou os *outcomes* e *inputs* do outro;

b) distorção cognitiva a fim de modificar o valor percebido de qualquer dos componentes;

c) abandono do campo por interrupção da relação;

d) substituição do objeto de comparação por outro, cuja proporção entre *outcomes* e *inputs* lhe seja mais similar.

Subjacente à teoria está a noção de "homem econômico": o homem procura sempre maximizar seus lucros (recompensas menos custos) e escolherá o modo de reduzir a inequidade que maximize os lucros esperados. A decisão por um desses redutores de tensão é feita, então, em função da relação custo/benefício, que o leva a tentar mudar, prioritariamente, os *outcomes* e *inputs* do outro (e não os seus próprios) e a evitar, pelos altos custos envolvidos, qualquer mudança pessoal ou interna, já que é sempre menos custoso mudar o ponto de vista do outro do que o seu próprio.

Adams (1965), ao apresentar sua Teoria da Equidade, reconhece a existência de uma série de lacunas em seu modelo e sugere a necessidade de investigações que venham a complementá-la em alguns aspectos básicos, tais como a escolha do modo de redução da inequidade, os fatores determinantes da escolha do objeto de comparação social, além da realização de pesquisa psicométrica para esclarecer melhor como as pessoas agrupam seus próprios *inputs* e *outcomes* e os do outro.

Esse primeiro modelo de justiça distributiva foi originalmente aplicado no contexto das organizações de trabalho, com o intuito de explicar as reações dos empregados a seus salários. Os resultados de uma série de pesquisas indicaram insatisfação e descontentamento com remunerações e promoções, os quais, segundo essa perspectiva, poderiam ser reduzidos se pagamentos e perspectivas de ascensão profissional fossem estabelecidos de um modo que os trabalhadores julgassem justo. Em síntese, a Teoria da Equidade busca identificar e articular um modelo de justiça na distribuição dos recursos disponíveis nos contextos de trabalho baseado na crença de que o justo é sempre o proporcional.

Como assinalam Jost e Kay (2010), a Teoria da Equidade tem recebido considerável apoio empírico (p. ex.: Ambose & Kulik, 1999; Greenberg, 1993; Mowday, 1991). Estes mesmos autores enumeram uma série de áreas das ciências sociais que utilizam os postulados da Teoria da Equidade.

Walster e colaboradores

A partir da década de 1970, com Walster e seus colaboradores (Walster, Berscheid & Walster, 1973; Walster & Walster, 1975; Walster, Walster & Berscheid, 1978), a Teoria da Equidade foi transformada em uma Teoria Geral de Justiça, usada para explicar todas as interações sociais. De acordo com esses autores, sua versão da teoria representava uma tentativa de integração de um conjunto de formulações da Teoria da Troca Social, Teoria da Dissonância Cognitiva, Teoria Psicanalítica e Teoria Comportamental, razão pela qual poderia vir a constituir-se numa Teoria Geral do Comportamento Social.

Na concepção de Walster et al., a Teoria da Equidade se aplica a um amplo espectro de fenômenos da vida social, e não apenas às relações empregador/empregado, envolvendo recompensas financeiras em troca de trabalho, às quais, até então, a atividade de pesquisa se restringia. Com essa extensão, a

Teoria da Equidade passa também a tentar explicar as percepções de justiça e reações à injustiça nas relações de exploração entre o causador de injustiça e sua vítima, nas relações de ajuda e nas relações pessoais íntimas.

A despeito de seu maior alcance, a finalidade básica da teoria por eles proposta é predizer em que condições os indivíduos se percebem como injustamente tratados e como reagem a essa percepção.

A teoria de Walster e seus colegas conserva as características básicas do pensamento de Adams, aduzindo, porém, explicações complementares a vários pontos essenciais, deixados em aberto por seus predecessores.

O núcleo da teoria pode ser representado por um conjunto de quatro proposições inter-relacionadas (Walster, Walster & Berscheid, 1978):

1) Os indivíduos tentarão maximizar seus *outcomes*, considerados como as recompensas menos os custos.

2) Os grupos podem maximizar a recompensa coletiva pelo desenvolvimento de sistemas de equidade que regulem a distribuição de custos e recompensas no grupo e a aplicação de sanções aos membros na base de regras socialmente definidas. Assim, os grupos recompensarão os membros que tratam os demais de forma equitativa e punirão (por aumento de custos) aqueles que não o fizerem.

3) A inequidade conduz a uma tensão psicológica proporcional ao tamanho da inequidade.

4) A tensão resultante da inequidade levará o indivíduo a tentar eliminá-la e a restaurar a equidade.

O teste empírico dos postulados da Teoria da Equidade em sujeitos brasileiros se limitava até há bem pouco tempo a estudos esparsos. Shomer e Rodrigues (1971) reportam trabalho sobre formação de coalizão cujos resultados confirmaram as predições de Adams (1965). Ao experimentar a sensação de desequilíbrio entre o que investiu e o quanto recebeu pela tarefa, o indivíduo tendeu a reagir, aumentando seus investimentos. Posteriormente, Dela Coleta e Siqueira (1986) relatam trabalho sobre a preferência de sujeitos brasileiros por diferentes alternativas comportamentais e cognitivas na redução de sentimento de inequidade provocado por situações de trabalho, das quais participam como atores ou como meros observadores, sendo super-recompensados ou sub-recompensados por seus desempenhos. Contrariamente à condição de ser ator ou observador, que não provocou diferenças nos julgamentos dos sujeitos, foi demonstrado que o fato de receber mais ou menos do que mereciam provocou respostas comportamentais diferenciadas, além de ficar evidenciada a relevância atribuída pelos sujeitos ao resultado obtido no trabalho: quando super-recompensados, os sujeitos consideravam que o parceiro é que deveria aumentar seus resultados para restaurar a equidade da situação; quando sub-recompensados, optavam por aumentar seus próprios resultados. Quando, porém, não existia a possibilidade de fazer algo concreto para restabelecer a equidade, os sujeitos tenderam a julgar que a melhor solução cognitiva para a injustiça sofrida é reavaliar seus próprios esforços.

Assmar (1995a, 1995b) relata duas pesquisas experimentais, baseadas na Teoria da Equidade, cujos objetivos gerais foram estudar a percepção e a reação à injustiça em sujeitos brasileiros. A primeira delas investigou a influência da interação social, traços de personalidade e atribuição causal ao desempenho na percepção e na reação à injustiça na perspectiva das vítimas da situação. Foram organizados três grupos (com duplas reais ou fictícias) para a realização de tarefas que variavam de acordo com o grau de interação entre os participantes das duplas (sem interação, em semi-interação e com interação). O melhor desempenho global entre os parceiros dava direito ao recebimento de um prêmio. A decisão injusta do experimentador violava o princípio da equidade e criava, assim, uma vítima e um beneficiário da injustiça. Foram analisados o grau de injustiça percebido pelas vítimas e o tipo de reação à situação teoricamente definida como injusta. Os resultados demonstraram que os sujeitos brasileiros não vivenciaram a injustiça com a intensidade esperada pelos teóricos da equidade e que o grau de interação social entre os participantes no *setting* experimental afetou o tipo de reação à inequidade. Quando sozinhos no *setting* experimental, na condição *sem interação* a maior parte dos sujeitos exibiu comportamentos restauradores da equidade real para tentar modificar a decisão do experimentador. Na condição de interação parcial, prevaleceu a reação de adiar a solução do problema para um outro momento e, na condição de interação plena, os sujeitos se dividiram entre adiar a solução ou resignar-se à situação, aceitando a decisão injusta e nada fazendo para alterá-la.

A segunda pesquisa procurou responder às seguintes indagações: em que medida vítimas e beneficiários se diferenciam no julgamento e na reação a uma mesma situação em que foram, respectivamente, prejudicados ou favorecidos por uma decisão injusta? Será que na presença de um outro *real* as pessoas julgam e respondem à injustiça da mesma forma que quando sozinhas? As predições da Teoria da Equidade acerca do comportamento de justiça seriam aplicáveis a sujeitos brasileiros? Foram organizados dois grupos experimentais para a realização de tarefas de cujo desempenho dependia o recebimento de um prêmio: em semi-interação (16 díades reais, e não fictícias, como na pesquisa em equidade) e com interação plena (16 díades). A decisão inequitativa do experimentador criava uma vítima e um beneficiário. Os resultados mostraram que os brasileiros não julgam a violação da proporcionalidade tão injusta quanto a teoria prediz e, ainda, que os beneficiários julgam a injustiça como "menos injusta" do que as vítimas; o grau de interação entre os sujeitos das díades não provocou diferenças na percepção e na reação à injustiça, mas revelou reações diferentes das enfatizadas pela teoria; e, finalmente, a influência conjunta de ambas as variáveis na percepção de injustiça foi empiricamente confirmada.

Revisão crítica da Teoria da Equidade

Apesar de ser considerada como uma das mais articuladas teorias de justiça, a Teoria da Equidade vem sofrendo uma série de objeções por parte dos estudiosos. As críticas envolvem múltiplos aspectos, desde os pressupostos gerais em que se assentam, passando por problemas teóricos em sua formulação, até restrições de caráter metodológico aos estudos empíricos realizados para a verificação de suas formulações básicas.

Mikula (1980) sintetiza as críticas gerais dirigidas à Teoria da Equidade em duas linhas principais de argumentação. Em primeiro lugar, ela superestima a extensão e o valor da justiça nas relações sociais, isto é, a preocupação com a justiça nem sempre é a predominante e nem sempre se faz presente na interação social, já que outros motivos impulsionam os indivíduos à ação e explicam as interações com os demais (p. ex.: ajudar os outros, obter aprovação social, manter objetivos comuns). Em segundo lugar, mesmo em situações sociais nas quais as questões de justiça são prevalentes, a norma da equidade *é apenas uma* das normas possíveis que podem ser invocadas para influenciar o comportamento das pessoas. Ao reduzir a justiça à equidade, essa teoria simplifica demais um fenômeno tão complexo e multifacetado como a justiça. Mikula se enquadra entre os proponentes de uma visão multidimensional de justiça, considerando que pelo menos três normas principais operam em situações em que problemas de justiça estão em jogo: a equidade, a igualdade e a necessidade. Essas normas têm requisitos situacionais peculiares, variam em sua conveniência de aplicação a diferentes situações e implicam diferentes consequências para os participantes de uma dada situação. Na seção seguinte exporemos com mais detalhes os fundamentos dessa concepção multidimensional, destacando especialmente as ideias de M. Deutsch, um dos psicólogos sociais mais representativos dessa vertente teórica.

É esse mesmo Deutsch (1985) que, em análise crítica exaustiva, relaciona uma série de restrições à Teoria da Equidade, ressaltando, porém, que algumas delas, de caráter geral, são compartilhadas por outras teorias em Psicologia Social. Por um lado, a Teoria da Equidade é uma teoria quantitativa apenas na aparência, e não na realidade. Por outro, a evidência experimental produzida pela teoria é mais ilustrativa do que demonstrativa no sentido em que ela mostra o que pode acontecer, e não o que deve acontecer. E ainda, seus conceitos básicos – *inputs* e *outcomes* – são "deploravelmente vagos", na medida em que não especificam a perspectiva do percebedor que os está avaliando: se da sua própria ou da perspectiva do outro.

No que se refere às críticas especificamente dirigidas à Teoria da Equidade, Deutsch alinha as quatro seguintes:

a) A caracterização não estratégica da relação entre as partes em uma relação de troca, ou seja, a teoria ignora o caráter interacional da interação interpessoal, focalizando a percepção do problema por parte de um ou de outro participante da relação; em consequência, negligencia os aspectos de negociação e barganha envolvidos no processo de obtenção de uma definição mutuamente aceitável de equidade.

b) Os pressupostos motivacionais implícitos na Teoria da Equidade – o homem é egoísta e voltado para a maximização de seus lucros, o homem é motivado essencialmente por recompensas extrínsecas, a relação qualitativa entre a natureza dos motivos do individual e das recompensas pode ser ignorada e a motivação individual para contribuir é função do princípio da proporcionalidade – não são apoiados pelos resultados das pesquisas que foram realizadas sobre o assunto.

c) Os pressupostos cognitivos implícitos na Teoria da Equidade – o modelo de homem racional e econômico – são claramente deficientes, não só porque a racionalidade humana é afetada por limitações da capacidade cognitiva do homem, mas também porque há evidência considerável de que a racionalidade é limitada e distorcida por tendenciosidades caracteristicamente humanas nos processos de tomada de decisão.

d) A concepção de justiça implícita na Teoria da Equidade – de que o valor universal subjacente aos sistemas de distribuição é a equidade – é recusada por um grande número de teóricos, que defendem a muldimensionalidade do conceito; a ênfase no princípio de equidade, segundo eles, é produto de um padrão histórico e cultural particular que predomina na civilização ocidental e uma decorrência do sistema capitalista, que privilegia valores conducentes à equidade, tais como a competição e o individualismo.

A abordagem multidimensional de justiça: a contribuição de Morton Deutsch

A concepção multidimensional de justiça resultou do movimento crítico surgido entre os psicólogos sociais diante da pressuposição de que a equidade seria o único princípio válido para a solução dos problemas de justiça que permeiam a vida social.

Como já foi mencionado, dessa abordagem será destacada a contribuição de M. Deutsch, que, na década de 1980, desenvolveu um intenso programa de pesquisas sobre justiça com o objetivo de submeter à comprovação empírica uma série de predições acerca das bases de valor que regulam a distribuição dos recursos em diferentes tipos de grupos sociais. Para citar apenas dois exemplos, Deutsch afirma que a motivação do homem pode estar voltada para o bem-estar do outro, e não necessariamente para o seu próprio bem-estar; que a produtividade de um grupo não é necessariamente função do Princípio de Equidade, uma vez que a igualdade na distribuição pode levar um grupo a uma maior produtividade.

Para Deutsch (1975, 1985), o conceito de justiça se refere à distribuição de condições e bens que afetam o bem-estar individual, estando aí incluídos os aspectos psicológicos, fisiológicos, econômicos e sociais. O conceito de justiça assim concebido está intrinsecamente ligado não só ao bem-estar individual, como ao próprio funcionamento da sociedade.

Subjacentes ao conceito de justiça estão diferentes valores que, a bem dizer, definem a justiça, e é na escolha de qual valor prevalece ou deve prevalecer na determinação dos diferentes sistemas sociais de distribuição de recursos que se concentra a maior atenção de Deutsch. Em que condições essa escolha é feita e quais as consequências dessa escolha para os indivíduos, grupos e sociedades resumem, grosso modo, a essência do problema de justiça investigado por Deutsch.

Segundo esse autor, os **valores naturais de justiça** são aqueles que promovem a cooperação social efetiva, a qual, por sua vez, assegura o bem-estar individual.

O conceito de cooperação, central no pensamento de Deutsch, é entendido como incluindo a elaboração de meios de não interferência ou não importunação de um indivíduo por outro e o desenvolvimento de procedimentos aceitos para o engajamento em conflito e competição. A determinação desses meios é função das circunstâncias externas que confrontam o grupo e das características peculiares de seus membros.

Partindo da crença em um *mundo justo* de M. Lerner, Deutsch (1985) defende o ponto de vista de que os valores distributivos que aí operam dependerão e devem depender de circunstâncias, o que não implica que a justiça seja completamente situacional.

Deutsch formulou três hipóteses básicas, a partir das quais é possível inferir as condições determinantes dos valores essenciais de justiça que regulam os diferentes sistemas de distribuição de recursos:

1) Em relações cooperativas nas quais a produtividade econômica é o objetivo principal, a equidade, em vez da igualdade ou necessidade, será o princípio dominante de justiça distributiva.

2) Nas relações cooperativas nas quais a promoção ou manutenção de relações sociais agradáveis é o objetivo comum, a igualdade será o princípio dominante de justiça distributiva.

3) Nas relações cooperativas nas quais a promoção do desenvolvimento pessoal e do bem-estar pessoal é o objetivo comum, a necessidade será o princípio dominante de justiça distributiva.

As ideias de Deutsch contidas na primeira hipótese alteram a formulação usual da Teoria da Equidade (a cada um segundo a sua contribuição). Para Deutsch, se um sistema econômico visa maximizar a produção, a tendência racional deveria ser a de distribuir os recursos escassos de produção para os mais aptos a usá-los de forma efetiva para o próprio sistema.

Em relação à segunda hipótese, Deutsch sustenta que o Princípio da Igualdade é o mais apropriado à promoção de relações pessoais agradáveis porque ele serve de base para o respeito mútuo que está subjacente a tais relações e não evoca emoções nocivas que poderiam destruí-las.

Na defesa da importância da perspectiva igualitária, Deutsch ressalta que a igualdade não implica tratamento idêntico a todas as pessoas, independentemente de qualquer circunstância particular. Assim, reconhecer e gratificar o desempenho de alguém não diminui aqueles menos homenageados, a não ser que as pessoas se vejam como parte de uma relação competitiva; ao contrário, se as pessoas se percebem como parte de uma comunidade cooperativa, elas se sentem gratificadas quando algum membro recebe uma honraria.

A terceira hipótese de Deutsch sugere que há circunstâncias em que urge considerar as necessidades mínimas básicas do indivíduo, de cuja satisfação depende sua sobrevivência, desenvolvimento e bem-estar. Nessas ocasiões, é imperioso para o grupo que o indivíduo tenha acesso a recursos que preencham suas necessidades, independentemente do fato de que fazer isso seja socialmente equitativo ou igualitário. Em caso contrário, isso virá em detrimento do interesse do grupo sobre seu bem-estar e será também prejudicial à capacidade futura do indivíduo em participar do grupo como um membro apto e competente. Nesse sentido, Deutsch assinala que, a despeito das ambiguidades e problemas, há situações em que não é difícil identificar que algumas pessoas têm necessidades legítimas e urgentes que não estão sendo satisfeitas. Em tais situações, a aplicação do valor distributivo da necessidade não seria problemática.

Deutsch propõe o que chamou de *crude law of social relations* segundo a qual "os processos e efeitos característicos suscitados por um determinado tipo de relação social tendem também a produzir esse tipo de relação social" (Deustch, 1985). Assim, por exemplo, as consequências típicas de uma orientação econômica costumam ser impessoalidade, individualismo, competição e maximização. Com base nessa lei, se uma situação social tem essas características, é de se esperar uma ênfase na comparabilidade e na diferenciação entre as pessoas, gerando-se relações impessoais e instrumentais, o que, por sua vez, acaba por reforçar a manutenção de uma orientação econômica e a predominância do Princípio da Equidade. De igual modo, o predomínio da regra da igualdade em relações sociais solidárias significa que aos membros nelas envolvidos é atribuído o mesmo valor como pessoas, o que acaba por gerar laços pessoais, respeito mútuo, cooperação e igualdade entre eles. Com base nessa mesma lei, Deutsch afirma que a cooperação induz e é induzida por uma similaridade percebida nas crenças e atitudes, uma prontidão para ser útil, comunicação aberta, atitudes confiantes e amigáveis, sensibilidade e interesses comuns. Essa orientação funciona no sentido de aumentar o poder mútuo ao invés de gerar diferenças no poder.

Em síntese, da lei crua das relações sociais de Deutsch deriva-se a ideia de que as orientações interpessoais – cognitivas, motivacionais e morais –

também resultam coerentes com as implicações da adoção de um desses princípios distributivos em um dado sistema social.

Cumpre assinalar que, embora fazendo prevalecer o caráter situacional da justiça, Deutsch (1979) teorizou sobre a influência de fatores de personalidade na predisposição de respostas motivacionais diferenciadas aos distintos sistemas de distribuição de recompensa. Segundo Deutsch, nenhum sistema de recompensa é, por si só, intrinsecamente motivante para seus participantes. Alguns fatores podem predispor um indivíduo para responder diferencialmente à competição ou cooperação: valores culturais, características de personalidade, requisitos da tarefa e determinantes situacionais.

As hipóteses gerais de Deutsch receberam apoio empírico em uma série de investigações experimentais (Assmar, 1988; Assmar & Rodrigues, 1994; Austin, 1980; Maruffi, 1985) e em estudos de campo (Lansberg, 1984).

Cultura e a Teoria da Equidade

Os críticos da Teoria da Equidade argumentam, com frequência, que a equidade é um princípio típico de sociedades capitalistas e de adeptos da ética protestante (Weber, 1957). Sociedades menos competitivas devem, portanto, atribuir ênfase menor à equidade como um princípio de justiça distributiva e, em consequência, valorizar outros princípios. Em outras palavras, o que esses críticos afirmam é que a cultura desempenha um importante papel na escolha da base de valor da justiça distributiva. Não obstante a valorização atribuída à equidade em uma variedade de culturas, que diferem consideravelmente em sua orientação econômica e social, parece haver influência de certas características culturais (p. ex.: alocentrismo/idiocentrismo de seus membros) na preferência por equidade ou outros valores como determinantes da alocação de recursos (Marin, 1985). Estudos no Brasil (Lobel & Rodrigues, 1987; Rodrigues, 1987) trouxeram indícios de que brasileiros são mais alocêntricos que idiocêntricos, isto é, valorizam mais uma perspectiva coletivista de vida do que uma individualista. Tais estudos, contudo, não são conclusivos sobre a matéria. No entanto, a plausibilidade da hipótese de que a cultura tem algum impacto na preferência por uma ou outra norma de justiça distributiva nos levou a investigar o problema na cultura brasileira.

Nesse sentido, foi realizada uma série de investigações sobre justiça distributiva no Brasil (Rodrigues & Assmar, 1988) – dentro da concepção multidimensional de justiça – com o objetivo de verificar a preferência por equidade, igualdade ou necessidade e sua relação com variáveis psicológicas e/ou situacionais. O planejamento foi basicamente o mesmo para a maioria dos estudos, fundamentando-se no trabalho de Lamm, Kayser e Schanz (1983). As principais variações metodológicas introduzidas nos estudos se referem ao tipo de *input* considerado relevante para a tarefa (esforço, habilidade ou necessidade dos participantes), o tipo de *outcome* a ser avaliado (ganhos ou perdas financeiras, notas escolares ou bolsas de estudo) e a posição do alocador na situação interpessoal a ser julgada (um mero observador ou um participante da relação interpessoal avaliada). Dois desses estudos serão discutidos em mais detalhes para ilustrar a linha de investigação adotada e, ao final, será apresentado um breve resumo dos resultados gerais obtidos com os sujeitos brasileiros.

O estudo inicial constituiu a primeira tentativa, no Brasil, de investigar como as pessoas distribuem recursos limitados a terceiros, baseadas em certas características individuais de participantes de uma situação que envolvia ganhos ou perdas financeiras. Participaram da pesquisa 656 estudantes universitários, residentes na cidade do Rio de Janeiro, sendo 36% do sexo masculino e 64% do sexo feminino, com idade média em torno de 24 anos.

Seguindo o procedimento utilizado por Lamn, Kayser e Schanz (1983), na Alemanha, foram apresentados aos sujeitos diferentes cenários, nos quais dois estudantes graduados, A e B, decidiram transformar em livro um trabalho feito em conjunto para um de seus cursos. Nove condições de lucro e nove condições de perda foram criadas. Nas condições de lucro, a vinheta informava que, após a venda da 1ª edição, os autores tinham obtido um lucro de Cr$ 600 mil cruzeiros (a moeda brasileira em vigor na época do estudo). Nas condições de perda, dizia-se aos sujeitos que, após um ano do lançamento do livro, os autores verificaram que a venda fora bastante reduzida, incorrendo os autores em um prejuízo de Cr$ 600 mil cruzeiros de empréstimos a pagar. Ao final, solicitava-se aos sujeitos que distribuíssem, da forma que julgassem mais justa, o lucro (ou a perda) entre os dois autores do livro.

Para criar as nove situações de lucro e as nove de perda, variou-se, em cada cenário, a quantidade de esforço, a capacidade e a necessidade financeira de cada participante do empreendimento.

Os principais resultados do estudo demonstraram que:

a) A **igualdade** é a norma de justiça distributiva que prevalece quando o prejuízo está em jogo, independentemente das características de esforço, capacidade ou necessidade dos participantes da situação.

b) A **equidade** constitui a norma de justiça fundamentalmente utilizada na repartição de ganhos, com a ressalva de que é estabelecida, de modo geral, quando a igualdade de atributos entre os atores envolvidos na relação interpessoal (capacidade e esforço dispendido) permite a *distribuição proporcional igualitária*. Na medida em que esses atributos são desiguais, a equidade é substituída, na maioria dos casos, pela norma de igualdade, e não, como se poderia esperar, pela distribuição proporcional não igualitária.

c) As variáveis de personalidade estudadas – *locus* de controle, autoconceito e liberalismo/conservadorismo – não desempenharam papel significativo na preferência por qualquer uma das normas de justiça consideradas.

Ainda tomando como base a concepção multidimensional de justiça, um outro estudo foi desenvolvido com objetivos semelhantes aos do estudo anterior, quais sejam, investigar o comportamento social de justiça em situação de alocação de recompensas (no caso, preferência por equidade, igualdade ou necessidade) e sua relação com variáveis situacionais e de personalidade.

As variáveis situacionais referiam-se aos três tipos de situação social (de competição, cooperação e de assistência) propostos por Deutsch (1975, 1985), para testar empiricamente suas predições acerca das condições sociais que determinam a preferência das pessoas por um ou por outro valor de justiça, já referidas anteriormente. Por outro lado, os fatores de personalidade selecionados para o estudo foram racionalidade/emocionalidade, necessidade de realização e necessidade de afiliação.

Foi hipotetizado que prevaleceriam, nos diferentes tipos de situação, respectivamente, a equidade, a igualdade e a necessidade como a norma mais justa para a distribuição das recompensas entre os membros do grupo, tal como preconizado por Deutsch. Foi hipotetizado também que a escolha da norma dependeria das características de personalidade, esperando-se que as pessoas predominantemente racionais, com alto grau de necessidade de realização ou com baixo grau de necessidade de afiliação tenderiam a adotar a equidade como a regra mais justa de distribuição de recursos, e as pessoas predominantemente emocionais, com baixa necessidade de realização ou com grande necessidade de afiliação tenderiam a privilegiar a igualdade ou a necessidade.

Participaram dessa pesquisa 267 sujeitos universitários (81,27% do sexo feminino e 18,73% do sexo masculino), com idade média de 24 anos, que responderam a quatro instrumentos, às três escalas de personalidade e a um questionário composto de nove situações sociais hipotéticas, sendo três de cada tipo, relacionadas a contextos de trabalho, de família, de escola e de instituições de assistência. Cada situação descrevia resumidamente um problema que os participantes deveriam solucionar da forma que considerassem a mais justa. Nesse sentido, era-lhes solicitado que graduassem da mais justa para a menos justa as alternativas de solução propostas para cada situação, que correspondiam às três normas de justiça em estudo (além de um distrator).

A principal conclusão desse estudo refere-se à comprovação empírica das hipóteses de Deutsch, em sua primeira testagem com sujeitos brasileiros, segundo as quais o comportamento de justiça é situacionalmente determinado. Assim, a escolha do princípio de justiça que rege a repartição de bens e condições sociais entre os membros de um grupo é função da natureza das relações interpessoais que o caracterizam e dos objetivos principais que procura atingir.

Em síntese, algumas tendências gerais relacionadas à justiça distributiva no Brasil podem ser apontadas com base nesses e nos demais estudos dessa linha de investigação. A primeira revela uma preferência por distribuições igualitárias de recursos (especialmente quando se trata de punições). Por outro lado, a escolha da equidade é mais frequente quando essa regra prescreve repartições iguais de recompensas entre os participantes das situações sociais. O ponto de vista de Deutsch (1985) de que o comportamento de justiça é situacionalmente determinado também obteve apoio empírico entre os participantes brasileiros, o que significa dizer que as pessoas não aderem a uma norma de justiça e a aplicam em todos os tipos de situação. Ao contrário, o modo de se fazer justiça pode variar, dependendo das características de uma situação social particular. Finalmente, apenas alguns indícios foram obtidos quanto a uma possível relação entre traços de personalidade e a escolha da base de valor que deve regular a distribuição dos recursos entre os membros de um grupo, carecendo-se, até o momento, de resultados mais consistentes a esse respeito. Novas pesquisas precisam ser realizadas para que se possa concluir sobre a pertinência ou não dessa relação, considerando-se, em especial, os traços repetidamente apontados na literatura como potencialmente relacionados a comportamentos de justiça. Tal é o caso, por exemplo, do *locus* de controle (Utne & Kidd, 1980), autoconceito ou autoestima (Major & Deaux, 1982), motivação à realização (Assmar, 1988; Uray, apud Mikula, 1980), racionalidade/emotividade e motivação à afiliação (Assmar, 1988).

Bolino e Turnley (2008) mostram diferentes maneiras pelas quais a cultura pode influir na conceituação de insumos e resultados, na escolha de pessoas com quem se comparar, nas diferentes reações à inequidade etc.

Outros estudos têm demonstrado que a orientação política da pessoa (liberal ou conservadora) tem muito a ver com a preferência por um determinado valor básico de justiça, ou seja, equidade, igualdade ou necessidade (p. ex.: Mitchel et al., 2003).

Justiça processual

> *Sempre que faço uma nomeação, frequentemente estou criando pelo menos um ingrato e vinte descontentes.*
>
> Luís XIV

Ao longo de toda a seção anterior, detivemo-nos na exposição e discussão da teoria e pesquisa em justiça, partindo da pressuposição de que as pessoas se preocupam basicamente com os resultados e recompensas que recebem nas várias situações sociais em que estão envolvidas, utilizando princípios de justiça distributiva, ora entendida como unidimensional (a justiça é equidade), ora como multidimensional (a justiça pode ser feita de várias formas, dependendo da natureza da situação social).

Durante a década de 1970 estudiosos da justiça passaram a questionar a ênfase exclusiva dos modelos teóricos apenas nos resultados das distribuições de recursos, defendendo a ideia de que as questões de justiça envolvem também, além das decisões em si mesmas, os *procedimentos* a partir dos quais elas são estabelecidas. Nesse sentido, as concepções anteriores seriam incompletas em sua pretensão de explicar o fenômeno da justiça, o que levou ao desenvolvimento de novas abordagens teóricas, que demarcaram o chamado campo de pesquisa em **justiça processual**, ampliando-se o foco de análise da justiça.

Leventhal (1980) propôs uma abordagem na qual integra critérios distributivos e processuais, vistos como igualmente relevantes para a determinação do que é entendido como justo. Thibaut e Walker (1975), por sua vez, diferenciaram os sentimentos associados à justiça distributiva e à justiça processual, buscando especificar critérios objetivos que distinguissem uma da outra. De acordo com esses autores, as pessoas consideram como igualmente relevante na avaliação da justiça a questão da justiça dos procedimentos utilizados para a repartição dos recursos em jogo.

Em linhas gerais, as teorias de justiça processual afirmam que as pessoas se preocupam também com o processo pelo qual os resultados são distribuídos entre os grupos ou entre os membros de um grupo. Assim, além de avaliar a justiça dos resultados, elas avaliam a justiça dos procedimentos, isto é, dos processos de tomada de decisão adotados para a determinação desses resultados. Implícita nessa concepção está a ideia de que as pessoas são propensas a aceitar como justas situações em que recebam resultados que lhes são desfavoráveis em função do processo a partir do qual esses resultados derivaram. Sendo assim, é bastante provável, por exemplo, que uma pessoa se sinta injustiçada se perde uma disputa por um bem material para alguém que usa de meios ilícitos ou da força, mas ela pode achar justa essa mesma perda se, por exemplo, um juiz de direito, ou corte judicial, decidiu que esse bem, por direito, pertence a outra pessoa.

À semelhança da Teoria da Equidade, a Teoria da Justiça Processual foi alvo de muitas objeções. Dada a orientação instrumental predominante nos modelos psicológicos, que veem o homem como exclusivamente motivado para, sempre que possível, maximizar seus ganhos, essa nova visão parece ser contraintuitiva. Os críticos afirmam ser difícil acreditar que um resultado negativo ou indesejável seja visto como aceitável simplesmente pela forma ou processo com que se chegou a ele.

A propósito do ceticismo dessa posição, Tyler et al. (1997) comentam que ela parece estar em consonância com a opinião de juízes e administradores, os quais julgam que as pessoas se importam tão somente com a favorabilidade de suas decisões, e não com os procedimentos que usaram para chegar a elas. E mais, quando as pessoas são entrevistadas e consultadas sobre os procedimentos que desejariam que fossem adotados nas resoluções de conflito de que participam, elas declaram apenas que desejam vencer e avaliam suas experiências somente em termos do quanto ganharam ou perderam com as decisões tomadas. Por outro lado, muitos psicólogos advertem que as pessoas, na maioria das vezes, não têm consciência das bases em que se apoiam seus comportamentos.

De acordo com Tyler e Smith (1998), ainda que o modelo de Thibaut e Walker (1975) tenha sido muito importante para o desenvolvimento da pesquisa nessa área, tinha um caráter relativamente restrito na medida em que se limitava a focalizar os critérios de justiça processual em questões de controle entre as partes conflitantes e a terceira parte. Assim é que esse modelo distinguia dois tipos de controle nessas situações: o controle do processo, que se refere à extensão e à natureza do controle das partes sobre a apresentação das evidências, e o controle da decisão, que diz respeito à extensão e à natureza do controle das partes sobre as decisões tomadas. O modelo de justiça processual de Leventhal (1980), segundo esses mesmos autores, apresenta-se como de maior alcance para a avaliação da justiça dos procedimentos por distinguir seis regras básicas que operariam nesse contexto:

1) *Consistência* entre pessoas e no tempo, o que faz com que os mesmos critérios sejam considerados quando são decididas, por exemplo, promoções para todos os empregados de uma organização.

2) *Supressão de tendenciosidades*, que envolve o descarte de interesses pessoais e leva a que, por exemplo, juízes se retirem de casos em que seus interesses financeiros estejam envolvidos.

3) *Precisão* no uso de informações corretas e fidedignas e de opiniões bem fundamentadas.

4) *Possibilidade de correção*, que permite que outras autoridades tenham condição de modificar decisões ou tomar decisões contrárias (recursos e apelações são um bom exemplo).

5) *Representatividade*, que propicia que os interesses e valores de todos os envolvidos sejam considerados nas várias fases do processo (critério semelhante à concepção de controle de Thibaut e Walker, anteriormente referida).

6) *Ética*, que envolve a compatibilização com os valores morais e éticos fundamentais (o não uso de tortura em qualquer julgamento, ainda que ela possa levar a informações valiosas).

De um modo geral, as evidências empíricas trouxeram apoio aos pontos de vista de Leventhal de que os julgamentos de justiça são multifacetados. As pessoas usam, de fato, uma série de critérios processuais para avaliar a justiça das decisões de autoridades, legais ou empresariais, valendo-se da maioria dessas regras. Um estudo de Barret-Howard e Tyler (1986), em que foram comparados diferentes critérios processuais, demonstrou que os julgamentos de controle de Thibaut e Walker foram vistos como menos importantes do que quatro dos critérios de Leventhal: consistência entre as pessoas, precisão, ética e supressão de tendenciosidades (Tyler & Smith, 1998).

Justiça e diferenças individuais

Em seu capítulo na edição de 2010 do *Handbook of Social Psychology*, Jost e Kay apresentam uma interessante seção relativa à justiça e às diferenças individuais. Segundo estes autores, a orientação da pessoa em termos de *valor social* influencia significativamente como ela se comporta frente a situações nas quais a atitude perante a justiça é relevante. Há pessoas cujo valor social preponderante é pró-social, ou seja, orientado para os outros, enquanto existem outras cujo valor social é egoísta, ou seja, orientado para si mesmas.

Pesquisas demonstram que as pessoas orientadas para os outros cooperam mais do que as orientadas para si mesmas em situações de dilemas sociais (p. ex.: Bogaert, Boone & Declerck, 2008; Weber, Kopelman & Messick, 2004). Elas são também mais propensas do que as orientadas para si mesmas a restringir sua parte em situações de escassez de recursos, mais orientadas para a conservação de recursos ambientais e mais inclinadas a utilizarem a norma da igualdade.

O leitor interessado encontrará em Jost e Kay (2010) numerosas citações de estudos empíricos que corroboram as afirmações anteriores.

A fenomenologia da injustiça na vida diária

Não é porque se teme cometê-la, mas é porque se teme sofrê-la, que se condena a injustiça.

Platão

Não obstante o inegável valor heurístico da Teoria da Equidade – haja vista a intensa atividade experimental subsequente –, Deutsch (1985) assinalou corretamente que "praticamente não há pesquisa relacionando a fenomenologia da injustiça às experiências reais das pessoas que infligem ou sofrem injustiça". De igual modo, poucos são os estudos disponíveis para a compreensão da sensibilidade diferencial à injustiça por parte de vítimas e de vitimadores.

Em consequência dessas lacunas, é ainda reduzido o conhecimento sobre as experiências subjetivas de injustiça. O que, de fato, as pessoas pensam e sentem quando se confrontam com eventos injustos e como essas cognições e sentimentos orientam suas ações?

A linha de estudos sobre a fenomenologia da injustiça na vida diária busca exatamente responder a essa indagação, partindo dos relatos das próprias pessoas sobre as experiências de injustiça que sofreram ou de simulações de situações de injustiça vividas no cotidiano e solicitando-se aos sujeitos que descrevam os pensamentos, sentimentos e ações por elas suscitados.

À luz dos estudos de Deutsch (1985) acerca da fenomenologia da injustiça, a partir de metodologias diferenciadas, torna-se mais fácil entender o porquê de sua crítica à Psicologia Social da justiça, tal como desenvolvida pelos teóricos da equidade. Segundo ele, a abordagem da justiça tem sido muito psicológica e insuficientemente sociopsicológica. Isto é, ela focalizou o indivíduo, ao invés da interação social, na qual a justiça emerge. A justiça nasce do conflito: os valores e procedimentos que a definem desenvolvem-se a partir do processo de barganha pelo qual ela é negociada.

Em estudo exploratório em que compara os significados subjetivos da injustiça e da frustração, Deutsch ressalta o caráter social e moral da injustiça, na medida em que são violadas normas sociais (valores, regras, procedimentos) que definem o que é justo e o que é injusto. Assim, a experiência de injustiça é mais do que pessoal, pois afeta o indivíduo também como membro de um grupo social e atinge até os demais membros desse grupo.

Para Mikula (1986), dificuldades de ordem metodológica e ética justificam, até certo ponto, o conhecimento restrito sobre o que pensam e sentem as pessoas quando se percebem injustamente tratadas por outras. A fim de dar conta dos processos e conteúdos cognitivos e afetivos subjacentes à percepção e reação à injustiça, há que se recorrer aos autorrelatos das pessoas, seja por meio de relatos retrospectivos de experiências passadas de injustiça, seja a partir de técnicas passivas de *role playing*, tendo em vista os impedimentos éticos ou os cuidados extremos implicados na provocação deliberada de situações de injustiça via método experimental.

A análise comparativa da pesquisa experimental em justiça (Teoria da Equidade) com a pesquisa não experimental sobre a fenomenologia da injustiça na vida diária, empreendida por Mikula e colaboradores (Mikula & Schlamberger, 1985; Mikula, 1986; Mikula, Petri & Tanzer, 1990), revela pontos de contato entre ambas, mas, fundamentalmente, aponta para divergências que merecem reflexão cuidadosa.

Tomando como ponto de partida os próprios conteúdos oferecidos pelos participantes de suas pesquisas acerca de suas vivências reais de injustiça, esses autores propõem um sistema de classificação dos tipos de injustiça, analisando ainda as inter-relações entre cognições, emoções e ações reportadas pelos sujeitos. A partir desse confronto, concluem pela discrepância óbvia entre os eventos reportados e as situações de injustiça tipicamente consideradas nas pesquisas prévias em equidade. Em primeiro lugar, as pessoas usam o termo injustiça de forma mais livre e mais ampla do que os psicólogos sociais, em geral, o fazem, ainda que alguns dos eventos descritos como injustos sejam consistentes com a compreensão científica do fenômeno. Em segundo lugar, o tipo de injustiça mais frequentemente relatado foi "acusação injustificada" ou "atribuição indevida de responsabilidade", seguido de "avaliação injusta" ou "não reconhecimento de performance e de esforço" e, como terceira categoria mais frequente, "violação de promessas e acordos". Poucas vezes foram mencionadas questões de pagamento injusto ou distribuição de bens materiais, comumente usadas por pesquisadores da Teoria da Equidade. A grande variedade de eventos descritos como injustos pelos sujeitos, ampliando consideravelmente o significado do termo injustiça, indica a necessidade de se aprofundarem os estudos da fenomenologia da injustiça para que se possa alcançar uma conceitualização mais refinada dessas experiências.

Por outro lado, as consequências dos eventos injustos especificadas pelos estudos de Mikula e colaboradores, bem como os dados referentes à mudança, ou não, do julgamento do evento ao longo do tempo, parecem estar em desacordo com a pressuposição da Teoria da Equidade de que as pessoas injustamente tratadas restauram a justiça, comportamental ou cognitivamente. Apenas poucos sujeitos conseguiram restaurar ativamente a justiça, mas a maioria deles não mudou sua percepção do evento, continuando ainda a se sentir injustamente tratada, mesmo tendo decorrido algum tempo do evento.

Os resultados obtidos em relação à impossibilidade ou inutilidade de agir contra o tratamento injusto demonstraram que muitas pessoas tendem a se resignar diante da injustiça; elas não negaram a ocorrência da injustiça e nem sua importância, mas simplesmente não consideraram a hipótese de intervir diretamente contra ela. Esse achado é de vital importância se comparado à inevitabilidade de se fazer algo, real ou psicologicamente, para a restauração da equidade, prevista pela teoria. A resignação ao próprio destino parece ser uma alternativa viável de restauração da justiça, além das ações compensatórias ou das distorções cognitivas.

Finalmente, as respostas emocionais à injustiça, indicadas pelos participantes das pesquisas, coincidem com as proposições dos teóricos da equidade: raiva, ódio e indignação constituíram, de fato, as emoções mais frequentemente mencionadas pelas vítimas, ainda que muitas outras emoções, fenomenologicamente diferentes, tenham sido reportadas, como, por exemplo, surpresa, desamparo, tristeza.

Com o objetivo de comparar os resultados obtidos por Mikula (1986) com sujeitos austríacos, Assmar (1997) reporta pesquisa realizada no Brasil sobre as experiências de injustiça na vida diária, baseando-se, porém, nos relatos de três diferentes grupos sociais. A diversificação dos grupos, segundo a autora, decorre da presunção de que a natureza e a tipicidade das experiências poderiam variar de grupo para grupo e, assim, afetar suas percepções de injustiça. Tal procedimento vem ao encontro do ponto de vista do próprio Mikula, que adverte sobre o possível caráter restritivo de suas conclusões por estarem apoiadas apenas em relatos de estudantes universitários.

Os dados colhidos com 297 participantes (99 adolescentes, 100 estudantes de Psicologia e 98 funcionários de uma organização pública) foram analisados com base no sistema de codificação proposto por Mikula, adaptado e ampliado para dar conta das especificidades dos conteúdos oferecidos pelos sujeitos brasileiros.

De um modo geral, os principais resultados obtidos nesse estudo replicam os achados de Mikula (1986) no que se referem a:

a) Grande variedade de eventos descritos como injustos, com a maior incidência de associações entre injustiça e "acusação injustificada ou atribuição indevida de responsabilidade"; concluindo-se, portanto, pela não exclusiva conexão entre injustiça e ausência de equidade.

b) A especificidade de certos eventos injustos em função do tipo de grupo social, como, por exemplo, "punição injustificada" entre os adolescentes, "avaliação injusta ou não reconhecimento do desempenho" por parte dos dois grupos de estudantes e "traição de confiança", enfatizada pelos adultos.

c) Embora Mikula também tenha registrado tendência similar em sujeitos austríacos (mas não tão acentuada), a passividade diante da injustiça constituiu o dado mais significativo da pesquisa brasileira por sua extrema recorrência no conjunto dos relatos; os dados brasileiros em relação à inutilidade de agir contra o tratamento injusto demonstram que muitas pessoas tendem a resignar-se diante da injustiça; elas não negam a ocorrência da injustiça, nem sua importância, nem sequer as consequências negativas que se seguem, mas, simplesmente, não consideram a ideia de intervir diretamente na situação; esse achado é de vital importância se confrontado com as proposições da Teoria da Equidade, segundo as quais as pessoas *sempre* buscam restabelecer a justiça, real ou psicologicamente; uma indagação que somente estudos transculturais poderiam responder. Esse achado é coerente com a tendência generalizada da população brasileira de aceitar as injustiças tão frequentemente encontradas nos benefícios decorrentes de protecionismo político no Brasil.

d) A grande incidência de respostas emocionais de raiva e ódio constituiu apoio empírico adicional à predição da Teoria da Equidade quanto ao *distress* da vítima. No entanto, a ocorrência consistente de outras emoções (tristeza, mágoa, surpresa, perplexidade) sugere a necessidade de também considerá-las na conceitualização das experiências de injustiça; conclui-se, então, que a percepção de injustiça pode também gerar emoções mais passivas, o que, de certo modo, permitiria explicar tantas reações de resignação à injustiça sofrida.

O anexo a este capítulo faz breve referência a outro aspecto da fenomenologia da injustiça na vida diária. Trata-se da maneira pela qual as pessoas percebem as causas responsáveis pelos resultados das pessoas envolvidas na relação interpessoal.

Resumo

Abordamos neste capítulo o fenômeno da justiça/injustiça tal como vem sendo estudado pela chamada *Psicologia Social da Justiça*, de origem recente, mas já constituindo um campo autônomo de estudos.

Após a apresentação inicial da incontestável relevância do tema, traçamos um panorama geral das principais formas que o estudo da justiça vem assumindo na Psicologia Social e que, de certo modo, representam uma sequência evolutiva da teoria e pesquisa sobre o fenômeno.

Na discussão dos diferentes enfoques teóricos sobre a justiça, maior ênfase foi dada à justiça distributiva, particularmente à Teoria da Equidade, pioneira do estudo sistematizado do fenômeno e ainda hoje referência obrigatória nas publicações especializadas sobre o assunto.

De forma complementar, foram apreciadas as formulações teóricas da concepção multidimensional de justiça, que amplia as possibilidades de se fazer justiça para além da utilização da regra da equidade. Tal concepção parte do pressuposto de que outras normas de justiça, principalmente a igualdade e a necessidade, podem constituir a base de valor para a repartição de bens e condições sociais (além da própria equidade), dependendo da natureza das relações sociais e dos objetivos que os vários grupos buscam atingir.

Foram abordadas as principais tendências de estudo no campo da justiça processual, procurando-se inicialmente distingui-la da justiça distributiva para, em seguida, considerar como ambas se interligam em sua utilidade explicativa do fenômeno da justiça.

Os estudos sobre a fenomenologia da injustiça na vida diária constituíram a terceira perspectiva de análise considerada neste capítulo.

Sugestões de leitura

ADAMS, J.S. (1965). "Inequity in Social Exchange". In: BERKOWITZ, L. (org.). *Advances in Experimental Social Psychology*. Vol. 2. Nova York: Academic Press, p. 267-299.

ASSMAR, E.M.L. (1997). "A experiência de injustiça na vida diária: uma análise preliminar em três grupos sociais". *Psicologia*: Reflexão e Crítica, 10, p. 335-350.

_____ (1995). "Percepção e reação à injustiça na perspectiva da vítima: uma proposta de abordagem integrada". *Arquivos Brasileiros de Psicologia*, 47, p. 59-80.

DEUTSCH, M. (1985). *Distributive Justice*: A Social-psychological Perspective. New Haven: Yale University Press.

HOMANS, G. (1961). *Social Behavior*: Its Elementary Forms. Nova York: Harcourt, Brace and World.

JOST, J.T. & KAY, A.C. (2010). "Social Justice: History, Theory and Research". In: FISKE, S.T.; GIBERT, D. & LINDZEY, G. (orgs.). *The Handbook of Social Psychology*. Hoboken, NJ: John Wiley & Sons.

MIKULA, G. (1986). "The Experience of Injustice: Toward a Better Understanding of Its Phenomenology". In: BIERHOFF, H.W.; COHEN, R.L. & GREENBERG, J. (orgs.). *Justice in Interpersonal Relations*. Nova York: Plenum Press, p. 103-123.

MIKULA, G. & SCHLAMBERGER, K. (1985). "What People Think About an Unjust Event: Toward a Better Understanding of the Phenomenology of Experiences of Injustice". *European Journal of Social Psychology*, 15, p. 37-49.

TYLER, T.R. & SMITH, H.J. (1998). "Social Justice and Social Movements". In: GILBERT, D.T.; FISKE, S.T. & LINDZEY, G. (orgs.). *The Handbook of Social Psychology*. Boston: The McGraw-Hill, p. 595-629.

TYLER, T.R. et al. (1997). *Social Justice in a Diverse Society*. Colorado: Westview Press.

WALSTER, E.; BERSCHEID, E. & WALSTER, G.W. (1973). "New Directions in Equity Research". *Journal of Personality and Social Psychology*, 25, p. 151-176.

WALSTER, E. & WALSTER, G.W. (1975). "Equity and Social Justice". *Journal of Social Issues*, 31, p. 21-43.

Tópicos para discussão

1) Que diferenças básicas existem no estudo da justiça pela Psicologia Social e pela Filosofia Moral?

2) Quais os principais campos de estudo da justiça pelos psicólogos sociais e quais as características gerais do foco de análise de cada um deles?

3) Como as abordagens unidimensional e multidimensional se distinguem na concepção da justiça?

4) Exponha brevemente as formulações da Teoria da Equidade acerca da percepção e reação à injustiça, fazendo uma análise crítica de seus pressupostos.

5) Indique e discuta as críticas mais importantes dirigidas à Teoria da Equidade.

6) Quais as hipóteses gerais de Morton Deutsch sobre a escolha da base de valor que regula a distribuição dos recursos sociais nos vários tipos de relações cooperativas?

7) Qual a diferença fundamental entre justiça distributiva e justiça processual?

8) Quais as semelhanças e diferenças nos resultados obtidos pelas pesquisas empíricas sobre a fenomenologia da injustiça na vida diária relativamente aos obtidos pela pesquisa prévia em equidade?

Anexo – Justiça e atribuição

No capítulo 5 foi vista a Teoria Atribuicional de Weiner. O que foi dito no presente capítulo pode ser analisado sob uma perspectiva atribuicional. Ao falarmos da abordagem unidimensional de justiça distributiva, consideramos a Teoria da Equidade. A percepção da causa responsável pelos resultados das pessoas envolvidas na relação social é importante para a avaliação da justiça da distribuição de recursos. Suponhamos que dois empregados sejam pagos em função de sua produtividade. Segundo a Teoria da Equidade, se um empregado produz duas vezes mais que o outro, o de maior produtividade deveria receber o dobro do outro. Entretanto, se o empregado de produção inferior atribui a maior produtividade do outro ao fato de o supervisor dar tarefas mais fáceis para ele, certamente se sentirá injustiçado. O mesmo pode ocorrer na abordagem multidimensional que considera outros valores básicos de justiça distributiva, tais como a igualdade e a necessidade. Se um pai gasta mais dinheiro com um filho doente do que com os outros filhos, de acordo com a regra da necessidade tal procedimento seria considerado justo. Entretanto, se ele gasta mais dinheiro para ajudar um filho que se envolve em dívidas decorrentes de seu interesse em divertir-se jogando, os outros filhos se sentiriam injustiçados. No primeiro caso (doença) a causa da situação de necessidade do filho era incontrolável; no segundo (perda de dinheiro em jogo), não.

Também em relação à justiça retributiva a percepção das causas dos comportamentos se mostra relevante. Rodrigues e Assmar (2003) conduziram um experimento que comprovou esta afirmação. Segundo esses autores, o "conhecimento sistemático relativo à justiça retributiva é ainda escasso e certamente bastante inferior ao conhecimento existente acerca de justiça distributiva e de justiça processual. Todos os estudos existentes sobre esse assunto, todavia, salientam a importância da alocação de responsabilidade (p. ex.: Darley, 2001; Feather, 1998; Shultz, Schleifer & Altman, 1981; Weiner, Graham & Reyna, 1997). A Teoria da Conduta Social de Weiner (1995) assinala que o julgamento de responsabilidade na consideração de um determinado comportamento depende da existência de causas internas e controláveis e ausência de circunstâncias atenuantes". E Rodrigues e Assmar concluem: "Como vimos neste tra-

balho [...] uma transgressão suscitada por Bases de Poder do Grupo 2 (conhecimento, legitimidade e coerção) diminui a responsabilidade do perpetrador de forma mais acentuada do que aquela causada por Bases de Poder do Grupo 1 (recompensa, informação e referência)". Conforme a percepção da causa da transgressão, a retribuição por parte da pessoa prejudicada variará e será avaliada como justa ou injusta em função das características da causa que gerou a transgressão.

14

Grupos sociais

I. Definição e tipos de grupo
II. O indivíduo e o grupo
    Facilitação social
    Vadiagem social
    Desindividuação
III. Características dos grupos sociais
    As funções do grupo
    Composição do grupo
IV. Estrutura dos grupos sociais
    Coesão grupal
    Normas
    Status
    Papéis
    Liderança
V. Tomada de decisão nos grupos
    Polarização grupal
    Pensamento grupal
VI. Conflito e administração do conflito
    Natureza do conflito
    Causas do conflito
    Estratégias de resolução de conflito
VII. Resumo
VIII. Sugestões de leitura
IX. Tópicos para discussão
X. Anexo
    Conflitos e processos sociais malignos

> *O homem é, por natureza, um animal social... Qualquer um que não consegue viver com outros ou é tão autossuficiente para prescindir disso – e portanto, não participa da sociedade – ou é uma besta ou é um deus.*
>
> Aristóteles (*Política*, 328 a.C.)

A força das palavras da epígrafe traduz o valor absolutamente inestimável do convívio do homem com seus semelhantes. Ter uma vida em comum com outras pessoas, interagir com outros, participar de atividades coletivas, compartilhar objetivos, enfim, pertencer a grupos, identificar-se com grupos, influenciar e ser influenciado por eles são componentes indissociáveis da existência do homem e, por isso mesmo, constituem os alicerces da construção de sua identidade pessoal e social.

Já nascemos dentro de um grupo, crescemos dentro de diferentes grupos e tornamo-nos adultos participando de muitos outros grupos. Alguns se mantêm ao longo de toda a nossa vida, como a família, os amigos; outros se fazem presentes em fases específicas de nosso desenvolvimento, como os colegas e professores da escola e da universidade, os pares da adolescência; outros ainda se tornam relevantes em nossa vida adulta, como os grupos de trabalho. De tal forma estamos habituados a pertencer a grupos que, muitas vezes, não nos damos conta de sua importância sobre nós, de sua influência sobre nossas atitudes e comportamentos. O fato é que necessitamos das outras pessoas e dos grupos, assim como do ar que respiramos, para sermos o que somos e para vivermos nossa vida cotidiana.

As primeiras evidências do forte interesse pelo estudo dos grupos na Psicologia Social surgiram com os experimentos de laboratório conduzidos por Sherif (1936) sobre o desenvolvimento das normas de grupo, com os experimentos de campo de Lewin, Lippitt e White (1939) sobre como os grupos são afetados por diferentes estilos de liderança, e com os trabalhos de Newcomb (1943) sobre as experiências e resultados da socialização entre estudantes no Bennington College. Pouco tempo depois o estudo dos grupos e do comportamento grupal passou a receber a denominação de **Dinâmica de Grupo** com a criação, por Kurt Lewin, em 1946, do Research Center for Group Dinamics no Massachusetts Institute of Technology.

Nas duas décadas subsequentes à criação do Centro, foram extremamente intensas e produtivas a teorização e a pesquisa sobre o funcionamento dos grupos, destacando-se as teorias sobre comunicação social informal (Festinger, 1950), a Teoria dos Processos de Comparação Social, de Festinger (1954), a Teoria da Troca Social, de Thibaut e Kelley (1959), e as pesquisas sobre conflito intra e intergrupal (Deutsch, 1949), liderança (Chowdry & Newcomb, 1952) e conformidade (Asch, 1951; Schachter, 1951). Um dos clássicos estudos do assunto é o livro editado por Cartwright e Zander (1968) intitulado *Dinâmica de grupo*.

Curiosamente, o interesse pela dinâmica de grupo diminuiu muito nas últimas décadas, a ponto de, em 1974, Ivan D. Steiner ter publicado o artigo *O que aconteceu com o grupo em Psicologia Social?* (Whatever happened to the group in Social Psychology?). Como bem salienta Pepitone (1999), ao referir-se à ascensão e queda do interesse dos psicólogos por vários tópicos, perguntar por que programas de pesquisa, movimentos, escolas etc. se tornam obsoletos é em si mesmo uma pergunta de interesse psicossocial. No caso específico da dinâmica de grupo, há alguns fatores óbvios, incluindo-se a morte do líder (Kurt Lewin), mudança de interesses do líder da pesquisa experimental (Leon Festinger) e a dispersão de jovens doutores através de diferentes contextos e sua necessidade de construir carreiras independentes. Ademais, as teorias relativas à dinâmica de grupo tornaram-se estéreis; elas não eram suficientemente elaboradas para manter programas produtivos de pesquisa (cf. Steiner, 1974: 183).

Às razões anteriormente apontadas conviria acrescentar outras, igualmente importantes, mencionadas por Jesuíno (2002). Paradoxalmente, foi a partir do próprio movimento iniciado por Lewin e seus discípulos que a Psicologia Social norte-americana passou a se especializar no estudo de fenômenos intrapsíquicos, interpessoais e microgrupais, inicialmente com a Teoria da Dissonância Cognitiva e, em seguida, com as teorias sobre atribuição de causalidade e sobre processamento da informação social constitutivas da cognição social. Com isso, naturalmente, os psicólogos sociais dessa tradição de pesquisa diminuíram a ênfase no estudo de grandes grupos, que passou a ser continuado preferencialmente por outras tradições de pesquisa, notadamente europeias, cujas preocupações, como vimos no capítulo 1, estão mais voltadas para os níveis grupais e culturais de explicação do comportamento social. Nesse sentido, o estudo dos processos de influência social de minorias, identidade social e relações intergrupais, bem como de conflito e cooperação entre grupos, continua sendo foco privilegiado de interesse da Psicologia Social europeia.

Por outro lado, o estudo dos grupos, se de alguma forma perdeu a centralidade na agenda dos psicólogos sociais norte-americanos, tornou-se prioritário em outras áreas do conhecimento, mesmo nos Estados Unidos, como na Psicologia das Organizações, Teoria dos Sistemas e Ciências da Gestão (Jesuíno, 2002). Nos estudos organizacionais, particularmente, o interesse pela temática revigorou-se, sendo hoje bastante profícuas a teorização e a pesquisa sobre as equipes de trabalho, os "times", os quais, revestidos de feições e contornos mais atuais, vêm dando nova vida ao estudo da dinâmica social nas relações no trabalho.

A propósito dessa ampliação de focos e após revisão empreendida nesse domínio, Levine e Moreland (1990), sensíveis às preocupações de psicólogos europeus e aos desdobramentos operados em outros campos do saber, concluem – em resposta à pergunta de Steiner (1974) antes referida – que os grupos continuam vivos e gozando de boa saúde (*alive and well*), embora tenham emigrado para outras vertentes da Psicologia Social. Ratificando esta posição, a edição de 2010 do *Handbook of Social Psychology* contém seis capítulos relativos a fenômenos grupais.

Em suma, embora não tão intensos quanto em seus primórdios, os trabalhos sobre dinâmica de grupo continuam a fazer parte integrante da Psicologia Social, sendo até apontado por alguns autores um ressurgimento do interesse pelo estudo dos grupos na década de 1990, especialmente estimulado por Joseph McGrath. Este estudioso resgata a tradição lewiniana de conjugar rigor científico com relevância social e vem se dedicando não só a estudar longitudinalmente grupos de laboratórios, na tentativa de reproduzir as condições dos grupos naturais, como também grupos eletrônicos, isto é, a interação mediada por computadores.

Definição e tipos de grupo

O que é um grupo social? Após muitas décadas de estudo e dezenas de definições, os psicólogos sociais não chegaram a um consenso quanto à qual seria a melhor definição de grupo. Há, no entanto, um núcleo comum à boa parte delas – interação, interdependência e consciência mútua – que nos permite não só entender com razoável propriedade o que é um grupo e quais suas principais características, como também distinguir grupos de não grupos ou grupos sociais de grupos não sociais.

Aronson, Wilson e Akert (2009) adotam a expressão grupos não sociais para se referir ao conjunto de pessoas que estão no mesmo lugar ao mesmo tempo, sem necessariamente haver interação entre elas, mas que, como tal, exercem influência no comportamento das pessoas. Parcela considerável de psicólogos sociais, no entanto, prefere reservar o conceito de grupo para definir algo mais do que esse aglomerado de pessoas. Assim é que indivíduos reunidos em um ponto de ônibus ou passageiros de um voo comercial não constituiriam um grupo social porque não interagem entre si, embora a mera presença de uns possa afetar o comportamento de outros.

Uma definição clássica de grupo social oferecida por Cartwright e Zander (1968) e apoiada em Kurt Lewin pode nos ajudar a demarcar com maior nitidez as fronteiras que separam um grupo social de um grupo não social. Para eles, grupos sociais são definidos como duas ou mais pessoas que interagem entre si e são interdependentes, no sentido de que suas necessidades e seus objetivos as levam a depender umas das outras. Posteriormente, Paulus

(1989) apresenta uma conceituação mais abrangente que, de certa forma, sintetiza as características de um grupo apontadas pela maioria dos estudiosos: um grupo consiste de duas ou mais pessoas que interagem e partilham objetivos comuns, possuem uma relação estável, são mais ou menos interdependentes e percebem que fazem, de fato, parte de um grupo.

Na tentativa de buscar uma solução para as muitas definições de grupo e para a dificuldade de estabelecer limites conceituais entre o que é e o que não é um grupo, McGrath (1984) propõe uma definição de grupo em termos de grau, baseada na noção matemática de conjuntos vazios. Assim, um agregado de pessoas será tanto mais um grupo: (a) quanto menor for o número de seus membros; (b) quanto maior for a interação entre seus membros; (c) quanto mais longa for a sua história; (d) quanto maior for a perspectiva de futuro compartilhada por seus membros. Em consequência dessa caracterização, não se prescrevem limites mínimos e máximos do número de seus componentes, não se estabelece que a interação seja uma condição absolutamente indispensável à identificação de uma pessoa com um grupo (como é o caso do **grupo mínimo**, estudado por Tajfel et al., 1971), nem se excluem os grupos sem história, como é o caso dos grupos *ad hoc*, formados especialmente para os experimentos de laboratório.

Tomando por base essa definição de grupo, várias tipologias de grupo podem ser desenvolvidas, dependendo das dimensões e critérios que se utilizem. Uma delas, por exemplo, opõe a **categoria social**, em uma das extremidades de um *continuum*, à **organização social**, em outra. A categoria social, definida a partir da perspectiva de um observador externo, seria entendida como um conjunto de duas ou mais pessoas que têm em comum um atributo que as distingue de outras, como, por exemplo, a categoria de homens e mulheres. Quando, porém, os próprios membros se percebem como pertencendo a uma mesma categoria social, tem-se um **grupo psicológico**. Um **grupo sociológico** seria visto como um conjunto de pessoas classificadas de acordo com atributos sociológicos comuns, como, por exemplo, idade, profissão, etnia etc. O chamado **grupo mínimo** seria entendido como pessoas classificadas aleatoriamente como pertencentes a uma determinada categoria social, que passam a atuar em função dessa identificação, sem, contudo, interagirem umas com as outras. Quando os grupos mínimos adquirem consciência de um destino comum tornam-se **grupos sociais**, os quais, por sua vez, transformam-se em **grupos compactos** quando cooperam entre si, visando o alcance de objetivos interdependentes. Finalmente, quando os grupos sociais se organizam, definindo uma estrutura de poder, de papéis e normas, que passa a regular as interações entre seus membros, transformam-se em uma **organização social**, entendida, então, como um sistema social hierarquizado de grupos que podem competir uns com os outros em busca de determinados objetivos ou recursos.

Uma tipologia mais simplificada considera três tipos de grupo (McGrath, 1984; Arrow & McGrath, 1995): grupos naturais, grupos artificiais ou quase grupos. Os **grupos naturais** ou **intactos** existem independentemente dos interesses dos estudiosos do assunto e costumam ser subdivididos, nas organizações, ora em grupos formais ou informais, dependendo do fato de serem constituídos ou não dentro da estrutura formal de poder, ora em grupos permanentes ou temporários, dependendo do tempo que se prevê para sua atuação, ora ainda em grupos de trabalho ou forças-tarefa, equipes propriamente ditas e tripulações, dependendo da prioridade atribuída ao projeto, aos membros ou à tecnologia. Os **grupos artificiais** ou **de laboratório** são organizados pelo pesquisador, que visa avaliar os efeitos da manipulação de variáveis sobre seus membros ou proceder a observações sistemáticas de suas reações ou comportamentos. Na medida em que eles passam a interagir na resolução das situações que lhes são postas pelo experimento, esses grupos adquiririam algumas feições características de grupos naturais. Os **quase grupos** são definidos quando o pesquisador, por força dos objetivos de seu experimento, impõe algumas restrições à interação espontânea dos membros. Cumpre destacar que esses dois últimos tipos de grupo não constituem grupos psicológicos na verdadeira acepção do conceito.

O indivíduo e o grupo

A mera presença dos outros produz um estímulo ao espírito que aumenta a eficiência de cada trabalhador, tomado individualmente.

Karl Marx

Feitas essas considerações preliminares com o intuito de permitir ao leitor uma compreensão inicial sobre o que são grupos, as controvérsias em torno de sua conceituação e os tipos principais de grupo, examinaremos neste tópico alguns fenômenos que podem ocorrer em situações de grupo em que há interação social mínima, quais sejam facilitação social, vadiagem social e desindividuação, mas que, mesmo assim, influenciam o comportamento dos indivíduos. Por essa razão, esses fenômenos costumam ser identificados como efeitos da mera presença de outras pessoas ou, como preferem Aronson et al. (2007), fenômenos resultantes da influência de grupos não sociais sobre os indivíduos.

Facilitação social

Qual o efeito da presença de observadores sobre as atividades das pessoas? Melhor dizendo, o desempenho das pessoas numa determinada tarefa é dificultado ou facilitado pela presença de outros? Essa pergunta tem atraído a atenção dos psicólogos sociais desde o final do século XIX quando Triplett (1897/1898) conduziu uma série de estudos, nos quais o desempenho de pessoas era avaliado quando elas estavam na presença de outras ou a sós, tendo sido constatado que a presença de observadores melhorava seu desempenho. Vários outros estudos se seguiram aos de Triplett nas décadas subsequentes (Allport, 1924; Chen, 1937; Dashiell, 1930; Husband, 1940; Pessin, 1933; Travis, 1925), em que o desempenho das pessoas era comparado em situações em que estavam sozinhas, diante de outras pessoas ou, ainda, competindo com outras. Os resultados foram contraditórios. Alguns experimentos indicaram superioridade de desempenho na presença de outras pessoas, ao passo que outros mostraram exatamente o oposto. Somente na década de 1960, Zajonc (1965) conciliou os resultados conflitantes, interpretando-os à luz da Teoria Psicológica de Clark Hull. Segundo Hull, as respostas dominantes, ou seja, aquelas respostas bem aprendidas, são facilitadas quando a pessoa se encontra em estado de excitação; já as respostas não dominantes são prejudicadas por esse mesmo estado. Para Zajonc, a presença de outras pessoas gera excitação emocional e, consequentemente, deve prejudicar o desempenho de comportamentos não dominantes e facilitar o desempenho dos comportamentos dominantes. Assim, se a ativação social facilita as respostas dominantes, deve melhorar o desempenho em tarefas fáceis, para as quais as respostas certas são bem conhecidas e mais prováveis e prejudicar o desempenho em tarefas mais complexas, para as quais as respostas corretas são inicialmente as menos prováveis. Em um de seus experimentos (Zajonc & Sales, 1966), foi solicitado às pessoas que repetissem uma lista de palavras sem sentido de 1 a 16 vezes, após o que lhes foi informado que elas apareceriam sequencialmente em uma tela, cabendo-lhes adivinhar qual delas apareceria. Diante de linhas pretas mostradas aleatoriamente durante um centésimo de segundo, as pessoas tendiam "a ver" as palavras que haviam pronunciado mais frequentemente, ou seja, as palavras haviam-se tornado as respostas dominantes.

Se procedermos à revisão dos resultados obtidos em cerca de 300 experimentos que se realizaram à luz desses esclarecimentos, veremos que todos eles são perfeitamente coerentes. Em reforço a essa conclusão, cite-se o interessante trabalho de Bond e Titus (1983) que, em meta-análise de mais de 240 estudos realizados sobre o tema (e que envolveram mais de 24 mil participantes), chegaram à conclusão de que a presença dos outros exerce, de fato, influência sobre o desempenho, ainda que de pequena monta e que varia em função da simplicidade ou da complexidade da tarefa executada. Mais recentemente, um abrangente trabalho levado a cabo por Ayello e Douthitt (2001), a par de uma boa revisão dos estudos na área, procurou focar as teorias que procuram explicar o complexo fenômeno em questão.

Conclui-se, pois, que a presença de outras pessoas favorece o desempenho quando a pessoa domina bem a resposta a ser emitida; em caso contrário, a presença de outros inibe o desempenho. O trabalho em grupo, portanto, deve ser incentivado quando as pessoas estão bem treinadas na tarefa a ser desempenhada.

Em suma, o conceito **facilitação social** pode ser definido de duas formas: em sua concepção original, facilitação social seria a tendência das pessoas a desempenhar melhor as tarefas simples ou bem-aprendidas diante da presença de outros; em sua concepção atual, facilitação social refere-se ao fortalecimento de reações dominantes em decorrência da presença de outros (Myers, 2010).

Vadiagem social

O conceito de **vadiagem social** refere-se à tendência de membros de um grupo a despender menos esforços quando trabalham em grupo do que quando trabalham sozinhos. Tal é o caso de muitas situações da vida cotidiana – na escola, no trabalho, na família – em que as pessoas juntam seus esforços de forma cooperativa para alcançar objetivos comuns, sabendo que elas não serão avaliadas individualmente. Podemos pensar, por exemplo, no caso de uma orquestra, em que você toca violino e o som de seu instrumento se mistura não só ao de outros violinos, como também ao dos demais instrumentos: aos olhos da plateia seus esforços não se distinguem dos esforços de todos aqueles que o cercam, isto é, fundem-se nos esforços do grupo. Ou ainda nos trabalhos escolares em grupo pelos quais todos os participantes de cada grupo recebem a mesma nota: quantos de nós já não tivemos a experiência de ver colegas, que faltaram a vários encontros para fazer o trabalho, sempre alegando problemas de última hora, ou mesmo que estiveram presentes, mas pouco se envolveram nas tarefas, receberem a mesma nota que nós, que nos empenhamos tanto para fazer o trabalho?

Contrariamente à facilitação social, em que o esforço individual é observado e avaliado e que a presença de outros provoca excitação emocional – como é o caso de você fazer uma prova de psicologia individualmente, sem consulta, diante da fiscalização do professor –, nas situações de vadiagem social o medo da avaliação é reduzido e há um certo relaxamento. O que acontece nesse tipo de situação? O esforço é maior ou menor? O desempenho melhora ou piora? Mais uma vez, segundo os psicólogos sociais, a resposta depende da complexidade das tarefas.

Vejamos o caso de tarefas simples, como uma equipe puxar uma corda com o máximo de força possível. A questão de se as pessoas dessa equipe influenciam ou não o desempenho de cada um foi estudada, pela primeira vez, por Ringelmann (1913) há quase cem anos. Ele descobriu que o esforço coletivo de equipes nessa situação era apenas a metade da soma dos esforços individuais, ou seja, "nem sempre a união faz a força". Daí se conclui que os membros de uma equipe podem se sentir *menos* motivados quando desempenham tarefas aditivas, isto é, aquelas tarefas em que a realização do grupo depende da soma dos esforços individuais. Uma outra explicação possível poderia estar relacionada ao fato de que, por problemas de coordenação, as pessoas puxariam a corda em direções ou momentos diferentes. Essa possibilidade foi testada experimentalmente: os participantes de um experimento (Ingham, 1974) foram levados a acreditar que puxavam a corda junto com outros quando, na verdade, puxavam sozinhos. Os resultados indicaram que a força feita era 18% maior quando eles acreditavam que puxavam sozinhos do que quando supunham que havia outras pessoas puxando a corda.

Nessa mesma linha de investigação, Latané e colaboradores (Harkins, 1981; Latané; Williams & Harkins, 1979) conduziram uma série de experimentos em que os participantes gritavam e batiam palmas "o mais alto que pudessem", tendo verificado que o ruído que faziam, quando pensavam que estavam junto com outras pessoas, era bem menor do que quando se julgavam a sós. Analisando esse conjunto de resultados, cunharam o termo **social loafing** – vadiagem, indolência ou preguiça social – para designar esse fenômeno, segundo o qual, na condição de grupo, as pessoas "tendem a pegar carona" no esforço do grupo.

Posteriormente, Latané (1981) desenvolveu uma teoria à qual ele denominou de **Teoria do Impacto Social**. Segundo Latané, o impacto social de outras pessoas sobre o indivíduo depende: (a) do número de observadores do seu comportamento; (b) da magnitude das forças sociais (*status*, idade, nível de conhecimento); e (c) da proximidade física da audiência. Nesse sentido, quanto maior for o número de observadores e a magnitude das forças sociais e menor a proximidade física, maior a probabilidade de ocorrência da vadiagem social.

O que aconteceria nas tarefas mais complexas, em que o desempenho individual se dilui no grupo? Considerando-se, como vimos anteriormente, que, por nosso desempenho não ser facilmente identificado em uma situação de grupo, ficamos mais relaxados quanto à avaliação e considerando-se, ainda, que a excitação provocada pela presença de outras pessoas melhora o desempenho em tarefas simples e piora em tarefas complexas, qual seria nossa tendência na questão ora em foco? Uma possibilidade plausível seria a de fazer um esforço extra em uma tarefa difícil e, por conseguinte, melhorar nosso desempenho, já que não estaríamos apreensivos com a avaliação. De fato, essa tendência foi experimentalmente confirmada: quando os participantes trabalharam com labirintos fáceis no computador, aqueles que julgavam que não seriam avaliados individualmente tiveram desempenho pior do que daqueles que supunham que seriam avaliados; por outro lado, quando trabalharam com labirintos difíceis, o desempenho dos que acreditavam que seriam avaliados foi inferior ao dos que não julgavam que isso iria ocorrer (Jackson & Williams, 1985).

Comparando as características dos fenômenos de vadiagem social e de facilitação social, Myers (2010) extrai algumas conclusões interessantes acerca da força psicológica da apreensão frente à avaliação: no primeiro tipo de experimento, as pessoas acreditam que só serão avaliadas quando agem sozinhas; a situação de grupo (p. ex.: puxar uma corda) *diminui* essa apreensão; quando as pessoas não têm que prestar contas e não conseguem avaliar seus próprios esforços, a responsabilidade se dilui entre os membros do grupo. No segundo caso, os experimentos *aumentam* a exposição à avaliação; quando se veem como centro das atenções, as pessoas monitoram de forma deliberada seu comportamento. Em suma, o princípio é o mesmo, mas com efeitos diferentes: o fenômeno da facilitação social ocorre quando ser observado aumenta o medo da avaliação; o fenômeno da vadiagem social ocorre quando o medo da avaliação diminui pelo fato de a pessoa se sentir "diluída" no grupo.

Em síntese, à luz da teoria de Latané (1981), podemos concluir que, quando a pessoa, cujo desempenho estamos avaliando, é o único alvo das forças sociais, ocorre o fenômeno de facilitação social; quando, todavia, a pessoa é apenas um de muitos alvos dessas forças, ocorre o fenômeno de vadiagem social.

Para completar, cabe um registro final. A vadiagem social não constitui um fenômeno inevitável, podendo ser reduzido ou evitado de várias formas, entre as quais se destacam as seguintes: (a) aumentar a identificação e a facilidade de avaliação das contribuições individuais; (b) aumentar o envolvimento e a responsabilidade dos membros; e (c) aumentar a atratividade das tarefas (Karau & Williams, 1993). Importantes também, segundo outros estudos, são os fatores relacionados às emoções, já que a presença de membros desanimados ou de mau humor pode contaminar o espírito de grupo e diminuir a cooperação entre seus membros (Barsade, 2002; Bartel & Saavedra, 2000; Kelly & Barsade, 2001).

Desindividuação

A **desindividuação** pode trazer algumas consequências surpreendentes, para não dizer perigosas, para o comportamento das pessoas. Alguns exemplos podem nos ajudar a verificar os problemas implicados no fenômeno da desindividuação. Pensemos, por exemplo, no massacre do Carandiru, ocorrido em 1992, em que presos e criminosos foram massacrados por guardas dentro de uma prisão em São Paulo; no comportamento violento de policiais que espancam ou matam menores, bandidos ou não, nas ruas de grandes metrópoles; nas reações de torcidas uniformizadas que, sob "gritos de guerra", hostilizam-se mutuamente, quebram alambrados, invadem campos de futebol, provocando pânico e pavor dentro e fora dos estádios; nos gritos histéricos e alucinantes de jovens plateias em *shows* de *rock* e *funk*. Há até casos, comumente comentados como folclóricos, mas que são não só inteiramente verídicos como já ocorreram em vários lugares: suicidas em potencial observados e instigados por uma multidão a apressar o ato que porá fim a sua vida, ou seja, jogar-se do alto de um edifício aos gritos de "pula, pula..."

Um episódio ocorrido na Guerra do Iraque, em 2003, chocou a humanidade: uma tenente do exército norte-americano, observada por militares e civis de ambos os lados, arrastando pelo chão um prisioneiro local, preso com uma coleira ao pescoço, como se fosse um cachorro.

O sociólogo francês Gustave LeBon tentou encontrar algumas respostas para o comportamento das multidões, e sua obra (1895) *A psicologia das multidões* (La psychologie des foules) ficou mundialmente conhecida. Para esse autor, o anonimato, o contágio e a sugestão são fenômenos que ocorrem nas multidões e fazem as pessoas perderem a racionalidade e a própria identidade individual, criando uma espécie de "mente grupal".

Festinger, Pepitone e Newcomb (1952) criaram o termo desindividuação para se referirem ao fenômeno que, em determinadas situações de grupo, faz com que as pessoas tenham maior probabilidade de perder suas inibições normais e o senso de responsabilidade individual, tornando-as não identificáveis. Phillip Zimbardo formulou a **Teoria da Desindividuação**, segundo a qual três variáveis são importantes para introduzir mudanças psicológicas capazes de produzir comportamentos dessa natureza: o anonimato, a difusão da responsabilidade e a presença ou tamanho do grupo. Para ele, esse estado psicológico conduz a uma perda da identidade e uma redução na preocupação quanto à avaliação social, o que resulta, então, em atos impulsivos, irracionais e "regredidos" porque eles não estão sob os padrões usuais de controle pessoal e social. Ainda que Zimbardo tenha postulado que esse estado psicológico possa levar a atos pró-sociais, a tônica de seus estudos se concentrou em seus efeitos antissociais.

Com o intuito de buscar evidências para sua teoria, Zimbardo (1970) desenvolveu experimentos de campo e de laboratório. Segundo esse autor, a imensidão das cidades grandes é suficiente para produzir o anonimato e o surgimento de normas que permitam atos de vandalismo, sendo já considerado clássico seu experimento de campo, no qual deixou dois carros abandonados, sem placa e com o capô aberto, um em uma cidade pequena da Califórnia (Palo Alto) e o outro em Nova York. Após três dias, os resultados foram contundentes: na cidade grande o carro foi alvo de roubos e vandalismo praticados por pessoas bem-vestidas, mas, na cidade pequena, apenas uma pessoa tocou no carro, apenas para abaixar o capô quando começou a chover. Nos experimentos de laboratório os participantes, sob o pretexto de estarem participando de experiências de aprendizagem, deveriam ministrar "choques" fictícios (mas aparentemente reais) aos aprendizes. As condições de anonimato físico foram experimentalmente manipuladas, ora fazendo os participantes vestirem capuzes, ora fazendo-os agir em salas escuras. De um modo geral, os resultados trouxeram evidências em favor dos efeitos antissociais da desindividuação sobre o comportamento dos indivíduos: quanto maior o grupo e quanto maior o anonimato físico, maior a desindividuação e mais intensos seus efeitos negativos sobre o comportamento das pessoas. Também em seu experimento sobre simulação de aprisionamento (cf. capítulo 1), Zimbardo (1975) observou o poder da desindividuação na gênese de comportamentos antissociais, tais como fraudes, mentiras, vandalismo, ofensas e agressões físicas e verbais.

A despeito desses achados, contudo, não podemos concluir apressadamente que fazer parte de um grupo, mesmo de um grupo primitivo como uma multidão, leva as pessoas necessariamente a agir de forma destrutiva. A exemplo do que mencionamos anteriormente em relação à facilitação social, também aqui podemos ser um pouco mais otimistas. De acordo com Diener (1980), o fator-chave do comportamento na multidão é o nível reduzido de autoconsciência. Esse autor argumenta que o anonimato, a estimulação exacerbada e a coesão, presentes nas situações de multidão, induzem as pessoas a dirigir sua atenção mais para o ambiente do que para seus padrões internos, o que torna seus comportamentos menos autorregulados e mais controlados pelas normas mais salientes na situação. Nessas circunstâncias, portanto, as pessoas "desindividualizadas" ficam mais propensas a reagir às demandas do ambiente, sem pensar em seus próprios valores e atitudes. Em suma, a autoconsciência seria o oposto da desindividuação, e, por consequência, sendo criadas condições para o aumento dos níveis de autoconsciência, as pessoas tornam-se individualizadas e menos propensas à influência circundante (seja ela positiva ou negativa) e exibem comportamentos coerentes com seus padrões internos. Tais suposições foram testadas experimentalmente por inúmeros estudos, nos quais os participantes agiam na frente de um espelho ou diante de câmeras de TV ou, ainda, usavam crachás de identificação, tendo sido verificada ou uma redução nos efeitos negativos da desindividuação ou um aumento dos efeitos positivos da autoconsciência. Em um desses estudos, por exemplo, Hutton e Bausmeister (1992) concluíram que as pessoas se tornaram mais ponderadas e menos vulneráveis a apelos que fossem contrários aos seus próprios valores.

Outros estudos realizados sobre este tema vêm apontando também para o fato de que a desindividuação, mais do que liberar o indivíduo a agir por conta própria e de forma antissocial, aumentaria a tendência de fazer com que as pessoas sigam as normas grupais (cf. item adiante), seja qual for o grupo em que se esteja inserido no momento: uma multidão enfurecida, um grupo de protesto ou torcedores de futebol. Ou seja, a desindividuação apenas acentuaria o comportamento que seria o típico do grupo naquele momento (Kugihara, 2001; Postmers & Spears, 1998; Smith & Mackle, 2007).

Características dos grupos sociais

As funções do grupo

Nos muitos grupos de que fazemos parte, longe de sermos observadores passivos, atuamos e participamos ativamente, influenciamos outras pessoas, somos influenciados por elas e, nesse processo, preenchemos lacunas e alcançamos objetivos. Por que os grupos são tão importantes para nós? Em primeiro lugar, precisamos do grupo para atender muitas de nossas necessidades humanas básicas, desde as de mera sobrevivência até as de afiliação social e de satisfação de aspirações e desejos mais profundos. Os grupos são também poderosas fontes de informação, que nos ajudam a tomar posição no mundo social, especialmente em situações novas, confusas ou ambíguas, em que usamos os comportamentos e opiniões dos outros para escolher cursos de ação mais apropriados. Fazer parte de grupos nos ajuda igualmente a saber quem somos, a definir nossa própria identidade. Experimente perguntar a alguém: "Quem é você?" Muito provavelmente ele lhe dirá: "Eu sou fulano de tal, professor ou psicólogo, filho de imigrantes, nordestino..." Ou seja, ele se definirá como pessoa e sintetizará algumas de suas características pessoais mais importantes reportando-se a um grupo ao qual pertence, na certeza de que essa informação lhe será útil não só para saber quem ele é, como também para desenvolver suas expectativas em relação a ele e ao modo como vive, sente e age ao interagir com outros. Os grupos podem também nos trazer outros benefícios diretos ou indiretos, pois estabelecem normas sociais que orientam adequadamente nossas condutas nas mais diferentes situações sociais, proporcionam-nos recompensas e ajudam-nos a atingir nossos objetivos pessoais e profissionais.

Composição do grupo

Vimos na introdução deste capítulo que a Psicologia Social contemporânea tem como foco o estudo dos padrões de interação social entre as pessoas. Por conta dessa ênfase, interessa-lhe o estudo de grupos sociais pequenos, em que existe uma relação face a face, as pessoas se conhecem umas às outras, compartilham objetivos comuns e aderem às normas construídas pelo próprio grupo. Em grupos grandes, isso seria muito pouco provável, entre outras razões não tão óbvias quanto ao seu tamanho, por sua heterogeneidade e porque seus membros dificilmente têm controle sobre o que lhes acontece dentro deles. Em contraste, grupos pequenos têm uma atmosfera própria e são mais homogêneos. Formam-se principalmente pela proximidade física e também pela identidade de pontos de vista de seus constituintes e, à medida que a interação continua, valores, objetivos, papéis, normas etc. vão se formando progressivamente, o que, em certa medida, acaba por definir um repertório de condutas bastante semelhante.

Em consequência, a Psicologia Social se dedica principalmente ao estudo de microgrupos, cujo tamanho varia de duas ou três pessoas a no máximo vinte pessoas, sendo o mais frequente, contudo, o estudo de grupos com até seis ou oito membros. A propósito dos limites mínimos de um grupo, alguns autores (Bales, 1950; Hare, 1976) defendem que as díades (grupos de duas pessoas) já assumem características de grupo; outros autores (Simmel, 1950; Caplow, 1956), no entanto, advogam que somente a partir de três membros é que se pode falar de grupo, pois é esse limite mínimo que permite a formação de coalizão.

A homogeneidade dos membros no que concerne a idade, sexo, crenças e opiniões é, portanto, uma outra característica importante dentro dos grupos sociais pequenos. Tal homogeneidade pode ser explicada de duas formas. Em primeiro lugar, pelos processos de formação e dissolução dos grupos: os grupos mais provavelmente se formam e menos provavelmente se dissolvem se os membros são mais similares entre si. Em outras palavras, muitos grupos tendem a atrair pessoas que já são semelhantes antes de neles entrarem, como é o caso, por exemplo, de pessoas que vivem no mesmo bairro, trabalham no mesmo lugar ou participam de eventos recreativos, que se juntam porque têm o mesmo foco de atividade (Feld, 1982). Quando os indivíduos são diferentes ou se tornam diferentes, os conflitos surgem com maior frequência, enfraquecendo a coesão do grupo e favorecendo a rotatividade (Moreland, Levine & Wingert, 1996). Uma segunda explicação da homogeneidade decorre do fato de que os grupos tendem a funcionar de modo a estimular a semelhança entre seus membros a partir dos processos de socialização grupal (Levine & Moreland, 1998). Por conta desses processos, são contínuas as avaliações do grupo por seus membros e de seus membros pelo grupo, o que produz sentimentos de compromisso entre todos os que estão envolvidos.

Estrutura dos grupos sociais

A estrutura pode variar muito de grupo para grupo, tanto em forma quanto em força, mas, invariavelmente, todo grupo precisa criar sua própria estrutura, pois dela dependem, inclusive, os processos que aí têm lugar. Nesse sentido, a estrutura de grupo, corporificada nos padrões de relacionamento entre seus membros, desenvolve-se de forma rápida, mas muda de maneira lenta. Em outras palavras, assim que um grupo se constitui, muitos esforços são feitos para organizar suas atividades de modo funcional; uma vez estabelecido um modo próprio de funcionamento, tentativas posteriores de reorganização encontram certa resistência por parte dos membros do grupo. Isto porque é mais confortável para eles saber exatamente o que se espera de cada um, e processos de mudança, naturalmente, geram incertezas quanto ao funcionamento de uma nova estrutura. Além disso, a estrutura de grupo, ao estabelecer restrições ao comportamento dos membros, previne a ocorrência de uma série de conflitos dentro do grupo.

A estrutura de grupo caracteriza-se, pois, pela regularidade das relações interpessoais e das relações pessoas/tarefas, que transcendem as personalidades e as relações idiossincráticas de um determinado grupo (Collins & Raven, 1969), podendo ser definida como uma rede interdependente de papéis e de posições hierarquizadas de *status* (Sherif & Sherif, 1969). Papel e *status* referem-se a padrões previsíveis de comportamentos, associados não tanto a indivíduos particulares dentro de um grupo, mas a posições ocupadas por esses indivíduos. A principal diferença entre eles é de valor: papéis distintos dentro de um grupo podem ter o mesmo valor, ao passo que posições distintas de *status* são, por definição, valorizadas de forma diferente. Um membro que detém maior *status* (e poder) dentro do grupo é o líder, razão pela qual o estudo da liderança é tão enfatizado na literatura psicossocial, sendo examinado de diferentes perspectivas: como um atributo pessoal, um resultado de determinantes situacionais, uma interação entre personalidade e situação ou, por fim, como um processo de negociação entre líderes e seguidores.

Desses fenômenos trataremos em seguida, procurando trazer, em cada caso, uma visão geral sobre os principais aspectos conceituais e empíricos que os caracterizam e que nos ajudam a compreender um pouco mais a vida dentro dos grupos sociais.

Coesão grupal

> *Não há uma pessoa em dez mil que seja forte e insensível o bastante para suportar a constante aversão e condenação de seu próprio grupo.*
>
> John Locke

Em linhas gerais, coesão grupal pode ser definida como a quantidade de pressão exercida sobre os membros de um grupo a fim de que nele permaneçam. Para Festinger (1950), coesão é "a resultante de todas as forças que atuam sobre os membros para permanecerem no grupo". Um ponto central na teorização de Festinger é que os grupos tendem a produzir "pressões para a conformidade" entre os membros, principalmente em questões para as quais não há evidências objetivas, ou seja, questões que dependem de um consenso intersubjetivo. Pode-se supor daí que as pressões se dirigiriam mais especificamente para os dissidentes no sentido de persuadi-los e, caso não sejam bem-sucedidas, a tendência do grupo será marginalizar os membros não conformistas ou mesmo expulsá-los.

Há várias razões capazes de levar uma pessoa a pertencer a um grupo. Atração pelo grupo ou por seus membros pode ser uma delas; forma de obter algum objetivo por meio de filiação ao grupo pode ser uma outra razão. Apesar de serem diversas as razões conducentes à atração despertada por um grupo em seus membros, Back (1951) demonstrou que várias formas de atração grupal conduzem a resultados comportamentais semelhantes por parte de seus membros. Back criou experimentalmente três fontes de atração grupal, a saber: atração pessoal entre os componentes, atração pela tarefa a ser executada pelo grupo e atração devida ao prestígio que pertencer ao grupo traria para seus membros. Foi verificado que as diversas bases de atração pelo grupo influenciavam o tipo de comunicação prevalente, mas que não agiam em aspectos como o poder do grupo em influenciar seus membros e a magnitude da coesão. Quanto maior a coesão, porém, maior a necessidade de os membros se comunicarem entre si, principalmente no sentido de buscar uniformidade (Festinger, 1950).

Segundo Thibaut e Kelley (1959), a tendência de um membro em permanecer no grupo é função da positividade dos resultados por ele obtidos no grupo e também da magnitude das recompensas oferecidas por outros grupos. Isto é, se os resultados obtidos no grupo forem gratificantes e os antecipados na consideração das alternativas à disposição do indivíduo forem pouco satisfatórios, o indivíduo terá grande atração por seu grupo atual. Se todos os membros se encontrarem em tal situação, a coesão do grupo será elevada.

Os estudos experimentais clássicos, em que a coesão grupal figura como variável independente, têm revelado resultados bastante óbvios, tais como:

a) Quanto maior a coesão do grupo, maior a satisfação experimentada por seus membros (Exline, 1957; Marquis, Guetzkow & Heins, 1951); e quanto mais os membros de um grupo se sentem atraídos pelo grupo, maior será a inclinação a acatar sua influência (Lott & Lott, 1961; Sakurai, 1975).

b) Quanto maior a coesão grupal, maior a quantidade de comunicação entre os membros (Back, 1951; Dittes & Kelley, 1956; Lott & Lott, 1961).

c) Quanto maior a coesão grupal, maior a quantidade de influência exercida pelo grupo em seus membros (Back, 1951; Berkowitz, 1954; Crandall, 1988; Schachter et al., 1951).

d) Quanto maior a coesão grupal, maior a produtividade do grupo (Bjerstedt, 1951; Chapman & Campbell, 1957).

Cumpre assinalar ainda que estudos posteriores tomaram duas direções distintas. A primeira, coerente com o abordado anteriormente, apontou para novos fatores envolvidos no processo de coesão, como, por exemplo, o fato, também óbvio, de que quanto mais tempo as pessoas de um grupo permanecem juntas, maior será a coesão resultante (Griffith & Greenlees, 1993). Da mesma forma, quanto mais recompensadora a atividade grupal (atividades intrinsecamente prazerosas, objetivos do grupo atendidos com sucesso etc.), maior será a coesão (Stokes, 1983). Finalmente, relembrando o demonstrado por Sheriff (1966), a ameaça de perigos externos ao grupo que possam atingir a todos os seus membros e o papel exercido por suas lideranças também se mostraram variáveis importantes no processo de fortalecimento da coesão grupal (Harrison & Connors, 1984; Smith, 1983).

Além disso, métodos especificamente destinados a medir a coesão grupal foram desenvolvidos, além daqueles relativos à demonstração mútua de apreço (o método sociométrico ou **sociograma**, idealizado por J.L. Moreno em 1947) e à análise do processo de interação entre os membros (o método de observação de Bales, originalmente proposto em 1950 e modificado em 1970), que já se tornaram clássicos nessa área. Assim, medidas não verbais (sentarem-se mais próximos, sinais não verbais de afeto, movimentos coordenados) somaram-se às medidas verbais (aumento do número de conversas, criação de gírias e jargões próprios, narrativas pessoais de natureza mais íntima) para a aferição mais precisa dos níveis de coesão de um grupo (Budman et al., 1993; Tickle-Degen & Rosenthal, 1987).

Por outro lado, muitos pesquisadores vêm alertando para o fato de que o fenômeno da coesão ainda está bastante envolto em incertezas, no que diz respeito à sua natureza conceitual (Brawley, 1990). Isto se daria tanto em função de muitos estudos definirem coesão de formas distintas – ora como solidariedade, ora como moral, ora como clima – quanto pela constatação de que o construto em si é, na verdade, bem mais complexo do que se pensava antes, abrangendo múltiplas dimensões ou fatores (Levine & Moreland, 1998). Hogg (1993), por exemplo, distingue a coesão baseada em sentimentos de atração pessoal entre os membros da coesão baseada em sentimentos de atração social, definida pelo grau com que cada pessoa se aproxima da imagem compartilhada de um membro típico de um determinado grupo.

Estudos posteriores revelam relações positivas entre coesão e desempenho do grupo (Gully, Devine & Whitney, 1995; Mullen & Cooper, 1994). Em ampla revisão de estudos realizados nessa área, Muller e Cooper verificaram que grupos mais coesos têm um desempenho melhor que grupos pouco coesos, especialmente quando a coesão envolve maior comprometimento com a tarefa do que sentimentos de atração pessoal ou de orgulho por pertencer ao grupo.

Normas

Todo grupo social possui normas. Sem elas não seria possível sua sobrevivência. A partir de simples observação verificamos que todos os grupos, pequenos ou grandes, formais ou informais, possuem normas que governam as linhas gerais do comportamento de seus membros. Católicos, protestantes, partidos políticos, associações comerciais, associações de moradores, organizações não governamentais, todos possuem suas normas e são regidos por elas e, quando seus membros as desobedecem, sofrem as consequências dessa violação. Normas se aplicam, portanto, a todos os tipos de grupo, grandes ou pequenos, e, até mesmo, a díades. Marido e mulher, por exemplo, não raro estabelecem normas para evitar atritos e facilitar uma acomodação mais harmoniosa entre eles. Como exemplificam Thibaut e Kelley (1959), um casal, em que o marido gosta de ir ao cinema e a mulher prefere ir dançar nos fins de semana, pode estabelecer uma norma que concilie essas diferenças, alternando o tipo de diversão em cada fim de semana.

As normas são aprendidas e constituem um dos mais importantes mecanismos de controle social. Nesse sentido, os membros de um grupo utilizam tais padrões para julgar a propriedade ou adequação de suas percepções, de seus sentimentos e de seus comportamentos.

De maneira geral, podemos definir normas sociais como padrões ou expectativas de comportamentos compartilhados pelos membros de um grupo acerca de seu desempenho e das formas como deverão funcionar para que o grupo alcance seus objetivos. As normas podem ser tanto formais ou explícitas quanto informais e inconscientes, só perceptíveis quando violadas. Uma vez estabelecidas, as normas de um grupo tendem a institucionalizar-se e, mesmo quando informais, são invocadas para corrigir um comportamento desviante. Vários são, portanto, os tipos de normas subjacentes ao funcionamento de um grupo, podendo regular as interações entre seus membros, os comportamentos, as recompensas, as distribuições dos recursos, como a equidade ou igualdade, enfim, as crenças, atitudes e valores sobre o que é válido, correto e verdadeiro (McGrath, 1984).

As normas se formam no grupo de modo progressivo e silencioso, mas tendem a se tornar estáveis ao longo do tempo, a despeito de mudanças na própria composição do grupo. Muitas teorias foram propostas para explicar como se dá o desenvolvimento das normas. No capítulo 9, sobre influência social, vimos o experimento de Sherif (1936) com o efeito autocinético. Este experimento mostra de forma bastante adequada como se formam as normas sociais. Já Thibaut e Kelley (1959) consideram a necessidade de o grupo loco-mover-se em direção aos seus objetivos, a de diminuir custos e a de aumentar recompensas como os elementos principais no estabelecimento de normas grupais. A posição desses autores é adequada no que tange a normas relativas aos *objetivos* do grupo como um todo e aos de seus integrantes em particular. Opp (1982), por seu turno, argumenta que as normas se formam por processos institucionais, voluntários ou evolucionistas: as normas institucionais são estabelecidas pelo líder do grupo ou por autoridades externas; as voluntárias resultam da negociação entre os membros do grupo para a resolução dos conflitos; por fim, as evolucionistas surgem quando os comportamentos que satisfazem um membro são imitados pelos demais. Na medida em que tais comportamentos se disseminam no grupo, criam-se as expectativas, primeiramente sobre como as pessoas irão comportar-se e, posteriormente, sobre como elas devem comportar-se.

Por que será, todavia, que os membros de um grupo sentem necessidade de ter suas opiniões conforme as normas dominantes no grupo? As teorias de Festinger, de 1950 e de 1954, permitem que se encontre a resposta a esta pergunta. A **Teoria da Comunicação Social** informal trata dessa questão, embora se refira principalmente aos objetivos do grupo, mas a **Teoria dos Processos de Comparação Social** se refere diretamente ao problema da busca de consenso. Festinger ressalta que a pressão em direção à uniformidade constitui uma das maiores fontes de forças conducentes à comunicação nos grupos, e, nessa busca de uniformidade, desempenha papel primordial a necessidade de estabelecimento de uma realidade social, que se traduz pelo consenso de opiniões. Em ambos os tipos de processo – de comunicação e de comparação social – fica patente a importância das normas do grupo na regulação dos pensamentos, sentimentos e comportamentos de seus membros.

O estabelecimento de normas grupais se constitui num excelente substituto para o uso do poder, que, muitas vezes, provoca tensão e ônus aos membros do grupo. Em vez de o líder estar constantemente utilizando sua capacidade de influenciar seus liderados, a existência de normas facilita seu trabalho e dispensa o constante exercício e demonstração do poder. Em sua **Teoria da Troca Social**, Thibaut e Kelley (1959) afirmam que elas funcionam como mediadoras das interações, evitando, assim, o recurso ao poder pessoal.

Em grupos de pouca coesão ou muito amplos pode haver dificuldade no estabelecimento de normas devido à multiplicidade de interesses. Nestas circunstâncias, para que se formem normas, é necessária, via de regra, a seguinte sequência de acontecimentos: (a) especificação das atitudes ou comportamentos desejados; (b) fiscalização pelo grupo da obediência às especificações; e (c) aplicação de sanções aos não conformistas. A primeira etapa pode ser **explícita** ou **implícita**. Por exemplo, um professor pode determinar como será conduzido seu curso (explícita); um aluno, a partir de exemplo do professor ou de um outro aluno, vê qual a conduta que deve seguir quando parte de um determinado grupo (implícita).

Embora dotadas de relativa estabilidade, as normas não são imutáveis. Devem-se a Kurt Lewin (1948, 1951) os primeiros estudos sistemáticos sobre o processo de mudança de normas. Foram identificadas três fases nesse processo: descongelamento, mudança e recongelamento. Em síntese: existiria uma situação de desequilíbrio que levaria as pessoas a tomar consciência da necessidade de mudar, introduz-se a mudança desejada e, finalmente, consolida-se o processo. O experimento clássico nesse campo foi realizado durante a Segunda Guerra Mundial e teve por objetivo mudar os hábitos alimentares dos americanos diante da escassez de alimentos provocada pela guerra. Para Lewin, a mudança do comportamento de grupo pressupõe a mudança das normas.

A exemplo do que ocorre com a coesão, vários métodos são propostos para a mensuração das normas de um grupo, desde os mais populares, que consistem simplesmente em pedir aos membros do grupo que as descrevam (Moore & Virgil, 1987) ou em perguntar-lhes sobre suas reações a uma série de comportamentos exibidos dentro do grupo, agrupando as respostas em índices estatísticos (George & Bettenhausen, 1990), até aqueles que buscam inferi-las dos próprios comportamentos dos membros do grupo (Barker, 1993) – as regularidades comportamentais são interpretadas como conformidade às normas do grupo e, as irregularidades, como desviantes dessas normas.

Status

O sistema de *status* de um grupo reflete a distribuição de poder entre seus membros, pois reflete a avaliação atribuída às diferentes posições ocupadas por eles dentro do grupo, isto é, o prestígio relativo dessas posições.

Em qualquer grupo social é possível estabelecer-se o *status* de cada membro e o papel que lhe cabe desempenhar. Sociologicamente, *status* se refere à posição de uma pessoa no sistema social [p. ex.: Linton (1945) utiliza o termo com este significado]. O sentido em que tomamos o termo *status* difere, portanto, deste, pois consideramos *status* como o prestígio desfrutado por um membro do grupo. Este prestígio pode ser tal como o indivíduo o percebe (***status* subjetivo**) ou pode ser resultado do consenso do grupo acerca desse indivíduo (***status* social**). O *status* subjetivo pode ou não corresponder ao *status* social. Se, em relação aos resultados colhidos pelos outros membros do grupo, um dos membros se considera recebedor de resultados gratificantes, tal situação o levará à sensação de *status* subjetivo elevado. Se os demais membros do grupo consideram este indivíduo como necessário ao grupo e capaz de mediar benefícios conducentes à satisfação do grupo, ele terá *status* social elevado neste grupo. Obviamente, o *status* subjetivo pode ou não corresponder ao *status* social. Dependendo da natureza do grupo, determinados atributos serão significantes para a atribuição de *status*. Assim, por exemplo, num grupo de professores universitários terá pouca relevância para estabelecimento de *status* o fato de um deles ser capaz de jogar futebol muito bem; já se um deles possui um número substancial de publicações de qualidade, tal circunstância não só lhe trará elevado *status* subjetivo como também acentuado *status* social em seu grupo. Sua contribuição ao grupo será significante, pois ele será visto como capaz de mediar benefícios (satisfação intelectual) ao grupo a que pertence (deixemos de lado naturalmente os aspectos menos nobres da natureza humana, tais como inveja, p. ex., na consideração do exemplo aduzido). Caso se tratasse de um clube de futebol, a qualidade de bom jogador de uma pessoa, sem dúvida nenhuma, seria de grande importância na atribuição de seu *status* subjetivo e social.

Em linhas gerais, essa concepção de *status* deriva diretamente das teorias clássicas de troca social de Thibaut e Kelley (1959) e de Homans (1961).

Homans fala de **justiça distributiva** (cf. capítulo 13) e de **congruência de *status***. Ambas essas noções supõem a avaliação comparativa das recompensas, dos custos e dos investimentos de uma pessoa num grupo. Diz ele: "Justiça distributiva se refere à relação entre o que uma pessoa obtém em termos de recompensa e o que ela incorre em termos de custos, aqui e agora; congruência de *status* refere-se à impressão que ela causa em outras, dos estímulos que ela apresenta a outras, o que poderá afetar seu comportamento posterior em relação a estas outras pessoas e, consequentemente, as recompensas futuras que ela auferirá por parte destas". Os dois conceitos diferem, pois, em sua base funcional. Para manter a congruência de *status* duas pessoas de posições diferentes numa organização, por exemplo, quando engajadas numa mesma tarefa, deverão exibir comportamentos diversos; a de *status* superior deverá esforçar-se mais a fim de manter a congruência entre a noção subjetiva de seu *status* e seu comportamento exterior em relação ao da pessoa de *status* inferior. Vários símbolos indicadores de *status* (tipo de automóvel, aparência do escritório de trabalho etc.) se desenvolvem em coerência com a noção de congruência de *status*. Tais símbolos reforçam a noção de congruência de *status* para os indivíduos que deles se utilizam, caracterizando sua posição superior no grupo.

Thibaut e Kelley salientam a importância decorrente da comparação dos custos e recompensas recebidos por pessoas de mesmo *status*. Com dois irmãos, por exemplo, quando ambos "requerem e recebem relativamente o mesmo tipo de tratamento dos pais, qualquer diferença na quantidade de recompensas será facilmente notada. Se os pais quiserem evitar rivalidade entre os irmãos e serem acusados de favoritismo, deverão ou se comportar de maneira escrupulosamente equitativa ou criar alguma forma de não comparabilidade entre os resultados colhidos pelos dois irmãos, fornecendo-lhes diferentes tipos de recompensas". Em outras palavras, estabelecida a diferença de *status*, cada um julgará seus resultados de acordo com o que é coerente com seu *status*. Um irmão mais moço, por exemplo, não se importará se um irmão seu, dez anos mais velho, sair com o automóvel de seu pai, enquanto isto lhe é negado por não estar ainda em idade de obter autorização para dirigir. Não se conformará mais com esta situação, todavia, quando alcançar a idade de dirigir automóvel. Neste caso, alguma acomodação terá que ser feita para manter-se a justiça distributiva e a congruência de *status*.

Uma vez estabelecido, o sistema de *status* de um grupo tende a mudar lentamente, havendo três fatores principais para essa relativa estabilidade: ser membro do grupo é mais recompensador para aqueles de maior *status*, que, obviamente, são os mais relutantes em fazer mudanças; os membros com maior *status* são avaliados mais positivamente que os de menor *status*, mesmo quando se comportam de forma equivalente a esses; por fim, os membros de menor *status* têm mais dificuldades em mudar o sistema de *status* por serem menos influentes e porque seus esforços são vistos, em geral, como autosservidores (Levine & Moreland, 1998).

Papéis

> *O mundo inteiro é um palco. Todos os homens e mulheres são atores e nada mais. Cada qual cumpre suas entradas e saídas, e desempenha vários papéis durante os atos de sua existência.*
>
> W. Shakespeare. *As You Like It*, ato II, cena VI
> [Trad. de Geraldo Carneiro].

Normas sociais e também o *status* subjetivo e social influem no papel a ser desempenhado pelos membros de um grupo. O **papel social** é um conceito sistêmico e se refere às expectativas de interação entre a pessoa que ocupa uma posição em um grupo e as outras que lhe são complementares. Assim, por exemplo, não pode haver um papel de supervisor se não houver um papel de subordinado. De um modo geral, todos os grupos têm papéis bem definidos, que consistem em expectativas compartilhadas sobre como determinados membros devem se comportar.

Enquanto as normas especificam como todas as pessoas devem se comportar, os papéis determinam como deve ser o comportamento das pessoas que ocupam determinadas posições dentro de um grupo. Assim, um supervisor e um empregado desempenham papéis diversos dentro da empresa, razão pela qual se espera que se comportem de forma diferente nesse contexto. Por outro lado, se um mesmo conjunto de normas governa o comportamento de duas pessoas, dizemos que elas desempenham o mesmo papel.

As normas sociais prescrevem papéis de uma forma muito mais determinada e específica que o *status* dos membros de um grupo. Entretanto, a noção de congruência de *status* vista antes implica o reconhecimento de papéis diversos a serem desempenhados pelos membros, que diferem entre si devido à sua posição hierárquica no grupo social a que pertencem.

Analogamente às normas sociais, os papéis podem ser de grande utilidade para os membros do grupo. Eles facilitam a interação social porque, a princípio, as pessoas sabem mais prontamente o que esperar umas das outras. Adicionalmente, os papéis podem trazer inúmeros benefícios não só para a própria dinâmica do grupo como também para seu desempenho. Quando os papéis são claramente definidos, os membros tendem a se sentir mais satisfeitos e a ter melhor desempenho (Barley & Bechky, 1994).

O papel reservado a um membro de um grupo é de capital importância, quer se trate de um grupo de duas pessoas, quer se trate de uma nação ou de uma cultura que envolve mais de uma nação. Nenhum grupo humano pode funcionar adequadamente sem o estabelecimento de papéis para seus membros. A despeito dessa importância, contudo, boa parte da pesquisa sobre papéis envolve os conflitos que eles podem criar para os grupos e seus membros. Alguns desses conflitos, por exemplo, surgem no próprio processo de atribuição de papéis, quando são tomadas decisões sobre quem deve ocupar que papéis dentro do grupo (Moreland & Levine, 1982). Outros conflitos também podem surgir quando alguém começa a desempenhar um determinado papel. Se as expectativas dos outros membros do grupo não são claras, a própria pessoa pode ficar insegura sobre como deve desempenhar seu papel (**ambiguidade de papel**), podendo tal estado de coisas resultar até em abandono ou expulsão do membro do grupo. Algumas vezes é a própria pessoa que sente lhe faltarem conhecimento, habilidade e/ou motivação para desempenhar o papel de forma eficaz (**estresse de papel**) ou constata que o papel é inconsistente com outros que já desempenha (**conflito interpapel**). O conflito interpapel acontece, por exemplo, com pessoas que pertencem, simultaneamente, a duas subculturas diversas (um adolescente de uma família estruturada que se associa a um grupo de delinquentes infratores) e difere do **conflito intrapapel**, que se caracteriza pela existência de expectativas opostas por parte de membros de um grupo em relação ao papel a ser desempenhado por um de seus membros. Estudantes e diretores de uma escola, por exemplo, podem ter expectativas diversas a respeito do papel a ser desempenhado pelo professor, o qual, no caso, estaria num conflito intrapapel. Em outras palavras, o papel que lhe cabe desempenhar em decorrência de sua função torna-se conflitivo em face da existência de expectativas opostas.

Em suma, assim como em relação ao *status* existe o que se chama *status* subjetivo, também no que concerne ao papel existe um papel subjetivamente atribuído pelo indivíduo a si mesmo. Para o funcionamento harmonioso do grupo faz-se necessário que o papel atribuído a si pelo próprio indivíduo seja coerente com o que dele esperam os demais membros. Com alguma frequência, as pessoas se encontram em situações em que o papel desempenhado é fonte de conflito e tensão, seja para elas mesmas, seja para o grupo, seja para as relações entre elas e os demais membros do grupo.

Tanto psicólogos sociais como sociólogos dedicam considerável importância ao fenômeno de desempenho de papel em grupos humanos. Vários são os fatores que influem no estabelecimento de papéis, tais como idade, sexo, nível educacional, normas culturais, *status*, tipo de grupo etc. Naturalmente, as expectativas dos papéis a serem desempenhados pelos integrantes de um grupo variam à medida que o grupo se reestrutura. Em outras palavras, a noção de papel não implica um conceito estático, imutável e perene.

Os papéis são desempenhados pelos membros de acordo com as características sistêmicas do grupo a que pertencem.

O desempenho de papéis sociais exerce efeitos poderosos sobre as pessoas, podendo envolver dois tipos de custo (ARONSON et al., 2009). O primeiro deles diz respeito às consequências potencialmente negativas para as pessoas quando determinados papéis são por elas absorvidos, interiorizados, de forma intensa e desmedida, a ponto de afetar sua identidade pessoal e sua própria personalidade. O melhor exemplo para ilustrar essa situação é o experimento clássico de Zimbardo (1975) que simulou uma prisão no porão da Universidade de Stanford e designou 24 estudantes para desempenhar os papéis de guardas e de prisioneiros. Os participantes "encarnaram" esses papéis de forma tão real que o experimento teve que ser suspenso antes do tempo estipulado pelo forte impacto negativo, absolutamente imprevisível, que teve no comportamento e nas reações dos universitários.

O segundo tipo de custo está relacionado ao preço que pagamos quando, no desempenho de um determinado papel, agimos de forma a violar as expectativas a ele associadas, principalmente quando elas são injustas ou arbitrárias. As expectativas desenvolvidas pela sociedade no que concerne aos papéis de gênero constituem um bom exemplo para ilustrar essa situação. Desde os anos 50, no século XX, a estrutura familiar organizou-se em função de papéis claramente definidos e delimitados que conferiam ao homem e à mulher posições e *status* igualmente diferenciados. Tradicionalmente, esperava-se que o homem desempenhasse o papel de provedor das necessidades financeiras da família e de chefe da mesma, cabendo-lhe resolver os problemas que envolvessem o patrimônio e também nortear as diretrizes básicas que deveriam regular o comportamento dos membros do grupo familiar. As expectativas associadas ao papel da mulher – mãe, esposa, companheira – reservavam-lhe, contudo, comportamentos bem diferentes, restringindo-lhe o poder de ação fora do âmbito estritamente doméstico. Nesse sentido, as mulheres "de vanguarda" e à frente de seu tempo, que agiam fora desses padrões e de forma incompatível com o que delas se esperava, angariavam atitudes negativas, sendo objeto de discriminação por parte dos demais. Em muitas culturas, com o aumento crescente de seu poder e as mudanças ocorridas em seu papel na sociedade, a mulher passou a reivindicar para si as prerrogativas outrora reservadas aos homens e a esperar outros tipos de resultados em suas interações no grupo familiar e fora dele. Com isso, o reconhecimento de seus direitos e de suas oportunidades ampliou-se consideravelmente, mas muitos homens ainda esperam que suas mulheres assumam o papel tradicional de mãe e de "cuidadora do lar", mesmo que trabalhem fora e contribuam para o orçamento doméstico. Dessa situação surgem a tensão, a ambivalência, a ambiguidade e os conflitos de papel aos quais aludimos.

Diferentemente dos papéis de gênero, que nos são designados pelo fato de sermos homem ou mulher ou de termos nascido em uma determinada cultura, a maioria dos papéis sociais que desempenhamos representa, de uma forma ou de outra, uma escolha nossa e, como tal, é importante para nossa identidade pessoal e profissional. Contudo, nem todos os papéis têm o mesmo peso, a mesma influência no grupo ou são igualmente acessíveis a todos. Tal é o caso do papel de líder, talvez o papel mais importante e de maior *status* em qualquer grupo social, pois de sua capacidade pessoal e de sua atuação e interação com os demais membros depende o desempenho do grupo e, muitas vezes, sua própria sobrevivência. Do líder e do processo de liderança trataremos a seguir.

Liderança

Desde o clássico experimento sobre tipos de liderança de Lewin, Lippit e White, em 1939, muito se tem escrito e investigado sobre liderança em Psicologia Social, muito provavelmente um dos tópicos mais influentes na literatura especializada pela aplicabilidade potencialmente fecunda das descobertas e conhecimentos aí produzidos ao contexto organizacional e do trabalho, educacional, das relações sociais mais amplas e das relações internacionais.

Paralelamente às controvérsias conceituais sobre o que é um líder, o que ele faz e como faz, se uma pessoa já nasce líder ou se torna líder, se é líder em todas as situações ou apenas em algumas, enfim, sobre como surge um líder, Pfeffer (1998), ao analisar o campo de estudos organizacionais, sublinha questões de ordem mais prática relacionadas ao fenômeno da liderança na tentativa de entender os mecanismos de controle social que aí se desenvolvem: (a) O líder, de fato, importa e, se importa, em que situações a liderança é mais importante? (b) O que fazem os líderes realmente eficazes? (c) As habilidades e comportamentos de liderança podem ser aprendidos e, se sim, quais são os meios mais eficazes de treinamento?

Embora não se possa afirmar que os psicólogos sociais tenham chegado a um perfeito acordo quanto à natureza do processo de liderança, não há como negar que, hoje em dia, há uma razoável inclinação no sentido de rejeitar as teorias baseadas em traços de liderança e de aceitar a posição segundo a qual a liderança é um fenômeno emergente, fruto da interação entre os membros do grupo e dependente da atmosfera e das finalidades do grupo – embora isso não signifique deixar inteiramente de lado a influência de algumas características de personalidade presentes naqueles que exercem papéis de liderança.

Remontando-nos às origens do estudo desse fenômeno, podemos dizer que a liderança é um caso especial de influência social, o do exercício de poder, que se dá a partir de uma posição de alto *status* na estrutura do grupo. Sob o enfoque lewiniano de dinâmica de grupo, cabe ainda distinguir o líder como uma posição estrutural e o processo de liderança. A posição pode ser formal ou informal e, nesse último caso, o líder emergiria da interação entre os membros do grupo. Por outro lado, a liderança vista como um processo de influência social visa ao alcance dos objetivos do grupo, sendo o líder, então, aquele membro que mais contribui para a realização desses objetivos (Jesuíno, 2002). De acordo com essa concepção, portanto, a liderança é um processo e, como tal, é uma propriedade dinâmica dos grupos, com o líder e o estilo de liderança emergindo naturalmente da configuração própria de cada grupo.

Com o propósito de avaliar os efeitos no grupo dos diferentes estilos de liderança, Lewin et al. (1939) criaram experimentalmente três atmosferas grupais: uma autocrática, uma democrática e uma por eles denominada de *laissez-faire*. Nesse experimento, grupos compostos por cinco rapazes executavam atividades extracurriculares, como feitura de máscaras. Em cada uma das atmosferas grupais havia um tipo diferente de liderança. No primeiro caso, o líder se utilizava de poder coercitivo e decidia o que o grupo deveria fazer e como fazê-lo; no segundo caso, as decisões eram tomadas por consenso da maioria, cabendo ao líder apenas a tarefa de orientar a atividade de forma democrática; o terceiro tipo de grupo não dispunha realmente de líder, sendo permitido a todos fazer o que quisessem. Os investigadores verificaram que a liderança democrática torna os liderados menos dependentes do líder. A atmosfera autocrática produziu resultados um pouco melhores que as demais em termos de eficiência do trabalho, porém os liderados ficavam perdidos na ausência do líder. Em síntese, os resultados evidenciaram diferentes padrões de interação em função do estilo de liderança.

Durante muito tempo se acreditou na existência do líder nato. Para essa abordagem tradicional de liderança, conhecida como **Teoria dos Traços**, Teoria do Grande Homem, posteriormente desdobrada na Teoria da Grande Mulher e, enfim, na Teoria da Grande Pessoa, os líderes possuem traços de personalidade que os distinguem dos não líderes. Assim, características pessoais, tais como inteligência, autoconfiança, sociabilidade, persistência, dominância, criatividade etc. eram consideradas atributos especiais de líderes que os habilitariam a ser líderes em qualquer situação. Sob esse enfoque, por exemplo, os líderes políticos, religiosos, esportistas, de todas as partes do mundo, em tempos passados ou presentes, teriam traços em comum que os tornariam capazes de atingir posições de poder e de exercer controle e influência sobre as pessoas.

Consideremos a pergunta: o que teriam em comum líderes como Ghandi, Hitler, Fidel Castro, Nelson Mandela, Pinochet, Margaret Thatcher, Golda Meir, John Kennedy, Barack Obama? Dada a enorme diversidade de características, talvez tenhamos muitas dificuldades em identificar com precisão alguns traços comuns a todos eles. Essa também foi a conclusão de uma série de estudos conduzidos por Stogdill (1948), nos quais ficou patente que os traços de personalidade não são fortes preditores de liderança. Faz-se necessário que as várias qualidades (ou outras características de personalidade, como o desejo de poder, a comunicabilidade, a flexibilidade e o carisma, que, nos estudos de House et al., publicados em 1991, apresentaram correlação, ainda que modesta, com uma liderança efetiva) se harmonizem com as finalidades e a atmosfera prevalente no grupo. Os galãs do cinema antigo, verdadeiros ídolos de milhares de pessoas, passam despercebidos pela geração nova, cujos líderes nem sempre se destacam pelas características físicas consideradas, em certa época, como identificadoras de indivíduos bem-apessoados.

Os resultados, até certo ponto decepcionantes, apresentados por esses estudos desviaram a atenção dos pesquisadores para a conduta do líder, as chamadas teorias comportamentais de liderança. O que o líder faz – e não mais o que o líder é – passou a ser, então, o novo foco da pesquisa na área. Surgem a partir daí os estudos clássicos sobre estilos de liderança desenvolvidos nas universidades de Ohio e Michigan, que, em linhas gerais, propuseram duas categorias semelhantes de comportamentos relacionados com o desempenho eficaz dos líderes: "estrutura de iniciação" ou "líder orientado para as tarefas", com ênfase nos aspectos técnicos e práticos do trabalho, e "consideração" ou "líder orientado para as pessoas", com ênfase nas relações interpessoais. Os resultados obtidos por essas teorias foram considerados modestos na identificação de relações consistentes entre o comportamento dos líderes e o desempenho do grupo, faltando-lhes a consideração dos fatores situacionais envolvidos no sucesso ou fracasso do grupo. Por exemplo, parece pouco provável que Hitler pudesse ter sido o mesmo líder em circunstâncias diferentes daquelas vividas na Alemanha de sua época.

Dessas experiências iniciais o que se deduz é que prever o sucesso ou eficácia da liderança é muito mais complexo do que simplesmente identificar alguns traços ou comportamentos preferenciais. Surgem, então, a partir da década de 1960, as teorias situacionais ou de contingência, que, em síntese, propuseram-se a identificar as relações entre estilo de liderança e eficácia do líder, levando em conta as condições situacionais. Sob esse enfoque, admite-se, então, que um estilo de liderança pode ser eficaz em uma situação, mas não em outra. Destacam-se entre elas: (a) o **modelo contingencial** de Fiedler (1967, 1978), do qual falaremos a seguir; (b) a **Teoria da Liderança Situa-**

cional de Hersey e Blanchard (1982), que leva em conta as variáveis pessoa *x* tarefa e a eficácia da liderança, que dependerá dos requisitos da situação e da capacidade do líder em adequar seu estilo para atendê-los ou buscar os meios para modificá-los; (c) a **Teoria da Troca Líder/Membro** de Dienesch e Liden (1986), de acordo com a qual a unidade de análise mais apropriada para a pesquisa em liderança é a relação diádica líder/membro, uma vez que os líderes desenvolvem tipos distintos de relações de troca com tipos distintos de seguidores; (d) a **Teoria do Caminho/Meta** de House (1971, 1977), segundo a qual o líder exerce um papel essencialmente motivador, orientando as condutas de seus seguidores, indicando-lhes os critérios de rendimento mais apropriados e removendo os obstáculos; (e) a **Teoria da Liderança Participativa** de Vroom e Yetton (1973), que focaliza especificamente o processo de tomada de decisão e elege como a forma mais eficaz de liderança aquela que, em função de uma de série de regras que devem ser seguidas, estabelece a forma e a quantidade de participação no processo decisório em diferentes situações.

Uma das mais conhecidas teorias de contingência é o modelo de Fiedler (1967, 1978), segundo o qual a eficácia do desempenho do líder depende da adequação entre o estilo do líder e o quanto de controle a situação lhe proporciona. Para a identificação do estilo de liderança, Fiedler elaborou o questionário do "colega menos querido" (*least preferred co-worker*) e, para avaliação da situação, levou em conta três dimensões contingenciais, quais sejam, a qualidade das relações entre líder e liderados (grau de confiança, respeito e credibilidade que tem junto aos liderados), a estrutura da tarefa (tarefas estruturadas e não estruturadas) e o poder de posição do líder (poder forte ou fraco de tomar decisões dentro do grupo). A partir da combinação entre o estilo de liderança e o grau de controle sobre a situação, Fiedler define, então, em que condições um estilo de liderança será mais eficaz que o outro. Em termos mais específicos, para esse autor, os líderes pouco aceitos pelo grupo são mais eficazes em situações em que as tarefas a serem realizadas pelo grupo são muito favoráveis ou muito desfavoráveis (liderança orientada para a tarefa); se as tarefas são em nível intermediário de dificuldade, a liderança mais eficaz será exercida por líderes bem aceitos pelo grupo que lideram (liderança orientada para as relações interpessoais). De um modo geral, muitos estudos têm apoiado as hipóteses levantadas por Fiedler. Há, contudo, algumas restrições teóricas à complexidade do modelo, com muitas variáveis e combinações entre elas, o que o torna de difícil avaliação na prática, além de restrições metodológicas ao questionário usado para a mensuração do estilo de liderança.

Não há dúvida, portanto, de que liderança é um processo interacional, com características emergentistas, sendo impossível estabelecer-se *a priori*, com absoluta segurança, qual a pessoa mais indicada para liderar um determinado grupo. O líder terá que emergir do grupo durante o processo de interação de seus membros: ou seja, uma pessoa certa no lugar certo e na hora certa. Entretanto, alguns estudos (Kilpatrick & Locke, 1991) sugerem que os líderes, embora não "nasçam feitos", diferem da maioria das pessoas. Eles possuem algo de peculiar que lhes faculta emergir como líderes quando a situação adequada se apresenta.

Nesse contexto, vem ganhando força a ideia de que os líderes têm uma qualidade particular, o carisma (House, 1977; House & Shamir, 1993). Assim, **líderes carismáticos** possuem atributos especiais, tais como habilidades relevantes para a realização de tarefas, expressividade emocional, forte desejo de influenciar os outros, autoconfiança, autodeterminação e convicção sobre a retidão de suas crenças e valores morais. Por conta desses atributos, os líderes carismáticos tendem a produzir altos níveis de lealdade, identificação, emulação e confiança em seus seguidores, com um consequente aumento de sua autoestima. No entanto, tais atributos, por si só, não são considerados suficientes para o desenvolvimento desse tipo de relacionamento, sendo indispensável também que os seguidores se identifiquem fortemente com seus líderes (Bass, 1985).

Em suma, tomando por base as principais concepções sobre liderança, podem-se identificar atualmente duas categorias gerais de liderança: **liderança transacional** – postulada pela maioria das teorias que discutimos neste capítulo, como, por exemplo, as teorias contingenciais, de caminho/meta, troca líder/membro, liderança participativa –, cujo foco são as trocas que ocorrem entre líderes e seguidores e a atuação de líderes que orientam e motivam seus seguidores na direção de metas estabelecidas por meio do esclarecimento de papéis e das exigências das tarefas; **liderança transformacional**, cujo foco é o processo pelo qual o líder se engaja com seus seguidores e cria uma conexão que promove a motivação, a moral, o desenvolvimento do potencial e o desempenho do grupo, podendo aí serem incluídos o carisma, a visão, a inspiração, o estímulo intelectual e a atenção individualizada aos seguidores.

Ainda de acordo com Levine e Moreland (1998), existem na literatura especializada duas outras abordagens que põem em xeque algumas pressuposições tradicionais e contemporâneas sobre a liderança, na medida em que retiram desse fenômeno a relevância que lhe costuma ser atribuída. Uma posição (Kerr & Jermier, 1978) admite que as características dos subordinados, da tarefa e da organização poderiam funcionar como "substitutos da liderança" na produção do desempenho adequado das tarefas. A outra posição (Meindl, Ehrlich & Dukerich, 1985) argumenta que a liderança é "romantizada" em nossa cultura, sendo-lhe dado um peso excessivo na explicação de como as organizações funcionam.

Tomada de decisão nos grupos

Nesta seção abordaremos dois fenômenos grupais importantes: polarização grupal e pensamento de grupo (*groupthink*). Contrariamente às situações tratadas na seção sobre os efeitos dos grupos não sociais sobre o indivíduo, em que o foco era saber se os atos ou desempenhos de um indivíduo são "melhores ou piores" quando ele está diante de outras pessoas ou a sós, aqui a discussão assume um plano mais geral, qual seja, a relação entre as opiniões individuais e a visão consensual expressa pelo grupo e diz respeito especificamente à tomada de decisões em grupo.

Polarização grupal

Imagine o leitor as inúmeras ocasiões em que os membros de um grupo têm que tomar uma decisão importante, para a qual não têm de antemão a certeza de qual das opções possíveis será a melhor. Tal é o caso, por exemplo, de uma família tendo que decidir em que local deve passar as férias anuais, um júri tentando decidir qual o veredito a ser dado a um réu, gestores tendo que escolher uma entre várias estratégias para evitar a falência de sua empresa. Em todas essas situações, não há uma resposta objetivamente verificável e cada membro pode ter uma avaliação subjetiva de que sua opção é a melhor.

Durante muito tempo supôs-se que a opinião de um grupo correspondia à média das opiniões individuais de seus membros. Tal visão decorria da influência do estudo dos processos de conformidade social, segundo os quais, em julgamentos coletivos, haveria uma convergência das diferentes opiniões para uma posição consensual ou normativa.

Quando os primeiros resultados de pesquisa indicaram que poderia ocorrer justamente o oposto, foi grande o impacto no campo da dinâmica de grupo. Os experimentos iniciais sobre dilemas sociais (Stoner, 1961), nos quais era requerida uma escolha entre dois cursos de ação (um envolvia maior grau de risco que o outro), evidenciaram que indivíduos organizados em grupos e solicitados a chegar a uma decisão unânime adotavam posições geralmente mais arriscadas que a média das decisões individuais feitas anteriormente e também sofriam alterações após as discussões do grupo.

Essa descoberta abriu caminho para uma série de outras investigações, na tentativa de explicar que influências internas ao grupo produziriam esses efeitos e se esse princípio seria universal. Tomados em conjunto, os resultados dessas investigações apontaram três fatores importantes para um melhor entendimento desse fenômeno. Um deles se refere a um "deslocamento para a extremidade" – razão pela qual o fenômeno passou a ser denominado **polarização grupal**. Em outras palavras, o grupo tende a tomar decisões mais extremadas do que a inclinação inicial de seus membros, o que significa dizer que haveria uma tendência de as discussões no grupo acentuarem ou fortalecerem as opiniões iniciais dos membros, sejam elas de risco, sejam elas de cautela. O segundo fator mostra que o tamanho do deslocamento se correlaciona com a média da posição inicial dos indivíduos, isto é, quanto mais extremo o grupo for inicialmente, mais extremo ele se tornará. Por fim, os efeitos da polarização grupal não estão restritos aos dilemas sociais, tendo sido observados em uma ampla variedade de situações de decisão, estudadas em laboratório, algumas das quais encontram paralelos na vida cotidiana (Myers, 2005). Um deles se refere ao que os estudiosos da área educacional chamam de **fenômeno da acentuação**, que faz com que as diferenças iniciais entre grupos de universitários com diferentes inclinações políticas, por exemplo, tornem-se mais acentuadas com o decorrer do tempo e com a intensidade das interações intragrupais, devido em parte ao reforço mútuo que obtêm suas posições. Um outro paralelo é com as organizações terroristas: atitudes terroristas não afloram de repente, mas sim em decorrência da união de pessoas que compartilham ressentimentos e que, por estarem em contato permanente, tornam-se gradualmente mais radicais, principalmente se não houver influências moderadoras (McCauley & Segal, 1987).

Duas interpretações principais foram oferecidas para explicar a polarização grupal, ambas empiricamente confirmadas (Baron & Byrne, 2002; Brauer, Judd & Gliner, 1995; Hinz, Tindale & Vollrath, 1997; Zuber, Crott & Werner, 1992):

a) A **influência informativa**, que decorre da aceitação de argumentos persuasivos ou convincentes sobre a questão em foco, trazidos à discussão por alguns membros do grupo e que podem não ter sido considerados pelos demais membros em apoio à sua opinião inicial, além do que a própria participação ativa na discussão produz maior mudança de atitude do que uma posição passiva de escuta.

b) A **influência normativa**, decorrente do desejo da pessoa de ser bem aceita ou aprovada pelo grupo, levando-a a apoiar os valores dominantes; aqui prevalecem processos de comparação social, por meio dos quais as pessoas buscam verificar qual a posição valorizada pelo grupo – cautela ou risco – e tendem a adotar posição semelhante.

Para finalizar cabe observar que, a despeito de todas as evidências em favor da recorrência com que esse fenômeno costuma ocorrer em situações de tomada de decisão em grupo, há algumas exceções à regra. Uma delas indica que, quando um grupo se encontra dividido quase que igualmente em torno de alguma posição, o efeito da polarização tende a não se manifestar (Brauer et al., 1995).

Pensamento grupal

Até aqui tratamos dos processos decisórios em grupo, especificamente da polarização grupal, discutindo os efeitos fortalecedores das discussões coletivas sobre as atitudes e posições individuais – de risco ou de cautela. No caso presente, abordaremos um outro aspecto associado à tomada de decisão em grupo, qual seja, a *qualidade* do processo de tomada de decisão em grupo. Em outras palavras, a decisão tomada foi a melhor e seus resultados reverteram, de fato, em benefício do grupo? Ou a experiência acabou por demonstrar que ela foi errada ou inapropriada para o grupo?

Deve-se a Irving Janis (1971, 1982) o interesse inicial pelo estudo desse fenômeno. Analisando uma série de decisões tomadas pelo governo norte-americano em várias épocas do século XX que se revelaram desastrosas para os interesses do país (p. ex.: a invasão do Vietnã, a invasão da Baía dos Porcos), Janis concluiu que, sob certas condições, surgem no grupo fortes pressões para a conformidade, uma tendência para suprimir divergência em prol da harmonia no grupo, fenômeno esse que ficou conhecido como **pensamento grupal** (*groupthink*). As principais condições favorecedoras dessas "más decisões" seriam: alta coesão no grupo, isolamento do grupo de posições dissidentes, um líder altamente diretivo, tensão decorrente da necessidade de uma decisão urgente, tendência a não analisar o mérito de alternativas concorrentes.

Em linhas gerais, o pensamento grupal é definido como um tipo de pensamento característico de certos grupos, no qual manter a coesão e a harmonia do grupo tem primazia sobre o exame dos fatos de modo realista. Em outras palavras, esse fenômeno consiste na tendência de os membros coesos se deixarem levar pelo entusiasmo do grupo e passarem a agir mais emocionalmente do que racionalmente.

Janis (1971) enumera um conjunto de sintomas típicos do pensamento grupal: a tendência a superestimar o poder e o direito do grupo, que se traduzem por uma *ilusão de invulnerabilidade* (otimismo excessivo que faz o grupo desprezar os sinais de perigo e achar que não pode errar) e pela *crença inquestionável na moralidade do grupo* (daí o desprezo por considerações éticas ou morais); a tendência a um só tipo de pensamento que decorre da *racionalização* exacerbada (descarte de críticas ou de opiniões contrárias pela justificativa coletiva das decisões) e da *visão estereotipada dos oponentes* (depreciação dos opositores); pressão para uniformidade, resultante de mecanismos que impedem a manifestação de questionamentos, reforçam o *conformismo* e aumentam a *autocensura* (as pessoas evitam pronunciar-se de forma contrária ao grupo para não criarem constrangimentos e por "não haver muito espaço" para isso), de uma *ilusão de unanimidade* (produzida pela autocensura e pela pressão para o consenso) e da existência de uma espécie de *guarda-costas mentais* (membros que protegem o grupo de informações que poderiam representar ameaças à eficácia ou à moralidade de suas decisões).

Ainda de acordo com Janis, essa "sintomatologia" é justamente o oposto do que deveria caracterizar um bom processo de tomada de decisão em grupo – isto é, uma ponderação racional de todas as opções possíveis à luz de todas as evidências disponíveis –, razão pela qual, quando presente em um dado grupo, acaba por levar a resultados bem distantes do ideal.

Desde sua proposição, a teoria de Janis (1971) foi objeto de inúmeras críticas, principalmente as que se referem ao fato de estar apoiada em evidências retrospectivas, o que teria permitido ao seu proponente escolher os casos que a confirmavam. Na tentativa de pôr à prova suas principais formulações, a teoria foi submetida a uma série de testes experimentais. Alguns deles trouxeram resultados decepcionantes, como, por exemplo, a constatação de que a coesão grupal parece não ter relação com o fenômeno (Aldag & Fuller, 1993; Mohamed & Wiebe, 1996) e que é a liderança diretiva que está associada com decisões impróprias (McCauley, 1998). No entanto, a teoria sugere que a coesão exerce efeitos no pensamento do grupo quando conjugada com outras condições, como, por exemplo, a presença de um líder diretivo e de uma situação bastante estressante, e isso foi comprovado. Um exemplo clássico nesse sentido foi a decisão do Presidente Truman de invadir a Coreia do Norte em 1950, mesmo diante das ameaças claras e contundentes dos chineses de que revidariam os ataques (Aronson et al., 2009).

Levando-se em conta esses aspectos, podemos concluir que tanto análises sistemáticas e minuciosas de episódios históricos quanto experimentos de laboratório bem conduzidos trouxeram apoio a esse modelo teórico (Schafer & Crichlow, 1996).

Outros exemplos dos efeitos desastrosos do pensamento grupal poderiam ser citados: (a) a desastrosa decisão da Nasa, em 1986, de prosseguir com o lançamento da nave espacial *Challenger*, a despeito das objeções e alertas dos engenheiros para os graves problemas técnicos na concepção da nave, e que culminou com sua explosão no lançamento e na morte de todos os tripulantes; (b) a invasão do Iraque por tropas norte-americanas em 2003, que mobilizou protestos contundentes dentro e fora dos Estados Unidos, prejuízos financeiros incalculáveis, uma força de resistência inimaginável, para não falar na morte de milhares de soldados e, o que é ainda pior, na morte de civis inocentes de todas as idades.

Na tentativa de prevenir as consequências nocivas do pensamento grupal, Janis (1982) faz algumas recomendações que põem em relevo a importância fundamental do líder e a importância relativa da coesão. Nesse sentido, sugere que o líder deve: ser menos diretivo e mais imparcial, consultar opiniões de pessoas alheias ao grupo e menos interessadas em manter a coesão; dividir o grupo em subgrupos de discussão e, em seguida, reconstituir o grupo original para uma discussão conjunta; estimular e acolher as críticas; antes da tomada de decisão, abrir espaço para que as dúvidas sejam livremente expressas.

A partir dessas sugestões e convencidos da recorrência desse fenômeno em situações importantes do ponto de vista estratégico – econômicas, políticas, religiosas –, os pesquisadores da área têm buscado identificar modos efetivos para impedir que os grupos reduzam sua prematura adesão a uma dada posição, deixando de levar em conta alternativas igualmente relevantes que poderiam contribuir para tomadas de decisões mais eficazes e produtivas (Bartunek & Murninhan, 1984). Curiosamente, um desses métodos, conhecido como **brainstorming**, no qual os membros do grupo são encorajados a emitir suas opiniões e ideias sem se preocuparem antecipadamente com a avaliação dos outros, as pesquisas não têm atestado sua superioridade sobre outras técnicas no sentido de levar um grupo a tomar decisões mais acertadas ou produtivas (Gallupe et al., 1994; Stroebe & Diehl, 1994). Janis (1982) sugere uma série de medidas capazes de evitar a ocorrência de pensamento grupal, a saber: certificar-se de que o grupo entende o que seja pensamento grupal; ser imparcial; encorajar a discordância e solicitar críticas; nomear um membro do grupo para desempenhar o papel de "advogado do diabo"; formar subgrupos que discutam, em separado, todas as possíveis alternativas; depois de uma decisão preliminar, solicitar pontos de vista opostos na reunião subsequente; solicitar a opinião de especialistas que não pertençam ao grupo; e encorajar os membros do grupo a compartilharem com outras pessoas as suas posições e solicitarem *feedback*.

Conflito e administração do conflito

Vimos até o momento a força unificadora do grupo sobre os indivíduos que dele fazem parte, seja sob a forma de normas que prescrevem comportamentos desejáveis e esperados, seja sob a forma de sistema de *status* e de papéis que regulam os direitos e deveres de cada um, seja sob a forma de pressão para a conformidade e coesão grupal, seja sob a forma do exercício do poder do líder sobre seus seguidores, seja ainda por induzir ao pensamento de grupo. Apesar de todos esses elementos balizadores de crenças, atitudes, expectativas e condutas de todos aqueles que participam do grupo, há ainda espaço para a emergência de divergências e conflitos?

Sem dúvida alguma, a resposta afirmativa para essa pergunta indica que é justamente aí que se encontram os movimentos que dão vida e dinamismo a um grupo. Não deve o leitor se surpreender se afirmarmos que um grupo que não conhece o conflito tende a estagnar-se e até mesmo a extinguir-se. Um grupo sem conflitos tende a ser um grupo apático, estático. Um grupo só cresce, mostra força e solidez quando suas estruturas são sistematicamente postas à prova por processos inerentes à sua própria existência, que se manifestam mais claramente por meio de conflitos, disputas e dissidências internas e, nessas ocasiões, demonstra capacidade de mudar, de inovar e de criar mecanismos positivos de resolução de conflitos. Longe de ser negativo, como à primeira vista pode parecer, um conflito significa envolvimento, comprometimento e dedicação.

Como na Psicologia Social o estudo dos conflitos é feito de modo mais intenso no plano das relações intergrupais, que fogem ao escopo deste capítulo, trataremos aqui brevemente desses fenômenos, enfocando apenas alguns dos aspectos que se circunscrevem mais diretamente ao âmbito dos pequenos grupos. Para muitos autores, se o conflito surge sempre que há incompatibilidade percebida entre ações e objetivos, seus ingredientes, de um modo geral, são comuns em todos os níveis de conflito social, interpessoais, intergrupais ou internacionais. Não há como negar, contudo, que em níveis mais amplos e complexos os conflitos podem assumir novas feições, exigindo explicações mais abrangentes e aprofundadas que não caberiam nos limites desta breve seção.

Natureza do conflito

Ao definirmos o conceito de grupo, ressaltamos que seus membros perseguem objetivos comuns e interdependentes e trabalham juntos para concretizarem esses objetivos. Muitas vezes, porém, as pessoas podem, individualmente, ter objetivos incompatíveis, o que as coloca em conflito umas com as outras. A tendência a ocorrer conflito interpessoal parece ser até mesmo incontrolável, já que as pessoas têm necessidades e interesses diferentes. Freud (1930) já dizia que o conflito é um subproduto inevitável da civilização.

Tradicionalmente, o conflito era visto como negativo, contraproducente, e sinônimo de violência e irracionalidade, por isso mesmo, devendo ser evitado. Posteriormente, sob o ponto de vista das relações humanas, que prevaleceu no período de 1940 a 1970, o conflito passou a ser visto como uma resultante natural de grupos e organizações, não podendo ser evitado e, por vezes, sendo até benéfico para o desempenho do grupo. Já sob o ponto de vista interacionista, o conflito é considerado uma força positiva em qualquer grupo e de grande utilidade para um desempenho eficaz. Nas concepções mais atuais, portanto, dizer que os conflitos são bons ou maus é inapropriado e simplista; tudo depende de sua natureza e da forma com que é administrado.

Muitas são as causas dos conflitos: a disputa por recursos escassos, dilemas sociais (em que a satisfação dos interesses individuais se choca com a satisfação dos interesses coletivos), as percepções de injustiça, a busca de prestígio, as percepções distorcidas, entre outras. Em contrapartida, muitas, e também poderosas, são as forças que atuam no sentido de transformar a hostilidade em harmonia, como o contato, a cooperação, a comunicação e a conciliação. Sendo assim, muitos conflitos podem ter soluções pacíficas e imediatas, ao passo que outros tantos podem ser difíceis de resolver, prolongando-se por tempo ilimitado, o que acaba por acirrar as divergências e promover a escalada desses conflitos.

A natureza dos conflitos, suas causas e a identificação das técnicas mais eficazes de resolução têm sido intensamente estudadas nas últimas décadas, na medida em que se supõe que os conhecimentos daí decorrentes possam ser aplicados na promoção de paz e harmonia entre as pessoas, grupos e povos.

Causas do conflito

Embora sejam inúmeras as causas do conflito, nesta seção trataremos basicamente dos dilemas sociais. Outras causas igualmente importantes, como a competição e a injustiça, serão apenas brevemente referidas, uma vez que são abordadas em outros capítulos deste livro.

Os **dilemas sociais** constituem uma das fontes de conflito que mais atraíram a atenção dos pesquisadores e psicólogos sociais. Engenhosos experimentos de laboratório que se valiam de uma série variada de jogos e simulações de problemas da vida real foram desenvolvidos, principalmente na fase inicial do interesse pelo assunto. Nos dilemas sociais, como vimos anteriormente, os interesses individuais se opõem aos interesses coletivos. Assim, a ação mais benéfica para o indivíduo, se adotada pela maioria das pessoas, será prejudicial para todos. A metáfora clássica para a natureza insidiosa dos dilemas sociais é conhecida como "a tragédia dos comuns", criada pelo ecologista inglês Garret Hardin em 1968: quando um grupo de pastores partilha uma pastagem comum, cada um deles tem vantagens se aumentar seu rebanho, pois seus rendimentos crescem e os custos decorrentes do esgotamento da pastagem são divididos por todos; se todos os pastores, porém, agirem de acordo com seus interesses individuais, o pasto se esgota rapidamente e todos sairão prejudicados. Podemos aplicar esses princípios a uma multiplicidade de situações da vida real: utilização dos recursos naturais, participação em greves, limpeza e conservação das cidades, distribuição de ganhos de produtividade baseada no desempenho, e assim por diante. Convidamos nosso leitor a pensar em como se daria o dilema social em cada uma dessas situações.

Dois jogos de laboratório, o *Dilema do prisioneiro*, com diferentes modalidades das quais apenas duas pessoas participam, e versões variadas da *Tragédia dos Comuns*, que envolvem mais de duas pessoas, ilustram esse choque entre o bem-estar individual e o bem-estar coletivo. A título de exemplo, apresentamos uma síntese de um caso típico do dilema do prisioneiro. A história relata o caso de dois prisioneiros sendo interrogados separadamente por um promotor; ambos são culpados de vários crimes, mas só há provas suficientes para condená-los por um crime de menor gravidade. O promotor resolve, então, propor um incentivo para cada um deles: se um confessar e o outro não, o promotor concederá imunidade ao que confessar e usará a confissão para condenar o outro, que pegará uma pena maior. Se ambos confessarem, cada um terá uma sentença moderada. O que você acha que os suspeitos devem fazer? Confessar ou manter-se em silêncio? Lembre-se de que nenhum dos dois tem conhecimento do que o outro fará.

A figura a seguir resume as alternativas do caso: se os dois prisioneiros confessarem, ambos pegam cinco anos; se os dois ficarem calados, cada um recebe um ano de pena; se um deles confessar, esse prisioneiro é libertado em troca das provas usadas para condenar o outro, que recebe uma pena de dez anos. Em suma, para diminuir a própria pena o melhor seria confessar, mas ocorre que a confissão mútua gera consequências mais graves do que a não confissão mútua. Independentemente da decisão do outro, cada prisioneiro terá vantagem se confessar, pois, se o outro também confessar, ele recebe uma pena moderada e, se o outro não confessar, ele fica livre. O problema é que o outro prisioneiro terá raciocínio igual, daí o dilema social. O que você, leitor, faria em situação análoga?

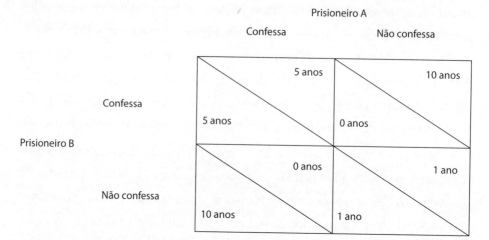

Figura 14.1 O dilema do prisioneiro (versão adaptada de Myers, 2005)

Em face dessas questões que envolvem a ocorrência de dilemas sociais entre indivíduos e entre grupos, poderíamos concluir que a busca desenfreada pela satisfação dos interesses individuais e a ausência de cooperação podem resultar em prejuízo para todos. A natureza da situação deixa, muitas vezes, pessoas e grupos em condições difíceis, pois, ainda que as partes compreendam que podem obter benefícios se cooperarem entre si, elas tendem a não cooperar pela desconfiança que têm uma da outra, o que, em última análise, pode acabar levando ao agravamento do conflito e a consequências mais graves para o grupo como um todo.

Para a solução dos dilemas sociais é fundamental, portanto, que as pessoas cooperem entre si de modo a que os interesses coletivos tenham primazia sobre os interesses individuais. Os resultados dos experimentos conduzidos nesse campo vêm mostrando algumas possibilidades para que a cooperação ocorra: a elaboração de regras e regulamentos visando ao bem comum; a redução do tamanho do grupo, que torna as pessoas mais responsáveis e eficazes; o aumento da comunicação, que tende a diminuir a desconfiança mútua; a alteração das recompensas no sentido de tornar a cooperação mais vantajosa e a exploração ou competição menos vantajosa; e o apelo às normas altruístas, que implicam o foco no outro e no bem comum (MYERS, 2010).

A competição por recursos valiosos e escassos é também uma fonte poderosa de conflitos, não raro levando à hostilidade desmedida e ao preconceito e discriminação. Em situações sociais de crise, como nas guerras, por exemplo, quando os interesses se chocam e o conflito assume proporções às vezes incontroláveis, a distribuição de alimentos escassos, de serviços médicos e de apoio em geral às vítimas tende a provocar conflitos frequentes entre as próprias pessoas que delas participam, como médicos, missionários etc. Os experimentos de campo de Muzafer Sherif et al. (1961), igualmente descritos nesse capítulo, também demonstraram de forma clara como a competição desencadeia conflitos, aumenta a agressividade e provoca comportamentos destrutivos.

Conflitos interpessoais também costumam ser desencadeados por percepções de injustiça. De acordo com a Teoria da Equidade (cf. capítulo 12, para uma visão detalhada desse assunto), quando as pessoas percebem que suas recompensas, comparativamente a outros, estão abaixo de suas contribuições e do que julgam merecer, sentem-se injustiçadas, vivenciam sentimentos de raiva e hostilidade e, para aliviar esse estado emocional desagradável, buscam reparar a injustiça, seja com comportamentos efetivos, seja por meio de distorções ou justificativas psicológicas. As implicações dessas experiências de injustiça para a emergência de conflitos parecem óbvias.

Estratégias de resolução de conflito

Focalizaremos nesta seção algumas das estratégias mais frequentemente adotadas na administração e resolução dos conflitos: o contato, a cooperação e a comunicação. A **hipótese do contato**, derivada dos estudos das relações interpessoais (Heider, 1958) e da atração interpessoal (Byrne, 1971), prevê que se colocarmos em contato dois indivíduos ou dois grupos em conflito criamos uma oportunidade para que eles se conheçam melhor, identifiquem pontos em comum e passem a gostar um do outro, diminuindo-se, assim, a hostilidade entre eles. Para Allport (1954), o contato, por si só, é insuficiente ou até mesmo contraproducente, devendo haver três condições adicionais para que ele seja eficaz: igualdade de *status* entre as partes em conflito, objetivos comuns e forte apoio institucional. O leitor deve consultar o tópico de redução de preconceito no capítulo 7 para obter mais informações sobre essa estratégia, bem como sobre os resultados dos estudos que testaram essa hipótese.

Diante da constatação de que mesmo o contato com igualdade de *status* entre as partes não é suficiente para solucionar conflitos, uma estratégia alternativa é induzir as pessoas ou grupos a se engajarem em atividades de cooperação. Nos experimentos de Sherif et al. (1961), já citados anteriormente, esse procedimento produziu quedas acentuadas e imediatas na tensão existente entre os dois grupos rivais em um acampamento de verão, contrariamente às frustradas tentativas anteriores de colocar os grupos em contato mediante a utilização de estratégias competitivas. Resultados análogos foram também obtidos por Aronson et al. (1978) usando estratégias cooperativas de aprendizagem para a redução dos conflitos em escolas inter-raciais norte-americanas. Várias explicações foram dadas para justificar tais resultados satisfatórios, entre as quais se destacam as seguintes: a cooperação pode romper, ou pelo menos enfraquecer, as fronteiras entre os "nós *x* eles" que se estabelecem entre as partes em conflito e pode dissipar os estereótipos negativos com a visão de que, afinal, "eles são semelhantes a nós" (Baron; Kerr & Miller, 1992).

Inúmeros achados em Psicologia Social (cf. Deutsch, 1973; Johnson & Johnson, 1979) demonstraram que a cooperação tem consequências muito mais benéficas que a competição. Os estudos destes autores e também os conduzidos por Aronson (1978) com a técnica do quebra-cabeça (*jigsaw puzzle*) mostraram que é melhor para os alunos quando as escolas estimulam a cooperação entre eles e evitam a competição. Uma atmosfera escolar cooperativa suscita maior atração entre os colegas, menor preconceito, maior comunicação, menor hostilidade e maior empatia. Deutsch (1985) postula que uma atitude cooperativa entre as superpotências é essencial para a manutenção da paz. Conflitos internacionais tendem a tornar-se sérios e ameaçadores quando as partes envolvidas se recusam a tomar medidas indicadoras de conciliação, as quais se caracterizam por mostras de vontade de cooperar a fim de encontrar uma solução para o conflito. Posturas unilaterais rígidas e inflexíveis visando vencer a outra parte sempre conduzem à escalada do conflito, e não à sua solução. O conflito árabe-israelense é um perfeito exemplo do que acaba de ser dito.

O contato cooperativo pode também ser fortalecido e tornar-se útil para a redução da tensão quando os indivíduos ou grupos em conflito enfrentam ameaças externas comuns ou têm objetivos superiores, isto é, só podem ser alcançados mediante a unificação dos esforços de todos (Sherif et al.,1961). Ampliando essas descobertas, Gaertner et al. (1999) reportam que o trabalho em cooperação sob essas condições favoráveis pode produzir efeitos bastante positivos, levando as pessoas a definirem um grupo novo e abrangente, que dissolve subgrupos anteriores. É como se o "nós x eles" se transformasse apenas em "nós".

Quando há discórdias e desarmonia entre as pessoas é possível também lançar mão de outras estratégias, além do contato e da cooperação. A comunicação entre partes em conflito constitui um meio também eficaz de resolver as diferenças. Nesse sentido, elas podem *negociar* diretamente uma com a outra, recorrer a uma terceira parte para *mediar* o conflito com sugestões ou apoio às negociações, ou ainda *arbitrar*, isto é, submeter as divergências a uma outra pessoa, de preferência qualificada, que, após analisar todos os aspectos envolvidos nas questões em litígio, estabelece o acordo a ser observado pelas partes conflitantes ou seleciona uma das propostas postas em discussão.

Em suma, várias são as modalidades de comunicação ao alcance de pessoas ou grupos em conflito, mas em todas elas o que se busca essencialmente é estimular os antagonistas a substituírem sua visão competitiva, em que uma parte ganha e a outra perde, por uma orientação mais cooperativa, em que ambas as partes podem ganhar. O papel dos mediadores consiste fundamentalmente em estruturar as comunicações de modo a que sejam superadas as percepções distorcidas, que costumam acompanhar tais situações, e sejam ampliados os sentimentos de confiança e compreensão mútua.

Resumo

Neste capítulo apresentamos inicialmente algumas considerações gerais sobre o estudo dos grupos pela Psicologia Social. Em um segundo momento definimos grupos sociais, distinguimos vários tipos de grupo e apresentamos suas principais funções e características. Em seguida discutimos as relações entre indivíduo e grupo, além de influência de minorias. Posteriormente concentramos nossa atenção na dinâmica e no funcionamento dos grupos sociais, detendo-nos na análise de suas principais estruturas e processos, como, por exemplo, coesão, formação de normas e liderança, bem como alguns fenômenos associados à tomada de decisão em grupo, particularmente a polarização grupal e o pensamento de grupo. Finalmente, focalizamos os conflitos sociais, sua natureza e suas causas, encerrando o capítulo com uma breve referência a algumas das estratégias de resolução dos conflitos.

Sugestões de leitura

BARON, R.S.; KERR, N.L. & MILLER, N. (1992). *Group Process, Group Decision, Group Action*. Pacific Grove: Brooks/Cole.

BROWN, R. (1988). *Group Processes*: Dynamics within and between Groups. Oxford: Blackwell.

CARTWRIGHT, D. & ZANDER, A. (1968). *Group Dynamics*. Nova York: Harper and Row.

HACKMAN, J.R. & KATZ, N. (2010). "Group Behavior and Performance". In: FISKE, S.T.; GIBERT, D. & LINDZEY, G. (orgs.). *The Handbook of Social Psychology*. Hoboken, NJ: John Wiley & Sons.

JESUÍNO, J.C. (2002). "Estrutura e processos de grupo". In: VALA, J. & MONTEIRO, M.B. (orgs.). *Psicologia Social*. 5. ed. Lisboa: Fundação Calouste Gulbenkian.

LEVINE, J.M. & MORELAND, R.L. (1998). "Small groups". In: GILBERT, D.T.; FISKE, F. & LINDZEY, G. (orgs.). *The Handbook of Social Psychology*. Vol. II. 4. ed. Boston: McGraw-Hill, p. 415-469.

RAVEN, B.H. & RUBIN, Z. (1983). *Social Psychology*. Nova York: Wiley.

THIBAUT, J.W. & KELLEY, H.H. (1959). *The Social Psychology of Groups*. Nova York: Wiley.

Tópicos para discussão

1) Escolha um dos fenômenos grupais associados à tomada de decisão, defina-o e elabore um exemplo, recorrendo a um evento concreto ocorrido no Brasil que possa ilustrar como se dá esse fenômeno e suas consequências para o grupo.

2) Discuta criticamente os fenômenos de facilitação social, vadiagem social e desindividuação, que ilustram as relações entre indivíduos e grupos com interação social mínima, analisando o peso da influência de variáveis situacionais e pessoais sobre o comportamento.

3) Mostre como noções estudadas anteriormente (percepção social, atribuição, atração interpessoal, influência social, tomada de decisões, conformismo etc.) podem ser relevantes no estudo dos grupos.

4) Que se entende por pensamento grupal (*groupthink*) e quais as suas consequências?

5) Levando em conta as diferentes concepções de liderança, o que se pode concluir acerca da importância do papel do líder, dos seguidores e da situação no funcionamento e desempenho de um grupo?

6) Demonstre a estreita conexão entre processos e estruturas grupais tomando como base a formação de normas, o conflito e a coesão grupal.

Anexo – Conflitos e processos sociais malignos

Num artigo intitulado Preventing World War III: A Psychological Perspective *(Evitando a Terceira Guerra Mundial: uma perspectiva psicológica), Deutsch (1983) nos fala do que ele chama de* **processos sociais malignos**. *Segundo ele, os grandes conflitos através da história envolvem esse tipo de processo social. Processos sociais malignos possuem, entre outras, as seguintes características: (a) uma situação social anárquica; (b) uma orientação competitiva ou do tipo vencer ou perder; (c) rigidez cognitiva; (d) julgamentos equivocados e percepções distorcidas; (e) profecias autorrealizadoras; e (f) uma espiral crescente de violência.*

Rodrigues, Assmar e Jablonski (2005), ao analisarem a invasão do Iraque pelos Estados Unidos, consideram os eventos nela ocorridos como indicadores da existência de um processo social maligno. Para estes autores, praticamente todas essas características podem ser detectadas no conflito iraquiano. Havia uma situação anárquica no país, a competição entre quem iria infligir mais danos ao adversário era feroz, os dois lados exibiam posições bastante rígidas, erros de avaliação e percepções distorcidas (já enormes antes de a guerra eclodir) persistiram durante o conflito, as antecipações induziram à confirmação das profecias autorrealizadoras, e, finalmente, uma espiral crescente de violência teve lugar.

A Psicologia Social nos mostra que o único modo de cessar esta espiral de violência é por meio de atos cooperativos, e não competitivos. Israel e os palestinos, também envolvidos em um conflito de natureza maligna, lutam há décadas e, de acordo com os achados da Psicologia Social, continuarão lutando até que essa orientação competitiva cesse, dando espaço para que se proceda a uma negociação efetiva. Einstein disse certa vez que: "A paz não pode ser feita à força; ela só pode ser atingida pela compreensão". No caso do Iraque, bem como no do conflito Israel/palestinos, a paz não pode ser obtida pela força, e sim pelo entendimento. Se a paz pudesse ser conquistada à força, a esmagadora superioridade das forças norte-americanas e israelenses já teria sido alcançada e os conflitos nos quais ambas estão envolvidas, prontamente resolvidos.

A Guerra Fria cessou quando Reagan e Gorbachev decidiram: (a) acabar com a competição e começar um processo de cooperação; (b) acabar com distorções perceptivas e construir as relações mútuas com base mais na confiança do que na suspeita recíproca; (c) eliminar ameaças mútuas de agressão e sentar à mesa para negociações; e (d) renunciar a posturas cognitivas rígidas e adotar outras, mais flexíveis. O rápido progresso das negociações surpreendeu o mundo e a Guerra Fria, após 45 anos, chegou a um fim, com a paz entre as superpotências sendo selada. Até que as partes em conflito no mundo de hoje troquem o uso da força pela negociação, há pouca esperança de que os conflitos sociais malignos em curso sejam definitivamente solucionados.

O leitor interessado no entendimento de como um conflito se inicia e se perpetua, bem como no papel desempenhado pela negociação em sua resolução, deverá consultar De Dreu (2010).

PARTE V

Aplicando os conhecimentos da
Psicologia Social

15

Aplicações da Psicologia Social

*Fabio Iglesias**

I. A pesquisa aplicada e a Psicologia Social aplicada
II. Áreas de aplicação da Psicologia Social
    Meio ambiente
    Consumo
    Trânsito
    Saúde
III. Outras aplicações emergentes e potenciais
IV. Algumas abordagens de intervenção em Psicologia Social Aplicada
V. Considerações finais
VI. Resumo
VII. Sugestões de leituras
VIII. Tópicos para discussão
IX. Anexos
    Psicologia Social e o ambiente escolar
    Psicologia Social e a inutilidade das discussões

---

* Universidade de Brasília, Departamento de Psicologia Social e do Trabalho.

Como ficou evidente ao longo dos capítulos deste livro, a Psicologia Social investiga um repertório de fenômenos sociais que se manifesta nos mais diferentes setores da atividade humana. Dessa forma, uma visão dicotômica, que separe compreensão dos fenômenos sociais e utilidade prática, não faz sentido na área, uma vez que ao mesmo tempo que a Psicologia Social busca responder a perguntas científicas, ela também gera conhecimentos benéficos à sociedade. Mas, a despeito dessa constatação, a área tem um caráter de ciência básica que costuma ser mais dominante, destacando menor atenção a problemas aplicados em seus livros-texto e em seus periódicos científicos.

Este capítulo tem como objetivo introduzir o leitor a algumas das principais aplicações da Psicologia Social, revisando os elementos de seus métodos e dos desenvolvimentos teóricos associados. Também se discutem as relações, comunalidades e diferenças entre a Psicologia Social de orientação mais básica e a Psicologia Social aplicada. Em especial serão descritas, por sua relevância atual, as aplicações da Psicologia Social ao meio ambiente, ao comportamento do consumidor, ao trânsito e à saúde.

A pesquisa aplicada e a Psicologia Social aplicada

Mas o que é pesquisa aplicada? Bickman e Rog (1998) argumentam que a pesquisa aplicada é mais facilmente definida por aquilo que a distingue da pesquisa básica, diferindo desta última em objetivo, contexto e método. Considerando o objetivo, a pesquisa aplicada se preocupa mais com o uso do que a produção do conhecimento, mais com questões amplas do que com hipóteses restritas e mais com a significância prática do que com a estatística de seus resultados, dando à teoria um papel que é mais instrumental. Em relação ao contexto, trabalha mais com ambientes abertos do que fechados, é mais originada no público-alvo do que nas perguntas do pesquisador e é mais caracterizada pelo trabalho em equipe. Já quanto ao método, a pesquisa aplicada preza mais a validade externa do que a interna de seus estudos, mais o efeito do que a causa, e também valoriza mais o uso de múltiplos níveis de análise de seus dados.

No caso específico da Psicologia Social aplicada, ela pode ser definida como a aplicação sistemática dos construtos, princípios, teorias, técnicas de intervenção, métodos de pesquisa e resultados de pesquisa gerados em Psicologia Social para compreender e solucionar os problemas sociais (Oskamp & Schultz, 1998). Seu objeto pode ser, então, um exemplo prático da indissociabilidade entre pesquisa básica e pesquisa aplicada, promovida por pensadores como Stokes (1997), com todos os benefícios que se pode prever ao governo, à democracia e ao desenvolvimento tecnológico.

Áreas de aplicação da Psicologia Social

Descreveremos agora algumas das áreas de aplicação da Psicologia Social e uma série de pesquisas relevantes. Cabe notar, preliminarmente, que em várias dessas áreas o nível de desenvolvimento teórico-metodológico foi tal que os psicólogos assumiram identidades independentes das áreas clássicas da Psicologia, adotando termos como Psicologia Ambiental, Psicologia do Consumidor e Psicologia do Trânsito. Essa evolução faz sentido quando se considera que os problemas por elas investigados, apesar de serem sociais, têm elementos que nem sempre são objeto da Psicologia Social. Apenas para citar alguns exemplos, acidentes de trânsito, que são obviamente dependentes de comportamentos sociais, podem ser determinados por problemas de acuidade visual, neste caso, uma aplicação da Psicologia da Percepção. Da mesma forma, distúrbios alimentares de interesse da Psicologia da Saúde, embora certamente relacionados à Psicologia Social, podem ser muito mais dependentes de conhecimentos aplicados da Psicologia do Desenvolvimento. Para efeitos desta revisão, entretanto, considera-se a figura do psicólogo social que assume uma identidade aplicada, mantendo o posicionamento de uma Psicologia Social do trânsito, de uma Psicologia Social do consumidor, da saúde, e assim por diante.

Muitas aplicações da Psicologia Social envolvem uma demanda por intervenções que possam mudar comportamentos, então é importante examinar quando essa demanda é elaborada de forma equivocada. Os tomadores de decisão no governo e nas organizações, assim como o público leigo, geralmente acreditam que as pessoas mudariam seus comportamentos se fossem simplesmente informadas sobre como devem se comportar. Muitas intervenções são baseadas em lógicas do tipo "as mulheres farão mais exames de mama se souberem dos riscos de se desenvolver câncer", "elas usarão mais o cinto de segurança se souberem que não fazer isso pode causar a morte" e "as pessoas lavarão mais as mãos se souberem que podem pegar gripe suína". Esse é o chamado modelo de déficit da informação, amplamente criticado em Psicologia Social aplicada, uma vez que as avaliações de programas, realizados em várias áreas, mostram que a maior parte dos efeitos de campanhas educacionais ou informacionais tendem a ser pouco substanciais e pouco duradouros. A simples oferta de informação não é elemento suficiente para promover uma mudança comportamental, principalmente quando compete com outras variáveis (p. ex.: pagar mais caro por um produto que gere menor poluição). Por isso a Psicologia Social se vale de um amplo ferramental para viabilizar essa efetividade, combinando muitas estratégias que são desenvolvidas nos próprios contextos de aplicação.

Meio ambiente

> *Trate bem do meio ambiente. Ele não lhe foi dado por seus pais. Ele lhe foi emprestado por seus filhos.*
>
> Provérbio queniano

O termo meio ambiente tem dois sentidos mais usuais em Psicologia Social aplicada, referindo-se por um lado a ambientes naturais e natureza como um todo, e por outro a ambientes construídos, com especial destaque para contextos urbanos. Outra distinção importante é que os estudos ora se referem aos efeitos do comportamento humano no ambiente, ora aos efeitos do próprio ambiente no homem. Embora a Psicologia Ambiental defenda a visão de uma relação recíproca entre ambiente e comportamento (Bell et al.,

2001), o estudo dos efeitos do comportamento humano no ambiente é a parte mais conhecida e valorizada da área. A dimensão urgente dos problemas ambientais, expressa por preocupações internacionais com o aquecimento global, a poluição e a superpopulação, dá à Psicologia Social aplicada um papel fundamental de compreender e modificar comportamentos inadequados na base desses fenômenos.

Uma análise macro dos problemas ambientais revela que eles estão muito associados a desenvolvimentos tecnológicos (que podem ser tanto causa quanto cura), a ações no nível industrial e a fenômenos naturais não controlados. No entanto, o que ocorre principalmente nos níveis individual, interpessoal e intergrupal de análise é da esfera de atuação do psicólogo social. Para ilustrar a aplicação da Psicologia Social a esses fenômenos, selecionamos alguns estudos voltados para a promoção de comportamentos pró-ambientais.

Um grande problema ambiental é a produção de lixo e seu descarte inadequado, algo diretamente relacionado a processos de influência social normativa. Ao investigar o efeito de normas sociais no comportamento, Cialdini, Reno e Kallgren (1990) propuseram uma distinção conceitual necessária entre normas descritivas (que descrevem o que os outros estão fazendo numa determinada situação) e injuntivas (o que deveria ser feito em uma determinada situação). Dessa maneira, verificaram que um comportamento pode ser influenciado pela ênfase manipulada do tipo específico de norma, e não pela simples existência de uma norma. Um ambiente sujo tende a sinalizar para os transeuntes que é aceitável jogar lixo no chão e que ninguém será censurado se fizer o que os outros já fazem (norma descritiva), mesmo quando se sabe que não é certo jogar lixo no chão (norma injuntiva). Os autores mostraram a eficácia de intervenções simples para diminuir o comportamento desse descarte inadequado, como fazer montinhos de lixo em um ambiente sujo ou expor o transeunte a um confederado que serve de modelo, recolhendo um lixo do chão e simulando desaprovação. Eles também mostraram que uma única peça de lixo no chão (como uma casca de melancia) pode estimular surpreendentemente menos descarte do que algumas poucas peças de lixo juntas, porque a peça única cria um grande contraste e salienta justamente a norma injuntiva de que não se deveria sujar o chão.

São frequentes os estudos envolvendo conservação de recursos, desenvolvidos na Psicologia Social aplicada ao meio ambiente, se coadunarem com aqueles desenvolvidos na Psicologia Social aplicada ao consumidor. As pesquisas de Cialdini e colegas inspiraram, por exemplo, a tentativa de promover comportamentos de conservação de água e energia entre hóspedes de hotéis, considerando-se os diversos benefícios ambientais e financeiros envolvidos. Neste caso, Goldstein, Cialdini e Griskevicius (2008) encontraram evidências da influência exercida pela norma descritiva de conservação, controlando apenas o conteúdo de avisos nos banheiros de suas suítes. Os hóspedes se comportaram mais da forma esperada quando os avisos faziam menção ao que outros hóspedes pensam ("A maioria dos nossos hóspedes apoia essa iniciativa") do que menção ao impacto do desperdício no planeta e nas futuras gerações ("Ajude a preservar os recursos naturais do nosso país/ dos nossos descendentes") ou do que a menção a normas de reciprocidade ("Estamos fazendo a nossa parte, podemos contar com você para reutilizar sua toalha?"). Esse tipo de estratégia tem sido tratada como um *marketing de normas sociais* ou como *marketing* social baseado em comunidades (McKenzie-Mohr, 2000), que envolve baixos custos e intervenções relativamente simples frente a mudanças estruturais que seriam mais caras, demoradas e difíceis de implementar.

Enquanto finalizávamos a redação deste capítulo, a mídia noticiava a ocorrência de um forte terremoto na costa leste do Japão, seguido de tsunamis que devastaram regiões costeiras, matando e desabrigando milhares de pessoas, prejudicando a economia e gerando sérios riscos de acidente nuclear. Os efeitos desses desastres são terríveis e certamente se prolongarão por meses ou anos, mas também se avalia que eles são relativamente menores, nesse país, quando comparados a desastres que ocorreram em países que são bem menos preparados. Além de elementos de geografia e de construção humana que respondem pelas medidas de prevenção e reação, é um fenômeno que também ilustra o papel importante da Psicologia Social aplicada em compreender e intervir nos comportamentos associados. Considere-se a maneira como a população japonesa reagiu seriamente a alertas, adotou planos de evacuação que são frequentemente aprimorados e treinados, além de estabelecer mutirões de resgate e reconstrução, baseados em sentimentos intra e intergrupais. Isto sem que se mencione a própria história do país, que já se recuperou de maneira exemplar de outros conhecidos problemas, como a Segunda Guerra Mundial, que o devastou. Hoje já existe uma área formalmente estabelecida como Psicologia dos Desastres e das Emergências (Reyes & Jacobs, 2006), que agrega conhecimentos úteis da psicologia clínica (p. ex.: tratamento de eventos traumáticos), da psicologia organizacional (p. ex.: formação de equipes) e da psicologia comunitária (p. ex.: programas de assistência), entre muitos outros.

Como vimos nos estudos sobre dissonância cognitiva, alertas de perigo de tsunami, enchentes, erupções vulcânicas ou qualquer outro desastre natural podem gerar reações de negação e justificação que impedem a adoção de comportamentos seguros, em especial quando envolvem abandonar a própria casa e procurar abrigo. Isso é especialmente desafiador no caso de regiões mais pobres e densamente povoadas, visto que não adotam boas políticas públicas, não dispõem de estrutura de segurança adequada e costumam ter que se preocupar com outras prioridades associadas ao desemprego, à falta de moradia e à violência. O grande terremoto do Haiti, ocorrido em janeiro de 2010, ilustra bem o despreparo no contexto de um país com problemas sociais e econômicos extremos, tendo matado mais de trezentas mil pessoas e deixado mais de um milhão de flagelados. Por outro lado, os mesmos conhecimentos sobre dissonância cognitiva, que mostram por que as pessoas são reativas a alertas, também podem promover maior arrecadação de fundos em campanhas para essas calamidades. Zagefka et al. (2010) mostraram, por exemplo, que as pessoas fazem mais doações ao perceberem que as vítimas fazem esforços para se recuperar sozinhas e não são culpadas pelo ocorrido, algo facilmente administrável via divulgação das notícias na mídia, com possibilidades de aplicação nas campanhas de ajuda humanitária.

Consumo

> *Se entrássemos em lojas apenas quando fosse preciso comprar algo e, uma vez lá, comprássemos apenas o necessário, a economia quebraria.*
>
> P. Underhill

Amplamente definido como o estudo dos processos que envolvem as etapas de escolha, do consumo propriamente dito, das avaliações posteriores e de descarte de produtos e serviços, a área de comportamento do consumidor inclui majoritariamente pesquisas que têm alguma conotação psicossocial. Os primeiros psicólogos a aplicarem conhecimento a essa área estiveram interessados nos esforços de venda, principalmente os que foram contratados pelas primeiras agências de publicidade, já na virada do século XIX para o XX, uma época em que sequer existia o termo "psicologia do consumidor". Desta feita, desenvolveram aplicações voltadas para a identificação com marcas e produtos, a formação de impressões, atitudes e sobre como atrair a atenção dos consumidores.

Hoje a Psicologia Social do consumidor tem um papel duplo de aplicar teorias desenvolvidas em Psicologia Social e de dar origem a teorias que alimentam o próprio repertório da Psicologia Social a partir dos diversos fenômenos de consumo (Wänke, 2009). Um exame das principais temáticas em comportamento do consumidor, presentes nos melhores livros da área, revela imediatamente essa interface: julgamentos sociais e processos de decisão, comportamentos automáticos, valores, processos normativos, persuasão e questões interculturais figuram como algumas das mais pesquisadas. Há pouco citamos o caso de comportamentos investigados em Psicologia Social do meio ambiente que também são tomados como problemas de comportamento do consumidor, então nos voltaremos agora para outros fenômenos.

Os comportamentos de consumo de produtos e serviços são nitidamente afetados quando dependem de recursos que vão se tornando escassos. Esse aumento da demanda e diminuição da oferta, como visto no capítulo sobre fenômenos de grupo, pode ser visto como dilemas sociais: situações em que uma opção de comportamento que pareça mais vantajosa para cada indivíduo, se escolhida pela maioria, acaba gerando efeitos prejudiciais para o coletivo. Quando as pessoas são confrontadas, por exemplo, com uma situação em que recursos limitados são consumidos rapidamente e se renovam lentamente (p. ex.: peixes em um lago), seria mais apropriado consumir e garantir o próprio ganho ou cooperar para que todos se beneficiem em longo prazo? Como confiar que meu comportamento de cooperação não será explorado pelos outros, que poderão consumir livremente enquanto me esforço para economizar o recurso? A Psicologia Social aplicada pode promover comportamentos de consumo racional e economia nessas situações com intervenções baseadas em estereótipos e elementos normativos. Em um experimento simples e criativo, Liberman, Samuels e Ross (2004) verificaram que a mera alteração do nome do jogo que era informado aos participantes gerou diferenças na ocorrência de comportamentos de cooperação ou competição. Quando o nome era "Jogo da Comunidade", a incidência de cooperação era superior e, quando se nomeava de "Jogo de Wall Street", ocorria maior competição. Quantos comportamentos em grupo não dependem apenas desse tipo de perspectiva de se definir em adversários ou parceiros, tanto em situações formais quanto meramente informais?

Como ciência da influência social, a Psicologia Social investiga processos que ocorrem no seio de fenômenos de consumo, como a persuasão, que foi analisada no capítulo de mudança de atitudes. Tradicionalmente, essas aplicações se voltaram para como persuadir o consumidor, envolvendo o desenvolvimento e o teste de peças publicitárias e de técnicas de negociação, para citar alguns dos feitos mais notáveis e conhecidos em um mercado que é cada vez mais competitivo. Esse foco até deu à área um estereótipo de "ciência vendida", algo que é bastante injusto, tendo em vista que esse foi somente o lado mais aparente e mais controverso das aplicações da Psicologia. Deve-se reconhecer que, ao mesmo tempo que se produzem conhecimentos voltados a persuadir consumidores para consumir mais, a área também produz conhecimentos voltados para persuadir as pessoas a adotarem comportamentos mais seguros, como em campanhas públicas (cf. seção de aplicações à saúde e ao trânsito). Além disso, os estudos sobre persuasão também têm-se ocupado dos processos de resistência. O modelo de conhecimento da persuasão, desenvolvido primeiramente em 1994, tem gerado intervenções que consumidores podem usar frente a agentes persuasivos, ensinando-lhes como verificar suas dúvidas e analisar atitudes negativas em situações que lhes pareçam suspeitas (Kirmani & Campbell, 2004).

Mais recentemente a área de comportamento do consumidor assistiu à sistematização de um movimento amparado pela Association for Consumer Research, conhecido como pesquisa transformativa do consumidor. Mick (2006) defendeu que os pesquisadores envolvidos com fenômenos de consumo devem produzir conhecimento voltado para os próprios consumidores, compensando a tradicional ênfase majoritária em pesquisas que pouco contribuem para o seu bem-estar. Não é algo completamente novo, tendo em vista que muitos pesquisadores, especialmente psicólogos sociais, dedicam-se a essa tarefa desde os primórdios da área. Mas somente agora parece haver uma preocupação mais formalizada e abrangente de se produzir e publicar para consumidores, acompanhando a popularização do conhecimento por veículos como a internet e a atenção da sociedade a obesidade, fumo, consumismo, erotização precoce, endividamento e outros problemas sociais relacionados ao consumo e ao *marketing*. Nessa perspectiva, toda Psicologia Social do consumidor pode ser entendida como uma Psicologia Social aplicada.

Trânsito

Dirija defensivamente: compre um tanque.

Anônimo

Embora tenha sido inicialmente caracterizado por exames psicotécnicos e estudos sobre acidentes, o trânsito é hoje entendido de maneira ampla em Psicologia como "o conjunto de deslocamento de pessoas e veículos nas vias públicas, dentro de um sistema de normas, que tem como objetivo assegurar a integridade de seus participantes" (Rozestraten, 1988: 4). Desta feita, a dimensão social do comportamento humano se configura como um quarto elemento, que perpassa os chamados três "Es" do trânsito (educação, engenharia e esforço legal), compreendendo elementos de interação social que são tipicamente investigados em Psicologia Social. O trânsito é, portanto, um grande laboratório natural de psicologia.

Dada a importância cada vez mais evidente nas grandes cidades de se minimizar o uso individual de automóveis, em razão de seus efeitos de congestionamento, de ruído e de poluição atmosférica, a promoção do uso de transporte coletivo tem sido um dos focos específicos da Psicologia Social aplicada ao trânsito. Aarts, Verplanken e van Knippenberg (1998) mostraram que a mudança de hábitos arraigados, como deixar o conforto diário do próprio carro, é um desafio tal para a Psicologia Social que os modelos de intervenção devem incorporar construtos relacionados à automaticidade de certas escolhas. Ao invés de compreendê-las como processos cognitivos racionais, algumas intervenções para mudar a escolha pelo meio de transporte têm trabalhado as representações mentais que motoristas fazem de certos trajetos, e não somente suas intenções comportamentais. Para a Psicologia Social, isso mostra a possibilidade de se modificar em comportamentos de forma duradoura, mesmo não se focando necessariamente na mudança de atitudes, um dos maiores desafios clássicos da área.

A sinalização de trânsito é outro terreno fértil para aplicação de conhecimentos da Psicologia Social. Considerando o previsto pela Teoria da Reatância, como examinado no capítulo sobre mudança de atitude e persuasão, o aspecto mandatório de uma placa de trânsito que cobra uma diminuição da velocidade pode até gerar efeitos reversos. Avisos que incluem pró-socialidade e gentileza são geralmente mais eficazes, assim como na autoridade exercida cordialmente por agentes de trânsito e nos pedidos de passagem feitos por outros motoristas. Nessa mesma orientação, Geller et al. (1989) introduziram com sucesso elementos de compromisso e pequenos incentivos em uma intervenção, mostrando que eles geram sistematicamente um maior uso de cinto de segurança por motoristas do que os típicos elementos mandatórios.

Saúde

> *A saúde, assim como a alegria e a beleza, só são devidamente apreciadas depois que se vão.*
>
> Marguerite, Condessa de Blessington

Promover o uso de preservativos em relações sexuais é um dos grandes desafios da Psicologia Social aplicada à saúde. Uma das teorias mais correntemente usadas nesse esforço é a do comportamento planejado (Teoria da Ação Racional, mencionada no capítulo de conceito e formação de atitudes). Esse tipo de aplicação relaciona o manejo de crenças com as ações que se quer promover ou reduzir, trabalhando as intenções comportamentais, e não as atitudes tradicionais, que não são consideradas, neste último caso, boas preditoras de comportamento. Ajzen, Albarracín e Hornik (2007) reuniram evidências de se poder melhorar o tratamento e a prevenção de diversas doenças com base em intervenções focadas em variáveis que são relativamente simples de se avaliar e intervir. Os autores mostraram que, em diversos formatos de campanhas, enfatizar a norma subjetiva ("o quanto as pessoas importantes na sua vida esperam que você use preservativo") e o controle comportamental percebido ("o quanto você acha que usar preservativo está sob o seu controle") são estratégias mais eficazes do que apelos ao risco de contrair doenças ou apelos focados no medo.

Muitos comportamentos nocivos à saúde são decorrentes do que as pessoas fazem para promover determinados posicionamentos sociais. Isso é evidente no caso do fumo, dado o prestígio que fumar em público gerava principalmente em épocas passadas, assim como nos famosos casos de anorexia e bulimia entre jovens modelos, atrizes e entre pessoas comuns. Estudos sobre manejo ou gerenciamento de impressão, que você conheceu no capítulo sobre o eu social, figuram entre as aplicações da Psicologia Social ao contexto da saúde. As pessoas lançam mão de estratégias de autoapresentação à sua audiência para fazer parecer que têm certos traços e qualidades desejáveis e omitir as indesejáveis. Leary, Tchividjian e Kraxberger (1994) mostraram que o bronzeamento com sol ou artificial, que causa diversos problemas de pele e câncer, também pode ser entendido como estratégia de gerenciamento da impressão, assim como andar de motocicleta sem capacete. Até mesmo no caso de doenças que exigem tratamento urgente esses efeitos negativos do gerenciamento da impressão são observados, porque algumas condições físicas podem ser socialmente embaraçosas e fazem com que as pessoas tenham receio de procurar ajuda médica. Uma série de paradigmas metodológicos contrasta as táticas assertivas e defensivas das pessoas em situações públicas com seus comportamentos em situações privadas, de modo a revelar o uso e a efetividade do gerenciamento da impressão, além das maneiras de reduzi-las quando são uma ameaça à saúde (Baumeister, 2010).

Taylor (2010) fez uma detalhada revisão de recomendações da Psicologia Social à área de saúde, baseada em décadas de pesquisa empírica, para serem seguidas quando as aplicações envolvem a modificação de comportamentos. As comunicações para mudança de atitude são mais efetivas quando usam recursos vívidos e reais do que baseadas em estatística e jargão, sendo que o comunicador deve ser preferencialmente um especialista e alguém que transmita credibilidade. Fortes argumentos devem ser apresentados no início e no final da mensagem, mas não no meio, porque serão menos percebidos, do mesmo modo que as mensagens devem ser curtas e mostrar seus argumentos de maneira explícita. Mensagens extremas provocam maior mudança de atitude, mas mensagens muito extremas podem nem sensibilizar. Quando o comportamento envolve a detecção de uma doença, tal como fazer um teste de HIV, é mais efetivo salientar os problemas que podem acontecer se isso não for feito, mas no caso de promover comportamentos saudáveis, é mais efetivo salientar seus benefícios. Essas são apenas algumas das recomendações que sumarizamos, mas deve ser reforçada a ideia já discutida de que o uso ingênuo de mensagens com apelos ao medo, que tem como base a chamada Teoria do Gerenciamento do Terror, deve ser tratado com cuidado. De modo geral, a promoção da saúde baseada em mudanças de atitude nem sempre mostra grande sucesso em longo prazo e, não raro, pode ter efeitos reversos que fazem com que as pessoas ignorem a mensagem ou a interpretem defensivamente.

Outro tema fundamental nas aplicações da Psicologia Social à saúde se refere ao estresse e à maneira como as pessoas lidam com eventos estressores (estratégias de *coping*). Este é, aliás, um problema que tem uma característica menos evidente, que se manifesta de maneira crônica e multissintomática, ao invés das mais famosas doenças agudas que constituíram o desafio histórico da saúde, tais como infartos, derrames, pneumonia e diabetes. O ritmo de vida cada vez mais acelerado nas cidades têm sido considerado o maior responsável pelo estresse e cabe, portanto, à Psicologia Social um papel de modificar os comportamentos que maximizam as reações de estresse, bem como manipular os contextos que lhes dão origem. Isso envolve também a promoção de melhores hábitos de alimentação, de sono e a promoção de exercícios, que têm efeitos comprovados na saúde.

O suporte social, que difere em função da idade e do contexto cultural, é um dos maiores correlatos da saúde humana frente ao estresse. As pessoas que dispõem de apoio familiar ou de amigos apresentam melhores indicadores de saúde, recuperam-se mais prontamente de doenças e são mais resilientes do que aquelas que vivenciam relações sociais negativas ou que vivem em maior isolamento social (HOUSE; LANDIS & UMBERSON, 1988). Os estudos com as bases de poder, revisadas no capítulo sobre influência social, revelam também o importante papel que profissionais de saúde ocupam e como podem exercê-lo positiva ou negativamente na adesão a tratamentos e na percepção dos pacientes sobre como são por eles assistidos (RAVEN, 1992). Essas são algumas das vantagens de se utilizarem conhecimentos desenvolvidos em Psicologia Social, uma vez que modificar comportamentos pode ser muito fácil em curto prazo do que modificar outros determinantes da saúde, como os fatores fisiológicos e ambientais que dão origem a doenças.

Outras aplicações emergentes e potenciais

Considerando as diversas potencialidades da Psicologia Social, novas áreas têm surgido com o prefixo "aplicada a(o)". Há pouco destacamos a Psicologia Social aplicada aos desastres e às emergências como uma delas. Como essas áreas de aplicação diferem muito em sua estruturação e desenvolvimento, e como não é intenção deste capítulo descrevê-las de maneira exaustiva, é digno de nota listar algumas delas e reconhecer sua importância, caso o leitor queira buscar mais informações em outras fontes. Mas também é preciso reconhecer que muitas vezes a proposta de uma "Psicologia Social aplicada a(o)..." é um exagero, sobrepondo-se a áreas que já existem e não justificando a criação de um campo de estudos à parte. Destacamos, assim, a Psicologia Social aplicada a instituições militares (incluída na psicologia militar), que envolve processos de grupo, operações militares, treinamentos, propaganda e interrogatórios; a Psicologia Social aplicada à engenharia, que se difere da ergonomia por concentrar-se mais especificamente em processos sociais relacionados ao uso da tecnologia; a Psicologia Social da imigração, que investiga principalmente fenômenos de aculturação e conflitos intergrupais; e a Psicologia Social econômica, como parte da psicologia econômica e dos estudos de processos de tomada de decisão.

No capítulo sobre o eu social, você conheceu a chamada psicologia positiva, com seu foco no bem-estar e no potencial humano, em detrimento do tradicional interesse de psicólogos por problemas no eixo saúde/doença. Como a psicologia positiva é relativamente nova, com pouco mais de dez anos de existência formal, suas aplicações começam a despontar pouco a pouco, tendo gerado recentemente um livro que reúne suas diversas inserções nos sistemas de saúde, nas organizações de trabalho, nas escolas e outros campos (Donaldson; Csikszentmihalyi & Nakamura, 2011). Por motivos que já ficaram bastante claros quanto ao papel da Psicologia Social, não se podem prever todas as numerosas e bem diferenciadas potencialidades de aplicação a outras áreas da atividade humana.

Entre as outras áreas não incluídas nesta revisão, a de organizações de trabalho é provavelmente uma das menos dependentes hoje da Psicologia Social na construção de sua identidade. Isso ocorre em parte porque a psicologia das organizações reconhece muitas vezes sua origem na psicologia industrial (a área também é conhecida por psicologia industrial e das organizações ou psicologia das organizações e do trabalho), mas também porque lida com problemas muito pragmáticos e específicos. O repertório da Psicologia

Social nem sempre se mostra suficientemente adequado, dando-se ênfase a aplicações de outras áreas da Psicologia, como avaliação e medidas, ergonomia, motivação e percepção. Ainda assim, fenômenos psicossociais estão no cerne do que é aplicado em organizações, quando se elencam as atividades de recrutamento e seleção, treinamento e desenvolvimento, gestão de equipes, avaliações de desempenho, remuneração e satisfação no trabalho, entre muitas outras. Nas últimas duas décadas a área de psicologia intercultural aplicada, mais claramente baseada na Psicologia Social, tem despontado nessa interface da Psicologia Social Aplicada e da psicologia das organizações, acompanhando os processos cada vez mais evidentes de globalização, o papel de empresas multinacionais e os impactos mundiais da economia no trabalho e na educação (Smith, Bond & Kagitçibasi, 2006).

Algumas abordagens de intervenção em Psicologia Social Aplicada

No espírito de combinar elementos tradicionais de prática acadêmica com a implementação de métodos e planos de ação que são tipicamente valorizados na prática aplicada, alguns psicólogos sociais desenvolveram modelos de intervenção que têm se mostrado excelentes ferramentas para a área. Sem a intenção de revisá-los exaustivamente, destacamos alguns deles pela ordem de seu surgimento: a pesquisa-ação (Lewin, 1946), a Psicologia Social de ciclo completo (Cialdini, 1980, 1994) e o Método Path (Buunk & Van Vugt, 2008).

A pesquisa-ação, também conhecida como pesquisa de ação participativa, foi sistematizada por Kurt Lewin (1946) pouco antes de seu falecimento precoce, mas pode-se dizer que constituiu a filosofia de sua obra em Psicologia Social. Ele propôs uma visão em espiral, formada pelos vários processos circulares de intervenção baseados em Psicologia Social, de modo que uma teoria possa ser continuamente testada e reelaborada frente aos dados obtidos enquanto se tenta solucionar um problema real. Elementos de dialética e de reflexão são, portanto, fundamentais à pesquisa-ação, inspirados por uma filosofia de ciência pragmatista e estendendo sua importância para a prática do ensino e para mudanças sociais de maior escala (Reason & Bradbury, 2008).

Os conflitos entre membros de comunidades judaicas e negras nos Estados Unidos e os problemas relacionados à Segunda Guerra Mundial foram algumas das questões sociais em que Lewin teve a oportunidade de empregar e desenvolver a pesquisa-ação. Essa abordagem ganhou posteriormente outros sentidos e especial notoriedade no contexto da América Latina a partir da década de 1970. Em muitos casos, seus simpatizantes enfatizaram apenas um dos elementos previstos por Lewin. Assim, a pesquisa-ação passou a se referir no contexto latino-americano à Psicologia como um instrumento de transformação social, voltada principalmente para populações menos favorecidas, minorias e questões envolvendo poder político, econômico e social. Isso implicou uma cisão metodológica e ideológica que tendeu a privilegiar abordagens qualitativas em detrimento das quantitativas, além de reforçar falsas diferenças nos objetivos da Psicologia Social norte-americana e da Psicologia Social europeia, contrariando o aspecto conciliador proposto originalmente. Mais recentemente, a pesquisa-ação tem sido identificada como filosofia de avaliação nas pesquisas multimétodos ou de métodos mistos, ganhando notável papel nas áreas de educação e saúde, principalmente.

A pesquisa em Psicologia Social de ciclo completo proposta por Cialdini (1980) parte da observação de fenômenos em sua ocorrência natural e prossegue num diálogo contínuo entre delineamentos de pesquisa que permitam o isolamento e a manipulação das variáveis estudadas em laboratório e em campo (Mortensen & Cialdini, 2010). Ela também é claramente inspirada nos trabalhos de Kurt Lewin e no destaque que dava à construção da Teoria Social. Os próprios programas de pesquisa desenvolvidos por Cialdini para investigar princípios de influência social constituem exemplos do ciclo completo. Seu trabalho mais famoso, que forneceu bases a um *best-seller* (Cialdini, 2008), envolveu a observação do comportamento persuasivo de vendedores e prestadores de serviço no varejo, com o uso de teoria para compreendê-lo e o teste experimental de hipóteses em laboratório, que, uma vez desenvolvidas, podem ser novamente testadas e aplicadas no mundo real. É um ponto forte dessa abordagem a possibilidade de conciliar estratégias de análise de dados qualitativas e quantitativas para desenvolver teorias que possam ser mais generalizáveis.

O Método Path, que é um trocadilho com seu significado em inglês (caminho), foi desenvolvido por Buunk e Van Vugt (2008) para ser um passo a passo simples e facilmente executável. Os autores especificam a necessidade de identificar o problema (P) e formulá-lo de maneira operacional; analisá-lo (A) com explicações teóricas já disponíveis; testar (T) e desenvolver o modelo do processo; e ajudar (H, de *help*) a resolver o problema com um programa de intervenção. O método tem sido usado com sucesso na área da saúde, para citar um de seus exemplos mais notáveis, especialmente na prevenção da gravidez indesejada e da Aids. Os pontos fortes dessa abordagem incluem a ênfase em teorias distintas que podem ser combinadas no tratamento de um mesmo fenômeno, além de examinar fatores que podem ser realisticamente manipulados diante de grandes restrições de tempo ou outros recursos.

Tomando-se o argumento de que não há um único melhor método para se fazer pesquisa ou intervenção, e que todos os métodos têm falhas e vantagens que podem ser equilibradas quando em conjunto, a orientação multimetodológica da Psicologia Social aplicada é outra importante característica transversal a esses modelos. Enquanto a Psicologia Social básica tem como mais evidentes a experimentação e o uso de medidas de autorrelato, que muitas vezes definem e até restringem seus objetos de estudo, a Psicologia Social Aplicada tende a valorizar os próprios objetos de estudo como determinantes do método a ser escolhido (cf., p. ex.: Tashakkori & Teddlie, 2010).

Em que pese a trivialidade que modelos como o de ciclo completo ou o Path podem aparentar frente à inegável complexidade dos problemas sociais envolvidos, é fundamental contar com esse tipo de recurso teórico-metodológico. Problemas sociais são tipicamente um objeto de atenção multidisciplinar, e o psicólogo social deve utilizar um linguajar que seja diretamente operacionalizável, além de facilmente compreendido pelos colegas de outras áreas, pelos que tomam as decisões relevantes e pela população envolvida em suas intervenções.

Considerações finais

> *Terminado um concerto, uma senhora aproximou-se de Mozart e disse: "Que soberba performance! Eu daria a metade de minha vida para ser capaz de tocar um instrumento desta maneira!" Ao que Mozart retrucou, simplesmente: "Madame, foi exatamente o que eu fiz!"*
>
> Atribuído a W.A. Mozart

A Psicologia Social aplicada conta com alguns periódicos internacionais específicos, destacando-se *Journal of Applied Social Psychology*, *Basic and Applied Social Psychology* e *Journal of Community and Applied Social Psychology*. Além desses, as aplicações da Psicologia Social também aparecem obviamente nas principais revistas de Psicologia Social e, com frequência, em periódicos voltados para psicologia aplicada em geral, tais como *Applied Psychology: An International Review*, *Journal of Applied Psychology*, *Journal of Experimental Psychology: Applied* e muitos outros que podem ser encontrados nas áreas de psicologia organizacional, ambiental, do trânsito, do consumidor, da saúde, do esporte, e assim por diante. Entre os livros-texto, destacam-se aqueles que se dedicam integralmente à área (Buunk & Vugt, 2008; Oskamp & Schultz, 1998; Steg, Buunk & Rothengatter, 2008) e aqueles que dedicam alguns capítulos finais a aplicações específicas (Aronson, Wilson & Akert, 2009; Baron, Branscombe & Byrne, 2008, DeLamater & Myers, 2011). As publicações citadas neste capítulo foram selecionadas com cuidado, de maneira que o leitor possa utilizá-las efetivamente como obras de referência, para aprofundar seus conhecimentos sobre as aplicações da Psicologia Social e ter acesso a milhares de pesquisas empíricas.

Cabe tecer, finalmente, algumas considerações sobre o desenvolvimento da Psicologia Social aplicada no contexto dos desafios enfrentados por sua área-mãe. De forma sumária, os desafios podem ser entendidos em seus componentes relacionados a teoria, questões de método e questões de análise de dados, apenas para destacar as preocupações que são claramente científicas.

Do ponto de vista teórico, as aplicações da Psicologia Social possibilitam uma ampliação do repertório de modelos e hipóteses gerados na área. Entretanto, uma revisão conduzida por Hill (2006) sobre as publicações da área apontou a existência de muitas limitações nesse sentido, pois o foco na solução de problemas inevitavelmente cobra o preço da falta de unidade teórica. A Psicologia Social parece ser mais dominada por tentativas de análise e pouco por tentativas de síntese, mesmo com suas hipóteses mais robustas (Berkowitz & Devine, 1989). Uma vez mais, a dependência entre teoria e método na área sugere a necessidade de maior abertura metodológica, significando muitas vezes a integração de abordagens qualitativas e quantitativas. As aplicações da Psicologia Social têm maior facilidade em se afastar dos modelos tradicionais de pesquisa e do aspecto quase autossuficiente que muitas áreas de pesquisa básica desenvolvem.

Do ponto de vista da validade e representatividade dos conhecimentos produzidos na área, a Psicologia Social Aplicada cumpre um papel fundamental ao desenvolver pesquisas e intervenções em campos diferenciados do típico ambiente acadêmico e de laboratório. Isto significa a possibilidade de responder a críticas que a Psicologia Social recebeu desde os anos de 1970, por coletar dados majoritariamente (e convenientemente) entre estudantes universitários, ter pouca relevância social e não ser sensível a variáveis do contexto específico em que os fenômenos ocorrem. A crítica sobre a representatividade dos dados ainda ecoa na literatura contemporânea, especialmente naquela voltada para pesquisas interculturais (Henrich, Heine & Norenzayan, 2010). Referindo-se a um trocadilho com a palavra em inglês *weird* (que pode ser traduzida neste caso "estranho" ou "esquisito"), estes autores chamaram a atenção para o fato de que isso poderia ser um acrônimo para o típico participante de pesquisa. Ele tende a ser de país ocidental, educado, industrializado, rico e democrático (*western, educated, industrialized, rich, and democratic*). Mas a Psicologia Social aplicada foca, por definição, em problemas que ocorrem nas mais diferentes áreas do comportamento humano e que não escolhem lugar de ocorrência, tendo que frequentemente investigar e intervir em populações que não correspondem a qualquer uma dessas características (p. ex.: populações de países africanos pobres que são vítimas da Aids).

Já do ponto de vista das análises de dados, as pesquisas na área costumam produzir grandes bancos de dados que exigem um tratamento sofisticado e à altura, apenas para citar o caso da estatística. As técnicas de pesquisa qualitativa têm se desdobrado em diferentes procedimentos, com um amplo leque de análises que não eram sequer concebidas até poucas décadas atrás (Berg, 2008). O desenvolvimento de análises multivariadas é outra dessas consequências, associado à crescente capacidade de processamento por computadores que hoje cabem na palma da mão e que podem até executar análises enquanto os dados já são coletados. Um outro desdobramento importante, fortemente impulsionado pela Psicologia Social Aplicada, é o privilégio que se tem dado a medidas de tamanho do efeito nas variáveis de uma pesquisa e ao uso de modelação estatística, ao invés do típico teste de significância para rejeição da hipótese nula (que usa critérios do tipo $p < 0,05$). Esta é certamente uma questão que tem se destacado nas discussões metodológicas mais importantes da psicologia como um todo (Rodgers, 2010).

À guisa de consideração final sobre o papel da Psicologia Social Aplicada, destacamos uma expressão utilizada por Elliot Aronson, um dos maiores psicólogos sociais e que também se destacou por estudos aplicados. Descrevendo suas pesquisas em um relato autobiográfico e examinando em retrospecto o desenvolvimento da área, ele alegou que a Psicologia Social é uma ciência do pecado e da redenção (Aronson, 1999). Se por um lado a leitura de um livro-texto da área revela o estudo de inúmeras imperfeições humanas (o "pecado"), como agressividade, guerra, preconceito e erros de julgamento, ela também possibilita a criação de estratégias para reverter esses fenômenos e promover saúde, paz, comportamentos pró-sociais e pró-ambientais (a "redenção"). Todo e qualquer conhecimento gerado em Psicologia Social tem, portanto, enorme potencial para resolver, amenizar ou gerenciar problemas práticos que envolvam comportamentos sociais. Reforça-se a ideia, já descrita no capítulo 1 quando se fez menção à frase célebre de Louis Pasteur, de que "ciência e aplicações da ciência são unidas como o fruto e a árvore que o produz".

Resumo

Neste capítulo revisamos as principais características da Psicologia Social Aplicada, considerando suas orientações de objetivo, de método e de contexto. Vimos como psicólogos sociais podem fazer pesquisa ao mesmo tempo em que tentam solucionar problemas sociais, algo primeiramente defendido e desenvolvido por Kurt Lewin no início do século XX, quando foi responsável por grandes contribuições teóricas para o crescimento da área. Reforçamos e evidenciamos a indissociabilidade entre pesquisa básica e aplicada em ciência, assim como no caso específico da Psicologia Social. Algumas aplicações da Psicologia Social foram descritas, principalmente aquelas voltadas para o meio ambiente, o comportamento do consumidor, o trânsito e a saúde, com exemplos de estudos inspiradores que lançaram mão de diferentes estratégias metodológicas. Apontamos ainda as potencialidades de aplicação a outras áreas menos óbvias e outras emergentes, assim como sua relação com outros desenvolvimentos da Psicologia. Finalmente, revisamos três das abordagens mais sistematizadas de intervenção em Psicologia Social aplicada, indicamos referências importantes na área que constituem livros-texto e periódicos, tendo desenvolvido considerações sobre o papel dessas aplicações no próprio crescimento da Psicologia Social.

Sugestões de leitura

AJZEN, I.; ALBARRACÍN, D. & HORNIK, R. (orgs.) (2007). *Prediction and Change of Health Behavior*: Applying the Reasoned Action Approach. Mahwah, NJ: Lawrence Erlbaum.

BICKMAN, L. & ROG, D. (orgs.). *The Sage Handbook of Applied Social Research Methods*. Thousand Oaks, CA: Sage.

CIALDINI, R.B. (2008). *Influence*: Science and practice. Boston: Allyn & Bacon.

_____ (1980). "Full-cycle Social Psychology". In: BICKMAN, L. (org.). *Applied Social Psychology Annual*. Vol. 1. Beverly Hills, CA: Sage, p. 21-47.

DONALDSON, S.I.; CSIKSZENTMIHALYI, M. & NAKAMURA, J. (2011). *Applied Positive Psychology*: Improving Everyday Life, Health, Schools, Work, and Society. Nova York: Routledge.

GIFFORD, R. (2007). *Environmental Psychology*: Principles and Practice. Colville, WA: Optimal Books.

OSKAMP, S. & SCHULTZ, P.W. (1998). *Applied Social Psychology*. Upper Saddle River, NJ: Prentice-Hall.

ROZESTRATEN, R.J.A. (1988). *Psicologia do trânsito*: conceitos e processos básicos. São Paulo: EPU/Edusp.

STEG, L.; BUUNK, A.P. & ROTHENGATTER, T. (2008). *Applied Social Psychology*: Understanding and Managing Social Problems. Cambridge: Cambridge University Press.

WÄNKE, M. (org.) (2009). *Social Psychology of Consumer Behavior*. Nova York: Psychology Press.

Tópicos para discussão

1) A Psicologia Social tem sido aplicada a diferentes problemas sociais. Quais são algumas das áreas dessas aplicações e como elas são realizadas?

2) Quais as principais diferenças entre uma orientação mais básica e uma orientação mais aplicada em Psicologia Social?

3) Segundo Lewin, como é possível combinar pesquisa e aplicação ao mesmo tempo?

4) O que é o modelo de déficit do conhecimento? Como ele é visto por psicólogos sociais aplicados?

5) Pense em um problema social existente na comunidade em que você mora. Considerando o método Path, como você poderia formular o problema (P) de maneira operacional, analisá-lo (A) com explicações teóricas, testá-lo (T) e ajudar (H) a resolvê-lo?

6) Se você estiver trabalhando como psicólogo social e um amigo perguntar qual a relevância prática do seu trabalho nos problemas do mundo real, quais comportamentos sociais que já foram modificados pela área você elencaria para ilustrar seu argumento?

Anexos – Psicologia Social e o ambiente escolar

> Nota: Por ser uma área de aplicação da Psicologia Social à qual o autor deste capítulo não se dedica de forma especial, reproduzimos neste anexo o texto a ela relativo tal como proposto pelos autores deste livro, adaptado da edição anterior.

Escola

O ambiente escolar é fecundo em interação social. Professores interagem com alunos, alunos interagem entre si, diretores, orientadores e psicólogos interagem com professores e alunos. Como vimos no capítulo 5, nossa percepção de outras pessoas é filtrada por nossos interesses, preconceitos, atitudes, esquemas sociais etc. É importante que os professores se deem conta disto ao fazerem avaliações sobre seus alunos. É natural que os professores, depois de certo tempo de contato com seus alunos, tendam a classificá-los em bons, regulares, fracos etc. Esta impressão, normalmente causada pelo desempenho e pelo comportamento dos alunos, pode também derivar de atitudes preconcebidas do professor. Por exemplo, é possível que o professor tenda a considerar as alunas como capazes de melhor rendimento que os alunos, ou as primeiras como sendo melhores em línguas e artes, e os segundos se destacando mais em matemáticas e ciências. Além disso, estereótipos relativos à raça, aparência física, classe social etc. podem predispor o professor a tratar seus alunos de forma tal que as expectativas derivadas desses estereótipos acabem de fato ocorrendo. Como vimos no capítulo 5, isto constitui o que ficou conhecido por profecia autorrealizadora. No anexo ao capítulo 5 mencionamos o estudo de Rosenhan, no qual ficou demonstrada a dificuldade de se modificarem rótulos a priori colocados nas pessoas. É, pois, absolutamente indispensável que os professores conheçam o fenômeno de percepção social, bem como a existência e as consequências dos esquemas sociais que constantemente influenciam nossas percepções e cognições. Só assim será possível um julgamento mais objetivo e menos tendencioso de seus alunos, sem distorções grosseiras da realidade.

Os estudos conduzidos pelos psicólogos sociais relativos ao fenômeno de atribuição de causalidade são também de muita importância na interação professor/aluno. Como mencionado no capítulo 5, quando atribuímos uma causa a um comportamento, esta causa apresenta as dimensões de locus *(interno/externo), estabilidade (estável/instável) e controlabilidade (controlável/ incontrolável). Vimos também que fracassos atribuídos a causas internas, estáveis e incontroláveis conduzem ao desânimo, à depressão e, na situação escolar, ao abandono da escola ou à perda de entusiasmo por assuntos acadêmicos. Cabe ao professor evitar que seus alunos façam tal tipo de atribuição a seus fracassos escolares. É seu dever mostrar aos alunos que muita coisa pode ser conseguida com esforço (uma causa interna, instável e controlável) ou pelo método utilizado no aprendizado etc., de forma a evitar desânimo total do estudante.*

O ambiente escolar, quer na parte acadêmica, quer na parte esportiva, caracteriza-se por ser um ambiente em que os alunos estão sendo constantemente avaliados. Obter boa ou má nota, ser aprovado ou reprovado, destacar-se nos esportes ou não, todas essas situações suscitam oportunidades de aumento ou diminuição da autoestima. Daí a importância de verificar-se como os alunos atribuem causalidade aos seus resultados, sejam eles bons ou maus. Seligman (1991) mostrou inequivocamente que um estilo atribuicional pessimista leva a pessoa a atribuir a seus fracassos causalidade interna, estável e global, e a seus sucessos, causalidade externa, instável e específica. A consequência de um estilo atribuicional pessimista é a depressão, o desinteresse do aluno pela atividade acadêmica ou – se for o caso – desportiva e, eventualmente, o abandono da escola ou a desistência de praticar um determinado esporte. Às vezes, porém, o desejo de proteger a autoestima é tal que, como nos mostrou Steele (1992), estudantes negros nos Estados Unidos tendem, por vezes, a considerar a atividade acadêmica como não importante, para evitar os contínuos feedbacks *negativos que recebem na escola. O que o professor tem que se dar conta é de que a situação escolar propicia constantes ameaças à autoestima dos alunos e eles devem ser ajudados na maneira de enfrentar com êxito tais ameaças.*

Deve também o professor esforçar-se por aumentar a motivação de seus alunos a atribuir causalidade interna a seus comportamentos. Inúmeros es-

tudos têm demonstrado que pessoas mais internas (isto é, que obtêm escores mais elevados em escalas de locus *de controle) apresentam melhor desempenho escolar que pessoas externas (p. ex.: Battle & Rotter, 1963; Chance, 1965; Crandall et al., 1962; Jablonski, 1985; Roberts, 1971; Romero-García, 1980). Outra descoberta derivada das pesquisas conduzidas por psicólogos sociais diz respeito aos efeitos benéficos da criação de uma atmosfera cooperativa em sala de aula. Deutsch (1949) define uma situação cooperativa como aquela na qual uma pessoa alcança seu objetivo se todos os demais envolvidos na relação social também alcançam os seus. Estudos conduzidos por Deutsch e Krauss (1960), Aronson et al. (1978) e Johnson e Johnson (1989) mostram inequivocamente que ambientes cooperativos na escola melhoram o desempenho dos alunos, aumentam sua autoestima, diminuem o preconceito e aumentam a atração interpessoal. Devem, pois, os professores trabalhar para que se desenvolva um ambiente cooperativo na sala de aula, e não um ambiente de competição entre os alunos.*

Estudos sobre o fenômeno psicossocial de influência social também podem ser aproveitados pelos que atuam num ambiente escolar. Como vimos no capítulo 9, Raven (1965, 1993) apresenta seis bases fundamentais de poder que são utilizadas por uma pessoa para influenciar outra. São elas o poder de recompensa, de coerção, de referência, de conhecimento, de legitimidade ou de informação. Rodrigues e Raven (1974) realizaram um estudo em escolas brasileiras e americanas, no qual procuraram detectar o tipo de influência exercido pelos professores em quatro domínios distintos: disciplinar, acadêmico, cooperativo e comunitário. Além desse aspecto descritivo, o estudo se propôs ainda a relacionar a dominância do tipo de poder percebido pelo aluno com o rendimento por ele revelado na escola. Os dados referentes à amostra brasileira mostraram que o poder de informação predomina em todos os domínios, sendo secundado pelo de coerção no domínio disciplinar e pelo de conhecimento no domínio acadêmico. Os poderes de recompensa e de referência foram percebidos com bastante incidência pelos alunos no domínio cooperativo. Um dos dados mais importantes do estudo foi o que mostrou uma correlação positiva entre rendimento acadêmico e percepção de poder de informação como sendo o exercido pelo professor;

o mesmo se verificou em relação a poder de informação e satisfação do aluno com a escola. Correlações negativas foram encontradas entre estas variáveis e o poder de coerção exercido pelo professor. Quando os estudantes percebiam seu professor como se utilizando preferentemente do poder de coerção, seu rendimento e sua satisfação com a escola diminuíam.

Recomenda-se, pois, que os professores exerçam preferencialmente a influência oriunda do poder de informação e evitem recorrer à influência baseada no poder de coerção. O poder de conhecimento é adequado para questões acadêmicas, e o poder de referência parece ser eficaz quando o professor necessita obter a cooperação do aluno para uma determinada tarefa. O poder legítimo é invocado pelos alunos como razão para sua anuência às determinações do professor em todos os domínios com razoável frequência. Em nenhum domínio, todavia, esta base de poder foi mais frequentemente indicada como razão para a anuência verificada do que a referente ao poder de informação.

Como foi dito acima, o ambiente escolar se caracteriza por ser um ambiente onde o desempenho está sendo constantemente avaliado. A motivação ao desempenho (também conhecida como necessidade de realização) é um construto psicológico estudado especialmente por David McClelland, da Universidade de Harvard. Suas ideias causaram grande impacto e têm recebido elogios e críticas em várias partes do mundo. No Brasil, Angelini (1973) validou o instrumento utilizado por McClelland para mensuração da motivação à realização e Biaggio (1984) conduziu uma pesquisa em que um grupo de estudantes foi treinado para desenvolver sua motivação à realização a fim de verificar se, após este desenvolvimento, seu rendimento escolar aumentava. Estudos anteriores realizados por McClelland et al. (1953) mostraram que a motivação à realização é uma característica de personalidade importante (sensível à ação do meio, isto é, podendo vir a ser inibida ou ativada) e se refere à motivação ao êxito, à busca de excelência, à realização de grandes feitos etc. Logicamente, o desenvolvimento de tal característica deve conduzir a um aumento do rendimento escolar. Biaggio, no estudo citado, utilizou como amostra alunos de uma escola pública de classe média baixa da cidade do Rio de Janeiro. O grupo experimental foi integrado por 17 meninos e 16 meninas e o grupo de controle, por 12 meninos e 13 meninas. O grupo experimental foi submetido a um tratamento destinado a aumentar sua motivação à realização. Foram conduzidas, durante quatro meses, duas sessões semanais de duas horas cada uma. Segundo a autora, "o conteúdo das sessões foi altamente variado" e incluiu:

- discussões de histórias com conteúdo de realização alto ou baixo, com ênfase em levar os estudantes a identificar categorias de realização (imagem de realização, fracasso, sucesso, obstáculos etc.);
- discussão de biografias de pessoas de sucesso, tais como o jogador de futebol Pelé;
- entrevista com uma cantora popular famosa;
- entrevista com um jovem profissional de sucesso;
- filmes apresentando personagens de sucesso, seguidos de discussão;
- jogos e quebra-cabeças em situações competitivas;
- discussão de planos vocacionais para o futuro (Biaggio, 1984: 198-199).

Os alunos do grupo experimental foram medidos antes e depois da manipulação; os do grupo-controle foram medidos nas mesmas ocasiões em que o foram os do outro grupo, mas, no caso deles, evidentemente, não houve treinamento destinado a aumentar sua motivação à realização. Os achados foram bastante claros. Enquanto os resultados obtidos pelo grupo-controle não diferiram significativamente entre uma e outra mensuração, o grupo experimental apresentou resultados significativamente superiores após o treinamento realizado. Estes resultados indicam que é possível aumentar a motivação à realização dos alunos. Como está comprovada a associação entre alta motivação à realização e bom rendimento escolar, é recomendável que os professores procurem desenvolver em seus alunos a motivação à realização.

A par de um certo declínio nos estudos sobre o tema em questão a partir dos anos de 1970 (Pepitone, 1999), as pesquisas sobre motivação à realização têm prosseguido, realçando, por exemplo, a importância da percepção social: isto é, de como a percepção da realidade, mais do que a própria realidade, pode ser mais influente na maneira como as pessoas, principalmente as crianças, reagem às demandas de realização (McClelland & Franz, 1992; Phillips,

1984; Sternberg, 1998) – o que torna ainda mais proeminente a influência dos professores. Outros estudos têm como foco as diferenças de gênero, destacando as sutis implicações existentes em nossa cultura que colaboram para que as meninas não desenvolvam tanto quanto os meninos sua motivação para a realização (Frey & Ruble, 1987; Spence & Helmreich, 1983; Phillips & Zimmerman, 1990).

Segue-se uma lista de recomendações decorrentes de achados da Psicologia Social que podem ser úteis aos que trabalham em escolas:

- as escolas devem propiciar um ambiente favorável à cooperação entre os estudantes;

- professores e membros da administração escolar devem evitar que estudantes sejam singularizados como alvo de deboches, agressões e provocações por parte de seus colegas;

- expectativas apressadas e rotulação de estudantes devem ser evitadas, pois conduzem a profecias autorrealizadoras;

- técnicas de mudança de atitude devem ser utilizadas quando se deseja mudança de comportamento do estudante;

- a utilização do poder de informação do professor é mais eficiente do que a utilização de poder de coerção em sala de aula;

- professores devem evitar que os estudantes atribuam seus fracassos a causas internas, estáveis e incontroláveis.

Psicologia social e a inutilidade das discussões

> As pessoas em geral veem o que querem ver e acreditam no que querem acreditar.
>
> Harry C. Triandis

As aplicações da psicologia social incluem tanto a **resolução** de problemas ou orientações específicas para lidar com situações interpessoais, como também o **entendimento** de fenômenos psicossociais. Neste Anexo II apresentamos um *exemplo de como a psicologia social pode ser aplicada para o entendimento de uma situação social. A situação social considerada é a polarização do mundo moderno e as intermináveis e acaloradas discussões que dela decorrem.*

No livro intitulado Da Inutilidade das Discussões – Uma análise psicológica da polarização no mundo atual, *Aroldo Rodrigues (2021) apresenta 10 fatores derivados do conhecimento acumulado em psicologia capazes de explicar a razão pela qual as discussões acaloradas são inúteis e só servem para solidificar ainda mais as posições das pessoas nelas envolvidas. Eles explicam por que o mundo se encontra tão polarizado e por que as pessoas se empenham tanto por saírem vitoriosas nas discussões. Manter seus pontos de vista intactos numa discussão faz com que uma pessoa se convença de que está certa e protege sua autoestima.*

Dos 10 fatores psicológicos singularizados no livro, sete são psicossociais, a saber: a) a necessidade de evitarmos dissonância; b) a procura de harmonia entre os sentimentos positivos ou negativos pelas pessoas e suas atitudes; c) a tendência a simplificarmos a realidade social e a evitar reorganizações cognitivas penosas; d) a preferência por procurarmos apenas conhecimento congruente com nossas crenças e valores e evitar aquele que a eles se opõe; e) a resistência à persuasão; f) a tendência a não reconhecermos nossos erros; e g) o fato de sermos facilmente influenciados por nossos estereótipos e preconceitos, o que nos conduz a ver erroneamente a realidade.

Os fatores mencionados não são determinantes, mas constituem tendências motivadoras muito poderosas que, associadas ao desejo que temos de proteger nossa autoestima, nos induz a manter nossos pontos de vista e a rejeitar qualquer tentativa de alterá-los. As discussões tornam-se então inúteis, pois a preocupação dos nelas engajados é simplesmente vencer o debate e não procurar honestamente a verdade.

Além da influência dos fatores psicossociais mencionados, a maioria das discussões são inúteis devido ao crescente desrespeito aos fatos objetivos, à proliferação das fake news, *ao ataque à verdade decorrente da corrente de pensamento conhecida como pós-modernismo e à prevalência de posições radicais em detrimento da racionalidade.*

A fim de resistir à força motivadora das tendenciosidades psicológicas, bem como à tendência à polarização, ao desrespeito aos fatos e ao ataque à verdade através de mentiras, fake news e teorias conspiratórias, é necessário que tenhamos consciência de sua existência e que sejamos intelectualmente honestos. Só assim a polarização do mundo atual poderá ser controlada, as discussões serão mais honestas, a razão prevalecerá sobre a emoção e laços familiares e de amizade não serão ameaçados por discussões infindáveis e estéreis.

*Para ilustrar o que foi dito acima, serão apresentados alguns exemplos que mostram a tendência a "**vermos o que queremos ver e a acreditar no que queremos acreditar**". Seguem-se três citações retiradas do livro* Da Inutilidade das Discussões, *que atendem a esse objetivo:*

a) *"por ocasião de sua posse, Donald Trump e seu porta-voz vieram a público para negar, veementemente, um fato corroborado por fotografias. O fato de a posse de Barak Obama ter atraído muito mais gente que a posse de Trump é registrado por fotografias do mesmo local tiradas nas duas ocasiões. Não há o que discutir. Mas esse dado concreto, objetivo e verificável não impediu que o presidente e seu porta-voz negassem a realidade porque essa realidade não lhes era conveniente e, principalmente, atingia em cheio o narcisismo doentio de Donald Trump. Pouco depois o presidente declarou que sua perda para Hillary Clinton no voto popular se deveu ao fato de que a diferença de perto de três milhões de votos a favor de sua opositora decorreu do "fato" de esses 3 milhões de eleitores terem votado ilegalmente. Essa mentira foi denunciada por todos os Secretários de Estado encarregados das eleições em seus respectivos estados, mas isso em nada alterou a posição de Trump sobre o assunto. Como se isso não bastasse, mentiu mais uma vez dizendo que Barak Obama havia ordenado a escuta telefônica da Trump Tower no período que antecedeu as eleições. Como nos diz Michael Hayden[2], antigo Diretor da Agência Nacional Segurança e da CIA, pouco depois da inauguração de Trump na presidência dos EEUU, James Comey, então Diretor do FBI e Mike Rogers, Diretor da ANS foram indagados em sessão aberta do Congresso americano se Trump havia enganado a nação quando afirmou que havia sido vítima de escuta eletrônica após sua eleição. Ambos esses diretores responderam que sim, que Trump havia de fato enga-*

nado o povo americano com essa afirmação falsa. Trump se retratou e pediu desculpas? Ao contrário, continuou defendendo suas mentiras e instruindo seu porta-voz para que continuasse defendendo as falsidades. Para ele, fato é, simplesmente, o que ele quer que seja a fim de satisfazer seu narcisismo. A realidade não importa a mínima. Se essa é a disposição das pessoas ao se envolverem numa discussão (negar a realidade e defender a todo custo seus pontos de vista para proteger sua autoestima), que utilidade ela terá?

Donald Trump pode ser um caso patológico de narcisismo mórbido, como dizem os renomados psiquiatras e psicólogos que contribuíram para o livro editado por Brady Lee[3], que o leva a mentir inescrupulosamente e a rejeitar a realidade que lhe é adversa. Sua própria sobrinha e psicóloga, Mary Trump[4], considera-o um sociopata. Entretanto, mesmo em pessoas normais, muitas vezes os fatos não são vistos como eles são na realidade, mas sim como nós somos. Por exemplo, se somos preconceituosos, julgamos de maneira diversa um mesmo comportamento negativo, conforme ele tenha sido emitido por uma pessoa que é alvo de nosso preconceito ou por outra que não o é. Vemos a ação negativa perpetrada pela primeira como algo sórdido e intencional e, a mesma ação negativa, quando de autoria da segunda, como algo involuntário e pelo qual ela não pode ser responsabilizada ou até como algo desprovido de características negativas! De fato, quando nos convém, podemos até chegar ao extremo de considerar positivo um fato negativo, numa total distorção da realidade! Mas vou mais além. Eu diria que não só não vemos as coisas como elas são, e sim como nós somos, mas também as vemos como **queremos** que elas sejam. Distorcemos a realidade não apenas porque temos valores, atitudes e crenças, porque sofremos a influência do grupo com o qual nos identificamos e de nossas tendenciosidades cognitivas, enfim, porque somos como somos; nós a distorcemos porque **queremos** que as coisas sejam da maneira que mais nos agrada. Que outra explicação pode ser dada para o exemplo acima mencionado da negação do óbvio evidenciado por fotografias"? (p. 29-32).

b) "Limitar-me-ei aqui a analisar apenas um dos aspectos dessa nefasta decisão tomada pela administração de George Bush e apoiada por Tony Blair e outros líderes: a justificação da guerra em virtude de Saddam Hussein possuir *armas de destruição em massa. A fim de obter apoio da opinião pública, Bush, Cheney, Blair e outros justificaram a invasão com base nessa suposição. Entretanto, os fatos confirmaram, de forma inequívoca, que tais armas não existiam. Além de o Iraque não as ter utilizado para se defender assim que foram bombardeados (se tinham armas, e não iriam usá-las, de que serviriam tais armas??), por mais que procurassem, os americanos nunca as descobriram. Essa realidade indiscutível foi suficiente para que Bush e seus seguidores admitissem que estavam errados? De forma alguma. A necessidade de ser coerente (o Iraque foi invadido porque possuía armas de destruição em massa que ameaçavam a humanidade) foi mais forte que os fatos. Por anos a fio o governo americano se recusou a admitir a evidência da inexistência da razão alegada para a guerra. No livro* State of denial *[Estado de negação] (o mecanismo de negação, um dos mecanismos de defesa do eu de que nos fala Freud, é uma das maneiras de eliminar a dissonância), Bob Woodward*[2] *mostra como a administração Bush escondeu do povo americano a verdade sobre a guerra contra o Iraque. Revelá-la seria criar intolerável dissonância para os governantes. Quando não dava mais para defender o indefensável, o que aconteceu após anos de infrutífera busca das alegadas armas, justificaram a guerra dizendo que Saddam Hussein tinha ligações com a organização terrorista Al Qaeda. Quando também essa alegação foi desmentida pelos fatos, o recurso foi, simplesmente, alegar que Saddam Hussein era um déspota cruel e perigoso e que precisava ser aniquilado. Em suma: as pessoas não aceitam reconhecer que erraram. Quando confrontadas com a incoerência entre os fatos e suas posições a eles contrárias, recorrem à negação e à racionalização para continuar com suas posições. E isso torna a discussão totalmente inútil, pois não há nenhuma intenção em aceitarem-se os fatos, mas apenas a de justificar posições contraditadas por eles" (p. 43-45).*

Como vimos no capítulo 6, a teoria da dissonância cognitiva de Festinger explica com clareza a negação da realidade descrita no parágrafo anterior.

A tendência a ver as coisas como nós somos, e não como a realidade mostra, se manifesta até em relação a temas que não deveriam refletir nossos valores e preferências políticas, mas sim deixados aos especialistas no assunto. As discussões na imprensa e nas redes sociais geradas pelo covid-19 é um exemplo. A terceira citação extraída do livro sobre a inutilidade das discussões é relativa a isso.

c) "O extremismo e a radicalização do mundo atual manifestam-se até mesmo em situações que, por sua natureza, deveriam ser imunes à interferência dos mesmos. É o caso, por exemplo, da maneira pela qual pessoas de diferentes orientações políticas reagem à pandemia do coronavírus.

Em 15 de janeiro o primeiro caso foi reportado fora da China, no Japão, e, poucos dias depois, a Coreia do Sul anunciava a presença do vírus em seu território. Daí para adiante, vários países foram atingidos pelo vírus. Em 31 de janeiro de 2020 a OMS declarou emergência global e, em 11 de março, anunciou ao mundo tratar-se de uma pandemia. O assunto foi progressivamente se tornando o alvo principal dos noticiários e comentários na imprensa falada e escrita e, também, das redes sociais. Logo surgiram opiniões divergentes sobre a seriedade da doença, sua capacidade de propagação, sua letalidade, a velocidade com que uma vacina seria descoberta e aprovada para uso de todos, a possibilidade de remédios aprovados para outras infecções respiratórias serem eficazes no combate ao covid-19, se medidas de isolamento social seriam ou não capazes de retardar a disseminação do vírus, que medidas de higiene pessoal seriam eficazes na prevenção da doença etc. Em pouco tempo, opiniões na imprensa e nas redes sociais se avolumaram e suscitaram intenso debate. Como sempre ocorre em discussões acaloradas, dois grupos antagônicos se formaram: de um lado, os que minimizavam a gravidade da doença e achavam leviano criar sérios problemas econômicos, que, talvez, viessem a matar mais gente que a própria doença; do outro, os que a consideravam gravíssima, capaz de matar um número muito elevado de pessoas e que medidas de contenção da epidemia deviam ser rigorosamente implementadas o quanto antes, mesmo que isso viesse a resultar em recessão econômica.

O que se seguiu a essa polarização de opiniões confirma a tese central deste livro: as discussões entre os defensores de lados opostos foram predominantemente emocionais, defensivas, tendentes a manter a autoestima dos querelantes e seus sistemas de crenças e valores. Os debates acirraram a radicalização das posições, e o que vejo, no momento em que escrevo através das mensagens *que recebo por WhatsApp, é a tendência de cada grupo de opiniões opostas a 'ver o que quer ver e a acreditar no que quer acreditar'... Resultado: ninguém convence ninguém, as posições opostas se radicalizam cada vez mais e nenhum resultado positivo deriva do debate acirrado." (p. 148-150).*

Os conhecimentos acumulados pela psicologia social permitem compreender perfeitamente por que as discussões apaixonadas são, de fato, inúteis, quando seus participantes são incapazes de controlar suas tendenciosidades e não se esforçam por ser intelectualmente honestos.

Referências

AARTS, H. & DIJKSTERHUIS, A. (2003). "The silence of the library: Environment, situational norms, and social behavior". *Journal of Personality and Social Psychology*, 84, p. 18-24.

AARTS, H.; VERPLANKEN, B. & VAN KNIPPENBERG, A. (1998). "Predicting behavior from actions in the past: Repeated decision-making or a matter of habit?" *Journal of Applied Social Psychology*, 28, p. 1.355-1.374.

ADAIR, J.G. (1984). "The Hawthorne effect: A reconsideration of the methodological artifact". *Journal of Applied Psychology*, 69, p. 334-345.

ADAMS, J.S. (1965). "Inequity in social exchange". In: BERKOWITZ, L. (org.). *Advances in Experimental Social Psychology*. Vol. 2. Nova York: Academic Press, p. 267-299.

ADORNO, T.W. et al. (1950). *The Authoritarian Personality*. Nova York: Harper and Row.

AhYUN, K. (2002). "Similarity and attraction". In: ALLEN, M. et al. (orgs.). *Interpersonal Communication Research*. Mahwah, NJ: Erlbaum.

AJZEN, I. (1991). "The theory of planned behavior". *Organizational Behavior and Human Decision Processes*, 50, p. 179-211.

AJZEN, I.; ALBARRACÍN, D. & HORNIK, R. (orgs.) (2007). *Prediction and Change of Health Behavior*: Applying the reasoned action approach. Mahwah, NJ: Lawrence Erlbaum.

AJZEN, I. & FISHBEIN, M. (2005). "The influence of attitudes on behavior". In: ALBARRACÍN, D.; JOHNSON, B.T. & ZANNA, M.P. (orgs.). *The Handbook of Attitudes*. Hilsdale, NJ: Erlbaum.

_____ (1980). *Understanding Attitudes and Predicting Social Behavior.* Englewood-Cliffs, NJ: Prentice-Hall.

AJZEN, I. & MADDEN, T.J. (1986). "Prediction of goal directed behavior: Attitude intentions, and perceived behavior control". *Journal of Experimental Social Psychology*, 22, p. 453-474.

ALANAZI, F. & RODRIGUES, A. (2003). "Power bases and attribution in three cultures". *The Journal of Social Psychology*, 143 (3), p. 375-395.

ALDAG, R.J. & FULLER, S.R. (1993). "Beyond fiasco: A reappraisal of the groupthink phenomenon and a new model of group decision processes". *Psychological Bulletin*, 113, p. 533-552.

ALLEN, M. (1991). "Meta-analysis comparing the persuasiveness of one-sided and two-sided messages". *Western Journal of Speech Communication*, 55, p. 390-404.

ALLPORT, F.H. (1924). *Social Psychology.* Cambridge, Mass.: Riverside Press.

ALLPORT, G.W. (1954). *The Nature of Prejudice.* Reading, MA: Addison-Wesley.

_____ (1935). "Attitudes". In: MURCHISON, C. (org.). *The Handbook of Social Psychology.* Worcester, Mass.: Clark University Press, p. 798-844.

ALLPORT, G.W. & POSTMAN, L. (1947). *The Psychology of Rumor.* Nova York: Russel & Russell.

ALLPORT, G.W.; VERNON, P.E. & LINDZEY, G. (1951). *Study of Values*: A scale for measuring the dominant interest in personality. Boston: Houghton Mifflin.

AMATO, P.R. (1983). "Helping behavior in urban and rural environments. Field studies based on a taxonomic organization of helping episodes". *Journal of Personality and Social Psychology*, 45, p. 571-586.

AMBADY, N. & WEISBUCH, M. (2010). "Nonverbal behavior". In: FISKE, S.; GILBERT, D. & LINDZEY, G. (orgs.). *Handbook of Social Psychology.* Hoboken, NJ: John Wiley & Sons, cap. 13.

AMBROSE, M.L. & KULIK, C.T. (1999). "Old friends, new faces: Motivation research in 1990s". *Journal of Management*, 25, p. 231-292.

ANDERSON, C.A. (1989). "Temperature and aggression: Ubiquitous effects of heat on occurrence of human violence". *Psychological Bulletin*, 106, p. 74-96.

ANDERSON, C.A. & BUSHMAN, B.J. (1997). "External validity of 'trivial' experiments: The case of laboratory aggression". *Review of General Psychology*, 1, p. 19-41.

ANDERSON, N.H. & HUBERT, S. (1963). "Effects of commitment, verbal recall, and other effects in personality impression formation". *Journal of Verbal Learning and Verbal Behavior*, 2, p. 379-391.

ANDREOLETTI, C.; ZEBROWITZ, L.A. & LACHMAN, M.E. (2001). "Physical appearance and control beliefs in young, middle-aged, and older adults". *Personality and Social Psychology Bulletin*, 27 (8), p. 969-981.

ANGELINI, A.L. (1973). *Motivação humana*: realização e progresso social. Rio de Janeiro: José Olympio.

APSLER, R. (1975). "Effects of embarrassment on behavior toward others". *Journal of Personality and Social Psychology*, 32, p. 145-153.

ARCHER, D. (1994). "American violence: How high and why?" *Law Studies*, 19, p. 12-20. Albânia: State Bar Association.

_____ (1991). "The influence of testosterone on human aggression". *British Journal of Psychology*, 82, p. 1-28.

_____ (1984). *Violence and Crime in Cross-National Perspective*. New Haven: Yale University Press.

ARCHER, D. & McDANIEL P. (1995). "Violence and gender: Differences and similarities across societies". In: RUBACK, R.B. & WEINER, N.A. (orgs.). *Interpersonal Violent Behaviors*: Social and cultural aspects. Nova York: Springer, p. 63-88.

ARÉS, P. (1998). "Virilidad: Conocemos el costo de ser hombre?" *Cadernos de Psicología*, 8, p. 19-43.

ARONSON, E. (2007). *The Social Animal*. 10. ed. Nova York: W.H. Freeman.

_____ (2000). *Nobody left to hate*: Teaching compassion after Columbine. Nova York: Freeman/Worth.

_____ (1999). "Adventures in experimental social psychology: Roots, branches, and sticky new leaves". In: RODRIGUES, A. & LEVINE, R.V. (orgs.). *Reflections on 100 years of Experimental Social Psychology*. Nova York: Basic Books.

_____ (1968). "Dissonance Theory: Progress and problems". In: ABELSON, R.P. et al. (orgs.). *Theories of Cognitive Consistency*: A source book. Chicago: Rand MacNally.

ARONSON, E. et al. (1978). *The Jigsaw Classroom*. Beverly Hills, CA: Sage.

ARONSON, E. & CARLSMITH, J.M. (1968). "Experimentation in Social Psychology". In: LINDZEY, G. & ARONSON, E. (orgs.). *The Handbook of Social Psychology*. Vol. 2. Menlo-Park: Addison-Wesley, cap. 1.

ARONSON, J.; FRIED, C.B. & GOOD, C. (2002). "Reducing the effect of stereotype threat on African American College students by shaping theories of intelligence". *Journal of Experimental Social Psychology*, 38, p. 113-125.

ARONSON, E.; FRIED, C. & STONE, J. (1991). "Overcoming denial and increasing the intention to use condoms trough the induction of hypocrisy". *American Journal of Public Health*, 81, p. 1.636-1.638.

ARONSON, E. & MILLS, J. (1959). "The effect of severity of initiation on linking for a group". *Journal of Abnormal and Social Psychology*, 59, p. 177-181.

ARONSON, E.; TURNER, J. & CARLSMITH, J.M. (1963). "Communication credibility and communication discrepancy as determinants of opinion change". *Journal of Abnormal and Social Psychology*, 55, p. 244-252.

ARONSON, E.; WILSON, T.D. & AKERT, R.M. (2009). *Social Psychology*. 7. ed. Nova York: Longman.

ARROW, H. & McGRATH, J.E. (1995). "Membership dynamics in groups at work: A theorethical framework". In: STAW, B.M. & CUMMINGS, L.L. (orgs.). *Research in Organizational Behavior*. Vol. 17. Greenwich, CT: JAI Press.

ASCH, S.E. (1952). *Social Psychology.* Nova York: Prentice-Hall.

_____ (1951). "Effects of group pressure upon the modification and distortion of judgments". In: GUETZKOW, H. (orgs.). *Groups, Leadership, and Men.* Petesburgo, PA: Carnegie Press.

_____ (1946). "Forming impressions of personality". *Journal of Abnormal and Social Psychology*, 41, p. 258-290.

ASSMAR, E.M.L. (1997). "A experiência de injustiça na vida diária: uma análise preliminar em três grupos sociais". *Psicologia*: Reflexão e Crítica, 10, p. 335-350.

_____ (1995a). "Percepção e reação à injustiça na perspectiva da vítima: Uma proposta de abordagem integrada". *Arquivos Brasileiros de Psicologia*, 47 (2), p. 59-80.

_____ (1995b). "Percepção e reação à injustiça: A perspectiva da vítima e do beneficiário sob diferentes condições de interação". *Arquivos Brasileiros de Psicologia*, 47 (3), p. 93-104.

_____ (1988). *Justiça distributiva*: Variáveis de personalidade e variáveis situacionais. Rio de Janeiro: FGV [Dissertação de mestrado].

ASSMAR, E.M.L. & RODRIGUES, A. (1994). "The value base of distributive justice: Testing Deutsch's hypotheses in a different culture". *Interamerican Journal of Psychology*, 28 (1), p. 1-11.

ATAL, J.P.; ÑOPO, H. & WINDER, N. (2009). "New century, old disparities – Gender and ethnic wage gaps in Latin America". *IDB Working Paper Series*, 109. Inter-American Development Bank.

ATKIN, C. & BLOCK, M. (1983). "Effectiveness of celebrity endorsers". *Journal of Advertising Research*, 23 (1), p. 57-61.

ATKINSON, J.W. (1957). "Motivational determinants of risk-taking behavior". *Psychological Review*, 64, p. 359-372.

ATTRIDGE, M. & BERSCHEID, E. (1994). "Entitlement in romantic relationships in the United States: A social exchange perspective". In: LERNER, M.J. & MIKULA, G. (orgs.). *Entitlement ant the Affectional Bond*: Justice in close relationships. Nova York: Plenum Press.

AUBE, J. & KOESTNER, R. (1995). "Gender characteristics and relationship adjustement: Another look at similarity-complementarity hypotheses". *Journal of Personality*, 63, p. 879-904.

AUSTIN, W. (1980). "Friendship and fairness: Effects of type of relationship and task performance on choice of distribution rules". *Personality and Social Psychology Bulletin*, 6, p. 402-407.

AVERILL, J.R. (1980). "A constructivist view of emotion". In: PLUTCHIK, R. & KELLERMAN, H. (orgs.). *Theories of Emotion*. Vol. I. São Diego, CA: Academic Press.

BACK, K.W. (1951). "Influence through social communication". *Journal of Abnormal and Social Psychology*, 46, p. 9-23.

BACK, M.D.; SCHMUKLE, S.C. & EGLOFF, B. (2008). "Becoming friends by chance". *Psychological Science*, 19 (5), p. 439-440.

BALES, R.F. (1970). *Personality and Interpersonal Behavior*. Nova York: Holtz, Rinehart and Winston.

_____ (1950). *Interaction Process Analysis*: Method for study of small groups. Reading, Mass.: Addison-Wesley.

BANAJI, M.R. & HARDIN, C. (1996). "Automatic stereotyping". *Psychological Science*, 7, p. 136-141.

BANDURA, A. (2002). "Social cognitive theory of mass communication". In: BRYANT, J. & ZILLMANN, D. (orgs.). *Media Effects*. 2. ed. Nova Jersey: LEA, p. 121-153.

_____ (1997). *Self-Efficacy*: The exercise of control. Nova York: W.H. Freeman.

_____ (1986). *Social Foundations of Thought and Action*: A social cognitive theory. Englewood Cliffs, NJ: Prentice-Hall.

_____ (1973). *Aggression*: A social learning analysis. Englewood Cliffs, NJ: Prentice-Hall.

BANDURA, A.; AZZI, R. & POLYDORO, S. (orgs.) (2008). *Teoria Social Cognitiva*: conceitos básicos. Porto Alegre: Artmed.

BANDURA, A.; ROSS, D. & ROSS, S.A. (1963). "Imitation of film-mediated aggressive models". *Journal of Abnormal and Social Psychology*, 66, p. 3-11.

_____ (1961). "Transmission of aggression through imitation of aggressive models". *Journal of Abnormal and Social Psychology*, 63, p. 575-582.

BANDURA, A. & WALTERS, R.H. (1959). *Adolescent Aggression*. Nova York: Ronald Press.

BARBOSA, L. (1992). *O jeitinho brasileiro – A arte de ser mais igual que os outros*. Rio de Janeiro: Campus.

BARCLAY, G. & TAVARES, C. (2005). "International comparisons of criminal justice statistics 2001". *Home Office Statistical Bulletin*. Londres.

BARGH, J.A. (1999). "The cognitive monster". In: CHAIKEN, S. & TROPE, Y. (orgs.). *Dual Process Theories in Social Psychology*. Nova York: Guilford Press.

_____ (1996). "Automaticity in social psychology". In: HIGGINS, E.T. & KRUGLANSKI, A.W. (orgs.). *Social Psychology*: Handbook of basic principles. Nova York: Guilford Press.

_____ (1994). "The four horsemen of automaticity: Awareness, intention, efficiency, and control of social cognition". In: WYER, R.S. & SRULL, D.K. (orgs.). *Handbook of social Cognition*. 2. ed. Hillsdale, NJ: Erlbaum.

BARGH, J.A. et al. (1996). "The automatic evaluation effect: Unconditionally automatic attitude activation with a pronounciation task". *Journal of Experimental Social Psychology*, 32, p. 185-210.

_____ (1995). "Attractiveness of the underling: An automatic power-sex association and its consequences for sexual harassment and aggression". *Journal of Personality and Social Psychology*, 68, p. 768-781.

_____ (1992). "The generality of the automatic attitude activation effect". *Journal of Personality and Social Psychology*, 62, p. 893-912.

BARGH, J.A. & CHARTRAND, T.L. (1999). "The unbearable automaticity of being". *American Psychologist*, 54 (7), p. 462-479.

BARGH, J.A.; CHEN, M. & BURROWS, L. (1996). "Automaticity of social behavior: Direct effects of trait construct and stereotype activation on action". *Journal of Personality and Social Psychology*, 71, p. 230-244.

BARGH, J.A. & FERGUSON, M. (2000). "Beyond behaviorism: On the automaticity of higher mental processes". *Psychological Bulletin*, 126 (6), p. 925-945.

BARGH, J.A. & HUANG, J.Y. (2009). "The selfish goal". In: MOSKOWITZ, G.B. & GRANT, H. (orgs.). *The Psychology of Goals*. Nova York, NJ: The Guilford Press.

BARKER, J.R. (1993). "Tightening the iron cage: Concertive control in self--managing teams". *Administrative Science Quarterly*, 38, p. 408-437.

BARLEY, S.R. & BECHKY, B.A. (1994). "In the backrooms of science: The work of technicians in science labs". *Work and Occupations*, 21, p. 85-126.

BARON, R.A. (1979). "Aggression, empathy and race: Effects of victim's pain cues, victim's race, and level of instigation on physical aggression". *Journal of Applied Social Psychology*, 9, p. 103-114.

_____ (1974). "Aggression as a function of victim's pain cues, level of prior anger arousal, and exposure to an aggressive model". *Journal of Personality and Social Psychology*, 29, p. 117-124.

_____ (1971). "Magnitude of victim's pain cues and level of prior anger arousal as determinants of adult aggressive behavior". *Journal of Personality and Social Psychology*, 17, p. 236-243.

BARON, R.A.; BRANSCOMBE, N.R. & BYRNE, D. (2008). *Social Psychology*. 12. ed. Nova York: Allyn & Bacon.

BARON, R.A. & BYRNE, D. (2002). *Social Psychology*: Understanding human interaction. 10. ed. Boston: Allyn and Bacon.

BARON, R.A.; RUSSELL, G.W. & ARMS, R.I. (1985). "Negative ions and behavior: Impact on mood, memory, and aggression among, Type A and Type B persons". *Journal of Personality and Social Psychology*, 48, p. 746-754.

BARON, R.M. et al. (1976). "Effects of social density in university residential environments". *Journal of Personality and Social Psychology*, 34, p. 434-446.

BARON, R.S.; BURGESS, M.L. & KAO, C.F. (1991). "Detecting and labeling prejudice: Do female perpetrators go undetected?" *Personality and Social Psychology Bulletin*, 17, p. 115-127.

BARON, R.S.; KERR, N.L. & MILLER, N. (1992). *Group Process, Group Decision, Group Action*. Pacific Grove, CA: Brooks/Cole.

BARRAJI, M.R. & HEIPHETZ, L. (2010). "Attitudes". In: FISKE, T.; GIBERT, D. & LINDZEY, G. (orgs.). *The Handbook of Social Psychology*. Hoboken, NJ: John Wiley & Sons, Inc.

BARRET-HOWARD, E. & TYLER, T.R. (1986). "Procedural justice as a criterion in allocation decisions". *Journal of Personality and Social Psychology*, 50, p. 296-304.

BARSADE, S.G. (2002). "The ripple effects: Emotional contagion and its influence on group behavior". *Administrative Science Quarterly*, 47, p. 644-675.

BARTEL, C.A. & SAAVEDRA, R. (2000). "The collective construction of work group moods". *Administrative Science Quarterly*, 45, p. 197-231.

BARTUNEK, J.M. & MURNIGHAN, J.K. (1984). "The nominal group technique: Expanding the basic procedure and underlying assumptions". *Group and Organization Studies*, 9, p. 417-432.

BASS, B.M. (1985). *Leadership and Performance Beyond Expectations*. Nova York: Free Press.

BATSON, C.D. (1995). "Prosocial motivation: Why do we help others?" In: TESSER, A. (org.). *Advanced Social Psychology*. Nova York: McGraw-Hill.

_____ (1993). "Communal and exchange relationships: What's the difference?" *Personality and Social Psychology Bulletin*, 19, p. 677-683.

_____ (1991). *The Altruism Question*: Toward a social-psychological answer. Hillsdale, NJ: Erlbaum.

_____ (1983). "Sociobiology and the role of religion in promoting prosocial behavior: An alternative view". *Journal of Personality and Social Psychology*, 45, p. 1.380-1.385.

BATSON, C.D. et al. (1995). "Information function of empathic emotion: Learning that we value the other's welfare". *Journal of Personality and Social Psychology*, 68, p. 300-313.

_____ (1991). "Empathic joy and the empathy-altruism hypothesis". *Journal of Personality and Social Psychology*, 61, p. 413-426.

_____ (1989). "Religious prosocial motivation: Is it altruistic or egoistic?" *Journal of Personality and Social Psychology*, 57, p. 873-884.

_____ (1988). "Five studies testing two new egoistic alternatives to the empathy-altruism hypothesis". *Journal of Personality and Social Psychology*, 55, p. 52-77.

_____ (1987). "Critical self-reflection and self-perceived altruism: When self-reward fails". *Journal of Personality and Social Psychology*, 53, p. 594-602.

_____ (1981). "Is empathic emotion a source of altruistic motivation?" *Journal of Personality and Social Psychology*, 40, p. 290-302.

BATSON, C.D. & COKE, J.S. (1981). "Empathy: A source of altruistic motivation for helping?" In: RUSHTON, J.P. & SORRENTINO, R.M. (orgs.). *Altruism and helping behavior*: Social, personality, and developmental perspectives. Hillsdale, NJ: Erlbaum.

BATSON, C.D. & SHAW, L.L. (1991). "Evidence for altruism: Toward a pluralism of prosocial motives". *Psychology Inquiry*, 2, p. 107-122.

BATTLE, E. & ROTTER, J.B. (1983). "Children's feeling of personal control as related to social class and ethnic group". *Journal of Personality*, 31, p. 482-490.

BAUMANN, D.J.; CIALDINI, R.B. & KENRICK, D.T. (1981). "Altruism as hedonism: Helping and self-gratification as equivalent responses". *Journal of Personality and Social Psychology*, 40, p. 1.039-1.046.

BAUMEISTER, R.F. (2010). "The self". In: BAUMEISTER, R.F. & FINKEL, E.J. *Advanced Social Psychology*: The state of the science. Nova York: Cambridge University Press, p. 139-175.

BAUMEISTER, R. & DeWALL (2005). "Inner disruption following social exclusion: Reduced intelligent thought and self-regulation failure". In:

WILLIAMS, K.D. & VON HIPPEL, W. (orgs.). *The Social Outcast*: Ostracism, social exclusion, rejection, and bullying. Nova York: Psychology Press.

BAUMEISTER, R. & LEARY, M.R. (1995). "The need to belong: Desire for interpersonal attachments as a fundamental human motivation". *Psychological Bulletin*, 117, p. 497-529.

BECKER, F.D. (1981). *Workspace*. Nova York: Praeger.

BECKER, M.H. & JOSEPHS, J.G. (1988). "Aids and behavioral change to reduce risk: A review". *American Journal of Public Health*, 778, p. 394-410.

BEINS, B.C. (2004). *Research Methods*: A tool for life. Boston, MA: Pearson.

BELANSKY, E.S. & BOGGIANO, A.K. (1994). "Predicting helping behaviors: The role of gender and instrumental/expressive self-schemata". *Sex Roles*, 30, p. 647-661.

BELL, P.A. et al. (2001). *Environmental Psychology*. Fort Worth: Harcourt.

BELSON, W.A. (1978). *Television Violence and the Adolescent Boy*. Farnborough, Hants: Saxon House.

BEM, D.J. (1972). "Self-perception theory". In: BERKOWITZ, L. (org.). *Advances in Experimental Social Psychology*. Vol. 6. Nova York: Academic Press.

_____ (1967). "Self-perception: An alternative interpretation of cognitive dissonance phenomena". *Psychological Review*, 74, p. 183-200.

BEM, D.J. & BEM, S. (1970). "We're all non-conscious sexists". *Psychology Today*, 11/11, p. 22-26, 115-116.

BERG, B.L. (2008). *Qualitative Research Methods for the Social Sciences*. Boston: Allyn and Bacon.

BERGERON, N. & SCHNEIDER, B.H. (2005). "Explaining cross-national differences in peer-directed aggression: A quantitative synthesis". *Aggressive Behavior*, 31, p. 116-137.

BERGIN, A.E. (1962). "The effect of dissonance persuasive communications upon changes in self-referring attitudes". *Journal of Personality*, 30, p. 423-438.

BERGLAS, S. & JONES, E.E. (1978). "Drug choice as a self-handicapping strategy in response to non contingent success". *Journal of Personality and Social Psychology*, 36, p. 405-417.

BERKOWITZ, L. (1993). *Aggression*. Nova York: McGraw-Hill.

_____ (1989). "Frustration-aggression hypothesis: Examination and reformulation". *Psychological Bulletin*, 106, p. 59-73.

_____ (1988). "Frustration, appraisals, and aversively stimulated aggression". *Aggressive Behavior*, 14, p. 3-11.

_____ (1987). "Mood, self-awareness, and willingness to help". *Journal of Personality and Social Psychology*, 52, p. 721-724.

_____ (1984). "Some effects of thoughts on anti-and prosocial influences of media events: A cognitive-neoassociation analysis". *Psychological Bulletin*, 95, p. 410-427.

_____ (1975). *A Survey of Social Psychology*. Hinsdale: The Dryden Press.

_____ (1972). "Social norms, feelings, and other factors affecting helping and altruism". In: BERKOWITZ, L. (org.). *Advances in Experimental Social Psychology*. Vol. 6. Nova York: Academic Press.

_____ (1968). "Impulse, aggression, and the gun". *Psychology Today*, 2 (4), p. 18-22.

_____ (1959). "Anti-semitism and the displacement of aggression". *Journal of Abnormal and Social Psychology*, 59, p. 182-187.

_____ (1954). "Group standards, cohesiveness and productivity". *Human Relations*, 7, p. 509-519.

BERKOWITZ, L. & DEVINE, P.G. (1989). "Research traditions, analysis, and synthesis in social psychological theories: The case of dissonance theory". *Personality and Social Psychology Bulletin*, 15, p. 493-507.

BERKOWITZ, L. & LePAGE, A. (1967). "Weapons as aggression-eliciting stimuli". *Journal of Personality and Social Psychology*, 7, p. 202-207.

BERMAN, M.; GLADUE, B. & TAYLOR, S. (1993). "The effects of hormones, Type A behavior pattern, and provocation on aggression in men". *Motivation and Emotion*, 17, p. 125-138.

BERRY, D.S. & ZEBROWITZ-McARTHUR, L. (1988). "What's in a face: Facial maturity and the attribution of legal responsibility". *Personality and Social Psychology Bulletin*, 14, p. 23-33.

BERSCHEID, E. & REIS, H.T. (1998). "Attraction and close relationships". In: GILBERT, D.T.; FISKE, S.T. & LINDZEY, G. (orgs.). *The Handbook of Social Psychology*. Vol. 2. 4. ed. Nova York: McGraw-Hill.

BERSCHEID, E. & WALSTER, E. (1978). *Interpersonal Attraction*. Reading, MA: Addison-Wesley.

_____ (1974). "Physical attractiveness". In: BERKOWITZ, L. (org.). *Advances in Experimental Social Psychology*. Vol. 7. Nova York: Academic Press.

BIAGGIO, A. (1984). *Pesquisas em psicologia do desenvolvimento e da personalidade*. Porto Alegre: UFRGS.

BICKMAN, L. & ROG, D.J. (2008). "Why a handbook of applied social research methods?" In: BICKMAN, L. & ROG, D. (orgs.). *The Sage Handbook of Applied Social Research Methods*. Thousand Oaks, CA: Sage, p. viii-xviii.

BIERHOFF, H.W.; KLEIN, R., & KRAMP, P. (1991). "Evidence for altruistic personality from data on accident research". *Journal of Personality*, 59, p. 263-280.

BJERSTEDT, A. (1961). "Preparation, process and product in small group interaction". *Human Relations*, 14, p. 183-189.

BJORKQVIST, K.; LAGERSPETZ, K.M.J. & KAUKIAINEN, A. (1992). "Do girls manipulate and boys fight? Developmental trends in regard to direct and indirect aggression". *Aggressive Behavior*, 18, p. 117-127.

BLASS, T. (2000). *Obedience to Authority*: Current perspectives on the Milgram paradigm. Mahwah, NJ: Lawrence Erlbaum.

_____ (1999). "The Milgram paradigm after 35 years: Somethings we know now about obedience to authority". *Journal of Apllied Social Psychology*, 29, p. 955-978.

BLIESZNER, R. & ADAMS, R.G. (1992). *Adult Friendship*. Newbury, CA: Sage.

BOGAERT, S.; BOONE, C. & DECLERCK, C. (2008). "Social value orientation and cooperation in social dilemmas: A review and conceptual model". *British Journal of Social Psychology*, 47, p. 453-480.

BOGARD, N. (1990). "Why we need gender to understand human violence". *Journal of Interpersonal Violence*, 5, p. 132-135.

BOLINO, M.C. & TURNLEY, W.H. (2008). "Old faces, new places: Equity theory in cross-cultural contexts". *Journal of Organizational Behavior*, 29, p. 29-50.

BOND, C.F. & TITUS, L.J. (1983). "Social facilitation: A meta-analysis of 241 studies". *Psychological Bulletin*, 94 (2), p. 265-292.

BOND, R. & SMITH, P.B. (1996). "Culture and Conformity: A meta-analysis of studies using Asch's. Line Judgment Task". *Psychological Bulletin*, 119 (1), p. 111-137.

BONTA, B.D. (1997). "Cooperation and competition in peaceful societies". *Psychological Bulletin*, 121, p. 299-307.

BORNSTEIN, R.F. & D'AGOSTINO, P.R. (1992). "Stimulus recognition and the mere exposure effect". *Journal of Personality and Social Psychology*, 63, p. 545-552.

BOSSARD, J.H.S. (1932). "Residential propinquity as a factor in marriage selection". *American Journal of Sociology*, 38, p. 214-224.

BOURGEOIS, K.S. & LEARY, M.R. (2001). "Coping with rejection: Derogating those who chose us last". *Motivation and Emotion*, 25, p. 101-111.

BOWERMAN, C.E. & DAY, B.R. (1956). "A test of the theory of complementary needs as appied couples during courtship". *American Sociological Review*, 21, p. 602-605.

BOYD, R. & RICHERSON, P.J. (1990). "Culture and cooperation". In: MANBRIDGE, J.J. (org.). *Beyond Self-interest*. Chicago: University of Chicago Press, p. 111-132.

BRAUER, M.; JUDD, C.M. & GLINER, M.D. (1995). "The effects of repeated expressions on attitude polarization during group discussions". *Journal of Personality and Social Psychology*, 68, p. 1.014-1.029.

BRAWLEY, L.R. (1990). "Group cohesion: Status, problems, and future directions". *International Journal of Sport Psychology*, 21, p. 355-379.

BREAKWELL, G.M.; HAMMOND, S. & FIFE-SCHAW, C. (2001). *Research Methods in Psychology*. Londres: Sage.

BREHM, J.W. (1966). *A Theory of Psychological Reactance*. Nova York: Academic Press.

BREHM, J.W. & COHEN, A.R. (1962). *Explorations on Cognitive Dissonance*. Nova York: Wiley.

BREHM, S. (1992). *Intimate Relationships*. Nova York: Random House.

BREHM, S. & BREHM, J.W. (1981). *Psychological Reactance*: A theory of freedom and control. Nova York: Academic Press.

BREHM, S.; KASSIN, S. & FEIN, S. (2005). *Social Psychology*. 6. ed. Boston: Houghton Mifflin.

BREWER, M.B. (1988). "A dual process model of impression formation". In: SKRULL, T.S. & WYER, R.S. (orgs.). *Advances in Social Cognition*. Vol. 1. Hillsdale, NJ: Erlbaum, p. 1-36.

BREWER, M.B.; DULL, V. & LIU, L. (1981). "Preception of the elderly: Stereotypes as prototypes". *Journal of Personality and Social Psychology*, 41, p. 656-670.

BRIDGES, F.S. & COADY, N.P. (1996). "Urban size differences in incidence of altruistic behavior". *Psychological Reports*, 78 (1), p. 307-312.

BRIGHAM, J.C. (1971). "Ethnic stereotypes". *Psychological Bulletin*, 76, p. 15-38.

BRODY, E.M. (1990). *Women-in-the-middle:* Their parent care years. Nova York: Springer.

BROOM, L. & SELZNICK, P. (1958). *Sociology*. Nova York: Row, Peterson & Company.

BROWN, J.H. & RAVEN, B.H. (1994). "Power and compliance in doctor/patient relationships". *Revista de Psicología de la Salud*, 6 (19), p. 3-22.

BROWN, R. (1988). *Group Processes*: Dynamics within and between groups. Oxford: Blackwell.

_____ (1965). *Social Psychology*. Nova York: Free Press.

BRUNER, J. (1990). *Acts of Meaning*. Cambridge, Mass.: Harvard University Press.

BRUNER, J.S. & TAGIURI, R. (1954). "Person perception". In: LINDZEY, G. (org.). *The Handbook of Social Psychology*. Vol. 2. Reading, Mass.: Addison-Wesley.

BUARQUE DE HOLANDA, S. (1936/1997). *Raízes do Brasil*. 4. reimp. São Paulo: Companhia das Letras.

BUARQUE DE HOLANDA FERREIRA, A. (1986). *Novo Dicionário Aurélio da Língua Portuguesa*. 2. ed. Rio de Janeiro: Nova Fronteira.

BUDMAN, S.H. et al. (1993). "What is cohesiveness? An empirical examination". *Small Group Research*, 24, p. 199-216.

BULL, R. & RUMSEY, N. (1988). *The Social Psychology of Facial Appearance*. Nova York: Springer.

BURGER, J.M. (2009). "Replicating Milgram: Would people still obey today?" *American Psychologist*, 64 (1), p. 1-11.

BUSHMAN, B.J. & ANDERSON, C.A. (2002). "Violent video games and hostile expectations: A test of the general aggression model". *Personality and Social Psychology Bulletin*, 28, p. 1.679-1.686.

BUSHMAN, B.J. & GEEN, R.G. (1990). "Role of cognitive-emotional mediators and individual differences in the effects of media violence and aggression". *Journal of Personality and Social Psychology*, 58, p. 156-163.

BUSHMAN, B.J.; BAUMEISTER, R.F. & STACK, A.D. (1999). "Catharsis, aggression, and persuasive influences: Self-fulfilling or self-defeating prophecies?" *Journal of Personality and Social Psychology*, 76, p. 367-376.

BUSHMAN, B.J. & HUESMANN, L. R. (2010). "Aggression". In: GILBERT, D.T.; FISKE, S.T. & LINDZEY, G. (orgs.). *The Handbook of Social Psychology*. 4. ed. Boston: McGraw-Hill.

BUUNK, A.P. & VAN VUGT, M. (2007). *Applying Social Psychology*: From problems to solutions. Londres: Sage.

BYRNE, D. (1971). *The Attraction Paradigm*. Nova York: Academic Press.

BYRNE, D. & BUHLER, J.A. (1964). "A note on the influence of propinquity upon acquaintanceships". *Psychonomic Science*, 4, p. 699-703.

CALLERO P.L. (1986). "Putting the social in prosocial behavior: An interacionistic approach to altruism". *Humboldt Journal of Social Relations*, 13, p. 15-32.

CAMINO, L. et al. (2001). "A face oculta do racismo no Brasil: uma análise psicossociológica". *Revista Psicologia Política*, 1 (1), p. 13-36.

CAMPBELL, D.T. (1978). "On the genetics of altruism and the counter-hedonic components of human culture". In: WISPE, L. (org.). *Altruism Sympathy and Helping*: Psychological and sociological principles. Nova York: Academic Press.

_____ (1963). "Social attitudes and other acquired behavioral dispositions". In: KOCH, S. (orgs.). *Psychology*: A Study of a Science – Vol. 6 – Investigations of a man as sociers: their place in psychology and the social sciences. Nova York: McGraw-Hill.

CANNAVALE, F.J.; SCARR, H.A. & PEPITONE, A. (1970). "Deindividuation in the small group: Further evidence". *Journal of Personality and Social Psychology*, 16, p. 141-147.

CAPLOW, T. (1956). "A theory of coalitions in the triad". *American Sociological Review*, 21, p. 489-493.

CARLO, G. et al. (1991). "The altruistic personality: In what contexts is it apparent?" *Journal of Personality and Social Psychology*, 61, p. 450-458.

CARLSMITH, J.M.; ELLSWORTH, P. & ARONSON, E. (1976). *Methods of Research in Social Psychology*. Reading, MA: Addison-Wesley.

CARLSON, M.; CHARLIN, V. & MILLER, N. (1988). "Positive mood and helping behavior: A test of six hypotheses". *Journal of Personality and Social Psychology*, 55, p. 211-229.

CARLSON, M.; MARCUS-NEWHALL, A. & MILLER, N. (1990). "Effects of situational aggression cues: A quantitative review". *Journal of Personality and Social Psychology*, 58, p. 622-633.

CARLSON, M. & MILLER, N. (1987). "Explanation of the relation between negative mood and helping". *Psychological Bulletin*, 102, p. 91-108.

CARTWRIGHT, D. & HARARY, F. (1956). "Structural balance: A generalization of Heider's Theory". *Psychological Review*, 63, p. 277-293.

CARTWRIGHT, D. & ZANDER, A. (1968). *Group Dynamics*. Nova York: Harper and Row.

CASH, T.E. & JANDA, L.H. (1984). "The eye of the beholder". *Psychology Today*, dez., p. 46-52.

CASPI, A. & HARBENER, E.S. (1990). "Continuity ans change: assertive marriage and the consistency of personality in adulthood". *Journal of Personality and Social Psychology*, 58, p. 250-258.

CENTERS, R. (1949). *The Psychology of Social Classes*. Princeton: Princeton University Press.

CENTERS, R.; RAVEN, B.H. & RODRIGUES, A. (1971). "Conjugal power structure: A re-examination". *American Sociological Review*, 36, p. 264-278.

CENTERS, R.; SHOMER, R.W. & RODRIGUES, A. (1970). "A field experiment in interpersonal persuasion using authoritative influence". *Journal of Personality*, 38, p. 392-403.

CESARIO, J.; PLAKS, J.E & HIGGINS, E. (2006). "Automatic social behavior as motivated preparation to interact". *Journal of Personality and Social Psychology*, 90, p. 893-910.

CHAIKEN, S. (1987). "The heuristic model of persuasion". In: ZANNA, M.P.; OLSON, J.M. & HERMAN, P. (orgs.). *Social Influence*: The Ontario Symposium. Vol. 5. Hillsdale, NJ: Erlbaum.

_____ (1979). "Communicator physical attractiveness and persuasion". *Journal of Personality and Social Psychology*, 39, p. 752-766.

CHAIKEN, S.; WOOD, W. & EAGLY, A.H. (1996). "Principles of persuasion". In: HIGGINS, E.T. & KRUGLANSKI, A.W. (orgs.). *Social Psychology*: Handbook of basic principles. Nova York: Guilford.

CHANCE, J.E. (1965). *Internal Control of Reinforcement and the School Learning Process* [Trabalho apresentado na reunião da Society for Research in Child Development. Mineápolis].

CHAPANIS, N.P. & CHAPANIS, A. (1964). "Cognitive dissonance: five years later". *Psychological Bulletin*, 61, p. 1-22.

CHAPMAN, L.H. & CAMPBELL, D.T. (1957). "An attempt to predict the performance of three men teams from attitude measures". *Journal of Social Psychology*, 46, p. 277-286.

CHARTRAND, T.L. (1999). *The self-evaluative consequences of nonconscious goal pursuit*. Nova York: New York University [Tese de doutorado].

CHAVEZ, D. (1985). "Perpetuation of gender inequality: A context analysis of comic strips". *Sex Roles*, 13, p. 93-102.

CHEN, S.C. (1937). "Social modification of the activity of ants in nest-building". *Psychological Zoology*, 10, p. 420-436.

CHRISTENSEN, L. (1977). "The negative subject: Myth, reality, or a prior experimental experience effect?" *Journal of Personality and Social Psychology*, 35, p. 392-400.

CHO, H. & WITTE, K. (2005). "Managing fear in public health campaigns: A theory-based formative evaluation process". *Health Promotion Practice*, 6 (4), p. 482-490.

CHOWDRY, K. & NEWCOMB, T.M. (1952). "The relative abilities of leaders and non-leaders to estimate the opinions of their own groups". *Journal of Abnormal and Social Psychology*, 47, p. 51-57.

CIALDINI, R.B. (2008). *Influence*: Science and practice. Nova York: Harper-Collins.

_____ (1994). "A full-cycle approach to social psychology". In: BRANNIGAN, G.G. & MERRENS, M.R. (orgs.). *The Social Psychologists*: Research adventures. Nova York: McGraw-Hill, p. 53-72.

_____ (1991). "Altruism or egoism? That is (still) the question". *Psychological Inquiry*, 2, p. 124-126.

_____ (1980). "Full-cycle social psychology". In: BICKMAN, L. (org.). *Applied Social Psychology Annual.* Vol. 1. Beverly Hills, CA: Sage, p. 21-47.

CIALDINI, R.L. et al. (1987). "Empathy-based helping: Is it selflessly or selfishly motivated?" *Journal of Personality and Social Psychology*, 52, p. 749-758.

_____ (1978). "Low-ball procedure for producing compliance: Commitment then cost". *Journal of Personality and Social Psychology*, 36, p. 463-476.

CIALDINI, R.B.; DARBY, B.L. & VICENT, J.E. (1973). "Transgression and altruism: A case for hedonism". *Journal of Experimental Social Psychology*, 9, p. 502-516.

CIALDINI, R.B. & KENRICK, D.T. (1976). "Altruism as hedonism: A social development perspective on the relationship of negative mood state and helping". *Journal of Personality and Social Psychology*, 34, p. 907-914.

CIALDINI, R.B.; RENO, R.R. & KALLGREN, C.A. (1990). "A focus theory of normative conduct: Recycling the concept of norms to reduce littering in public places". *Journal of Personality and Social Psychology*, 58, p. 1.015-1.026.

CLARK, K. & CLARK, M. (1947). "Racial identification and preference in negro children". In: NEWCOMB, T.M. & HARTLEY, E.L. (orgs.). *Readings in Social Psychology.* Nova York: Holt.

CLARK, M.S. & MILSS, J. (1993). "The difference between communal and exchange relationships: What it is and it is not". *Personality and Social Psychology Buletin*, 19, p. 684-691.

CLARKE, A.C. (1952). "An examination of the operation of residual propinquity as a factor in mate selection". *American Sociological Review*, 27, p. 17-22.

COCH, L. & FRENCH, J.R.P. (1948). "Overcoming resistance to change". *Human Relations*, 1, p. 512-532.

COHEN, R. (1972). "Altruism: Human, cultural, or what?" *Journal of Social Issues*, 28, p. 39-57.

_____ (1964). *Attitude Change and Social Influence.* Nova York: Basic Books.

_____ (1962). "A 'forced compliance' experiment on repeated dissonances". In: BREHM, J.W. & COHEN, A.R. (orgs.). *Explorations in Cognitive Dissonance*. Nova York: John Wiley & Sons.

_____ (1955). *Delinquent Boys*: The culture of the gang. Nova York: The Free Press of Glencoe.

COLLINS, B. & RAVEN B.H. (1969). "Group structure: Attraction, coalitions, communication, and power". In: LINDZEY, G. & ARONSON, E. (orgs.). *The Handbook of Social Psychology*. 2. ed. Menlo-Park: Addison-Wesley.

COOK, T.D. & FLAY, B.R. (1978). "The persistence of experimentally induced attitude change". In: BERKOWITZ, L. (org.). *Advances in Experimental Social Psychology*. Vol. 11. Nova York: Academic Press.

COOLEY, C.H. (1902). *Human Nature and the Social Order*. Nova York: Schocken Books.

CRANDALL, C.S. (1988). "Social contagion of binge eating". *Journal of Personality and Social Psychology*, 55, p. 588-598.

CRANDALL, C.S.; KATKOWSKY, W. & PRESTON, A. (1962). "Motivational and ability determinants of young children's intellectual achievement behaviors". *Child Development*, 33, p. 643-661.

CROWLEY, A.E. & HOYER, W.D. (1994). "An integrative framework for understanding two-sided persuasion". *Journal of Consumer Research*, 20, p. 561-574.

CRUTCHFIELD, R.S. (1955). "Conformity and character". *American Psychologist*, 10, p. 191-198.

CSIKSZENTMIHALYI, M. & FIGURSKI, T.J. (1982). "Self-awareness and aversive experience in everyday life". *Journal of Personality*, 50, p. 15-28.

CUNNINGHAM, M.R. et al. (1990). "Separate processes in the relation of elation and depression to helping: Social versus personal concerns". *Journal of Experimental Social Psychology*, 26, p. 13-33.

DABBS, J.M. (1992). "Testosterone measurements in social and clinical psychology". *Journal of Social and Clinical Psychology*, 11, p. 302-321.

DABBS, J.M. & MORRIS, R. (1990). "Testosterone, social class, and antisocial behavior in a sample of 4, 462 men". *Psychological Science*, 1, p. 209-211.

DARLEY, J.M. (2001). "Citizens, sense of justice and the legal system". *Current Directions in Psychological Science*, 10 (1), p. 10-13.

DARLEY, J. & LATANÉ, B. (1968). "Bystander intervention in emergencies". *Journal of Personality and Social Psychology*, 8, p. 377-383.

DARWIN, C. (1872). *The expression of the emotions in man and animals.* Londres: J. Murray.

DAS, E.; DE WIT, J. & STOEBE, W. (2003). "Fear appeals motivate acceptance of action recommendations: Evidence for a positive bias in the processing of persuasive messages". *Personality and Social Psychology Bulletin*, 29 (5), p. 650-664.

DASHIELL, J.F. (1930). "An experimental analysis of some group effects". *Journal of Abnormal and Social Psychology*, 25, p. 190-195.

DAWKINS, R. (1976). *The Selfish Gene.* Nova York: Oxford University Press.

DEAUX, K. (1993). "Reconstructing social identity". *Personality and Social Psychology Bulletin*, 19, p. 4-12.

DEAUX, K. et al. (1993). *Social Psychology.* 6. ed. Pacific Grove, CA: Brooks/Cole Publishing.

DEAUX, K. & EMSWEILWER, T. (1974). "Explanations of successful performance of sex-linked tasks: What is skill for male is luck for female". *Journal of Personality and Social Psychology*, 29, p. 80-85.

DEAUX, K. & WRIGHTSMAN, L.S. (1988). *Social Psychology.* 5. ed. Califórnia: Brooks/Cole Publishing.

DECI, E.L. (1975). *Intrinsic Motivation.* Nova York: Plenum.

DE DREU, C.K.W. (2010). "Social conflict". In: FISKE, S.T.; GIBERT, D. & LINDZEY, G. (orgs.). *The Handbook of Social Psychology.* Hoboken, NJ: John Wiley & Sons.

DE DREU, C.K.W. & DE VRIES, N.K. (orgs.) (2001). *Group Consensus and Minority Influence*: Implications for innovation. Oxford, UK: Blackwell, p. 1-324.

DELA COLETA, J.A. & DELA COLETA, M.F. (1982). *Atribuição de causalidade*: teoria, pesquisa e aplicações. 2. ed. Taubaté: Cabral.

DELA COLETA, J.A. & SIQUEIRA, M.M.M. (1986). "Situações de iniquidade no trabalho: preferência por soluções cognitivas e comportamentais". *Arquivos Brasileiros de Psicologia*, 38, p. 1-19.

DeLAMATER, J. & MYERS, D. (2011). *Social Psychology*. Belmont, CA: Wadsworth/Thomson.

DePAULO, B.M. & FRIEDMAN, H.S. (1998). "Nonverbal Communication". In: GILBERT, D.T.; FISKE, S.T. & LINDZEY, G. (orgs.). *The Handbook of Social Psychology*. Vol. 2. 4. ed. Nova York: McGraw-Hill.

DEUTSCH, M. (1985). *Distributive Justice*: A social-psychological perspective. New Haven: Yale University Press.

_____ (1983). "Preventing World War III: A Psychological Perspective". *Political Psychology*, 3 (1), p. 3-31.

_____ (1979). "Education and distributive justice: Some reflections on grading systems". *American Psychologist*, 34, p. 391-401.

_____ (1975). "Equity, equality and need: What determines which value will be used as the basis of distributive justice?" *Journal of Social Issues*, 31, p. 137-149.

_____ (1973). *The Resolution of Conflict*: Constructive and destructive processes. New Haven, CT: Yale University Press.

_____ (1949). "A theory of co-operation and competition". *Human Relations*, 2, p. 129-152.

DEUTSCH, M. & COLLINS, M.E. (1951). *Interracial Housing*. Mineápolis: The University of Minnesota Press.

DEUTSCH, M. & HORNSTEIN, H. (1975). *Applying Social Psychology*. Nova York: Erlbaum.

DEUTSCH, M. & KRAUSS, R.M. (1960). "The effect of threat on interpersonal bargaining". *Journal of Abnormal and Social Psychology*, 61, p. 181-189.

DEVINE, P.G. (1989). "Stereotypes and prejudice: Their automatic and controlled components". *Journal of Personality and Social Psychology*, 56, p. 5-18.

DICKERSON, C. et al. (1992). "Using cognitive dissonance to encourage water conservation". *Journal of Applied Social Psychology*, 22, p. 841-854.

DIEDERIK, A.; STAPEL, D.A. & KOOMEN, W. (2000). "Distinctness of others, mutability of selves: Their impact on self-evaluations". *Journal of Personality and Social Psychology*, 79 (6), p. 1.068-1.087.

DIENER, E. (1980). "Deindividuation: The absence of self-awareness and self-regulation in group members". In: PAULUS, P.B. (org.). *Psychology of Group Influence*. Hillsdale, NJ: Erlbaum.

DIENER, E. & CRANDALL, R. (1979). "An evaluation of the Jamaican anti-crime program". *Journal of Applied Social Psychology*, 9, p. 135-146.

DIENESCH, R.M. & LIDEN, R.C. (1986). "Leader-member exchange model of leadership: A critique and further development". *Academy of Management Review*, 11, p. 618-634.

DITTES, J.E. & KELLEY, H.H. (1956). "Effects of different conditions of acceptance on conformity to group norms". *Journal of Abnormal and Social Psychology*, 53, p. 100-107.

DOHERTY, M.E. & SHEMBERG, K.M. (1978). *Asking Questions about Behavior*. Glenview: Scott/Foresman.

DOISE, W. (1986). *Levels of Explanation in Social Psychology*. Cambridge: Cambridge University Press.

DOLLARD, J. et al. (1939). *Frustration and Aggression*. New Haven, CT: Yale University Press.

DONALDSON, S.I.; CSIKSZENTMIHALYI, M. & NAKAMURA, J. (2011). *Applied Positive Psychology*: Improving everyday life, health, schools, work, and society. Nova York: Routledge.

DOVIDIO, J.F. (1984). "Helping behavior and altruism: An empirical and conceptual overview". In: BERKOWITZ, L. (org.). *Advances in Experimental Social Psychology*. Vol. 17. Orlando, FL: Academic Press.

DOVIDIO, J.F. et al. (1991). "The arousal: cost-reward model and the process of intervention". In: CLARK, M.S. (org.). *Review of Personality and Social Psychology*. Vol. 12. Newbury Park, CA: Sage, p. 86-118.

DOVIDIO, J.F.; ALLEN, J.L. & SCHOROEDER, D.A. (1990). "Specifity of empathy-induced helping: Evidence for altruistic motivation". *Journal of Personality and Social Psychology*, 59, p. 249-260.

DOVIDIO, J.F. & GAERTNER, S.L. (orgs.) (1986). *Prejudice, discrimination, and racism*. Nova York: Academic Press.

DOVIDIO, J.F.; MANN, J. & GAERTNER, S.L. (1989). "Resistance to affirmative action: The implications of aversive racism". In: BLANCHARD, F. & CROSBY, F. (orgs.). *Affirmative Action in Perspective*. Nova York: Springer-Verlag.

DRYER, D.C. & HOROWITZ, L.M. (1997). "When do opposites attract? Interpersonal complementarity *versus* similarity". *Journal of Personality and Social Psychology*, 72, p. 592-603.

DUCKITT, J. (1992). "Psychology and prejudice – A historical analysis and integrative framework". *Psychologist*, 47 (10), p. 1.182-1.193.

DUNCAN, B.L. (1976). "Differential social perception and attribution of intergroup violence: Testing the lower limit of stereotypes of blacks". *Journal of Personality and Social Psychology*, 34, p. 590-598.

DURANTINI, M.R. et al. (2006). "Conceptualizing the influence of social agents of change: A meta-analysis of HIV prevention interventions for different groups". *Psychological Bulletin*, 132, p. 212-248.

EAGLY, A.H. et al. (1991). "What is beautiful is good, but... A meta-analytic review of research on the physical attractiveness stereotype". *Psychological Bulletin*, 110, p. 109-128.

EAGLY, A.H. & CARLI, L.L. (1981). "Sex of researches and sex-typed communications as determinants of sex differences in influenceability: A meta-analysis of social influence studies". *Psychological Bulletin*, 90, p. 1-20.

EAGLY, A.H. & CHAIKEN, S. (1993). *The Psychology of Attitudes*. Forth Worth, TX: Harcourt B. Janovich.

EAGLY, A.H. & CROWLEY, M. (1986). "Gender and helping behavior: A meta-analysis review of the social psychological literature". *Psychological Bulletin*, 100, p. 283-308.

EAGLY, A.H. & CHRVALA, C. (1986). "Sex differences in conformity: Status and gender role interpretations". *Psychology of Women Quarterly*, 10, p. 203-220.

EAGLY, A.H. & STEFFEN, V.J. (1986). "Gender and aggressive behavior: A meta-analysis review of the social psychological literature". *Psychological Bulletin*, 100, p. 309-330.

_____ (1984). "Gender stereotypes stem from the distribution of women and men into social roles". *Journal of Personality and Social Psychology*, 46, p. 735-754.

EASTWICK, P.W. & FINKEL, E.J. (2008). "Sex differences in mate preferences revisited: Do people know what they initially desire in a romantic partner?" *Journal of Personality and Social Psychology*, 94, p. 245-264.

EISENBERG, N. (1986). *Altruistic Emotion, Cognition, and Behavior*. Hillsdale, NJ: Erlbaum.

EISENBERG, N. et al. (1991). "Personality and socialization correlates of vicarious emotional responding". *Journal of Personality and Social Psychology*, 61, p. 459-470.

EISENBERG, N. & FABES, R.A. (1991). "Prosocial behavior and empathy: A multimethod developmental perspective". In: CLARK, M.S. (org.). *Prosocial behavior*. Newbury Park, CA: Sage, p. 34-61.

EISENBERGER, N.I.; LIEBERMAN, M.D. & WILLIAMS, K.D. (2003). "Does Rejection Hurt? An fMRI Study of Social Exclusion". *Science*, 302 (5.643), p. 290-292.

ELFENBEIN, H.A. & AMBADY, N. (2002). "On the universality and cultural specificity of emotion recognition: A meta-analysis". *Psychological Bulletin*, 128, p. 203-235.

ERKUT, S.; JAQUETTE, D.S. & STAUB, E. (1981). "Moral judgment-situation interaction as a basis for predicting prosocial behavior". *Journal of Personality*, 49, p. 1-14.

ERLICH, D. et al. (1957). "Post-decision exposure to relevant information". *Journal of Abnormal and Social Psychology*, 16, p. 63-88.

ERON, L.D. (1987). "The development of aggressive behavior from the perspective of a developing behaviorism". *American Psychologist*, 42, p. 425-442.

ERTHAL, T.C. (1980). *Personalidade e mudança de atitude*. Rio de Janeiro: PUC-Rio [Dissertação de mestrado].

EXLINE, R.V. (1957). "Group climate as a factor in the relevance and accuracy of social perception". *Journal of Abnormal and Social Psychology*, 55, p. 382-388.

FABRIGAR, L.R. & PETTY, R.E. (1999). "The role of affective and cognitive bases of attitudes in susceptibility to affectively and cognitively based persuasion". *Personality and Social Psychology Bulletin*, 25, p. 363-381.

FAZIO, R.H. (1987). "Self-perception Theory: A current perspective". In: ZANNA, M.P.; OLSON, J.M. & HERMAN, C.P. (orgs.). *Social Influence*: The Ontario Symposium. Vol. 5. Hillsdale, NJ: Erlbaum.

FAZIO, R.H.; EFFREIN, E.A. & FALENDER, V.J. (1981). "Self-perceptions following social interaction". *Journal of Personality and Social Psychology*, 41, p. 232-242.

FEATHER, N.T. (1998). "Reactions to penalties for offenses committed by the police and public citizens: Testing a social-cognitive process model of retributive justice". *Journal of Personality and Social Psychology*, 75, p. 528-544.

_____ (1967). "A structural balance approach to the analysis of communication effects". In: BERKOWITZ, L. (org.). *Advances in Experimental Social Psychology*. Vol. 3. Nova York: Academic Press.

_____ (1964). "Acceptance and rejection of arguments in relation to attitude strength, critical ability, and intolerance of inconsistency". *Journal of Abnormal and Social Psychology*, 69, p. 127-137.

FEIN, G.G. (1973). "The effect of chronological age and model reward on imitative behavior". *Developmental Psychology*, 9 (3), p. 283-289.

FEINGOLD, A. (1992). "Good-looking people are not what we think". *Psychological Bulletin*, 111, p. 304-341.

_____ (1990). "Gender differences in effects of physical attractiveness on romantic attraction: A comparison across five research paradigms". *Journal of Personality and Social Psychology*, 59, p. 981-993.

FELD, S.L. (1982). "Social structural determinants of similarity among associates". *American Sociological Review*, 47, p. 797-801.

FELDMAN, R.S. (2000). *Social Psychology*. 3. ed. Englewood Cliffs: Prentice-Hall.

FELDMAN-SUMMERS, S. & KIESLER, S.B. (1974). "Those who are number two try harder: The effect of sex on attributions of causality". *Journal of Personality and Social Psychology*, 38, p. 846-855.

FERGUSON, T.J. & RULE, B.G. (1983). "An attributional perspective on anger and aggression". In: DONNERSTEIN, E. & GEEN, R.G. (orgs.). *Aggression*: Theoretical and empirical reviews. Nova York: Academic Press.

FERREIRA, M.C. et al. (2002). "Atribuição de causalidade ao sucesso e fracasso escolar: um estudo transcultural Brasil-Argentina-México". *Psicologia, Reflexão e Crítica*, 5 (3), p. 515-527.

FERREIRA, M.H. & RODRIGUES, A. (1968). "Estereótipos em relação a alunos de Psicologia num campus universitário". *Arquivos Brasileiros de Psicotécnica*, 2, p. 8-21.

FESHBACH, N. & FESHBACH, S. (1969). "The relationship between empathy and aggression in two age groups". *Developmental Psychology*, 1, p. 102-107.

FESHBACH, S. (1971). "Dynamics and morality of violence and aggression: Some psychological considerations". *American Psychologist*, 26, p. 281-292.

FESTINGER, L. (1957). *A Theory of Cognitive Dissonance*. Evanston, Ill.: Row/Peterson.

_____ (1954). "A theory of social comparison processes". *Human Relations*, 7, p. 117-140.

_____ (1950). "Informal social communication". *Psychological Review*, 57, p. 271-282.

FESTINGER, L. & CARLSMITH, S.M. (1959). "Cognitive consequences of forced compliance". *Journal of Abnormal and Social Psychology*, 58, p. 203-211.

FESTINGER, L. & KATZ, D. (1953). *Research Methods in the Behavioral Sciences*. Nova York: Holt, Rinehart and Winston.

FESTINGER, L.; RIEKEN, H.W. & SCHACHTER, S. (1956). *When Prophecy Fails*. Mineápolis: University of Minnesota Press.

FESTINGER, L.; SCHACHTER, S. & BACK, K. (1950). *Social Pressures in Informal Groups*: A study of human factors in housing. Nova York: Harper.

FIEDLER, F.E. (1978). "The contingency model and the dynamics of the leadership process". In: BERKOWITZ, L. (org.). *Advances in Experimental Social Psychology*. Vol. 11. Orlando, FL.: Academic Press, p. 59-112.

_____ (1967). *A Theory of Leadership Effectiveness*. Nova York: McGraw-Hill.

FISHBEIN, M. (1966). "The relationships between beliefs, attitudes and behavior". In: FELDMAN, S. (org.). *Cognitive Consistency*. Nova York: Academic Press.

_____ (1965). "A consideration of beliefs, attitudes, and their relationships". In: STEINER, I.D. & FISHBEIN, M. (orgs.). *Current Studies in Social Psychology*. Nova York: Holt, Rinehart and Winston, p. 107-120.

FISHBEIN, M. & RAVEN, B.H. (1962). "The AB scales". *Human Relations*, 15, p. 35-44.

FISKE, S.T. (1993). "Controlling other people: The impact of power on stereotyping". *American Psychologist*, 48, p. 621-628.

FISKE, S.T. & NEUBERG, S.L. (1990). "A continuum of impression formation, from category-based to individuating processes: Influences of information and motivation of attention and interpretation". In: ZANNA, M.P. (org.). *Advances in Experimental Social Psychology*. Vol. 23. Nova York: Academic Press, p. 1-73.

FISKE, S.T. & TAYLOR, S.E. (1991). *Social Cognition*. 2. ed. Nova York: McGraw Hill.

FLEMING, I.; BAUM, A. & WEISS, L. (1987). "Social density and perceived control as mediators of crowding stress in high-density residential neighborhoods". *Journal of Personality and Social Psychology*, 52, p. 899-906.

FOA, U.G. & FOA, E.B. (1975). *Resource Theory of Social Exchange*. Morristown, NJ: General Learning.

FOGELMAN, E. & WIENER, V.L. (1985). "The few, the brave, the noble". *Psychology Today*, 19 (8), p. 61-65.

FORBES, G.; ZHANG, X. & DOROSZEWICZ, K. (2009). "Relationships between individualism-collectivism, gender, and direct or indirect aggression: A study in China, Poland, and the US". *Aggressive Behavior*, 35 (1), p. 24-30.

FRACZEK, A. & MACAULAY, J.R. (1971). "Some personality factors in reaction to aggressive stimuli". *Journal of Personality and Social Psychology*, 39, p. 163-177.

FRANZOI, S.L. (2005). *Social Psychology*. 4. ed. Boston: McGraw-Hill.

FREEDMAN, J.L.; CARLSMITH, J.M. & SEARS, D.O. (1970). *Social Psychology*. Englewood Cliffs: Prentice-Hall.

FREEDMAN, J.L. & DOOB, A.N. (1968). *Deviancy*. Nova York: Academic Press.

FREEDMAN, J.L. & SEARS, D.O. (1965). "Warming, distraction, and resistance to influence". *Journal of Personality and Social Psychology*, 1, p. 262-266.

FRENCH, J.R.P. & RAVEN, B.H. (1959). "The bases of social power". In: CARTWRIGHT, D. (org.). *Studies in Social Power*. Ann Arbor: Institute for Social Research, p. 150-167.

FREUD, S. (1959). "The defence neurosis". In: JONES, E.E. & RICKMAN, J. *Sigmund Freud*: Collected papers. Vol. 1. Nova York: Basic Books [O artigo de Freud foi publicado originalmente em 1894].

_____ (1933). *New Introductory Lectures*. Nova York: Knopf.

_____ (1930). *Civilization and its Discontents*. Nova York: Knopf.

FREY, K.S. & RUBLE, D.N. (1987). "Social comparison and self-valuation in the classroom: Developmental changes in knowledge and function". In: MASTERS, J.C. & SMITH, W.S. (orgs.). *Social Comparisons, Social Justice, and Relative Deprivation*. Hillsdale, NJ: Erlbaum, p. 81-104.

FREYRE, G. (1933/1984). *Casa-Grande & Senzala*. 23. ed. Rio de Janeiro: José Olympio.

FRITH, K.; SHAW, P. & CHENG, H. (2005). "The construction of beauty: A cross-cultural analysis of women's magazine advertising". *Journal of Communication*, 3, p. 56-70.

GAEBELEIN, J.W. (1973). "Third party instigation of aggression: An experimental approach". *Journal of Personality and Social Psychology*, 27, p. 389-395.

GADO, M. (2006). *Kitty Genovese* [Disponível em http://www.crimelibrary.com/serial killers/predators/kittygenovese/1.html].

GAERTNER, S.L. et al. (1999). "Reducing intergroup bias: Elements of intergroup cooperation". *Journal of Personality and Social Psychology*, 76, p. 388-402.

GAERTNER, S.L. & BICKMAN, L. (1971). "Effects of race on the elicitation of helping behavior: The wrong number technique". *Journal of Personality and Social Psychology*, 20, p. 218-222.

GALLUPE, R.B. et al. (1994). "Blocking electronic brainstorms". *Journal of Applied Psychology*, 79, p. 77-86.

GANAHL, D.J.; PRINSEN, T.J. & NETZLEY, S.B. (2003). "A content analysis of prime time commercials: A contextual framework of gender representation". *Sex Roles*, 49, p. 545-551.

GEEN, R.G. (1998). "Aggression and antisocial behavior". In: GILBERT, D.T.; FISKE, S.T. & LINDZEY, G. (orgs.). *The Handbook of Social Psychology*. 4. ed. Boston: McGraw-Hill.

GEEN, R.G. & DONNERSTEIN, E. (1998). *Human Aggression*: Theories, research, and implications for social policy. São Diego, CA: Academic Press.

GEEN, R.G. & STONNER, D. (1971). "Effects of habit strength on behavior in the presence of aggression-related stimuli". *Journal of Personality and Social Psychology*, 17, p. 149-153.

GELFAND, D.M. & HARTMANN, D.P. (1982). "Response consequences and attributions: Two contributors to prosocial behavior". In: EISENBERG, N. (org.). *The Development of Prosocial Behavior*. Nova York: Academic Press.

GELLER, E.S. et al. (1989). "Promoting safety belt use on a university campus: An integration of incentive and commitment strategies". *Journal of Applied Social Psychology*, 19, p. 3-19.

GENTILE, D.A. et al. (2009). "The effects of prosocial vide games on prosocial behaviors: International evidence from correlational, longitudinal, and experimental studies". *Personality and Social Psychology Bulletin*, 35 (6), p. 752-763.

GEORGE, J.M. & BETTENHAUSEN, K. (1990). "Understanding prosocial behavior, sales performance, and turnover: A group-level analysis in a service context". *Journal of Applied Psychology*, 75, p. 698-704.

GERARD, H.B. & MATHEWSON, G.C. (1966). "The effects of severity of initiation on linking for a group: A replication". *Journal of Experimental and Social Psychology*, 2, p. 278-287.

GERARD, H.B.; WILHELMY, R.A. & CONOLLEY, E.S. (1968). "Conformity and group size". *Journal of Personality and Social Psychology*, 8, p. 79-82.

GERBNER, G. (1994). "The politics of media violence: Some reflections". In: HAMELINK, C. & LINNE, O. (orgs.). *Mass Communication Research*: On problems and policies. Norwood, NJ: Ablex.

GERBNER, G. et al. (1986). "Living with television: The dynamics of the cultivation process". In: BRYANT, J. & ZILLMANN, D. (orgs.). *Perspectives on Media Effects*. Hillsdale, NJ: Erlbaum.

GERBNER, G. & GROSS, L. (1976). "Living with television: The violence profile". *Journal of Communication*, 26 (2), p. 173-199.

GIDDENS, A. (2009). *Sociology*. 5. ed. Cambridge, UK: Polity Press.

GIFFORD, R. (2007). *Environmental Psychology*: Principles and practice. Colville, WA: Optimal Books.

GOETHALS, G.E. & DARLEY, J.M. (1977). "Social comparison theory: An attributional approach". In: SULS, J.M. & MILLER, R.L. (orgs.). *Social Com-*

parison Processes: Theoretical and empirical perspectives. Nova York: John Wiley & Sons, p. 259-278.

GOFFMAN, E. (1959). *A representação do eu na vida cotidiana*. Petrópolis: Vozes.

GOLDBERG, P. (1968). "Are women prejudiced against women?" *Trans-Action*, april, p. 28-30.

GOLDHAGEN, D.J. (1996). *Os carrascos voluntários de Hitler*. São Paulo: Companhia das Letras.

GOLDSTEIN, J.H. (1983). *Psicologia Social*. Rio de Janeiro: Guanabara Dois.

_____ (1975). *Aggression and Crimes of Violence*. Nova York: Oxford University Press.

GOLDSTEIN, N.J.; CIALDINI, R.B. & GRISKEVICIUS, V. (2008). "A room with a viewpoint: Using normative appeals to motivate environmental conservation in a hotel setting". *Journal of Consumer Research*, 35, p. 472-482.

GOLLWITZER, P.M. & SHEERAN, P. (2006). "Implementation intentions and goal achievement: A metaanalysis of effects and processes". *Advances in Experimental Social Psychology*, 38, p. 69-119.

GONSALKORALE, K. & WILLIAMS, K.D. (2007). "The KKK won't let me play: Ostracism even by a despised outgroup hurts". *European Journal of Social Psychology*, 37, p. 1.176-1.186.

GOOD, C.; ARONSON, J. & INZLICHT, M. (2003). "Improving adolescents' standardized test performance: An intervention to reduce the effects of stereotype threat". *Applied Developmental Psychology*, 24, p. 645-662.

GORER, G. (1968). "Man has no 'killer' instinct". In: MONTAGU, M.F.A. (org.). *Man and Aggression*. Nova York: Oxford University Press.

GORSUCH, R.L. & ORTBERG, J. (1983). "Moral obligation and attitudes: their relation to behavioral intentions". *Journal of Personality and Social Psychology*, 44, p. 1.025-1.028.

GOSLING, S.D. & JOHNSON, J.A. (orgs.) (2010). *Advanced Methods for Conducting Online Behavioral Research*. Washington, DC: APA.

GOULDNER, A.W. (1960). "The norm of reciprocity: A preliminary statement". *American Sociological Review*, 25, p. 161-179.

GRAYBAR, S.R. et al. (1989). "Psychological reactance as a factor affecting patient compliance to psysician advice". *Scandinavian Journal of Behavior Therapy*, 18, p. 43-51.

GREENBERG, J. (1993). "Stealing in the name of justice: Informational and interpersonal moderators of theft reactions to underpayment inequity". *Organizational Behavior and Human Decision Processes*, 54, p. 81-103.

GREENWALD, A.G. (1980). "The totalitarian ego". *American Psychologist*, 90, p. 603-618.

GRIFFITH, J. & GREENLEES, J. (1993). "Group cohesion and unit versus individual deployment of U.S. Army reservists in Operation Desert Storm". *Psychological Reports*, 73, p. 272-274.

GRIFFITT, W. (1970). "Environmental effects on interpersonal affective behavior. Ambient effective temperature and attraction". *Journal of Personality and Social Psychology*, 15, p. 240-244.

GRIFFITT, W. & VEITCH, R. (1971). "Hot and crowded: Influences of population density and temperature on interpersonal affective behavior". *Journal of Personality and Social Psychology*, 17, p. 92-98.

GROEBEL, J. (1998). *Percepção dos jovens sobre a violência nos meios de comunicação*. Brasília: Unesco.

GROSS, W.L. & LATANÉ, J.G. (1974). "Receiving help, reciprocation, and interpersonal attraction". *Journal of Applied Social Psychology*, 4 (3), p. 210-223.

GROSSMAN, D. & DeGAETANO, G. (1999). *Stop Teaching our Kids To Kill*. Nova York: Crown.

GRUSEC, J.E. (1991). "The socialization of altruism". In: CLARK, M.S. (org.). *Review of Personality and Social Psychology*. Vol. 12. Newbury, CA: Sage, p. 9-33.

GRUSEC, J.E. et al. (1979). "Modeling, direct instruction, and attributions: Effects on altruism". *Developmental Psychology*, 14, p. 51-57.

GULLAHORN, J. (1952). "Distance and friendship as factors in the gross interaction matrix". *Sociometry*, 15, p. 123-134.

GULLY, S.M.; DEVINE, D.J. & WHITNEY, D.J. (1995). "A metaanalysis of cohesion and performance: Effects of level of analysis and task interdependence". *Small Group Research*, 26, p. 497-520.

GUTTMAN, L. (1945). "Questions and answers about scale analysis". *Army forces* – Report D-Z.

_____ (1944). "A basis for scaling qualitative data". *American Sociological Review*, 9, p. 139-150.

HACKMAN, J.R. & KATZ, N. (2010). "Group behavior and performance". In: FISKE, S.T.; GIBERT, D. & LINDZEY, G. (orgs.). *The Handbook of Social Psychology*. Hoboken, NJ: John Wiley & Sons.

HALL, E.T. (1977). *A dimensão oculta*. Rio de Janeiro: Francisco Alves.

HAMERMESH, D.S. & BIDDLE, J.E. (1994). "Beauty and the labor market". *American Economic Review*, 84, p. 1.174-1.195.

HARDIN, G. (1968). "The tragedy of the commons". *Science,* 162, p. 1.243-1.248.

HARE, A.P. (1976). *Handbook of Small Group Research*. 2. ed. Nova York: Free Press.

HARKINS, S.G. (1981). *Effects of Task Difficulty and Task Responsibility on Social Loafing* [Apresentação para a Primeira Conferência Internacional sobre Processos Sociais em pequenos grupos. K.D. Hills, Carolina do Norte].

HARMON-JONES & MILLS, J. (orgs.) (1999). *Cognitive Dissonance*: Progress on a pivotal theory in social psychology. Washington, DC: American Psychological Association.

HARRIS, N.B. (1992). "Sex, race, and experiences of aggression". *Aggressive Behavior*, 18, p. 201-217.

HARRIS, R.J. (2004). *A Cognitive Psychology of Mass Communication*. Nova Jersey: LEA.

HARRIS, R.J. et al. (2000). "Young men's and women's different autobiographical memories of the experience of seeing frightening movies on a date". *Media Psychology*, 2, p. 245-268.

HARRISON, A.A. & CONNORS, M.M. (1984). "Groups in exotic environments". In: BERKOWITZ, L. (org.). *Advances in Experimental Social Psychology*. Vol. 8. Orlando, FL.: Academic Press, p. 49-87.

HARTMANN, G.W. (1936). "A field experiment on the comparative effectiveness of 'emotional' and 'racional' political effects in determining election results". *Journal of Abnormal and Social Psychology*, 31, p. 99-114.

HARVEY, J.H. & SMITH, W.P. (1977). *Social Psychology*: An attributional approach. São Luís: The C.V. Mosby.

HATFIELD, E. & RAPSON, R.L. (1993). *Love, Sex, and Intimacy*. Nova York: Harper Collins.

HATFIELD, E. & SPRECHER, S. (1986). *Mirror, Mirror*: The importance of looks in everyday life. Albânia: Suny Press.

HAZLEWOOD, J.D. & OLSON, J.M. (1986). "Covariation information, causal questioning, and interpersonal behavior". *Journal of Experimental Social Psychology*, 22, p. 276-291.

HEATH, L. et al. (orgs.) (1994). *Applications of Heuristics and Biases to Social Issues*. Nova York: Plenum Press.

HEDGE, A. & YOUSIF, Y.H. (1992). "Effects of urban size, urgency, and cost on helpfulness". *Journal of Cross-Cultural Psychology*, 23, p. 107-115.

HEIDER, F. (1958). *The Psychology of Interpersonal Relations*. Nova York: John Wiley & Sons.

_____ (1946). "Attitudes and cognitive organization". *Journal of Psychology*, 21, p. 107-112.

_____ (1944). "Social perception and phenomenal causality". *Psychological Review*, 51 (6), p. 358-374.

HENDRICK, C. & HENDRICK, S. (1992). *Liking, loving, and relating*. Newbury, CA: Sage.

HENRICH, J.; HEINE, S.J. & NORENZAYAN, A. (2010). "The weirdest people in the world?" *Behavioral and Brain Sciences*, 33, p. 61-83.

HEPWORTH, J.T. & WEST, S.G. (1988). "Lynchings and the economy: A time-series reanalysis of Hovland and Sears" (1940). *Journal of Personality and Social Psychology*, 55, p. 239-247.

HERRNSTEIN, R.J. & MURRAY, C.A. (1994). *The Bell Curve*: Intelligence and class structure in american life. Nova York: Free Press.

HERSEY, P. & BLANCHARD, K.H. (1982). *Management of Organizational Behavior*. 4. ed. Englewood Cliffs, NJ: Prentice-Hall.

HETHERINGTON, E.M. (1983). *Socialization, Personality and Social Development*. Nova York: Wiley.

HEWSTONE, M. & JASPARS, J. (1987). "Covariation and causal attribution: A logical model of the intuitive analysis of variance". *Journal of Personality and Social Psychology*, 53, p. 663-672.

HEWSTONE, M.; STROEBE, W. & STEPHENSON, G.M. (1996). *Introduction to Social Psychology*: An european perspective. 2nd. ed. Oxford: Blackwell.

HIGGINS, E.T. & KING, G.A. (1981). "Accesibiliy of social constucts: Information of individual and contextual variability". In: CANTOR, N. & KIHLSTROM, J.F. (orgs.). *Personality, Cognition and Social Interaction*. Hillsdale, NJ: Erlbaum.

HIGGINS, E.T.; SHAH, J. & FRIEDMAN, R. (1997). "Emotional responses to goal attainment: Stength of regulatory focus as moderator". *Journal of Personality and Social Psychology*, 72 (3), p. 515-525.

HILL, C.A. (1987). "Affiliation motivation: People who need people... but in different ways". *Journal of Personality and Social Psychology*, 52, p. 1.008-1.018.

HILL, D.B. (2006). "Theory in applied social psychology: Past mistakes and future hopes". *Theory & Psychology*, 16 (5), p. 613-640.

HILL, J. & NATHAN, R. (2008). "Childhood antecedents of serious violence in adult male offenders". *Aggressive Behavior*, 34 (3), p. 329-338.

HILMERT, C.J.; KULIKE, J.A. & CHRISTENFIELD, N.J. (2006). "Positive and negative outcome modeling: The influence of another's similarity and dissimilarity". *Journal of Personality and Social Psychology*, 90, p. 440-452.

HINZ, V.B.; TINDALE, R.S. & VOLLRATH, D.A. (1997). "The emerging conceptualization of groups as information processors". *Psychological Bulletin*, 121, p. 43-64.

HIRT, E.R.; McCREA, S.M. & KIMBLE, C.E. (2000). "Public self-focus and sex differences in behavioral self-handicapping: Does increasing self-threat still makes it 'just a man's game'"? *Journal of Personality and Social Psycholoy*, 26, p. 1.131-1.141.

HOBBES, T. (1651/1968). *Leviathan*. Harmondsworth: Penguin.

HOGG, M.A. (1993). "Group cohesiveness: A critical review and some new directions". In: STROEBE, W. & HEWSTONE, M. (orgs.). *European Review of Social Psychology*, 4, p. 85-111. Chichester, Eng.: Wiley.

HOLLANDER, E.P. (1967). *Principles and Methods of Social Psychology*. Nova York: Oxford University Press.

HOMANS, G.C. (1976). "Commentary". In: BERKOWITZ, L. & WALSTER, E. (orgs.). *Equity Theory: Toward a General Theory of Social Interaction* – Advances in experimental Social Psychology. Vol. 9. Nova York: Academic Press.

_____ (1974). *Social Behavior*: Its elementary forms. Nova York: Harcourt Brace Jovanovich [Edição revista].

_____ (1961). *Social Behavior*: Its elementary forms. Nova York: Harcourt, Brace and World.

HORNSTEIN, H.A. (1991). "Empathic distress and altruism: Still inseparable". *Psychological Inquiry*, 2, p. 133-215.

HOROWITZ, I.A. & BORDENS, K.S. (1995). *Social Psychology*. Mountain View, CA: Mayfield.

HOUSE, J.S. & WOLF, S. (1978). "Effects of urban residence on interpersonal trust and helping behavior". *Journal of Personality and Social Psychology*, 36, p. 1.029-1.043.

HOUSE, R.J. (1977). "A 1976 theory of charismatic leadership". In: HUNT, J.G. & LARSON, L.L. (orgs.). *Leadership*: The cutting edge. Carbondale: Southern Illinois University Press.

_____ (1971). "A path-goal theory of leader effectiveness". *Administrative Science Quarterly*, 16, p. 321-338.

HOUSE, R.J. & SHAMIR, B. (1993). "Toward the integration of transformational, charismatic, and visionary theories". In: CHEMERS, M.M. & AYMAN, R. (orgs.). *Leadership Theory and Research*: Perspectives and directions. São Diego, CA: Academic Press.

HOUSE, R.J.; SPANGLER, W.D. & WOYCKE, J. (1991). "Personality and charisma in the U.S. presidency: A psychological theory of leader effectiveness". *Administrative Science Quarterly*, 36, p. 364-396.

HOUSE, J.S.; LANDIS, K.R. & UMBERSON, D. (1988). "Social relationships and health". *Science*, 241, p. 540-545.

HOUTS, R.M.; ROBINSON, E. & HUSTON, T.L. (1996). "Compatibility and the development of premarital relationships". *Journal of Marriage and the Family*, 58, p. 7-20.

HOVLAND, C.I. (1959). "Reconciling conflicting results from experimental and survey studies on attitude change". *American Psychologist*, 14, p. 8-17.

HOVLAND, C.I.; HARVEY, G.J. & SHERIF, M. (1957). "Assimilation and contrast effects in re-action to communication and attitude change". *Journal of Abnormal and Social Psychology*, 55, p. 244-252.

HOVLAND, C.I. & JANIS, I.L. (1959). *Personality and persuability*. New Haven: Yale University Press.

HOVLAND, C.I.; JANIS, I.L. & KELLEY, H.H. (1953). *Communication and Persuasion*. New Haven: Yale University Press.

HOVLAND, C.I.; LUMSDAINE, A.A. & SHEFFIELD, F.D. (1949). "Experiments on mass communication". *Studies in Social Psychology in World War II*. Vol. 3. Princeton: Princeton University Press.

HOVLAND, C.I. & MANDELL, W. (1952). "An experimental comparison of conclusion drawing by the communicator and by the audience". *Journal of Abnormal and Social Psychology*, 47, p. 581-588.

HOVLAND, C.I. & ROSENBERG, M.J. (orgs.) (1960). *Attitude Organization and Change*. New Haven: Yale University Press.

HOVLAND, C.I. & SEARS, R.R. (1940). "Minor studies in aggression – 6: Correlation of lynchings with economic indices". *Journal of Psychology*, 9, p. 301-310.

HOVLAND, C.I. & WEISS, W. (1951). "The influence of source credibility on communication effectiveness". *Public Opinion Quarterly*, 15, p. 635-650.

HOYLE, R.H. (1993). "Interpersonal attraction in the absence of explicit attitudinal information". *Social Cognition*, 11, p. 309-320.

HUESMANN, L.R. (1988). "An information processing model for the development of aggression". *Aggressive Behavior*, 14, p. 13-24.

_____ (1982). "Television, violence and aggression behavior". In: PEARL, D.; BOUTHILET, L. & LAZAR, J. (orgs.). *Television and Behavior* – Vol. 2. Technical review. Washington, DC: National Institute of Mental Health, p. 220-256.

HUESMANN, L.R. et al. (2003). "Longitudinal relations between children's exposure to TV violence and theire aggressive and violent behavior in young adulthood: 1977-1992". *Developmental Psychology*, 39, p. 201-221.

HUESMANN, L.R. & ERON, L.D. (1984). "Cognitive processes and the persistence of aggressive behavior". *Aggressive Behavior*, 10, p. 243-251.

HUSBAND, R.W. (1940). "Cooperative versus solitary problem solution". *Journal of Social Psychology*, 11, p. 405-409.

HUSKINSON, T.L.H. & HADDOCK, G. (2004). "Individual differences in attitude structure: Variance in the chronic reliance on affective and cognitive information". *Journal of Experimental Social Psychology*, 40, p. 82-90.

HUSTON, T.L. et al. (1981). "Bystander intervention into crime: A study based on naturally-occurring episodes". *Social Psychology Quarterly*, 44, p. 14-23.

HUTZ, C.S. (1988). "Atitudes em relação à cor em crianças pré-escolares brancas, mulatas e negras". *Psicologia*: Reflexão e Crítica, 1, p. 32-37.

IBGE (2009). *Indicadores Sociais* [Disponível em www.ibge.gov.br/home/estatistica/indicadores].

_____ (2003). *Atlas do Censo Demográfico de 2000*. Rio de Janeiro: [s.e.].

_____ (1998). *Pesquisa de Padrão de Vida*. Rio de Janeiro: [s.e.].

ICKES, W. (1980). *On Disconfirming our Perceptions of Others* [Trabalho apresentado na 88ª Convenção Anual da American Psychological Association. Montreal].

IGLESIAS, F. (2008). "Desengajamento moral". In: BANDURA, A.; AZZI, R. & POLYDORO, S. (orgs.). *Teoria social cognitiva*: conceitos básicos. Porto Alegre: Artmed, p. 165-176.

_____ (2002). *Desengajamento moral*: um estudo com infrações de trânsito. Rio de Janeiro: UFRJ [Dissertação de mestrado].

INGHAM, A.G. (1974). "The ringelmann effect: studies of group size and group perform". *Journal of Experimental Social Psychology*, 10 (4), p. 371-384.

INGLEHART, R. (1990). *Cultural Shift in Advanced Industrial Societies*. Princeton: Princeton University Press.

INKLES, A. (1963). "Sociology, and psychology". In: KOCH, S. (org.). *Psychology*: A study of a science. Vol. 6. Nova York: McGraw-Hill, p. 317-387.

INSKO, C. (1967). *Theories of Attitude Change*. Nova York: Appleton, Century, Crofts.

ISEN, A.M. (1987). "Positive affect, cognitive processes, and social behavior". In: BERKOWITZ, L. (org.). *Advances in Experimental Social Psychology*. Vol. 20. Nova York: Academic Press, p. 203-253.

ISEN, A.M. et al. (1978). "Affect, accessibility of material in memory, and behavior: A cognitive loop". *Journal of Personality and Social Psychology*, 36, p. 1-12.

ISEN, A.M.; HORN, N. & ROSENHAN, D.L. (1973). "Effects of success and failure on children's generosity". *Journal of Personality and Social Psychology*, 27, p. 239-247.

IZARD, C.E. (2009). "Emotion theory and research: High lights, unanswered questions, and emerging issues". *Annual Review of Psychology*, 60 (1), p. 1-25.

JABLONSKI, B. (1998). *Até que a vida nos separe* – A crise do casamento contemporâneo. 2. ed. Rio de Janeiro: Agir.

_____ (1985). "*Locus* de controle e o comportamento de jogar (e... o de estudar!). *Arquivos Brasileiros de Psicologia*, 37, jul.-set., p. 19-26.

_____ (1978). *Catarse da agressão*: Um exame crítico. Rio de Janeiro: PUC-Rio [Dissertação de mestrado].

_____ (1976). *Influenciabilidade* [Não publicado – Mimeo.].

JABLONSKI, B.; CORGA, D. & RODRIGUES, A. (1995). "A estrutura do poder na família: questões metodológicas". *Psicologia e Práticas Sociais*, 2 (1), p. 73-90.

JACKSON, L.A.; HUNTER, J.E. & HODGE, C.N. (1995). "Physical attractiveness and intellectual competence: A meta-analytic review". *Social Psychology Quarterly*, 58, p. 108-123.

JACKSON, J.M. & WILLIAMS, K.O. (1985). "Social loafing on difficult tasks: Working collectively can improve performance". *Journal of Abnormal and Social Psychology*, 49, p. 937-942.

JACOBS, P. & LANDAU, S. (1971). *To Serve the Devil*. Nova York: Vintage Books.

JANIS, I.L. (1982). *Groupthink*. 2. ed. Boston: Houghton Mifflin.

_____ (1971). "Groupthink". *Psychology Today*, 11, p. 43-46.

JANIS, I.L. & FESHBACH, S. (1953). "Effects of fear-arousing communications". *Journal of Abnormal and Social Psychology*, 48, p. 78-92.

JANIS, I.L. & GILMORE, J.B. (1965). "The influence of incentive conditions on the success of role playing in modifying attitudes". *Journal of Personality and Social Psychology*, 1, p. 17-27.

JANIS, I.L. & MILHOLLAND, H.C. (1954). "The influence of threat appeals on selective learning of the content of persuasive communication". *Journal of Psychology*, 37, p. 75-80.

JANIS, I.L. & TERWILLIGER, R. (1962). "An experimental study of psychological resistances to fear-arousing communication". *Journal of Abnormal and Social Psychology*, 65, p. 403-411.

JESUÍNO, J.C. (2002). "Estrutura e processos de grupo". In: VALA, J. & MONTEIRO, M.B. (orgs.). *Psicologia Social*. 5. ed. Lisboa: Fundação Calouste Gulbenkian.

JOB, R.F.S. (1988). "Effective and ineffective use of fear in health promotion campaigns". *American Journal of Public Health*, 78, p. 163-167.

JOHNSON, D.W. & JOHNSON, R.J. (1989). *Cooperation and competition*: Theory and research. Edina, MN: Interaction.

JOHNSON, T.E. & RULE, B.G. (1986). "Mitigating circumstance information, censure, and aggression". *Journal of Personality and Social Psychology*, 50, p. 537-542.

JOHNSTON, A. et al. (1977). "Validation of a laboratory play measure of child aggression". *Child Development*, 48, p. 324-327.

JONAS, K. & SASSENBERG, K. (2006). "Knowing what to do: Automatic response activation from social categories". *Journal of Personality and Social Psychology*, 90, p. 709-721

JONES, E.E. et al. (1972). *Attribution*: Perceiving the causes of behavior. Morristown, NJ: General Learning.

JONES, E.E. & DAVIS, K.E. (1965). "From acts to dispositions: The attribution process in person perception". In: BERKOWITZ, L. (org.). *Advances in Experimental Social Psychology*. Vol. 2. Nova York: Academic Press, p. 219-266.

JONES, E.E. & GERARD, H. (1967). *Foundations of Social Psychology*. Nova York: John Wiley.

JONES, E.E. & NISBETT, R.E. (1972). "The actor and the observer: divergent perceptions of the causes of behavior". In: JONES, E.E. et al. *Attribution*: Perceiving the causes of behavior. Morritown, NJ: General Learning Process.

JORDAN, N. (1964). "The mythology of the non-obvious". *Contemporary Psychology*, 9, p. 140-142.

_____ (1963). *Fall-out Shelters and Social Psychology*: The theory of cognitive dissonance. [s.l.]: Hudson Institute [mimeo.].

JORNAL DO BRASIL (1998). "A violência na sala de estar". *Caderno B*, 31/05, p. 6-7.

JOSEPHSON, W.D. (1987). "Television violence and children's aggression: Testing the priming, social script, and disinhibition prediction". *Journal of Personality and Social Psychology*, 53, p. 882-890.

JOST, J.T. & KAY, A.C. (2010). "Social justice: History, theory and research". In: FISKE, S.T.; GIBERT, D. & LINDZEY, G. (orgs.). *The Handbook of Social Psychology*. Hoboken, NJ: John Wiley & Sons.

JUDD, C.M.; SMITH, E.R. & KIDDER, L.H. (1991). *Research Methods in Social Relations*. São Francisco: Holt, Rinehart and Winston.

KAHLE, L.R. & HOMER, P.M. (1985). "Physical attractiveness of the celebrity endorser: A social adaptation perspective". *Journal of Consumer Research*, 11, p. 954-961.

KAMINS, M.A. (1989). "Celebrity and non-celebrity advertising in a two-sided context". *Journal of Advertising Research*, 29 (4), p. 34-41.

KARAU, S.J. & WILLIAMS, K.D. (1993). "Social loafing: A meta-analytic review and theoretical integration". *Journal of Personality and Social Psychology*, 65, p. 681-706.

KARLINS, M.; COFFMAN, T.L. & WALTERS, G. (1969). "On the fading of social stereotypes: Studies in three generations of college students". *Journal of Personality and Social Psychology*, 13, p. 1-16.

KASSIN, S.M. (1985). *An Empirical Study of Rule 11 Sanctions*. Washington, DC: The Federal Judicial Center.

KASSIN, S.M.; FEIN, S. & MARKUS, H.R. (2011). *Social Psychology*. Belmont, CA: Wadsworth, p. 12-21.

KATZ, D. & BRALEY, K.W. (1933). "Racial prejudice and racial stereotypes". *Journal of Abnormal and Social Psychology*, 30, p. 175-193.

KATZ, D. & STOTLAND, E. (1959). "A preliminary statement to a theory of attitude structure and change". In: KOCH, S. (org.). *Psychology*: A study of a science. Vol. 3. Nova York: McGraw-Hill.

KELLEY, H.H. (1973). "The processes of causal attribution". *American Psychologist*, 28, p. 107-128.

_____ (1972). "Attribution and social interaction". In: JONES, E.E. et al. (orgs.). *Attribution*: Perceiving the causes of behavior. Morristown, NJ: General Learning Process, p. 1-26.

_____ (1967). "Attribution theory in social psychology". In: VINE, D.L. (org.). *Nebraska Symposium on Motivation*. Lincoln: University of Nebraska Press, p. 192-238.

_____ (1950). "The warm-cold variable in first impressions of persons". *Journal of Personality*, 18, p. 431-439.

KELLEY, H.H. & VOLKART, E.H. (1952). "The resistance to change of group-anchored attitudes". *American Sociological Review*, 17, p. 453-465.

KELLEY, H.H. & WOODRUFF, C.L. (1956). "Member's reaction to apparent group approval of a counternorm communication". *Journal of Abnormal and Social Psychology*, 52, p. 67-74.

KELLY, J.R. & BARSADE, S.G. (2001). "Mood and emotion in small groups and work teams". *Organizational Behavior and Human Decision Processes*, 86, p. 99-130.

KELMAN, H.C. (1958). "Compliance, identification, and internalization: Three processes of attitude change". *Journal of Conflict Resolution*, 2, p. 51-60.

KELMAN, H.C. (org.) (1965). *Intentional Behavior*. Nova York: Holt, Rinehart and Winston.

KELMAN, H.C. & HAMILTON, D.L. (1989). *Crimes of Obedience*. New Haven: Yale University Press.

KELMAN, H.C. & HOVLAND, C.I. (1953). "'Reinstatement' of the communicator in delayed measurement of opinion change". *Journal of Abnormal and Social Psychology*, 48, p. 327-335.

KENNY, D.A. & ACITELLI, L.K. (2001). "Accuracy and bias in the perception of the partner in a close relationship". *Journal of Personality and Social Psychology*, 80, p. 439-448.

KENRICK, D.T.; NEUBERG S.L. & CIALDINI, R.B. (2005). *Social Psychology*. Boston: Allyn and Bacon.

KERR, S. & JERMIER, J.M. (1978). "Substitutes for leadership: Their meaning and measurement". *Organizational Behavior and Human Performance*, 12, p. 62-82.

KILBOURNE, J. (1999). *Deadly Persuasion*. Nova York: Free Press.

KILPATRICK, S.A. & LOCKE, E.A. (1991). "Leadership: Do traits matter?" *Academy of Management Executive*, 5 (2), p. 48-60.

KIM, H. & MARKUS, H.R. (1999). "Deviance of uniqueness, harmony or conformity? A cultural analysis". *Journal of Personality and Social Psychology*, 77, p. 785-800.

KIRMANI, A. & CAMPBELL, M.C. (2004). "Goal seeker and persuasion sentry: How consumer targets respond to interpersonal marketing persuasion". *Journal of Consumer Research*, 31, p. 573-582.

KORTE, C. (1980). "Urban-nonurban differences in social behavior and social psychological models of urban impact". *Journal of Social Issues*, 36, p. 29-51.

KOTTAK, C.P. (1991). "Television's impact on values and local life in Brazil". *Journal of Communication*, 41 (1), p. 70-86.

KRECH, D. & CRUTCHFIELD, R.S. (1948). *Theory and Problems of Social Psychology*. Nova York: McGraw-Hill.

KRECH, D.; CRUTCHFILED, R.S. & BALLACHIE, E.L. (1962). *Individual in Society*. Nova York: McGraw-Hill.

KROSNICK, J.A. & ALWIN, D.E. (1989). "Aging and susceptibility to attitude change". *Journal of Personality and Social Psychology*, 57 (3), p. 416-425.

KRÜGER, H. (1986). *Introdução à Psicologia Social*. São Paulo: EPU.

KRUGER, J. et al. (2005). "Egocentrism over e-mail: Can we communicate as well as we think?" *Journal of Personality an Social Psychology*, 89, p. 925-936.

KUGIHARA, N. (2001). "Effects of aggressive behaviour and group size on collective escape in emergency: A test between a social identify model of deindividuation theory". *British Journal of Social Psychology*, 40, p. 575-598.

KULIK, J.A. & MAHLER, H.I.M. (1989). "Stress and affiliation in a hospital setting: Preoperative roommate preferences". *Personality and Social Psychology Bulletin*, 15, p. 183-193.

KULIK, J.A.; MAHLER, H.I.M. & EARNEST, A. (1994). "Social comparison and affiliation under threat: Going beyond the affiliate-choice paradigm". *Journal of Personality and Social Psychology*, 66, p. 301-309.

KULIK, J.A.; MAHLER, H.I.M. & MOORE, P.J. (1996). "Social comparison and affiliation under threat: Effects on recovery from major surgery". *Journal of Personality and Social Psychology*, 71 (3), p. 967-979.

KUMKALE, G.T.; ALBARRACÍN, D. & SEIGNOUREL, P. (2010). "The effects of source credibility in the presence or absence of prior attitudes: Implications for the design of persuasive communication campaigns". *Journal of Applied and Social Psychology*, 6, p. 1.325-1356.

KUNDA, Z. (1999). *Social Cognition*: Making sense of people. Cambridge, MA: MIT Press.

KUPERSMIDT, J.B.; DeROSIER, M.E. & PATTERSON, C.P. (1995). "Similarity as the basis for children's friendships". *Journal of Social and Personal Relationships*, 12, p. 439-452.

KUTNER, D.; WILKINS, C. & YARROW, P.R. (1952). "Verbal attitudes and overt behavior involving racial prejudice". *Journal of Abnormal and Social Psychology*, 47, p. 649-652.

LAGERSPETZ, K.M.; BJORKQVIST, K. & PELTONEN, T. (1988). "Is indirect aggression typical of females? Gender differences in aggressiveness in 11 to 12 year-old children". *Aggressive Behavior*, 14, p. 403-414.

LAMM, H.; KAYSER, E. & SCHANZ, V. (1983). "An attributional analysis of interpersonal justice: Ability and effort as inputs in the allocation of gain and loss". *The Journal of Social Psychology*, 119, p. 269-281.

LANGLOIS, J.H. et al. (2000). "Maxims or myths of beauty? A meta-analytic and theoretical review". *Psychological Bulletin*, 126, p. 390-423.

LANSBERG, I. (1984). "Hierarchy as mediator of fairness: A contingency approach to distributive justice organizations". *Journal of Applied Social Psychology*, 14 (2), 124-135.

La PIÈRE, R.P. (1934). "Attitudes vs. Action". *Social Forces*, 13, p. 230-237.

LATANÉ, B. (1981). "The psychology of social impact". *American Psychologist*, 36, p. 3.443-3.456.

LATANÉ, B. & DARLEY, J.M. (1970). *The Unresponsive Bystander*: Why doesn't he help? Nova York: Appleton-Century-Crofts.

LATANÉ, B. & NIDA, S. (1981). "Tem years of research on group size and helping". *Psychological Bulletin*, 89, p. 308-324.

LATANÉ, B. & WOLF, S. (1981). "The social impact of majorities and minorities". *Psychological Review*, 88, p. 438-453.

LATANÉ, B.; WILLIAMS, K. & HARKINS, S. (1979). "Many hands make light the work: The causes and consequences of social loafing". *Journal of Personality and Social Psychology*, 37, p. 822-832.

LAUZEN, M.M.; DOZIER, D.M. & HORAN, N. (2008). "Constructing gender stereotypes through social roles in prime-time television". *Journal of Broadcasting and Electronic Media*, 52, p. 200-214.

LAZARSFELD, P.F. (1949). "The american soldier: An expository review". *Public Opinion Quarterly*, 13, p. 377-404.

LEARY, M. (2010). "Affiliation, acceptance, and belonging". In: FISKE, S.T.; GILBERT, D.T. & LINDZEY, G. (orgs.). *The Handbook of Social Psychology*. Vol. 2. 5. ed. Nova Jersey: John Wiley & Sons, p. 864-897.

_____ (1994). *Self-presentation*: Impression management and interpersonal behavior. Pacific Grove, CA: Brooks/Cole.

LEARY, M.; TCHIVIDJIAN, L.R. & KRAXBERGER, B.E. (1994). "Self-presentation can be hazardous to your health: Impression management and health risk". *Health Psychology*, 13, p. 461-470.

LeBON, G. (1895). *The Crowd*. Londres: F. Unwin.

LEE, J.A. (1973). *Colors of Love*. Toronto: New Press.

LEMAY, E.P.; CLARK, M.S. & GREENBERG, A. (2010). "What is beautiful is good because what is beautiful is desired: Physical attractiveness stereotyping as projection of interpersonal goals". *Personality and Social Psychology Bulletin*, 36, p. 339-353.

LERNER, M.J. (1970). "The desire for justice and reactions to victims". In: McCAULEY, J. & BERKOWITZ, L. (orgs.). *Altruism and Helping Behavior*. Nova York: Academic Press.

LERNER, M.J. & BECKER, S. (1962). "Interpersonal choise as a function of a described similarity and definition of the situation". *Human Relations*, 15, p. 27-34.

LERNER, M.J. & SIMMONS, C.H. (1966). "Observer's reaction to the 'innocent victim': Compassion or rejection?" *Journal of Personality and Social Psychology*, 4, p. 203-210.

LEVENTHAL, G.S. (1980). "What should be done with equity theory?" In: GERGEN, K.; GREENBERG, M. & WILLIS, R. (org.). *Social Exchange Theory*. Nova York: Plenum.

LEVINE, J.M. & MORELAND, R.L. (1998). "Small Groups". In: GILBERT, D.T.; FISKE, S.T. & LINDZEY (orgs.). *The Handbook of Social Psychology*. Vol. 2. 4. ed. Boston: McGraw-Hill, p. 415-469.

LEVINE, R.V. (2003a). "The Kindness of Strangers". *American Scientist*, 91, mai.-jun., p. 226-233.

_____ (2003b). *The Power of Persuasion*. Nova Jersey: John Wiley.

LEVINE, R.V. et al. (1994). "Helping in 36 U.S. cities". *Journal of Personality and Social Psychology*, 67, p. 69-82.

LEVINE, R.V.; FAST, N. & ZIMBARDO, P. (2004). "The power of persuasion: A field exercise". *Teaching of Psychology*, 31, p. 136-138.

LEVINE, R.V.; NORENZAYAN, A. & PHILBRECK, K. (2001). "Cultural differences in the helping behavior of strangers". *Journal of Cross-Cultural Psychology*, 32, p. 543-560.

LEWIN, K. (1951). *Field Theory in Social Science*. Nova York: Harper & Brothers.

_____ (1948). *Resolving Social Conflicts*: Selected papers in group dynamics. Nova York: Harper.

_____ (1946). "Action research and minority problems". *Journal of Social Issues*, 2 (4), p. 34-46.

LEWIN, K. et al. (1944). "Level of aspiration". In: HUNT, J.M.V. (org.). *Personality and the Behavior Disorders*. Nova York: Ronald Press.

LEWIN, K.; LIPPITT, R. & WHITE, R.K. (1939). "Patterns of aggressive behavior in experimentally created 'social climates'". *Journal of Social Psychology*, 10, p. 271-299.

LEYENS, J.P. et al. (1975). "Effects of movie violence on aggression in a field setting as a function of group dominance and cohesion". *Journal of Personality and Social Psychology*, 32, p. 346-360.

LEYENS, J.P.; YZERBYT, V. & SCHADRON, G. (1994). *Stereotypes and Social Cognition*. Londres: Sage.

LIBERMAN, V.; SAMUELS, S.M. & ROSS, L. (2004). "The name of the game: Predictive power of reputations versus situational labels in determining prisoner's dilemma game moves". *Personality and Social Psychology Bulletin*, 30, p. 1.175-1.185.

LIEBERT, R.N. & BARON, R.A. (1972). "Some immediate effects of televised violence on children's behavior". *Developmental Psychology*, 6, p. 469-478.

LIEBERT, R.N.; SPRAFKIN, J.H. & DAVIDSON, E.S. (1989). *The Early Windows*: Effects of television on children and youth. 3. ed. Nova York: Pergamon.

LIMA, M.E.O. & VALA, J. (2004). "As novas expressões do preconceito e do racismo". *Estudos de Psicologia*, 9 (3), p. 401-411.

LINDER, D.E.; COOPER, J. & JONES, E.E. (1967). "Decision freedom as a determinant of the role incentive in attitude change". *Journal of Personality and Social Psychology*, 6, p. 245-254.

LINTON, R. (1945). *The Cultural Background of Personality*. Nova York: Appleton/Century/Crofts.

LIPPA, R.A. (1994). *Social Psychology*. Pacific Grove, CA: Brooks/Cole.

LIPPMAN, W. (1922). *Public Opinion*. Nova York: Hartcourt/Brace.

LOBEL, A.L. & RODRIGUES, A. (1987). "Allocentrism and idiocentrism among brazilian university studies". *Interdisciplinaria*, 8, p. 25-40.

LORENZ, K. (1974). *Civilized Man's Eight Deadly Sins*. Nova York: Harcourt, Brace & Jovanovich.

_____ (1966). *On Aggression*. Nova York: Harcourt, Brace & World.

LOTT, A.J. & LOTT, B.E. (1961). "Group cohesiveness, communication level and conformity". *Journal of Abnormal and Social Psychology*, 62, p. 408-412.

LUCHINS, A.S. (1957). "Experimental attempts to minimize the impact of first impression". In: HOVLAND, C. (org.). *The Order of Presentation in Persuasion*. New Haven: Yale University Press, p. 68-75.

LYSAK, H.; RULE, B.G. & DOBBS, A.R. (1989). "Conceptions of aggression: Prototype or defining features?" *Personality and Social Psychology Bulletin*, 1, p. 233-243.

MAAS, A. & CLARK, R.D. (1983). "Internalization versus compliance: Differential processes underlying minority influence and conformity". *European Journal of Social Psychology*, 13, p. 45-55.

MACRAE, C.N. & QUADFLIEG, S. (2010). "Perceiving people". In: FISKE, S.; GILBERT, D. & LINDZEY, G. (orgs.). *Handbook of Social Psychology*. Hoboken, NJ: John Wiley & Sons.

MAISONNEUVE, J.; PALMADE, G. & FOURMENT, C. (1952). "Selective choices and propinquity". *Sociometry*, 15, p. 135-140.

MAJOR, B. & DEAUX, K. (1982). "Individual differences in justice behavior". In: GREENBERG, J. & COHEN, R.L. (orgs.). *Equity and Social Justice in Social Behavior*. Nova York: Academic Press, p. 43-76.

MANN, L. (1981). "The baiting crowd in episodes of threatened suicide". *Journal of Personality and Social Psychology*, 41, p. 703-709.

MANN, L.; NEWTON, J.W. & INNES, J.M. (1982). "A test between deindividuation and emergent norm theories of crowd aggression". *Journal of Personality and Social Psychology*, 42, p. 260-272.

MANNING, R.; LEVINE, M. & COLLINS, A. (2007). "The Kitty Genovese murder and the social psychology of helping: The parable of the 38 witnesses". *American Psychologist*, 62 (6), p. 555-562.

MANSTEAD, A.S.R.; PROFLITT, C. & SMART, J.L. (1983). "Predicting understanding mother's infant-feeding intentions and behavior: Testing the theory of reasoned action". *Jornal of Personality and Social Psychology*, 44, p. 657-671.

MARIN, G. (1985). *Validez transcultural del principio de equidad* [Trabalho apresentado no XX Interamerican Congress of Psychology. Caracas].

MARKUS, H. (1997). "Self-schemata and processing information about the self". *Journal of Personality and Social Psychology*, 35 (2), p. 63-78.

MARKUS, H. & KITAYAMA, S. (1994). "A collective fear of the collective: Implications for selves and theories of selves". *Personality and Social Psychology Bulletin*, 20, p. 568-579.

MARQUIS, G.; GUETZKOW, H. & HEYNS, R.W. (1951). "A social psychology study of the decision-making conference". In: GUETZKOW, H. (org.). *Groups, Leadership, and Men*. Petersburgo: Carnegie Press.

MARSH, H.W.; KONG, C.-K. & HAU, K.-T. (2000). "Longitudinal multilevel models of the big-fish-little-pond effect on academic self-concept: Counterbalancing contrast and reflected-glory effects in Hong Kong schools". *Journal of Personality and Social Psychology*, 78, p. 337-349.

MARSHALL, G.D. & ZIMBARDO, P.G. (1979). "Affective consequences of inadequately explained physiological arousal". *Journal of Personality and Social Psychology*, 37, p. 970-988.

MARTIN, A.J. et al. (2003). "Self-handicapping, defensive pessimism, and goal orientation: A qualitative study of university students". *Journal of Education Psychology*, 95 (3), p. 617-628.

MARTINI, M.L. & DEL PRETTE, Z.A.P. (2005). "Atribuições de causalidade e afetividade de alunos de alto e baixo desempenho acadêmico em situações de sucesso e de fracasso escolar". *Revista Interamericana de Psicología/Interamerican Journal of Psychology*, 39 (3), p. 355-368.

MARTZ, J.M. (1991). "Giving Batson's strawman a brain... and a heart". *American Psychologist*, 20, p. 162-163.

MARUFFI, B. (1985). "The impact of distributive systems and gender on perceptions of social relations". *Journal of Applied Social Psychology*, 15 (1), p. 46-58.

McALISTER, A.J.; BANDURA, A. & OWEN, S.V. (2006). "Mechanisms of moral disengagement in support of military force: The impact of September 11". *Journal of Social and Clinical Psychology*, 25 (2), p. 141-165.

McALLISTER, H.A. (1996). "Self-serving bias in he classroom: Who shows it? Who knows it?" *Journal of Educational Psychology*, 88, p. 123-131.

McARTHUR, L.Z. (1976). "The lesser influence of consensus than distinctiveness in formation on causal attributions: A test of the person-thing hypothesis". *Journal of Personality and Social Psychology*, 33, p. 733-742.

McCAULEY, C. (1998). "Group dynamics in Janis's theory of groupthink: Backward and forward". *Organizational Behavior and Human Decision Processes*, 73, p. 142-163.

McCAULEY, C. & SEGAL, M.E. (1987). "Social psychology of terrorist groups". In: HENDRICK, C. (org.). *Group Processes and Intergroup Relations*: Review of personality and social psychology. Vol. 9. Newbury Park, CA: Sage.

McCAULEY, C. & STITT, C.L. (1978). "An individual and quantitative measure of stereotypes". *Journal of Personality and Social Psychology*, 36, p. 929-940.

McCLELLAND, D.C.; ATKINSON, J.W. & LOWELL, E.L. (1953). *The Achievement Motive*. Nova York: Appleton/Century/Crofts.

McCLELLAND, D.C. & FRANZ, C.E. (1992). "Motivational and other sources of work accomplishments in mid-life: A longitudinal study". *Journal of Personality*, 60, p. 679-707.

McCONAHAY, J.B. (1986). "Modern racism, ambivalence, and the modern racism scale". In: DOVIDIO, J.F. & GAERTNER, S.L. (orgs.). *Prejudice, Discrimination and Racism*: Theory and research. Nova York: Academic Press.

McCREA, S.M. (2008). "Self-handicapping, excuse making, and counterfactual thinking: Consequences for self-esteem and future motivation". *Journal of Personality and Social Psychology*, 95 (2), p. 274-292.

McCREA, S.M. & HIRT, E.R. (2001). "The role of ability judgments in self-handicapping". *Personality and Social Psychology Bulletin*, 27 (10), p. 1.378-1.389.

McFARLAND, S.M.; AGEYEV, V.S. & ABALAKINA-PAAP, M.A. (1992). "Authoritarianism in the former Soviet Union". *Journal of Personality and Social Psychology*, 63, p. 1.004-1.010.

McKENZIE-MOHR, D. (2000). "New ways to promote proenvironmental behavior: promoting sustainable behavior: An introduction to community-based social marketing". *Journal of Social Issues*, 56 (3), p. 543-554.

McGRATH, J.E. (1991). "Time, interaction, and performance (TIP): A theory of groups". *Small Group Research*, 22, p. 147-174.

_____ (1984). *Groups*: Interaction and performance. Englewood Cliffs, NJ: Prentice-Hall.

McGUIRE, W.J. (1969). "The nature of attitudes and attitude change". In: LINDZEY, G. ARONSON, E. (orgs.). *The Handbook of Social Psychology*. Vol. 2. Cambridge: Addison-Wesley.

_____ (1964). "Inducing resistance persuasion". In: BERKOWITZ, L. (org.). *Advances in Experimental Social Psychology*. Vol. 1. Nova York: Academic Press.

_____ (1962). "Persistence of the reactance to persuasion induced by various types of prior belief defenses". *Journal of Abnormal and Social Psychology*, 64, p. 241-248.

McGUIRE, W.J. & PAPAGEORGIS, D. (1961). "The relative efficacy of various types of prior belief: Defense in producing immunity against persuasion". *Journal of Abnormal and Social Psychology*, 62, p. 327-337.

McNEEL, S.P. (1980). *Tripling up*: Perceptions and effects of dormitory crowding [Trabalho apresentado na American Psychological Association Convention].

MEAD, G.H. (1934). *Mind, Self & Society*. Chicago, IL: University of Chicago Press.

MEDVEC, V.H.; MADEY, S.F. & GILOVITCH, T. (1995). "When less is more: Counterfactual thinking and satisfaction among olympic medalists". *Journal of Personality and Social Psychology*, 69, p. 603-610.

MEEUS, W.H.J. & RAAIJMAKERS, Q.A.W. (1995). "Obedience in modern society: The Utrecht studies". *Journal of Social Issues*, 51, p. 155-176.

MEINDL, J.R.; EHRLICH, S.B. & DUKERICH, J.M. (1985). "The romance of leadership". *Administrative Science Quarterly*, 30, p. 78-102.

MEINDL, J.R. & LERNER, M.J. (1985). "Exacerbation of extreme responses to an out-group". *Journal of Personality and Social Psychology*, 47, p. 71-84.

MICHENER, A.; DeLAMATER, J.E. & YERS, D. (2005). *Psicologia Social*. São Paulo: Pioneira.

MICK, D.G. (2006). "Meaning and mattering through transformative consumer research". In: PECHMANN, C. & PRICE, L.L. (orgs.). *Advances in Consumer Research*. Vol. 33. Provo, UT: Association for Consumer Research, p. 1-4.

MIKULA, G. (1986). "The experience of injustice: Toward a better understanding of its phenomenology". In: BIERHOFF, H.W.; COHEN, R.L. & GREENBERG, J. (orgs.). *Justice in Interpersonal Relations*. Nova York/Londres: Plenum Press, p. 103-123.

MIKULA, G. (1980). "On the role of justice in allocation decisions". In: MIKULA, G. (org.). *Justice and Social Interaction*: Experimental and theoretical contributions from psychology research. Nova York: Springer-Verlag, p. 127-166.

MIKULA, G. & SCHLAMBERGER, K. (1985). "What people think about an unjust event: Toward a better understanding of the phenomenology of experiences of injustice". *European Journal of Social Psychology*, 15, p. 37-49.

MIKULA, G.; PETRI, B. & TANZER, N. (1990). "What people regard as injust: Types and structures of everyday experiences of injustice". *European Journal of Social Psychology*, 20, p. 133-149.

MILANI, L.; OSUALDELLA, D. & DI BLASIO, P. (2009). "Quality of interpersonal relationships and problematic internet use in adolescents". *CyberPsychology & Behavior*, 12 (6), p. 681-694.

MILGRAM, S. (1974). *Obedience to Authority*: An experimental view. Nova York: Harper & Row.

_____ (1970). "The experience of living in cities". *Science*, 167, p. 1.461-1.468.

_____ (1965). "Some conditions of obedience and dis-obedience to authority". *Human Relations*, 18, p. 57-75.

_____ (1963). "Behavioral study of obedience". *Journal of Abnormal and Social Psychology*, 67, p. 371-378.

_____ (1961). "Nationality and conformity". *Scientific American*, 205, p. 45-51.

MILLER, G. (org.) (1982). *In the Eye of the Beholder*: Contemporary issues in stereotyping. Nova York: Praeger.

MILLER, J.G.; BERSOFF, D.M. & HARWOOD, R.L. (1990). "Perceptions of social responsibility in India and in the United States: Moral imperatives or personal decisions?" *Journal of Personality and Social Psychology*, 58, p. 33-47.

MILLER, N.E. (1941). "The frustration-aggression hypothesis". *Psychological Review*, 48, p. 337-342.

MILLER, N.E. & CAMPBELL, D. (1959). "Recency and primacy in persuasion as a function of the timing of speeches and measurements". *Journal of Abnormal and Social Psychology*, 59, p. 1-9.

MILLS, J. & JELLISON, J.M. (1968). "Avoidance of discrepant information prior to commitment". *Journal of Personality and Social Psychology*, 8, p. 59-62.

MITCHEL, G. et al. (2003). "Experiments behind the veil: Structural influence on judgments of social justice". *Political Psychology*, 24, p. 519-547.

MOHAMED, A.A. & WIEBE, F.A. (1996). "Toward a process theory of groupthink". *Small Group Research*, 27, p. 416-430.

MONTEITH, M.J. (1993). "Self-regulation of prejudiced responses: Implications for progress in prejudice-reduction efforts". *Journal of Personality and Social Psychology*, 65, p. 469-485.

MOORE, J.W. & VIRGIL, J.D. (1987). "Chicano gangs, group norms, and individual factors related to adult criminality". *Aztlan*, 18, p. 27-44.

MORALES, J.F. et al. (1994). *Psicología Social*. Madri: McGraw-Hill.

MOREIRA LIMA, V.M. (1982). *Efeitos de uma comunicação persuasiva sobre crença, atitudes e interações de estudantes universitários acerca de se cadastrar como doador voluntário e periódico de sangue*: Uma aplicação da teoria de Fishbein e Ajzen. Brasília: UnB [Dissertação de mestrado].

MORELAND, R.L. & BEACH, S.R. (1992). "Exposure effects in the classroom: The development of affinity among students". *Journal of Experimental Social Psychology*, 28 (3), p. 255-276.

MORELAND, R.L. & LEVINE, J.M. (1982). "Socialization in small groups: Temporal changes in individual-group relations". In: BERKOWITZ, L. (org.). *Advances in Experimental Social Psychology*. Vol. 15. Nova York: Academic Press.

MORELAND, R.L.; LEVINE, J.M. & WINGERT, M.L. (1996). "Creating the ideal group: Composition effects at work". In: WITTE, E. & DAVIS, J. (orgs.). *Understanding Group Behavior*: Small group processes and interpersonal relation. Vol. 2. Hillsdale, NJ: Erlbaum, p. 11-35.

MORENO, J.L. (1947). "Contributions of sociometry to research methodology in sociology". *American Sociological Review*, 12, p. 287-292.

MORRY, M.M. (2007). "The attraction-similarity hypothesis among cross-sex friends: Relationship satisfaction, perceived similarities, and self-serving perceptions". *Journal of Social and Personal Relationships*, 24 (1), p. 117-138.

MORTENSEN, C. & CIALDINI, R.B. (2010). "Full cycle social psychology for theory and application". *Social and Personality Psychology Compass*, 4, p. 53-63.

MOSCOVICI, S. (1985). "Social influence and conformity". In: LINDZEY, G. & ARONSON, E. (orgs.). *The Handbook of Social Psychology*. Vol. 2. Nova York: Random House, p. 347-412.

_____ (1980). "Toward a theory of conversion behavior". In: BERKOWITZ, L. (org.). *Advances in Experimental Social Psychology*. Vol. 13. Nova York: Academic Press, p. 209-239.

MOWDAY, R.T. (1991). "Equity theory predicitions of behavior in organizations". In: STEERS, R.M. & PORTER, L.W. (orgs.). *Motivation and Work Behavior*. 3. ed. [s. l.]: [s.e.], p. 91-112.

MOWER-WHITE, C.J. (1978). "Factors affecting balance, agreement and positivit biases in POQ and POX triads". *European J. of Soc. Psycholog.*, 9, p. 129-148.

MUELLER, C.W.; DONNERSTEIN, E. & HALLAM, J. (1983). "Violent films and prosocial behavior". *Personality and Social Psychology Bulletin*, 9, p. 83-89.

MULLEN, B. & COPPER, C. (1994). "The relation between group cohesiveness and performance: An integration". *Psychological Bulletin*, 115, p. 210-227.

MURRAY, S.L. & HOLMES, J.G. (1994). "Storytelling in close relationships: The construction of confidence". *Personality and Social Psychology Bulletin*, 20, p. 650-663.

MYERS, D.G. (2010). *Social Psychology*. 10. ed. Nova York: McGraw-Hill.

MYERS, D. & DIENER, E. (1996). "The pursuit of happiness". *Scientific American*, 274, p. 54-56.

NADLER, A. & FISHER, J.D. (1986). "The role of threat to self-esteem and perceived control in recipient reactions to help: Theory development and empirical validation". In: BERKOWITZ, L. (org.). *Advances in Experimental Social Psychology*. Vol. 19. Nova York: Academic Press, p. 81-123.

NEMETH, C.J. et al. (1990). "Exposure to dissent and recall of information". *Journal of Personality and Social Psychology*, 58, p. 429-437.

NEUMANN, R. (2000). "The causal influences of attributions on emotions: A procedural priming approach". *Psychological Science*, 11, p. 179-182.

NEWCOMB, T.M. (1968). "Interpersonal balance". In: ABELSON, R.P. et al. (orgs.). *Theories of Cognitive Consistency*: A source book. Chicago: Rand McNally.

_____ (1961). *The Acquaintance Process*. Nova York: Holt, Rinehart and Winston.

_____ (1960). "Varieties of interpersonal attraction". In: CARTWRIGHT, E.D. & ZANDER, A. (orgs.). *Group dynamics*: Research and theory. Nova York: Harper & Row.

_____ (1959). "Individual systems of orientation". In: KOCH, S. (org.). *Psychology*: A study of a science. Vol. 3. Nova York: McGraw-Hill, p. 384-422.

_____ (1953). "An approach to the study of communication acts". *Psychological Review*, 60, p. 393-404.

_____ (1943). *Personality and Social Change.* Nova York: Dryden.

NEWCOMB, T.M. et al. (1967). *Persistence and Change*: Bennington College and its students after 25 years. Nova York: Wiley.

NEWCOMB, T.M.; TURNER, R.H. & CONVERSE, P.E. (1965). *Social Psychology*: The study of human interaction. Nova York: Holt Rinehart and Winston.

NICHOLSON, N.; COLE, S.G. & ROCKLIN, T. (1985). "Conformity in the Asch situation: A comparison between contemporary British and U.S. university students". *British Journal of Social Psychology*, 24, p. 59-63.

NIN, A. (1966). *The Dairy of Anaïs Nin.* Orlando, FL: Hartcourt.

NISHINA, A. & JUVONEN, J. (2005). "Daily reports of witnessing and experiencing peer harassment in middle school". *Child Development*, 76, p. 345-450.

NOREN, J.K. (2002). *The Positive Power of Negative Thinking.* Nova York: Basic Books.

NUNAN, A. & JABLONSKI, B. (2009). "Comportamento pró-social através da técnica da carta perdida (Há vagas para altruísmo em estacionamentos universitários?). *Psicologia em Pesquisa*, 3 (1), p. 47-58.

NUNAN, A.; JABLONSKI, B. & FÉRES-CARNEIRO, T. (2010). "O preconceito internalizado por homossexuais masculinos". *Interação em Psicologia*, 14 (2), p. 255-262.

OHBUCHI, K.; KAMDEA, M. & AGARIE, N. (1989). "Apology as aggression control: Its role in mediating appraisal of and response to harm". *Journal of Personality and Social Psychology*, 56, p. 219-227.

OLINER, S.P. & OLINER, P.M. (1988). *The Altruistic Personality*: Rescuers of Jews in Nazi Europe. Nova York: Free Press.

OLIVEIRA, A.L.R. & NEVES, S.A.M. (1995). "Atribuição de origem e de controle da doença mental por alunos ingressantes e formandos em Psicologia". *Estudos de Psicologia*, 12 (3), p. 61-66.

OLSON, I.R. & MARSHUETZ, C. (2005). "Facial attractiveness is appraised in a glance". *Emotion*, 5, p. 498-502.

OLWEUS, D. et al. (1988). "Circulating testosterone levels and aggression in adolescent males: A causal analysis". *Psychosomatic Medicine*, 50, p. 261-272.

OPP, K.D. (1982). "The evolutionary emergence of norms". *British Journal of Social Psychology*, 21, p. 139-149.

OSKAMP, S. & SCHULTZ, P.W. (1998). *Applied Social Psychology*. Upper Saddle River, NJ: Prentice-Hall.

OSOFSKY, M.J.; BANDURA, A. & ZIMBARDO, P.G. (2005). "The role of moral disengagement in the execution process". *Law and Order Behavior*, 29 (4), 371-393.

OSWGOOD, C.E. & TANNENBAUM, P.H. (1955). "The principle of congruity in the prediction of attitude change". *Psychological Review*, 62, p. 42-55.

PADILHA, T.M. (1971). *Filosofia, ideologia e realidade brasileira*. Rio de Janeiro: Companhia Editora Americana.

PARKE, R.D. et al. (1977). "Some effects of violent and nonviolent movies on the behavior of juvenile delinquents". In: BERKOWITZ, L. (org.). *Advances in Experimental Social Psychology*. Vol. 10. Nova York: Academic Press.

PARSONS, H.M. (1974). "What happened at Hawthorne?" *Science*, 183, p. 922-932.

PASQUALI, L. & FAIAD DE MOURA, C. (2003). "Atribuição de causalidade ao divórcio". *Avaliação Psicológica*, 2 (1), jun., p. 1-16

PATTERSON, G.R.; CHAMBERLAIN, P. & REID, J.B. (1982). "A comparative evaluation of parent training procedures". *Behavior Therapy*, 13, p. 638-650.

PAULUS, P.B. (1989). *Psychology of Influence*. Hillsdale, NJ: Erlbaum.

PEPITONE, A. (1999). "Historical sketches and critical commentary about social psychology in the golden age". In: RODRIGUES, A. & LEVINE, R.V. (orgs.). *Reflections on 100 years of Experimental Social Psychology*. Nova York: Basic Books.

PEREIRA, M.E. (2002). *Psicologia Social dos estereótipos*. São Paulo: EPU.

PERLOFF, R.M. (2003). *The Dynamics of Persuasion*: Communication and attitudes in the 21st century. 2. ed. Mahwah, NJ: Lawrence Erlbaum Associates.

PESSIN, J. (1933). "The comparative effects of social and mechanical stimulation on memorizing". *American Journal of Psychology*, 45, p. 262-270.

PETTIGREW, T.F. (1958). "Personality and socio-cultural factors in intergroup attitudes: A cross-national comparison". *Journal of Conflict Resolution*, 2, p. 29-42.

PETTY, R.E. (1995). "Attitude change". In: TESSER, A. (org.). *Advanced Social Psychology*. Nova York: McGraw-Hill, p. 195-205.

PETTY, R.E. & CACIOPPO, J.T. (1986). *Communication and Persuasion*: Central and periferic routes to attitude change. Nova York: Springer-Verlag.

PETTY, R.E.; CACIOPPO, J.T. & GOLDMAN, R. (1981). "Personal involvement as a determinant of argument-based persuasion". *Journal of Personality and Social Psychology*, 41, p. 847-855.

PETTY, R.E. & WEGENER, D.T. (1998). "Attitude change: Multiple roles for persuasion variables". In: GILBERT, D.T.; FISKE, S.T. & LINDZEY, G. (orgs.). *The Handbook of Social Psychology*. Vol. 1. 4. ed. Nova York: McGraw-Hill.

PETTY, R.E.; WEGENER, D.T. & FABRIGAR, L.R. (1997). "Attitudes and Attitude Change". *Annual Review of Psychology*, 48, p. 609-647.

PFEFFER, J. (1998). "Understanding organizations: Concepts and controversies". In: GILBERT, D.T.; FISKE, S.T. & LINDZEY, G. (orgs.). *The Handbook of Social Psychology*. Vol. 2. 4. ed. Nova York: McGraw-Hill.

PHELPS, E.A. et al. (2001). "Activation of the left amigdala to a cognitive representation of fear". *Nature Neuroscience*, 4, p. 437-441.

PHILIPS, D.P. (1986). "Natural experiments on the effects of mass media violence on fatal aggression: Strengths and weaknesses of a new approach". In: BERKOWITZ, L. (org.). *Advances in Experimental Social Psychology*. Vol. 19. Orlando, FL: Academic Press, p. 207-250.

_____ (1983). "The impact of mass media violence on U.S. homicides". *American Sociological Review*, 48, p. 560-568.

PHILIPS, P.A. (1984). "Socialization of perceived academic competence among highly competent children". *Child Development*, 58, p. 1.308-1.320.

PHILIPS, P.A. & ZIMMERMAN, M. (1990). "The developmental course of perceived competence and incompetence among competent children". In: STERNBERG, R.J. & KOLLIGIAN, J. (orgs.). *Competence Considered*. New Haven, CT: Yale University Press, p. 41-66.

PICKETT, C.L.; GARDNER, W.L. & KNOWLES, M. (2004). "Getting a cue: The need to belong and enhanced sensitivity to social cues". *Personality and Social Psychology Bulletin*, 30, p. 1.095-1.107.

PILATI, R. et al. (2008). "Efeitos da atribuição de causalidade e custo pessoal sobre a intenção de ajuda". *Estudos de Psicologia*, 13 (3), p. 213-221. Natal.

PILIAVIN, J.A. et al. (1981). *Emergency Intervention*. Nova York: Academic Press.

PILIAVIN, J.A.; EVANS, D.E. & CALLERO, P. (1982). "Learning to 'Give to unnamed strangers': The process of commitment to regular blood donation". In: STAUB, E. et al. (orgs.). *The Development and Maintenance of Prosocial Behavior*: International perspectives. Nova York: Plenum.

PILIAVIN, I.M.; PILIAVIN, J.A. & RODIN, J. (1975). "Costs, diffusion, and the stigmatized victim". *Journal of Personality and Social Psychology*, 32 (3), p. 429-438.

PINHEIRO, J.Q. & GÜNTHER, H. (orgs.) (2008). "Métodos de pesquisa nos estudos pessoa/ambiente. São Paulo: Casa do Psicólogo.

PORNPITAKPAN, C. (2004). "The persuasiveness of source credibility: A critical review of five decades' evidence". *Journal of Applied Social Psychology*, 24, p. 243-281.

PORTER, J.R. & WASHINGTON, R.E. (1979). "Black identity and self-steem, 1968- 1978". *Annual Review of Sociology*. Stanford, C.A.: Annual Review.

PORTER, N.; GEIS, F.L. & JENNINGS (Walstedt), J. (1983). "Are women invisible as leaders?" *Sex Roles*, 9, p. 1.035-1.049.

POSES, R. & ANTHONY, M. (1991). "Availability, wishful thinking, and physician's diagnostic judgment for patients with suspected bacteremia". *Medical Decision Making*, II, p. 159-168.

POSTMES, T. & SPEARS, R. (1998). "Deindividuation and antinormative behavior: A meta-analysis". *Psychological Bulletin*, 123, p. 1-22.

PRADO, E.; MIZUKAMI, M.G. & RODRIGUES, A. (1980). "Credibilidade do comunicador, autoritarismo e mudança de atitude". *Educação e Realidade*, 5 (1), p. 5-11.

PRATKANIS, A.R. & ARONSON, E. (2000). *Age of Propaganda*: The everyday use and abuse of persuasion. 2. ed. Nova York: Freeman.

PRATKANIS, A.R. et al. (1988). "In search of reliable persuasion effects: III. The sleeper effect is dead – Long liver the sleeper effect". *Journal of Personality and Social Psychology*, 54, p. 203-218.

PRINSTEIN, M.; CHEAH, C. & GUYER, A. (2005). "Peer victimization, cue interpretation, and internalizing symptoms: Preliminary concurrent and longitudinal findings for children and adolescents". *Journal of Clinical Child and Adolescent Psychology*, 34 (1), p. 11-24.

RAINIO, K. (1961). "Stochastic process of social contacts". *Scandianavian Journal of Psychology*, 2, p. 114-128.

RAVEN, B.H. (1993). "The bases of social power: Origins and recent developments". *Journal of Social Issues*, 49 (4), p. 227-252.

_____ (1992). "A power/interaction model of interpersonal influence: French and Raven thirty years later". *Journal of Social Behavior and Personality*, 7, p. 217-244.

_____ (1971). *Teacher-student Power Interactions*. Ucla [Texto não publicado].

_____ (1965). "Social influence and power". In: STEINER, I.D. & FISHBEIN, M. (orgs.). *Current Studies in Social Psychology*. Nova York: Holt, Rinehart and Winston.

RAVEN, B.H.; CENTERS, R. & RODRIGUES, A. (1969). "Social influence in the diad: The basis of conjugal power". *Technical Report*, 25. Los Angeles, CA.: Department of Psychology.

RAVEN, B.H. & RUBIN, Z. (1983). *Social Psychology*. Nova York: Wiley.

REASON, P. & BRADBURY, H. (2008). "Introduction". In: REASON, P. & BRADBURY, H. (orgs.). *Handbook of Action Research*. Thousand Oaks, CA: Sage, p. 1-10.

REIS, H. (2004). "Attraction". In: MANSTEAD, A. et al. (orgs.). *The Blackwell Encyclopedia of Social Psychology*. Oxford: Blackwell, p. 57-61.

REIS, H.T. & GOLSING, S.D. (2010). "Social psychological methods outside the laboratory". In: FISKE, S.; GILBERT, D.T. & LINDZEY, G. (orgs.). *Handbook of Social Psychology*. Vol. 1. 5. ed. Nova Jersey: John Wiley & Sons, p. 82-114.

REISENZEIN, R. (1983). "The Shachter theory of emotion: Two decades later". *Psychological Bulletin*, 94, p. 239-264.

REISS, A.J. & ROTH, J.A. (orgs.) (1993). *Understanding and Preventing Violence*. Washington, D.C.: National Academy Press.

REMLEY, A. (1988). "From obedience to independence". *Psychology Today*, 10, p. 56-59.

REYES, G. & JACOBS, G.A. (orgs.) (2006). *Handbook of International Disaster Psychology*. Westport, CT: Praeger.

REYES, H. & VARELA, J.A. (1980). "Conditions required for a technology of the social sciences". In: KIDD, R. & SACHS, M. (orgs.). *Advances in Applied Social Psychology*. Hillsdale: Lawrence Erlbaum.

RHODES, N. & WOOD, W. (1992). "Self-esteem and intelligence affect influenciability: The mediating role of message reception". *Psychological Bulletin*, 111, p. 156-171.

RICE, B. (1982). "The Hawthorne defect: Persistence of a flawed theory". *Psychology Today*, 16 (2), 70-74.

RINGELMANN, M. (1913). "Recherches sur les moteurs animés: Travail de l'homme". *Annales de L'Institute Nationale Agronomique.* 2. série, tomo XII, p. 1-40.

ROBERTS, A. (1971). *The Self-esteem of Disadvantaged Third and Seventh Graders.* [S. l.]: Emory University [Tese de Doutorado].

ROCKEACH, M. (1968). *Beliefs, Attitudes and Values.* São Francisco: Jossey-Brass.

_____ (1960). *The Open and Closed Mind.* Nova York: Basic Books.

RODGERS, J.L. (2010). "The epistemology of mathematical and statistical modeling: A quiet methodological revolution". *American Psychologist*, 65, p. 1-12.

RODRIGUES, A. (2021). *Da inutilidade das discussões* – Uma análise psicológica da polarização no mundo atual. Petrópolis: Vozes.

_____ (2016). *A força do otimismo.* Rio de Janeiro: Prospectiva.

_____ (2011). "Alocação de responsabilidade por transgressões perpetradas por influência de outrem: Uma análise atribuicional". In: HUTZ, C. & SOUZA, L.K. (orgs.). *Estudos e pesquisas em Psicologia do Desenvolvimento e da Personalidade* – Uma homenagem a Angela Biaggio. São Paulo: Casa do Psicólogo.

_____ (2008). *Psicologia Social para principiantes* – Estudo da interação humana. Petrópolis: Vozes.

_____ (1996). *Attribution and Reactions to Inequity.* Califórnia: California State University/Departamento de Psicologia [não publicado].

_____ (1995). "Attribution and social influence". *Journal of Applied Social Psychology*, 25, p. 1.567-1.577.

_____ (1987). *Internalidad y motivacion al logro em Venezuela y Brasil.* Mérida: Centro de Investigaciones Psicológicas [Publicação n. 83].

_____ (1986). *Sobre a transculturalidade e transistoricidade de alguns fenômenos psicossociais* [Tese apresentada para Concurso de Professor Titular na UFRJ].

_____ (1985). "Modelos alternativos ao princípio do equilíbrio de Fritz Heider: Fundamentos teóricos e testes empíricos". *Psicologia*, 11 (3), p. 35-51.

_____ (1984). "Atribuição de causalidade: Estudos brasileiros". *Arquivos Brasileiros de Psicologia*, 36 (2), p. 5-20.

_____ (1982). "Replication: A neglected type of research in Social Psychology". *Interamerican Journal of Psychology*, 16 (2), p. 91-109.

_____ (1981a). *Cognitive biases in P-O-X triads*: A preliminary model [Trabalho apresentado na 89ª Convenção Anual da American Psychological Association. Los Angeles].

_____ (1981b). "Conditions favoring the effects of balance, agreement and attraction in triadic interpersonal relations". *Interdisciplinaria*, 2, p. 59-68.

_____ (1980). "Experimentação em Psicologia Social: Aspectos epistemológicos e metodológicos". *Arquivos Brasileiros de Psicologia*, 32, p. 5-13.

_____ (1979). *Estudos em Psicologia Social*. Petrópolis: Vozes.

_____ (1978). "A crise da identidade da Psicologia Social". "Algumas considerações sobre os problemas éticos da experimentação em Psicologia Social". *Arquivos Brasileiros de Psicologia Aplicada*, 29 (4), p. 3-16.

_____ (1970). "Motivacional forces of cognitive dissonance and psychological reactance". *International Journal of Psychology*, 2, p. 89-98.

_____ (1967). "The effects of balance, positivity and agreement in triadic interpersonal relations". *Journal of Personality and Social Psychology*, 5, p. 472-476.

RODRIGUES, A. et al. (1997). *Coercive, Legitimate, and Expert Influence as Mitigators of Responsibility* [Trabalho apresentado na Reunião Anual da Western Psychological Association. Portland, Oregon].

RODRIGUES, A. & ASSMAR, E.M.L. (2003). "Influência social, atribuição de causalidade e julgamentos de responsabilidade e justiça". *Psicologia*: Reflexão e Crítica, 16 (1), p. 191-201.

_____ (1988). "On some aspects of distributive justice in Brazil". *Interamerican Journal of Psychology*, 22, p. 1-20.

RODRIGUES, A.; ASSMAR, E. & JABLONSKI, B. (2005). "Social psychology and the invasion of Iraq". *Revista de Psicología Social*, 20 (3), p. 387-398. Madri: Universidad de Madrid.

RODRIGUES, A. & BOSCHI, S. (1971). *Familiaridade decorrente da frequência de encontros*. Rio de Janeiro: PUC-Rio [não publicado].

RODRIGUES, A.; BYSTRONSKI, B. & JABLONSKI, B. (1989). "A estrutura do poder conjugal: uma análise de duas culturas em duas épocas". *Arquivos Brasileiros de Psicologia*, 41 (4), p. 13-24.

RODRIGUES, A. & CAVALCANTI, P. (1971). "Manipulation of self-exteem in the Asch situation – American Psychological Foundation Grant". *Technical Report*, n. 3.

RODRIGUES, A.; COSTA, F. & CORGA, D. (1993). "Redução de dissonâncias: Tese empírica de três modelos teóricos". *Psicologia*: Teoria e Pesquisa, 9 (1), p. 75-87.

RODRIGUES, A. & DELA COLETA, J.A. (1983). "On the prediction of preference for Heider's interpersonal triads". *Journal of Social Psychology*, 121, p. 73-80.

RODRIGUES, A. & EQUIPE DO CBPP (1984a). "Detecção de preconceito racial e de estereótipo sexual a partir de atribuição diferencial de causalidade". *Relatório Técnico*, 1. Rio de Janeiro: FGV/Isop/CBPP.

_____ (1984b). "Atitude e crença em relação ao preconceito racial e ao estereótipo sexual no Brasil". *Relatório Técnico*, 2. Rio de Janeiro: FGV/Isop/CBPP.

RODRIGUES, A. & IWAWAKI, S. (1986). "Testing the validity of different models of interpersonal balance". *Psychology*, XXIX (3), p. 123-131.

RODRIGUES, A. & LEVINE, R.V. (orgs.) (1999). *Reflections on Years of Experimental Social Psychology*. Nova York: Basic Books.

RODRIGUES, A. & LLOYD, K. (1998). "Re-examining bases of power from an attributional perspective". *Journal of Applied Social Psychology*, 28, p. 973-997.

RODRIGUES, A. & MARQUES, J.C. (1981). "Atribuição de causalidade e avaliação de rendimento". *Educação e Realidade*, 6 (2), p. 7-28.

RODRIGUES, A. & NEWCOMB, T.M. (1980). "The balance principle: Its current status and its integrative function in social psychology". *Inter. J. of Psychol.*, 14, p. 85-136.

RODRIGUES, A. & RAVEN, B.H. (1974). *Power relationship in Brazilian and American schools* [Relatório técnico apresentado ao Latin American Center da Ucla].

ROETHLISBERGER, F.J. & DICKSON, W.J. (1939). *Management and the Worker*. Cambridge, Mass.: Harvard University Press.

ROFÉ, Y. (1984). "Stress and affiliation: A utility theory". *Psychological Review*, 91, p. 235-250.

ROFÉ, Y.; LEWIN, I. & PADEH, B. (1977). "Affiliation before and after child delivery as a function of repression/sensitization". *British Journal of Social and Clinical Psychology*, 16, p. 311-315.

ROGERS, R. & PRENTICE-DUNN, S. (1981). "Deindividuation and anger-mediated interracial aggression: Unmasking regressive racism". *Journal of Personality and Social Psychology*, 49, p. 595-597.

ROMER, D.; GRUDER, D.L. & LIZZADRO, T. (1986). "A person-situation approach to altruistic behavior". *Journal of Personality and Social Psychology*, 51, p. 1.001-1.012.

ROMERO-GARCIA, O. (1980). "Locus de control, inteligencia, estatus socio-económico y rendimiento académico". *Laboratório de Psicología*. Mérida, Ven. [Publicação n. 10].

ROSENBAUM, M.E. (1986). "The repulsion hypothesis: On the nondevelopment of relationships". *Journal of Personality and Social Psychology*, 51, p. 1.156-1.166.

ROSENBERG, L. (1965). "When dissonance fails: on eliminating evaluation apprehension from attitude measurement". *Journal of Personality and Social Psychology*, 1, p. 28-43.

_____ (1961). "Group size, prior experience, and conformity". *Journal of Abnormal and Social Psychology*, 63, p. 436-437.

_____ (1960). "An analysis of affective cognitive consistency". In: HOVLAND, C.I. & ROSENBERG, M.J. (orgs.). *Attitude, Organization and Change*. Nova York: Yale University Press.

ROSENHAN, D.L. (1973). "On being sane in insane places". *Science*, 179 (1), p. 250-258.

ROSENHAN, D.L.; SALOVEY, P. & HARGIS, K. (1981). "The joys of helping: Focus of attention mediates the impact of positive affect on altruism". *Journal of Personality and Social Psychology*, 40, p. 899-905.

ROSENTHAL, R. & JACOBSON, L. (1968). *Pygmalion in the Classroom*: Teacher expectation and student intellectual development. Nova York: Holt, Rinehart and Winston.

ROSS, L. (1977). "The intuitive psychologist and his shortcomings: Distortions in the attribution process". In: BERKOWITZ, L. (org.). *Advances in Experimental Social Psychology*. Vol. 10. Orlando, FL: Academic Press, p. 173-220.

ROSS, L.; LEPPER, M. & WARD, A. (2010). "History of Social Psychology: Insights, challenges, and contributions to theory and application". In: FISKE, S.; GILBERT, D.T. & LINDZEY, G. (orgs.). *Handbook of Social Psychology*. Vol. 1. 5. ed., Nova Jersey: John Wiley & Sons, p. 3-50.

ROSS, L. & NISBETT, R.E. (1991). *The Person and the Situation*: Perspectives of Social Psychology. Nova York: McGraw-Hill.

ROSZELL, P.; KENNEDY, D. & GRABB, E. (1989). "Physical attractiveness and income attainment among canadians". *Journal of Psychology*, 123 (6), p. 547-549.

ROUSSEAU, J.J. (1762/1965). *O contrato social*. São Paulo: Cultrix.

ROZESTRATEN, R.J.A. (1988). *Psicologia do Trânsito*: Conceitos e processos básicos. São Paulo: EPU/Edusp.

RUBIN, Z. (1973). *Liking and Loving*: An invitation to Social Psychology. Nova York: Holt, Rinehart and Winston.

RUSHTON, J.P. (1984). "The altruistic personality: Evidence from laboratory, naturalistic, and self-report perspectives". In: STAUB, E. et al. (orgs.). *The Development and Maintenance of Prosocial Behavior*: International perspectives. Nova York: Plenum.

SAINT-EXUPÉRY, A. (1966). *O pequeno príncipe*. Rio de Janeiro: Agir.

SAKURAI, M.M. (1975). "Small group cohesiveness and detrimental conformity", *Sociometry*, 38, p. 340-357.

SALOVEY, P.; MAYER, J.D. & ROSENHAN, D.L. (1991). "Mood and helping: Mood as a motivator of helping and helping as a regulator of mood". In: CLARK, M.S. (org.). *Prosocial Behavior*: Review of personality and Social Psychology. Vol. 12. Newbury Park, CA: Sage, p. 215-237.

SANTIAGO DE MATTOS, H. (2002). *Sob as penas da lei* – O adolescente sob risco social e seu contexto familiar. Rio de Janeiro: PUC-Rio [Dissertação de mestrado].

SARBIN, J. (1995). *Social Psychology*. Nova York: W.W. Norton.

_____ (1986). *Narrative Psychology*: The storied nature of human conduct. Nova York: Praeger.

SARNOFF, I. & ZIMBARDO, P. (1961). "Anxiety, fear, and social affiliation". *Journal of Abnormal and Social Psychology*, 62, p. 356-363.

SARTRE, J.P. (2007). *Entre quatro paredes*. 3. ed. Rio de Janeiro: Civilização Brasileira.

SCHACHTER, S. (1964). "The interaction of cognitive and physiological determinants of emotional state". In: BERKOWITZ, L. (org.). *Advances in Experimental Social Psychology*. Nova York: Academic Press.

_____ (1959). *The Psychology of Affiliation*. Stanford: Stanford University Press.

_____ (1951). "Deviation, rejection and communication". *Journal of Abnormal and Social Psychology*, 46, p. 190-207.

SCHACHTER, S. et al. (1951). "An experimental study of cohesiveness and productivity". *Human Relations*, 4, p. 229-238.

SCHAFER, M. & CRICHLOW, S. (1996). "Antecedents of groupthink: A quantitative study". *Journal of Conflict Resolution*, 40, p. 415-435.

SCHALLER, M. & CIALDINI, R.B. (1988). "The economics of empathic helping: Support for a mood management motive". *Journal of Experimental Social Psychology*, 24, p. 163-181.

SCHEIBE, K. (1974). "Legitimized aggression and the assignment of evil". *The American Scholar*, 43, p. 576-592.

SCHLENKER, B.R. & TRUDEAU, J.V. (1990). "The impact of self-presentations on private self-beliefs: Effects of prior self-beliefs and misattribution". *Journal of Personality and Social Psychology*, 58, p. 22-32.

SCHNEIDER, E. (1978). *Psicologia Social*. Rio de Janeiro: Guanabara Dois.

SCHROEDER, D.A. et al. (1988). "Emphatic concern and helping behavior – Egoism or altruism?" *Journal of Experimental Social Psychology*, 24, p. 333-353.

SCHWARTZ, S.H. (1994). "Are there universal aspects in the content and structure of values?" *Journal of Social Issues*, 50, p. 19-45.

_____ (1992). "Universals in the content and structure of values: Theorethical advances and empirical tests in 20 countries". In: ZANNA, M.P. (org.). *Advances in Experimental Social Psychology*. Vol. 25. São Diego, CA: Academic Press.

_____ (1977). "Normative influences on altruism". In: BERKOWITZ, L. (org.). *Advances in Experimental Social Psychology*. Vol. 10. Nova York: Academic Press.

_____ (1973). "Normative explanations of helping behavior: A critique, proposal, and empirical test". *Journal of Experimental Social Psychology*, 9, p. 349-364.

SCHWARTZ, S.H. & HOWARD, J.A. (1984). "Internalized values as motivators of altruism". In: STAUB, E. et al. (orgs.). *The Development and Maintenance of Prosocial Behavior*: International perspectives. Nova York: Plenum.

_____ (1981). "A normative decision-making model of altruism". In: RUSHTON, J.P. & SORRENTINO, R.M. (orgs.). *Altruism and Helping Behavior*: Social, personality, and developmental perspectives. Hillsdale, NJ: Erlbaum.

SCHWARZ, N. (1994). "Judgment in a social context: Biases, shortcomings, and the logic of conversation". In: ZANNA, M. (org.). *Advances in Experimental Psychology*. Vol. 26. São Diego, CA: Academic Press.

SEARS, D.O. & McCONAHAY, J.B. (1973). *The Politics of Violence*: The new urban blacks and the Watts Riot. Boston: Houghton Mifflin.

SEARS, D.O.; PEPLAU, L.A. & TAYLOR, S.E. (1991). *Social Psychology*. 7. ed. Englewood Cliffs, NJ: Prentice-Hall.

SEARS, R.R. (1941). "Non-aggressive reactions to frustration". *Psychological Review*, 48, p. 343-346.

SEARS, R.R.; MACCOBY, E.E. & LEVIN, H. (1957). *Patterns of Child Rearing*. Nova York: Harper and Row.

SEAVER, W.B. (1973). "Effects of naturally induced teacher expectancies". *Journal of Personality and Social Psychology*, 28, p. 333-342.

SECORD, P.F. & BACKMAN, C.W. (1964). *Social Psychology*. Nova York: McGraw-Hill.

SEIDL DE MOURA, M.L.; FERREIRA, M.C. & PAINE, P.A. (1998). *Manual de elaboração de projetos de pesquisa*. Rio de Janeiro: Uerj.

SELIGMAN, M. (1991). *Learned Optimism*. Nova York: Knopf.

SELIGMAN, M.E.P. & CSIKSZENTMIHALYI, M. (2000). "Positive psychology: An introduction". *American Psychologist*, 55 (1), p. 5-14.

SERGIOS, P.A. & CODY, J. (1985). "Physical attractiveness and social assertiveness skills in male homossexual dating behavior and partner selection". *Journal of Social Psychology*, 125, p. 505-514.

SHELLENBERG, J.A. (1969). *Social Psychology*. Nova York: Oxford University Press.

SHEPPERD, J.A. & ARKIN, R.M. (1989). "Self-handicapping: The moderating roles of public self-consciousness and task performance". *Personality and Social Psychology Bulletin*, 15, p. 252-265.

SHERIF, C.; SHERIF, M. & NEBERGALL, R. (1965). *Attitude and Attitude Change*. Filadélfia: Saunders.

SHERIF, M. (1966). *Group Conflict and Cooperation*: Their Social Psychology. Londres: Rotledge & Kegan Paul.

_____ (1936). *The Psychology of Social Norms*. Nova York: Harper.

_____ (1935). "A study of some social factors in perception". *Archives of Psychology*, n. 187.

SHERIF, M. et al. (1961). *Intergroup Conflict and Cooperation*: The Robbers Cave experiment. Norman, OK: University Book Exchange.

SHERIF, M. & SHERIF, C.W. (1969). *Social Psychology*. Nova York: Harper and Row.

SHERRY, J.L. (2001). "The effects of violent video games on aggression: A meta-analysis". *Human Communication Research*, 27, p. 409-431.

SHOMER, R.W. & RODRIGUES, A. (1971). *Coalition formation* [Trabalho apresentado no XIII Congresso da Sociedade Interamericana de Psicologia. Panamá].

SHULTZ, T.R.; SCHLEIFER, M. & ALTMAN, I. (1981). "Judgments of causation, responsibility, and punishment in cases of harm doing". *Canadian Journal of the Behavior Science*, 13, p. 238-253.

SILKE, A. (2003). "Deindividuation, anonymity, and violence: Findings from Northern Ireland". *Journal of Social Psychology*, 143 (4), p. 493-499.

SILVA, A.B. et al. (1998). "Técnica da carta perdida como instrumento de pesquisa social: Um estudo sobre preconceito e ajuda". *Psicologia*: Reflexão e Crítica, 11 (1), p. 117-134.

SILVA, A.B. & GÜNTHER, H. (2001). "Ajuda entre passageiros de ônibus". *Estudos de Psicologia*, 6 (1), p. 11-23.

SIMMEL, G. (1902/1950). "The metropolis and mental life". In: WOLF, K. (org.). *The Sociology of Georg Simmel*. Nova York: Free Press.

SIMPSON, J.A. (1987). "The dissolution of romantic relationships – Factors involved in relationship stability and emotional distress". *Journal of Personality and Social Psychology*, 53, p. 683-692.

SINCLAIR, R.C. et al. (1994). "Construct accessibility and the misattribution of arousal: Schachter and Singer revisited". *Psychological Science*, 5, p. 15-19.

SINGH, R. et al. (2007). "Attitudes and attraction: A test of the similarity-attraction and dissimilarity-repulsion hypotheses". *British Journal of Social Psychology*, 31, p. 227-238.

SIVACEK, J. & CRANO, W.D. (1982). "Vested interest as a moderator of attitude-behavior consistency". *Journal of Personality and Social Psychology*, 43, p. 210-221.

SKOLNICK, P. & SHAW, J.I. (1997). "The O.J. Simpson criminal trial veredict: Racism or status shield?" *Journal of Social Issues*, 53 (3), p. 503-516.

SLATER, M.D. et al. (2003). "Violent media content and aggressiveness in adolescents: A downward spiral model". *Communication Research*, 30, p. 713-736.

SMITH, E.R. & MACKIE, D. (2007). *Social Psychology*. 3. ed. Nova York: Worth.

SMITH, K.D.; KEATING, J.P. & STOTLAND, E. (1989). "Altruism reconsidered: The effect of denying feedback on a victim's status to empathetic witnesses". *Journal of Personality and Social Psychology*, 57, p. 641-650.

SMITH, M.B.; BRUNER, J.S. & WHITE, R.W. (1956). *Opinions and Personality*. Nova York: Wiley.

SMITH, P.B.; BOND, M.H. & KAGITÇIBASI, Ç. (2006). *Understanding Social Psychology Across Cultures* – Living and working in a changing world. Londres: Sage.

SMITH, R.B. (1983). "Why soldiers fight – Part I: Leadership, cohesion, and fighter spirit". *Quality and Quantity*, 18, p. 1-32.

SNAPP, C.M. & LEARY, M.R. (2001). "Hurt feelings among new acquaintances: Moderating effects of interpersonal familiarity". *Journal of Personal and Social Relationships*, 18, p. 315-326.

SNYDER, M. & ICKES, W. (1985). "Personality and social behavior". In: LINDZEY, G. & ARONSON, E. (orgs.). *The Handbook of Social Psychology*. 3. ed. Nova York: Random House.

SODRÉ, V.L. (1970). *Diferença entre personalidade real e ideal como preditor de atração interpessoal*. Rio de Janeiro: PUC-Rio [Trabalho de conclusão de curso de graduação].

SORRENTINO, R.M. (1991). "Evidence for altruism: The lady is still in waiting". *Psychological Inquiry*, 2, p. 147-150.

SOUTH, S.J. & LLOYD, K.M. (1995). "Spousal alternatives and marital dissolution". *American Sociological Review*, 60, p. 21-35.

SPENCE, G. (1995). *How to Argue and win Every Time*. Nova York: St. Martin's Press.

SPENCE, J.T. & HELMREICH, R.L. (1983). "Achievment-related motives and behavior". In: SPENCE, J.T. (org.). *Achievment and Achievement Motives*: Psychological and sociological approaches. Nova York: Freeman.

SPRECHER, S. & DUCK, S.(1994). "Sweet talk: The importance of perceived communication for romantic and friendship attraction experienced during a get-acquainted date". *Personality and Social Psychology Bulletin*, 20 (4), p. 391-400.

STAPEL, D.A.; KOOMEN, W. & RUYS, K.I. (2002). "The effects of difuse and distinct affect". *Journal of Personality and Social Psychology*, 83, p. 60-74.

STAUB, E. (1996). "Altruism and aggression in children and youth: Origins and cures". In: FELDMAN, R. (org.). *The Psychology of Adversity*. Amherst, MA: University of Massachusetts Press.

STEBLAY, N.M. (1987). "Helping behavior in rural and urban environments: A meta-analysis". *Psychological Bulletin*, 102, p. 346-356.

STEELE, C.M. (2004). "Not just a test: Why we must rethink the paradigm we use for judging human ability". *The Nation*, 278, p. 38-41.

_____ (1997). "A threat in the air – How stereotypes shape intellectual identity and performance". *American Psychologist*, 52, p. 613-629.

_____ (1992). "Race and the schooling of black americans". *Atlantic Monthly*, Apr., p. 68-78.

_____ (1988). "The psychology of self-affirmation: Sustaining the integrity on the self". In: BERKOWITZ, L. (org.). *Advances in Experimental Social Psychology*. Vol. 21. Nova York: Academic Press.

STEELE, C.M. & ARONSON, J. (1995). "Stereotype threat and the intellectual test performance of african americans". *Journal of Personality and Social Psychology*, 69, p. 797-811.

STEG, L.; BUUNK, A.P. & ROTHENGATTER, T. (2008). *Applied Social Psychology*: Understanding and managing social problems. Cambridge: Cambridge University Press.

STEINER, I.D. (1974). "Whatever happened to the group in social psychology?" *Journal of Experimental Social Psychology*, 10, p. 94-108.

STERNBERG, R.J. (2006). "A duplex theory of love". In: STERNBERG, R. & WEIS, K. (orgs.). *The New Psychology of Love*. New Haven: Yale University Press.

_____ (1998). *In Search of the Human Mind*. 2. ed. Nova York: Harcourt Brace College.

_____ (1996). "Love stories". *Personal Relationships*, 3, p. 59-79.

_____ (1986). "A triangular theory of love". *Psychological Review*, 93, p. 119-135.

STERNBERG, R.J.; HOJJAT, M. & BARNES, M. L. (2001). "Empirical aspects of a theory of love as story". *European Journal of Personality*, 15, p. 1-20.

STOGDILL, R.M. (1948). "Personal factors associated with leadership: A survey of the literature". *Journal of Psychology*, 25, p. 35-71.

STOKES, D.E. (1997). *Pasteur's quadrant*: Basic science and technological innovation. Washington, DC: Brookings Institution.

STOKES, J.P. (1983). "Components of group cohesion: Intermember attraction, instrumental value, and risk taking". *Small Group Behavior*, 14, p. 163-173.

STONE, J. et al. (1994). "Inducing hypocrisy as a means of encouraging young adults to use condoms". *Personality and Social Psychology Bulletin*, 20, p. 116-128.

STONER, J.A.F. (1961). *A Comparison of Individual and Group Decisions Involving Risk*. Unpublished master's thesis. Massachusetts: Massachusetts Institute of Technology [Dissertação de mestrado].

STRAHAN, E.J.; SPENCER, S.J. & ZANNA, M.P. (2002). "Subliminal priming and persuasion: Striking while the iron is hot". *Journal of Experimental Social Psychology*, 38, p. 556-568.

STRAUS, M.A. & GELLES, R.J. (1980). *Behind Closed Doors*: Violence in the american family. Nova York: Anchor/Doubleday.

STROEBE, W. & DIEHL, M. (1994). "Why groups are less effective than their members: On productivity losses in idea-generating groups". In: STROEBE, W. & HEWSTONE, M. (orgs.). *European Review of Social Psychology*. Vol. 5. Chichester, Eng.: Wiley, p. 271-303.

STRUBE, M. et al. (1984). "Interpersonal aggression and the type A coronary-prone behavior pattern: A theoretical distinction and practical implications". *Journal of Personality and Social Psychology*, 47, p. 839-847.

SULLIVAN, M.S. (1947). *Conception of Modern Psychiatry*. Washington: Psychological Foundation.

SULS, J.M. & MILLER, R.L. (1977). *Social Comparison Processes*: Theoretical and empirical perspectives. Nova York: John Wiley & Sons

SWANN, W.B. & BOSSON, J.K. (2010). "Self and identity". In: FISKE, S. et al. (orgs.). *Handbook of Social Psychology*. Vol. 1. 5 ed. Nova Jersey: John Wiley & Sons, p. 589-628.

SWIM, J. et al. (1989). "Joan McKay vs. John McKay: Do gender stereotypes bias evaluations?" *Psychological Bulletin*, 105, p. 409-429.

SWIM, J. & SANNA, L. (1996). "He's skilled, she's lucky: A meta-analysis of observers' attributions for women's and men's successes and failures". *Personality and Social Psychology Bulletin*, 22, p. 507-519.

TAGIURI, R. & PETRULLO, L. (orgs.) (1958). *Person Perception and Interpersonal Behavior*. Stanford, CA: Stanford University Press.

TAJFEL, H. et al. (1971). "Social categorization and intergroup behavior". *European Journal of Social Psychology*, 1, p. 149-178.

TAJFEL, H. & TURNER, J. (1979). "An integrative theory of intergroup conflict". In: AUSTIN, W. & WORCHEL, S. (orgs.). *The Social Psychology of Intergroup Relations*. Monterey, CA: Brooks/Cole.

TANFORD, S. & PENROD, S. (1984). "Social influence model: A formal integration of research on majority and minority influence processes". *Psychological Bulletin*, 95, p. 189-225.

TARTAKOVSKI, E. (2007). "A longitudinal study of aculturative stress and homsickness: high-school adolescents immigrating from Russia and Ukraine to Israel without parents". *Social Psychiatry and Psychiatric Epidemiology*, 42, p. 485-494.

TASHAKKORI, A. & TEDDLIE, C. (orgs.) (2010). *Handbook of Mixed Methods in Social and Behavioral Research*. Thousand Oaks, CA: Sage.

TAVRIS, C. & ARONSON, E. (2007). *Mistakes Were Made (but not by me)*. Nova York: Harcourt.

TAYLOR, S.E. (2010). "Health psychology". In: BAUMEISTER, R.F. & FINKEL, E.J. *Advanced Social Psychology*: The state of the science. Nova York: Cambridge University Press, p. 697-731.

_____ (1989). *Positive Illusions*. Nova York: Basic Books.

TAYLOR, S.E. & LOBEL, M. (1989). "Social comparison activity under threat: Downward evaluation and upward contacts". *Psychological Review*, 96, p. 569-595.

TAYLOR, S.E.; PEPLAU, L.A. & SEARS, D.O. (2006). *Social Psychology*. 12. ed. Englewood Cliffs, N.J.: Prentice-Hall.

TEDESCHI, J.T.; SCHLENKER, B.R. & BONOMA, T.V. (1971). "Cognitive dissonance: Private ratiocination or public spectacle?" *American Psychologist*, 26, p. 685-695.

TEIGEN, K.H. (1986). "Old truths or fresh insights? – A study of students' evaluations of proverbs". *British Journal of Social Psychology*, 25, p. 43-50.

TESSER, A. (1991). "Emotion in social comparison and reflection processes". In: SULS, J. & WILLS, T.A. (orgs.). *Social Comparison*: Contemporary theory and research. Hillsdale, NJ: Erlbaum, p. 117-148.

_____ (1988). "Toward a self-evaluation maintenance model of social behavior". In: BERKOWITZ, L. (org.). *Advances in Experimental Social Psychology*. Vol. 31. Orlando, FL: Academic Press, p. 181-227.

TETLOCK, P.E. & BOETTGER, R. (1989). "Accountability: A social magnifier of the dilution effect". *Journal of Personality and Social Psychology*, 57, p. 388-398.

THIBAUT, J. & KELLEY, H.H. (1959). *The Social Psychology of Groups*. Nova York: Wiley.

THIBAUT, J. & WALKER, L. (1975). *Procedural Justice – A psychological analysis*. Nova Jersey: Erlbaum.

THOMAS, W.I. & ZNANIECKI, F. (1918-1920). *The Polish Peasant in Europe and America*. 5 vols. Boston: Badger.

THURSTONE, L.L. & CHAVE, E.J. (1929). *The Measurement of Attitude*. Chicago: The University of Chicago Press.

TICE, D.M. & BAUMEISTER, R.F. (1985). "Masculinity inhibits in emergencies: Personality does predict the bystander effect". *Journal of Personality and Social Psychology*, 49, p. 420-428.

TICE, D.M.; BRATSLAVSKY, E. & BAUMEISTER, R.F. (2000). "Emotional distress regulation takes precedence over impulse control: If you feel bad, do it!" *Journal of Personality and Social Psychology*, 80, p. 53-67.

TICKLE-DEGEN, L. & ROSENTHAL, R. (1987). "Group rapport and nonverbal behavior". In: HENDRICK, C. (org.). *Review of Personality and Social Psychology*. Vol. 9. Newbury Park, Ca: Sage, p. 113-136.

TOI, M. & BATSON, C.D. (1982). "More evidence that empathy is a source of altruistic motivation". *Journal of Personality and Social Psychology*, 43, p. 281-292.

TRAVIS, L.E. (1925). "The effect of a small audience upon eye-hand coordination". *Journal of Abnormal and Social Psychology*, 20, p. 142-146.

TRIANDIS, H.C. (2009). *Fooling Ourselves*: Self-deception in politics, religion, and terrorism. Westport, Conn.: Praeger.

_____ (1995). *Individualism and Collectivism*. Boulder, CO: Westview Press.

_____ (1994). *Culture and Social Behavior*. Nova York: McGraw-Hill.

_____ (1971). *Attitudes and Attitude Change*. Nova York: Willey.

TRIANDIS, H.C. et al. (1982). "Stereotyping among hispanic and anglos: The uniformity, intensity, direction, and quality of auto-and heterostereotypes". *Journal of Cross-Cultural Psychology*, 13, p. 409-426.

TRIANDIS, H.C. & McCUSKER, C. & HUI, C.H. (1990). "Multimethod probes of individualism and collectivism". *Journal of Personality and Social Psychology*, 59, p. 1.006-1.020.

TRIPLETT, N. (1897-1898). "The dynamogenic factors in pacemaking and competition". *American Journal of Psychology*, 9, p. 507-533.

TROTTER, R.J. (1985). "A life of conflict and goals". *Psychology Today*, set., p. 54-59.

TURNER, C.W. et al. (1977). "The stimulating and inhibiting effects of weapons on aggressive behavior". *Aggressive Behavior*, 3, p. 355-378.

TURNER, C.W. & SIMONS, L.S. (1974). "Effects of subject sophistication and evaluation apprehension on aggressive responses to weapons". *Journal of Personality and Social Psychology*, 30, p. 341-348.

TVERSKY, A. & KAHNEMAN, D. (1974). "Judgment under uncertainty: Heuristics and Biases". *Science*, 185, p. 1.123-1.131.

TYLER, T.R. et al. (1997). *Social Justice in a Diverse Society*. Colorado: Westview Press/Harper Collins.

TYLER, T.R. & SMITH, H.J. (1998). "Social justice and social movements". In: GILBERT, T.; FISKE, S.T. & LINDZEY, G. (orgs.). *The Handbook of Social Psychology*. Boston: McGraw-Hill, p. 595-629.

UTNE, M.K. & KIDD, R.F. (1980). "Equity and attribution". In: MIKULA, G. (org.). *Justice and Social Interaction*. Berna: Huber.

VARELA, J.A. (1981). *Utilização da credibilidade do comunicador em estudos sobre comunicações persuasivas no Uruguai* [Comunicação pessoal].

_____ (1978). "Solving human problems with human science". *Human Nature*, 10, p. 84-90.

_____ (1977). "Social technology". *American Psychologist*, 32, p. 914-923.

_____ (1975). "Can social psychology be applied?" In: DEUTSCH, M. & HORNSTEIN, H. (orgs.). *Applying Social Psychology*. Nova York: Erlbaum.

_____ (1971). *Psychological Solutions to Social Problems*. Nova York: Academic Press.

VERMUNT, R. & STEENSMA, H. (orgs.) (1991). "Introduction". *Social Justice in Human Relations*. Nova York: Plenum Press, p. 1-9.

VROOM, V.H. & YETTON, P.W. (1973). *Leadership and Decision Making*. Petesburgo, PA: University of Pittsburgh Press.

WALSTER, E. et al. (1966). "Importance of physical attractiveness in dating behavior". *Journal of Personality and Social Psychology*, 4, p. 508-516.

WALSTER, E.; BERSCHEID, E. & WALSTER, G.W. (1973). "New directions in equity research". *Journal of Personality and Social Psychology*, 25, p. 151-176.

WALSTER, R.H. & BROWN, M. (1963). "Studies of reinforcement of aggression – III: Transfer of responses to an interpersonal situation". *Child Development*, 34, p. 536-571.

WALSTER, E. & FESTINGER, L. (1962). "The effectiveness of 'overheard' persuasive communications". *Journal of Abnormal and Social Psychology*, 65, p. 395-402.

WALSTER, E. & WALSTER, G.M. (1975). "Equity and social justice". *Journal of Social Issues*, 31, p. 21-43.

_____ (1963). "Effect of expecting to be liked on choice of associates". *Journal of Abnormal and Social Psychology*, 67, p. 402-404.

WALSTER, E.; WALSTER, G.W. & BERSCHEID, E. (1978). *Equity*: Theory and research. Boston: Allyn and Bacon.

WÄNKE, M. (org.) (2009). "What's social about consumer behavior?" *Social Psychology of Consumer Behavior*. Nova York: Psychology Press, p. 3-18.

WATSON, D. et al. (2004). "Match makers and deal breakers: Analyses of assertive mating in newlywed couples". *Journal of Personality*, 72, p. 1.029-1.068.

WEATHERLY, D. (1961). "Anti-semitism and the expression of fantasy aggression". *Journal of Abnormal and Social Psychology*, 62, p. 454-457.

WEBB, E.J. et al. (1981). *Nonreactive Measures in the Social Sciences*. Boston: Houghton Mifflin.

WEBER, M. (1957). *The Theory of Social and Economic Organization*. Glencoe, Ill.: The Free Press.

WEBER, J.M.; KOPELMAN, S. & MESSICK, D.M. (2004). "A conceptual review of decision making in social dilemmas: Applying a logic of appropriateness". *Personality and Social Psychology Review*, 8 (3), p. 281-307.

WEINER, B. (2006). *Social Motivation, Justice, and the Moral Emotions*. Mahwah, NJ: Lawrence Erlbaum.

_____ (1995). *Judgments of Responsibility*. Nova York: Guilford.

_____ (1992). *Human Motivation*. Newbury Park, CA: Sage.

_____ (1986). *An Attributional Theory of Motivations and Emotion*. Nova York: Springer-Verlag.

_____ (1980). "The role of effect in rational (attributional) approaches to human motivation". *Educational Researcher*, 9, p. 4-11.

WEINER, B.; GRAHAM, S. & REYNA, C. (1997). "An attributional examination of retributive versus utilitarian philosophies of punishment". *Social Justice Research*, 10, p. 431-451.

WEINER, B. & KUKLA, A. (1970). "An attributional analysis of achievement motivation". *Journal of Personality and Social Psychology*, 15, p. 1-20.

WEINER, B.; NIERENBERG, R. & GOLDSTEIN, M. (1976). "Social learning (locus of control) versus attributional (causal stability) interpretations of expectancy for success". *Journal of Personality*, 44, p. 52-68.

WEINSTEIN, N.D. (1989). "Optimistic biases about personal risks". *Science*, 246, p. 1.232-1.233.

WEISBUCH, M.; MACKIE, D.M. & GARCIA-MARQUES, T. (2003). "The impact of prior source exposure on persuasion: Further evidence for mis-attributional explanations of prior exposure". *Personality and Social Psychology Bulletin*, 29, p. 691-700.

WEISS, K. (2006). "Conclusion: The nature and interrelations of theories of love". In: STERNBERG, R. & WEISS, K. (orgs.). *The New Psychology of Love*. New Haven: Yale University Press.

WEISS, W. & FINE, B.J. (1956). "The effect of induced aggressiveness on opinion change". *Journal of Abnormal and Social Psychology*, 52, p. 109-114.

WHITE, G.L. (1980). "Physical attractiveness and courtship progress". *Journal of Personality and Social Psychology*, 39, p. 660-668.

WHITTAKER, J.O. & MEAD, R.D. (1967). "Social pression in the modification and distortion of judgment: A cross-cultural study". *Intern. J. Psychol.*, 2, p. 109-114.

WHYTE, W.H. (1956). *The Organizational Man*. Nova York: Simon and Schuster.

WICKLUND, R.A. (1975). "Objective self-awareness". In: BERKOWITZ, L. (org.). *Advances in Experimental Social Psychology*. Vol. 8. Nova York: Academic Press.

WIDOM, C.S. (1989). "Does violence beget violence? A critical examination of the literature". *Psychological Bulletin*, 106, p. 3-8.

WILLIAMS, K.D. (2007). "Ostracism". *Annual Review of Psychology*, 58 (4), p. 25-452.

WILLIAMS, K.D. et al. (2002). "Investigations into differences between social and cyberostracism". *Group Dynamics*: Theory, Research, and Paractice, 6, p. 65-77.

WILLIAMS, K.D.; CHEUNG, C.K.T. & CHOI, W. (2000). "Cyberostracism: Effects of being ignored over the internet". *Journal of Personality and Social Psychology*, 79, p. 748-762.

WILSON, E.O. (1975). *Sociobiology*: The new synthesis. Cambridge, MA: Belknap Press of Harvard University Press.

WILSON, J.P. (1976). "Motivation, model attributes, and altruism: A person *versus* situation analysis". *Journal of Personality and Social Psychology*, 34, p. 1.078-1.086.

WILSON, T.D. & DUNN, E.W. (2004). "Self-knowledge: Its limits, value, and potential for improvement". *Annual Review of Psychology*, 55, p. 493-518.

WINCH, R.F. (1952). *The Modern Family*. Nova York: Holt, Rinehart and Winston.

WINCH, R.F.; KTSANES, T. & KTSANES, V. (1954). "The theory of complementary needs in mate-selection: An analysis and description study". *American Sociological Review*, 19, p. 241-249.

WOOD, W. et al. (1994). "Minority influence: A meta-analytic review of social influence processes". *Psychological Bulletin*, 115, p. 323-345.

WRIGHTSMAN, L.S. (1959). "Effects of waiting with others and change in level of felt anxiety". *Journal of Abnormal and Social Psychology*, 61, p. 216-222.

YARKIN, K.L.; TOWN, J.P. & WALLSTON, B.S. (1982). "Blacks and women must try harder: Stimulus persons race and sex attributions of causality". *Personality and Social Psychology Bulletin*, 8, p. 21-24.

YOUSIF, Y. & KORTE, C. (1995). "Urbanization, culture, and helpfulness". *Journal of Cross-Cultural Psychology*, 26, p. 474-489.

ZACCARO, S.J.; FOTI, R.J. & KENNY, D.A. (1991). "Self-monitoring and trait-based variance in leadership: An investigation of leader flexibility across multiple group situations". *Journal of Applied Psychology*, 76, p. 308-315.

ZAGEFKA, H. et al. (2010). "Donating to disaster victims: Responses to natural and humanly caused events". *European Journal of Social Psychology*, 41 (3), p. 353-363.

ZAJONC, R.B. (1968). "Cognitive theories of social behavior". In: LINDZEY, G. & ARONSON, E. (orgs.). *The Handbook of Social Psychology*. Menlo-Park: Addison-Wesley.

_____ (1965). "Social facilitation". *Science*, 149, p. 269-274.

_____ (1960). "The concepts of balance, congruity and dissonance". *Public Opinion Quarterly*, 24, p. 280-296.

ZAJONC, R.B. et al. (1971). "Limiting conditions of the exposure effect: Satiation and relativity". *Journal of Personality and Social Psychology*, 18, p. 384-391.

ZAJONC, R.B. & SALES, S.M. (1966). "Social facilitation of dominant and subordinate responses". *Journal of Experimental Social Psychology*, 2, p. 160-168.

ZEBROWITZ, L.A. et al. (2003). "Trait impressions as overgeneralized responses to adaptively significant facial qualities: Evidence from connectionist modeling". *Personality and Social Psychology Review*, 7, p. 194-215.

_____ (2002). "Looking smart and looking good: facial cues to intelligence and their origin". *Personality and Social Psychology Bulletin*, 28, p. 238-249.

ZGOURIDES, G.D. & ZGOURIDES, C.S. (2000). *Sociology*. Indianápolis: IDG Books.

ZILLMANN, D. (1989). "Aggression and sex: Independent and joint operations". In: WAGNER, H.L. & MANSTEAD, A.S.R. (orgs.). *Handbook of Psychophysiology*: Emotion and social behavior. Chichester: John Wiley.

ZIMBARDO, P. (2008). *The Lucifer Effect*: Understanding how good people turn evil. Nova York: Random House.

_____ (2004). "How social science can reduce terrorism". *The Western Psychologist*, 18 (2), p. 4-5.

_____ (1999). "Experimental social psychology: Behaviorism with minds and matters". In: RODRIGUES, A. & LEVINE, R.V. (orgs.). *Reflections on 100 years of Experimental Social Psychology*. Nova York: Basic Books.

_____ (1976). "Uma entrevista". In: *Construtores da psicologia*. São Paulo: Summus/Edusp.

_____ (1975). "Transforming experimental research into advocacy for social change". In: DEUTCH, M. & HORNSTEIN, H. (orgs.). *Applying Social Psychology*. Nova York: Erlbaum.

_____ (1970). "The human choice: Indivituation, reason, and order versus deindividuation, impulse and chaos". In: ARNOLD, W.J. & LEVINE, D. (orgs.). *Nebraska Symposium on Motivation, 1969*. Vol. 17. Lincoln: University of Nebraska Press, p. 237-307.

_____ (1960). "Involvement and communication discrepancy as determinants of opinion uniformity". *Journal of Abnormal and Social Psychology*, 60, p. 86-94.

ZIMBARDO, P. & EBBESEN, E. (1969). *Influencing Attitudes and Changing Behavior*. Menlo Park: Addison-Wesley.

ZUBER, J.A.; CROTT, H.W. & WERNER, J. (1992). "Choice shift and group polarization: An analysis of the status of arguments and social decision schemes". *Journal of Personality and Social Psychology*, 62, p. 50-61.

ZUCKER, G.S. & WEINER, B. (1993). "Conservatism and perception of poverty: An attributional analysis". *Journal of Applied Social Psychology*, 23, p. 925-943.

Conecte-se conosco:

facebook.com/editoravozes

@editoravozes

@editora_vozes

youtube.com/editoravozes

+55 24 2233-9033

www.vozes.com.br

Conheça nossas lojas:

www.livrariavozes.com.br

Belo Horizonte – Brasília – Campinas – Cuiabá – Curitiba
Fortaleza – Juiz de Fora – Petrópolis – Recife – São Paulo

EDITORA VOZES LTDA.
Rua Frei Luís, 100 – Centro – Cep 25689-900 – Petrópolis, RJ
Tel.: (24) 2233-9000 – E-mail: vendas@vozes.com.br